在胡塞尔研究传统中，这是我近年来读到的对胡塞尔和现象学研究做出了最重要贡献的工作之一。

——汤姆·奈侬（孟菲斯大学）

任何对胡塞尔感兴趣、对胡塞尔现象学的发展感兴趣、对现象学与当代哲学的关系感兴趣的读者，都一定会喜欢这本杰出的专著。

威尔顿把胡塞尔思想中最珍贵的东西拣选出来，清晰地呈献给大家，他的努力应该受到大家的喝彩，因为胡塞尔思想中的最珍贵者，亦如当下哲学中的最优质者一样珍贵，如果不是比它们更珍贵的话。这就是为什么这部博学、优秀的著作特别受欢迎和受到学界特别推荐的原因所在。

——约翰·多伦蒙德（福特汉姆大学）

威尔顿此书的目的并不是一般意义的历史性的探讨：推翻过时的解读，用原初的解读取而代之；它是要否定这种解读的历史，重新发现一种哲学：在某种意义上，这种哲学从来没有真正存在过。在这一点上，这本书是十分成功的：它证明，胡塞尔起码是我们的同代人。

这本书的每一页都是理论挑衅，整本书则是一顿哲学大餐。专家将在这里发现，许多熟悉的成分以清楚明白且引人入胜的方式汇集于此；业余爱好者将在这里发现一个有血有肉的鲜活的哲学家。

——斯蒂芬·克罗威尔（里斯大学）

尽管这部书的题目是胡塞尔，但是，威尔顿总是从更广阔的视角来接近这一任务。胡塞尔的著作总是介绍和被批判的主题，但从来不曾是拥护的对象。威尔顿对我们思想的推动，可以取代他对胡塞尔专门研究的贡献。

本书是对此领域的重大贡献。威尔顿用尽心血提供的胡塞尔研究，成功地借助全面性而达到了完整性。通过艰辛工作，他帮助我们达到了营养丰富的但难于消化的庞大材料的尽头。对于胡塞尔思想在自己的哲学工作中扮演着重要角色的学者来说，他将会在这个文本中发现自己的知音。

——约瑟夫·谢（马萨诸塞大学）

THE OTHER HUSSERL
The Horizons of Transcendental Phenomenology
Donn Welton

另类胡塞尔
先验现象学的视野

〔美〕道恩·威尔顿 著
靳希平 译 梁宝珊 校

復旦大學出版社

献给
简·格里芬·威尔顿
及
库尔提斯·哥伦比娅·威尔顿

智慧人必发光
如天上的光
那使多人归义的
必发光如星
直到永永远远
——《但以理书》12：3

目　录

对胡塞尔思想"标准解读"之片面性的匡正——译者序/靳希平 ………… 1
中文版序言/道恩·威尔顿 ……………………………………………… 1
本书使用的胡塞尔著作书名缩写表 …………………………………… 1
关于胡塞尔著作引用的说明 …………………………………………… 1

导论：重新思考胡塞尔 ………………………………………………… 1
　一、对胡塞尔的解读 ………………………………………………… 2
　二、分析哲学对胡塞尔思想的探索 ………………………………… 3
　三、对胡塞尔的解构 ………………………………………………… 6
　四、标准解释的收敛 ………………………………………………… 10
　五、对胡塞尔的全面解读 …………………………………………… 20
　六、文本依据 ………………………………………………………… 26

第一部分　总图：胡塞尔现象学体系的形成

第一章　现象学转向 …………………………………………………… 37
　第一节　感性感知的不足 …………………………………………… 38
　第二节　被打断的谈话 ……………………………………………… 45
　第三节　诸现象 ……………………………………………………… 50

第二章　描述性本型学 ………………………………………………… 55
　第一节　诸种提问 …………………………………………………… 56
　第二节　表层与深层 ………………………………………………… 61
　第三节　易位置换 …………………………………………………… 65
　第四节　现象学的反思 ……………………………………………… 69
　第五节　本型还原 …………………………………………………… 72

第三章　范畴现象学和本体论 ······················· 76
- 第一节　从感性样式到经验性本质 ·················· 76
- 第二节　从经验本质到纯粹本质 ···················· 83
- 第三节　诸区域 ································ 95
- 第四节　主体性 ······························· 106
- 第五节　限制 ································· 119

第四章　超验中的先验 ································ 122
- 第一节　从现象学到哲学 ························ 122
- 第二节　超越中的世界 ·························· 130
- 第三节　作为整体的世界与作为视野的世界 ········· 137
- 第四节　从反思到还原 ·························· 146
- 第五节　先验主体性 ···························· 152

第五章　笛卡尔式的围栏 ······························ 158
- 第一节　与笛卡尔的亲缘关系 ····················· 160
- 第二节　静态分析与自我论 ······················· 169
- 第三节　笛卡尔式道路的诸局限性 ················· 180
- 第四节　海德格尔与胡塞尔的"诸沉思" ············ 189

第六章　先验的揭示 ································· 207
- 第一节　后笛卡尔式的沉思 ······················· 210
  - 一、通向还原之路的问题 ······················ 210
  - 二、明证性与自我 ···························· 217
  - 三、从主体性到交互主体性 ···················· 232
- 第二节　通向先验分析的各种途径 ················· 242
  - 一、意向式心理学的探索 ······················ 245
  - 二、通过存在论的批判进行的探索 ·············· 248

第七章　从范畴现象学到本构现象学 ··················· 254
- 第一节　本构的场域 ···························· 257
- 第二节　双重后退 ······························ 264
- 第三节　当下显现的起源 ························ 265
- 第四节　言谈中的当下 ·························· 279

第五节　意义的类型 ························· 286

第八章　向发生现象学的转向 ························· 295
　　第一节　静态分析同发生分析的桥接 ··············· 296
　　第二节　垂直的深度 ························· 304
　　第三节　胡塞尔早期著作中对发生心理学的批判 ······· 311
　　第四节　胡塞尔中期著作中发生分析的出现 ··········· 317

第九章　发生现象学 ····························· 325
　　第一节　作为体系的现象学和发生分析 ············· 325
　　第二节　具体的主体性和动机问题 ················· 334
　　第三节　言语的偶然性 ······················· 345
　　第四节　感知性处境 ························· 352
　　第五节　时间性与生成 ······················· 357
　　第六节　成体系的现象学 ····················· 361

第二部分　批判：胡塞尔现象学方法的局限性

第十章　先验心理主义 ··························· 373
　　第一节　心理主义问题 ······················· 375
　　第二节　对心理主义的首次批判 ················· 377
　　第三节　先验转向：对心理主义的回应 ············· 380
　　第四节　对心理学的重构 ····················· 382
　　第五节　一种特殊的先验方法和内容的消失 ··········· 383
　　第六节　互补性和同一性 ····················· 386
　　第七节　记忆与先验方法 ····················· 388
　　第八节　先验明证性问题 ····················· 398
　　第九节　向交互主体性的转向 ··················· 404

第十一章　先验现象学及其合法性问题 ················· 407
　　第一节　作为先验演绎的先验还原 ················· 410
　　第二节　概念上的转换与先验的分析 ··············· 420
　　第三节　先验感性论 ························· 422
　　第四节　自身反思与自指涉性 ··················· 425

第五节　目的论和先验论证……………………………………… 428

第十二章　胡塞尔与日本 …………………………………………… 433
　第一节　破碎的信念 …………………………………………… 434
　第二节　本构现象学与文化生活 ……………………………… 439
　第三节　动态发生现象学和伦理规范性 ……………………… 444
　第四节　批判与文化 …………………………………………… 449
　第五节　发生分析和规范性探究 ……………………………… 451
　第六节　发生现象学和批判的优先性 ………………………… 455

第三部分　构建：走向现象学的语境理论

第十三章　作为视域的世界 ………………………………………… 467
　第一节　近代科学的世界 ……………………………………… 469
　第二节　从世界到生活世界 …………………………………… 473
　第三节　作为经验矩阵的世界与具体的普适性 ……………… 478

第十四章　视域和话语 ……………………………………………… 488
　第一节　领会与解释 …………………………………………… 490
　第二节　用感性意谊做成语言意义 …………………………… 498
　第三节　把意义做成意谊 ……………………………………… 502
　第四节　区分性的指示 ………………………………………… 515

第十五章　世界的边缘 ……………………………………………… 521
　第一节　对视域的特征刻画 …………………………………… 522
　第二节　感知性场域和边缘 …………………………………… 526
　第三节　诸语义场和诸框架 …………………………………… 530
　第四节　边缘、框架和自然意义 ……………………………… 540

本书所引用的著作目录 ……………………………………………… 548
　一、胡塞尔的著作 ……………………………………………… 548
　　（一）按年代排列的胡塞尔生前发表的著作 ………………… 548
　　（二）已经出版的《胡塞尔全集》书目 ……………………… 549
　　（三）胡塞尔手稿编目 ………………………………………… 552

（四）其他版本的胡塞尔著作 ………………………………… 553
（五）胡塞尔书信 ………………………………………………… 553
（六）《胡塞尔全集·文档》 …………………………………… 554
（七）胡塞尔著作英译本 ………………………………………… 554
二、其他哲学家的著作 ……………………………………………… 556

译后记 …………………………………………………………………… 576

对胡塞尔思想"标准解读"之片面性的匡正

——译者序

一

瓦雷拉(F. J. Varela)和汤普森(Evan Thompson)等人1991的著作《具身心智：认知科学和人类经验》一书①对胡塞尔(Edmund Husserl)现象学持一种极端否定的批判态度。依据汤普森自己后来的总结②，他们当时给胡塞尔的现象学列出了五大错误：

1. 方法论上的唯我论(methodological solipsist)。

2. 完全忽略经验的交互性方面的问题和直接躯体化(具身化)的问题(ignored "both the consensual aspect and the direct embodied aspect of experience")。

3. 意向性理论是一种表象(代现)主义理论(theory of intentionality was a representational theory)。

4. 生活世界理论是还原论的和表象主义的(理解是精神性的表象、代表；企图把世界分析为更为基础的元素的集合)(his theory of the life-world was reductionistic and representationalist)。

5. 胡塞尔的现象学纯粹是一种脱离、缺乏实践维度的抽象的、纯理论的计划[his phenomenology was a purely abstract, theoretical project lacking a pragmatic (praxis) dimension]③。

---

① 《具身心智：认知科学和人类经验》一书出版于1991年，但是写于1986～1989年。该总结见汤普森2007年出版的《生活中的心智：生物学、现象学和心智科学》(Evan Thompson, *Mind in Life: Biology, Phenomenology, and the Sciences of Mind*, The Belknap Press of Harvard University Press)一书第414页。

② 见《生活中的心智：生物学、现象学和心智科学》附录A"胡塞尔与认知科学"，英文本第413～416页。

③ 同上书，第413页。汤普森分别指出了上述看法的出处，见该书第16、17、18、19、68、117页。

这是汤普森 1989 年时对胡塞尔现象学的理解。这种理解显然是片面的,作为对胡塞尔现象学的整体评价而言是错误的。对胡塞尔思想整体理解的这种片面性并不是汤普森等个别思想家的问题,而是流行于 20 世纪 60~80 年代、至今仍有影响的对胡塞尔思想之主流解读的基本倾向的反映。

正是针对这种片面评价,汤普森本人在该书写作完成 20 年之后,为他 2007 年出版的新书《生活中的心智:生物学、现象学和心智科学》专门写了附录 A"胡塞尔与认知科学"(Husserl and Cognitive Science),检讨了他 20 年前①那本书对胡塞尔现象学所持的立场。汤普森明确指出,"我们以前对胡塞尔的解读是错误的,我不再赞同以前对胡塞尔现象学的评价。对于心智科学而言,胡塞尔现象学是比我们想象的要丰富得多的资源"②。他把自己对胡塞尔现象学的新看法归纳为四点③:

1. 胡塞尔并不是方法论上的唯我论者④。
2. 他非常关注人类经验的交互主体性问题和具身性视角的研究⑤。
3. 他的意向性理论并不是表象(代现)主义理论⑥。
4. 他的生活世界理论并不是还原论的和表象(代现)主义的⑦。

最后他总结说,简单地把现象学说成纯粹是抽象的理论设想,缺乏实践维度,我认为是十分肤浅的⑧。

汤普森对胡塞尔现象学还从正面做了归纳:

1. 意向性的开放性是意识存在的有机组成部分,所以,不存在表象(代现)主义难题。
2. 现象学还原所研究的内容是世界同我们主体性的关系,即研究世界是如何被我们经验的,所以不存在唯我论问题。
3. 胡塞尔并不认为,所有的意向性都是朝向、对准对象的意向性。被动综合的研究表明,认知前的、并不指向对象的操作性意向性,恰恰是发生现象学的核心。

---

① 按作者自己的描述,虽然《具身心智:认知科学和人类经验》一书出版于 1991 年,但是写于 1986~1989 年,所以离《生活中的心智》的出版近 20 年了。
② 原文为 Our earlier interpretation of Husserl was mistaken, I no longer subscribe to this assessment of Husserlian phenomenology. 见《生活中的心智:生物学、现象学和心智科学》,第 413 页。
③ 同上书,第 414~416 页。
④ Husserl was not a methodological solipsist.
⑤ He was greatly concerned with the intersubjective and embodied aspects of experience.
⑥ His theory of intentionality was not a representational theory.
⑦ His theory of life-world was not reductionistic and representationalist.
⑧ I think it is too facile to say simply that phenomenology is a purely abstract, theoretical project lacking a pragmatic (praxis) dimension.

4. 胡塞尔认为,背景并非是指向对象的:在某种意义上,在幽暗的深处,存在着 root soil(根系的土壤),它是我们的自然方面,是主体性赖以站立的基地;属于这个自然方面的还有情感生活和本能生活等等低等的生命层次。胡塞尔并没有认为,反思性的意向性分析可以全部覆盖这种本能生活的根系土壤(root soil)。

5. 胡塞尔认识到,生活世界是预先给定的 Horizon(场域)和基础,它是不可以通过反思性还原的方式加以对象化的。这恰恰是他谋求生活世界现象学的新途径的动机①。

人们可能感到奇怪,在这 20 年间,到底发生了什么,使得汤普森对胡塞尔现象学的评价发生 180 度大转弯?他自己说是出于两个原因:第一,当时只关注了《逻辑研究》和《大观念(I)》,不了解胡塞尔 1920 年之后《被动综合分析》的工作手稿和交互主体性的手稿,并且受到海德格尔(Martin Heidegger)对胡塞尔片面解读的影响。第二,当时作者完全接受休伯特·朱艾弗斯(Hubert Dreyfus)②1982 年在编辑《胡塞尔:意向性和认知科学》(*Husserl, Intentionality and Cognitive Science*)时为该书所写的编者序中介绍胡塞尔哲学时提出的观点③,把胡塞尔解读为表象(代现)主义和准认识论哲学家。

20 世纪 80 年代以来,许多杰出的现象学家对这种片面的主流解读进行了深入的批判。这些成果的影响对汤普森摆脱主流解读起了重要作用。他在该书尾注中提到了 6 位对他帮助最大的学者的研究成果,其中就包括了我们这里向读者译介的道恩·威尔顿(Donn Welton)的《另类胡塞尔》④。译者

---

① 汤普森:《生活中的心智:生物学、现象学和心智科学》,第 415~416 页。
② 休伯特·莱德尔·朱艾弗斯(Hubert Lederer Dreyfus),1929 年生,现在是美国哲学家,毕业于美国哈佛大学,是达格芬·弗勒斯达尔(Dagfinn Føllesdal)的学生。他的主要工作是对胡塞尔和海德格尔哲学的解读,是在英语国家传播对胡塞尔的片面解读的主要代表。
③ 汤普森:《生活中的心智:生物学、现象学和心智科学》,第 414~415 页。
④ 作者还提到以下的研究:丹·扎哈维(Dan Zahavi):《胡塞尔的现象学》(*Husserl's Phenomenology*),Stanford,CA:Stanford University Press,2003 年,中译本见李忠伟翻译的《胡塞尔现象学》,上海译文出版社,2007 年;J.-M. 罗伊、J. 珀蒂托、B. 帕舒、F. J. 瓦雷拉(J.-M. Roy, J. Petitot, B. Pachoud and F. J. Varela):〈裂隙的彼岸:自然化现象学导论〉("Beyond the Gap: An Introduction to Naturalizing Phenomenology"),见 J. 珀蒂托、B. 帕舒、F. J. 瓦雷拉、J.-M. 罗伊编:《自然化现象学:当代现象学与认知科学论题》(*Naturalizing Phenomenology: Issues in Contemporary Phenomenology and Cognitive Science*),Stanford,CA:Stanford University Press,1999 年,第 1~80 页;E. 马巴赫(E. Marbach):《精神表象和意识:表象与指称的现象学理论》(*Mental Representation and Consciousness: Towards a Phenomenological Theory of Representation and Reference*),Dordrecht:Kluwer Academic Publishers,1993 年;以及 L. 朗斯多夫(L. Langsdorf):〈朱艾弗斯的评论〉("Review of Dreyfus"),1982 年,见《胡塞尔研究》第三卷(*Husserl Studies* 3),1985 年,第 303~311 页。

认为,《另类胡塞尔》是批判英语国家的胡塞尔主流解读片面性的代表作。

二

汤普森对胡塞尔现象学的态度的 180 度转变,是胡塞尔现象学评价和解读的两派观点之根本分歧的反映。这里的分歧不在于胡塞尔哲学著作中是否有过标准解读引述的那些表述和问题,而在于,标准解读中刻画的胡塞尔现象学观点,是胡塞尔现象学的一个阶段、一个部分,还是胡塞尔现象学的全部。实质上这里关涉的问题是,如何评价胡塞尔未来得及公开发表的研究手稿的理论价值,以及如何评价胡塞尔生前出版的导论性著作在胡塞尔整个现象学中的地位和意义。

我们一般倾向于认为,作者生前自己出版的著作是代表作者思想的权威著作。这种在一般情况下适用的看法,对胡塞尔未必适用。我们不能简单地说,只有胡塞尔生前发表的著作,是胡塞尔核心思想的权威代表。因为,往往在它们刚出版不久,胡塞尔就已经准备修改其中的某些思想。

胡塞尔的《算术哲学》于 1891 年出版,但是在该书正在印刷的 1890 年,在给老师施图姆夫(Stumpf)的信①中,他就已经明确指出:他已经放弃了该书的主导思想——基数概念构成普遍算术的基础,认为上述观点"已经被证明是错误的(als falsch)"②。

1901 年《逻辑研究》第二卷刚刚交稿排版,他在给那托普(Paul Natorp)的信中便指出,他紧张地期待着那托普对第一卷的评论。"但是浸透着我多年以来的全部工作的第二卷,我担心,会让您失望的。它是一部未完成的、不均衡的,尚未完全成熟的著作"③,后来他不断地对它——特别是其中的第六研究——进行修改,直至去世也未完成。

1913 年出版的《纯粹现象学和现象学哲学的观念》计划出三卷,但是只出版了第一卷《现象学通论》④。第二卷《本构现象学研究》⑤已经基本完稿,但并未出版,第三卷《现象学与诸科学的基础》⑥并未完稿,只有近百页的提纲。正如威尔顿在本书第 28 页上指出的,1921 年在给罗曼·英嘎登(Ingarden)的信中,胡塞尔说,他很惋惜,英嘎登来弗

---

① 1890 年〈致施图姆夫的信〉,见《胡塞尔全集》(*Husserliana*),第 21 卷,第 244~251 页。
② 同上书,第 245 页。
③ 胡塞尔 1901 年 5 月 1 日〈致那托普的信〉。见胡塞尔:《通信集》(*Briefwechsel*),第 5 卷,Kluwer Academic Publishers,1994 年,第 77 页。
④ 简称:《大观念(Ⅰ)》。
⑤ 简称:《大观念(Ⅱ)》。
⑥ 简称:《大观念(Ⅲ)》。

赖堡（Freiburg）太早了①，英嘎登如果晚一些时候来，就可以参加他

> 四个学期的紧凑讲课了，那样，你就会对我的整个视野有更全面的了解。的确，我的工作有了长足进展，尽管我没有抛弃《大观念（I）》（只是其中许多具体的分析，远远低于我的手稿的水平），但是我在体系方面的工作有了更大的进展，在所有原则性问题上都更加完善了。②

今天经常被视为胡塞尔代表作的《笛卡尔式的沉思》，生前只发表了法文版，那是写给当时对现象学尚无初步知识的法国人的一个十分初级的导论。德文原稿经过多年修改，最终也未能完成。

所以，我们不能简单地说，胡塞尔生前发表的著作，就是胡塞尔核心思想的权威代表。它们只不过是胡塞尔思想不断发展过程中的阶段性成果。

胡塞尔本人对自己手稿的重视也是人所共知的。他经常把自己的研究手稿（速写稿）交给助手，打字装订，不断拿出来加以修改，并且交给自己的弟子们传阅。他之所以没有拿出来发表，主要是因为他在学术上对自己的苛求。在他63岁时给那托普的信中，胡塞尔对自己手稿的态度表达得再清楚不过了：

> 我比你的处境更糟，因为我的绝大部分工作都被淹没在我大量的手稿中。我无力完成我的工作，对此我几乎感到绝望。我很晚——一部分是直到今天——才达到全面、成体系的思想，虽然这种成体系的思想是以前的具体研究所要求的，但是现在（成体系的思想）要求我对以前的工作做全面的加工。一切都处于重新结晶的阶段。我就是竭尽人力之所能，也只能是为我身后的遗著工作而已。③

对胡塞尔思想的主流解读依据的基本上是胡塞尔生前自己发表的著作。这些学者过分强调这些著作在胡塞尔思想整体中的核心意义，认为，只有它们才能代表胡塞尔的成熟思想。因此，这些学者没有去阅读和研究胡塞尔的手稿，没有研究它们同生前发表的著作之间的关系，更没有以此为基础，研究

---

① 英嘎登从1912年夏季学期到1914年夏季学期在哥廷根（Göttingen）从学于胡塞尔。1915年夏季学期又一次来到哥廷根从学于胡塞尔；1916年夏季学期以及1916~1917年冬季学期最后几个月，他也同胡塞尔在一起。参见舒曼（Schuhmann）在胡塞尔《书信集》3/3第175页的注释。

② 见胡塞尔1921年12月24日〈致英嘎登的信〉。胡塞尔：《通信集》，3/3，第215页。

③ 胡塞尔1922年2月22日〈致保罗·那托普的信〉，见《通信集》，3/5，第151~152页。

胡塞尔的思想整体和方法。他们都假定,胡塞尔对笛卡尔式思路的表述,就是胡塞尔现象学方法的最终表述,并且认为,笛卡尔式的思路穷尽了胡塞尔先验现象学的全部内容。

三

在《另类胡塞尔》一书中,对胡塞尔的标准描述被威尔顿归纳为3个观点、3个特征和3个问题或困境,共9项说法①。针对主流解读的片面性,威尔顿廓清了这些解读共同分享的理论框架,指出,他们把某一部分的具体分析混同于整个现象学的基础构图了。这种"标准解读"顶多给我们提供一个有关胡塞尔现象学方法之视野的删节本。这种混淆导致的结果就是,不能理解这些局部、细部是如何能联系在一起的,不能理解它们是如何构成完整的现象学理论体系的。作者指出,实际上,"胡塞尔对其方法的笛卡尔式的表述,只是'初次'表述,**而不是最终的表述**;而且,当胡塞尔在理论上通过对现象学的'静态'分析与现象学的'动态发生'分析做出成**系统的**区分,并用以拓展他的方法的时候,胡塞尔已经走出了'笛卡尔式表述'的局限性。"②

本书努力对胡塞尔的现象学方法进行全方位的解读,试图穿越对胡塞尔理论的浅层阅读,深入到各种理论背后的内在逻辑、内部动机和各自的意向性结构中去,"使我们不仅能理解胡塞尔现象学方法的内在逻辑";通过分析"胡塞尔自己的内在批判",指出"这些内在批判如何使得胡塞尔变成了他的'另外'一个自己";而且还可以揭示它的"理论承诺"③:随着动态发生方法的提出,随着成体系的现象学的形成,随着"诸视域"(horizons)这一观念的引入,胡塞尔就成为第一位直接面对"诸语境"(contexts)问题的先验哲学家。"诸视域""诸语境"的突出强调,使得我们有可能重新对世界观念作出结构性调整,使得胡塞尔思想成为区域性哲学研究可利用的理论资源,成为我们展开进一步研究的工作方法和理论视角。

四

最早关注、重视胡塞尔研究手稿中的现象学思想、强调其重要性的是胡塞尔生前的最后一位科研助手路德维希·兰德格里博(Ludwig Landgrebe, 1902~1991)。兰德格里博出生在维也纳,从1923年到1930年在弗赖堡给

---

① 见本书"导论"第四节:标准解释的收敛。
② 见本书第22页。
③ 同上。

胡塞尔当了八年的私人助手,胡塞尔也是他的博士生导师。胡塞尔的《经验与判断》一书就是兰德格里博根据胡塞尔本人的手稿,在胡塞尔的亲自指导下,整理、编辑、改写而成的。他作为助手接受的第一项任务,就是每次课后,将胡塞尔的速写讲稿转写为普通的德文打字稿。这批讲稿就是胡塞尔的《第一哲学》一书。所以,他对胡塞尔20世纪20年代讲授第一哲学时的思想状态、遇到的问题,以及解决的尝试有亲身的了解。因此,当1959年《第一哲学》在《胡塞尔全集》(Husserliana)中出版以后,兰德格里博便于1961年发表了一篇长文:〈胡塞尔之告别笛卡尔主义〉("Husserls Abschied vom Cartiesianismus")。在文章中,他十分具体地介绍、分析了胡塞尔在《第一哲学》讲稿的第二部分中,沿着笛卡尔思路做现象学哲学的思考时遇到的困难,以及他离开笛卡尔思路,从个人经验出发,如何通过一步步的还原,达到先验自我之路。这条道路不是从自我出发,而是从个人经验出发;先验自我不是哲学思考的出发点,而是哲学思考、现象学反思的结果。通过这条道路,现象学展示出,先验自我的意识活动的相关项不仅是认识对象(现实对象、理想对象、可能对象),而且是整个生活世界;在这个世界中包括他人、人类经验、人类共同体、生活世界的历史生成,也就是说,整个生活世界的视域(Horizon)都被纳入现象学研究的领域之中①。

自60年代以来,兰德格里博的这一思想在胡塞尔现象学研究界得到了进一步的发展和具体化。继承这一传统的有兰德格里博的学生、德国的黑尔德(Held)等人,比利时鲁汶大学胡塞尔档案馆的贝尔内特(Bernet),爱尔兰的德莫特·莫兰(Dermot Moran),美国的道恩·威尔顿、杜伦蒙德(Drummond)、大卫·卡尔(David Carr)、斯蒂芬·克罗威尔(Stephen Crowell)、奈侬(Nenon),丹麦的扎哈维(Dan Zahavi)等一大批学者。本书作者威尔顿是兰德格里博的亲炙弟子,他继承了老师的"道统",强调胡塞尔的工作手稿在现象学研究中的重要性。威尔顿在1983年出版的著作《意义的起源:胡塞尔现象学之开端的批判性研究》②中就明确指出:"本研究的结尾出现的胡塞尔将是笛卡

---

① 1923年的这些思想对海德格尔来说并不陌生。(在没接替胡塞尔当上弗赖堡大学的教授之前,海德格尔对胡塞尔执父子礼,胡塞尔也把他当成唯一的真正的接班人。二人之间的友谊曾一度传为佳话。)海德格尔《存在与时间》中的很多思想都受到胡塞尔当时这些新的研究成果的影响。当然海德格尔用了大量存在主义(克尔凯廓尔)的思想和术语,也有许多独创,而他最大的贡献就是把人生世界的现象学描述装裱为Ontology(本体论,存在论,是一论,存有论)。这个装裱当然也有它独立的哲学意义。就具体内容而言,他对人生的描述比胡塞尔更加深入到人生现象本身,因此,更加现象学,是更地道的人生现象学。

② *The Origins of Meaning*, *A Critical Study of the Threshold of Husserlian Phenomenology*, Martinus Nijhoff Publishers, 1983.

尔纲领破产之后的'另一个'胡塞尔(the "other" Husserl),尽管胡塞尔从来没有承认过这个破产,但是它一直影响着胡塞尔20年代之后的各个工作手稿。"①

这里为读者译介的《另类胡塞尔》于2000年出版。这本书的英文题目就是 The Other Husserl。作者在书中明确提出,分析哲学家、解构主义思想家和受到社会批判理论影响与启发的思想家们,他们解读胡塞尔的方式存在着惊人的一致性。而这种一致性却是以他们对胡塞尔理解的片面性为基础的,并且形成了导致汤普森等人拒斥胡塞尔现象学的所谓标准解读。威尔顿给自己提出的任务就是要匡正这种标准解读。

威尔顿在书中明确指出,这种片面解读是因许多研究者忽视胡塞尔手稿的重要性而形成的。具有这种片面性的不乏研究名家、权威:德文出版物中的恩斯特·图根哈特(Ernst Tugendhat)、托伊尼森(Theunissen);英语出版物中的弗勒斯达尔(Føllesdal)、莫汉蒂(Mohanty)、朱艾弗斯、麦金泰尔(Ronald McIntyre)和史密斯(David Smith);解构主义思想家中的德里达(Jacques Derrida)、约翰·卡布托(John Caputo)、罗多尔斐·伽塞(Rodolphe Gasché)、克劳德·埃文斯(Claude Evans);社会批判理论中的哈贝马斯(Jürgen Habermas)和卡尔-奥托·阿佩尔(Karl-Otto Apel)。甚至胡塞尔的学生奥斯卡·贝克尔(Oskar Becker)和助手欧根·芬克(Eugen Fink)有关胡塞尔的论述文字,对这一倾向的形成也负有一定责任。他们在学界的权威性,使得这种片面解读成为主流,甚至是标准,至今仍有影响。

最后,附带说一句,在瑞士专家耿宁(Iso Kern)、德国现象学家黑尔德和比利时鲁汶大学胡塞尔档案馆的贝尔内特等专家的直接影响下,倪梁康等中国专家对胡塞尔的译介工作,不存在威尔顿所批判的这种片面性。尽管如此,由于弗勒斯达尔、莫汉蒂、麦金泰尔和史密斯、朱艾弗斯等这些现象学专家、著名领衔学者和权威都是用英语写作的,而我国大部分从事哲学工作和爱好哲学的同事经常参考的外国研究成果往往是英文文献,这些权威的英语著作自然也是我国现象学爱好者,特别是青年同好们首选的参考资料。因此,像译者本人这类不专门从事胡塞尔研究的中国学者,就常常受到这些外

---

① The Husserl which emerges at the end of this study is the "other" Husserl, the Husserl after the collapse of the Cartesian program, a collapse which he could never admit but one which he himself effected in the various working texts of the 1920's . . . 见道恩·威尔顿:《意义的起源:胡塞尔现象学之开端的批判性研究》(*The Origins of Meaning: A Critical Study of the Thresholds of Husserlian Phenomenology*),《现象学丛刊》(*Phänomenologica*)第88卷(The Hague: Martinus Nijhoff, 1983),第2页。

国权威解读的影响。所以,对胡塞尔的这种片面性解读在我国学界过去有,今天仍然有一定的市场和影响。笔者本人就曾是这一标准解读的追随者。译者阅读威尔顿的这本《另类胡塞尔》,本来是出于好奇,读后收获良多,对自己过去受标准解读影响而形成的片面看法多有矫正。需要指出的是,这种标准解读在具体细节上并不是完全错误的。但是,由于我们在"标准解读"的指导下阅读胡塞尔著作获得的理论收获是片面的,因此,在对胡塞尔现象学的整体结构没有认识的情况下,这种理解也就犯了以偏概全的错误。通过胡塞尔的自我批评的补充,经过胡塞尔手稿中的更高水准的工作的矫正之后,我们就能获得对胡塞尔更全面的理解。这就是几年前读完本书后的最大收获。鉴于我个人的经验和"标准解读"在我辈现象学同好中的影响,我用了近两年的工夫,将其移译为中文,介绍给爱好胡塞尔现象学的同仁、朋友。如果有朋友像我一样受到过标准解读的影响,如今在威尔顿先生这本书的帮助下,从这种片面性中调整过来,那就达到了译者翻译此书的目的。

除此而外,对于想真正理解胡塞尔的现象学、想从浅层阅读过渡到深层理解的朋友来说,此书也不失为一本很好的指南和伴侣,尽管它不是一本浅显的导论。

靳希平
北京大学外国哲学研究所
2012 年 4 月 10 日

中文版序言

尽管在《逻辑研究》之前胡塞尔也有著作发表，但是两卷本的《逻辑研究》于1900年、1901年的问世，才使胡塞尔受到哲学界的关注。胡塞尔在他有生之年发表的东西相对来说并不算多，只有为数不多的几本书，然而他留下来的研究手稿和讲稿却多的令人难以想象。这些手稿或者是对现象学的具体应用，或者是对其现象学理论的进一步发展。这些珍贵手稿的主要部分现在已经面世。在过去的一百多年间，有越来越多的学者参与到对胡塞尔思想的研究工作中，他们不仅分析胡塞尔的各种理论，而且探讨他的现象学方法。而今这种趋势有增无减。这个事实就已经证明了现象学思想的洞见和力量。对胡塞尔哲学的接受、对他的先验现象学的理解，经历了几个不同阶段。下面我联系本书的内容，简要回顾一下这段历史。

对胡塞尔思想的第一波解读来自胡塞尔的同代人。他们依据胡塞尔自己发表的三本"导论"，讨论的重点则集中于从《逻辑研究》的描述现象学，到《纯粹现象学和现象学哲学的观念》（第一卷）和《形式的与先验的逻辑》（1929年）的先验哲学的转变。这个阶段以胡塞尔与海德格尔的分道扬镳而告结束。

胡塞尔解读的第二波分两个方面：（1）著名思想家的解读，如古维奇（Aron Gurwitsch）、萨特（Jean-Paul Sarte）和梅洛-庞蒂（Maurice Merleau-Ponty）等人。他们基本肯定胡塞尔现象学的重要贡献。（2）来自不同哲学方向的思想家的解读，包括来自社会批判理论、结构主义，以及分析传统中的现象学的思想家们。他们或者挑战胡塞尔的整个方法，拒斥胡塞尔对语言、感知、时间性等具体的理论分析；或者使用分析哲学的方法，强迫现象学达到分析哲学要求的清晰性。但是不管是对现象学持积极肯定的态度，还是持批判的否定的态度，他们都把胡塞尔规范化为"与认识论的内在主义、方法论上的唯我论、存在论上的唯心论联姻的新笛卡尔主义"①。笼统地讲，我们可以说，

---

① 这一言简意赅的概括是斯蒂芬·克罗威尔提出的。见《哲学史杂志》（*The Journal of the History of Philosophy*, Vol. 1, January, 2002）上他的评论文章，引文见于该卷第132页。

这就是他们共同持有并一再坚持的有关胡塞尔思想的"标准形象"。这第二波解读依据的材料与第一波基本相同,只扩充了两本书:《内在时间意识现象学(1893～1917)》(1928 年出版)和《经验与判断》(1938 年出版)。而胡塞尔的后期著作《笛卡尔式的沉思》(1931 年法译本出版,准确的德文原文直到 1963 年才得到重新编辑,作为《胡塞尔全集》第一卷第二版问世)则经常被视为胡塞尔的"新笛卡尔主义"的最有力的证据。

然而,《胡塞尔全集》中 1963 年以前卷帙的出版,就已经对这种"标准图像"提出了挑战:这些内容无法整合到这种解读中去。特别是 1954 出版的《欧洲科学的危机与先验现象学》(写于 1934 年和 1937 年),以及 1956 年出版的讲稿《第一哲学(1923/1924)》的第二部分《现象学还原的理论》,已经显露出——套用胡塞尔的助手、当时讲课的随堂整理者路德维希·兰德格里博著名文章题目的说法——"胡塞尔之告别笛卡尔主义"①的倾向的端倪。这个文本并没有放弃以第一人称视角作为思考之开端的立场,但是它从方法和内容上寻求对现象学的进一步深化。我们的困难是,如何面对胡塞尔的那些埋藏在手稿里的、已经成为传奇的大量的新思想。早在 1922 年,胡塞尔就向那托普抱怨:"我的绝大部分工作都淹没在我的手稿中。我担心我已经无力完成我的工作。"在信的结尾,他给出了预言式的结论:"我就是竭尽人力之所能,也只能是为我身后的遗著工作而已。"②正如他自己所说,这些正在"结晶"的思想,只有通过对这些工作结果的出版——就是身后遗著的出版——才能够为世人所知。现在,摆在我们面前的《胡塞尔全集》现有四十一卷,另外七卷尚在编辑中。如果严肃对待这些研究手稿,就会开启理解胡塞尔思想的第三波解读:根据胡塞尔自己的建议,除了笛卡尔式的道路之外,还有通向现象学还原的其他道路;他把"静态"现象学整合到"发生"现象学与"世代生成"现象学的先验体系之中,这里蕴涵着革命性的内容。

本书既想勾勒出这种开拓性的现象学的总框架,又想具体参与这种现象学的工作。它将深入胡塞尔现象学的心脏地带。本书的前九章是针对第二波胡塞尔解读而作,展示了与上述解读不同的另外一类先验现象学的"系统

---

① 路德维希·兰德格里博的文章《胡塞尔之告别笛卡尔主义》("Husserls Abschied vom Cartesianismus"),见《哲学评论》(*Philosophische Rundschau*),9(1962),第 133～177 页。后重印于他的文集《现象学之路》(*Der Weg der Phänomenologie*,Gütersloh:Gerd Mohn,1967),第 163～206 页,英译为"Husserl's Departure from Cartesianism",见道恩·威尔顿编:《胡塞尔的现象学:六篇论文》(*The Phenomenology of Edmund Husserl: Six Essays*),Ithaca:Cornell University Press,1981 年,第 66～121 页。
② 1922 年 2 月 1 日〈致那托普的信〉,见《通信集》,卡尔·舒曼(Karl Schuhmann)编:《胡塞尔全集·文档》(*Husserliana Dokumente*),第 3 卷,3/5,Dordrecht:Kluwer Academic Pub.,1994 年,第 151～152 页。

化的"视野。而我们对"新"胡塞尔的分析将使我们能够在最后的三章中积极地、批判地处理胡塞尔的思想,提出如何将意义的生成论整合到更丰富的关于世界的先验思想中去。

靳希平教授为将这部如此厚重的研究文字移译为中文而付出的辛劳简直令人不敢想象,我对此只能致以真诚的谢意。

一段时间以来,他一直致力于平衡现象学研究在中国的发展,希望胡塞尔的思想不是被作为垫脚石,而是被视为哲学思考的源泉。在这里我只能希望,这本书对他的这种努力有所帮助。在我认识的中国学者中,他是真正理解胡塞尔的著作并且致力于发展现象学之真正精神的少数学者之一。由他来翻译这部书,是我的最大荣幸。

道恩·威尔顿(Donn Welton)
石溪大学(Stony Brook University)
2012年4月14日

本书使用的胡塞尔著作书名缩写表

《被动综合分析》	*Analysen zur passiven Synthesis: Aus Vorlesungs-und Forschungsmanuskripten 1918 – 1926*, Ed. by Margot Fleischer, *Husserliana*, Vol. 11, The Hague: Martinus Nijhoff, 1966.
《文章与报告(1)》	*Aufsätze und Vorträge (1911 – 1921)*, Ed. by Thomas Nenon and Hans Rainer Sepp, *Husserliana*, Vol. 25, Dordrecht: Martinus Nijhoff, 1987.
《文章与报告(2)》	*Aufsätze und Vorträge (1922 – 1937)*, Ed. by Thomas Nenon and Hans Rainer Sepp, *Husserliana*, Vol. 27, Dordrecht: Kluwer Academic Pub., 1989.
《意义理论》	*Vorlesungen über Bedeutungslehre: Sommersemester 1908*, Ed. by Ursula Panzer, *Husserliana*, Vol. 26, Dordrecht: Martinus Nijhoff, 1987.
《通信集》	*Briefwechsel*, Ed. by Karl Schuhmann in connection with Elisabeth Schuhmann, *Husserliana Dokumente*, Vol. 3, Dordrecht: Kluwer Academic Pub., 1994.
《笛卡尔式的沉思和巴黎讲演》	*Cartesianische Meditationen und Pariser Vorträge*, Ed. by Stephen Strasser, *Husserliana*, Vol. 1, The Hague: Martinus Nijhoff, 1963.
《笛卡尔式的沉思》英译本	*Cartesian Meditations: An Introduction to Phenomenology*, Trans. by Dorion Cairns, The Hague: Martinus Nijhoff, 1960.
《物与空间》	*Ding und Raum: Vorlesungen 1907*, Ed. by Ulrich Cläsges, *Husserliana*, Vol. 16, The Hague: Martinus Nijhoff, 1974.
《小观念》	*Die Idee der Phänomenologie: Fünf Vorlesungen*, 2nd. ed., Ed. by Walter Biemel, *Husserliana*, Vol. 2, The Hague: Martinus Nijhoff, 1958.

续 表

《逻辑与认识论导论：1906~1907年讲演录》	*Einleitung in die Logik und Erkenntnistheorie: Vorlesungen 1906/1907*, Ed. by Ulrich Melle, *Husserliana*, Vol. 24, The Hague: Martinus Nijhoff, 1984.
《经验与判断》	*Erfahrung und Urteil: Untersuchungen zur Genealogie der Logik*, Ed. by Ludwig Landgrebe, Prague: Academia-Verlag, 1938; Hamburg: Claasen, 1954.
《经验与判断》英译本	*Experience and Judgment: Investigations in a Genealogy of Logic*, Trans. by James Churchill and Karl Ameriks, Evanston, Illinois: Northwestern University Press, 1973.
《第一哲学（Ⅰ）》	*Erste Philosophie (1923/24)*, Part Ⅰ: *Kritische Ideengeschichte*, Ed. by Rudolf Boehm, *Husserliana*, Vol. 7, The Hague: Martinus Nijhoff, 1956.
《第一哲学（Ⅱ）》	*Erste Philosophie (1923/24)*, Part Ⅱ: *Theorie der phänomenologischen Reduktion*, Ed. by Rudolf Boehm, *Husserliana*, Vol. 8, The Hague: Martinus Nijhoff, 1959.
《形式的与先验的逻辑》	*Formale und transzendentale Logik: Versuch einer Kritik der logischen Vernunft*, Ed. by Paul Janssen, *Husserliana*, Vol. 17, The Hague: Martinus Nijhoff, 1974.
《形式的与先验的逻辑》英译本	*Formal and Transcendental Logic*, Trans. by Dorion Cairns, The Hague: Martinus Nijhoff, 1969.
《大观念（Ⅰ）》	*Ideen zu einer reinen Phänomenologie und phänomenologischen Philosophie*, Vol. 1: *Allgemeine Einführung in die reine Phänomenologie*, Jahrbuch für Philosophie und phänomenologische Forschung, Vol. 1, Halle a. d. Saale: Max Niemeyer, 1913, pp. 1-323.
《大观念（Ⅰ）》英译本	*Ideas Pertaining to a Pure Phenomenology and to a Phenomenological Philosophy*, Book 1: *General Introduction to a Pure Phenomenology*, Trans. by F. Kersten, *Collected Works*, Vol. 2, The Hague: Martinus Nijhoff, 1983.
《大观念（Ⅰ）》全集本	*Ideen zu einer reinen Phänomenologie und phänomenologischen Philosophie*, Band 1: *Allgemeine Einführung in die reine Phänomenologie*, Ed. by Karl Schuhmann, *Husserliana*, Vol. 3/a, The Hague: Martinus Nijhoff, 1976.
《大观念（Ⅱ）》	*Ideen zu einer reinen Phänomenologie und phänomenologischen Philosophie*, Band 2: *Phänomenologische Untersuchungen zur Konstitution*, Ed. by Marly Biemel, *Husserliana*, Vol. 4, The Hague: Martinus Nijhoff, 1952.

续 表

《大观念(Ⅱ)》英译本	*Ideas Pertaining to a Pure Phenomenology and to a Phenomenological Philosophy*, Book 2: *Studies in the Phenomenology of Constitution*, Trans. by Richard Rojcewicz and Andre Schuwer, *Collected Works*, Vol. 3, Dordrecht: Kluwer Academic Pub., 1989.
《大观念(Ⅲ)》	*Ideen zu einer reinen Phänomenologie und phänomenologischen Philosophie*, Band 3: *Die Phänomenologie und die Fundamentle der Wissenschaften*, Ed. by Marly Biemel, *Husserliana*, Vol. 5, The Hague: Martinus Nijhoff, 1952.
《大观念(Ⅲ)》英译本	*Ideas Pertaining to a Pure Phenomenology and to a Phenomenological Philosophy*, Book 3: *Phenomenology and the Foundations of the Sciences*, Trans. by Ted Klein and William Pohl, *Collected Works*, Vol. 1, The Hague: Martinus Nijhoff, 1980.
《交互主体性(1)》	*Zur Phänomenologie der Intersubjektivität*, Erster Teil: *1905-1920*, Ed. by Iso Kern, *Husserliana*, Vol. 13, The Hague: Martinus Nijhoff, 1973.
《交互主体性(2)》	*Zur Phänomenologie der Intersubjektivität*, Zweiter Teil: *1921-1928*, Ed. by Iso Kern, *Husserliana*, Vol. 14, The Hague: Martinus Nijhoff, 1973.
《交互主体性(3)》	*Zur Phänomenologie der Intersubjektivität*, Dritter Teil: *1929-1935*, Ed. by Iso Kern, *Husserliana*, Vol. 15, The Hague: Martinus Nijhoff, 1973.
《危机》	*Die Krisis der europäischen Wissenschaften und die transzendentale Phänomenologie: Eine Einleitung in die phänomenologische Philosophie*, Ed. by Walter Biemel, *Husserliana*, Vol. 6, The Hague: Martinus Nijhoff, 1954.
《危机》英译本	*The Crisis of European Sciences and Transcendental Phenomenology: An Introduction to Phenomenological Philosophy*, Trans. by David Carr, Evanston, Illinois: Northwestern University Press, 1970.
《逻辑研究》第一版	*Logische Untersuchungen*, [1st ed.] 2 Vols., Halle a. d. saale: Max Niemeyer, 1900 and 1901.
《逻辑研究》修订第二版	*Logische Untersuchungen*, 2nd rev. ed., 2 Vols., Halle a. d. saale: Max Niemeyer, 1913 and 1921.
《逻辑研究》英译本	*Logical Investigations*, Trans. by J. N. Findlay, 2 Vols., New York: Humanities Press, 1970.

续 表

《现象学心理学》	*Phänomenologische Psychologie: Vorlesungen Sommersemester 1925*, Ed. by Walter Biemel, *Husserliana*, Vol. 9, The Hague: Martinus Nijhoff, 1968.
《现象学心理学》英译本	*Phenomenological Psychology: Lectures, Summer Semester, 1925*, Trans. by John Scanlon, The Hague: Martinus Nijhoff, 1977.
《算术哲学》	*Philosophie der Arithmetik: Mit ergänzenden Texten (1890–1901)*, Ed. by Lothar Eley, *Husserliana*, Vol. 12, The Hague: Martinus Nijhoff, 1970.
《短篇论文集》	*Husserl: Shorter Works*, Ed. by Peter McCormick and Frederick Elliston, Notre Dame: University of Notre Dame Press, 1981.
《内在时间意识》	*Zur Phänomenologie des inneren Zeitbewußtseins (1893–1917)*, Ed. by Rudolf Boehm, *Husserliana*, Vol. 10, The Hague: Martinus Nijhoff, 1966.
《内在时间意识》英译本	*On the Phenomenology of the Consciousness of Internal Time (1893–1917)*, Trans. by John Brough, *Collected Works*, Vol. 4, Dordrecht: Kluwer Academic Pub., 1991.

关于胡塞尔著作引用的说明

引文中只要可能的话,我会同时给出德文原文和英文译本的出处。如果在译文中注明为"依据……(英译书名)",或者"依据英译本",便意味着直接引用英文翻译的文字。而"(英译本书名)修正"或者"据英译修正",乃指所引用的英文译文是经过译者的修改;如果所引用的德语文本连同"英文书名"或"英文翻译"一并使用而没有再加说明,则表示这些翻译是属于作者本人,而英语译文是作为引文被使用的。

其他著作缩写表

《谈话》	Dorion Cairns, *Conversations with Husserl and Fink*, Ed. by Richard Zaner, *Phänomenologica*, Vol. 66, The Hague: Martinus Nijhoff, 1976.
《导论》	Martin Heidegger, *Prolegomena zur Geschichte des Zeitbegriffs*, Frankfurt am Main: Vittorio Klostermann, 1979.
《导论》英译本	Martin Heidegger, *History of the Concept of Time*, Trans. by Theodore Kisiel, Bloomington, Indiana: Indiana University Press, 1985.
《存在与时间》	Martin Heidegger, *Sein und Zeit* [1928], Tübingen: Max Niemeyer, 1967.
《存在与时间》英译本	Martin Heidegger, *Being and Time*, Trans. by John Macquarrie and Edward Robinson, New York: Harper and Row, 1962.

导论：重新思考胡塞尔*

> 人们从所处的肤浅表面(dem Oberflächen)被导入深处。
>
> ——胡塞尔(1936 年)①

我比你的处境更糟，因为我的绝大部分工作都被淹没在数量巨大的手稿中。我无力完成我的工作，对此我几乎感到绝望。我很晚——一部分是直到今天——才达到全面、成体系的思想，虽然这种成体系的思想是以前的具体研究所要求的，但是现在(成体系的思想)要求我对以前的工作做全面的加工。一切都处于重新结晶的阶段。我就是竭尽

---

* 经作者同意，译者将原书附录中的内容加入导论正文中。这原本是作者初稿的样子，后来，应出版社的要求，才在定稿时将相关内容分离出去，作为附录附在书后。附录内容是在郑辟瑞的译文基础上修改而成。

整个导论的基本内容曾经发表在《世界哲学》2008 年第 2、第 3 期上，但是根据单独发表的需要，少数表述略有改动，个别涉及全书的衔接的句子有删节。在收入本书译文时，均予以恢复。这章导论主要是对流行的所谓标准胡塞尔解读做了批判性的概括总结，阐明了《另类胡塞尔》的写作动机和另类在何处。由于内容涉及大量有代表性的胡塞尔思想研究文献，对于不熟悉这类文献的读者来说，比较难懂。读者可以跳过导论，直接阅读第一章，更容易进入作者对胡塞尔思想的介绍。

本书中的译者脚注均用拉丁字母 a, b, c……标出。——译者注

① 胡塞尔(Edmund Husserl)：《欧洲科学的危机与先验现象学：现象学哲学导论》(以下简称《危机》, *Die Krisis der europäischen Wissenschaften und die transzendentale Phänomenologie: Eine Einleitung in die phänomenologische Philosophie*)，沃尔特·比梅尔(Walter Biemel)编，*Husserliana*, Vol. 6, The Hague：Martinus Nijhoff, 1954 年, 第 366 页；英译本[*The Crisis of European Sciences and Transcendental Phenomenology: An Introduction to Phenomenological Philosophy*，大卫·卡尔(David Carr)译，Evanston, Illinois：Northwestern University Press, 1970]，第 355 页。

如不特别指明，给出的所有页码均指德文原版 *Husserliana* 即《胡塞尔全集》的页码。读者不应忘记，《胡塞尔全集》的各卷包括了大量的胡塞尔原始文本，这是胡塞尔著作的其他版本所无法比拟的。比如，《形式的和先验的逻辑》全集版，不仅包括了最初发表于《哲学与现象学研究年鉴》(*Jahrbuch für Philosophie und phänomenologische Forschung*)第十卷《形式的与先验的逻辑：逻辑理性批判的尝试》(*Formale und transzendentale Logik: Versuch einer Kritik der logischen Vernunft*, Halle a. d. Saale：Max Niemeyer, 1929, 第 v ~ viii, 1 ~ 298 页)的原文内容，而且还包括了当时胡塞尔并未交付发表的那个时期的不同手稿。如有任何疑问，请参见引用文献的缩写表，以及本书所附的胡塞尔著作书目。

人力之所能,也只能是为我身后的遗著工作而已。

——胡塞尔致那托普(1922年)①

一、对胡塞尔的解读

从研究的方案和目标来看,在现当代哲学中,还有什么比分析哲学同解构主义思想以及社会批判理论之间的差距更大的呢?尽管他们都把语言的特殊地位作为支撑其理论的基础,但是他们的兴趣完全不同,遵循的原则完全不同,发展的途径完全不同,得出的结果更是完全不同。他们在哲学上各自具有自己独特的话语构架;他们之间缺乏可以共享的方法论;对于什么是哲学、什么是哲学的研究主题这类问题,他们之间存在着无法弥合的分歧。即便我们今天已经认识到,不存在所谓规范的方法论,但分析哲学的风格与解构主义思想是如此不同,以至于就是出于最大的善意,也很难说出他们之间有什么共同之处。但是,在当今的胡塞尔思想诠释中,如果认真深入地阅读上述学派对胡塞尔的分析和解释,人们竟然发现,在他们对胡塞尔的现象学研究纲领的表述中,居然有惊人的收敛趋势,也就是说,分析哲学家、解构主义思想家和受到社会批判理论影响与启发的思想家们,他们解读胡塞尔的方式之间存在着惊人的一致性。哲学界的这个不争的事实,使人们感到迷惑不解。毫无疑问,在解读胡塞尔时,这些学派各有自己的不同目的。比如,具有分析哲学倾向的评论家对胡塞尔思想有高质量的研究与吸收;而解构主义的思想家们则努力去剥夺胡塞尔的理论和方法的合法权利。我们当然绝不可以把这两个学派的工作混为一谈。但是如果更深入一步地去阅读,就会发现,仅就对胡塞尔思想的一般描述而言,这两个学派用以工作的胡塞尔"图像"是如此相近,以至于可以将它们归入同一个模式之中。我把这种统一的胡塞尔"图像"称为"标准化图像"。本书之目的旨在表明,与这种"标准化图像"不同,还有一种非标准化的"另类胡塞尔图像"。笔者的工作就是努力去建立这种"另类"的胡塞尔解读。

为了解开上述谜团,我们将简要地做一些文献的回顾,以勾画出这些学

---

① 胡塞尔:〈致保罗·那托普的信〉(*Letter to Paul Natorp*),1922年2月1日,见胡塞尔《通信集》(*Briefwechsel*),卡尔·舒曼(Karl Schuhmann)、伊丽莎白·舒曼(Elisabeth Schuhmann)编:《胡塞尔全集·文档》(*Husserliana Dokumente*),卷3/5,Dordrecht: Kluwer Academic Pub., 1994年,第151~152页。胡塞尔的信件见以下各卷:卷3/1,布伦塔诺学派;卷3/2,慕尼黑现象学;卷3/3,哥廷根学派;卷3/4,弗赖堡学派;卷3/5,新康德主义;卷3/6,哲学信件;卷3/7,科学通信;卷3/8,事务性信函;卷3/9,家庭通信;卷3/10,导论及附表。

派使用的这幅"标准胡塞尔图像"的基本要素[a]。

二、分析哲学对胡塞尔思想的探索

在分析哲学家研究胡塞尔的著作中,经常是洞见迭出、准确有力。他们经常把胡塞尔的思想运用于当前的意向性理论、认知理论和分析认识论等主题的研究工作。分析哲学家的这类研究在20世纪70年代和80年代的发展,推动了整个胡塞尔研究工作,超越了早期注释阶段,转入了细致的、具体的批判性研究,尤其在关涉胡塞尔的意义理论、感知理论和判断理论方面的研究上,更是如此。比如在德国,有恩斯特·图根哈特具有突破性的研究。他将胡塞尔用作"分析哲学"与"德国现象学-解释学传统"之间的媒介[①];在关于交互主体性(Intersubjectivity)和交往问题的研究方面,有托伊尼森的十分重要的研究胡塞尔的作品。这项工作也和在"分析哲学"与"德国现象学-解释学传统"之间建立桥梁这一工程有着清楚的关联[②];同时,在英语国家或者英语出版物中,从弗勒斯达尔、莫汉蒂、麦金泰尔和大卫·史密斯[③]的胡塞尔研

---

[a] 经与作者讨论,以上段落,特别是最后部分,略有改动和补充,以适应将附录加在此处的需要。以下内容见原书第393~404页的附录。此处原来的文字如下:"我把对各种不同的胡塞尔解读的总结放到本书的附录中。随着本书工作的进行,我也会在某些脚注中谈及此问题。如果有的读者对胡塞尔研究文献特别感兴趣,可以在读完以上段落之后,直接去阅读附录,那里有具体的介绍和分析。"——译者注

① 参考恩斯特·图根哈特(Ernst Tugendhat):《胡塞尔和海德格尔的真理概念》(*Der Wahrheitsbegriff bei Husserl und Heidegger*, Berlin: de Gruyter, 1967)和《语言哲学导论》(*Einführung in die sprachanalytische Philosophie*, Frankfurt am Main: Suhrkamp, 1976),尤其是第143~160页;由 P. A. Garner 译为《传统的和分析的哲学:关于语言哲学的讲座》(*Traditional and Analytical Philosophy: Lectures on the Philosophy of Language*, Cambridge: Cambridge University Press, 1982)。图根哈特近来的论文选集,以《哲学论文集》(*Philosophische Aufsätze*, Frankfurt am Main: Suhrkamp, 1992)为书名出版。

② 迈克尔·托伊尼森(Michael Theunissen):《他者》(*Der Andere*), Berlin: de Gruyter, 1965年;英译为 *The Other: Studies in the Social Ontology of Husserl, Heidegger, Sartre and Buber*, Cambridge, Massachusetts: MIT Press, 1984年。

③ 参考达格芬·弗勒斯达尔(Dagfinn Føllesdal):〈胡塞尔的意向相关项观念〉("Husserl's Notion of Noema"),《哲学杂志》(*The Journal of Philosophy*)第66卷(1969年10月16日),第680~687页;罗纳德·麦金泰尔和大卫·史密斯(Ronald McIntyre and David Smith):〈胡塞尔对意义和意向相关项的认定〉("Husserl's Identification of Meaning and Noema"), *The Monist* 59(1975年1月),第115~132页;罗纳德·麦金泰尔和大卫·史密斯:〈通过意向的意向性〉("Intentionality via Intentions"),《哲学杂志》第68卷(1971年9月16日),第541~561页;《胡塞尔与意向性:心智、意义和语言研究》(*Husserl and Intentionality: A Study of Mind, Meaning, and Language*, Dordrecht: D. Reidel, 1982)。了解在分析哲学的语境中对胡塞尔研究有帮助的文献,还可参考罗纳德·麦金泰尔:〈塞尔论意向性〉("Searle on Intentionality"),《探索》(*Inquiry*)27(1984),第468~483页,以及〈胡塞尔和心智的表象理论〉("Husserl and the Representational Theory of Mind"), *Topoi* 5(1986),第101~113页。

究来看,他们不是把布伦塔诺(Brentano)①,而更多的是把弗雷格(Frege)②作为他们进入胡塞尔意向性理论的出发点。这些著作集中关注胡塞尔的意向相关项(Noema)这一概念。总的来讲,他们认为,胡塞尔将意向内容等同于命题内容。这种理解使得朱艾弗斯得以看到:阿伦·古维奇(Aron Gurwitsch)把这个概念(即意向相关项)推广到感知之中的努力,会导致无限后退的逻辑困境,因为基于这种看法,被理解为观念实体(形式)的意义(Meaning)与感性材料[质料性(hyletic)内容]之间的任何内在的关联,根本无法受到应有的关注。如果我们把感知当作"前语言的(prelinguistitic)",并且把感知的确定性作为基础,在这个感知的基础上,内容才"被纳入"言语—行为中,或者在言语—行为中被再当下化,那么,感知材料自身被结构的途径,就一定在某种方式上不同于"赋予意义的行为"。但是胡塞尔坚持他对感知确定性的解释,把感知性确定性限定在下述的意义观念中:即,这里的意义同逻辑意义一样,被特征化为一个非时间的、永恒的实体。因为,如果质料性材料是具体的、时间性的,我们就面临着感知内容的无限后退问题:感性材料被一种与感知没有任何内在关联的形式所构造③。在我以前的著作《意义的起源》中,我曾经集中讨论了与这种看法相关的两个困难:首先,将意向相关项的内容限制为弗雷格式命题的这种看法是有问题的;其次,朱艾弗斯认为,胡塞尔使用了"感知性意向相关项"这类特征刻画,用来说明感知行为的意向内容(意义)。但是朱艾弗斯的这种看法也很有问题。我在那本书中批判了这种观点,指出,胡塞尔在语言意义(Bedeutung)和感知性涵义(Sinn,意谊)之间做了严格的区分,这种区分不仅是术语上的,而且是类型上的。我还指出,在胡塞尔1920年的讲课稿中,我们能看到,他用大量篇幅致

---

① 如果试图批判性地通达胡塞尔的意义概念以及由此而来的意向相关项概念的话,通过弗雷格接近胡塞尔特别富有成果。同时,胡塞尔自己并未将弗雷格,而是将他的老师布伦塔诺看作对他影响最大的人:"我的整个发展是由我在 F. 布伦塔诺那里的出发点(durch den Ausgang von)所决定的。"〈致韦尔奇的信〉(*Letter to Welch*),1933 年 6 月 17 日和 21 日,《通信集》,3/6,第 460 页。

② 有两部优秀的著作已经描画了弗雷格和胡塞尔之间的关系。参考 J. N. 莫汉蒂(J. N. Mohanty):《胡塞尔和弗雷格》(*Husserl and Frege*),以及更晚近的著作,迈克尔·达米特(Michael Dummett):《分析哲学的起源》(*The Origins of Analytical Philosophy*, Cambridge, Massachusetts: Harvard University Press, 1994)。亦可参考罗纳德·麦金泰尔:〈胡塞尔和弗雷格〉("Husserl and Frege"),《哲学杂志》第 84 卷(1987 年 10 月),第 523~535 页。

③ 休伯特·朱艾弗斯(Hubert Dreyfus):〈感知性意向相关项:古维奇的重大贡献〉("The Perceptual Noema: Gurwitsch's Crucial Contribution"),见莱斯特·恩布里(Lester Embree)编辑的《生活世界和意识:为阿隆·古维奇而作的论文》(*Life-world and Consciousness: Essays for Aron Gurwitsch*, Evanston, Illinois: Northwestern University Press, 1972),第 135~170 页,重新出版于休伯特·朱艾弗斯编辑的《胡塞尔:意向性和认知科学》(*Husserl, Intentionality, and Cognitive Science*),Cambridge, Massachusetts: MIT Press, 1987 年,第 97~123 页。

力于发展这种对感知性的表指意义(significance)的特征刻画,致力于提出正确的感知现象学。胡塞尔思想的这一发展得到另一部更晚的著作的补充。在该著作中,胡塞尔越来越关心,人们如何能够根据它的历史的和时间上的动态发生,来对命题话语的意义进行特征刻画①。

紧接着上面分析哲学对胡塞尔的第一批解释研究,还有第二批此类研究。这批研究将胡塞尔的思想同新近发展的认知心理学和人工智能(AI)科学联系在一起加以考察。朱艾弗斯表示,既然胡塞尔将意义理解为**各种规则**(rules),既然胡塞尔"仅仅根据意向性样态的内容之结构"来分析意义②,他就应该忠实于人工智能的支持者同样的理论思路。据此,朱艾弗斯进一步扩展了先前对胡塞尔的批判③。其结果是提出,不论是胡塞尔还是认知科学家,他们都不能对具有意义的广阔的、数量巨大的经验领域做出说明。在这些领域中,各种规则都不具有构造性,比如在感知、实践中,我们对工具的使用和工具对我们实践的参与关系,以及大部分人类行动(action)的形式中都是如此④。有意思的是,麦金泰尔看上去非常不情愿尾随朱艾弗斯的"对胡塞尔的计算主义(computationalist)的解读"。麦金泰尔试图通过发现胡塞尔和福多(Fodor)之间的重要差异来彻底地表明这一点。他指出,在关于心智性的"再当下化(representation)"的各种概念上,以及在关于心智生活中意义的地位的看法上,他们之间都存在着重要的差别⑤。

在所有这些文献中,没有任何一部出自分析哲学的解释者之手的著作,直接去处理胡塞尔生前已发表的文本与其身后发表的文本之间的关系问题,更没人以此为基础研究胡塞尔方法的整体。他们之中没有任何一项研究直接讨论这一点。他们都假定,后来被胡塞尔自己称为他的笛卡尔式思路,以及他对笛卡尔式思路的表述,就是胡塞尔现象学方法的最终表述,并且认为,

---

① 关于对由这些作者提出的意义理论的回应,参考道恩·威尔顿的《意义的起源:胡塞尔现象学之开端的批判性研究》(*The Origins of Meaning: A Critical Study of the Thresholds of Husserlian Phenomenology*),《现象学丛刊》(*Phänomenologica*)第88卷(The Hague: Martinus Nijhoff, 1983)和〈从事联结的专名和被联结的对象:弗雷格与胡塞尔论Bedeutung〉,("Verbindende Namen/Verbundene Gegenstände: Frege und Husserl über Bedeutung"),克里斯托弗·吉米、奥托·珀格勒(Christoph Jamme and Otto Pöggeler)编:《争论中的现象学》(*Phäomenologie im Widerstreit*),Frankfurt am Main: Suhrkamp, 1989年,第141~191页。
② 休伯特·朱艾弗斯:"引论"("Introduction"),见《胡塞尔:意向性和认知科学》(*Husserl, Intentionality, and Cognitive Science*),Cambridge, Massachusetts: MIT Press, 1987年,第21页。
③ 同上。
④ 实际上,朱艾弗斯表示,胡塞尔"开始作为认知心理学和人工智能的当前研究之父而出现"(同上书,第2页)。
⑤ 罗纳德·麦金泰尔:〈胡塞尔和心智的表象理论〉("Hussert and the Representational Theory of Mind"),*Topoi* 5 (1986),第101~113页。

笛卡尔式思路穷尽了胡塞尔先验现象学的全部内容。只有一位思想家——他多年来严肃认真地在分析哲学的认识论和现象学的认识论这一交叉领域中从事研究工作——J. N. 莫汉蒂懂得，事实并非如此。不过，他的研究仍然集中于建构先验性的本构现象学的框架。据我所知，他还没有试图沟通先验性的本构现象学框架的研究与动态发生（或发生）分析之间的联系①。

三、对胡塞尔的解构

与有分析哲学背景的解释者相反，解构主义思想家几乎只关心胡塞尔的方法，虽然他们也没有深入阅读胡塞尔的手稿，尤其是 20 年代的文本。他们对胡塞尔的解构性研究几乎完全建立在德里达的著作之上。而作为德里达的工作之出发点的，首先是由勒维纳斯（Levinas）②和贝格尔（Berger）③引入的，然后由萨特④以及某种程度上由利科（Ricoeur）⑤所建立的胡塞尔思想的形象。根据这个形象，德里达写成了一部长篇手稿，后来分别于 1962 年和

---

① J. N. 莫汉蒂：《先验哲学的可能性》（*The Possibility of a Transcendental Philosophy*），《现象学丛刊》第 98 卷，The Hague：Martinus Nijhoff，1985 年。
② 伊曼努尔·勒维纳斯（Emmanuel Levinas）：《胡塞尔现象学中的直观理论》（*La théorie de l'intuition dans la phénoménologie de Husserl*），Paris，Alcon，1930 年；英译为 *The Theory of Intuition in the Phenomenology of Husserl*，Trans. by André Orianne，Evanston，Illinois：Northwestern University Press, 1973 年。在胡塞尔自己的一封信中有一段评论，涉及这项关于他的现象学的研究。在对那些陷入"古老的哲学幼稚"以及误解了他的现象学的人[舍勒（Max Scheler）、海德格尔、赫林-斯特拉斯伯格（Hering-Strassburg）和其他人]的抱怨中，他提及勒维纳斯近来出版的书，并且说它，"把我的现象学降到了和海德格尔的现象学同样的层次，并且由此而剥夺了它真正的意义"。见 1933 年 6 月 17 日和 21 日〈致韦尔奇的信〉，《通信集》，3/6，第 458 页。如果联系到法国解释者大都通过海德格尔解读胡塞尔这一令人吃惊的趋势，那么胡塞尔的这个抱怨对这种趋势来说，不啻于一声预言性的警钟。
　　毫无疑问，胡塞尔的《笛卡尔式的沉思》对法国间接接受他的现象学有着重大影响。虽然胡塞尔并没有以德语出版它，甚至渐渐放弃对它的修订，以便开始手写作我们现在看到的《欧洲科学的危机》一书，它却立即由伊曼努尔·勒维纳斯和加布里埃尔·皮尔佛（Gabrielle Pilfer）翻译成法语，并于 1931 年出版。参考《笛卡尔式的沉思》（*Méditations Cartésiennes*），Paris：A. Colin, 1931 年。这本书是胡塞尔在 1929 年 2 月 23 日和 25 日于索邦作的两个讲座的增补和扩充，现在称为"巴黎讲座"。关于原始的德文文本，参考胡塞尔的《笛卡尔式的沉思》和英文翻译。全面处理它在胡塞尔思想中的位置，见道恩·威尔顿的《另类胡塞尔》（*The Other Hsserl: The Horizons of Transcendental Phnomenology*，Indiana University Press，2000）第五章和第六章。
③ 伽斯东·贝格尔（Gaston Berger）：《胡塞尔哲学中的"我思"》（*Le Cogito dans la philosophie de Husserl*），Paris：Aubier，1941 年；英译为 *The "Cogito" in Husserl's Philosophy*，Trans. by Kathleen McLaughlin, Evanston，Illinois：Northwestern University Press, 1972 年。
④ 让-保罗·萨特（Jean-Paul Sartre）：《存在与虚无》（*L'être et le néant*），Paris：Librairie Gallimard，1943 年；英译为 *Being and Nothingness: An Essay on Phenomenological Ontology*，Trans. by Hazal Barnes，New York：Philosophical Library（《哲学文丛》），1956 年。
⑤ 保罗·利科（Paul Ricoeur）：《胡塞尔：对他的哲学的分析》（*Husserl: An Analysis of His Philosophy*），爱德华·巴拉德、莱斯特·恩布里（Edward Ballard and Lester Embree）译，Evanston，Illinois：Northwestern University Press, 1967 年。

1967 年出版了两部关于胡塞尔的书。其后,他就把这些研究作为他自己的哲学旅程的出发点①。本哈特·瓦登费尔茨(Bernhard Waldengfels)认为,阅读德里达的手稿——现在作为 *Le problème de la genèse dans la philosophie de Husserl*(《关于胡塞尔哲学中的生成问题》)出版——能够消除关于德里达对胡塞尔著作的知识是否充分的疑问②;但是,虽然这个文本出版于 1990 年,它却写于 1953 年和 1954 年间,那时,《胡塞尔全集》只出版了前六卷,而 20 世纪 20 年代的讲座和手稿材料,尤其是那些处理"生成问题"的文本,还根本没有出版。德里达的手稿中甚至未曾提及那些我们在《第一哲学》第 I 卷和第 II 卷——后来为《胡塞尔全集》的第七卷和第八卷——中发现的关于不同的还原方式的讨论。正如弗朗索瓦·达斯图尔(Françoise Dastur)所报道的,在 20 世纪 50 年代的巴黎,"胡塞尔式的哲学似乎是一种笛卡尔主义的新形式"③;德里达懂得胡塞尔文本中的现象学冲击力,知道它能带领我们超越胡塞尔本人的现象学的局限,尽管如此,他仍然认为,胡塞尔思想无可逃避地陷入了现代主义的框架之中。胡塞尔哲学中具有可以自觉地排除一切自然主义和哲学之预设的程序,而德里达将其置于不顾,仍然去追随海德格尔的看法④,认为在胡塞尔的描述分析中仍然可以发现,有深层的形而上学观念在起作用,而且认为胡塞尔的这些观念代表了一种发展过程的顶点:这个过程开始于笛卡尔,甚至可以追溯到古希腊。这些就是德里达饶有兴趣、要去揭露的观念,他要将这些观念加以限制,然后置入其资源已经耗尽的传统之中。但是德里达的解读依据的是胡塞尔的部分文本,这些文本被标示为现象学的"引论"。他并没有关注胡塞尔在 20 世纪 20 年代集中研究的普遍的方法问

---

① 雅克·德里达(Jacques Derrida):《胡塞尔哲学中的发生问题》(*Le Problème de la Genèse dans la Philosoophie de Husserl*),Paris:Presses Universitaires de France,1990 年;《埃德蒙德·胡塞尔的"几何学的起源"》(*Edmund Husserl's l'origin de la géométrie*),Paris:Presses Universitaires de France,1962 年;英译为 *Edmund Husserl's Origin of Geometry: An Introduction*,Trans. by John Leavey,Atlantic Highlands,New Jersey:Nicholas Hays,1978;《声音与现象》(*La Voix et le Phénomène*),Paris:Presses Universitaires de France,1967 年;英译为 *Speech and Phenomena*,Trans. by David. B. Allison,Evanston,Illinois:Northwestern University Press,1973 年。
② 本哈特·瓦登费尔茨(Bernhard Waldenfels):〈听自己说:德里达记录现象学的声音〉("Hearing Oneself Speak:Derrida's Recording of the Phenomenological Voice"),〈Spindel 会议[1993]:德里达对胡塞尔的解释〉(Spindel Conference [1993]:Derrida's Interpretation of Husserl),Leonard Lawlor 编:《南部哲学杂志》(*The Southern Journal of Philosophy*),Vol. XXXII, Supplement 32,第 75 页。
③ 弗朗索瓦·达斯图尔(Françoise Dastur):〈胡塞尔和德里达中的有限和重复〉("Finitude and Repetition in Husserl and Derrida"),〈德里达对胡塞尔的解释〉("Derrida's Interpretation of Husserl"),Leonard Lawlor 编:《南部哲学杂志》,Vol. XXXII, Supplement 32,第 113 页。
④ 关于胡塞尔和海德格尔的关系,见本书第五章和第十四章。

题和对具体的动态发生现象学的丰富的、有说服力的研究。瓦登费尔茨在评论德里达这一局限的时候,也为德里达的这种疏忽提供了一个体系上的说明:"德里达如此固执地漠视动态发生现象学这一事实,或许是由于这样一个事实,即一开始他对动态发生期待太多,或者是他的所有希望之所在。"①

与其对读者已经熟悉的很多方面进行概述,不如让我指出一种关注胡塞尔的方法问题的途径:分析一下近来的五项研究,看看它们是如何处理或者对待德里达和胡塞尔之间的关系的。

约翰·萨利斯(John Sallis)②在他的《划界》一书中正确地强调了一个事实,即对德里达来说,恰恰是胡塞尔关于时间构造的理论,能够转过来反对印象性的当下(impressional presence)这个观念,并最终反对关于封闭(closure)的观念——"它对[笛卡尔式的]现象学来说可能是基础性的"③。萨利斯的确看到,这一转向是发生在胡塞尔自己的工作之中,只是没有试图将它整理出来,没有从胡塞尔的方法论问题方面发展它的内在潜力。

约翰·卡布托(John Caputo)在《彻底的解释学》④一书中给我们提供了一节关于德里达对胡塞尔的分析的详细讨论。在这一文本中,他对胡塞尔的敏锐处理,令人拍案:它被先前评论所压迫,将胡塞尔投入笛卡尔主义——"一个外来的进口货"的模式中⑤。卡布托提出,方法论上的笛卡尔主义偏见,在意向对象理论上误导了胡塞尔,"因为,几乎不可否认,在他的描述性的分析这一层次上,胡塞尔不能充分地运用他思想中的解释学因素"⑥,也就是说,胡塞尔没有将感知作为解释来处理。甚至更糟,胡塞尔对于意向性的描述,实际上"要求我们相信两个自我:一个处于世界之中,另一个是世界的先验替身"⑦。一方面,这个问题当然是笛卡尔式的思路固有的,因为它将存在论主张附加到它在认识论的发现之上⑧。但是,与此同时,先验反思的观念——甚至在《大观念(I)》中就是如此——包含了对经验自我与那个自我

---

① 瓦登费尔茨:《听自己说:德里达记录现象学的声音》,Leonard Lawlor 编:《南部哲学杂志》,Vol. XXXII,Supplement 32,第 75 页。
② 约翰·萨利斯(John Sallis):《划界:现象学和形而上学的终结》(*Delimitations: Phenomenology and the End of Metaphysics*),Bloomington, Indiana: Indiana University Press, 1986 年。
③ 同上书,第 24 页;亦参第 143 页。
④ 约翰·卡布托(John Caputo):《彻底的解释学:重复、解构和解释学筹划》(*Radical Hermeneutics: Repetition, Deconstruction, and the Hermeneutic Project*),Bloomington, Indiana: Indiana University Press,1987 年,第 120~147 页。
⑤ 同上书,第 56 页。
⑥ 同上。
⑦ 同上书,第 57 页。
⑧ 见本书第十章及以下。

的先验结构之间的清楚区分,这样就有可能避免这个困难。

由于罗多尔斐·伽塞(Rodolphe Gasché)认识到,"后期胡塞尔"体现了"一种哲学类型,它不能随心所欲地被放入通常的哲学分类之中"①,因此,在他的《镜后的锡箔》一书中,对胡塞尔方法的说明被他的这个发现大大加强。由于他强调德里达思想的成体系的特征,所以,同其他那些关于德里达与胡塞尔之间的联系的研究者的作品相比,伽塞看到了德里达与胡塞尔之间有更多的连续性②。不过,所有这些作家主要的兴趣都是德里达,这样,虽然我们在这些著作中发现了富有启发性的和挑战性的洞见,但是他们之中没有人着手系统地说明胡塞尔的方法。

克劳德·埃文斯(Claude Evans)不像上述那些著作那样一味追随解构。他在《解构的策略》一书③中,尝试逐字逐句地批判德里达论胡塞尔的文本。这里只需指出,他处理德里达的解释时所处的层次,非常不同于我的说明工作所在的层次。我的主张是,要对德里达在哲学上做出反应,这本身就需要对胡塞尔的方法从整体上进行把握和批判性说明,并且需要追问,经过对胡塞尔方法本身的正确重构,是否能够真正从中排除那些隐含的形而上学因素。而根据德里达的看法,那些隐含的形而上学因素可能是胡塞尔方法失败的原因。埃文斯在某些方面触及了这个主题,但是他的焦点放在德里达在《声音与现象》和《论文字学》④中对胡塞尔的具体的原理观点的解读和误读之上。

德里达论胡塞尔的手稿写于1953~1954年,他的两部论胡塞尔的著作出版于1962年和1967年,这个时期,大量的关键性手稿文本——比如《第一哲学》、三卷本的《交互主体性》和《对被动综合的分析》——正在出版当中,大量与胡塞尔的思想地位相称的、内容丰富而充实的重要研究手稿还正计划出版。所以,收集在《德里达对胡塞尔的解释》(1994年)中的论文不可能对此有任何说法。直接评价德里达对胡塞尔文献的解释的文章著作——当然不是全部——涉及的胡塞尔的著作,集中于《逻辑研究》和《大观念(Ⅰ)》,偶

---

① 罗多尔斐·伽塞(Rodolphe Gasché):《镜后的锡箔:德里达和反思哲学》(*The Tain of the Mirror: Derrida and the Philosophy of Reflection*),Cambridge, Massachusetts:Harvard University Press,1986年,第80页。
② 参考同上书,第110~112、244~250页。
③ 克劳德·埃文斯(Claude Evans):《解构的策略:德里达和声音的神话》(*Strategies of Deconstruction: Derrida and the Myth of the Voice*),Minneapolis:University of Minnesota Press,1991年。
④ 雅克·德里达:《论文字学》(*De la grammatologie*),Paris:Les Edition de Minuit,1967年;英译为 *Of Grammatology*, Trans. by Gayatri Spivak, Baltimore:John Hopkins University Press,1976年。

尔涉及《危机》。只有瓦登费尔茨的文章中提供了一些信息,显示出德里达对胡塞尔的资料的广泛地、系统地阅读,以及他对较好的二手文献的熟悉。

作为一种哲学的反思风格,解构主义继承了来自大陆传统对丰富的历史的浓厚兴趣,但是让人吃惊的是——如果不是震惊的话,我们发现,我们从上述分析中得出的结论是:同有分析哲学倾向的评论家的研究一样,解构主义研究处理的胡塞尔文本的范围也是如此有限。或许这就是我们在他们的解读中,发现他们之间的交汇点的主要原因。但是我们要怎样刻画这个交汇点呢?我们怎样才能超越这些关于文本选择的初级的、表面的问题,而达到他们分享的关于胡塞尔的观点的有哲学意味的特征呢?

四、标准解释的收敛

根据分析哲学的倾向和解构主义解读者的看法,胡塞尔关于现象学的最终表述,给我们提供了三个关于意向性结构的论题和三个关于真正的哲学方法的特征的论题,作为结果,则是三个致命的哲学错误。让我们从意向性分析开始。

1. 所有行为依其本性都是意向性的,这就意味着,它们的结构是如此,以至于它们必然与一个(或者不在场或者在场)对象相关联,这个对象是它们的主题(theme)。这种关联性得以可能的条件是:一个抽象的、结构性的成分或实体的在场,胡塞尔将它标识为Sinn(意谊)或Bedeutung(意义)。把"行为"解释为"形式",这一点使胡塞尔提出了"意向性行为"(Noesis)这一观念;同时,将意义特征化为"行为的内容",为胡塞尔的"意向相关项"(Noema)这一概念提供了本质性特征。与此同时,"意向相关项"又被当作任何正在显现的感性内容之形式,只要它是具有形式的。"意向性行为"和"意向相关项"的相关性,规定了意识的不可还原的、普遍的结构。

2. 胡塞尔进一步对Sinn(感知性涵义或意谊)和Bedeutung(语言意义)做了**术语学上的**区分,使之平行于感知行为和理解行为(判断行为)之间的**结构上的**区分。与此同时,胡塞尔在对这两种区分中的"意向相关项"(Noemata)之意义成分进行**特征刻画**时,依据的仍然是"使之成为命题的内容"——它大致相当于弗雷格的意义(sense)——来完成这个任务;然后才进一步由于坚持"感知性涵义(Sinne,意谊)是前语言的",从而导致了混乱,破坏了这幅(胡塞尔-弗雷格)图画。于是,我们发现,在胡塞尔的理论中充满了各种对意向性生活的逻辑主义(logistic)或逻各斯中心主义的特征刻画,而他的感知学说与此根本不协调。胡塞尔用这样的模式来对感知进行特征刻画的努力,导致了许多不能解决的问题:要么① 我们面临着无形式的材料

（感性数据）和形式［观念性的意义（meaning）］之间不可跨越的鸿沟；要么② 表面上坚持术语上的区分，认为感性涵义（Sinne，意谊）是前语言的；但是，他对这个站不住脚的立场的坚持，使得意义［弗雷格意义上的意义（senses）］独立于语言，并且使得所有的感性知觉都不能是解释性的；要么③ 同胡塞尔表达出来的理论相反，赋予"意向相关项"的逻辑主义特征以优先性，并且因此被推入下述理论，即认为，感性感知只能是解释性的，也就是说，"'观瞧'是不能'持久'的"（"the look" cannot "abide"）①。

3. 可以通过可表达性原则来确定意义、指称和语言之间的关系：符号是物理性的实例（tokens）（实在的实体），它们作为意义（理想实体）的代理而存在，是为了对意义进行表达而存在；这些符号（现在被称为 expressions，词语表达）就是通过这些意义去指称对象（实在性实体或者观念性实体）的。这样，符号与它们的意义，以及它们的所指，只是外在地相互关联。对于对象的配置（configuration）和当下化，符号是必要的；但是对于这类意义的形态（shape）和存在来说，符号不再必要。此外，意义既有存在方式（subsistance）（理想性的，ideal），又有内容（概念性的，conceptual）；它们都独立地分属于现实存在的领域中的任何事物。这也就意味着，主体之间的交往过程，就其被符号所实际标示的情况而言，是外在于交往过程的内容的，不管这些内容是意义还是指称（reference），同时也外在于交往共同体的历史。这种情况导致胡塞尔得出下述理论，即合理性证明或者实证，可以被还原为明证性（evidence）问题，而明证性又是由一对概念来定义的：① **对被意向的意义和进行充实意义之间的、在"当作"（taking as）和"被给作"（given as）之间的一致性的直接的或直观的洞见**；② 被指（referents，所指）的**最理想的**（optimal）**当下化**。

这些观念反映在并且建立在胡塞尔方法之三个相互依赖的特征之上。

4. 将意义特征化为行为之理想性结构成分，这就一定得出下述看法：意义被给出的方式不同于现实实体的给出方式，也就是说，当行为-意义相关性使得指称（reference）得以发生时，行为-意义相关性自身就成为一个所指（referent），行为-意义相关性在反思中的"被给出"就根本上不同于实在对象的"直接的"被给出。对现实对象和实事的"纯粹本质"的分析，把这些"纯粹本质"理解为，**可能**行为中现实实例的**可能被给出性之规则**（实例的实际性并不是必要的）；与此同时，又坚持（insistence）认为，这类本质在某个领域中

---

① 雅克·德里达：《声音与现象》（*Speech and Phenomena*），David B. Allison 译，Evanston，Illinois：Northwestern University Press，1973 年，第 104 页。

是相互关联的;而这个领域能够向"本型洞见"给出自身,或当下化;这种坚持(insistence)在这类本质性的相关性运作的**领域**与现实存在物的**领域**之间,开辟了一条鸿沟。这样,各种当下化模式之间的**认知上的**对立,就变成了先验领域和现实领域之间**实存上**(ontic)的差别;而且这还致使我们从意向性内容的理解中,排除了自然主义的解释,或者——我们如今更流行的说法——因果论的解释。

5. 胡塞尔还给这个现象学纲领投放了一个笛卡尔式的封闭式方案所要求的绝对的出发点或基础,也就是说,加上了一个存在的**整体性**——这个整体性自身可以在绝对知识中被给出——所要求的绝对的出发点或基础。现实世界只是一个超越(transcendent)领域:它通过不同的视角而向意识显现,或者当下化。这样,我们对现实世界的理解,就必然随时准备接受不断进展的经验进程对我们的理解的纠正。所有的经验知识都是可怀疑的,所以不能给哲学提供一个出发点。但是胡塞尔认为,现实世界**作为整体**是对现实世界存在的深层基础确信(belief)的相关物。对"存在论题"(thesis of existence)的悬置行为,给直观审视开辟了第二个领域,即一个内在领域;在这个领域中,其当下化的模式可以承诺为明证性提供担保。因为在这里,存在与被给出之间有全适的(adequate)一致性;这种全适的一致性必然意味着我们对它的当下化具有直接的直观,并足以保证它的存在。先验的领域同现实的领域之间的**实存性**(ontic)差别由此而转化为(绝对的)意识与世界之间**存在论上的**(ontological)差别。既然认为还原提供给我们的意识是"一个开放的无限性的领域,然而又是自我封闭的存在领域"①,那么绝对意识就成为对存在的整体进行主题化的不可还原的出发点。同超越的领域相反,这个领域既是内在的,又是先验的,也就是说,这个第二领域被理解为从事着反思的绝对意识。

6. 为了对抗主观唯心论的威胁,胡塞尔提出,正如意识在内在领域运作时一样,意识是以如下方式结构而成的:它总是包含同超越内容的**关系**。这里的出发点不是心理学事件,也不是心理学事件的领域,而是"**我思**"的模式同**所思**(cogitatum)的显现之间的基本的关系。胡塞尔著名的把世界放到

---

① 这是胡塞尔写在自己手头那本《大观念(Ⅰ)》的页边上的一段插入语。引文参见卡尔·舒曼编辑的《大观念(Ⅰ)》附录37。也见比梅尔编辑的《大观念(Ⅰ)》第72页,在那里它被插入原文中。这里所引的是英文译文第65页。关于《大观念(Ⅰ)》的背景和形成的附加材料,参考卡尔·舒曼:《现象学的辩证法(Ⅱ):纯粹现象学和现象学哲学》(*Die Dialektik der Phänomenologie II: Reine Phänomenologie und phänomenologische Philosophie*),The Hague: Martinus Nijhoff, 1973 年。(德文原文为:"eine offen endlose und doch für sich abgeschloßene Seinssphare"。——译者注)

"括号中"的进程,并不意味着丧失了世界,而毋宁说,它被论题化为"相关性的东西"、论题化为不可还原的显现内容的领域;作为相关性的世界是对行为与显现之间的这种关系的先验性解释;在这种关系的多样性中,这种关系给我们提供了一切不同的超越性区域的多样性的**基础**。不过,这个差别以牺牲自我的统一性理论为代价而得到保障,因为,现在看起来,自我被分割为先验的自我和经验的自我。先验的自我是构造的执行者,它是一门被称为先验现象学的特殊学科的主要研究内容。经验自我则必然会是由先验自我构造的诸内容中的一项内容,成为一门被称为现象学心理学的不同学科的主要研究对象。

这种对意向性和现象学方法的看法,被视为胡塞尔的纲领中不可缺少的核心思想,据此,围绕着三组问题对胡塞尔的这个纲领的批判,就几乎是不可避免的:其中的每一组问题都能发展出我们可以在先前的思想家中发现的灾难性困境。

7. 问题(1),把先验主体性理解为意识,并且把意识理解为同时具有两种形式:它具有① 它自己本身的存在的内在形式(its own inner form of being),又有② 它自己本身在时间中的"自身-当下化"的内在形式(its own inner form of temporal self-presence)。这种理解的结果是,在最深的层次上,从基础上削弱了意识向自己进行"自身-当下化"的全适性(adequacy)。的确,正是胡塞尔自己在对时间性的研究中指出,"当下在场"(presence)只是一个界限,甚至是一个"抽象的"界限:它处于两个不可还原的非当下的形式之间,即处于"始终后退的过去"和"至多只给出对我们开放的道路的未来"之间的一个"抽象的"界限。试图通过假定回忆具有必然真的(apodictic)属性,或者通过重建同一性,并把这种同一性作为差别的条件,用来支持"当下化"这一观念,所有这些尝试只会暴露出问题的严重性。然而,没有意识的自我当下化进程,胡塞尔的整个纲领就失去了它不可动摇的出发点。如果我们再考虑那具有优先性、私人性的占有——它倾向于用意识的观念对(先验的)主体性进行特征刻画——的时候,并且,如果我们试图将它置入与另一个有情感的被创造物的关系中的时候,也就是说,如果我们提出交互主体性的时间性问题的时候,整个纲领只会变得更加复杂混乱。

8. 问题(2),胡塞尔的基础主义纲领将世界,将诸实体和诸实体的各种区域之整体,放入与它的基础的关系中,同时,它在工作中又将对它的经验说明与对它的先验说明彻底地割裂开来。这就同时引入了一种**压缩**和一种**排除**,**压缩**了对世界能够进入被给出性的途径;从任何哲学上对这个基础的本质性理解的贡献中,**排除了**我们的(物理的)自然科学和人文科学。一旦先验主体性被设定为那种基础,一旦那种基础被解释为意识,世界就只能作为意识生活的非独立因素而被给出了。由于科学——不管是自然科学还是社会科学——必然在世界的某个区域中工作,它们没有、也不可能显现出作为整体的世界的结构。甚至在工作中,这些科学都潜在地假定了,世界的存在正发挥着作用。原则上,科学不可能把作为基础的世界的存在直接显示出来,因为所有的科学都奠基于主体性和世界的这种先行(a proiri)的相关性之上,并且据此而获得它们的正当性和意义。这意味着,在意识的基本结构被发现的领域之中,在哲学努力发现意识之逻各斯的领域,不仅排除了研究无生命自然的物理学科,而且也排除了致力于把生命之韵律和舞蹈再当下化的生物科学,甚至连勾连表达我们的不同的历史性存在之领域的人文科学也被排除在外。胡塞尔将先验和现实之间的差异等同于意识(内在的)和世界(超越的)之间的对立,这难道不会使我们犯下大错,在意识与具体的存在之间、在关于意向性生活的本质结构的科学与经验科学——不管是自然的经验科学还是人文的经验科学——之间,构建了一个不可跨越的深渊?

9. 问题(3),胡塞尔悬置了标示性(indication)——如今我们称它为索引性(indexicality)[a],这是胡塞尔把符号的表达维度分离出来,并且赋予它优先地位,强化意义与指称之间的对立,甚至强调意识与世界之间的对立的必要步骤。既然表述行为这种现象为《逻辑研究》提供了可以通达主体性的本性的地点,胡塞尔就必然被导向关于心智(mind)的表征(representational)理论。在这种理论中,任何对世界的实际因果关联的思考,均被专门排除在智力行为的本质特性和它们的内容之外。胡塞尔方法论上的唯我论,就是这一思路的对应物。这是一种双重排除:从标示性中排除表达;从任何同"不可能由概念性的再当下化组成的世界"打交道的模式中排除意向性意识。但是这种双重排除是胡塞尔自己的体系承担不起的。正如胡塞尔后来意识到的,如果符号不能完全摆脱它们的标示性束缚,那么不仅我们的概念体系将会被一种"盈余"所纠缠:这种"盈余"只能追索而不能获得;而且符号还会同一个衍变物、一个相异性、一个不同的存在秩序发生关系,而这个存在秩序却不能通过对"赋予意义的"行为的说明来把握。不管它是文本的相异性(德里达),是敏感性的不同维度(朱艾弗斯),还是主体之间的共同体(托伊尼森、图根哈特、瓦登费尔茨),由于胡塞尔把自己局限于表达的领域,这种局

---

[a] Indexicality 是指一些词语的下述属性:它们没有固定的意义,其意义要视讲话者使用它的具体的语境和其他情景而定。比如,你、我、他、前者、后者、上述,等等。——译者注

限性必然将上述各种因素从所有领域中排除出去,只把自己限定在现象的领域,即,由自我和它的意向所构成的各个领域。但是难道胡塞尔自己的视域观念不要求我们超越这些限制吗?

他们对胡塞尔和海德格尔之间的关系的共同理解,加强了以上这种收敛为三方面九要点的关于胡塞尔思想的一般性处理。由于他们把胡塞尔的现象学限定在那种被我们称为笛卡尔式的表述中,所以,这种标准的解释就只能发现胡塞尔和海德格尔这两位思想家之间的差距。有分析哲学倾向的解释者发现的是他们自己有意要借用的胡塞尔的具体原理;解构主义作家对胡塞尔几乎无所借用,他们的趋势是转向《存在与时间》①,然后进一步超越胡塞尔思路的方法论上的不充分性。朱艾弗斯告诉我们,海德格尔"迫使"胡塞尔面对这个事实,即"存在着另外一种与对象'相遇'的方式:不是将对象作为感知或述谓的对象而与它们发生关联"②。当朱艾弗斯提出,德里达赞成弗勒斯达尔对胡塞尔意向相关项理论的解释③,这不仅意味着,我们应当注意,解构主义的胡塞尔解读和分析哲学倾向的解读之间的互补关系,而且还意味着,我们应当认识到,对朱艾弗斯和德里达来说,转向海德格尔是超越胡塞尔现象学的关键。其结果是,人们既忽视了胡塞尔和海德格尔的现象学方法之间深刻的一致性,同时也忽视了他们各自现象学内容中的真正差异④。

虽然社会批判理论并不痴迷海德格尔⑤,但是引人注意的是,他们也接受了以上我们所勾画出的关于胡塞尔思想的流行表述。至少阿多诺(Adorno)和阿佩尔(Apel)是如此。这两位思想家都承认,胡塞尔思想有所谓早期和晚期之分,不过胡塞尔的整个纲领被他们看作不过是先验问题的笛卡尔式的彻底化,并且,胡塞尔最终同一种站不住脚的关于前历史的,或者一个前语言的纯粹意识理论结下不解之缘。请允许我简短地就这个问题多说两句,因为这些思想家手里是拿着他们自己的更大的体系性方法来同胡塞尔交手的。

---

① 马丁·海德格尔:《存在与时间》(Sein und Zeit),Tübingen:Max Niemeyer,[1928 年] 1967 年。
② 朱艾弗斯:"引论",《胡塞尔:意向性和认知科学》,第 20~21 页。
③ 《胡塞尔的感知意向相关项》(Husserl's Perceptual Noema),第 98 页注 4。
④ 详见本书第三部分。
⑤ 特奥多尔·阿多诺(Theodor Adorno):《本真性的行话》(Jargon der Eigentlichkeit),《阿多诺全集》(Gesammelte Schriften)第 6 卷,Frankfurt am Main:Suhrkamp,1973 年,第 413~524 页。英译为 The Jargon of Authenticity,Trans. by Knut Tarnowski and Frederic Will,London:Routledge&Kegan Paul,1973。

阿多诺把胡塞尔放在黑格尔(Hegel)的对立面,因为黑格尔根本质疑,有什么不可怀疑的、确定的绝对开端作为思想的出发点。阿多诺还进一步提出,胡塞尔代表着一种反动的哲学力量:

> 与黑格尔形成鲜明的对照,胡塞尔一直顽固地坚持那个目标(the end),在繁复交织的和全面的陈述现象学的醒目标题之下,他始终固执地坚持那充作哲学的绝对基础的笛卡尔主义,把它当作有效理念。①

胡塞尔对辩证法和媒介(mediation)观念的强烈反对和拒绝,最终导致"把思想阻隔在思考的中途"②。同那些把胡塞尔的最终立场确定为笛卡尔式的人们一样,在总体上,阿多诺十分典型地忽视了胡塞尔的后期作品和特别是未出版的材料。《笛卡尔式的沉思》被当作胡塞尔方法的最终表述。阿多诺告诉我们:

> 我的分析限定在胡塞尔自己出版的,并因此具有真正的现象学著作之权威的作品之上,在这些作品的基础上,存在论得以复兴。这些作品优先于后期文本;后期文本中,胡塞尔的现象学背叛了自己,回归到经过烦琐精细的修正的新康德主义……所有的"前-现象学"著作均被忽略……包括遗著在内。③

重要的是,胡塞尔的后期著作《危机》出版于阿多诺论胡塞尔的主要著作问世两年前,但是在他的大部分文稿已经写成的数年之后。阿多诺一次也没有引用过《危机》。当然像《第一哲学》和《对被动综合的分析》这样的关键文本,他当时还看不到。

阿佩尔则坚信,早期胡塞尔有一个彻底的柏拉图式的意义概念。理念性意义是"超时间的恒星天空"。阿佩尔将理念性意义放在"历史语言之流中实现的意义"④的对立面。阿佩尔发现,胡塞尔强调被描述为具有独白特性的意义,认为它超过交互主体性话语的重要性:

---

① 特奥多尔·阿多诺:《认识论的元批判》(*Zur Metakritik der Erkenntnistheorie*),Frankfurt am Main: Suhrkamp,1970年,第13页;英译为 *Against Epistemology: A Metacritique*, Trans. by Willis Domingo, Cambridge, Massachusetts: MIT Press,1982年,第4页以下。
② 同上。
③ 同上书,第10页;英文本,第2页,译文有所改动;亦参考第60页;英文本,第53页。
④ 卡尔-奥托·阿佩尔:《哲学的转变》,第1卷:《语言分析,符号学,解释学》,第88页。

由于他的概念，胡塞尔不能承认的恰恰是意义内容中的变化；但是为了反对心理学上和社会学上的相对主义，他坚持保护意义的同一性，把意义的同一性作为一切交互主体性上有效的命题之真理的基础。①

阿佩尔的确认识到早期和晚期胡塞尔的差异，但是他并不清楚这个差别是什么。在阿佩尔这里，我们的确很少看到，比如，"胡塞尔陷入'先验问题的笛卡尔式的彻底化'之中"之类的说法，但是他认为，胡塞尔"方法论的唯我论"使现象学同关于自然科学的逻辑的新实证主义研究站在一起②。在阿佩尔的分析中，似乎胡塞尔相信，"我能够意味（meinen）的每一事物都只是在我的意识中的"③；这样，胡塞尔的立场就成了阿佩尔的立场的对立面：阿佩尔把优先性赋予作为先验领域的"交互主体性的语言共同体"，把语言共同体作为分析进程的出发点。在他看来，甚至"只在我的意识中"这一概念，就已经预设了"公共的语言游戏"，我们就已经被驱赶到独白意识的界限之外去寻找分析的真正基础。阿佩尔全力强调他的观点，使得这一点十分明了：

结果……看起来是，对意向性的作用和功效（Leistungen）的反思性的论证或者批判都是不可能的。显然，人们不能像胡塞尔所希望的那样，通过反思"纯粹意识的意向性的作用和功效"而步入语言的背后。意向性的能力自身先行地（a priori）以语言的"内在形式"或"深层语法"为条件，意向性能力对它们的使用是"习得的"（维特根斯坦）：通过学习表指行为的规则的使用、理解世界的规则的使用，包括自我理解的规则的使用而"习得"的。对语言游戏的客观的结构性的分析，或者对更具包容性的各种符号和理解的系统的客观的结构性分析，替代了对其自身的反思理解和通过类比而对他者的反思理解。④

---

① 卡尔-奥托·阿佩尔：《哲学的转变》，第1卷：《语言分析，符号学，解释学》，第88页。
② 卡尔-奥托·阿佩尔：《哲学的转变》，第2卷：《交往共同体的先在性》（Apriori der Kommunikationsgemeinschaft），Frankfurt am Main：Suhrkamp，1973年，第221、234页；英译为 Toward a Transformation of Philosophy，Glyn Adey 和 David Frisby 译，Boston：Routledge&Kegan Paul，1980年，第137、147页（英文本只有《哲学的转变》第二卷的一部分）。
③ 同上书，第315页。
④ 同上。

不过,尤尔根·哈贝马斯(Jurgen Habermas)关于胡塞尔的研究更精细、更复杂。的确,在哈贝马斯的早期著作中,他曾批判胡塞尔,认为胡塞尔对自己的本构(constitution)理论的局限性的理解不够充分①。但是,在对胡塞尔的后期著作有了更好的掌握之后,哈贝马斯能够超出胡塞尔的笛卡尔纲领的约束去思考胡塞尔。实际上,我认为,可以公平地说,哈贝马斯在他的交往行为理论中明显地接受了胡塞尔的先在相关性(a correlational a priori)观念。他的《交往行为理论》第一卷可以被解释为一部"意向性行为方面(Noetic)"的分析。这种分析将主体性观念从意识中分离出来,将胡塞尔的作用和功效(Leistung)概念转换成一种关于言语行为的理论;在该书第二卷中,哈贝马斯引入了关于世界的观念作为交往互动行为(communicative interaction)的相关物,这样就给出了一个对世界的"意向相关项方面的(Noematic)"说明。正是语言互动行为与世界的相关性,构成了交往行为的先验领域②。

当然,在对胡塞尔现象学的解读中,上述三大哲学倾向共同分享的这一关于胡塞尔的标准图像,不应当模糊了这些不同探究之间在兴趣上的重要差别。尽管他们都反对下述的理论原则和理念:方法论上的唯我论将为哲学的整体提供一个全适的方法,但是,分析哲学的评论者仍然认为,对于当前分析哲学在认识论和认知科学中研究的诸多问题而言,胡塞尔的具体的理论仍然具有重要性和参考性,并且,他们常常用胡塞尔的思想来弥补当前分析哲学的某些不足。但是与此同时,现在的确有一种倾向认为,大量的胡塞尔的后期文本,凡是同这幅关于胡塞尔的方法的标准描述相冲突的,应被视为是

---

① 在这项早期研究中,哈贝马斯主要关心的问题是,社会生产理论和社会结构理论能否建立在胡塞尔的意识构造作用的观念之上。他承认,胡塞尔超越康德的构造观念,这是一种进步;他发现了胡塞尔引入生活世界观念的内在动机,意识到生活世界观念的引入的创造性在于,它提供了社会构造和真理主题之间的内在关联。他的批判性的评论围绕着下述论题展开:即这一关联不能像胡塞尔所希望的,被意识理论完全包容。我在本书的第四章处理了其中一些观念。参考哈贝马斯:《交往行为理论的准备和补充》(*Vorstudien und Ergänzungen zur Theorie des kommunikativen Handelns*),Frankfurt am Main: Suhrkamp,1984年,第35~59页。
② 关于他的理论的早期文稿,参考尤尔根·哈贝马斯:〈认识与兴趣〉("Erkenntnis und Interesse"),《技术和科学作为"意识形态"》(*Technik und Wissenschaft als "Ideologie"*),Frankfurt am Main: Suhrkamp,1968年,第152页;英译为"Knowledge and Human Interest: A General Perspective",*Knowledge and Human Interests*,杰里米·夏皮罗(Jeremy J. Shapiro)译,Boston: Beacon Press,1971年,第306页。关于更近的系统的说明,参考哈贝马斯的《交往行为理论》(*Theorie des kommunikativen Handelns*),第1卷:《行为合理性和社会的合理化》(*Handlungsrationalität und gesellschaftliche Rationalisierung*);第2卷:《功能主义理性批判》(*Zur Kritik der funktionalistischen Vernunft*),Frankfurt am Main: Suhrkamp,1981年;英译为 *The Theory of Communicative Action*,第1卷:*Reason and the Rationalization of Society*,第2卷:*Lifeworld and System: A Critique of Functionalist Reason*,托马斯·麦卡锡(Thomas McCarthy)译,Boston: Beacon Press,1984年,1987年。

边缘性的和胡塞尔思想缺乏一致性的表现,尽管没有一位分析哲学的评论家有兴趣去研究讨论后期著作中的这类方法是否有效,没人乐意在其中去发现其他可能的途径。解构主义和社会批判理论对胡塞尔的探索,使其理论和方法保持紧密关联,视二者为一个整体,以便将它们(与分析哲学一起)置入资源已经枯竭的传统中。胡塞尔的后期文本,至多不过是一些不能让人信服的、不连贯的痕迹,它们只是向我们指明,胡塞尔超越了他自己的理论框架。这样,大多数有分析哲学倾向的评论者想要吸收的胡塞尔的意向性理论,恰恰成了后现代的和社会批判理论的研究工作想要解构的东西,或者想要置入意识形态批判的形式之中的东西,也就是说,既不"拒绝"也不"反对",而是通过探究意向性理论的话语的局限性,为它划定界限。诸位评论家尽管具有如此完全不同的出发点、完全不同的兴趣,甚至完全不同的方法,但是,所有这些人仍然给我们提供了一份相当一致的关于胡塞尔的"解读"。或者至少他们解读的**结果**是如此,以至于我们可以谈论一幅关于胡塞尔的纲领的标准图像。

被我称为"标准图像"的胡塞尔解读,都是从一些对胡塞尔思想的较早的研究著作中——尤其是前面提到的法国的勒维纳斯、贝格尔和利科的著作,以及很不幸的是,也包括少量的德国学者的研究,比如,欧根·芬克(Eugen Fink)①和奥斯卡·贝克尔(Oskar Becker)②的研究中——抽取出来的;但是,"标准图像"得以获得当前的这种形式,并真正被建立起来,那是在70年代和80年代之间的事情。除了少数例外,这幅"标准图像"仍然继续决

---

① 欧根·芬克(Eugen Fink):〈当前争论中的埃德蒙德·胡塞尔的现象学哲学〉("Die phänomenologische Philosophie Edmund Husserls in der gegenwärtigen Kritik"),《康德研究》(Kant-Studien)38(1933),第321~383页;重印于欧根·芬克的《现象学研究,1930~1939》(Studien zur Phänomenologie, 1930~1939),《现象学丛刊》第21卷,The Hague: Martinus Nijhoff, 1966年,第79~156页;英译为"The Phenomenological Philosophy of Edmund Husserl and Contemporary Criticism", Trans. by R. O. Elveton,见R. O. Elveton编:《胡塞尔的现象学》(The Phenomenology of Husserl),Chicago: Quadrangle Books,1970年,第73~147页。

关于芬克和胡塞尔的关系,参考罗恩·布鲁兹那(Ron Bruzina)为芬克的《笛卡尔式的沉思Ⅵ》(Sixth Cartesian Meditation: The Idea of a Transcendental Theory of Method)所写的出色的"译者导言",第vii~xcii页。这一卷是芬克《笛卡尔式的沉思Ⅵ》第Ⅱ部分补充卷的翻译。胡塞尔将芬克的〈当前争论中的埃德蒙德·胡塞尔的现象学哲学〉一文视为他的思想的确切的表达,甚至授权他为现象学思想的代表,但是芬克并不接受笛卡尔式的现象学作为合适的哲学方法。因此,有一个重要的问题,即芬克是否认为,他正在反对胡塞尔,或者认为,他和胡塞尔一起在超越笛卡尔式的方法。关于这个主题,参考布鲁兹那的《笛卡尔式的沉思Ⅵ》"译者导言"。

② 奥斯卡·贝克尔(Oskar Becker):〈埃德蒙德·胡塞尔的哲学〉("Die Philosophie von Edmund Husserl"),《康德研究》第38卷(1933),第319~383页;英译为"The Phenomenological Philosophy of Edmund Husserl," Trans. by R. O. Elveton,见R. O. Elveton编:《胡塞尔的现象学》(The Phenomenology of Husserl),第40~72页。

定着近来关于胡塞尔现象学研究的框架。尤其是,当这些不同的研究涉及被胡塞尔称为动态发生现象学的时候,这一点表现得特别明显:它们要么根本没有提及动态发生现象学,比如在达米特的研究(不过在其他各方面看,这是关于胡塞尔的极富洞见的工作)中就是如此①;要么动态发生现象学被当作是一个事后的解说:也许是对被胡塞尔的先验方法错过的,或者对被边缘化的领域加以挽回的努力的结果;要么就是将动态发生现象学限制为仅仅对隐含的意义的解释,这样,动态发生现象学就被限制在被胡塞尔称作"本构性分析"的工作之中,在斯托科尔(Stöcker)的研究②中就是如此,而且按此对它进行整合的工作就是例子。科克尔曼斯(Kockelmans)在其专门致力于胡塞尔方法的广博研究中,甚至也只给动态发生现象学以很少的篇幅③。在这些较近的研究著作中,只有大卫·贝尔(David Bell)④看到了动态发生现象学的重要性,但是当他力图将动态发生现象学置入《大观念(I)》的纲领的关联之中时,困难重重,烽烟四起,是完全可以理解的[a]。

五、对胡塞尔的全面解读

针对上述情况,本书之目的乃是对胡塞尔的现象学方法进行全方位的解读,也就是说,通过分析胡塞尔对自己的现象学研究计划的无休止的重新表述,全方位地理解胡塞尔的方法。由于我们打算穿越对胡塞尔理论的浅层阅读,深入到各种理论背后的内在逻辑、内部动机和各自的意向性结构中去,这就使我们的任务变得更为复杂。而且,如果我们让自己被拖入汗牛充栋、差

---

① 迈克尔·达米特:《分析哲学的起源》(The Origins of Analytical Philosophy, Cambridge, Massachussets:Harvard University Press, 1994)。达米特记录了自己对朱艾弗斯的说明的不安,并且在第12章中,他对前命题性的意义(pre-propositional meanings),或者他所谓的"元思想(proto-thoughts)"进行的分析,应该说是走上了正确的方向;但是看起来,他不熟悉胡塞尔对动态发生方法的发展。这样他又重新陷入朱艾弗斯的解释,并且论证,胡塞尔没有对思想和元思想做出区分,这构成了"他的理论的根本弱点"(第125页)。关于达米特所谓的元思想所涉及的内容,以前在胡塞尔那里是如何分析的,请参考道恩·威尔顿《意义的起源》一书的第二部分。

② 伊丽莎白·斯托科尔(Elizabeth Stöcker):《胡塞尔的先验现象学》(Husserls transzendentale Phänomenologie),Frankfurt am Main:Vittorio Klostermann,1987 年;英译为 Husserl's Transcendental Philosophy,Trans. by Lee Hardym, Stanford, CA:Stanford University Press,1993 年。

③ 约瑟夫·科克尔曼斯(Joseph Kockelmans):《埃德蒙德·胡塞尔的现象学》(Edmund Husserl's Phenomenology),West Lafayette, Ind.:Purdue University Press,1994 年,第 265~269 页。科克尔曼斯的研究的价值在于,它不仅指出了关于现象学的心理学和先验现象学之间的差异,而且为我们提供了关于前者如何形成并且对通往后者的桥梁做出了精确的、细致入微的研究。在本书第六章中我已经指出,这一思路虽然和笛卡尔式的分析相关,并且最容易和它混淆,但它仍然已经带领我们超越了笛卡尔式的分析的局限性。

④ 大卫·贝尔(David Bell):《胡塞尔》(Husserl),London:Routledge,1990 年。
[a] 附录内容到此结束,下节起为原书第2页。——译者注

异繁复的胡塞尔研究文献的辨析中,我担心在这荆棘丛生的小路上,我们的工作就会变得步履缓慢,永远也看不到研究对象的全貌。当然,做这种限制还有另外一个更有说服力的理由:我把胡塞尔解读的"标准化图像"放到了附录中[a],除了个别例外,我们在本研究的正文中不再仔细论及它们。本书的主要目标,并不是去重构胡塞尔现象学的某些部分或者某些特殊领域,而是要力图对胡塞尔的现象学方法进行整体的把握。我们的这项工作是要公开对抗关于胡塞尔的"标准化图像",与其背道而驰。按照"标准化图像"从事解读的绝大部分学者,不是完全忽视整体把握,就是用他们的"标准化图像"取代整体把握。我们这里所反对的并不是他们的研究细节,而是这些解读共同分享的理论框架;我们不是反对那些织锦的具体走线,而是反对整幅织锦。或者更直接地针对这种解释的一般性缺陷而言,我们所不能同意的并不是对整幅织锦的局部分析,而是不能同意,他们把某一部分的具体分析当作整幅织锦的基础构图。这种混淆导致的结果就是,不能理解这些局部、细部是如何能联系在一起的,不理解它们如何构成了一幅完整的图画。抽出某几根彩线,以此代替五彩纷纭的整体图案,这完全是不公正的做法。我们的重构工作是试图一步一步地来重新编织整幅织锦,希望能够发现它的力量、它的构图、它的深度,甚至包括发现它尚未完成的那个体系。从这一点出发,我们还可以提出另一点来说明我们之所以这样做的理由。在我们的分析中,我们不仅要通过重构的严格性恢复胡塞尔思想的本来面目,还要通过对通常所说的先验现象学的内容的重要拓展,指出它持久的活力,以此来恢复哲学的正确形象。在我看来,"标准化图像"顶多给我们提供了一个胡塞尔现象学方法之视野的删节本。我们的工作则是通过努力去开辟一个新的基地,使我们不仅能理解胡塞尔现象学方法的内在逻辑(本书第一部分内容),而且还可以理解它的合理性(本书第二部分内容),以及它的理论承诺(本书第三部分内容)。

我们这个研究的目的不是去驳斥关于胡塞尔的标准化图像,而是提供另外一种胡塞尔的形象。为了做到这一点,我们必须把胡塞尔的整个思想作为一整幅作品来把握。这是一项难以置信的艰巨任务。因为胡塞尔是一位十分复杂的思想家,又是一位多产的思想家。我们的解读只能是提纲挈领的。只有在处理胡塞尔现象学方法的更宏观、更基本的问题极其需要时,我们才会涉及一些十分具体的特殊问题。我们的这些工作并不是要表明,胡塞尔改变了其理论的特殊视角,扩大了他的时间观念,或者改变了他对明证性的看

---

[a] 这一附录在本书中已移入导论正文,即本导论前四部分的内容。——译者注

法,等等。因为我们这里关心的不是个别的具体结论和具体原理。我们关心的是整个体系的建筑原则。我们的策略是要证明,胡塞尔对其方法的笛卡尔式的表述,只是"初次"表述,**而不是最终的表述**;而且,当胡塞尔在其理论中通过对现象学的"静态"分析与现象学的"动态发生"分析做出成**系统的**区分,并用以拓展他的方法的时候,胡塞尔已经走出了"笛卡尔式表述"的局限性。我将努力指明,"静态"现象学与"动态发生"现象学的区分,为我们提供了关于胡塞尔的"另外"一个方法论来源。无论是胡塞尔的继承者还是胡塞尔的批判者,在原则上都未触及这个方面①。

同时,我们的工作也是一种**哲学的**解读:它关注的是先验现象学的研究方案的能量与繁育能力(viability)问题。如果我们能够俯瞰胡塞尔方法的真正的范围和它的序列次序②,我们也就可以开始看到其中的断裂和张力③。我们对它总图的说明(本书第一部分)将引导我们去接触胡塞尔自己的内在批判(本书第二部分),这些内容见之于胡塞尔大量的工作手稿,以及20世纪20年代和30年代无休止的工作中诞生的大量书稿里。我们要努力去发现,这些内在批判如何使得胡塞尔变成了他的"另外"一个自己。

我们这种研究的目的,是从范围和局限性两个方面,对胡塞尔现象学的方法加以总结,将其提高到一个新的水平,并在这个过程中,利用它的特殊的力量,重新激活它的某些部分。这不仅仅涉及对胡塞尔的解读的争论。因为,我希望通过对胡塞尔方法的适当的重构,能够为我们提供一条**指导线索**,让它引导我们走出我们面临的某些不确定性。随着动态发生方法的提出,以及随着成体系的现象学的形成,并且随着他思想中最重要的关于"诸视域(horizons)"这一观念的引入,胡塞尔就成为第一位直接面对"诸语境(contexts)"问题的先验哲学家。当使用"诸语境"这个概念重新对世界观念

---

① 我们正在处理的是胡塞尔的描述策略,或说明策略,并用它来理解胡塞尔进入现象学分析的诸多不同的途径。我们必须等到第六章才能讨论这一问题。我确信,关于静态分析和动态发生分析之间的这一对立是非常基本的;由此出发,我们便可能深化其方法;这一深化使我们得以回到关于"出发点"的问题的讨论。关于胡塞尔进入先验分析之路的最重要的研究,是耿宁(Iso Kern)的《胡塞尔与康德:关于胡塞尔与康德及新康德主义的关系之研究》(*Husserl und Kant: Eine Untersuchung über Husserls Verhältnis zu Kant und zum Neukantianismus*),《现象学丛刊》第16卷,The Hague: Martinus Nijhoff, 1964年,第192~245页。该书"胡塞尔哲学中先验现象学还原的三条途径"这一章在略加修饰后,又发表在《哲学杂志》(*Tijdschrift voor Filosofie*)上,第24卷(1962年),第303~349页。英译见:F. E. 希斯顿、彼得·麦克密克(F. E. Histon and P. McCormick)主编的《胡塞尔:解释与评价》(*Husserl: Expositions and Appraisals*)一书,Notre Dame: University of Notre Dame Press,1977年,第126~149页。

② 详见本书第一部分。
③ 详见本书第二部分。

作了结构调整之后,当重新整理出胡塞尔和海德格尔在这一问题上的关系之后,我们就有可能转而研究,这个观念对意义理论所能产生的影响(本书第三部分)。

值得庆幸的是,对于胡塞尔已发表的著作和未发表的资料,许多思想家曾经在许多关键问题上,从多方面做过研究,并对我所命名的胡塞尔"标准化图像"发起过挑战和批判。第一个在方法论问题上提出全新洞见、为我们的研究开拓了基地的是路德维希·兰德格里博(Ludwig Landgrebe)的文章〈胡塞尔之告别笛卡尔主义〉①。这篇文章最初发表于1962年。该文对胡塞尔的《第一哲学》一书做了十分翔实的分析。《第一哲学》收录了胡塞尔于1923年至1924年作的关于方法论基本问题的一系列演讲。兰德格里博的文章发表之后,许多相关的重要研究成果相继问世。他们分别从胡塞尔晚期文本的视野出发,探讨了胡塞尔思想的某些方面。比如克劳斯·黑尔德(Klaus Held)关于时间性的研究②,埃尔玛·霍伦斯坦(Elmar Holenstein)关于联想的著作③,保罗·詹森(Paul Janssen)和大卫·卡尔(David Carr)对历史的总结④,巴斯克斯·奥约斯(Vásquez Hoyos)对目的论的考查⑤,圭多·德·阿尔梅达(Guido de Almeida)对感知理论的讨论⑥,等等。约翰·杜伦蒙德(John Drummond)就胡塞尔的"意向性"观念提出了重要问题,并通过这一问

---

① 路德维希·兰德格里博(Ludwig Landgrebe)的〈胡塞尔之告别笛卡尔主义〉("Husserl's Departure from Cartesianism")一文是从胡塞尔本人的文本出发,指出胡塞尔的思想运动如何超越《大观念(I)》中笛卡尔式研究纲领的第一篇文章。参见他发表在《哲学评论》(Philosophische Rundschau)第9卷(1962年)第133~177页的文章;该文后重印于他的文集《现象学之路》(Der Weg der Phänomenologie),Gütersloh: Gerd Mohn,1967,第163~206页;该文英译见道恩·威尔顿主编的《胡塞尔的现象学:六篇论文》(The Phenomenology of Edmund Husserl: Six Essays),Ithaca, New York: Cornell University Press,1981年,第66~121页。

② 克劳斯·黑尔德(Klaus Held):《活生生的当下:胡塞尔对先验自我的存在形式的追问——根据时间问题研究发展出来的思想》(Lebendige Gegenwart: Die Frage nach der Seinsweise des transzendentalen Ich bei Edmund Husserl, entwickelt am Leitfaden der Zeitproblematik),《现象学丛刊》第23卷,The Hague: Martinus Nijhoff,1966年。

③ 埃尔玛·霍伦斯坦(Elmar Holenstein):《联想现象学:论胡塞尔的被动起源的基本原则的结构和功能》(Phänomenologie der Assoziation: Zu Struktur und Funktion eines Grundprinzips der passiven Genesis bei E. Husserl),《现象学丛刊》第44卷,The Hague: Martinus Nijhoff,1972年。

④ 保罗·詹森(Paul Janssen):《历史与生活世界:晚期胡塞尔思想研究之论文》(Geschichte und Lebenswelt: Ein Beitrag zur Diskussion von Husserls Spätwerk),《现象学丛刊》第35卷,The Hague: Martinus Nijhoff,1970年。大卫·卡尔(David Carr):《现象学与历史问题》(Phenomenology and the Problem of History),Evanston, Illinois: Northwestern University Press,1974年。

⑤ 巴斯克斯·奥约斯(Vásquez Hoyos):《作为责任性的意向性》(Intentionalität als Verantwortung),《现象学丛刊》第67卷,The Hague: Martinus Nijhoff,1976年。

⑥ 圭多·安东尼奥德·阿尔梅达(Guido Antonio de Almeida):《胡塞尔发生现象学的意义和内容》(Sinn und Inhalt in der genetischen Phänomenologie E. Husserls),《现象学丛刊》第47卷,The Hague: Martinus Nijhoff,1972年。

题而提出了他的基础主义的纲领和研究计划①。罗伯特·索科洛夫斯基（Robert Sokolowski）也对胡塞尔的方法问题的不同侧面给出过十分清晰的分析，比如他对本质直观的分析，对本质变换的分析，对方法论上的唯我论的作用的分析，尽管这一研究并没有把讨论的焦点放在动态发生分析本身上。这些研究丰富和突出了被胡塞尔视为其思想之核心的那些内容②。但是这些成果均被"标准化图像"的支持者置于不顾。

  但是上面提到的这些思想家仅就与他们研究的问题相关的方面，处理、讨论了胡塞尔的方法论问题。就我所知，就直接讨论方法论而言，自从兰德格里博的文章发表以来，只有四项研究充满洞见，超出了"标准化图像"的局限。但是其中三项研究都是导论性的。比较全面的研究只有安东尼奥·阿吉雷（Antonio Aguirre）的工作③。导论性的工作是由大卫·卡尔提供的④，而较新的导论工作是克劳斯·黑尔德做出的⑤，最新的文献是鲁道夫·贝尔内特（Ruldolf Bernet）、耿宁（Iso Kern）以及爱德华·马巴赫（Edward Marbach）的工作⑥。其中的每项工作都十分清晰明了。读者将会在本书中看到，我们的讨论对他们的研究成果多有借鉴。从上述事实出发，可以大胆断言，本书是英语世界中第一部专门重构胡塞尔的方法之整体的专著。正因为如此，我对问题的处理与上述各位学者均不相同。在本书中，我强调的是胡塞尔的方法的系统性，并努力论证本构分析与动态发生分析的区别，而且进一步对胡塞尔的分析之一致性提出了挑战。在本书杀青之际，一本新的、

---

① 约翰·杜伦蒙德（John Drummond）：《胡塞尔式的意向性和非基础主义的实在论：意向对象与客体》（*Husserlian Intentionality and Non-foundational Realism: Noema and Object*），Dordrecht：Kluwer Academic Publishers，1990年。

② 罗伯特·索科洛夫斯基（Robert Sokolowski）的《胡塞尔本构概念的形成》（*The Formation of Husserl's Concept of Constitution*，见《现象学丛刊》第18卷，The Hague：Martinus Nijhoff，1964年），以及《胡塞尔式的沉思：语词是如何表象事物的》（*Husserlian Meditations: How Words Present Things*），Evanston，Illinois：Northwestern University Press，1974年。

③ 安东尼奥·阿吉雷（Antonio Aguirre）：《发生现象学和还原》（*Genetische Phänomenologie und Reduktion*），《现象学丛刊》第38卷，The Hague：Martinus Nijhoff，1970年。

④ 大卫·卡尔：〈发生现象学〉（"Genetic Phenomenology"），《现象学与历史问题》（*Phenomenology and the Problem of History*，Evanston，Illinois：Northwestern University Press，1974）第三章。

⑤ 《现象学方法：文选（Ⅰ）》（*Die phänomenologische Methode: Ausgewählte Texte I*）一书的"导论（Ⅰ）"（"Einleitung [Ⅰ]"），克劳斯·黑尔德主编，Stuttgart：Phillip Reclam，1985年，第5~51页；《生活现象学：文选（Ⅱ）》一书的"导论（Ⅱ）"（"Einleitung [Ⅱ]"），克劳斯·黑尔德主编，Stuttgart：Phillip Reclam，1986年，第5~53页。

⑥ 鲁道夫·贝尔内特、耿宁、爱德华·马巴赫（Rudolf Bernet, Iso Kern, and Edward Marbach）：《胡塞尔：对其思想的描述》（*Edmund Husserl: Darstellung seines Denkens*），Hamburg：Felix Meiner Verlag，1989年。英译为 *An Introduction to Husserlian Phenomenology*，Evanston，Illinois：Northwestern University Press，1993年。其中第七章关于"静态方法与动态起源方法的关系（The relationship between static and genetic method）"是耿宁所写。

重要的、真正具有开拓新基础的著作刚刚问世，这就是安东尼·斯坦伯克（Anthony Steinbock）清晰的研究：这本著作可以看作我的分析的补充。该书的工作的出发点与本书第一部分的结果相重合①。另外需要指出的还有耿宁的许多重要的历史性的研究②，以及卡尔·舒曼（Karl Schuhmann）的材料异常翔实、十分有帮助的年表③——我在本书中经常将二者配合使用。他们的工作使我们有可能准确地追述1910~1936年间胡塞尔手稿中的思想的发展线索。多里昂·凯恩斯（Dorion Cairns）同胡塞尔本人对话的回忆，对研究胡塞尔1931年和1932年的思想特别有用④。最后还有欧根·芬克对《笛卡尔式的沉思》一书的加工工作，以及罗纳德·布鲁兹那（Ronald Bruzina）对芬克和胡塞尔之间关系的杰出研究，在胡塞尔整体研究计划的整理问题上提供了重要证据⑤。

---

① 安东尼·斯坦伯克（Anthony Steinbock）：《家里家外》（*Home and Beyond*），Evanston，Illinois：Northwestern University Press，1996年。
② 耿宁编辑了由胡塞尔关于交互主体性的相关文本组成的三卷本文集。他的文章见为该文集写的三篇长篇导论：《交互主体性》（*Intersubjektivität*）第一卷"编者导论Ⅰ"（"Einleitung［Ⅰ］des Herausgebers"），见 *Zur Phänomenologie der Intersubjektivität, Erster Teil: 1905-1920*，Ed. by Iso Kern，*Husserliana*，Vol. 13，The Hague：Martinus Nijhoff，1973年，第 xvii~xlviii 页。《交互主体性》第二卷"编者导论Ⅱ"（"Einleitung［Ⅱ］des Herausgebers"），见 *Zur Phänomenologie der Intersubjektivität, Zweiter Teil: 1921-1928*，Ed. by Iso Kern，*Husserliana*，Vol. 14，The Hague：Martinus Nijhoff，1973年，第 xvii~xxxv 页；《交互主体性》第三卷"编者导论Ⅲ"（"Einleitung［Ⅲ］der Herausgebers"），见 *Zur Phänomenologie der Intersubjektivität, Dritter Teil: 1929-1935*，Ed. by Iso Kern，*Husserliana*，Vol. 15，The Hague：Martinus Nijhoff，1973年，第 xv~lxx 页。耿宁的早期研究（也是这个主题方面的最优秀的著作）在讨论手稿材料方面也是不可多得的有用工具。见耿宁的《胡塞尔与康德：关于胡塞尔与康德及新康德主义的关系之研究》（*Husserl und Kant: Eine Untersuchung über Husserls Verhältnis zu Kant und zum Neukantianismus*）一书，《现象学丛刊》第16卷，The Hague：Martinus Nijhoff，1964年。
③ 卡尔·舒曼（Karl Schuhman）：《胡塞尔年表长编：胡塞尔的思想与生活之路》（*Husserl-Chronik: Denk und Lebensweg Husserls*），见《胡塞尔全集·文档》，第一卷，The Hague：Martinus Nijhoff，1977年。
④ 多里昂·凯恩斯（Dorion Cairns）：《与胡塞尔和芬克的谈话》（*Conversations with Husserl and Fink*），Richard Zaner 编：《现象学丛刊》第66卷，The Hague：Martinus Nijhoff，1976年。
⑤ 欧根·芬克：《笛卡尔式的沉思Ⅵ》（*Ⅵ. Cartesianische Meditation*）第一部分（Part I）"一种先验方法论的观念"（"Die Idee einer Transzendentalen Methodenlehre"），第二部分（Part Ⅱ）"补遗卷"（"Ergänzungsband"），见《胡塞尔全集·文档》卷2/1和卷2/2（Dordrecht：Kluwer Academic Publishers，1988）。参见罗纳德·布鲁兹那的"译者导言"，英译见：Eugen Fink, *Sixth Cartesian Meditation: the Idea of a Transcendental Theory of Method*，罗纳德·布鲁兹那译，Bloomington, Indiana：Indiana University Press，1994年，第 vii~xcii 页。也可参见罗纳德·布鲁兹那：〈读欧根·芬克对胡塞尔《笛卡尔式的沉思》之加工改写稿的笔记〉（"Die Notizen Eugen Finks zur Umarbeitung von Edmund Husserls *Cartesianischen Meditationen*"），《胡塞尔研究》（*Husserl Studies*），6（1989），第97~128页；以及罗纳德·布鲁兹那：〈哲学工作中的孤独与合作：胡塞尔与芬克（1928~1938年）〉（"Solitude and Community in the Work of Philosohy: Husserl and Fink, 1928~1938"），《人与世界》（*Man and World*），Vol. 22（1989），第287~314页。

六、文本依据

当然,任何对胡塞尔的解读,我们都应该把公开出版的著作放在中心地位。但是同时,我们又得像胡塞尔本人评估这些公开出版的著作那样来评价它们。让我举几个例子来具体说明,假如只用胡塞尔本人发表的著作的话,会在解读胡塞尔的道路上造成什么样的困难。假如我们只把《逻辑研究》(1900~1901年)①、《大观念(Ⅰ)》(1913年)②、《形式的与先验的逻辑》(1929年)③作为胡塞尔发表的基本著作的话,首先应该注意的是,在它们之间——特别是在最后两部著作之间——间隔了相当长的时间,而且其中的每一部著作都给我们提供了一个新的现象学"导论",每个"导论"都把对主体的一般性结构的特征刻画当作自己的基本目的,它们都是将主体性(subjectivity)理

---

① 胡塞尔《逻辑研究》的版本情况如下:《逻辑研究》,第一版,两卷,Halle a. d. Saale: Max Niemeyer, 1900 and 1901;《逻辑研究》,修订第二版,两卷,Halle a. d. saale: Max Niemeyer, 1913 and 1921;《逻辑研究》,第一卷:《纯粹逻辑导论》(*Prolegomena zur reinen Logik*),埃尔玛·霍伦斯坦编,《胡塞尔全集》第 18 卷(The Hague: Martinus Nijhoff, 1975);第二卷:《对现象学与认知理论的诸研究》(*Untersuchungen zur Phänomenologie und Theorie der Erkenntnis*),第一部分,U. Panzer 编,《胡塞尔全集》第 19 卷(The Hague: Martinus Nijhoff, 1984);第二部分,U. Panzer 编,《胡塞尔全集》第 20 卷(The Hague: Martinus Nijhoff, 1984);依据习惯和方便查找,本文的引文均引自 Niemeyer 出版社出版的 *Logische Untersuchugen*(《逻辑研究》)第二版,并给出第二版页码。该页码也就是《胡塞尔全集》版的边码。

② 胡塞尔《大观念(Ⅰ)》的版本情况如下:首次问世的题目为《纯粹现象学和现象学哲学的观念》(*Ideen zu einer reinen Phänomenologie und phänomenologischen Philosophie*),第一卷:《纯粹现象学通论》(*Allgemeine Einführung in die reine Phänomenologie*),见《哲学与现象学研究年鉴》(*Jahrbuch für Philosophie und phänomenologische Forschung*), Halle a. d. Saale: Niemeyer, 1913),第 1~323 页。第一次《胡塞尔全集》版为《纯粹现象学和现象学哲学的观念》(*Ideen zu einer reinen Phänomenologie und phänomenologischen Philosophie*),第一卷:《纯粹现象学通论》(*Allgemeine Einführung in die reine Phänomenologie*),由沃尔特·比梅尔编辑,《胡塞尔全集》第 3 卷(The Hague: Martinus Nijhoff, 1950)。但是这一卷全集被后来由卡尔·舒曼编辑的分为 a, b 两卷的新的《胡塞尔全集》第 3 卷所取代:《纯粹现象学和现象学哲学的观念》(*Ideen zu einer reinen Phänomenologie und phänomenologischen Philosophie*),第一卷:《纯粹现象学通论》(*Allgemeine Einführung in die reine Phänomenologie*),第二卷:《补充性文本(1912~1929 年)》[*Ergänzende Texte(1912 – 1929)*],卡尔·舒曼编,《胡塞尔全集》,第 3/a 卷和第 3/b 卷(The Hague: Martinus Nijhoff, 1976)。最好的英译本是: *Ideas Pertaining to a Pure Phenomenology and to a Phenomenological Philosophy*, Vol. 1: *General Introduction to a Pure Phenomenology*, Trans. by F. Kersten, Collected Works, Vol. 2, The Hague: Martinus Nijhoff, 1983。鉴于《胡塞尔全集》有不同版本,我们的引文均根据 *Ideen I* 的原版页码引用。第一个英译本是: Husserl, *Ideas: General Introduction to Pure Phenomenology*, 由 W. R. 博伊斯·吉布森(W. R. Boyce Gibson)翻译(London: George Allen & Unwin, 1931)。由于科斯腾(Kersten)的英文要好得多,所以,英文翻译均引自该译本。

③ 见本书"导论:重新思考胡塞尔"第 1 页脚注①。

解为"逻辑理性"(logical reason)①。从这一点看,这些研究在方法论上的基本理论框架,实际仅仅是被胡塞尔称作"静态现象学"的那些内容,这一点不会令人感到奇怪。

但是,认真研究过胡塞尔的全部工作后,我们会发现,在这些公开发表的作品背后——经常是在这些研究的过程中,特别是后面那两个著作的胡塞尔工作手稿里——胡塞尔对"动态发生"问题进行了广泛的研究。1905~1910年间关于空间与时间的涉及范围广泛的讲座,是其动态发生分析的前期准备工作②。这些讲稿写于《大观念(I)》发表之前。《大观念(I)》发表之后,1918~1920年,他又写下两份手稿,作为对上述讲课稿的补充和深化③。现在被收集在《对被动综合的分析》一书中的1918~1926年间写作的讲课稿和研究手稿也能证明这一点。他第一次对感知的动态发生性说明和逻辑的生成论所作的持续尝试的手稿,原来是准备放在《形式的与先验的逻辑》的准备性考察部分中④,但胡塞尔认为,这些研究内容可能是为大家公认的、显而易见的想法,所以,将它们排除在该著作之外。最后,该书便集中于它的逻辑结构的分析工作。只是在附录中,他才转回到动态发生方面的内容。我们前面已经提到过1925年胡塞尔作的关于《第一哲学》的讲演,其中涉及对方法论广泛的反思。有意思的是,胡塞尔从来没有出版他的《笛卡尔式的沉思》一书的德文版⑤。胡塞尔一直在对该书的德文稿进行广泛、全面的修改,但最终未能完成,被置于一旁。最后他把进一步加工的工作交给芬克去做⑥,以便自己集中时间加工他的另一手稿。这里所说的另一手稿,就是今天众所周知的《危机》一书。所以,不管有多少困难,也不管有多复杂,只要我们希望占领胡塞尔现象学的全部领域,我们必须深入这些手稿中去。

胡塞尔把上述他的那三本书全都称为"导论",其中的缘故是三个很长

---

① 见书名:《形式的与先验的逻辑:逻辑理性批判的尝试》(*Formale und transzendentale Logik: Versuch einer Kritik der logischen Vernunft*)。
② 见胡塞尔的《时间意识》(*Zeitbewußtsein*),以及《物与空间》(*Ding und Raum*)。
③ 它们就是著名的贝尔瑙手稿:《论时间》。现在编为《胡塞尔全集》第33卷。关于胡塞尔和海德格尔的时间观的比较研究,参见鲁道夫·贝尔内特的文章:〈胡塞尔和海德格尔论时间与时间性〉("Zeit und Zeitlichkeit bei Husserl und Heidegger"),见《现象学研究》(*Phänomenologische Forschungen*)第14卷,Freiburg: Alber Verlag,1983年。
④ 参见道恩·威尔顿的文章:〈胡塞尔现象学中的意向性和语言〉("Intentionality and Language in Husserl's Phenomenology"),*The Review of Metaphysics*, 27 (1973),第261~297页。
⑤ 这个问题我将在本书第五、六章中仔细进行讨论。
⑥ 这个文本一般被称为"第六沉思",它是胡塞尔与欧根·芬克共同工作的结果。这个文本以及相关文件见欧根·芬克:《笛卡尔式的沉思 VI》。

的故事。《大观念(I)》是在紧张而仓促的工作中完成的,前后只用了几个月的时间①。他把该书作为晋升教职的垫脚石。1921年在给罗曼·英嘎登(Roman Ingarden)的信中,胡塞尔说,他很惋惜,英嘎登来弗赖堡(Freiburg)太早了②,英嘎登如果晚一些时候来,就可以参加他

> 四个学期的紧凑讲课了,那样,你就会对我的整个视野有更全面的了解。的确,我的工作有了长足进展,尽管我没有抛弃《大观念(I)》(只是其中许多具体的分析,远远低于我的手稿的水平),但是我在体系方面的工作有了更大的进展,在所有原则性问题上都更加完善了。③

胡塞尔这里提到的这一时期讲授的课程,很显然指的是关于先验逻辑的课程。首先是1920~1921年冬季学期的讲稿,后来部分发表于《对被动综合的分析》一书中。这个文本对于我们的方法重构具有十分重要的意义。我将在本书第二章里介绍他的这项工作。无论如何,胡塞尔本人的这些评论以及本书第二、五、六章中所引用的支持这些评论的其他引文,足以警示我们,任何胡塞尔的分析解释者企图只依靠《大观念(I)》来得出关于胡塞尔方法的最终论断,都是不正确的做法。

顺便还要谈一谈1928年发表的《内在时间意识现象学》一书的类似情况。这是德里达把胡塞尔的哲学批判为"当下哲学"的文本依据。这是一本讨论具体原理的著作,并不直接关涉方法论问题,而且,这也是一个较早期的文本。它几乎完全是从1905~1910年的讲课稿中抽取出来编辑而成的。1917年由伊迪斯·斯泰因(Edith Stein)编辑成为一个独立文本,1926年又经海德格尔之手而成定本④,鲁道夫·贝尔内特就这个文本编辑的困难做了杰出的考据工作。他的工作向我们指出:① 在该书第一部分中,过去使用的Urimpression(原始印象)这一概念,在1910年的文本中已经被改正过来,而

---

① 按照凯恩斯的报告,当胡塞尔被问及他是如何写作时,他给出了下述回答:"当需要写某本书的时候,他就把所有的手稿推到一边,在短时间内,不间断地自由写作。《大观念(I)》和《形式的与先验的逻辑》就是分别在六周之内完成的。在审读校样的时候,又对《大观念(I)》做了某些补充。胡塞尔认为,从今天的角度来看,这些补充的质量不及正文。"见凯恩斯的《与胡塞尔和芬克的谈话》,Richard Zaner编:《现象学丛刊》第66卷,第61页。
② 英嘎登从1912年夏季学期到1914年夏季学期在哥廷根跟从胡塞尔学习。1915年夏季学期又一次到哥廷根跟从胡塞尔学习;1916年夏季学期以及1916~1917年冬季学期最后几个月,他也同胡塞尔在一起。参见舒曼在胡塞尔《通信集》3/3第175页的注释。
③ 见胡塞尔1921年12月24日《致罗曼·英嘎登的信》,《通信集》,3/3,第215页。
④ 见鲁道夫·勃姆(Rudolf Boehm)的"导论"("Einleitung"),胡塞尔《时间意识》一书第xxxii~xxxiii页。

且,后者已经超越了发表的文本,应该把 1910 年的文本加入到发表的文本中去。② 这个关于时间性的文本的表述,经历了从 1893~1917 年这一段时间的发展,有一个十分明确的发展过程,但是这个过程在已发表的文本中并没有得到任何反映①。胡塞尔准备交付出版的著名的"贝尔瑙(Bernauer)手稿"也是论时间性的。这是胡塞尔在这个问题上的一个十分重要的研究成果②。最后,胡塞尔对于海德格尔的编辑工作以及他写的导论十分不满。凯恩斯根据他同胡塞尔的个人谈话报告说,胡塞尔对该编辑工作的态度是:

> 已发表的文本很难看出早期讲演录在整个体系中的位置,再加上发表时用了海德格尔那很不充分的导论,这是胡塞尔对该书出版十分不满的主要原因。③

> 胡塞尔对于他的时间讲演录以现在这个样子出版,感到十分遗憾。假如芬克还在任他的助手的话,他们将合作、加工后期的时间讲演录。④

《形式的与先验的逻辑》一书(1929 年)是胡塞尔在两到三个月内完成的。1928 年 11 月或 12 月开始动手,1929 年 1 月就已经完稿⑤。也许由于他急于准备我们今天称为"巴黎手稿"的工作[这是 1929 年 2 月 23 日和 25 日在巴黎索邦(Sorbonne)作的两次报告],使他未能像平时那样,回头再次审

---

① 见鲁道夫·贝尔内特的"导论"("Einleitung")和"编者的报道"("Editorischer Bericht"),胡塞尔的《关于内在时间意识现象学的文本(1893~1917 年)》(*Texte zur Phänomenologie des inneren Zeitbewußtseins, 1893~1917*)一书,以及鲁道夫·贝尔内特编辑的《内在时间意识现象学(1893~1917)》(*Phänomenologie des inneren Zeitbewußtseins, 1893~1917*),Hamburg: Felix Meiner Verlag,1985 年,第 xi~lxvii、lxix~lxxiii 页。
② 该手稿目前已经出版,见《胡塞尔全集》第 33 卷。
③ 凯恩斯:《与胡塞尔和芬克的谈话》,1931 年 8 月 17 日,Richard Zaner 编:《现象学丛刊》第 66 卷,第 16 页。
④ 同上书,1931 年 8 月 28 日,第 28 页。
⑤ 见路德维希·兰德格里博的《经验与判断》(*Erfahrung und Urteil: Untersuchungen zur Genealogie der Logik*, Prague: Academia-Verlag, 1938; Hamburg: Claasen, 1954)"前言"("Vorwort")第 v~xii 页;英译为"Editor's Forward",英译本 *Experience and Judgment: Investigations in a Genealogy of Logic*, Trans. by James Churchill and Karl Ameriks, Evanston, Illinois: Northwestern University Press,1973 年,第 3~8 页。也见耿宁的"编者导论Ⅲ",《交互主体性(3)》,第 xvi 页。凯恩斯的报告对此的记录很有意思:"我刚到不久,胡塞尔就问我干了些什么。我回答说,我正在研读《逻辑》(指《形式的与先验的逻辑》)的第一部分。他问我遇到什么困难没有。我告诉他没有。他说,那么你已经有相当高的水平。他又继续说,他已经记不得那里写了些什么,他总是需要芬克告诉他,他以前的书里写了些什么。"凯恩斯:《与胡塞尔和芬克的谈话》,1931 年 9 月 17 日,Richard Zaner 编:《现象学丛刊》第 66 卷,第 32 页。这是《形式的与先验的逻辑》出版仅三年之后的事。

读、修订《形式的与先验的逻辑》一书，便直接交付出版。而按照以往胡塞尔的习惯，在未经认真修订之前，他从来不会将书稿交出印刷的。但是，还有一种更好的解释：这是一个胡塞尔更满意的导论，而且，他使用的一些观念——比如批判、兴趣、交互主体性等概念——是他成熟思想的核心概念。但是令人惊奇的事实是，分析家、解释家、批判理论家对此书很少予以关注。

另外一种看待胡塞尔本人发表的作品的视角是，把它们看作胡塞尔持续不断的工作的许多片断。它们或者是有幸被收集在一起，加以修饰，在胡塞尔对它们重新构想之前，交给出版社；或者他决定把它们看作导论，因此，仅作为导论而对它们感到满足。如果真是这种情况，我们就无法在已发表的著作和未发表的手稿之间划一条固定的界限，即使我们想要关注不同手稿的各种不同的质量情况时，亦是如此。

1929年的巴黎讲演就没有《形式的与先验的逻辑》那么幸运了，尽管胡塞尔决定出版它，准备了一个高度扩展的、多处修改的稿本，交人去译成法文，该文本在1931年以《笛卡尔式的沉思》(*Méditations cartésiennes*)为题问世，但胡塞尔很快就对该版本感到不满，开始了新稿的写作。但是《笛卡尔式的沉思》从来没有获准用德文出版①。也就是说，被称为《笛卡尔式的沉思》的文本是胡塞尔决定不予发表的稿本，尽管在建议初学者去读法文版的《笛卡尔式的沉思》时，他从未犹豫过。

胡塞尔本人对手稿的评估，是强调胡塞尔手稿的重要性的更强有力的根据。从《大观念(Ⅰ)》(1913年)到《形式的与先验的逻辑》，其间相距十六年。这十六年是胡塞尔最多产的时期。在这期间，他的写作量之巨大，让人难以置信。但所有这些创造性成果，都只是以手稿的形式保留下来。这个时期的文本中，最重要的是其中那些细心加工过的讲稿：就它们消耗过的胡塞尔超常的精力和宝贵的时间来看，一点不亚于已发表的著作，有的时候甚至更多。如果不注意这些文本，就是忽略了胡塞尔研究工作中最富创造性的成果。当然，这个时期也是一个最令人沮丧的时期。胡塞尔反反复复地草拟出版计划，但是这些计划都被他所看到的新问题所破坏。胡塞尔的精力被新问题所吸引：已经写了上百页的手稿被置于一旁。看来只有《形式的与先验的逻辑》(1929年)是一气呵成、直接出版的著作。顶多加上兰德格里博从胡塞尔无数份讨论逻辑学问题的手稿中快速编辑而成、最后于1938年出版的《经验与判断》一书。只有这两本书打破了这个怪圈。但它们的出版均在胡塞尔从教授的位置上退休后。后来，于1931年在给亚历山大·梵德尔(Alexander

---

① 我在本书第五章和第六章里将对此做详细的分析。

Pfänder)的信中,胡塞尔谈到这些极端困难的年代时写道:

> 从1912年秋天开始,我就着手修订我的《大观念》(Ⅱ)、(Ⅲ)的初稿。但是在尝试中,很快就发现了其中的不足,于是便形成了各种新的问题。这些视域开放在那里,它们具有各不相同的、具体的样式。我开始被新的、具有高度理论性的研究所吸引[个人(person)现象学和高阶的人格性(personality)现象学;文化现象学;一般的人类及周围世界现象学;关于"同情(empathy)"先验现象学;先验交互主体性的理论;先验感觉论;把世界纯粹作为经验的、时间的、个体化的世界之关于世界的现象学;关于被动性之构成成果的理论,即联想现象学;逻各斯现象学;"形而上学"的现象学问题;如此等等],这些问题的研究一直贯穿着整个弗赖堡时期(1916~1928年)。这个时期充满了紧张的劳作,手稿堆积如山,很少得到进一步整理。随着时间的推移,我的顾虑也不断增长:如今我这个年纪,不知还能否完成我所面临的所有这些任务,以便得出结论。充满激情的工作,不断给我机会,让我重新审视,让我重新消沉。最后,留下来的是一种普遍的、消沉的基本情绪,一种危险的自信的失落。①

毫无疑问,他是在异常陌生的领域中不断开拓新途径的先驱,这使得胡塞尔以严格的标准,永无休止地进行探索。陌生的领域和新的途径这二者使得胡塞尔不断对他的工作成果重新进行表述,迫使他不断回到新的开端。他生活于其中,在其中痛苦挣扎。1922年,当对成体系的现象学进行加工时,在胡塞尔给那托普的信中,这一点看得再清楚不过了。

> 我比你的处境更糟,因为我的绝大部分工作都被淹没在我大量的手稿中。我无力完成我的工作,对此我几乎感到绝望。我很晚——一部分是直到今天——才达到全面、成体系的思想,虽然这种成体系的思想是以前的具体研究所要求的,但是现在(成体系的思想)要求我对以前的工作做全面的加工。一切都处于重新结晶的阶段。我就是竭尽人力之所能,也只能是为我身后的遗著工作而已。②

在"标准化"的胡塞尔解释中,人们几乎从来没有考虑过,在完全忽略手

---

① 胡塞尔1931年1月6日〈致梵德尔的信〉,见《通信集》,3/2,第180页。
② 胡塞尔1922年2月22日〈致保罗·那托普的信〉,见《通信集》,3/5,第151~152页。

稿的情况下，能否对胡塞尔的方法做出恰如其分的评论。1931年，胡塞尔给阿道夫·格里姆(Adolphe Grimme)信中的说法，对这个问题给出了最终的答案："确实，我的确认为，我一生绝大部分的最重要的工作，仍然躺在我的手稿中，难以加工处理，因为它们太过庞大。"①

但在最近十几年中，随着《胡塞尔全集》又有几卷出版，1918～1930年间这些成果丰厚时期的重要文本相继问世，使得它们得以被研究者们加以利用。十卷书信也已面世。这些书信对我们的分析特别重要。这些书信可以帮助人们确定胡塞尔这段时间手稿的地位②。我们将在分析、重构胡塞尔的"成体系的现象学"计划的形成过程中，充分利用这些信中的信息。

在认识到胡塞尔手稿重要性的学者中，有些倾向于认为，胡塞尔的静态分析和动态发生分析的区别，反映的是早期胡塞尔与晚期胡塞尔思想之间的对立。毫无疑问，在胡塞尔的第一批著作中，动态发生分析的思想并未得到清楚地表达。但是，我们经常会看到一些做出这类区分的蛛丝马迹，尽管十分不完整、经常十分含混。但就像我们已经指出的，动态发生分析在20年代才被明确提出，但是当胡塞尔谈及这些观点的时候，总会提及更早些时候的工作。比如在《大观念(I)》中，胡塞尔之所以完全排除任何时间性问题，并不是因为胡塞尔的这类研究尚不存在，而是因为他的静态方法是对问题进行共时性的、结构性的处理，所以，是建立在将所有时间性机制的思考均悬置起来的基础之上的。在本书中，我们将把早期著作中的这种区别和对时间问题的排除，理解为动态发生研究的储备。我们认为，在这些早期著作中，胡塞尔已经开始草拟动态发生方法，它们是这一方法诞生的基地。在早期，他已经勾画了这类研究的草图，然后加以扩大，到20年代全面展开。我们认为，不应该把后期的新文本中的研究工作同早期工作对立起来。实际上，这些后期工作在不断发生转变的过程中，不断开辟着新的深度，尽管如此，它们仍然都是以胡塞尔已发表著作的工作为基础、为领域的，而且还是对早期工作的支持。

我们是在对胡塞尔的深度解读中理解胡塞尔的思想发展。但是这里讲的发展并非指时序上的发展，而是理解为逻辑上、体系上的发展③。如果愿意的话，我们也可以说，从他的方法的发展的系统性上来理解他思想的历时

---

① 胡塞尔1931年3月5日〈致阿道夫·格里姆的信〉，见《通信集》，3/3，第90页。
② 见他的《通信集》的脚注2，或者其中的书目。
③ 关于胡塞尔思想发展的关键阶段的历史重构，参见道恩·威尔顿的〈胡塞尔现象学的发展〉("The Development of Husserl's Phenomenology")，该文是我编辑《胡塞尔精粹：先验现象学基本著作》(The Essential Husserl: Basic Writings in Transcendental Phenomenology, Bloomington, Indiana: Indiana University Press, 1999)时所写的导论。该文可作为此处的简要分析的补充。

发展。我们做的这种探查工作,并不是一项简单的任务。简单地把重要的文本分析罗列在一起是于事无补的。正如达米特所指出的,"概念的历史是充满了发展的,是不可以依靠通常意义上的历史研究来完成的"①。我们所从事的工作应具有胡塞尔后期自己开始考虑的"深度测度志"(depth history)的形式。这项方法要求我们将胡塞尔的综述一层一层剥离开,显示其中不同的层次。在谈到如何将自己的思想编制在一起时,胡塞尔经常喜欢使用的形象化说法是,不同层次的层层积淀(stratification)。大多数情况下,不同的层次(strata)熔在一起,或者混合在一块,就像大多数的地质地层一样:早期地层常常隆起,或裸露而出,成了表层,成了基原层。有时候我们能发现很长的一个早期片断,如果它们被剥离得十分清楚,我们可以看到它们之间的区别。但是这一切都由于下述的情况而变得复杂:胡塞尔思想的发展过程是一个反向的层层积淀过程,不是从早期出发向上,逐步积淀建立后期的层次,而是从"上部",从晚期出发,"向下",渗透式的重新构建较早期的层次的过程。所以,我们从事的重建活动不是向上组建(Aufbauen),不是从一个不变的基础出发,逐步构建一个稳稳站于基础之上的安全的高大建筑。我们进行的是向下组建(Abbauen)的工作:有秩序地去披露出在下面起着支撑作用的基础本身、那些层次本身,也可以说,去寻找使基础得以成立的基底。如果依据我们的建议从事这项工作,那么动态发生现象学的引入就不是拒斥静态工作框架,也不是一种企图把原来编织物的碎片重新拼凑成篇的拼缀工作,而是系统地、深入地分析那些胡塞尔的"导论性的"静态分析立于其上的真正基础的分析工作。如果我们是正确的话,那么我们发现的是一个分析哲学的胡塞尔解释者根本没有看到的胡塞尔现象学方法的领域,而且我们还会在胡塞尔的先验分析中发现某些解构主义者认为不可能存在的深度。我们将发现一种方法,对这种方法的范围和生命力,我们只不过刚刚开始有些理解而已。

---

① 迈克尔·达米特:《分析哲学的起源》,Cambridge, Massachussets:Harvard University Press,1994年,第2页。

第一部分

总图：胡塞尔现象学体系的形成

第一章 现象学转向

我不得不老老实实地说（假如我尚没有被各种简单易学的理论所迷惑的话）：我现在看见的东西，这里的这些东西，就是这些东西本身，我看到的并不是这些东西的图像，并非只是一些东西的符号。当然，我也可能会搞错。但是，这是基于什么而言的错误？是基于经受过反复检验的可靠的**看**、那种直接看到真实事物本身的**看**。如果所有的**看**都是错觉的话，那就无异于扬弃了**错误**这一说法的意义。

——胡塞尔(1922～1923年)①

外部感知总是连续地倾向于达到什么东西，但是依据其本性，它永远也达不到那个东西。

——胡塞尔(20年代初)②

当胡塞尔问我有没有问题的时候，我提出了下述问题：在现象学悬搁**之前**，在现象学的发展**之前**，在建立对于明证性的本质的洞见之前，如何才能建立起从事现象学悬搁的**兴趣动机**？

胡塞尔描述了自然态度中可能对我们起指导作用的一些想法作为回答：我在世界中，世界在经验和其他行为的多样性中向我显现，而且，世界对我而言之所**是**的内容，总是那个在我自己的主体性中**有效的**(geltend)世界。

——凯恩斯(1931年)③

---

① 手稿《哲学导论》(*Einleitung in die Philosophie*)，Hrsg. von Berndt Goossens, 2002。F I 29 (1922/23)，3a页；转写本(transcription)，第33页。
② 胡塞尔：《对被动综合的分析》(*Analysen zur passiven Synthesis: Aus Vorlesungs-und Forschungsmanuskripten 1918－1926*)，Ed. by Margot Fleischer，*Husserliana*，Vol. 11. The Hague: Martinus Nijhoff, 1966年, 第3页。
③ 凯恩斯：《与胡塞尔和芬克的谈话》，1931年11月12日，Richard Zaner 编：《现象学丛刊》第66卷，The Hague: Martinus Nijhoff, 1976年，第39页。

第一节　感性感知的不足

现象学分析之所以得以提出,首先要归功于人们对事物的当下显现的无休止的好奇:这些事物通过某种方式或途径出现在我们面前,但是这些方式或途径本身却不是对象!

傍晚时分,我们走进隐蔽于德国南部施瓦本山中的一座农庄庭院。它的牛棚、马厩看上去有上百年高龄,散发出的气味弥漫在空中,萦绕在我们周围。木屋、谷仓、农具棚,斑驳如鳞的灰泥墙,以及嵌在其中的一根根硕大的木梁……所有这一切把一台锈迹斑斑、历尽沧桑的压水机远远地圈在庭院中央。压水机立在那里,好像在显示:这里就是地球的中心。压水机吸引了我们的注意力,因为它正是我们寻找的目标。我们的朋友如释重负地叫起来:"这就是我对你们讲的那个古老的压水机!"压水机的一面朝向我们:深棕、殷红,铁锈与饱经风霜的时代印记混合在一起。我们围着它走几步,深棕、殷红立刻消失在墨绿的青苔之下,只有正被阳光照射的那一面,殷红色与深棕色再次混了进来。我们还发现,晶莹的水珠挂在压水机的出水口,好像在向我们保证,只要把压水机的曲柄压几下,这个沉默不语的纪念碑似的家伙,就会突然活跃起来,帮助人们解除田间劳作一天之后的干渴。

我们可以说,对象有许多"面孔(looks)",有许多的侧面(侧显),然而,所有的这些侧面都是同一个对象的侧面。一般情况下,一个劳累一天的农民,只注意压水机以及它慷慨供给人们的清水。在农民的当下关注中,刚才我们看到的对象的那些侧面,并没有成为农民关注的"主题";这些侧面是"非主题化的(unthematic)"。人们的注意力又总是越出这些侧面,走向对象本身。但是要想认识到,这个对象如其他对象一样,总是以某种特定的方式显现自身,认识到,总是在它的各种特殊的侧面中,并通过这些特殊的侧面才能给出自身,我们就要同我们的需求、利益保持一定的距离,就要以一定的方式去反思事物向我们显现的途径。压水机朝向我们的那一面,并不等于那个对象本身,它只是压水机的一个侧面。我们可以说,各个侧面都不是(不等于)对象本身,而是对象当下显现的途径。

毫无疑问,我们能够认出这是什么,我们可以把朝向我们的侧面转换为我们关注的事物,并进一步转换为我们谈论的事件。也许压水机长着青苔的侧面恰恰就是我们所要寻找的东西。也许我们已经掌握,如何依据这个带有青苔的侧面来确定我们所处的方位。这样,事物的侧面就会成为我们集中关注的内容。这种可能性总是存在的。但是,即使在这里,那些侧面——即现在"已变为主题的"对象——也不可避免的总是处在某种"未成为主题的"特定的侧面或视角之中,并通过这些"未成为主题的"特定的侧面或视角而当下显现:比如,它那海绵式的质地,潮湿的表面,发霉的味道,等等,这些都没有成为我们关注的中心,所以,它们构成了已经给出的事物的侧面之显示的途径或方式。有意思的是,相反的情况也同样可能。起初被视为对象的那些内容,可以转变成为使得其他的东西得以当下显示自己的途径或方式。比如,当我们进入农庄庭院的大门时,农庄庭院显示在自己的诸多侧面之中,也包括压水机本身,它也是显示庭院的侧面之一。但是,诸多侧面与对象之间的这种在操作上的区别仍然继续保留着,即便侧面变成了事物,事物变成了侧面,也是如此①。由于所有经验对象都是在侧面中并通过侧面而被给出的,所以,一切对象都是"视角性地"(perspectively)被给出的,即透过视角而被给出的。这就告诉我们:我们具有一种区别:我们同诸事物的关系本身就是在这种区别中本构起来的(constitutive,构成性的)ª。

然而,诸事物**并不仅仅**是透过"视角"被给出的,而且还是按照典型(typically)被给出的,或者更确切地说,事物是按照典型、在它们的视域中并且透过它们的"视角"(perspective)被给出的。我在农庄庭院里发现的压水机,对我们来说并非完全陌生,也不会是一些令人眼花缭乱的印象和感觉的混合物。如果我们从来没有见过这种类型的压水机,那么要认出它是什么东西就有一点困难了。但是,即使我们认不出它是什么,该对象和它们的侧面仍然会展示出一些典型的规定性,使得我们能够将**这个**对象同那边的**那个**对象区别开。在对象和侧面的交互影响之中,事物不断展开它们的典型表现方式。它们**作为**这种类型的对象,而不是**作为**那种类型的对象而出现,作为一种类型的事物而与其他种类的事物不同。由于类型是在侧面和对象之间的相互作用之中展示自己的,所以,它们也表明,它们同接收者的关联是本构性的(constitutive)。当我看见压水机时,可以将它作为生锈的东西,也可以将其外形作为美丽的东西,把它的水作为渴求的东西,把它的一只臂作为手柄,等等。所有这些规定性都是作为对象的"一部分"而显现出来的,而且在其

---

① 由于我们这里的分析是导论性的、临时性的,所以我们没有进一步指出在侧面、规定和真实的属性之间的重要区别。
a constitutive,构成性的,我经常翻译为"本构性的",以避免读者将其理解为是有意构造出来的。胡塞尔曾经多次指出,他的所谓 constitutive,就是指事物如其所是地、原汁原味地显现自身。比如《胡塞尔全集》第 26 卷,第 18 页,"Konstituiert(in originärer Weise vorstellig macht)",本构起来(即在源初形式中使其显现)。对象是通过不同侧面向我们显现,这样,对象之显象是多种多样的。在这种多样性中,我们同对象的关系,是对象显象之不可或缺的构成成分。这就是 constitutive 的含义:事物如其所是的那样显象的条件,对于事物本身是本构的。——译者注

显现方式中,已经直接隐含了我与它的关系。对象向我们显现的典型方式,以及从一个侧面到另一个侧面的转换,其实施的结果是,它们都依赖于各种人的活动:依赖于围绕着对象的行走,依赖于对它的走进或远离,取决于对它的观看,取决于对这个对象是直接欣赏,还是企图对它加以使用。

由于我们平时经历对象的过程中,各个侧面都是"未被设为主题的",各侧面与对象的关系都相当自然地"被遗忘了"。不仅在我们忙于直接关注的事物的平常经验中是如此,而且,当那些哲学理论抹平了对象与侧面的区别,或者承认了这种区别,但是却没有诉诸"视角"(perspectivity)的观念,其情况亦是如此。弗雷格的开创性成果——把概念或者逻辑谓词处理为数学方程——就可以理解为是后一种情况:他努力对对象与侧面之间的区别做出评估,而不去涉及同主体的关系问题,即不管这种澄清说明工作的本构性方面(a constitutive aspect)的问题。在弗雷格的理论中,逻辑谓词(predicate term)——即他的"概念词"(concept-word)——为我们提供的是对象的规定。他把这种规定称为"对象的给出性的方式"(manner of givenness),并将这种"对象的给出性的方式"置于与对象本身对立的位置,把对象称为逻辑主词(即他的"proper name,专名")[a]。但是,这种将对象同它的给出性的方式对立起来的努力,在最终的分析中之所以归于失败,就是因为谓词(概念)与对象很显然是不相同的东西。谓词想要在逻辑上规定对象,就只有在"被逻辑主词所称谓的对象"与另外一类集合(即概念的外延)的对象[b]之间建立相互关系的情况下才有可能。对象与侧面的区分被还原为不同集合的对象之间的关系,并因此导致其理论归于失败[①]。

现象学的分析就是基于对诸现象做出的区别。通过现象的显现过程,同一性和差别的相互作用发生于依情景、依"透视点"的不同而组合成(composition,组成)的现象之中。这个同一性和差别的相互作用的事实,使我们得出下述看法:对象显现给谁,谁就是描述中的一个基础的因素。要成功做到这一点,只要转变我们的兴趣和关注中心就可以了:与"直接性的态度"——在这种态度中,我们直接专注于日常生活所关心的对象,我们的注意力全部为我们生活所关心的利害得失所吸引——正好相反,这里引进了对接收者的"反

---

a 比如"红的"同"这朵玫瑰花"。——译者注
b 比如:红。——译者注
① 参见道恩·威尔顿〈从事联结的专名和被联结的对象:弗雷格与胡塞尔论 Bedeutung〉("Verbindende Namen/Verbundene Gegenstände: Frege und Husserl über Bedeutung")第三和第四节对弗雷格谓词理论的讨论(Sections III and IV for an elaboration of Frege's theory of predicates)。见克里斯托弗·吉米、奥托·珀格勒编:《争论中的现象学》(*Phänomenologie in Widerstreit*),Frankfurt am Main: Suhrkamp,1989 年。

思",引入了对于那些沉默的、不可见的实施行为的关注。它关注那些使对象得以理解——被理解为这个东西,而不是被理解为那个东西——而牵涉到的、不断重复的样式。通过这种方式,主体性的"被遗忘"就被颠倒过来了。

事实上,由于在我们的感知中,我们的注意力通常总是集中于整个对象本身,所以,当我们仔细检查感知性的对象时,我们就会对以下的发现感到惊奇:原来只有对象的一个侧面是现实的,或者,是直接向我们显现的。相反,我们感知到的更多的是协同显现、协同给出、协同关注的东西。更令人惊奇的是,直接当下的显现本身,到处贯穿着"不在当下",所以,它们本身也应接受进一步的研究。胡塞尔告诉我们,知觉"依据它本身的意谊(sense),是对对象本身的直接把握(Selbsterfassung)"。然而

> 根据其本身的意谊,它无非是一种"预先-把握(vorgreifend)"——这种"预先-把握"总是关涉到"协同-关注"——更彻底地讲就是:即便是在知觉的给定瞬间中被直接把握的内容那里,也存有"预先-把握"的诸多因素。从根本上讲,在被知觉的内容中,没有什么东西是纯粹地、全适地被知觉的。①

那些正在当下的内容,必然地包含某些"不在场"的内容,也就是说,根本不存在纯粹的当下显现(presence)。胡塞尔在十几年之后强调说:"如果我们抽象地考察知觉,就其本身而言",

> 我们就会发现,知觉的意向性的贡献就是显现(be presentation),使某些东西处于当下(present):对象作为"在那儿",源初的在那儿,作为当下在场,给出自身。但是,在这个"当下在场"中,作为有广延的、有持续的(enduring)对象的"当下在场"中,展现着一个连续性(continuity):即,我仍然意识到的内容的连续性,已经流过去的且不再被直觉到的内容的连续性,即某种"顾后意向(retentions)"的连续性;——而且,在另外一个方向上,还有着"瞻前意向(protention)"的连续性。②

---

① 胡塞尔:《第一哲学(Ⅱ):现象学还原的理论》[*Erste Philosophie (1923/24). Zweiter Teil: Theorie der phänomenologischen Reduktion*],Hrsg. von Rudolf Boehm. *Husserliana*, Vol. 8. The Hague: Martinus Nijhoff, 1959 年,第 45 页。注意,该文本写于 1923~1924 年间,即在海德格尔将《存在与时间》的手稿交到胡塞尔手上之前。在第五章我们会详细讨论这一问题。
② 胡塞尔:《危机》(*Die Krisis der europäischen Wissenschaften und die transzendentale Phänomenologie: Eine Einleitung in die phänomenologische Philosophie*, 沃尔特·比梅尔编, *Husserliana*, Vol. 6. The Hague: Martinus Nijhoff, 1954),第 163 页;英译本,第 160 页。

如果不回来求助于对象在其中展示自己的那些经验之两种相互关联,同时又是相互依赖的因素,就无法了解我们这里描述的侧面和对象之间的关系本身。一方面,存在着不同的"**诸贡献效应**"(Leistungen)或者不同的"**诸行为**"(Akte),它们关注着显现着的对象,关注着在这些行为内部知觉与统觉(apperception)的相互作用,关注着把握与"预把握"的相互作用,"顾后意向"与"瞻前意向"之间的相互作用。另一方面,对象在不同侧面中,并且通过它的不同侧面进行显现;在这个过程中,某种不变的范式(invariant pattern),或者某种可重复认定的"规定性",一直在起作用,胡塞尔把这种可重复认定的规定性称为"意谊"(Sinn)①b。在下面,我将会具体指出,意谊就是在内部把

---

a 这里的 apperception 是指对于对象的整体把握,即真实感受加上心智的确信构成的对于对象的整体感知。——译者注

① 通常情况下,Bedeutung 被翻译为"meaning",而 Sinn 被译为"sense"。科斯腾将 Bedeutung 译为"signification"。麦奎利和罗宾逊(Macquarrie and Robinson)也把 Bedeutung 译为"signification",但却用"sense"和"meaning"这两个词来翻译 Sinn。在胡塞尔那里,Bedeutung 只限于用在语言上的领域,而 Sinn 的使用更加广泛,它可以用于整个经验领域,也可以用于"语言之前"的领域。见《大观念(Ⅰ)》,第 256 页以下;该书英译本第 294 页以下。海德格尔也同意这种区分,但是他又把 Sinn 的特征刻画为:某种属于领会之框架的东西,然后把感知本身(perception as itself)处理为某种解释类型。"'作为'导致了被理解的内容之表达性的结构。它构成了解释。"见海德格尔:《存在与时间》(Sein und Zeit),Tübingen: Max Niemeyer,1967 年,第 149 页;英译本 Being and Time, Trans. by John Macquarrie and Edward Robinson, New York: Harper and Row, 1962 年,第 189 页。还见该书第 151 页以下,英译本第 192 页以下。我们将在本书第五章和第十四章较详细地讨论海德格尔的问题。

b 作者中文版注:"Sinn"的翻译问题不仅是中文翻译的问题,而且也是西方语言本身的问题。在英语和德语的日常用语中,"sense"和"meaning"是可以替换使用的。胡塞尔曾在《逻辑研究》的第一研究中指出这一点。但是后来胡塞尔想要找到一个术语,用于表达:"预先可肯定"的感知对象的可理解的当下显现或者意义(significance or intelligible presence of "pre-predicative" perceptual objects),并且又不带命题性的内容(lack propositional content)。所以,胡塞尔选择 Sinn 来指称这种内容。囿于感知行为的内容不能用 Bedeutung(meaning)这个术语来界定,因此,他于 20 年代专门启用 Sinn(意谊)或者 Wahrnehmungssinn(感知意义)来指称这一内容。

Sinn(意谊)或者 Wahrnehmungssinn(感知意义)不同于"Referential meaning"(指称意义),因为后者处于意义与指称的对立关系之中(the contrast between meaning and reference)。在这种对立中,胡塞尔总会提出下面的问题:一个断言(claim)的语义内容是否会得到充实(will be "fulfilled"),这个就是,它能否有一个所指(a referent)的问题。一个断定(the assertion)作为一个有意义的断言[as a meaningful claim (Bedeutung)]已经意在指称些什么;一个所指的当下在场(the presence of the referent)可以提供充实(fulfillment)。在英语中"sense"这个术语和"五种官能(the "five senses")"有联系,所以它同直接体验有关,而不是直接与语言挂钩的。比如我们可以说,她有很敏锐的嗅觉(he has a keen sense of smell)。换句话来说,"sense"有感性感知的意味。我对 sense 这个术语的使用是意向相关性上的(noematic):它用于指称一个感知对象的质的(作为什么什么的)规定性[the quality (the "as y") of the perceptual object]。在这个意义下,我有时也使用"perceptual sense(感知意谊)"或者"experienced sense(被经验的意谊)"。——译者注

各种侧面组织成为对象的当下化(presentation)[a]的协调一致的系列。这样,侧面与对象的交互作用就给出了一个对象的特殊的当下显现。在现象学上,这一现象是通过功效成果(achievment)与意谊[b]的"相关性"来加以说明的。这种相关性只在反思中才明白地彰显(manifest)出来,它构成了被胡塞尔称为意向性的那些内容的**彰显**(manifest)结构。

感知性的对象之规定性,不仅受到不同侧面的内部关系的影响,而且还受到对象所处的"背景"(background),或者说受到胡塞尔发现的对象所处的"视域"(horizon)的影响。如果我们徒步旅行的伙伴中有人发现马棚失火了,那么,当我们急急忙忙找水桶和水盆,疯狂地汲水时,突然起作用的不仅仅是联想的新链条,而且压水机本身也直接地、活生生地在那里起作用。此时压水机带有新的附加特性,与我起初对它的感觉不可同日而语。新的经验附带着新的意谊在起作用。即便我们的注意中心不在压水机上,而是在别的对象上,改变了的背景仍然丰富了压水机的当下内容,并因此引入了对该对象的进一步规定。

行为本身不是与压水机发生关系的另外一个物件,而是对于压水机的显现做出了贡献的一种功效[c]。实践中的行为只能在反思行为中才能作为对象存在,并且只是为了**反思**的行为,实践中的行为才会作为对象而存在。当行为发挥作用的时候,行为所属于的领域与作为对象而存在的领域是完全不同的,这是因为,行为不是作为对象,而是作为诸对象当下在场的条件而存在。与此同时,对象的当下在场,也离不开它们与这些行为的内在联系,它们是在这些行为中并通过这些行为,才得以成功地当下显现的。对行为的这种特征

---

a 作者中文版注:像"Sinn"的翻译问题不仅是中文翻译的问题一样,"presentation"也是西方语言本身的问题。"presentation"在德语中比在英语中问题更大。英语中常把Vorstellung翻译为"representation",这带来了许多问题。我在本书中,为了避免"representation",不得不"强迫"英文与以下四个德文术语对应:
  Gegenwart:present(当下显现,当下在场)
  Vorstellung:presentation(当下化)
  Gegenwärtigung:presentiation(直接当下化)
  Vergegenwärtigung:presentification(重新当下化)
后面两个术语有时间意义。Gegenwärtigung讲的是直接的在场,比如,一个直接在场的行为。感知(perception)与当下在场的对象(a present object)相关,感知是当下化(Gegenwärtigung)的典型类型。而Vergegenwärtigung本身发生在"现在",但是却常常建立在以前的当下化(a prior Gegenwärtigung)的基础上;它的最好的示例就是记忆行为:当我回忆一个过去的当下化行为的时候,或者回忆一个过去的对象的时候,情况就是如此。英文可以称为a representation(重新当下化)。更糟糕的问题是:Gegenwärtigungen(当下化)和Vergegenwärtigungen(重新当下化)都是广义的Vorstellungen(时间上是中性的)。在行文中可以看出Vorstellungen究竟指的是前者还是后者。——译者注

b 有人的综合与参与。——译者注

c 心智活动与对象显现的相关性。——译者注

刻画,克服了主观主义与客观主义之间的对立与分裂。这种对立就如同把一件衣服剪成了两半。遗憾的是,这种对立控制了一直到康德为止的西方哲学的整个讨论,直到今天,人们仍然会吃惊地看到这一对立的不断重演。与弗雷格一样,胡塞尔同意[a],存在的对象,不管是草虫鱼虾、各种事实,还是有穷的数字,它们都是独立于我们的心智想象或精神图像的,同时也独立于我们个人生活的变迁或人类政治生活的兴衰。胡塞尔与弗雷格的分歧在于,胡塞尔坚持认为:要想对这类独立的、超越的对象之被勾连表达、当下显现加以说明,唯一的途径就是,通过对它们的当下显现**模式或者方式**加以描述,以及通过对它们在其中如此展示的**成功之结构**加以描述。这里有一种关于精神行为的真正的全新的观念在起作用,但要全部把握这一概念绝非易事。一方面,行为不可能只属于那种只有通过内省才能达到的一个封闭的内在领域。这种精神活动得以存在,是借助于对超越于这些行为的事物的关系。另一方面,要想达到对"被给出"的诸规定的充分说明,又只能通过观察这些规定同那些特定行为的关系才能做到,因为那些特定行为对这些规定的形成做出了贡献。在这里,第一位的东西、最基本的东西,既非主体也非客体,而是**关系**[b]。依据胡塞尔的看法,对象性(objectivity,客体性)应该被看作是人类成就的本质性相关者。同时,引入主体性不是为了在内部消解掉对象性(客体性)或者复制对象性(客体性),而是为了给对象性(客体性)打基础,为对象性(客体性)提供保护。在以后的几章里,我们会反复回到这一导论性的描述。

现在让我们回到马棚着火时我们对压水机的经验,并继续我们的描述。在对压水机的观察中,我看到的每一面,都设置了对尚未被看到的其他侧面的预期,这样,隐藏着的那些侧面便成为被"意欲指向(intended)"的侧面。以我们现在和过去的经验为基础,我们期待其背面也是带着红斑的、布满铁锈的深棕色。我们围着压水机走一个圈,我们的这个意向就被"充实"了。尽管如此,我们仍然可以脱离或者不管意向的实际充实,去描述行为进一步所意向的是什么。我们仍然可以说,充实是行为的目标。但是有时候,事情会出乎我们的意料之外,在这种情况下,我们就会马上设置关于同一事物的新的预期,期望另外一种充实。即便我们的意向"失望受挫"——在压水机的背面,我们发现的不是铁锈的深棕色,而是青苔的绿色,但是,这仍然是对

---

[a] 海德格尔亦如此,这就是哲学家的一般唯物主义前提。——译者注
[b] 心智活动的存在依赖于与物、事物的关系,不是简单的反映论。这就是现象学对主客对立的所谓超越。——译者注

潜在于我们的初始感觉中所开放的可能性之一的充实,尽管它本身是对我们起初的预期的直接修正。这种充实本身也进一步设置了对压水机的各种规定的下一批预期。这些预期和规定沿着一定的途径牵制着我们的感觉。但是从这些预期的方面看,这个途径或者路线并非感知自身选择的结果。感知的各种行为不是一些简单的事件。感知的各种行为不仅展示出意向过程与其充实过程之间的相互作用,而且感知的各种行为被组织在一起,使得感知的各种行为主动地朝向"充实"前进。在胡塞尔的理论中,意向性行为具有的结构,既是固定的相关性的行为结构,同时又是一个动态的行为结构。这个结构是在被引向不断丰富的经验的过程中得出来的结果——这些经验如此丰富,以致它们自己从来无法显现其全部内容[a]。

第二节 被打断的谈话

现象学所理解的现实性(reality)并不是天衣无缝、毫无瑕疵的组织构造。现实性自身包含着自己的幻象、冲突和不协调。就如梅洛-庞蒂所说的,它存在于某处,处于一种可质疑的模式中;这种模式具有自身不可避免的缺口和裂隙、绊脚的顽石和缺陷、有阴影有死角、有自己的震惊和意外。它从来不是简单地被拿来、被接受的过程,而是被把握、被掌控的过程,这种把握掌控(fassen)的运动总是同进行领会(erfassen)或得到理解(auffassen)交织纠缠在一起。这种现实性从来不是刚刚"登录报道的"(registered)新发现的事实,而总是已经"达到过的、交过手的"(reached)东西。把握掌控之朝向现实性的运动,一定会"走向我们"(come to us),这一点是必然的。正如胡塞尔——特别是在他的后期思想中——清楚地认识到的:统一性从来不能直接从事物中"读取"出来,统一性是面对当下化的动态功效,而这个当下化却从来不能与"不在场"分离开:统一性揭示过程,同时它又是一种与揭示同步进行的遮蔽过程。

在许多研究中,我们经常看到人们批评胡塞尔,说他给予视觉感知以特权,将视觉特征扩大化、普遍化为其他感觉的特征,所以,我们在这里要特别强调,胡塞尔步入现象学的第一步,即他在《逻辑研究》(1900~1901年)为现象学分析开拓基础的工作中,恰恰不是通过对视觉对象的研究,而是通过对

---

[a] 使得钾钠从碱性化合物中显出本相,必须破坏它们在日常生活中的常态,加温加压,才能分离出来!人们的认知结构亦如此。在非常态下,它才显示自身的结构。——译者注

不可见的言语行为的研究完成的。如果把那时的研究同后来 1908 年讲课稿中对意义理论的研究①，以及《形式的与先验的逻辑》(1929 年) 一书中的工作联系在一起进行考察，我们就会发现，现象学转向的基础是多样化的：现象学转向并不依赖于视觉行为和外观显现(appearance)的观念。

  在我们上面的叙述中，有数次报告了农庄庭院中央的压水机的外形、组成部分，以及压水机的颜色，等等。请注意，这些报告是在从事指示(refer)，至少是想要从事指示(purport to refer)的。这些报告也在传达着关于压水机的信息，尽管这部压水机现在并没有出现在我们面前。你，作为读者，从来没有看见过这台压水机。实际上，它也可能根本不存在。如果我举当下在场的事物为例，那么你们就能够——在一定的限度内——说出，对它的描述是否"合适"。这一点直接告诉我们，在关于经验对象的断定(assertions)理论中，如果我们要想理解领会语言上的"语符串"所携带的信息的话，我们就必须诉诸超出物理符号与物理对象的联想链接之外的东西，或者，诉诸物理符号与物理对象之间的成真条件上的联系。

  在我们交谈的过程中，我们的注意力经常固定在正被我们描述的所指(referent)上，而不是关注正被传播的信息本身，甚至并不关注那个信息交流过程本身。在我们与压水机直接打交道的感性关涉中，就像诸多侧面是"非主题的"，即不被关注的，正是在这种情况下，我们关于压水机的报告本身才是透明的；这些报告为了自己所表达的事实之故，而让报告自身被冲淡、被埋没了(effaced)。在通常的情况下，总是在我们的经验中出现有某些干扰的情况下，或者，总是在信息交流发生了某些中断的情况下，我们才会将注意力从报告的内容转移到报告本身。也许压水机并不在我说的那个地方；也许你知道我是色盲，认为我的报告中的某些描述并不可靠；也许你是语言学家，或者是文化人类学家，而不是一个口渴的徒步旅行者，所以对压水机和它的清水毫无兴趣，因而专门从完全不同的语义和符号出发，来理解我们对压水机的描述。

  当谈话出现这类中断的时候，谈话本身以及它所传达的是什么，就成了关注的主题。当我们不再"幼稚"地相信那些被报道的事实的时候，谈话的正常进程就受到阻碍，一定形式的反思会插入进来。让我们仍然以我们上面叙述的情况为例，把我们朋友起初提供的报告设定为一种断言(claim)。我们将注意力转过去注意讲话者"被中断"的报告行为中所提出的命题，质疑

---

① 见胡塞尔：《意义理论》(*Vorlesungen über Bedeutungslehre: Sommersemester 1908*, ed. by Ursula Panzer, *Husserliana*, Vol. 26. Dordrecht: Martinus Nijhoff, 1987)，特别是第一和第二章。

它的真假,怀疑它是否与事实相一致①。这就造成了**语言意义**(meaning)或报告的内容——即被意向的事实,或者假定的事实——与**被指称的事物**(referent,所指)——即可使命题成真的、存在的对象以及事实——之间的重大区别。由于一个命题即使是错的,也可以构成命题,并且具有语言意义(meaning)ª,所以,通过让命题与对象集合的核对(同一性认定),或者让命题与事实的集合进行核对(同一性认定),或者让命题与对象及事实的集合进行核对(同一性认定),并不能成功地建立一个针对**命题的内容的定义**,尽管很清楚,命题的内容必须为我们提供一种方式,让我们在不同候选者之间做出抉择。事实上,将两个相互冲突的提议所"表达"的内容对立起来加以比较并非难事,即使它们两个都不具有所指,即没有实事根据。

通过语言的意义与其所指之间的区别,我们便可以进入对说话主体的某些特定成效(certain achievements)的考察之中,并使我们注意到,在说话主体的态度中发生的基本变化,是本构性的(constitutive)。当我们的朋友首先向我们指出那台压水机时,我们根本没有注意它的真假问题。这里,她的表述方式完全适合于那种庆贺式的气氛,这些话赋予了那个下午的散步以精神与活力。发现压水机的喜悦驱使她展开描述。这些描述的功能不是要再表现(represent)什么,而是要直接进行呈现(present)。我们接受了所报告的事实,开始找我们接水的铁碗。面对报告的内容,我们所有的人都分享着同样的"姿态"或"态度"(Einstellung)。胡塞尔将这种"姿态"或"态度"称为"确信"(belief)。所报告的事实被作为"给定的"东西接受下来。但是事情可以突然发生变化。一种不和谐可以突然介入报告本身,或插进呈现的事实中来。原来的确信(belief)可能转变成不确信;报告中的信心可能转变为困惑。比如,它根本就不是什么压水机,而是为农场机械储油的油罐出油龙头。报告不再被认可,而是重新被定位为她个人的信念,她的不可靠的建议ᵇ。干扰中断了我们与所报告的事实打交道的"幼稚"方式;它不仅导致报告被"主题化"(thematization)为命题,而且,还导致我们对**态度或者行为**有了某种知觉:

---

① 我这里的描述是模仿罗伯特·索科洛夫斯基对这一现象的分析。见他的《当下在场与不在场:对语言与存在的哲学研究》(*Presence and Absence: A Philosophical Investigation of Language and Being*, Bloomington, Indiana: Indiana University Press, 1978)第一章和第六章到第八章。在这一节中我借用了他对报告和断言(命题)所做的区分,只做了某些改动。这种区分的首次表述见于胡塞尔的《形式的与先验的逻辑》(第89节)。在本书第十四章中我们将会看到,这个区分对于海德格尔《存在与时间》中的立场是绝对重要的。
a "如果雪是黑的,那么,1+1=2,而且雪是黑的,所以,1+1=2"是一个有意义的真句子。"鸡蛋里有骨头",内容是错的,但是恰恰因此而有特殊意义。
"孙悟空不爱白骨精,焦大不爱林妹妹",无现实对象的命题。——译者注
b 压出了黑色原油,"报告"转化为"命题":在听者的心智中,行为突出出来。——译者注

这种知觉支持着对报告与命题的这种区分[a]。

对于报告的反思以及将报告"主题化"为命题,所有这些行为都提出了一种要求:要把对语言行为的描述,作为反思的本构条件(constitutive conditions)之一纳入反思。请注意,在命题的内容中,行为本身不需要被提及,或者不需要在其中给予表达[①]。在直接的谈话中,行为默默地参与其中。只有当事情出了差错的时候,行为自身才进入我们的知觉。但是,无论如何,语言行为是本构性的(constitutive)。"被中断"的谈话重新调整了我们注意力的焦点,使我们把注意力从被报告的世界,转向了"断言"与"进行参与的各言语行为"之间的相关性上,转向"有意义的符号内容"与主体性之间的相关性上。

胡塞尔试图通过把符号的"表达性"(expressive)操作与"标示性"(indicating)操作对立起来,以便获取一种途径,使得在交往中的"内容"和"行为"变成主题。他在《逻辑研究》的第一研究中详细讨论交互主体性话语的时候,只将讨论进行到可以将"表达性"操作独立出来为止,只向我们指出了我们如何才可以将符号的"标示性"操作悬置起来(dispense with)。在将二者对立起来的过程中,胡塞尔向我们提供了关于正常言谈的重要洞见。这种洞见是对我们目前进行的分析的重要补充。

当我们的朋友在做她关于压水机的报告时,我们直接被引向压水机以及它提供的清水。但是,报告本身可以出乎我们的意料,不符合我们的经验。这样,我们又被抛回到她所说的内容,被抛回到她的断言的内容中。用胡塞尔的术语来说,我们又从所指,转向符号串的语义、转向符号串所表达(ausdrucken)的命题上。如果我们说的所指是时间、空间中的"真实"(real)的对象,那么语义就可以被称为"理念"(ideal)对象。这里所谓理念,是指:对于它们的存在而言,空间性和时间性的坐标并不是本质性的;而且,对它们加以描述时,可以不管它们是否与什么真实对象一致或同一,或者与什么真实对象的集合一致或同一。当然,由于胡塞尔的兴趣在逻辑上,在真理的基础问题方面,因此,是否与真实对象是一致的、相同的,或者是否与真实对象的集合是一致的、相同一的,这恰恰是他一门心思要寻求的东西。

---

[a] 听到报告或者新闻消息,我们并不直接关注其真值条件;只有将报告转换为命题时,其真值问题才会被提出来,成为注意力的中心。——译者注

[①] 作者中文版注:语言行为是被我们直接体验到的("geradehin Erfahrung");语言行为本身不是对象,而是某个对象显现的条件(condition of the appearing of an object);只有在我们对语言行为加以反思的时候,语言行为本身才成为对象,也就是说,在我们对语言行为进行反思的活动中,我们才把语言行为转变为对象(an object, Gegenstand),当然,并没有把它转变为东西或者物件(Ding)。

同时胡塞尔还注意到,言语行为会引发许多方面的问题。除了表达之外,符号还有"指示"(anzeigen)或者"通报"(kundgeben)的功能。尽管我们的朋友的**兴奋和确信的态度**并不归诸于这位朋友所讲述的内容本身,尽管当我们对她所表达的确切内容进行反思时,我们并不能发现这些兴奋和确信的态度,但是,就像冒烟是着火的信号一样,这些符号串仍然向倾听者**指示出**(points)内容框架中的这些态度,以及框着这些断定(assertion)的行为。一方面,我们之所以可能把她的报告解释为断言(claim),是因为我们把她的行为看作是在主张一个断言或者维护一个主张该断言的行为,而不是发布命令,不是提出问题,不是开始进行祈祷的行为。另一方面,**在**她从事主张(proposing)的行为**之内**,我们察觉出**两种**相互嵌套在一起的活动:一类是从事指称和从事述谓断定(referring and predicating)的活动,指向(pointing to)所指物,或确认与所指物同一或一致(of pointing to or identifying a referent)的活动;然后是一类在述谓、断定中(in predicates)对其加以"规定"的活动。这里重要的是,相同的指称活动(referring)、相同的述谓断定活动(predicating),以相同的命题内容作为其核心,却可能体现在几种不同的"言语行为模式"(act-modalities)中。胡塞尔将它们称为"thetic qualities"(操作上的性质)。半个世纪之后,奥斯汀(Austin)和塞尔(Searle)又将这两个不同的意向行为(noetic)层次分别称为断定的"示意语力"(illocutionary force)和"发语语力"(locutionary force)①。在交往话语中(communicative discourse),标示性(indication)这一现象总是与意义表达这一现象纠缠在一起,这就将我们带到言语行为问题面前。这个问题恰恰是通向现象学分析的第二道桥梁②。

我们已经建立了两座引导我们过渡到行为的分析的桥梁。第一座用符号串与断定(assertions)之间的区别作为出发点,并且启用了态度的分析,以便说明这一差别。第二座桥梁,通过对交流活动中的符号的直接处理论证了这一点,并且捕获到了符号的语义表达(express)之内容与符号所标示(indicate, anzeigen)之内容的区别。还有第三座桥梁,我们这里只能简单地

---

① 见奥斯汀:《如何用语词处理事物》(How to do Things with Words), second ed., Cambridge, Massachusetts: Harvard University Press, [1962], 1975;塞尔:《言语行为:关于语言哲学的论文》(Speech Acts: An Essay in the Philosophy of Language), Cambridge: Cambridge University Press, 1969年;以及《表达与意义》(Expression and Meaning: Studies in the Theory of Speech Acts), Cambridge: Cambridge University Press, 1979年。
② 关于胡塞尔去除"指示表征"的提示,我们将在第八章加以讨论。就我们现在的目的而言,我们只需要强调,在《逻辑研究》的第一研究中的专节(第八节)专门处理表达问题之前,胡塞尔就给出了对交往中符号的"指示表征功能"和"表达功能"的分析(第一节至第七节)。

提一下。这就是命题内容本身十分有意思的特征。针对同一个字面语义,即便有相同的"示意语力"和"发语语力",但是在给出的命题的诸所指语义(references)中,以及它们的真值条件中,仍然可能存在着区别。如果要保证对言语行为的这一特征处理适当的话,我们在讨论中还需要考虑更多的东西。如果一位美容师把"脏衣服""清洁剂""洗衣机"(washing machine)这个上下文中的"洗"(wash)混同于"香波""头发"和"精心护理"(pamper)等上下文中的"洗"的话[a],设想一下,那么会发生什么样的悲惨后果。我们这里不打算处理字面语义和隐喻语义的问题,就像当我们说"我们的美容师洗理如飞",或者:"他的鼓励之词洗掉了我的顾虑"这类命题中的情况。我们不想处理这类命题。我们感兴趣的现象是,我们有相同的合适的字面语义,但是,由于该命题对不同**上下文**的关系[b]——这种关系不是它被表达出来的内容的外显的特征,不是这些内容的部分——该命题的语义却具有不同的真值条件。这样,这第三座桥梁就将我们带出了行为与语义的特殊的相关性,而使我们进入了它内含的上下文之中。

在这一点上,我们通过言语行为进入现象学分析之路,就同我们起初通过感觉进入现象学分析之途径结合在一起。我们将在本研究第三部分的讨论中指出:这个背景就是感性意谊(senses)的场(field),对象的感性意谊就是处于这个场中。而其上下文(context)就是语义的场(field),言语的给定片断的语义也处于这个场中。在原则上,**它们都是行为与对象之间关系的潜在环节、不彰显的环节**。下面我们将会看到,对背景与上下文相互作用的关系的分析,将为我们提供一把钥匙,使我们得以打开通向胡塞尔现象学中意向性的深层结构的大门。

第三节 诸 现 象

我们同对象打交道的活动,要求我们建立一种解释,这种解释把诸对象与主体的关系,以及诸对象与它们处于其中的上下文的关系,作为对象的现实的或潜在的存在之本构性(constitutive)因素[c]纳入解释中来。要这样来理解对象,就必须将对象理解为**诸现象**(phenomena),而不能将对象理解为与

---

[a] 中文中的例子:打牌、打酱油、打媳妇、打井、打瞌睡、打喷嚏、打赌等表述中的"打"的意义。——译者注
[b] 陈世美事件:忘恩负义乎?利用传媒蓄意陷害乎?——译者注
[c] 即真实显现的必要成分。——译者注

现实性对立的表象(appearance,代表)——像康德在区别 phenomenal(表象)与 noumenal(实体)时所要求的那种表象;而且,就必须将**诸现象**(phenomena)ª理解为"显现着的事实"(reality)。所有可称谓的、可想得到的东西,都潜在地**为我们**而存在。它们的"自在"(in-itself)是内在地与它们的"为我们"(for-us)紧密地绑在一起的ᵇ。在哲学上,把事物作为现象来打交道,就要求我们回到事物的当下在场,回到事物给出自身的原初途径,就要求颠覆下述那些传统的理论观点:这些观点把高阶的科学,或者高阶哲学的解释及其模式,混同于它们一阶的基础的存在ᶜ。当我们首次遇到高大的压水机时,我们并没有把它作为概念之赤裸裸的个别的附属物(serving),即它们的个例,即"钢""锈""水"等概念在逻辑上的基础成分(substrate,下位成分);压水机的喷水口滴出的水滴,最先也不是作为被数学化了的实体而显现,即不是作为具有统一表面张力的、从固定的中心点出发到表面的每一个点都等距离的球体而展现自己的。压水机以及它向我们提供的清凉的水,是活生生的,带有意义的,必须用不可化约的经验术语,即用**质**(quality)的术语,才能理解它的意义。这就是为什么,在最终的分析中,现象学把自己看作是**描述性**(descriptive)学科的原因①。因为质是不可以用规则来加以解释(explain)和规定的,但是,可以通过关注诸现象展示出来的不同结构,来对质加以说明(clarify)。这个结构具有四个方面②:

1. 所有对象都是有规定的对象,这就是说,作为诸现象,它们总是**作为**(as)什么东西而出现。这种"**作为……结构**"(as-structure)并不是解释活动的结果,而是"现象"中的"折皱纹路"(fold)。这种"折皱纹路"使得各种对象得以显现。在胡塞尔和海德格尔的语言中,这种折皱纹路就是对象的"**意谊**"(sense)。胡塞尔将其称为现象的"什么"(What)③,即解释工作肇始之

---

a 现象不是表面现象,而是对象的真实显现。——译者注
b 注意:这里涉及自在的存在与为我的存在之间的关系。——译者注
c 现象学特别强调层次的区别与分析:在一阶现象与各高阶现象之间作出区分,描述它们之间的关系的本构格式。——译者注

① 我们将在下一章继续讨论这个问题。
② 胡塞尔和海德格尔都同意现象有四重结构的观点,两者都企图从处于更深层的变化去分别观察相互分离的各个层次。我这里遵循的是 1991 春季学期黑尔德在 Stony Brook 期间所做的分析。黑尔德在分析中强调了这个问题的重要性。
③ 参见胡塞尔《大观念(I)》(*Ideen zu einer reinen Phänomenologie und phänomenologischen Philosophie*, Vol. 1: *Allgemeine Einführung in die reine Phänomenologie*, *Jahrbuch für Philosophie und phänomenologische Forschung*, Vol. 1. Halle a. d. Saale: Max Niemeyer, 1913, S. 270;英译本 *Ideas Pertaining to a Pure Phenomenology and to a Phenomenological Philosophy*, Book 1: *General Introduction to a Pure Phenomenology*, Trans. by F. Kersten. *Collected Works*, Vol. 2. The Hague: Martinus Nijhoff, 1983, p. 312。

前、现象当下显现的本构性(constitutive)成分。海德格尔也使用"对象"与其"意义"(sense)这一对概念的对立进行工作,但是,他把"什么"(What)限制于指称从"当下在手"的对象身上提取的、以便加诸"当下在手"的对象的性质。所以,这样的性质就是事物——在形成理论之前,在我们同事物打交道时所处的语境中发现的事物——之原初的意谊结构(sense structure)的一种变异、变体①。

2. 意谊(sense)是诸现象之被勾连表达的(articulated)当下显现之规定性内容。但是表指关系(significance)要求应该有一个某某人的存在,只有**为了某某人**(for),对象才有意义(meaning)。这种"**为了……结构**"(for-structure)不是加到"作为……结构"之上的东西,而是"作为……结构"存在的条件。一个对象的"内容"(what)是内在地同对象显现之"如何"(How)紧密绑在一起的。作为对象的一部分,这个"如何"的存在,完全取决于"为了……结构"的形态②。

3. 现象作为一种向我们显现的规定,它实现于某种开放处所(clearing)中,这种开放处所使得现象得以出现。在这种开放的维度中,现象进入光明(come to light)中显摆自己。对一个语境的参与介入,就意味着,语境让对象自由地出场,走向前来,使得它们可以作为对我们而言之"所是"(as what they are for us)出现③。这个维度本身并不是正在进行显现的现象;这个维度是一切显现发生的场所。这样的场所构成了现象的"**在……之中结构**"(in-structure)。

4. 现象为(for)其而显现的那个某某人,就是现象**向**(to)其给出自身的那个某某人。现象在处所中向我们显现,这个处所本身一定意味着,这些现象必定是**从**(from)某个维度而来进入显现的,而这个维度是未被清理出来的;现象来自处于隐蔽状态的维度,来自包围着各个处所的黑暗。在每个新清理出来的处所中,在每一个新的通达中,都有这个维度,它永远不会撤离。这个"**从……而来结构**"(from-structure)总是与"**在……之中结构**"一起出现。但是"**从……而来结构**"所处的这种维度的"本性",使得这个"从……而来结构"永远不会以与"在……之中结构"相同的方式被观察到。

胡塞尔现象学成功的突破性成果,在于它发现了"作为……结构"同"**为了……结构**"之间的本质性的互动关系。它的特色在于,把"作为……结构"

---

① 见海德格尔:《存在与时间》,第151、158页;英译本,第192页及第200页。参见《存在与时间》,第83页;英译本,第114页以下。
② 参见胡塞尔《大观念(I)》,第209页;英译本,第244页。
③ 参见海德格尔《存在与时间》,第84页;英译本,第116页。

与"为了……结构"组合成为一种"在……之中结构"。一个对象的感性意谊（sense），构成了该对象的有规定性的当下显现；但是，这个感性意谊并**不仅仅**是对象在相应的理解行为中被当作主题来关注的唯一方式；这个感性意谊还内在地关涉到未被作为主题来关注的感性意谊之**网络**（web）。感性意谊本身并不是处于事物性世界中（实在论）的观念，也不是处于精神世界中（概念论）的观念。感性意谊的网络是由在经验上的融汇吸收（assimilating）语境中的相关对象的多种途径构成的。这个网络勾连表现为"在……之中结构"。这种"在……之中结构"又被称为**视域**（horizon）。各种视域之总视域就是**世界**。与传统的标准胡塞尔描述相反，**胡塞尔现象学中有生长力的独创洞见，恰恰不在于，它为我们提供了一种意识分析，而在于它看到了，进行意识分析的同时，必然会提出一种对世界的分析，而且意识分析是不可能同世界分析分割开的**[a]。

这个视域既是**底基**（Boden）又是**目的**（Telos）。这个视域是底基，因为一个对象的特殊的"感性意谊之规定性"依赖于视域，即依赖于为这些感性意谊规定性的特异性（specificity）而提供的视域，也许还依赖于为其一代人（generation）而提供的视域。但是视域又是**目的**，因为正是在这种视域之中，经验导致（effect）了感性意谊的视野中的不同侧面和不同视角的统一，这个感性意谊总是超出，或者多于被给出的内容。当在结构上把视域描述为它蕴涵的诸种感性意谊的组连（nexus）时，视域就通过动态发生的思想而得到扩展，这时，现象学的方法就变成了既是语言意义的考古学，又是语言意义的目的论。在接下来的几章中我们将会看到，胡塞尔思想的这个维度，恰恰构成了它的现象学方法之全景的核心。

然而，"从……而来结构"在胡塞尔那里并没有得到进一步的规定。他承认隐蔽环节的存在，却认为只对于被他称为"自然的态度"而言才是如此。就像自然态度不能够把主体性刻画为先验性的主体性，自然态度对世界的特征刻画，就是把世界简化为实体（entity），这样，世界的世界性（worldhood）就被隐藏起来或者掩盖起来了。然而在现象学的态度中，这种隐藏掩盖被克服了。被隐蔽的东西变得透明了；原来自身是黑暗的东西被带到光明之中。海德格尔与胡塞尔的区别并不在于，海德格尔相信，在自然态度中，人们可预先熟知作为视域的世界。他们之间的区别在于，海德格尔认为，就是对哲学态度而言，"从……而来结构"这种本构性成分的隐蔽性仍然保留着。反思不可能克服这一黑暗。不是作为被揭示出的方面的那个世界，而是作为从事隐

---

[a] 非常重要：克服主客对立的真正意义。——译者注

蔽的黑暗的那个世界,保护我们在哲学上不致跌回到客观主义①。如果世界的黑暗被克服了,如果在哲学的反思中,黑暗进入光明,那么作为世界的世界就一定会成为**当下在场**(present)。但是按胡塞尔的看法,除了意识自身之外,任何成为当下在场的东西,都是**对象性**(Gegenständlichkeit),也就是说,都一定会成为现象。如果世界变成了具体的东西,世界的视域性特征也就消失了②。虽然胡塞尔从来没有犯过这类错误:即把世界当作东西、事物,或者东西及事物的集合来对待,但是对"从……而来结构"的忽略,的确给我们留下了下面这种可能性:过分强调"在……之中结构",因而把视域概念限制于尚未成为主题,但是可能成为主题的领域。关于这一点,正是本书第三部分要讨论的主要内容。

以上这些说明,让我们又回到了本章的出发点,并且深化了我们的出发点:现象学的分析起源于一种不安的好奇,起源于对现象的四重结构的求索揭示。

---

① 当胡塞尔在《危机》一书中进行最终的表达时,胡塞尔面对的是"客观主义"同"先验主义"的斗争。这个斗争规定了现代知识分子生活的历史意义。见该书第 14 节。因此,胡塞尔是否可能会重新陷入客观主义,对于胡塞尔自己的哲学事业来说至关重要。
② 这类警告反复出现于海德格尔 20 年代的各种著述中。见海德格尔:《存在与时间》第 63 页以下各页,以及第 130 页;英译本第 92 页以下各页,以及第 168 页;《现象学基本问题》(*Die Grundprobleme der Phänomenologie*),Friedrich-Wilhelm von Herrmann 编:《海德格尔全集》(*Gesamtausgabe*),第 24 卷,Frankfurt am Main:Klostermann,1989 年,第 233 ~ 242 页;英译为 *The Basic Problems of Phenomenology*,Albert Hofstadter 译,Bloomington,Indiana:Indiana University Press,1982 年,第 164 ~ 170 页。在本书稍后的部分中,我们还会回到这一问题。

第二章　描述性本型学

现在你们就能理解了,为什么《逻辑研究》——这本直接指向心智精神(psychisch)内容的著作——也可以称为描述心理学了。事实上,《逻辑研究》所具有的——并且不得不具有的——唯一目标就是:建立一种内在的直观(Innenschau),它能够揭示出向思想家隐而不显的亲历的思想经验(Denkerlebnisse),并建立一种本质性描述,这种描述活动在纯粹内在直观之内部,关涉这些亲历经验之被给出性(Erlebnisgegebenheit)。但是,另一方面,为了刻画出方法上的新颖特性,所以选择了**现象学**作为名称。实事上,它是一种处理在此处出现的心智精神内容的新颖方法。……它的任务是新的,它试图彻底地、始终如一地坚持从诸对象性的各自范畴那里退回去,努力去追问,确实属于这些范畴的意识样式(Bewußtseinsweise)。

——胡塞尔(1925 年)①

这是很困难的。一般来说,哲学的最困难的事情就是现象学的还原,就是带有充分理解地去洞察和练习现象学还原。

——胡塞尔致英嘎登(1931 年)②

---

① 胡塞尔:《现象学心理学》(*Phänomenologische Psychologie: Vorlesungen Sommersemester 1925*),沃尔特·比梅尔编,*Husserliana*, Vol. 9. The Hague: Martinus Nijhoff, 1968 年,第 27~28 页;英译本 *Phenomenological Psychology: Lectures, Summer Semester, 1925*, Trans. by John Scanlon, The Hague: Martinus Nijhoff, 1977 年,第 19~20,21 页。
② 1931 年 11 月 13 日〈致罗曼·英嘎登的信〉,见《通信集》(Ed. by Karl Schuhmann in connection with Elisabeth Schuhmann, *Husserliana Dokumente*, Vol. 3. Dordrecht: Kluwer Academic Pub., 1994),3/3,第 278~281 页。

第一节 诸 种 提 问

如果观察或谈话的过程出现中断,而这种中断又促成了现象学的转向的话,那么努力去把握在这类中断里面人们所发现的东西,这个工作,就使得现象学成为一种描述的方法。

我们必须等到下一章才能处理胡塞尔的先验性(transcendental)这一概念。但是,他的现象学发问之观念,就已经同康德的提问观念形成了明显对立。在《纯粹理性批判》①中,康德企图去发现我们现实性经验的先在(a priori)条件。在这个进程中,首先,康德把牛顿关于客观自然的构成成分的表述视为最终的权威,认为这些表述所缺乏的只是哲学上的论证[a]。第二,康德认为,只有借助于对客观自然存在的认知之诸条件,才能来通达客观自然之存在的各种条件。最后[b],康德认为,唯一的一组必然性——各种先验范畴以及与其相应的纯粹知性的原则(没有它们,现象将失去一致性结构)——也是在对象被经验和被理解的途径的基础上推导出来的必然性。这些范畴和原则对于客观现实而言,是本构的,或者是规则性的(constitutive or regulative)[c]。范畴的推导过程的"演绎"结构是假言性的。它是从任意给定的自然复合体(given natural complex)出发[d],推导出它的必然性条件。它的方法是构造主义的(constructivistic),建立在先验论证的基础上;这种构造主义方法是对立于任何类型的归纳性的泛化(generalization,一般化),或者说,是对立于理性主义的直接直观洞见的。康德的研究结果不仅为我们提供了一系列清晰的原则——它能够为现象的构成提供说明,而且还为我们提供了对其他类型的理论的一种哲学批判,并最终维护了关于物理世界的牛顿模式作为最佳的世界图像的地位。

在《大观念(I)》时期(1913 年),胡塞尔曾一度相信,康德在主观的、先验的领域内,在真正的意义上,成功地为实证科学打下了基础,这种做法在某种

---

① 康德:《纯粹理性批判》(*Kritik der reinen Vernunft*),雷蒙德·施密特(Raymund Schmidt)编,Hamburg: Meiner Verlag,1952 年;诺曼·肯普·史密斯(Norman Kemp Smith)英译,*Critique of Pure Reason*, London: Macmillan Press,1933 年。
a 这就是平时所说的康德哲学的形而上学前提。——译者注
b 范畴、原则是演绎出来的,不是一阶的直观内容:"三角形内角和等于两直角",不是公理,而是推导出来的定理,不是原初的。——译者注
c 康德:《纯粹理性批判》,B221~224;英译本,第 210~212 页。——译者注
d 以 B 版 Deduction §16 为例:我思(ich denke)要伴随我所有的表象。——译者注

程度上是正确的①。但是在《危机》时期(1936年),胡塞尔指责康德,用某种数学化的构造、用某种高阶的"对象化"(objectification)来取代"正常地去经验世界"的途径,因而颠覆了现实性(reality),并因此掩盖了世界存在的丰富的多样性和深刻性。因此ᵃ,康德没有揭示出各种自然科学活动于其中的、作为一切科学活动之语境(context)的那个世界。而且康德同实证自然科学犯了同样的错误:预先假定了世界的当下在场,然后又忘记了它的当下在场②。胡塞尔认为,物理学的各种对象,必须被理解为是将物理学专用的那种转换(transformation)应用于我们通常经验事物之途径上的结果ᵇ。因此,当康德的研究进入那种主体性——这种主体性以我们通达客观现实性时一定不可须臾离开的基础为基础——时,康德的研究注定要出差错。这种研究要讨论,以世界为基础的从事构造的条件(conditions of a construction based on the world)是什么;但是康德却从来也没有超出过这种构造活动而达到世界自身,从来没有进入"笛卡尔式的基础性研究的深邃广阔的深度",从来没有深入到对"发挥第一性源泉作用的主体性"的清楚理解③。与康德的这种提问题的方式相对立,与康德的"神秘的、构造性的推导方式相对立",胡塞尔自己则转入了一种ᶜ

> 彻底的直观的揭示方法,它的出发点是直观的,它揭示每一件事情时也是直观的——尽管这里的直观概念与康德的直观概念相比,可能还需要经历一种大幅度的拓展;而且确实,通过一种新的态度,直观在这里甚至失去了它通常的意义;此处只取其"原初地展现自己"(originalen Selbstdastellung)这种一般性的意义;但是更准确地讲,这里指的是,仅仅于存在之新区域内(only within the new sphere of being)原初地展现自己。④

---

① 胡塞尔:《危机》(*Die Krisis der europäischen Wissenschaften und die transzendentale Phänomenologie: Eine Einleitung in die phänomenologische Philosophie*),沃尔特·比梅尔编,*Husserliana*, Vol. 6. The Hague: Martinus Nijhoff, 1954年,第103页;英译本 *The Crisis of European Sciences and Transcendental Phenomenology: An Introduction to Phenomenological Philosophy*, Trans. by David Carr, Evanston, Illinois: Northwestern University Press, 1970年,第100页。
a 胡塞尔后期对康德的批判:用高阶的"客体化"取代一阶原初的体验:"自我批判"。——译者注
② 胡塞尔:《危机》,第106页;英译本,第104页。
b 科学:也是生活形式、文化形态。有基础的支撑:世界。——译者注
③ 胡塞尔:《危机》,第102页;英译本,第99页。
c 不是通过演绎构造世界的结构,而是直观世界是什么样子的。——译者注
④ 胡塞尔:《危机》,第118页;英译本,第115~116页。当然,康德是没有那么容易被解决掉的。尽管这个文本所担心的是,如何才能同康德的回溯进程相对立,建立"questioning back"的方法。一旦直观概念经过了大幅度的拓展——在本书中,我们会立刻而且还会反复地看到这种拓展——构建(construction)就成为不可避免的。

在1913年的《大观念(I)》中,这一动机已经在发挥作用了,尽管它还没有经过生活世界概念的提升。在《大观念(I)》那里,胡塞尔试图重新恢复由"确信"(belief)构成的世界之地位。**此时他没有选择去贬低日常领域的意向及其成就,而是执着于其中**,显示其结构,然后去关注这些结构同高阶的理解之间的联系。未受阻碍的经验世界,与经由理解活动而模型化(modeled)的世界之间并不存在对立。这使得对"描述"这一观念的深入说明成为不可或缺的。用一般的哲学史来引入这一观念,特别是用康德哲学引入这一观念,严格说来是不合适的,因为历史上的这些哲学理论也是高阶集群,是诸多哲学家的冲突的产物。难道能在那里找到与被揭示的世界相称的根基而加以描述吗?[a]

一个感性对象经常是与我们有隔膜、有距离、半隐蔽的,处于微弱暗淡的光线之中。在许多情况下,我们不能准确地说出它到底是什么。它招徕我们的关切,吸引我们的视线。我们进一步接近它,围着对象散步,优化我们的视觉,或者我们可以把它拾起来,拿到光明处;随着对对象的规定的不断增加,我们对于该对象的单一存在会越来越熟悉。当我们在处理这些对象的时候,我们只是附带地对我们的行为**略有知觉**;只是默默地对我们感知觉的能力有些觉察。我们行为的主题之焦点,完全集中于对象和它的属性上。事实上,对象变得越清晰,它的轮廓越明显,越容易确定它的形状、特征,我们对于它的各种被给出的样式之反思可能就**越少**;相反,随着关注对象的各种困难的增加,我们就越容易关注,感性感知在整个过程中是如何克服种种障碍的,就像在事情不对头的时候,我们经常做的那样。在未受干扰的经验中,经常有一种趋向某种"对象化"(objectivation,客体化)的自然倾向,在这种对象化中,行为与显现的联系并没有丧失,但却被"忘却了",准确地讲,这种联系是未被注意,被漏看了。的确,哲学上的客观主义倾向于把存在(being)的所有领域都看作由对象型的、承载着属性的实体(object-type entities)所组成。这种哲学倾向,在上述这种遗忘性中找到了它自己经验上的基础。或者是出于好奇心的不断提高,但更经常地是出于我们通常与事物打交道的活动出了问题,使我们转而注意事物的"作为……结构",以及"作为……结构"与"为了……结构"之间的联结。起初,反思只是一种提高我们与事物打交道的(水准的)途径,是澄清我们在感知上或实践上的混乱的途径。但是,当困惑可能变成好奇的时候,我们的(哲学)旅程就开始了。

---

[a] 结束对康德批判的评价,转入描述:关注对象时,忘记的"一张纸"的相关的另一面:人的心智贡献。——译者注

重新发现主体性ª不只要求把我们的兴趣进一步扩大到"主体的现象"中去,因为这样,"主体的现象"也是可以被客体化、对象化的(objectivated);重新发现主体性还要求重新调整我们正常的或者基本的主题焦点,但是又得十分小心谨慎地注意,不要让其结果成为偏见。特别是,我们不应该假定,只有通过分析上的对象化的模式,才能捕获我们发现的东西,就像在各门科学以及哲学话语所承继下来的各种范畴中所普遍流行的做法那样。事实上,胡塞尔一生都在与这种想法作斗争。原则上,胡塞尔与客观主义的决裂发生于他找到了先验还原之后。在实践上,胡塞尔只成功地克服了自然科学上的客观主义;他对哲学范畴的拆除工作只是部分的,而且只是逐步进行的。这是一种与客观主义相对立的反思:它中断了我们与客体或者对象的种种先入之见,而发现我们前反思的、默然的主体性觉知的踪迹,然后用它们来倒转我们兴趣的走向。它开始于对描述模式不做规定的开放态度(leaving open),任描述模式适应被描述的领域;它只坚持:① 我们的话语要符合语法的一定要求,并且,② 留意关注我们看到的内容,以及③ 我们让被展示出来的东西掌控我们的叙述说明。由于这类描述也牵涉到中断我们通达事物、观察事物的规范化了模式,所以在《大观念(Ⅰ)》中,胡塞尔称这种描述为"现象学的立场"(Einstellung,态度、调节、校准),并将这种"现象学的立场"同"自然的态度"对立起来ᵇ①。

也许我们正在处理的不是同我们有距离的或者不确定的对象,而是在处理模糊的、云山雾罩的概念。我们进行交流很困难,因为我们不知道,谈话伙伴到底想说什么,甚至不知道我们自己到底想说什么。于是,我们便开始分析,努力使用准确的术语,以便使我们的主张更加明确。我们引入一些概念,它们使得我们能更好地进行对比,清楚地进行区分,以便进行沟通协作。在开始的时候,我们注意力的焦点完全集中于概念、它们的句法组合,以及概念所指称的对象或属性。我们经过了一个"澄清"(clarification,Klärung)的过程:尝试通过把正在起作用的概念的实例或原型(tokens or prototypes)离析

---

a 指的是在上述中断中好奇重新关注对象的相关项:主体的功能。——译者注

b 北京大学哲学系本科生石鹿鸣提出:现象学不是把现象对象化了吗? 中医对人体的解释(经络、阴阳五行)是对人体的对象化研究吗? 我们吃饭时,把饭对象化了吗? (Object,obicre,投放到对面;iacire,扔、投;ob,朝向)在西方,对象规定性经常指的是:在时空中的存在,存在以当下为基础。用海德格尔的话,叫 Vorhandensein。在这个意义上,中医并没有将人体对象化:它没有把人体突出为时空中的当下客观存在。现象学也没有把现象作如此理解。——译者注

① 《大观念(Ⅰ)》(*Ideen zu einer reinen Phänomenologie und phänomenologischen Philosophie*, Vol. 1: *Allgemeine Einführung in die reine Phänomenologie*, *Jahrbuch für Philosophie und phänomenologische Forschung*, Vol. 1. Halle a. d. Saale: Max Niemeyer, 1913),第二部分。

出去,以便消除混乱。我们通过指出,现在把某些对象置于最佳的光线之下,从最有利的角度来感知它们,以此来对它们进行清楚的规定。但是,这里也有对象化(客体化)的倾向在起作用;我们很自然地把概念本身看作是一种特殊类型的对象[a],不是实在的,而是理念性的对象;这些观念性对象自身的外延又包含其他的对象——可以是实在的,也可以是理念性的对象。但是,对于提供一种所需要的分析来说,这种"清理"过程经常是过分局限的。不应该仅仅通过它们的外延来理解概念,而且更应该通过**诸概念与其他诸概念的关系来理解它们**。这个"阐释"(explication, Verdeutlichung)的进程,这个"单独在思想领域内部进行的过程"①,是一个用概念来理解概念的理解过程②。对哲学思想来说,这里再一次有可能把各种概念的理解还原为一种关于等价群的逻辑学(a logic of equivalent classes)。但是在具体的言谈活动中,解释阐明的过程总是"返回到"言谈者,即不可能被对象化的言谈者的意向和信念,"返回到"谈话的语境(contexts),语境总是比相应的概念中分析性地包含的那些见解看法(notions)丰富得多。这里,我们旨在说明概念的内容:用概念的形成过程(formation)、讲话者在他或者她的陈述中所表达的意思,来说明观念的内容。这种反思之所以可能,就是因为,在话语中,我们的句子表达了一种处身于语义场中的意向性内容,这些语义场标示出(indicate)与其结构构造相应的一系列意向性活动的整体链条。在日常生活中,对概念的提问一直在进行。这种提问是一座通向现象学反思的桥梁[b]。平时我们把这些概念当作自存的(self-subsisting)事物来对待,但是这种反思中断了平时的处理方式,并且把这些概念作为——用胡塞尔的术语讲——"本构"(constitution,章法、组织)来看待。

现象学的探索是对日常生活中已经在起作用的提问方式做了进一步的拓展,但是,它抛弃了其中所包含的趋向于客体化、对象化的倾向。虽然现象的转向以及调查方式,是出现于对日常经验中已经发现的东西的好奇,但是,与此同时,现象学的描述仍然包含了与某种业已规范化了的模式——它们调

---

  a 时间是永恒的,永恒就意味着永远都是现在。——译者注
  ① 《大观念(Ⅲ)》(*Ideen zu einer reinen Phänomenologie und phänomenologischen Philosophie*, Band 3: *Die Phänomenologie und die Fundamente der Wissenschaften*, 沃尔特·比梅尔编, *Husserliana*, Vol. 5. The Hague: Martinus Nijhoff, 1952),第 101 页;英译本(*Ideas Pertaining to a Pure Phenomenology and to a Phenomenological Philosophy*, Book 3: *Phenomenology and the Foundations of the Sciences*, Trans. by Ted Klein and William Pohl, *Collected Works*, Vol. 1, The Hague: Martinus Nijhoff, 1980),第 87 页。
  ② 关于澄清(说明)与阐释(clarification and explication)的区别,同上书,第 94~105 页;英译本,第 80~90 页。
  b 现象学提问的原型来自现实生活。——译者注

整掌控着日常的话语和哲学的分析——的彻底决裂。

第二节 表层与深层

在胡塞尔第一次尝试对他的研究计划进行表述时,他完全依赖于"作为……结构"与"为了……结构"(for-structure)之间的相互依赖关系。这种相互依赖关系为胡塞尔提供了一个不可还原的领域,后来,这个领域的组成成分以及它的动态规律(dynamics)就成为胡塞尔现象学的主要议题。

报告活动(reporting)与感知是相当不同的,这是大家公认的。然而我们已经看到,任何一种对它们两者的分析都揭示出,以行为或活动为一方,以某种确定的感性意谊或者语义(meanings)为另一方而构成的这两方面的相关性(correlation)。这一点对于其他类型的经验来说也是适用的。比如,在冬天一个寒风刺骨的日子里,想象把我们带入遥远的国度,在想象里,我们描绘着自己在阳光明媚的西班牙美丽海滩上散步的情景:蓝宝石样的碧绿海水拍打着我们的双脚。这里出现的不是感知行为,因为我们想象出来的这些场景的色度是减弱了的,显示的图像(manifest image)也具有明显的不稳定性,而且缺乏深度。我们甚至可以说,在这幅精神图像中,对象与侧面的关系也改变了。但是这种精神图像又确实浸透出与感知经验重要的相似性。因此,就如同在感知中一样,在想象中,我们也发现了行为与显现的侧面(对象)的感性意谊之间的相关性。

胡塞尔认为,这种相关性对所有类型的经验都是有效的。在《大观念(I)》中,胡塞尔开始把行为或者认知活动,即所有经验中的构成因素,都称为 **noesis**(**意向活动**),而把感性意谊或者语言意义,以及它们所有的不同的形式,都称为 **noema**(**意向内容,或意向相关项**)①。但依据我们目前所达到的水平,无论在方法上,还是在框架结构上,我们都无法系统地引进这些观念。因此,我在这里只强调,行为的"形式"与意义之间的相关性构成了对意向性进行现象学描述的基本模式。这**并不是说**,行为**被引导到朝向**(is directed toward)**意义**。这是一种不准确的说法,它曾经引起了严重的混乱。行为**总是被引导到朝向它的意向性的对象**,或者被引导到朝向它的所指。这里所讲的相关性实际上是,对某些特定类型的朝向对象的精神事件的指向性(directedness)进行说明或澄清。在本章结束和下一章开始之处,我们将探讨

---

① 见胡塞尔:《大观念(I)》,第三部分,第三章和第四章。

在《逻辑研究》中,胡塞尔对行为与意义之相关性的首次表述。我们将会发现,这第一次尝试的失败,就在于没有正确地处理意向性的"意向相关项方面的"(noematic)的特征,并因此在那里掺入了某种对一切经验的"先验相关性"(correlational a priori)的不同理解,该理解不同于《现象学的观念》(1907年)和《大观念(Ⅰ)》以及此后的其他著作①中对此"先验相关性"的理解。然而,只有当我们仔细考察了"反思"这一观念之后,这一问题才能得到说明。正是出于这一原因,胡塞尔经常把我们行为的对象说成是"超越"(transcendent)的,把我们对对象的经验说成是"内在的"(immanent)。如果我们接受了这种表达,那么我们必须说,"先验相关性"给我们提供的不是内在性(immanence)的形式,而是意向性的形式,即指出了**内在性与超越性处于必然联系之中的那种形式**ª。

胡塞尔通过增强差别(contrast)引入的对意向性的这种说明所引起的革命,远比《逻辑研究》的第一批读者所理解的要革命得多。除了行为与内容的联系之外,它还加上了"作为……结构"与"为了……结构"之间的相互依赖关系,后者只有求助于**意向**行为(intending act,**关注活动**)和**充实**行为(fulfilling act)才能得到充分的描述:在这种意向行为中,对象**被把握**(taken)为包含一种特殊的规定,而充实行为则**给出**(give)它们规定中的对象。后者提供了胡塞尔所说的 **evidence**(**明证**)的第一近似值;在充实行为中被给出的对象与被意向的对象的覆盖重合(coincidence)ᵇ,为我们的主张(claims)的有效性提供了保证。当胡塞尔最初把意向行为和充实行为作为同时性的行为来处理的时候,人们并不难看出,时间一旦被引进他的理论,内在性与超越性之间的结构相关性,就将成为一种动态的相互依赖关系;意向行为(intending acts)总是趋向于充实,这种倾向把超越性渗透于各种意向性行为(intentional acts)之中,并且使超越性成为意向行为(intending acts)的目的性机制(organization)ᶜ。通过这种动态的相互依赖关系,有意识的生活就被理解为一个场(field),各个特殊行为均活动于其中。

胡塞尔的这些看法向我们提供了关于意向性的最基本的,或者最初步的"地形图"(topography)。这里使用了两个坐标轴:行为与感性意谊(或意

---

① 参见胡塞尔:《危机》,第154页;英译本,第166、151~152页,见《大观念(Ⅰ)》,第187~189页;英译本,第220~222页。
a 这是对胡塞尔现象学中内在性概念的一个十分重要的说明。——译者注
b 这里需要指出:与传统的符合论不同,被意向的对象不是被给出的对象之表象(representation)。——译者注
c 非常重要。——译者注

义)的相关性为一个坐标轴,意向(intending)与充实的区别为另一坐标轴,二者交叉在一起①。这一为我们提供了现象学场域之平面组织机制的二元体(dyads)又受到另外的垂直性因素的补充。

在我们面前实际发生的充实,总是多于我们公开意向的内容。这就意味着,在每一个阶段上,不仅我们的意向得到了确认(confirmed),我们寻找明证(evidence)的活动得到满足,而且我们对各种事物的经验也得到了丰富。充实为诸多个别意向(intentions)提供了"盈余"(surplus),该"盈余"多出而且超出意向的基本焦点之外,因此它们为意向提供了某种语境(a context)。这些具体意向出现时,经常附带着各种规定性,以前这些规定性并不是关注的主题;它们引起的各种联系,也并不是最初期待的那些联系[a]。经验和被经验的对象就是通过这种途径"逐步构建起来"的。诸多简单的对象变成了复杂的对象[b];各种复杂的对象总是回头指向为它们当下的形态配置(present configuration)做出过贡献的那些先前的诸行为和诸对象。在每个对象之中,总是嵌套着各种不同的"建立"(founding)、"曾被建立"(founded)的关系。

---

① 我愿意向中文版读者指出:关于 intending(意指指向、关注)与 fulfilling(充实)与 act(行为)是什么关系,这个问题比较复杂,因为,就专业术语而言,intending(意指指向、关注)与 fulfilling(充实)**不是行为本身,而是行为的样态**(modalities)。感知、希望、判断、算计、谋划、愿望(wish)、期待,等等,都是意识行为。它们总是有与之对应的意向对象上的相关项(noematic correlates):比如被感知的内容、被期待的对象、被意愿的事件、被算计的集合。每一个 noetic-noematic 行为的相互关联关系,都可能处在两种样态之中:intending(意指、指向)与——如果事件的对象被给出了——fulfilled(被充实)。我这里的解释模式,用判断做例子最容易理解:我可以下判断说"那个人是我的妻子"。

　　行为:判断活动(judging)。
　　意向对象相关项:某人为(as)我的妻子。

但是,一直到我事实上把"某人"确证为("take" to be)我妻子之前,即该判断被充实之前,这个判断行为只是单纯的意向性行为。这里经常牵涉到感知性的再认识过程。我可能犯错误,比如,最后发现那个人根本不是我的妻子。在这种情况下,这个行为就没有得到充实,而是"失望了",未被确证,因而是错误的判断。在感性感知中也有同样的过程发生。我看到一座建筑物的正面,"自然而然地"协同感知到(co-perceive)它的背面,也就是说,意指着它的背面。围着建筑物转一圈的活动可以向我"有血有肉地"(leibhaftig)给出建筑物的背面。那么,意向行为就得到了充实。你也可以想象一个情况:那里只有一个正面存在;那根本不是一座建筑物,而只是一面墙。那你的意向就"失望了"。

我们所具有的东西都是这种基础性的相关性:行为(act)-感性意谊或者语言意义(sense or meaning)之间的相关性。行为是 noesis,感性意谊或者语言意义(sense or meaning)是 noema(意向相关项)的核心。这整个的 noesis-noematic 相关性,可以是以意指活动(intending)的形态出现,也可以是以充实(fulfilled)样态出现(当然我也可以说,以充实或者失望的样态出现)。我这里所讲的是,不要把意指活动(intending)和充实(fulfilled)当作具体的个别行为,而是要把它们正确地视为任何具体行为的样态或者模式,或者更准确地讲,将它们视为具体特殊的 noesis-noematic 相关性事件的样态或者模式。——作者为中文版读者所写的注

a　良缘巧遇,不幸遭遇,意外收获,等等。——译者注
b　毛衣变成定情物;报纸成接头信号。——译者注

甚至也可能出现不连续性,感知可能突然被"推翻"[a]①,或者整个框架可能发生了转变[b],比如,我们拿起一块石头,它原本无生命,可是它突然活动起来,我们发现它不是石头,而是一只青蛙;或者一只青蛙突然变成了一位王子。当这种变化出现时,整体的新意义就对我们先前关于对象的侧面的经验进行了重新塑造,或者重新组织。

对它们当下的形态配置(present configuration)而言,各个侧面是相互依赖的,并且它们也依赖于整体的感性意谊。反过来,整体也只有通过与其各个"部分"的关系,以及与先前对其他整体的经验的关系,才获得它自己的意义。通过意向和充实之间动态的相互作用,对象才获得它的确定性。对象是由"建立"(founding)与"曾被建立"(founded)之多重多样的关系构成的,这些关系给予对象以丰富性,并且因此也给予有知觉的生活以丰富性。

如果行为与感性意谊之间的联系以及意向活动与充实之间的相互作用,为我们提供了初级现象学的工作场域,那么,在下面起支撑作用的层次便"叠加在"(laid down over,躺在)先前经验的进程之上,当下所经验到的内容所蕴涵的意义或感性意谊也"叠加在"先前经验的进程之上,这些下面的层次便建立起了现象学领域的**深度**。当初级现象学对意向行为(noesis)与意向对象(noema,意向相关项)的整个关系进行彻底的考察的时候,它的任务就是追踪描述同一性与区别、当下在场与不在场、一致与过渡、"建立"(founding)与"曾被建立"(founded)、浅表与深层的踪迹①。

浅表与深层之间的区别使我们有可能回到"描述"这个观念,让我们看到,为什么胡塞尔从来没有像康德那样,为我们提供一个范畴表。康德的目的是发现各种综合的单一的集合;对康德而言,依靠判断的诸形式我们才可能对现实性进行经验,并且借助于这些形式,现实性本身才得以显现。通过判断的诸形式,康德就得到了各种综合的一个单一集合,这个集合就是范畴表。然而,胡塞尔总是把他对主体性的反思限制于诸对象的自身给出性(the self-givenness)上,总是限制于"彻底地、坚持不懈地从客体的各自相应的范畴走回来,去追问确定无疑地属于这些对象的意识之模式"的情况到底如何②。胡塞尔的理论中也有一个普遍的、从事实施活动的主体性,我们将在

---

[a] 以为是100元,捡起来一看,不是钱,是张纸。——译者注
① 胡塞尔:《大观念(Ⅰ)》,第287、294页;英译本,第332、339页。
[b] 误把葬礼当婚礼,误把老太太当美女(参见电影《非诚勿扰》)。——译者注
① 几乎所有的标准胡塞尔解读者都会介绍我们这里勾勒出的胡塞尔现象学之特征及因素的略图。但是,我们在后面将会看到,对这个深度的全面分析所要求的,比"作为……结构"和"为了……结构"之间的相互依赖关系所能提供的内容要多得多。
② 见胡塞尔:《现象学心理学》,第27页;依据英译本,第21页。

下一章中专门对此加以讨论。但是正如哈贝马斯所指出的,这一主体性"制造了一个关于可能客体(对象)的**开放的**视域(open horizon),它允许不同类型的、只可能通过描述的方式而被把握的客体(对象)之多样性的存在"①。这一开放的主体性是与不同的场域(fields)的特殊性紧密联系在一起的;这些场域(fields)的视域ᵃ就是主体性提供的。这些各种各样的视域虽然(对于场域来说都)是本构性的、根本性的,但在正在进行中的经验的过程中,这些视域本身也在发生转化、变形。在胡塞尔这里,描述就是正当处理先验性的实际性(facticity)的方法。

很清楚,我们在这一章里正在考察分析的是先验前(pre-trancendental)ᵇ的分析;我们只引入了先在(a priori)的相关性(the correlational a priori),期望各种区分的出现。无论如何,我们并没有担保,行为与意义之间的一般性的相关关系可以运用于存在的不同区域;我们也没有在为这些区域奠基的意义上来理解感性意谊(the sense)。

第三节 易 位 置 换ᶜ

我打算按照胡塞尔的思路,把我们现在勾画的关于方法的思想,看作胡塞尔的"初级"现象学。但是,这是什么意思?在胡塞尔整个对哲学方法的本质反思中,我们应该把"初级"现象学放在什么地位?

1921年,胡塞尔在8页稿纸上专注地进行分析工作,他给这个手稿冠名为"静态的和发生的现象学方法(Static and Genetic Phenomenological Methods)"②。我们在本研究中将不断回到这个文本,因为它的重要性不仅仅在于,胡塞尔几经尝试企图理解其现象学方法的体系性范围,最终在这个手稿中成功地获得了清晰的表达(本书第五章和第八章将详细研究这个问题);而且还因为,在这个文本中,胡塞尔的思想出现了多次犹豫、反复转变、

---

① 哈贝马斯:《交往行为理论的先期研究和补充材料》(*Vorstudien und Ergänzungen zur Theorie des kommunikativen Handelns*),Frankfurt am Main:Suhrkamp,1984年,第37页。
a 比如"古董",比如"票友",比如"珍珠"。——译者注
b 不是关于对象本身的知识,而是关于对象知识、对象认知的知识,二阶知识;这种知识的性质是apriori。以上内容之所以不是先验的(transcendental),因为仍然停留在描述心理学的层次。——译者注
c 从静态到发生的移位易位。——译者注
② "手稿"B Ⅲ 10(1921年),第22~30a页,见胡塞尔:《被动综合分析》(Ed. by Margot Fleischer, *Husserliana*, Vol. 11, The Hague: Martinus Nijhoff, 1966年),第336~345页;英译本,第624~634页。

颠来倒去。在一些地方,分析本身颠覆了它自己,因为在其中,我们不仅发现,静态分析与发生分析之间的对立刚刚被引入,便被插在它们中间的第三种类型的分析所动摇,而且我们还发现描述与解释之间令人困惑的冲突①。甚至,许多进入现象学分析的不同"途径"拥挤在一起。我们在这个文本中找不到完全的连贯性、一致性。然而,这又是胡塞尔尝试详细说明他自己的操作性术语的少数几个文本之一,因此,其内容异常丰富。

就像闪耀的火花从金属蹦到移动的石块上一样,胡塞尔的分析中的核心概念迅速从他的笔下飞溅而出。在一个注释中,他不是区别出两种,而是**三种不同种类的现象学分析**,或者**三种不同层次**的现象学分析。

现象学:
(1) 关于意识的一般结构的普适现象学(universal phenomenology)。
(2) 本构(constitutive)现象学。
(3) 关于发生(genesis)现象学②。

然后,胡塞尔直接把"描述"的现象学,或者"静态"的现象学与"说明的(explanatory)现象学"(beschreibende vs. erklärende Phänomenologie)对立起来③。开始胡塞尔认为,"本构现象学"属于描述现象学或者静态现象学。"这类描述,即本构现象学{从事的工作},不需要追问说明性的发生起源"④。我

---

① 此处我们要停下来处理一些术语问题。我们刚刚启用《大观念(Ⅲ)》中引入的 Verdeutlichung 和 Klärung 之间的区别。Verdeutlichung 是使含糊的、不清楚的**术语**变得清晰透明起来的过程;Klärung 则是通过求助于最理想的感性知觉经验而使得**诸事物**清晰起来的过程。把"erklärende Phänomenologie"[从事澄清(事物)的现象学]翻译为英文的"clarificatory phenomenology"是一种十分诱人的做法。然而其中的困难是:"clarification"的源初想法是属于静态分析的,或者按胡塞尔这里的说法,它是属于"描述现象学"的,而用静态分析中的相同术语来刻画动态发生分析,显然是不明智的做法,就像胡塞尔自己使用"erklärende Phänomenologie"一词一样不明智。用"explication"(说明)这一术语来翻译也不行;胡塞尔自己在不同的场合使用 Explikation 既用来解释 Verdeutlichung,又用来解释 Klärung。前者可参见〈论几何学的起源〉("Vom Ursprung der Geometrie"),见胡塞尔:《危机》,第 74 页;英译"The Origin of Geometry",见 Crisis,第 364 页。后者可参见《经验与判断》第 124 页以下各页;英译本,第 112 页以下各页。上文我们仅限于用"explication"(阐释)来翻译 Verdeutlichung。另外,"explanation"(解释)这一术语的使用也有令人担忧之处。这里"explanation"是在说明"origins"(源泉,来源)的语境中使用的,是一个"现象学的观念";它不是用来讲"beginnings"(开端)的。讲开端的概念,是一个自然科学的概念。这里涉及的不是因果解释的问题,而是描述结构上的相互依存的问题。同他的前辈康德一样,胡塞尔坚持 Anfang(开端)和 Ursprung(源泉)之间的鲜明差别。参见胡塞尔:《被动综合分析》,第 338~339 页。
② 胡塞尔:《被动综合分析》,第 340 页脚注。
③ 同上。
④ 同上。

们知道,本构现象学(constitutive phenomenology)这一概念还有一种意义更宽泛的用法:即把它作为整个现象学方法的同义词,就像1932年胡塞尔给博伊斯·吉布森(Boyce Gibson)信中所使用的那样:"我绝对相信,本构现象学,而且只有本构现象学,才有未来(前途)。"①但是几页之后,本构分析看起来更像是静态的说明与发生的说明之间的桥梁。在开始,本构现象学处理的是那些刚刚引进静态说明的那些术语的"相互联系",但是稍后,又有了ª

> 另外一类"本构"现象学,那是关于发生的现象学,[它]追随着历史,追随这种对象化的必然的历史,从而也追随着对象本身的历史。③

这样,静态现象学,或者描述现象学,同发生现象学,或者解释性现象学之间的界限就似乎模糊起来,因为胡塞尔认为,这两种现象学都属于本构分析。

到此为止,我们有了一连串的名称。但是,我们似乎不仅超出了我们刚刚引入的初级现象学,而且甚至超出了他早期的工作框架。然而,我们既没有理解这些引入工作的重要性,也没有看到,这些关于方法的更新的反思是如何重新回到《逻辑研究》中的现象学研究工作,如何回到他对在《大观念(I)》中首次全面引入先验现象学的新理解的,更没有看到对贯穿在上述两书中的静态分析方法的重新安排。这些问题将是下面几章要讨论的内容。但是,首先我们必须找到一个安全的地方作为我们论述的初始基地。

在1921年的文本中,我们找到一段解释整个《大观念(I)》的文字。他说,静态分析是一种关于"意识的一般结构的普适现象学"(universal phenomenology)④,并且补充道:它是

> 关于纯粹意识中的各种可能的本质形式——这些形式总是业已生成了

---

① 胡塞尔:〈致博伊斯·吉布森(Boyce Gibson)的信〉,1932年1月7日,《通信集》3/6,第142页。关于存在论(ontology)这一术语的使用存在着同样的情况。胡塞尔曾经把现象学说成是"真正通用的存在论"(truly universal ontology)以同"实证性的存在论"(ontology in positivity)相对立。见为大英百科全书写的词条。见胡塞尔:《现象学心理学》,第297页。英译为 Encyclopedia Britannica Article, "Phenomenology",见《短篇论文集》,彼得·麦考密克、弗雷德里克·艾利斯顿(Peter McCormick and Frederick Elliston)编,Notre Dame, Indiana: University of Notre Dame Press,1981年,第32页。
a 本构是一个意义不稳定的概念:1. 本构:静态;2. 本构:静动之间;3. 本构:现象学本身;4. "本构":静态术语之间关系的说明;5. "本构":发生现象学的。——译者注
③ 胡塞尔:《被动综合分析》,第345页。
④ 同上书,第340页。

的——的现象学;而且是关于在可能的理性之于"对象"(object)和"感性意谊"(sense)名下的领域内,这些本质形式的目的论上的秩序的现象学。①

当然,到此为止,在我们的论述中还找不到可以使我们能够理解胡塞尔所说的"纯粹"意识到底意味着什么的相应内容。但是,有两个事实极富启发性:首先,胡塞尔提到,追踪意识的一般结构的研究计划是现象学的"初阶"(first ordering)②。其次,他用三个相互依赖的环节,即,我-我思-被思(ego-cogito-cogitatum),来对意向性结构进行图式化描述。我准备把这种初级现象学称作"范畴现象学"。其理由,我将在下面加以说明。事实上,我会突出强调胡塞尔所认可的但尚未展开的一种区分。这种区分向我们提出了相互补充的两个部分。在《逻辑研究》(1900~1901年)中,我们可以找到这种区分的首次严格引入;在以后的工作中,则通过对纯逻辑(第三研究)和纯粹语法(第五研究)的系统性总结而使之得到丰富。它为现象学分析提供了指导性线索。在这一研究工作中,胡塞尔的任务受到关于**认知**(cognition)的哲学认识论的左右,其目的是为我们关于各种完善的理念性规律(ideal laws)的知识提供担保,而这些规律则掌控着我们的"当下显现"(presentations)与"判断"。讨论判断这个组成部分(我们将在第五到第七章具体讨论这个问题),是在胡塞尔离开了《逻辑研究》中的"描述现象学",进入《大观念(I)》(1913年)的**先验现象学**时出现的;此时,在处理现象时,它不再借助对现象的认知,而是借助于现象的**本构**(constitution)。这个观念在《逻辑研究》中很少出现③。在这第

---

① 胡塞尔:《被动综合分析》,第340页。
② 胡塞尔:《危机》,第173~174页;英译本,第170~171页。
③ 在《逻辑研究》第一版中曾经使用这一术语:① "the constitution of the species"(种类的构成)。② 一个部分是属于整体的,如"the parts that constitute the sensible object"(构成感性对象的各个部分)。③ 各种范畴的对象性——比如各种原子事件——具有某种"interpretative form"(解释性形式)的方式,这些范畴的对象性的constitution(构成、本构)指向对象性和行为的建立。①见《逻辑研究》第一版(Halle a. d. saale: Max Niemeyer, 1900 and 1901),I,第117~121页;第二版(Halle a. d. saale: Max Niemeyer, 1913 and 1921),I,第117~121页;英译本(Trans. by J. N. Findlay, New York: Humanities Press, 1970),I,第140~143页。②和③见第一版,II,第624~625页;第二版,II/2,第152~153页;英译本,II,第792~793页。这些表述已经预示了《大观念(I)》中使用这一术语的一个方面。它无非是概括整体与部分之间的关系的一般术语:整体是由构成其要素的部分构成的,或者组成的。但是,第47节的结尾[第一版,II,第624页;第二版,II/2,第152页;英译本,II,第792页]在涉及"敏感性"(sensibility)和"知性"(understanding)的时候,其用法使我们听到了康德《纯粹理性批判》的回音。因此我们可以设想,在胡塞尔的六个研究中,这是十分罕见的几处康德缺席的地方之一。{作者中译本补注}指出这一点之所以重要,是因为,至少对于胡塞尔而言,唯有康德懂得,本构(constitution)必须被先验地加以理解,而不能仅仅作为与关于整体与部分的逻辑相关的通用术语来理解。我这里想要指出的是一个事实:在《大观念(I)》把现象学重新构建为先验现象学的工作中,康德对胡塞尔的研究起到了极其重要的作用。

二阶段上,范畴现象学变成了严格意义上的哲学。我认为,通向范畴现象学的关键是,它把自己建立在、同时也把自己限制在"作为……结构"和"为了……结构"之间的关系上。

第四节　现象学的反思

到目前为止,当我们谈论现象学时,只谈了打开通向现象学分析的开端和它的结构。而要理解现象学分析的整个**进程**(procedure),就要求我们迈出新的一步。胡塞尔把现象学称为"描述"a①,这一术语的使用似乎把哲学推向它的反面。为了探究现象学转向之实施的内在动机,也为了引入"描述"这个观念的粗略的梗概,我们必须对反思与描述之间的联系进行进一步的、更加准确的分析。在这之后,我们将对胡塞尔范畴现象学的几个中心概念逐步加以介绍。

我们很快就认识到,在一个层次上,胡塞尔把现象学说成是描述的,是出于探索的需要(heuristic)。这个说法无非是他为反新康德主义的构造主义(constructivism)、反经验论学派的还原主义(reductionism),以及反唯心主义的思辨怪癖的战斗而提出的一个有号召力的口号。胡塞尔自己深信,上述的每个学派都用他们自己的理论压制淹没了事物本身,并且在事物本身中看到的只是他们自己的理论构造物(constructions)。把哲学说成是描述的,也就是在恢复一度受到哲学质疑的,甚至受到哲学轻贱鄙夷的日常经验(common experience)之领域在哲学上的地位。这样一种特征刻画,实际上是在强调,日常经验的各种结构和运动变化(structures and dynamics)理应被理解为具有其自身的完整性,因此,必须被整合到任何全适的(合理的)对真理的哲学总结中去。这些日常经验不应该被理解为真理的对立面,或者被看作谨慎地徘徊于知识与无知之间的一种认知类型,或者就像在柏拉图和培根那里受到诋毁的那样,被看作洞穴中的或者市场上的假相。在另外一个层次上,胡塞尔又相信,不仅需要克服某种偏见,而且还需要避免某种方法论上的错误。把现象学规范为描述性的,也就是把现象学导向一种科学的方法。如果哲学的任务之一就是为这些科学提供"基础"(grounding)的话,那么哲学既不能

---

a　描述使哲学由空谈、构建体系,一下子变成具体的工作,变成如解剖学、考古学、地质勘探一样的科学!——译者注
①　胡塞尔:《逻辑研究》,I,第234页;II/1,第1~3页;英译本,I,第230、249~250页;《大观念(I)》,第136~141页;英译本,第164~170页。

去吸收自然科学的从事说明的构造,也不能吸收社会科学和文化研究的解释性总结方式。如果它这样做,就犯了最严重的范畴错误。这正是胡塞尔的整个现象学规划所要全力避免的。如果将各种经验论方法中的一种加以肯定,使其成为其他经验方法的基础,现象学就会陷入把整体建立于部分——而这个部分恰恰需要基础的支持——之上的错误。有意思的是,现象学的任务恰恰是为科学提供担保,而不是拒斥它们[a],所以,它要求的是一种与各种科学完全不同类型的方法和领域。最后,"现象学是描述的"这个说法还有一层意思:它想中立化自己的当下在场,想让现象学努力揭示的各个领域展示出它们自己的形象轮廓。诉诸"描述"的要求同时就是诉诸"准确性"的要求,就是要求我们的观念和理论不要去把可见的东西**符号化**,而是去呈现它,如事物表现在我们面前的那样去表现它们。描述是一项追踪寻迹的工作[b],是一项借助于诸理想性观念(ideas,诸理论性的看)这个媒介,从事诱捕的工作,去捕捉平时总是持续飞动的东西。而不是去雕琢塑造某种现实性形象,不是给予现实性以一种平时所缺乏的形态。正是依据这一思想,胡塞尔一直坚持,对于经验的领域只能按照适合于事物给出自身的那种途径来加以勾连表述。作为勾连表述的结果的这些事物的本质不是"精确"的,不是数学化的,而是在"本质上非精确的",或者更准确地说,是"形态学的"(morphological),因为它们有一个不精密的、经常是流动性的边界,我们只能粗略地画出它们的大概位置;还因为,根本不存在一种算法,可以完全地、穷尽地界定它们的外延[①]。尽管不是精确本质,但是在一般性的尺度上,它处在更高的位置,这一点却是"严格的"(strict)。尽管它们缺乏一套清楚有数的规则,因此使我们不能生成这个集合中的各个具体成员。这些本质之所以能抵抗得住纯粹操作性的还原而保存下来,其原因十分简单,就是因为这些本质具有语义内容[②]。

但是人们会反驳:描述真的能把现象学同自然科学和人文科学区别开

---

a 现象学与自然科学是互助关系。——译者注
b 与考古、地质、解剖相类似。——译者注
① 见胡塞尔:《大观念(I)》,第138页;英译本,第166页。由于下面是一般性说明,并且因为我们关心的并不是展示各种本质的形成中,各种判断(由语言上形成的)所起的作用,所以在这里我容忍胡塞尔的"概念"与"本质"的观念之间相互交错流动。关于它们之间的区别的杰出讨论,请参见罗伯特·索科洛夫斯基的《胡塞尔式的沉思:语词是如何表显事物的》(Husserlian Meditations: How Words Present Things), Evanston, Illinois: Northwestern University Press, 1974年,第23节。
② 仅仅出于这一理由(朱艾弗斯指出胡塞尔也使用规则来澄清说明概念),朱艾弗斯企图把胡塞尔置于认知的计算性营地之内的做法就是误导性的。见他的"引论",《胡塞尔:意向性和认知科学》,Cambridge, Massachusetts: MIT Press, 1987年,第9~14页。

吗？这些科学不仅进行解释(explain)或解读(interpret)，它们也进行描述和分类(classify)。有些科学，比如植物学、解剖学、语音学，它们主要的方法是分类的(classificatory)。第二种反驳是从各种现象学描述工作本身的性质提出来的：如果这些描述不启用严格的概念，如果它们所指的外延和属性不能用规则加以充分的规定，那么在所有的描述中，都会包含有不可判定的因素。这样，概念的规定就不充分，它就不可避免地要引进解释性因素，而描述涉及的经验的具体领域根本无法对这类解释性因素本身加以掌控。后面我们将会看到，正是关于第二个反驳所涉及的问题，致使现象学走出了它最初的表达方式。但是对于第一个反驳，我们可以在胡塞尔的静态现象学内部给一个临时性回答。

　　胡塞尔十分聪明地坚决抵制住了诱惑，反对强行把语言区分为两种：一种是科学的语言，一种是现象学的语言。科学的描述与现象学描述之间的重要区别可以看作是一种逻辑语法上的区别。在我们考察范畴现象学之开端的时候，通过对它的特征刻画，这种区别已经得到说明：这里所有的描述都是在"反思"的名义下进行的，在生活中，我们"直接指向"我们世界中的东西。此时，如果把我们的注意力返转回来朝向我们与东西的这种关系，这样，我们就重新调整了我们的关切中心；我们经常是遵循着由受到干扰的感知，或者由被中断的谈话提供的指导线索，来进行这种调整。我们世界中的对象向我们显现的不同途径多得不可计数，当我们将注意力集中于我们自己与对象向我们显现的不同途径之间的联系时，我们对事物的迷恋被中断。我们已经看到，在现象学的反思中，不仅侧面与对象之间的隐含的区别被公开揭示出来，而且，引起这种区别的行为活动也被揭示出来。这就是说，现象学反思的描述本身的**语法**不同于各类科学中的描述的**语法**[a]：在反思中，行为与意义之间隐蔽的，但是在起作用的**相关性**不仅成为分析的**领域**，而且也成为反思描述的格式(schema)。胡塞尔经常把这项描述**领域**的清理工作称为"现象学还原"。但是我们想把这个名称留给胡塞尔的先验研究[①]。目前就让我

---

[a] 不同的语言，有不同的世界：科学的语言，宗教的语言。同一种语言，同一种世界，有不同的语法=不同的观察角度：对象语法，相关性语法，科学社会学语法。
　　英语语法有结构主义的，有发生学语法，有历史比较语法，有描述性语法，语用语法，普通语法中又有词法、句法。——译者注

[①] 我们当然完全有理由说"现象学还原"，尽管严格地讲，我们没有进入先验的考察。胡塞尔确信，在《大观念(I)》的先验转向之前，在《逻辑研究》里已经使用了先验的考察方法。但是我们发现，即使在"现象学转向"之后，比如在1925年的讲演里，他使用现象学还原的方式，跨越了先验现象学和现象学心理学两个领域。尽管如此，后者仍然被看作陷于"自然态度"的框架之内。见胡塞尔：《现象学心理学》，第180、48页；英译本，第144、34页。我们在本书第六章中将专门讨论这一问题。

们简单地说,这是现象学反思开拓的一个领域。

假如我们只有反思,那么现象学就会如同一个领域的编年史,或者如同这个领域的一张术语表。我们甚至可以设想,我们根本就没有什么描述,只有记录员把现象整理成序列,或者整理成阵列。不过,当我们描述的时候,我们还关注着我们的对象的变化的特性和不变的特性。对经验的反思涉及两个朝向,一个是把个体按其本来所是的样子来接受,然后我们把它作为样品、作为实例,对对象的经验进行重新评估。比如我对压水机的经验是一个事实,是一个单一的发生在一个具体的地方、具体时间的事件。作为哲学家,我们的兴趣不在传记学上,也不在人格心理学上。当我们反思的时候,我们把行为和对象都当作行为和对象相互联系之某种特定类型(在我们的例子中就是感知)的例证或实例。**对某种特殊类型的对象的所有感知均使用的这些特征**(features)**就被称为:构成了该对象的"本质"**。因此,我们必须说,现象学给我们提供的描述,不是对事实的描述,而是对意向性经验的本质的描述,也就是说,是依据其本质性的可能性,对特殊的行为-对象之关联的实际性(facticity)的描述。现象学反思的目的是把意向性的本质作为主题加以研究。用胡塞尔的语言来说,现象学的反思必须经受一种**本型上的还原**。

第五节 本型还原

为了理解现象学反思的工作如何通过本型还原得到补充,我们必须对胡塞尔关于本质的一般理论进行一番讨论。因为所有的现象学都包含现象学反思和本型还原这二者在内,因此不应该把它们看作完全是一回事。原因很简单,各种经验科学也使用本型分析,至少是以此为基础。但是,在实际工作中,它们均不使用现象学反思。当然,对这些科学可以有二阶的现象学说明,这些说明当然使用此两种方法。但是,作为实证学科,这些研究总是将注意力集中于如何在关于各类事实之本质的各类理论之间创造一种内部的协调一致。如果从胡塞尔的理论中尚未得到发展的方面,也是更加困难的方面来讲,对经验科学的现象学的总结,使用被胡塞尔称为各种区域本体论(存在论)或者物质本体论(存在论)的理论,能得到更多的收获。这些本体论都运用了本型分析方法;在《逻辑研究》(1900~1901年)的现象学反思工作中,这些不同的区域本体论被解释为**认知**(cognition)的各种领域。当我们进入1913年的《大观念(I)》,步入经过现象学**还原**的思想所开拓的领域,这些本体论就被理解为**本构**(constitution)的不同区域(fields)。但是作为学科,它们从一开始就是独立的。各门科学也使用本型分析,但这并不是现象学的分析。**只有当我们企图理解这些学科的领域,不是将其理解为存在着的事实的领域,而是将其理解为我们关于存在着的事实的知识、认知的领域时,只有此时,现象学的反思才开始起作用。**

这个区别产生的有意思的结果之一就是:在原则上,我们可以有一种现象学反思,它并不是本型性的。这可以是个人经验之日志的结果,可以是相当有趣的连续的自传或者传记的结果。更重要的是,假如我们把分析限制于从事工作的当代科学的话,我们可以进行本型的还原,但它完全可以不是现象学的还原;它可以为我们提供一种进行分类的经验系统,也可以为我们提供一种进行解释(绝大部分是因果式的解释)的经验型式(schemes)。如果我们进入物质本体论的层次,我们就可以为各个学科在其中工作的特殊区域提供一种理性的说明。从自然态度内部出发建立的这种本体论,并不是现象学。但要理解这些领域,把它们当作**认知**的不同领域来理解,就要求进一步的现象学描述。

为了对本型分析和现象学分析之间的区别做出判别,我们就得用几页篇幅来讨论胡塞尔关于各种本质的理念,讨论这些本质的不同种类,看看胡塞尔想用这些本质来覆盖哪些区域;然后,在后面的几节中再去追问,这同他的关于主体的现象学理论是什么关系。

我们突出强调了事实——不管是心理的事实还是物理的事实——与本质的区别。但是胡塞尔深信,诸本质(essences)就是诸对象,本质恰恰不是指称着具体事物之集合的通名。与属于现实世界的各种现象相比,"本质(本型)属于不同序列的对象"①。但是,这是什么意思? 这是否又回到了柏拉图主义的形而上学困境?

支持把本质作为对象来处理的第一条理由是语义学的。如果我们简单地把"对象"定义为可以发挥"一个真(范畴的、肯定的)语句的主词"[subject of a true (categorial, affirmative) sentence]之功能者②,那么"对象"(Gegenstand)这一概念的范围,就比"物"(Ding)或者甚至"事实"(Tatsache 事实;Sachverhalt 事件,或原子事件)的范围要广泛得多。所有我们可以指称的内容都是对象,包括本质在内。胡塞尔对由语言来掌控的这一说明的途径的理解是:

---

① 胡塞尔:《大观念(I)》,第 10~11 页;英译本,第 9 页。参考胡塞尔:《逻辑研究》,II/1,第 109 页;英译本,I,第 339~340 页。
② 胡塞尔:《大观念(I)》,第 40 页;英译本,第 41 页。

的确，我并没有发明"对象"这个一般概念，我只是将它重新恢复为所有纯粹逻辑语句所要求的"对象"概念，并同时指出，这个"对象"概念在原则上是不可或缺的。……①

从这一点就可以得出第二点ª：在给出的区域内，一些规则规定了特殊本质所包含的内容，也规定了该本质所排除的内容；这些规则是可以加以详细说明的，不管在它们治下，我们所熟知的对象有多少，甚至，即使在它们所辖区域中根本没有对象，我们仍可以坚持它们为真②。如果诸本质不可能被还原为专名——这些专名指称着事物群或者感知群——那么，它们"被给出的方式"就一定不同于现实事物或者实际的事实的给出方式。为了同胡塞尔的意向性理论保持一致，那么，本质本身就是一些特殊对象，这些对象的展显(manifest)就一定是通过完全不同类型的行为来实现的，胡塞尔把这种行为叫做"**本型直观**"(eidetic intuition)。

本质(本型, eidos)是一种新型的对象。就像[感性]经验的个体性直观给出的是某个个体对象一样，本型直观给出的也是某个纯粹本质。

我们这里所提出的不单纯是一种外在的类比，而是一种彻底的共同特征(commonality)。正如本型对象就是一个对象一样，本型观看(Eidetic seeing)就是一种直观。"直观"和"对象"从来就共属一起，这两个相关性观念的普遍化不是一种任意性的想法，而是事物的本性顺理成章的要求。③

就如同感性对象在感性直观行为中得到呈现一样，既然本质可以在本型洞见这种高阶行为中得到呈现，因此，胡塞尔声称，本质可以被思想为理念性的**单体**(ideal singulars)。也就是说：本质的名称指称着内涵性实体(intensional entities)。这些实体不可以被还原为它们的外延④。胡塞尔小心地把它们与行为以及行为的语义内容(胡塞尔有时也称它们为概念)⑤区别开。于是就可以这样来描述这些本质：

---

① 胡塞尔：《大观念(I)》，第40页；英译本，第41页。
a 是主语就是对象，所以经验中不肯定的东西也可以作为对象来处理说明。——译者注
② 胡塞尔：《逻辑研究》，II/1，第114～115页脚注；英译本，I，第344页。
③ 胡塞尔：《大观念(I)》，第10～11页；英译本，第9页。取消了着重号。
④ 参见胡塞尔：《逻辑研究》，II/1，第101页；英译本，I，第128页。
⑤ 同上书，II/1，第102～103页；英译本，I，第331～332页。

每一个类别(species)……都预设了一个意义,该类别(species)在这种意义中得到表现;而这个意义本身又是一个类别(species)。但是类别在其中得到思考的这个意义,同它的对象,即该种类别(species)本身,并不是一回事。……因此,**那个**被我们思考的普适性(universality)(即属,the species),不会把自己消解为我们**在其中**对该属进行思想的那种意义的普适性。①

这里所做的区分需要进一步的说明。其所以如此,均因为,诸侧面与对象之间的相互作用原本就被认为是现象的根本特性。但是这一点在本质面前似乎不适用了。而且还因为,我们把本质作为对象来处理的理由,恰恰就是将其解释为一种对下述问题的语义学上的说明:为什么我们总是倾向于错误地将它们对象化,赋予它们一种错位的具体性。在讨论中,我们必须看看,是否可以从实际对象出发来说明它们的区别,是否可以说明它们各自在胡塞尔关于存在的不同区域的类型论中的地位。我们已经强调指出了,在不同领域中使用本质分析——但不使用现象学反思——与对这些领域的现象学的描述、把它们视为认知的领域,这两种分析之间的区别。那么,在接下来的一章中,我们所面临的任务就是:对可以应用到所有的区域本体论中去的不同种类的本质提供一种现象学的说明。

---

① 参见胡塞尔:《逻辑研究》,II/1,第 103 页;英译本,I,第 331~332 页。德文原文为:"Die Bedeutung bilden, sagten wir, eine Klasse von 'allgemeinen Gegenständen' order Spezies. Zwar setzt jede Spezies,wenn wir von ihr sprechen wollen, eine Bedeutung voraus, in der sie vorgestellt ist, und diese Bedeutung ist selbst wieder eine Spezies. Aber es ist nicht etwa die Bedeutung, in der eine Spezies gedacht ist, und ihr Gegenstand, die Spezies selbst, ein und dasselbe. . . . Also die Allgemeinheit, die wir denken, loest sich nicht in die Allgemeinheit der Bedeutungen auf, in denen wir sie denken."

第三章 范畴现象学和本体论[a]

那些特定之所是(what is specific)的观念性(ideality)是……同现实性[Realität]和个体性(individuality)完全对立的。

——胡塞尔(1901年)[①]

就其特殊的风格而言,这个世界正在历史地变化着,但是就其普遍性(generality)之不变的结构而言,这个世界是不变的。

——胡塞尔(1936年左右)[②]

第一节 从感性样式到经验性本质[③]

胡塞尔确信,样式(types)、经验性本质(empirical essences)和纯粹本质(pure essences)之间的区分,在各种不同的科学中一直得到运用,只是这些科学本身并没有对它们作应有的分析,或者这些科学停留在对象化的学科界

---

a 这一章讨论的重点是经验本质与纯粹本质之间的区别:它们各自显现的必要的认识论条件:Noesis 的样态,Noemata 的形式。——译者注

① 胡塞尔:《逻辑研究》(Halle a. d. saale: Max Niemeyer, 1913 and 1921),Ⅱ/1,第102页;英译本(Trans. by J. N. Findlay, 2 vols, New York: Humanities Press, 1970),I,第331页。

② 胡塞尔:《危机》(Ed. by Walter Biemel, *Husserliana*, Vol. 6, The Hague: Martinus Nijhoff, 1954),第360~361页;英译本(Trans. by David Carr, Evanston, Illinois: Northwestern University Press, 1970),第347页。

③ 这里需要对相关术语加以说明。我们要对经验性本质、纯粹本质和严格的(exact)本质加以区别。在《现象学心理学》中,胡塞尔把经验本质与纯粹本质之间的对立描述为 universals(Allgemeinen)(共相)或者 empirical universals(经验共相)与 eidos(Eidos,本型),或者 pure universals(纯粹共相)之间的差异。见胡塞尔:《现象学心理学》(Ed. by Walter Biemel, *Husserliana*, Vol. 9, The Hague: Martinus Nijhoff, 1968),第79页;英译本(Trans. by John Scanlon, The Hague: Martinus Nijhoff, 1977),第59页。胡塞尔:《经验与判断》(Ed. by L. Landgrebe, Prague: Academia-Verlag, 1938; Hamburg: Claasen, 1954),第385、409页;英译本(Trans. by James Churchill and Karl Ameriks, Evanston, Illinois: Northwestern University Press, 1973),第321、339页。

限之内，仅从外延方面对它们分别做出过澄清说明——我们今天可以将这些外延方面的解释工作理解为"真理-功能性"（truth-functional approach）探究。有意思的是，胡塞尔争辩说他并不是去反对科学本身这种类型的分析工作的可能性，不是去反对它们的丰硕成果，而只是反对这类分析的**还原主义理论**[a]。现象学转向之目的，在于有计划地从根本上去除这种还原主义。为此现象学提出了关于本质的学说：它要描述各种可以把本质理解为"观念性（理想型）单体"（ideal singulars）的认知性条件。在《逻辑研究》中，本型直观（eidetic intuition）这一概念担负着十分沉重的任务。在后来更为成熟的研究中，这个概念逐渐得到进一步的拓展。这些后期研究强调，概念性的进程（conceptual processes）总是包括对诸本质的成型塑造（formation）和领会（apprehension）。本型直观的想法开辟了通向本型变换（eidetic variation）之路。本型变换的想法始于《大观念（Ⅰ）》（1913年）。我们之所以在这里引入这个概念，就是要针对某些看法，明确指出，本型变换恰恰是静态分析的工作方法的一部分①。

再回到我们的压水机。我们发现，压水机的外貌特征并不是随意的显现；它的显现是按着一定的秩序进行的，各种外表特点之间有着某种关系；而且除了它们之间的关系之外，它们同其他种类的事物也处于一定的关系中。这个对象呈现为（**as**）生锈的、绿色的、带有红色斑点的东西。这是压水机**典型**的外貌，也是其他类似的东西的**典型**外貌。当我们把一个高大对象领会为（**as**）压水机时，我们也附带、协同地领会了（co-apprehend）生锈的、绿色的、红色的等规定。请注意，我们还可以再前进一步，使我们的注意力不仅集中于压水机，而且专注于压水机朝向我们的生锈且有红斑的一面；我们还可以更进一步，集中关注铁锈和红色本身。这最后一步，要求我们从我们与对象的第一层次的感知性结合（bond）中解脱出来，把锈和红本身当作关注的目的本身。当关注焦点集中于这些特征的时候，我们就可以让对象如我们探究所需要的那样走向前来。一般情况下，首先我们是通过对照和区别加上想象而做到这一点的。比如想象红与绿、生锈与电镀之间的差别；第二步，给出一个名称，然后进行相关描述，但这里不是简单地使用谓词"**红**""**锈**"等，而是

---

[a] 把文学作品还原为社会存在的反映，把音乐还原为感性的表达，把爱情还原为荷尔蒙的作用，把思想还原为大脑神经元的生物电过程，把信仰还原为无知。——译者注

① 比如《大观念（Ⅱ）》开篇一节，我们可以看到胡塞尔的下述说法：当我们构建区域本体论（存在论）时，"varying freely"（自由地进行变换）是必不可少的。见《大观念（Ⅱ）》（Ed. by Marly Biemel, *Husserliana*, Vol. 4, The Hague: Martinus Nijhoff, 1952），第34页；英译本，第37页。

涉及概念:"红"与"锈"的概念。第三步是描述它们与其他概念的关系。最后是回到我们第一个对象或与其相似的对象上,对提出的这些特征的说明加以确认。通过这种方式,我们便达到了对某个观念(idea)的领会理解。通过这种途径,我们可以领会一个可以用于一定数量的不同对象的观念。我们这样领会理解的就不是一个事物,一个生锈的、红色的侧面,甚至不是东西的典型显现之侧面的"锈"与"红",而是锈本身与红本身。用胡塞尔的术语来说,我们就获得了对共相(universals,普适性)的洞见。

我们是从对象开始的,那么,请注意,这时这里的对象发生了什么变化。集中于**个体之上**的关注(比如在感性知觉中)与明显地对个体的类的关注(比如在本型直观中),这两种关注之间存在着 noetic(意向行为上的)区别。这种区别改变了压水机向我们当下显现的方式。毫无疑问,两种情况下,在我们面前的是同一个实在对象,但是行为和当下显现(presentation)却是完全不同的。在感性知觉中,对象的作用是

> 为**一个个别**(individuellen)的意指行为提供当下显现的(presentative)基础,也就是说,在这个意指行为中,我们简单的专门冲着显现着的东西本身,我们意指着这个东西,或者这个特点,这个东西中的某个部分。在第二种情况下,对象的显现是为**从事专门化工作**(spezialisierenden)的把握和意指这种行为提供基础;也就是说,当东西出现时,或者东西上的特征出现时,我们并没有去意指这一对象性的特征,没有关注这个"这里"和"现在",而是意指它的内容,它的"观念"(idea);我们心里想的不是这所房子上的红色成分,而是意指那个红色(the red as such)。①

这个转换,说明了实在对象与它们的共相(普适性)之间范畴上的严格区别。但要注意,在这里起作用的本型直观行为是指,正在把共相(普适性)作为主题来处理的行为,但是这里处理的共相(普适性)不是一般的共相(普适性),而是只可以应用于实在对象之上的共相(普适性)。在这种共相(普适性)与对象的区别中,这些共相(普适性)仍然保持着同存在着的对象的关系,尽管共相(普适性)本身不是实在性对象,而是观念性(ideal)的对象。它们这些共相(普适性)是一些**经验性**的本质(empirical essences)。所谓**经验性**的,胡塞尔要说的是,我们对于这些本质的特征刻画必然是过渡性

---

① 胡塞尔:《逻辑研究》,Ⅱ/1,第109页;英译本,Ⅰ,第340页。

的(provisional)，是向未来之可以确证，但是也会更改我们的这些初始概念的经验开放的。但是这不应该误导我们去认为，经验性的观念化(ideation)是经验性的归纳；或者把本型的洞见还原为下述进程：指出许多样本对象之间共同分享的特征，然后我们把某个一般性的名称固定在它们上面的过程。这样一种过程不会为我们提供共相(普适性)ᵃ，因为，这样的过程只能把实在的特征收集在一个标签之下，还因为，它不能覆盖**所有**实在范例，而是只能覆盖**某些**现实实例，即被比较的实例。假若没有从"某些"到"所有"这一数量上的变化，便没有这种由"**某些**"到"**所有**"的功能性的转换，普遍性便会成为可还原为"离散多样性"的集合①，概念就会成为特殊事物之集合的专名。通过归纳的拣选，从来不会得到"所有"；"所有"是把由本质组成的世界与由事实组成的世界区别开来的东西。但是，与此同时，胡塞尔注意到，这个"**所有**"是受到限定的。我们对"红"与"锈"的描述是普遍性的陈述，但是这里的量词"所有"具有"一种经验的外延范围"②；这就意味着，经验的未来进程不仅决定着本型的运用，而且决定着本型(eidos)的内容ᵇ。这种本质是"开放"的，可能会被修改，甚至被取消。这完全取决于我们在经验中到底将会遇到什么。用胡塞尔的话来说，它的"所有"是"某种时间中的所有"ᶜ③。正是出于这一理由，胡塞尔把这种共相(普适性)说成是**随机应变性**(contingent)的本质④。

但是除了**随机应变性**之外，这类本质身上还有某种不可避免的含糊性，或者不准确性：这类共相(普适性)ᵈ是从感性经验的"模糊的完型样式"(vague Gestalt types)和"流动性"的事物中直接抽取出来的。胡塞尔自己对这种途径做过说明：

> 现象学只是中止了那些[样本的]**个体性**(only the individuation)，但是整个本质性内容，它的具体化的丰富性，都被提升到本型(eidetic)意识之中，将其处理为一种观念上同一的(ideally identical)本质。就像其他本质一样，它不仅能在**此时此地**(hic et nunc)被单个化

---

a 经验性本质。——译者注
① 胡塞尔：《逻辑研究》，II/1，第113页；英译本，I，第343页。
② 胡塞尔：《经验与判断》，第422、429页；英译本，第349、354页。
b 红与可视事物。红外光与可视呢！识别能力的提高：红的内容丰富。——译者注
c 感性事物的经验本质是时间性的(传统意义的时间性)。——译者注
③ 胡塞尔：《经验与判断》，第431页；英译本，第356页。
④ 同上书，第409页；英译本，第339页。参见胡塞尔：《形式的与先验的逻辑》(Ed. by Paul Janssen，*Husserliana*，Vol. 17，The Hague：Martinus Nijhoff，1974)，第380页以下各页。
d 经验本质。——译者注

(singularized),而且可以在无数个案中被单个化。人们会立刻注意到，对这个或者其他流动的具体性不可能有一个[精确的]观念性的、术语上的**固化**；而对其每一个直接的、同样流动的部分和抽象环节也是如此。①

在我们的语言中，可以找到这种情况的相应物：

> 最完善的几何学以及最完善的实践掌握……不可能使描述性的自然科学家(用精确的几何学概念)表达那些用如此简单、易解而且完全适当的方式所表达的内容，比如用"开槽的""有圆齿的""凸镜式的""伞状的"之类的词汇所表达的内容，所有这些概念**不是偶或的不精确，而是在本质上不精确**，而且，**因此**，也就是非数学的概念ª。②

各种经验性本质不仅是随机应变性的，而且由于它们形态上的模糊性和流动性，即便它们升入到本型层次，这些经验本质仍然是形态学的(morphological)。

这种特征刻画将会对关于纯粹本质的理论产生影响——胡塞尔把纯粹本质设想为是与经验的共相(empirical universals)对立的一个观念——进而会影响到对现象学本身的理解。由于现象学是一门先验性的学科，但是又十分矛盾地属于要求使用不精确的、形态学的概念进行工作的科学③。正是由于这一特点，所以，注意到以下这一点就十分重要：在不同的层次上，经验性共相身上可以找到不同程度的一般性(generality)。而且，即便是属于较高层次的经验共相也从来不会完全失去它们的形态学特征，所以，不可能用完全精确的(即不可以完全用数学的)术语加以描述。但是尽管不能够用精确的观念(exact ideas)对它们加以勾连表述，仍然可以用"严格的概念"(strict concepts)对它们加以描写处理。

---

① 胡塞尔：《大观念(I)》，第140页；英译本，第168页。译文有改动。
a 胡塞尔的例子："开槽的""有圆齿的""凸镜式的""伞状的"，是经验性概念、经验性本质：① 模糊性和流动性。② 随机应变性(contingent)，将来的经验可能会改变它们。严格但是不精确，即形态学的(morphological)。如植物学中：种子植物(Spermatophyte)、被子性(Angiosperm)、裸子性(Gymnosperm)、十字花性，双子叶植物亚纲(Dicotyledonae)和单子叶植物亚纲(Monocotyledonae)，等等，这些概念都是例子。——译者注
② 胡塞尔：《大观念(I)》，第138页；英译本，第166页。
③ 参见同上书，第141~142页；英译本，第169~170页。

尽管在我们描述的范围内不可能谈论什么对**诸本型单体**(eidetic singularities)进行毫不含糊的规定,但是当本质**属于高层次的特殊性**(higher levels of specificity)时,情况就完全不一样了。在那里,它们可以达到一种严格的区分,达到一种(在变化中保持下来的)同一性[identifizierende Durchhaltung],可以达到一种严格的(strict)概念上的表述,照样也可以达到一种本质成分的分析。在这种情况下,把对它们的工作作为全面的科学的描述任务是有意义的。①

如果我们从基础层次进入高层次区域,特别是进入那些把低层次包含在内的较高层次的时候,我们就能够用"严格的"(strict)[但不是精确的(exact)]概念,对某些区域的共通本质加以确定②。

理解感性个体与经验性本质之间的区别,最好的途径也许是在各种经验性本质的统一性(unity)、多样性、同一性(identity)和差异性中去追踪各种区别,追踪这各种区别如何在感性感知,然后在理解领会中起作用。这将能够使我们看到强的本型直观的观念:我们对本质之领会包含着相当复杂的**进程**,这种本型直观是展示这一进程的经理人(placeholder)。在现在发挥作用的方法范围内,接下来的研究就必须紧紧依靠结构性特征来处理这个复杂进程,而不是从任何其他可能的维度,比如时间的维度,或者历史的维度来处理它。

感性知觉总是意味着,去探测各个侧面和不同状态的多样性这类活动。在此过程中,以及通过此过程,知觉才感知到对象是某个持续存在的、同一的对象。我们把对象当作"同一个事物"来经验,这个同一的事物"有时改变(alters),有时不改变,[它]穿过整个多样性的涌流而一直持续,坚持不改"③。但是在这种情况下,起作用的统一体(unity)不是普适性的(universal)对象,而是个体性的对象,是一个实在对象;而且进一步看,各个侧面不是一些变量而是诸多透视角度(perspectives)。严格地说,实在对象并没有经历什么变换[Variation],尽管它们可能在不停地经历着改变[Veränderung]④。这里的同一体(Identity)只可能是自身完全一样的个体对象,它是与不断变化的侧面相对立的同一体。与此相反,经验性的观念化(ideation)过程实际上是一种建立在感性知觉之上的、建立在"约束"的本型

---

① 参见胡塞尔《大观念(Ⅰ)》,第140页;英译本,第168页。译文有改动。
② 同上。
③ 胡塞尔:《现象学心理学》,第75页;英译本,第55页。
④ 参见同上书。

变换过程("bound" eidetic variation)①之上的过程。这个过程分为三个步骤:① 我们从特殊的对象开始,把这个具体对象当作实例或者典型来看待,可以把它同其他**相似**或者相像的对象进行比较。在这一个层次上要坚持的是,在所显现的东西之内部稳定性中的区别性环节,因为没有这种区别的成分,我们便不可能在本质上将其与相似性对照起来。② 我们的关切不在于收集更多的对象,并不像我们在寻求更多的苹果装到我们篮子里那样。我们的兴趣是关注什么东西使得它们是**相同的**(same)。在我们的思想里,这些对象和规定性仍然保持多样性的特征。与此同时,我们注意到"在它们一连串的显现中相互叠交的一致性(overlapping coincidence),并且因此而进入一种综合统一性(synthetic unity)中;在这个综合统一性中,诸对象表现为相互之间互为变元。"②在这种连续一致中,我们可以发现,"那个'什么',或者那个内容,在这种一致中必然保持着不变"③。这种区分削弱了这个"什么"与它所表现出来的内容的纽带联系,而只要求它保持不变换成分(the invariant)与可变换成分之间的连接。③ 最后,还有一个环节:"去认证(identifying)超过各种区别之上的一致的内容是什么。"④这里,区别直接就是那些"没有参与到一致性的同一体(unity of agreement)之中的内容"⑤。在这第三步中,

---

① 在《现象学心理学》一书第 9 节中胡塞尔只集中关注对纯本质的直观,并且一般地称这个进程为"idation"(观念化、理想化)。但是在第 78 页以下各页(英译本第 58 页以下各页),他对直观普遍性的直观(intuition of universals)与直观纯粹本质的直观(intuition of pure essences)之间进行对照分析的方式,会使我们以为,后者是对已经在前者中起作用的过程的进一步的变异而已。因此我在这里擅自选用了"经验的"(empirical)和"纯粹的观念化"(pure ideation)这一对术语,而没有用"empirical generalization"和"ideation"。同《经验与判断》给予我们的印象相反,我还假定本型的变换(eidetic variation)在两种直观中都起作用,它们的区别仅在于一个从事"约束"的变换,一个从事自由的变换。

  可能在《逻辑研究》的第一版(1900/1901 年)中,胡塞尔已经对"观念化"(ideation)和后来 1913 年的《大观念(I)》中所说的"理念化"(idealization)做出了区别。在 1913 年《逻辑研究》前五个研究再版时,在第三个研究中(第二卷第一册,第 245 页;英译本第二卷,第 450 页以下)对此就有反映:"十分明显,所有直观数据的本质形式,在原则上都不可能使其达到'精确'(exact)和'理想'(ideal)这两个观念所要求的——就如我们在数学中所达到的——那样的水平。比如,被感知到的大树的空间形状,完全全就像我们感知大树时的相应感觉中所见到一个'瞬间'(moment)那样,它并不是一个几何的形状,并不是精确的几何学意义上的一个理想化的空间形状,或者精确的空间形状。就如同被看到的颜色本身不是理想颜色一样,理想的颜色,就是被看到的颜色所属的种,这个种在色棱锥上占有一个理想点。直接的观念化(理想化)从直观数据中引出的各种本质,是一些'不精确'(inexact)的本质。不应该将这类本质混同于那些'精确的'本质;这些精确的本质是康德意义上的理念,它们(比如'理想的点',理想的面或立体,或者在理想色棱锥中的颜色的理想种)是通过种特殊的理念化(idealization)过程出现的"。《大观念(I)》中与此相应的段落,见《大观念(I)》,第 138~139 页。

② 胡塞尔:《现象学心理学》,第 77~78 页;英译本,第 58 页。
③ 同上书,第 73 页;英译本,第 54 页。
④ 同上书,第 78 页;英译本,第 58 页。
⑤ 同上书,第 80 页;英译本,第 60 页。

我们不只是从相类性（similarity）达到了相同性（sameness），同时还从相同性达到了同一性（identity）。这样我们便获得了共相，它的**范围**（scope）涵盖了它的一切对象，但是它的**内容**是受到我们进行比较和想象的实例的限定和制约的。就如胡塞尔在发表他的头五个逻辑研究的第二版的时候（1913 年）①所认识到的那样，像所有经验命题一样，这种共相是"偶然性的"（occasional）。所有的经验本质都是依赖于语境的（contextual），这就意味着，这类共相（universals）不仅是随机而变的，限于经验上的应用，而且还是后验的（a posteriori），有一部分内容是由其应用的情况来决定的。

第二节　从经验本质到纯粹本质

胡塞尔认为，要想达到先在（a priori）的本质，我们必须实施一种从经验的观念化（ideation）到纯粹观念化的转换（transformation），并且与此相应，要实施从经验本质到纯粹本质的转换。他把这一转型想象为从存在着的世界向"一个绝对的纯粹可能性的世界"的切换②：从以**现实**对象和现象（actual objects and features）的关联的角度来观察本质的内容，切换到从**可能**对象和特性（possible objects and features）的关联的角度来观察本质的内容。我们关心的不是分有着我们发现的特性的个体，个体不再被当作依此而"**被选取的实例**"（selected samples）。现在它们被当作我们可以用属于这一群体的任何可能的对象加以替换的、随意的或**任意的范例标本**（arbitrary examples）。在这里，本质不再是绑定在诸多个体变元的有限集合之上的共相（universal），而是某种本型（eidos）。它可以被应用于某种开放的、无限的多样性之上③，即可以被应用于任何**可能**数量的集合之上的 eidos（本型）。"对于'等等，等等，任意一个'之非凡的、极为重要的意识，本质上属于变换的每一种多样性。"④这种本型（eidos）的外延范围是一个"自由的可能性"（free possibilities）⑤，它的那个"一切"并"非一个时间中的一切"⑥。

---

① 胡塞尔：《逻辑研究》，II/1，第 xiv 页；英译本，I，第 48 页。
② 胡塞尔：《现象学心理学》，第 74 页；英译本，第 55 页。
③ 同上书，第 77 页；英译本，第 57 页。
④ 同上。
⑤ 胡塞尔：《经验与判断》，第 431 页；英译本，第 356 页。
⑥ 同上。

对这第一种区分特别需要进一步加以说明,因为这里面还有许多问题,它们会直接出现在我们面前。如果对本质进行直观的过程似乎预设了我们把经验共相(universals)业已隔离了出来,那么,或者① 一个纯粹本质仅仅就是对经验共相(universals)之内容重新进行了勾连表现而已,只不过切断了它同现实对象的纽带,这样,纯粹本质仍然保留了经验本质的形态学特征;或者② 纯粹本质是通过转移到更高程度的一般性(generality)之上而获得的,如果是这样的话,那么,这种纯粹本质就在内容上与经验本质不同。也许,当我们把注意力集中于下列同一性上时,纯粹本质就出现了:此同一性始终持续不变地贯穿于不同的经验共相而不是贯穿于个体。这时,在一定的环境下,其变元(变异)将会是形态学上的,但纯粹本质却不是形态学上的。当然,这将意味着,对纯粹本质的观念化(ideation)不仅涉及切断同经验本质的纽带,而且也意味着进一步一般化(generalization)的过程。

胡塞尔认为,红既是经验本质,又是纯粹本质①。然而,胡塞尔似乎又认为:消除随机应变性(contigence)是从经验本质转移到纯粹本质时所必需的唯一条件。这就意味着,至少某些纯粹本质是形态学的,而且还意味着把形态学的和先验的(apriori)观念(notion)结合在一起应该是可能的。如果我们向上移动一般性(generality)的等级尺度,我们就可以获得准确性(precision),或者说,可以达到胡塞尔所认为的严格性(strictness),这种严格性仍是和数学的精确性(exactness)完全不同的东西②。但是,即便在这里,本质似乎仍然保留着它们的形态学特性。这肯定意味着,达到准确性(precision)的途径是:从内涵上讲清楚一种本质同其他本质之间的连贯一致的关系,而不是在外延范围上对其所辖区域中的实例进行约束。

所有这些都引向两个关键问题:① 严格地讲,经验本质与纯粹本质之间到底是什么关系;② 各种形态学上的本质经常是边界不清楚、内容不精确的,但是如何可以将它们看作是先验的(a priori)?

为了理解经验本质与纯粹本质之间的区别,我们必须关注一个胡塞尔引入其观点的复杂情况。我们已经看到,诸共相为我们提供了"某种同一性的内容"③:在我们面前,为这里的"红"和那里的"红"给出了同一性。新增的实例并不能改变这一点:

---

① 参见胡塞尔:《现象学心理学》,第79页;英译本,第59页。胡塞尔:《经验与判断》,第425页;英译本,第351页。
② 参见胡塞尔:《大观念(I)》,第140页;英译本,第168页。
③ 胡塞尔:《现象学心理学》,第79页;英译本,第59页。

我们可以为这里的"红"、那里的"红"获得某种对二者而言为同一性的东西,获得一种共相(universal)。但是这个共相只是这个"红"和那个"红"的共相。我们并没有得到一个纯粹的红,被普遍地(universally)作为本型(eidos)[即,作为纯粹本质]的红。当然,通过引入第三个红,或者更多的红,让它们随时出现,就可以使我们认识到,前两个红的共相同大量其他红的共相在认同上(identically)是相同的(the same)。但是这样我们得到的仍然只是一些共有的特征,共有的共相性(universalities),它们总是同经验的外延范围紧密连在一起的。①

如果事情真只是简单的应变随机性的共相将本质同现实对象联系在一起的话,我们便真的只需要把它们同可能的对象区分开来,以获得足够明显的反差或对立。但是胡塞尔把经验共相加以拓展,把"现实的可能性"(real possibility)也包括进来。我们用作样本的现实对象都有一个视域(horizon)。视域的意思是说,我们可以想象,在以后可以不断给出任何数量的类似对象。令我们感到惊讶的是,经验共相的外延范围也是"无限开放的"②。他解释说:

当涉及预先给出的无穷世界的各种现实性(realities)问题的时候,我们可以想象**以后能够不断给出的、任意多数量的诸多特殊个体**,这个世界以类似的方式把这种经验共相作为**现实的可能性**也包括在内。那么其外延范围就是无限开放的东西,而且经验上获得的种群(species)的统一体(unity),以及更高层次的类(genus),仍旧是一种"随机应变性的"(contingent)东西。③

这样,经验本质与纯粹本质的区别并不在于,前者的外延范围只限于现实对象,而后者的外延范围扩展到了可能的对象,就像我们可能会从《现象学心理学》的讨论中得出的印象那样。在《经验与批判》中,胡塞尔尝试把这方面的问题给我们总括在一起:

诸[纯粹]概念在圈定一个开放的外延范围时,此外延范围并不是

---

① 胡塞尔:《现象学心理学》,第79页;英译本,第59页。依据英译本,有改动。参见胡塞尔:《经验与判断》,第422页;英译本,第349页。
② 胡塞尔:《经验与判断》,第409页;英译本,第339页。
③ 同上。依据英译本,有改动。

事后(after the event,依据事件)开放的,而是**先验**(a priori,事先)开放的。这一预先的圈定活动标示出,诸[纯粹]概念一定能够**为一切经验个体制定规则**。在各种经验观念那里,外延范围的无限性仅仅意味着,我可以想象任意数量的同类个体,而不用现实的证实:它们在现实的经验过程中,这个预先设定的"一次又一次的重复"是否可能会出现停顿;也不用去证实:这个"能够不断继续进行"是否有一天真的会达到它的极限。纯粹概念却与此不同,现实的"不断继续"的无限性是用**明证性给出**的(is given with evidence),这恰恰是因为,它们**先于**所有经验、为经验今后的过程制定了规则,因此排除了任何突然变化和中断的可能。①

此外胡塞尔还提出了警告:

> 这里必须指出,**即便是完全自由的变换,也不足以使我们实际上赢得**纯粹普遍性(共相)(the universal as pure)……如果我们完全自由地实施自由变换,但暗地里仍然坚持下述事实:它应是**这个世界中**任意性的乐音,是可以被地球上的人所听到的,或可能被他们听到的,那么,我们的确可以得到某种作为 **eidos**(**本型**)的普遍性本质(essential universal as an eidos),而它又是**同我们的事实世界**(**world of fact**)**相关联的**,是绑缚在这个普遍事实(universal fact)之上的。这是一种秘密的结合,由于众所周知的原因(for understandable reasons, aus begreiflichen Gründen),我们觉察不到这种结合。②

经验概念具有一个开放的外延范围,然而又是随机应变的,就是"因为,作为比较的出发点的组成成分是随机应变的,是在现实经验中给出的"③。让我们把这个过程称为经验的观念化(ideation)过程。我们现在要把它同严格意义上的真正的纯粹观念化(pure ideation proper)过程区别、对照起来。正如我们已经看到的,为了成功地进行纯粹观念化,不仅必须切断它同现实对象的纽带,而且还必须切断它同现实**世界**或者经验**世界**的纽带,因为只有这样才可以去掉经验共相携带的随机应变性。这就要求我们,不仅要中断同

---

① 胡塞尔:《经验与判断》,第410页;依据英译本,有改动,第340页。
② 同上书,第423~424页;英译本,第350页。译文有改动,重号有改动。
③ 同上。

实在对象和可能对象的连接,而且也要求悬搁《经验与判断》中所说的"各经验视域"(empirical horizons)的联系①。要成功达到纯粹本质,有三个关键:第一,改变自由变换的范围;第二,本质的外延范围(extension)必须保持无限开放;第三,我们把本质置于与可能对象的联系中,以取代它与实在的(不管是当下还是不在当下的)对象的联系,因此,就是用**可能世界取代了现实世界**。对象不再**规定**(specifies)本质,相反,本质却要规定对象,也就是说,对象变成了一种**实例**(instance)。这样做的结果是,把本质置于与其他样式的本质的关系之中,并允许我们去谈论,是否有什么途径使它们可能构成一种协调一致的存在区域。

从普兰廷加(Plantinga)和莫汉蒂相互对立的研究观点来考虑,这里有一个重要且有意思的问题:胡塞尔是否先验地(a priori)具有一个关于"世界约束"(worldbound)的观念或者"跨世界"(transworld)的观念②。胡塞尔是用可能世界替换现实世界,还是说他区分了:① 被视为事实(factual)世界——这里事实世界(factual)包括实际未在的和现在的事实世界——的现实世界(actual world),② 被视为可能世界的现实世界(actual world)。

《大观念》提出了一个十分重要的区分,似乎排除了第一种选择,因为在那里胡塞尔承认,处于"我们的世界"之外的世界的存在,在逻辑上是可能的;但是他又反驳说,这种观念会导向"荒谬"(countersense,Widersinn,反意义)。假定第二个世界的存在,在逻辑上并不引起分析性上的或者形式上的矛盾。但是任何一个加到我们的世界上的其他世界,都必须是一个我们可以经验的,或总是以某种途径可以被我们理解的世界。关于这一观点的论证,强迫我们得出下面的结论:假如我们的描述是相宜的话,那么只有唯一的一个世界存在。对此,胡塞尔作如下表述:

> 如果我们要问及它们的有效性的本质性条件的话,要问及它的感性意谓所要求的证明之方式的话,或者如果我们要问及一般的证明方式[在原则上这一般的证明方式是通过超越性(世界)的论题来加以规定——只要我们能够对它的本质进行合理的一般化(verallgemeinern)]——的话,

---

① 胡塞尔:《经验与判断》,第 410 页;英译本,第 340 页。
② 见阿兰·普兰廷加(Alan Plantinga):〈超世界同一性还是世界约束的个体性〉("Transworld Identity or Worldbound Individuals"),载斯蒂芬·施瓦兹(Stephen Schwartz)主编:《命名、必然性和自然属性》(Naming, Necessity and Natural Kinds, Ithaca, New York: Cornell University Press, 1977),第 245~266 页;J. N. 莫汉蒂:《先验哲学的可能性》,见《现象学丛刊》第 98 卷,The Hague: Martinus Nijhoff, 1985,第 35~39 页。

那么，届时正在进行反思的我，就必然认识到，或者更清楚地认识到，它不仅仅是可以被一个自我思想到的、空洞的逻辑可能性，而一定还是**可被经验的**，一个可以被我的**现实的**(aktuelles)**自我**所证明的，与我的经验之相互联系的统一体(unity)。①

胡塞尔肯定认识到，从"本型的"(eidetic)观点看，我们可以把"现实世界"(the real world)当作"各种多样性的可能世界"的特殊实例(Abwandlungen，衍变)来处理。但是，只有作为"从事经验活动的意识的观念"——"它多少与带有一定秩序的经验联系关联在一起"——的"相关者"时②，各种多样性的可能世界才是理智性的、可理解的(intelligible)。"可能世界在原则上应该是一个可以被我们实际上经验得到的世界"，这个要求就意味着，一个外在于、超越于我们熟知的世界的那个世界的存在是不可能的。但不要忘记，世界在这里不是作为经验的**对象**起作用，而是作为经验对象之可能的**条件**起作用，即各个区域之不同样式存在之条件而起作用ª。

在这个问题上，我采取了莫汉蒂的路线：他倾向于把先验的东西(the a priori)看作是世界约束(Worldbound，世界临界)③。在跨世界的同一性(transworld identity)(即，在一个世界中的个体，也在另外一个世界中，但它仍然是同样的个体)这件事情上，我们遇到了严重的问题；甚至在关于跨世界的可能性(transworld possibility)这个问题上，问题也是一样严重：排中律在一个世界中保持有效，在另外一个世界中无效ᵇ，这就意味着：在两个世界中不存在同一的可能性观念。这个事实促使我们得出结论：试图求助于关于诸可能世界的理论来说明胡塞尔的先在(a priori，先在)内容之观念的做法，只会引起混乱。为了进一步解释胡塞尔的立场，莫汉蒂提出：说"一个现实对象(actual object)不需要是现实的(be actual)，而只需仅仅是可能的"，并不意味着，"一个相同的对象可以存在于许多个可能世界之中"。胡塞尔在悬置"经验视域"的时候所做的，就是转移到一个纯粹可能性(pure possibility)的世界中去，而不是移入到可能的诸多世界(possible worlds)中去。我试图通过下面的方式理解这个观点：当我们理解纯粹本质时，我们从

---

① 胡塞尔：《大观念(I)》，第90页；英译本，第108页。
② 同上书，第88页；英译本，第106页。
a 非常重要的提示：先验的含义。——译者注
③ J. N. 莫汉蒂：《先验哲学的可能性》，第37~39页。
b 纯本质的普遍性是排中的，是必然真；经验本质则不然，是或然真。——译者注

一个实例（sample）（actual individual，实际个体）切换到一个标本范例（example），也就是说，此时，本质是在确定"个体之所是"（what the individual is）的限定性特征参数（parameters），而不是相反。此外，当胡塞尔谈论多重视域的时候，他的意思并不是说，存在着许多个可能世界，而是说，在我们生活的世界中起作用的表指关系（significance）不止一种，表指关系有许多可能的构型（formations）或者有许多可能的合成体（complexes）；也就是说，视域的观念也许正是被视为可能性的那一个世界的**历史性**的规范说明（specification）。在第十三章中我们将会回到这一问题。对于眼下来说，当紧的是必须从这个关于本型分析的讨论中引出它所包含的意义。

这里需要注意的是，如果本型还原可以离开现象学的还原单独实施的话，如果各种本型学科（eidetic disciplines）可以走到经验一般性（empirical generalities）之外，达到先在（a priori）结构的话，那么，我们就必须承认，即便在被胡塞尔称为自然态度的**内部**也存在某种见识：在这种见识中，我们"悬置"了存在的世界[a]。

> 世界作为我们习惯性中最稳定、最普遍的内容，对我们是有效的，而且一直对我们保持它实际的有效性，不管我们追求的利益兴趣是什么，都是如此。就像所有的利益兴趣一样，这些涉及本型认识的利益兴趣也同这个世界相关联。像我们已经讨论过的，每个想象都是通过悬置可能的、任意选择的、归入经验中获得的概念之下的特殊个体，来推动它的实施；每个想象性的变换——它们都涉及对观念（ideas）进行直观（seeing）的意向，在这一意向中，世界是协同设定的（co-posited）——亦是如此。每一个事实，每一个**本型**都保留着同实在世界的关系，都属于这个世界。当然，由于它们的共相性（universality），在自然态度中，我们并不注意世界的这种隐蔽的设定，以及这种同存在的结合（bond）。
>
> 只有当我们意识到这种结合（bond）时，**有意识地将它们置于不起作用的状态**，同时也就让变换的最广的周围视域，从经验的有效性的联系中解脱出来了，只有此时，我们才成功达到了完全的纯粹性（perfect purity）。这样我们就发现，我们自己处在所谓的想象的纯粹世界之中，

---

[a] 本型还原单独实施的问题。

处在**绝对的纯粹可能性的世界**中。①

如果切断与现存世界的**所有**联系——不管它们是现实的联系还是不在场的联系,它的影响就不仅仅涉及随机应变性(contingency)的问题。这样,它也就清除了**说话者**(speakers)同作为纯粹本质之内容的决定性成分的**被指者**(referents)之间的所有经验联系,而只给我们剩下可能的说话者以及可以被称为语义性被指者的东西。这些语义性被指者是一些可能的对象,它们的规定性完全被本质的概念性内容所决定。由于这些被指称者不是本质的实例(它们本来是联结本质的内容),而是本质的纯粹任意的范例标本(examples),因此,本质内容必须能够把诸多被指者联系在一起,而不是相反。这就意味着,这里的问题不仅是"个别的特性是否过去总是如此,将来是否一直会发生的问题",而是"个别的特性是否是**必然性**(necessary)"的问题。而这个问题,只能回到诸纯粹本质之间的关系才能处理解决。通过这条途径,我们不仅说明了本质范围之形态(现实与可能)中的可能的差别,而且也说明了内容本身中的可能的差别。然而,这些差别并**不属于一般性**(generality)ᵃ的层次上的差别。

胡塞尔并未能解决这一问题。我想,我们可以通过把经验性的观念化(ideation)中同一与区别起作用的方式与纯粹观念化(ideation)中同一性与区别起作用的方式对照起来说明这个问题。经验性的观念化实际上是建筑在对类似性(similarity)或者相像(likeness)的识别上(recognition)的,与在感知中"被动地"起作用的认知根本不同(contrast)。经验性的观念化所勾连表达的统一性,实际上是"在我们于感性认知中已经发现的相像性的被动的一致性中预先本构了的(preconstituted)"②。但是,在对运作中的感性知觉之样式的反思中,我们集中关注的是显现为红的那个东西的**红**,并且没有把它

---

① 胡塞尔:《经验与判断》,第 424 页;英译本,第 350~351 页。译文有改动。大卫·史密斯和麦金泰尔用可能世界理论解读胡塞尔的意义和 Noema(意向相关项)观念的努力遇到了两方面的问题:① 在我们对各种经验共相的领会中,意义和 Noema(意向相关项)也发挥着作用,胡塞尔把它们解释为关于已给出的世界的共相,并与诸可能世界(possible worlds)相对立。② 可以脱离现象学对意向性的反思而引进的诸可能世界。杜伦蒙德十分准确地指出,对诸可能对象的承认,不应该被混同于对诸可能世界的承认。实际对象与可能对象之间的区别可以在实际世界内部得到协调,这可以作为对关于经验本质的理论的补充,就证明了这一点。见大卫·史密斯和麦金泰尔的著作:《胡塞尔与意向性:心智、意义和语言研究》,Dordrecht: Reidel,1982 年,第 296 页以下。以及约翰·杜伦蒙德的著作:《胡塞尔式意向性与非基础主义实在论:意向相关项与对象》(*Husserlian Intentionality and Non-foundational Realism: Noema and Object*),Dordrecht: Kluwer,1990 年,第 218 页。
a 从经验中通过自由变换(一般化)获得的一般性。——译者注
② 胡塞尔:《经验与判断》,第 389 页;英译本,第 324 页。

理解为显现的各个环节的一种**相似性**(likeness),而是将其理解为**同一性**,这同一性把显现的各个环节统一在一起了。差异区别被理解为现象的那些并不进入这种一致性之内的规定性ª。这便在语法层次上导入了一种至关重要的转变:"一个判断'S 是 p'ᵇ中,其中 p 指称的是个体对象 S 的**个体环节**(individual moment),这样一个判断完全不同于下面的判断:'S 是 p'ᶜ,其中 p 指称的是**共相**(universal)……"①

但是在纯粹观念化过程中,对于"红"来说的特殊内容,不可能通过同现实世界(不管是物理的世界还是心理世界)的联系而被辨别出来。我们对纯粹本型(pure eidos)的理解总是预先假定了,我们可以领会相关的共相(universal)以及该共相同其他各种共相的关系,因此,该本型的内容一定是仅仅由必然性纽带来决定的,而这必然的纽带是从那些经验性共相之间获得的。于是,它的规则并不勾连展示(articulate)一般可观测到的事实的配组群(grouping),而是勾连展示诸(经验)本质之间的关系,比如说,为了使同蓝、绿等**对立**的红得以存在,它必须是真的,等等。这就是说,在谈论"红"的时候,并不是说,"红""**包含了**"(subsumes)对象的存在的环节,而是说,它"**从属于**"(subordinates)相关的概念,被诸相关概念置为下属,并且,它是被包括在诸颜色概念的系谱学(genealogy)之中的②。我们并没有通过与事实性区别的对立去勾连展示同一性;我们是通过其本质性区别而在其中勾连展示同一性的。"红"可以是**纯粹本质**(为得到它,我们不需要转到颜色上,或者转到更高的层次的种类),仅当将其与其他本质联结在一起(比如蓝、绿、白等)时,并且仅当它的**内容**是由这一关系来规定时,才是可能的。当我们能够给出一个或许多规则,用于把握任何红的对象——它区别于我们可以想象的蓝、绿、白的对象——并因此可以运用于世界中所有"红"的可能的实例,这个红的本质就是**先在的**(a priori)。纯粹本质"红"被证实,没有它,任何红的对象"就不能作为这样的对象被想象"③。我们观看实例(samples)时,某些颜色混入其他颜色,"红"保留着其形态学上的特性,此时,颜色之诸共相本身之间的关系就是:诸共相覆盖了所有现实的和可能的具体颜色。定义着这种关系的规则是严格的,尽管它们不是数学的运算法则。在这个层次上,

---

a 显现在对象属性中的差异并不进入本质的同一性规定之中。——译者注
b 希特勒是斯大林格勒战役的失败者。——译者注
c 苏格拉底是人。——译者注
① 胡塞尔:《经验与判断》,第390页;英译本,第325页。
② 胡塞尔:《大观念(I)》,第27页;英译本,第27页。
③ 胡塞尔:《经验与判断》,第411页;英译本,第341页。

不存在非严格性和模糊性。

当然，人们可以尝试去争辩说，这些本质也必须是**精确**（exact）的。在《经验与判断》第 89 节中，当胡塞尔提出，纯颜色理论应和几何学有相似的严格性的时候，他十分接近这种看法。他提出，二者都没有把现存实例（existing samples）预设为前提，或者甚至没有预设现实世界（real world）的存在。在做这种比较的时候，他区分出了一类必然性：它可以被归于纯粹本质的属性。数学具有本型性的规律，它们在严格意义上是必然的、普遍的，不允许有任何例外的。此外，数学的观念具有"一种精确（exactly）限定了范围的变换的多样性"，这种多样性是"先在"（a priori）地被确定了的①。（颜色理论亦是如此。）但是胡塞尔也指出了其中的重要区别。数学的运作过程是通过"演绎性的直观"和"必然的推理过程"完成的。这些进程被其他一般的纯粹本质直观的区域所拒斥，特别是被现象学所拒斥。简而言之，不仅（经验的共性）的观念化（ideation）过程与我们对纯粹本质的"直观"中所涉及的观念化（idealizstion，理想化）不同，而且这种观念化还同形式化（formalization）处在对立之中，而对数学来说，**形式化**（formalization）是必不可少的。用胡塞尔在《形式的与先验的逻辑》中所用的术语来讲，这个问题就是，颜色的本体论不是形式本体论，而是质料的（material，实质的）本体论。下面我们利用胡塞尔的踌躇之机，重新回到上面提出来的第二个问题，即我们如何能有一种先在的（a priori），同时又不是精密的纯粹本质。

在《经验与判断》中，胡塞尔告诉我们，在自由变换的过程中，我们发现了"一种必然结构"，并因此发现了"诸必然规律，它们规定了什么必定属于一个对象，以便使这一对象得以是这种样式的对象"②。从这一上下文中，我们可以认识到，这里起作用的是康德的必然性概念：数学的诸本质为其诸外延（extensions）既提供了必要条件，又提供了充分条件；与此相比，具有形态学特征的诸纯粹本质，只能为 X 提供使其成为此种特殊样式的对象的必要条件，但却不能为它提供充分条件。外延区域中的每一个成员都必须服从使此种样式对象成为可能的那些条件。但是这些条件与数学中的条件不同，它们对于生成这类事物是不充分的，它们不能规定这类事物的所有显现性。与此相反，数学中的对象是"确定的诸多样性"（definite manifolds），它们是由它们的本质"穷竭定义了的或完备定义了的"。它们的规则"完全地并且毫不

---

① 胡塞尔：《经验与判断》，第 425 页；英译本，第 351~352 页。
② 同上书，第 426 页；依据英译本，第 352 页。去掉了着重号。

含糊地"规定"属于这一区域中的所有可能的构型(formation)的整体"①。

但是即便是有了精确与严格(exact and strict)的这种区别,胡塞尔的下述做法仍然显得十分古怪:他想要把纯粹本质ᵃ和先验真理结合到一种描述进程中,以描述、规定对它们的领悟(apprehension)过程,并提出,同**我们**对先验真理和纯粹本质的**理解**(understanding)的这种结合,对先验真理和纯粹本质的存在是本质性的。难道这不是把观念的(ideal)混同于现实的(real),把纯粹的本体论规律的观念性存在混同于我们对这类规律的想象和再当下化(representations)的现实存在吗?这样不是进而剥夺了前者的观念性属性(ideality)吗?这难道不是把我们独立于经验而认识到的真理,混同于那些完全依赖于经验的真理、混同于以某种方式把随机应变性因素构建到关于必然性真理之中去的认识了吗?

胡塞尔和弗雷格一样,都强调概念间的关系是这类先在(a priori)真理所在之处。任何把真理的种类看作先在(a priori)的观点都会认为,这里一定还包含了一种基础性的、认知上的"个人-命题(person-proposition)关系"②。为了回避"'独立于经验'是什么意思"这个问题,下述"个人-命题关系"必须是真的:思考先在性(a priori)命题的任何人,都是处在其他种类的经验的无休止的涌流之中,而且把各种不同的感性的和概念性的对象作为背景。"对 p 的认知独立于经验"这一断言,已经预设了这个人已经有了**足够的经验**去发现,或者得以去认识:命题的成真,只能以进一步的推论(ratiocination)为基础③。此处,霍洛维茨(Horowitz)的分析对理解这一点十分有帮助。她在对"独立于经验的认知活动"的说明中引进了一个随机的因素,这个因素使这种认知成为可能。"a 能够独立于经验而认识 p,当且仅当,在那个世界中,a 存在,并且 p 是真的,而且 a 有诸概念于 p 之中,而且 a 具有足够的经验以认知 p。"④这个就是胡塞尔的看法中所保有的因素。胡塞尔把感知(perception)、经验的观念化(empirical ideation)和纯粹的观念化(pure ideation)结合在一起,再同他关于视域的概念(notion of horizon)进行联合,便在理论中为经验建立了一个背景,足以使一个人能够达到认识先验(a priori)的真理,认识这种性质上不同于经验对象或经验事实的真理。

---

① 胡塞尔:《大观念(I)》,第 135 页;英译本,第 163 页。
ᵃ 经验真理的必要条件! 同形式化获得的数学等先验真理毕竟不同。——译者注
② 参见塔玛拉·霍洛维茨(Tamara Horowitz)非常有帮助的文章:〈先验真理〉("A Priori Truth"),见《哲学杂志》,Vol. 82, Nr. 5 (May, 1985),第 229 页。
③ 仍然同经验相关。
④ 塔玛拉·霍洛维茨:〈先验真理〉,见《哲学杂志》,Vol. 82, Nr. 5 (May, 1985),第 231 页。

与此同时,对"主体-命题关系"的这种包含,减缓了遇到可能世界理论时带来的问题。这一点对现象学是非常根本的。如果我们没有弄错的话,胡塞尔已经十分小心地把被视为事实的世界与视为可能的同一个世界对立起来,并且用视为可能的同一个世界来定义先在(a priori)的内容,而不是简单地用诸可能世界来定义先在(a priori)的内容。我移入那个可能的世界中,其原意是为了确保所有纯粹的观念化均具有独立于经验的属性(qualification)。但是,假如我们有(诸多的)可能世界在起作用,那么同经验的纽带一旦被切断,就没有任何可能去排除插入其中的某种极端的"认识论样式"(epistemological type)的资格①。有可能上帝和人类所知道的是两种不同样式的真理,两种真理都是独立于经验的。它们可能是不同样式的认知者,只是分享着某些相同的概念而已。这样就导致了真理的相对化,但这种相对化不是针对处于单个认知范式,或者单个认知样式之内的单独的个人,而是针对认知的不同的样式或范式。我们可以将这一相对化推广到上帝与人的关系之外,即推广到人与人之间的关系中去。

也许更有意思的是,观察视角(views)之调节变动依据的是以下情况,(1)不同人群可以认识不同样式的独立于经验的真理,(2)对于这些人群中某一群体的人们来说,他们是不可能获得这些人群中另一群体的人们可以把握的概念的(比如美国人之于西藏人,20世纪的欧洲人之于14世纪的欧洲人……)。②

但是这一点并不能根本破坏获得先在(a priori)真理的可能性。正如霍洛维茨指出的,因为做到这一点,只需要被**某些**样式的群体中的**某些**成员所认知就够了。但是在诸可能世界的理论那里,我们以相对主义为代价接受下来的是样式差异性(type diversity)。与此相反,胡塞尔会反驳道:可能会有一种途径,通过与另外的概念相对照,而使一个先在(a priori)概念合法化,并可能还会有一种途径,对诸多先在(a priori)真理的不同体系做出判定。

由于胡塞尔区分出了现实世界和被看作可能世界的那个世界,而不是通过把现实世界相对于诸可能世界而做出区分,所以,在原则上,胡塞尔能够控制认知样式的限定条件(an epistemological type qualification)。不同的人群

---

① 塔玛拉·霍洛维茨:〈先验真理〉,见《哲学杂志》,Vol. 82, Nr. 5 (May, 1985),第231页。
② 同上。

能够认识不同种类的独立于经验的真理;这些人群可能发现一个场所,实际上他们可以判定,这些真理是与一个作为可能性的世界(one world as possible)相关联的。同时,这也同样使胡塞尔有可能公正地对待下述事实:对于不同区域,可能存在着不同的概念核心(conceptual cores)。在第十一章中我将再次回到这一问题。

下面我们必须讨论,胡塞尔的生活世界理论是如何尝试处理知识论样式上的相对主义的。在他后期的工作中,当他逐步地将现象学的范围加以扩大以后,这一问题就更加突出,成了他始终不能摆脱的一种威胁。

第三节　诸　区　域

在"经验的"和"纯粹的"区分之上,胡塞尔又增加了许多其他的区分。我们在这里只能给出几点提示。红颜色的本质性特征之一是,它只能作为某某东西**的**颜色而出现,只能是空间广延性东西**的**颜色。而声音似乎只要求有时间的跨度。脱离物体表面的红色是不可思议的。为了抓住这一特点,胡塞尔把红称为一种"抽象的本质",或者直接称其为"抽象物"(abstractum)①。诸抽象物都是"有依赖性的环节",它们要求从一种完全不同的范畴那里取得物件(items),作为它们自己的存在支撑(subsistence)。压水机并没有这种依赖性。与此相反,"压水机"是一个"具体的本质"(concrete essence),或者是一个"完整的东西"(whole),它为了存在,并不需要预设任何抽象物,也不需要预设任何其他"完整的东西"(whole)。所以胡塞尔把这类本质标示为"具体物"(constracta)②。

从这一看法出发,向基础(basic)本型或者基本(fundamental)本型的转换,即向被胡塞尔称为"区域"(region)的转换,是一件相当简单的事情。我们把本型直观的各种结果交给另外一种新的变换,**红**和**压水机**被理解为是**颜色类**与**泵类**的范例(specification,个例),而颜色与泵又是**物质环节**(material moment)和**广延性事物**(extended thing)的具体变体。后二者又是**物理客体**这一区域的本质性之具体范例(specification)。当然并非只有一种标准途径,完全可能有多种不同的途径。但是,当我们可以沿着一个途径继续进行自由变换,直至我们达到了某一点:在这一点上,我们不能将我们的自由变

---

① 胡塞尔:《大观念(I)》,第29页;英译本,第29页。
② 同上。

换的进程继续下去。"各种最高的共相(universals)是通过各种观念(ideas)的自由变换获得的。"①在关于部分与整体的逻辑中,即胡塞尔于《逻辑研究》的第三研究发展出来的逻辑中,各种纯粹本质之间的本体论关系,可以与经验科学中使用的分类和说明的方案对照起来。区域(region)就是一个给定的范围之各种本质中最一般的本质,所以,通过归纳性的一般化(generalization)是不能达到区域(region)概念的,因为这类一般化会把区域还原为经验的共相(universal);这种共相可能在一门经验科学中正常工作,但并不能在本体论中发挥作用。同时,一个区域又是具体者(concretum,不是abstractum,抽象者)的最高"综合统一体"(synthetic unity),它把自己的下层的区别,或者作为各种可能性的"种属"(species)包括在内②。我们可以把本质说成是一个"区域性范畴",因为它以先验的方式规定了必然条件或必然"规则";这一区域的任何对象、任何成员都必须遵守之,或者用现象学的术语来说,作为这种基础样式的对象的任何客观显现都必须遵守这些规则。沿着康德的思路,胡塞尔把这类规则视为"先在综合真理"(a priori synthetic truth)③。

到此为止,我们讨论的焦点都集中于各种本质的诸多样式之间的关系上。对任何关于对象的不同范围(domains)之成体系的理论,以及关于这些范围的认知理论来说,这一研究都是至关重要的。它研究的是经验本质本身和纯粹本质本身的属性,而不是研究令我们感兴趣的那些内容上的区别,在这个意义上,我们的研究是形式性的(formal)。经验本质与纯粹本质之间的各种差别,要求我们去反思那些不同的进程或不同的效果,以便通过这种反思使得这些区别得到理解。"对象(客体)"的不同种类——从最低层次的感性知觉对象,到那些界定着纯粹可能性的领域(realm)的各种本质——之间关系中的裂隙以及不稳定性,把"主体"(subject)突显出来。胡塞尔的描述方式为自己提供了一种策略,通过这种策略,他便可以达到不同的区域,并根据各区域的特殊内容,对不同的区域加以说明。当然,这些区域性本质是纯粹的,但是在描述作为整体的每个区域时,我们是从经验的基础出发的,通过共享的结构,移向某种必然的特性。于是,一个区域就是由某种"层次结构"

---

① 胡塞尔:《经验与判断》,第435页;英译本,第359页。
② 胡塞尔:《大观念(Ⅰ)》,第30页;英译本,第31页。
③ 同上书,第31,297~299页;英译本,第31,342~344页。有关胡塞尔a priori概念用法中的差别和多样性,请参见J. N. 莫汉蒂的《先验哲学的可能性》,特别是该书第104~106页。

(Stufenbau)组成的①。我们可以研究,支配着一个阶梯上的各个因素之间的"客观"关系的不同规则,我们也可以研究,左右着不同层次之间的"客观"关系的不同规则。但在每一个阶梯上,我们都在描述那些"显现着的"、那些被经验或者被领会的复杂事件。为了正确处理这一特征而做的努力,无论是从形式上还是在内容上,都对现象学研究产生了重要影响:既导致了从事现象学研究的各种本质形式,也导致了现象学研究的特殊内容;也就是说,借助于该区域的当下化(presence)的不同的基本模式,把那些使该区域与其他区域区别开的结构性的差异分离出来。

在这一章,我们所走过的途径是:从现象开始,然后"向上"进入诸经验本质和诸纯粹本质,然后定位于纯粹本质中的诸区域本体论。但这不是唯一的道路,还有其他道路可走,它也是胡塞尔采取的道路,那就是从上向下走的道路:从对逻辑学的某种程度的独立研究出发,进入纯逻辑与认知的关系的研究。事实上,这就是《逻辑研究》(1900~1901年)的工作方法。这一方法在《形式的与先验的逻辑》(1929年)中得到进一步的发展。在那里,胡塞尔对他的《逻辑研究》的"导论""第三研究"和"第四研究"中提出的早期方案作了相当大的拓展和发展②。他提出,纯逻辑由两个相互关联的学科组成:(1)形式本体论:它应该说明科学话语中可能涉及的任何对象的最一般的条件和形式;(2)形式命题论(formal apophantics),它应该处理科学话语的条件和形式,使其形式完善和有意义③。每个学科都有下属分支,大致相互对应。

形式命题论(formal apophantics)	形式本体论(formal ontology)
(语言意义的形式范畴)	(诸对象的形式范畴)
[(Formal categories of meaning)]	[(Formal categories of objects)]
1. "纯粹语法"或者"纯粹句法"④	1. 任意对象的纯形式范畴⑤
("Pure grammar" or "pure syntax")	(Pure formal categories of any object whatsoever)
2. "推理逻辑",即"无矛盾"逻辑⑥	2. [可能性的分析性-形式性概念]

---

① 胡塞尔:《经验与判断》,第32页;英译本,第356页。
② 参见胡塞尔:《形式的与先验的逻辑》,第90~93页,英译本,第86~89页;以及111页,英译本第105页。
③ 参见同上书,第110~135页;英译本,第105~129页。
④ 同上书,第76~77、113页;英译本,第72、107页。
⑤ 同上。
⑥ 同上书,第111~113、119~120页;英译本,第106~108、114页。胡塞尔给出的这类形式范畴有:object(对象),property(属性),relationship(关系),plurality(多样性),等等。

("Logic of consequences," i.e., "non-contradiction")	([Analytico-formal concept of possiblity])
3. "各种可能真理的逻辑"①	3. "现实性的分析性-形式性概念"②
("Logic of possible truths")	("Analytico-formal concept of Actuality")

我想推荐读者去阅读关于胡塞尔纯粹逻辑的其他文献和相关讨论③,而把我们这里的研究仅限制在讨论对我们的分析有重要意义的那些内容。胡塞尔扩大了他的这种纯粹逻辑的范围,进一步提出,上述三个分支学科为我们提供了"所有语义表指构成(significational formations, Bedeutungsgebild)的各种纯粹形式",以及对象构成(object formations)的各种纯粹形式,"它们可以作为先在(a priori)的事件出现于一门科学**内部**"④。但是为了建立真正的逻辑和一门内容丰富的科学,我们必须"从整体性上对各种判断体系"(Urteilsysteme in ihrer Ganzheit)加以研究说明⑤,也就是说,我们的说明研究必须能够覆盖所有可能的、各种不同的科学。由于胡塞尔对术语的使用并不像我们所希望的那样前后一致,所以这里在引入这个新学科的时候,就要求对观念化(idealization)和形式化(formalization)作出区分:观念化(idealization)是本型变换的方式,它出现于各种本体论的认知活动中。而形式化(formalization)则是适合于关于多样性理论(theory of multiplicities, Mannigfaltigkeitslehre)ᵃ的数学特征的一致

---

① 参见胡塞尔:《形式的与先验的逻辑》,第 58~60、142 页;英译本,第 53~55、137 页。
② 同上书,第 133 页;英译本,第 127 页。
③ 见苏珊娜·巴舍拉尔(Susanne Bachelard):《论心理主义:胡塞尔〈形式的与先验的逻辑〉研究》(On Psychologism: A Study of Husserl's Formal and Transcendental Logic),莱斯特·恩布里译(Evanston, Illinois: Northwestern University Press, 1968);罗伯特·索科洛夫斯基:《胡塞尔的诸沉思:语词如何表现事物》(Husserlian Meditations: How Words Present Things, Evanston, Illinois: Northwestern University Press, 1974),第 9~17、271~289 页;鲁道夫·贝尔内特、耿宁、爱德华·马巴赫:《胡塞尔:对其思想的描述》,该书第一章。巴里·史密斯(Barry Smith):《逻辑的与形式的本体论》(Logic and Formal Ontology)以及 Gilbert T. Null:《胡塞尔的本质原理》("Husserl's Doctrine of Essence"),见 J. N. 莫汉蒂、威廉·麦肯纳(William McKenna)主编:《胡塞尔现象学:一本教科书》(Husserl's Phenomenology: A Textbook), Washington, D. C.: University Press of America, 1989 年,第 29~67、69~105 页。
④ 胡塞尔:《形式的与先验的逻辑》,第 94 页;英译本,第 90 页。
⑤ 同上。
a 胡塞尔现象学中讲的多样性(multiplicity, Mannigfaltigkeit),并不是数学中的 manifold(流形),也不等同于今天集合论中的集合。J. 菲力普·米勒(J. Philip Miller)的著作 Numbers in Presence and Absence: A Study of Husserl's Philosophy of Mathematics 一书的第 115 页对胡塞尔的"多样性理论"有具体的解释:"按照胡塞尔成熟的看法,分析既不是一门关于数字的科学,也不是一种形式算法,而是一门理论性学科,它集中关注(转下页)

性的处理工作。如果我们进入这个关涉分析的层次，那么就要再增加两个分支学科：

（接上页）的是对象域的独特形态。这个对象域，用胡塞尔的术语来讲，就是'多样性理论'（manifold theory）的一个实例。在胡塞尔于19世纪90年代完成、展示于《逻辑研究》和《形式的与先验的逻辑》之中关于各种演绎系统的理论中，'manifold'这个术语所指称的就是'一个区域'（Gebiet），唯一能规定这个区域的只有关于［已经给定的］形式的理论。"［《逻辑研究》Ⅱ/1，第249(251)页和《形式的与先验的逻辑》引用了这一表述］换句话说，一个多样性区域（Manifold）并不简单的是一个集合或者诸对象；它也不是我们在预先构建与其相关的形式演绎系统时遇到的那种东西。它是一个只有通过诸关系才能加以定义的对象域，而这些关系是在形式演绎系统中建立的，因此，我们只能通过相应的形式系统才能通达一个区域。依据《逻辑研究》和《形式的与先验的逻辑》中的胡塞尔思想，处于分析中心的"实数系统"实际上就是一个数学的多样性区域（a mathematical manifold），它是一个由形式演绎系统定义的对象域［《逻辑研究》Ⅱ/1，第250、252(242、243)页和《形式的与先验的逻辑》第81、103(77、99)页］。在一定的正确的意义上，"诸实数"就是诸对象，但是，通过初等算术所能学到的那些通达数字的途径是不可通达它们的。它们也不是空掉所有实体的虚构空位，而是同我们平时计算中所展现出来的数字具有完全不同性质的实体。

脚注76更具体地解释道："在《大观念》的注释中，胡塞尔指出，早在19世纪90年代他就已经使用manifolds这一概念了（Schon zu Anfang der 90er Jahre）［胡塞尔《大观念（Ⅰ）》第168页脚注(188页脚注)］。他的手稿也佐证了他的说法。参见舒曼的《胡塞尔年表长编：胡塞尔的思想与生活之路》（Husserl-Chronik: Denk-und Lebensweg Husserls, Husserliana Dokumente, Vol. 1. The Hague: Martinus Nijhoff, 1977）第31页，相关手稿的日期为1891/1892，那里提到的手稿为'Mannigfaltigkeitslehre, Reihen, zyklische Reihen'（多样性学说, 数列, 循环数列）。然而应该注意，依据《大观念（Ⅰ）》的说明，这种学说只是'**对形式化的数学学科的研究内**'的理论研究中的一部分，胡塞尔原计划将这种形式化研究作为他《算术哲学》的终篇。在《算术哲学》一书中也用到'manifold'这一术语。但是成熟期的胡塞尔著作中对这一术语的使用，不是在胡塞尔《算术哲学》一书中技术术语的意义上使用它。胡塞尔在《算术哲学》中说，数构成了'诸一定概念的多样性区域，这些概念相互之间大多有严格清楚的界定描述'，'数的区域包含了种的无限的多样性区域'（《算术哲学》第81页，第222页以下）。但是这里胡塞尔讨论的是'源初'（original）数字区域，而不是仅被定义为某理论形式的客观性的相关物的区域。……正如我们前面业已指出的，胡塞尔后期术语中的'多样性'（manifold）区域的意义是与集合、总和概念的意义相当不同的。这一观念在《算术哲学》中的真正描述可以在该书第131页及以下各页对作为数字0和1的讨论中找到。"在这个注释中还有一点十分有意思：在序言中胡塞尔简短地提及高斯论四次幂余式（on biquadratic remainders）（《算术哲学》第8页）。巴舍拉尔指出，"黎曼对'manifold'这个术语的使用似乎启发了胡塞尔对该术语的技术性使用。而在这个术语的使用上，黎曼曾经表示受惠于高斯的一篇论文"。参见巴舍拉尔：《论心理主义：胡塞尔〈形式的与先验的逻辑〉研究》，第57页脚注。

在该书第115~116页上，作者进一步明确指出：胡塞尔的Mannigfaltigkeit既不同于集合（Menge），也不同于集合论中的具体实例"流形理论"（manifold theory）。一个多样性区域并不简单的是诸对象构成的组合，而是相互之间有着某种特定关系的对象组成的**一个区域**。它是理论形式的对象性（客观性）相关物。为了说明胡塞尔概念的特殊含义，米勒把胡塞尔的Mannigfaltigkeit的概念同数学博弈论概念进行了比较。他指出，在博弈论中，代数符号只对棋手有意义。它们有意义，但是不具有客观意义、对象性意义。而在胡塞尔的多样性理论中，我们理论形式中的代数符号不仅具有游戏性的意义，而且它们是真正的专名。符号不仅是游戏规则，而且还是左右着这类对象的整个区域的原则。在这种多样性理论中，理论形式具有超出自身之外的指称对象。多样性区域就是理论形式的所指。这是译者见到的对胡塞尔Manifold这一概念最清楚详尽的综述。——译者注

4. "关于诸理论形式的形式理论"或者"关于理论的各种可能的形式的理论"①

("Formal theory of theory forms" or "theory of possible forms of theories")

4. 关于多样性[Mannigfaltigkeit]②的形式理论

("Formal theory of multiplicity [Mannigfaltigkeit]")

但是质料(material,实质)本体论应该放在这个方案的什么地方呢？当我们从对作为整体的多样性(multiplicity)进行考察,转入对一个确定的多样性区域(manifold)进行考察时,诸区域之整体的考察便转变为对一个区域的特殊性的考察,此时我们就从形式的本体论转入质料本体论。胡塞尔把各种区域本体论同形式本体论这种分析的、先验的学科置于对立的位置,其具体做法是：

> 一方面是各种**质料的**本质,而且从某种意义上说,它们是"**真正意义上的本质**"(eigentliches Wesen)。但是另外一方面,还有一些东西的确是本型性的,但尽管如此,就它的基本实质而言又是完全不同的：它是一种**单纯的本质形式**(bloße Wesensform);它的确是本质,但却完全是"**空的**";这种本质,**以一种空形式的方式,适合于所有可能的本质**;这种本质依据它的形式的共性(universality),使所有质料共性(universalites)——包括它们之中最高的共性在内——从属于其下,并依据属于形式共性的形式真理,为诸质料共性制定规则。因此,所谓的"**形式性区域**"(formal region)无论如何不是某种与各种质料区域(真正的诸区域,Regionen schlechthin)并列的东西；从根本上来看,它完全不是区域,而是**一般区域的空形式**。所有的区域,带着它们所有为质料所充实的本型上的特殊化,都不与这种形式区域并列,而是从属于——尽管仅仅是在形式上的——这种形式本质**之下**。这种质料性对形式性的从属,表现在下面的情况中：形式本体论包含了所有本体论(也就是说,所有"真正的"本体论,所有"质料本体论")的形式,并且,为质料本体论

---

① 胡塞尔：《形式的与先验的逻辑》,第94~95页;英译本,第90~91页。
② 同上书,第94页;英译本,第90页。胡塞尔谈到多样性(the manifold)应该是任何且所有的科学理论都要用到的内容之整体。胡塞尔引用《逻辑研究》导论的话说明这一问题："一种可能的——仅仅通过它的形式获得规定的——理论这一概念的对象性的相关物,就是任意可能的、受到具有这种形式的理论左右的一般性认知领域(Erkenntnis-gebiete überhaupt)。但是,这样一种领域,在数学家们的圈子里被称为 multiplicity(Mannigfaltigkeit,多样性)"。同上书,第94页;英译本,第91页。

规定了对于它们来说是共同的形式结构……①

鲁道夫·贝尔内特曾经提出：区域本体论更像康德所描述的理性科学。他解释说：

> 与形式本体论不同,质料本体论并不指向"一般对象本身"(object-as-such)这个形式概念,而是指向"对象性存在的一个区域"这个概念。用传统的术语来讲,精神的存在与物质的存在是存在的诸区域。与这些区域相关的质料本体论,无非是 psychologia rationalis(理性心理学)和与 natura formaliter spectata(**从形式角度关注的自然**)相关的诸"理性"科学。诸"理性"科学与诸经验科学不同。经验科学对统治着事实事件的规律进行观察、分类,努力去把握这些规律;理性科学则是去探测处于这些事实事件之下的该区域的本质性规定。②

作为一种先在(a priori)学科,质料本体论为我们提供"客观"(objective,对象性)规律,这些规律制约着属于一个特定范围之内的所有事项。但是本体论上的区域必须被理解为现实的**认知**(cognition)区域或者可能的**认知**区域,而不是与这类认知相对的存在区域。一个特殊领域中的诸对象的存在,不仅可以**作为**被给出者而被思想,而且还**在**它们的给定性之**中**,也就是说,依据它们的被领会(comprehension)的形态或者被领会的方式对它们加以思考。关于诸区域的理论必然会涉及领会和判断,而领会和判断又会使我们面对如何保证它们的有效性的问题。这样我们就会看到本体论与命题论(apophantics)之间的内在联系,这种联系恰恰可以向我们提供一个过渡到意义问题,进而过渡到意向性问题的桥梁。胡塞尔并未谈到"质料命题论"(material apophantics)。但是,(1)当我们采取一种批判的态度,把我们的注意力从一个区域给出的诸对象(objects given)切换到一个区域的诸对象的给出性(givenness of objects)之上时;(2)当我们关注着那些感性意谊(sense),在它之中,这类给出性(givenness)可以被理解为诸判断的指称,这些判断的意义(meaning)具体规定了(specifies)一个对象被意向的模式或者方式时;(3)当我们去探求那些不同的逻辑语法——它们左右着我们对质料上相互区别的诸区域的认知——时,质料命题理论就会出现。努力把握诸区域、认知

---

① 胡塞尔:《大观念(I)》,第 21~22 页;英译本,第 21 页。
② 鲁道夫·贝尔内特等:"导论",鲁道夫·贝尔内特编:《内在时间意识现象学(1893~1917 年)》,Hamburg: Felix Meiner Verlag, 1985 年,第 48~49 页。

语法之间相互作用、相互影响的关系,最终架起了通向先验(transcendental)逻辑的桥梁。在这种逻辑中,形式逻辑,或者是被胡塞尔称为"分析逻辑"的那种逻辑,在先验主体性(transcendental subjectivity)中找到了它的基础。这样我们就应该能够理解,纯粹本质的分析打开了一扇通向各学科之主人的大门,这些学科构成了胡塞尔"理性科学"和他的科学哲学的核心。如果我们把这一分析与上面我给出的本质的不同样式,以及它们各自的认知形态并列在一起的话,现象学与本体论之间的关系就可以包括为下面这些区域的研究:

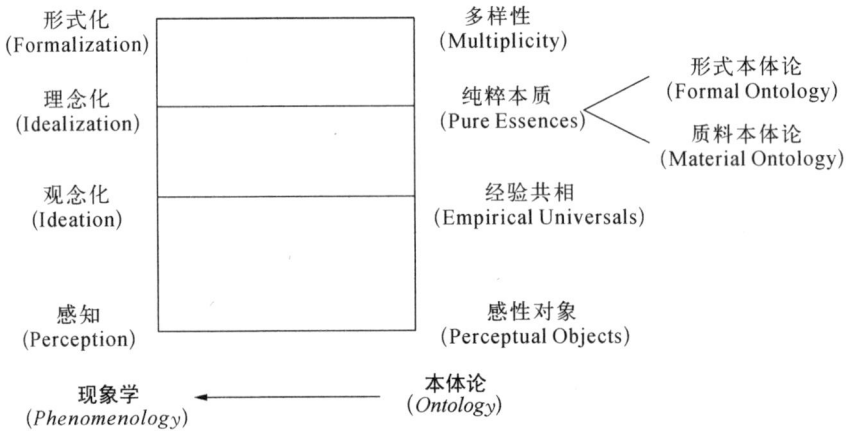

图 3.1　现象学与本体论

我们现在就能够理解,胡塞尔提出的诸本体论要求一种现象学的立场(account)这一思想的深意何在了。各种本质展现着(articulating)诸区域之间的诸多差别,但是这些本质都奠基在这些区域之基础的、可能的**被给出性之形态**(modes of givenness)之上。然而——至少对于我们发展到此时的看法而言是如此——还存在一种协同依赖性(co-dependence):如果现象学说明了,如何使得一个区域以及与此相关的它们的理论确实可靠,进而提供了一种本体论的话,那么本体论便成为现象学的主旨(substance),因为,存在之各个不同区域驱使并且引导我们的分析工作进入"行为-意义"相关性之各种不同的范畴之中。"试图彻底地、始终如一地从各种对象性的各自范畴中退回来,去追问确实属于这些范畴的意识的各种形态,这是一项全新的任务……"①这一相互依赖关系,以及作为各种必然条件之集合的这些相关性之特征刻画,都促使我们把这种初级现象学称为范畴现象学。胡塞尔努力去

---

① 胡塞尔:《现象学心理学》,第 28 页;英译本,第 19~20 页。

捕获如下洞见：指导着这种现象学工作的是对不同区域的本型性分析，以及为逻辑去发现基础的需要；他还努力将他的纲领置于康德在《纯粹理性批判》中提出的感性与分析的对立之中；在这些努力的过程中，他把这种现象学称为"分析的现象学"①。

这种分析现象学把我们带入了一个漫长而困难的道路，胡塞尔只是附带地跑到我们目前研究的过程中来。所以，我们在这里不可能进入胡塞尔的区域本体论讨论它的具体内容。我们对各类本质的区别和现象学与本体论之间的相互影响的讨论已经过于冗长（在严格意义上的还原之前）。这是因为，这些区别对于现象学方法的成体系的特性有直接的影响。但是关于区域的理论观点本身已经是对这一方法的具体应用。因此我们只是对它们做了一般性的介绍，用下面的表格将《大观念(Ⅱ)》中为数不多的表述列出来，希望它能为读者提供有关胡塞尔对于区域研究的大体范围的认识。在《大观念(Ⅰ)》的先验还原的视野之全面指导下，《大观念(Ⅱ)》中发展出了各种区域本体论。毫无疑问，对胡塞尔来说，只有在先验转向之后，才有可能揭示关于构成的整个观念，这一点我们已经作了分析介绍。但是实际上，区域本体论可能被置于先验转向前的《逻辑研究》的工作框架之内②，而且事实上，在《形式的与先验的逻辑》一书中，胡塞尔自己就把他关于形式逻辑本身的研究看作自己早期分析工作的继续③。这就使我们有可能在目前这个阶段把区域的研究引入进来。

在《大观念(Ⅱ)》中，胡塞尔提出对区域的基本区别：物理自然的区域，心理-生理生活的区域与文化的区域之区分，胡塞尔把文化的区域称为"精神"。引人注目的是，胡塞尔并没有把不同的区域本体论的各种本质之间的关系看作是一种等级式的关联，也没有把各区域之间的关系看作是线性的、单向性的序列关系。不同区域之间的关系更像相互重叠搭接在一起的家族关系；构成这些区域的范畴之间正建立着且被建立着各种不同的纽带。一方面，各种区域为各种实证科学和学科提供了基础；另一方面，现象学通过意向活动-意向对象相关性作用的理论所作的说明，提供或者开辟了各个区域本

---

① 胡塞尔：《逻辑研究》，Ⅱ/1，第12页；英译本，Ⅰ，第257页。参见第4节和第5节，那里引入的诸研究，说明他使用"分析"一词的完全的意义。这个术语帮助我们确定了静态分析同动态发生分析现象学之间的关系，第一次开辟了一个分支，该分支被他称为"transcendental aesthetic"（先验感知论），这是通过被动综合而实现的。参见下面第8章。
② 形式本体论的分支是对《逻辑研究》第三研究中所作的关于部分与整体的逻辑的进一步拓展。形式命题理论是对《逻辑研究》第四研究中纯粹语法分析的发展。各种质料本体论尽管在《逻辑研究》中没有得到发展，但是，在研究特定领域的部分与整体关系的发现中得到了进一步的引申。
③ 参见胡塞尔：《形式的与先验的逻辑》，第93~97页；英译本，第90~93页。

表 3.1 范畴现象学领域论 (The Range of Categorial Phenomenology)

现象学的态度 (The Phenomenology Attitude) 行为样式 (Act Types)	区域本体论 (Regional Ontology) 感知区域 (Fields of Sense) ①	区域的领域 (Regional Field)	自然态度 (Natural Attitude)	各种经验科学 (Empirical Sciences)
对象化 (Objectivating) 感知的 (Perceptual)	物质性东西 (Material things)	第一自然 (Nature I) ②	理论的 (Theoretical) ③	物理学 (Physics) ④
愿望 (Desiring) ⑤ 需求和要求 (Want and needs)	需求的对象 (Objects of need)	自然 (Nature)	自然的 (Naturalistic) 科学的 (Scientific) ⑥	各种自然科学 (Natural Sciences) ⑦
情感评价 (Affective valuing) ⑧ 感受到的价值 (Felt values) ⑨	感受到的价值对象 (Objects of felt values)			
行动 (Action) ⑩ 效果 (Utility)	使用的对象 (Objects of use)			
自动力 (Motility) 动感 (Kinesthetic)	活的身体 (Lived body)	第二自然 (Nature II) 动物本性 (Animal nature)	心理学的 (Psychological)	生理心理学 (Physiological psychology)
同感 (Empathy) 个人心理学的 (Personal psychological)	心灵 (Soul)	[人的本性 (Human nature)]	个人私人的,人格的 (Personalistic)	私人,人格心理学 (Personal psychology) ⑬
相互交流作用 (communicative interaction) 社会心理学的 (Social psychological)	人格 (Person) ⑭	精神 (Spirit)		历史学 (History) ⑰
社会经验 (Social experience) ⑮ 社会和政治的 (Social and political)	社会人格和团体 (Social persons and collectives) ⑯			人文科学 (Human Sciences) ⑱
美感艺术的 (Artistic) 文化的 (Cultural)	文化对象 (Cultural objects)	文化 (Culture)		

① 胡塞尔:《大观念(Ⅱ)》,第 27 页;英译本,第 29 页。这些感性领域被称为"predicates"。
② 同上书,第 186 页;英译本,第 195 页以下各页。
③ 同上书,第 2 页;英译本,第 4 页。
④ 同上书,第 132,186 页;英译本,第 139 页以下各页,第 195 页以下各页。
⑤ 同上书,第 187 页;英译本,第 197 页。
⑥ 同上书,第 173~184 页;英译本,第 183~194 页。
⑦ 同上书,第 90 页,第 142 页以下各页;英译本,第 96 页,第 151 页以下各页。
⑧ 同上书,第 25,186 页;英译本,第 27,196 页。
⑨ 同上书,第 25 页;英译本,第 27 页。
⑩ 同上书,第 188 页,第 197 页;英译本,第 197 页以下各页。
⑪ 同上书,第 139 页,第 142 页以下各页;英译本,第 146 页,第 149 页以下各页。
⑫ 同上书,第 172~175 页;英译本,第 181~184 页。
⑬ 关于心灵与人格(soul and person)的区别,见同上书,第 139~140 页;英译本,第 146~147 页。
⑭ 胡塞尔:《大观念(Ⅱ)》,第 200,242 页;英译本,第 210,254 页。"社会行为"这个概念是胡塞尔针对当时的社会学提出的概念,在《交互主体性(2)》第 9,10 页中进行了详细的讨论。
⑮ 在《大观念(Ⅱ)》中,胡塞尔谈到社会集体,将其理解为"高层次的"comprehensive unities"(包容的同一体)和"personal"(个人)同一体。见第 242 页;英译本,第 254 页。
⑯ 同上书,第 377 页以下各页;英译本,第 386 页以下各页。
⑰ 同上书,第 143 页;英译本,第 150 页。

身。粗略地讲,被理解为与命题理论内在地绑在一起的区域本体论和形式本体论,为我们提供了胡塞尔科学哲学的成体系的形式。胡塞尔在其静态现象学的导论中有意识地维护和阐明了这一体系。在上面的表3.1中只限于使用胡塞尔自己的标示术语,目的是为读者提供一个胡塞尔范畴现象学的框架的粗略概念。

第四节 主 体 性

就目前为止的讨论来说,精神行为和意向性内容的**区域**并不是一个直接分析出来的维度,而是被**包含**(implicated)在现象的构型配置(本书第一章内容)和本质的不同种类形态(本章的内容)之内。它们的结构引导我们觉知这个领域之结构,并使我们意识到,需要明确地将这种结构作为关注的焦点。也就是说,如果不对这个区域进行反思,我们既不能探讨事物和符号所表示的当下存在,也不可能研究不同本型层次之间的基本区别。但是如何对意向性本身进行研究呢?

胡塞尔提出"主体性"现象学,不仅是为了进行严格的结构分析,而且也是为了进行一般性的结构分析。他的兴趣根本不在于探究王五和刘妈在吃早饭时,对油饼豆浆如何进行感知,或者,如何直观其本质。唯一使胡塞尔回来关注这类事件的动机,就是把他用于精神生活和直接用于主体认知的本质分析方法转变为本型描述。更准确地讲,我们业已**使用了**一种现象学的反思,这种反思提供的是,用**操作性**(operative)术语进行现象学说明,使得我们有可能考虑到对不同形态的对象进行本型性分析。而且,我们还要把这种分析直接运用到一种十分特殊的主题上,即运用到一般情况下不可见的"现象"上,它是由现象学反思自身所开拓的主题:运用于主体性的分析上。直到这件事情完成之前,现象学只能是一种自传,是逻辑学的私人序跋。如果主体性自身不是分析工作的主题,现象学就不可能在对本体论的认知条件之"科学"的总结中发挥自己的作用。

如果我们看一看胡塞尔的明证性观念中为数不多的那些因素,我们就能够理解,为什么关于精神行为的研究,一定不能是一个私人的内省事件的理由。正如我们已经看到的,所有以感知为基础的知识都是有前提的、临时性的、可错的,都是处于不断变换的过程中的。这一点根植于下面的事实之中:所有的现实对象和事实都是从不同的视角给出的。所以,总是有一定的剩余部分隐藏于我们的视线之外,这是一种无法逃避的持久的不确定性。其结果是,对经验的共相的领会总是"不充分的"(inadequate),也就是说,它们的内容总是向进一步修正开放的。我们可以说,它们的显现总是同对象被给出的那些侧面相对应的(analogous)。对纯粹本质和范畴而言,不存在侧面与对象的这种相互影响。不仅因为它们自己本身缺乏时间和空间的存在,而且还因为,在转向纯粹可能性的过程中,它们同经验性存在的连接被悬置起来。纯粹本质没有背面,没有深度,没有尚未领会到的"盈余"。于是,它们的被给出总是"充分的"。充分的直观与不充分的直观之间的现象学上的区别,被转变为一种认识论上的区别,这种区别被胡塞尔称为所有现象学的"诸原则的原则"。

> ……任何一种原初的当下化(presentative)的直观都是认识的一种原初的合法来源,在"直观"中,任何在"直观"中把自身提供给我们的事物……都简单地被认为是给出了自身的内容,然而只是在它给出自身的那个界限之内是如此。①

由于经验本质的给出(given)在其原初的显现中只是形态学上的,因此,作为一个进程,它总具有某种不确定性,而纯粹本质则是精确且充分地给定的,所以这二者具有不同的**真理价值**。就像我们已经看到的,经验真理从来没有克服过它们的局限,而且它们的规则总是向改变和修正开放的。与此相反,纯粹本质起作用的方式是:它们为某个属于特殊区域的对象提供先验的"综合性"的结构性条件(质料本体论),或者为左右着我们关于对象的话语以及所有一般对象提供先验的"综合性"的结构性条件(形式本体论)②。在此处,这种结构制约着对象,而不是相反。胡塞尔确信,我们对它们的直观不是归纳性的。一旦它们遇到了某种协调一致的条件,我们对它们的直观就构成某种确定的、安全可靠的知识。

在我们的分析达到的这个阶段上,胡塞尔关于"现象学是准确的,并有权声明自己是真理"的说法,无非意味着在声明,认知本身有本质,并且这些本质是可以被充分地直观到的。现在我们看到,为什么胡塞尔认为,现象学分析不仅仅是反思性的,而且还是本型性的。只有在反思内部"通过纯粹直观在本型上被把握"的东西,才能构成为"绝对知识的广阔的资源"③。因为

---

① 胡塞尔:《大观念(I)》,第 43~44 页;英译本,第 44 页。去掉了着重号。
② 这一对立最早可以在《大观念(I)》的第一节中找到,其后在《形式的与先验的逻辑》的前半部中得到充分的发展。
③ 胡塞尔:《大观念(I)》,第 139 页;英译本,第 167 页。

在事实与本质的表现中存在着各种区别,所以胡塞尔确信,只有在本型直观下,现象学才能够毫无顾虑地公开声称它的各种预设以及它们的不可动摇的明证性的正确可靠性,现象学正在成为"严格的科学"。

现象学的反思和本型还原可以被理解为一种操作性的坐标轴(axes)。它使得胡塞尔得以把本体论区域作为认知场域(fields of cognition)来处理,而且同时能够掌控对行为活动与意义之间的联系的说明。如果我们严肃对待胡塞尔的说法,即他的第一现象学研究的任务是,"彻底地,始终不渝地从诸对象性的、依视角转移的范畴中**退回来**,去追问确定无疑地属于这些对象的意识的形态"①,如果我们到本型还原与现象学反思之间的区别中去研究这个问题,那么,我们就获得了胡塞尔的范畴现象学的尺度规模。

现在我们能够讨论,当我们随着胡塞尔一起转向主体性分析时提出来的几个问题。首先发现了以下几件事:(1)发现了我们在与事物的经验性的和杂乱无章的交往中进行反思的动机;(2)发现了现象学描述的是本型性的意义,与此相应,它直接指向本质,这些本质的观念性存在使它们进入那可以直接可靠地进行把握的区域;(3)我们还发现胡塞尔想要保证这类本质与行为之间的内在联系,在这种联系中并且通过这种联系,这些本质便得到领会。

我们已经辨析过,在我们对事物的经验进行反思的过程中,不管它们是阳光灿烂的海滩的经验,还是未能兑现的诺言的经验,我们都发现,行为与感知性意谊(sense)之间的结构性联系。通过这种联系,对象就获得了它的确定性的当下显现。但是准确地讲,这种伟大的结构同我们的特殊经验之间到底是什么样的关系?不仅事物具有与其他事物共同分享的意义表指(significance),它们的意义表指也超越(transcends)个别接收者或者讲话者,当描述它的时候,其他人看到的也是同一个对象,使用的是同样的概念。在什么意义上,这个意义表指关系到我个人的行为呢?

由于两方面的原因,在我们引进各种本质的时候,出现了一些更加有威胁性的问题:一方面,胡塞尔主张,我们行为的某些功效(achievement)对于本质来说是本构性的,特别是对不同样式之间的区别,即对于经验本质和纯粹本质之间的区别来说,这些成果(achievement)是本构性的。另一方面,只有瞬间的反思才会告诉我们,从观念性的实体的真正定义以及它们同现实的实体的区别来看,观念性的实体为了存在,并不要求我们的行为的存在。各种纯粹本质是先验的,所以,它们的存在不需要任何同现实实体的必然纽带。如果它们不被**作为**独立于我们的精神行为的存在(我们的精神存在是相当

---

① 胡塞尔:《现象学心理学》,第28页;英译本,第21页。

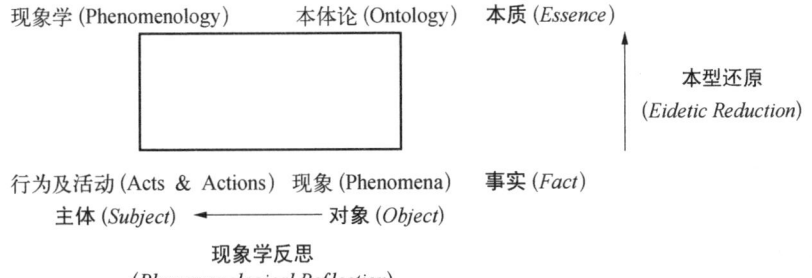

图 3.2　范畴现象学的坐标图示（The Axes of Categorical Phenomenology）

现实的）而被认识的话，它们便中止了它们的观念性对象的存在。找到它们，是从事发现的活动，不是从事发明的行为。比如物体下落的加速度公式在我面前表现为是真的，它们作为规则被认为是真的，不管我相信它们还是不相信它们。"我在讨论中用到句子意味的内容，或者当我听到一个句子所意味的内容，它都被作为这个句子的意义来把握。不管我是否想到它，思考它，也不管我是否存在，更不管是否存在任何会思想的个人，是否存在任何个人的行为，情况都是一样的。"①事实上，依赖性的规则恰恰是反向的。如果我能够说，"我懂得万有引力"是怎么一回事的话，"外在于我"的这个规则是必须由我去领会的。当然，这条思想路线会继续下去：一个主体不需要去构造这样一条规律，以便使得万有引力得以存在。也许胡塞尔没有真的想去表明，"作为……结构"对"为了……结构"的依赖性。相反，他顶多只想指出我们对现象的领会或者认知必须被放置在一起的途径，只想指出"作为……结构"奠基了"为了……结构"的途径。那么我们就会看到，如果同"为了……结构"的问题联系在一起，当下在场的观念实际上是掩盖了双重的歧义性。现在我们必须将这种歧义性分离出来。"当下在场"可以意味着"在我面前给出"（given），也可以意味着"通过我而给出"；既可以意味着，"为我本构而成"（constituted for me），也可以意味着，"被我本构而成"（constituted by me）。

我们可以在《逻辑研究》中发现胡塞尔对这些问题的首次详细回应。在回应中，他首先关注的是针对下述领域的实在论要求：把对各种对象的诸本质结构（胡塞尔关于部分与整体的逻辑）进行说明的规则，同关于对象的判断的规则（胡塞尔的纯粹的逻辑-语法规律）区别开来。这里仍然忠实于康德的看法：对象并不是作为与知性对立的存在而被占有，而是仅仅作为认知

---

① 胡塞尔：《逻辑研究》，Ⅱ/1，第 100 页；英译本，Ⅰ，第 329~330 页。

的**可能**对象才具有了它们的存在。在《逻辑研究》中，胡塞尔的理论关注是受认识论支配的，而他的现象学的功能，就是要为纯粹逻辑奠定基础，并因此为纯粹逻辑的有效性提供保证。《逻辑研究》集中研究的是明证性的不同样式之间的区别——从感性感知的从来不充分的、"有先入预设的"被给定性一直到范畴直观的充分的和直接的被给定性，并通过这种区分来表明为什么逻辑属于后者。然后又集中讨论了不充分的感性感知与充分的内感知之间的区别，以便表明，如何才能为我们的与逻辑的范畴和规则相关的判断提供可靠性保证。最后提出下述问题：人们如何把纯粹的本质或者纯粹的逻辑规则同具体的理解行为联系在一起？人们应该把这些语义内容（这些语义内容使得对象被意指、被给定）置于什么地位？对此，胡塞尔以类比的方式给出了解答。

按照胡塞尔对本质与精神生活之间关系的看法，有三个观念是相互关联的：(1)个体和本质是在意义中，并且是通过意义而被显现的。但是既不要把个体同 meaning(意义)混淆在一起，也不要把本质同 meaning(意义)混淆在一起。(2)对逻辑的规则的直观并不是那个逻辑规则的存在的本质。(3)然而，诸观念性规则可制约调节思想的行为。让我们对这些问题做一点适当的处理。

1. 本质与本质给出的方式之间的区别(给出方式本身是依赖于意向性行为的)，粗略地讲，就是所指(referent)与意义(meaning)之间的区别[a]。我们决不能把数字4同它的表现(显现)相混淆，不能把数字4同比如在数列中的第二个偶数等等相混淆。由于意义也是观念性的，所以胡塞尔补充道："我们思想到的那种共性……不会把自己分解到我们在其中思想它的那些意义的共性之中去。"①

2. 本章前面所做的分析试图指明，我们是如何通过由感性层次上升到观念化和理念化层次而达到本质的。用《逻辑研究》的语言来说，我们从感性的直观运动到了范畴直观。而且我们看到，在《经验与判断》中，那个关于固定不变事件的想法被一个关于进程的观念、一个本型变换的观念所取代。**但是这个进程并没有"创造"逻辑规律，就像感知并没有创造现实对象一样。**在我们的分析中，对于这一点，我们只能说：诸本质是在我们关于它们的认知的视野中(aspect)被观察到的；而且这个进程对于我们的领会是必不可少的，但是对于那些存在来说，对于观念性规律来说并非如此。对于这一点胡

---

[a] 这是 4 与 1+1+1+1、5−1、100−96、福音书中的篇数的区别。——译者注
① 胡塞尔：《逻辑研究》，II/1，第 103 页；英译本，I，第 332 页。

塞尔的说法是：

> 在观念化直观活动中（ideirend）于单个事物中把握共相的能力，在直观活动中（schauend）于经验当下化中（Vorstellung）把握概念的能力，以及在不断重复的当下化活动中（Vorstellen）保证我们概念性意向的同一性的能力，是认知的可能性的前提条件。就像在观念化的行为中，在直观活动中把握概念"1"——我们有能力**用清晰的洞见**（einsichtig）坚持"1"这个类，它的同一性与现实的单一事物，或者现实地被当下化的单个事物的多样性相对立——一样，我们也可以用同样的方式获得逻辑规则的明证性，这些规律总是以这样或那样的方式，与这样或那样构成的诸概念发生关联。……凡是我们概念上实施当下化行为的地方，在那里我们就会具有诸概念。诸当下化们有它们的"内容"，有它们的观念性的意义；我们可以抽象地在观念直观活动的抽象中掌握（bemächtigen）它们，并因此也就能够一般地给出**运用**这些逻辑规律的可能性。然而这些规律的**有效性**是绝对不受限制的。它并不依赖于我们或者其他什么人是否有能力实际上从事概念性当下化，或者，是否有能力依靠意识的同一意向来保持或者重复这种当下化。①

3. 胡塞尔的论据不是反对他那个时代的心理学理论，而是反对他自己哲学上的亲戚，即反心理主义的形式主义者们。这个论据告诉我们，胡塞尔是如何描述刻画逻辑规则（他不仅考虑到无条件的逻辑规则，而且还考虑到纯粹理论上的逻辑规则）与人类思想之间的关系的。他的探讨总是围绕着下述论题进行："每一个理论陈述……都允许某种规范性的转换"②，或者用使用于全部科学的术语来讲，就是，"纯粹逻辑是方法论逻辑的首要的和最本质的基础"③。方法论逻辑被理解为各类科学的工作方法和使用方法。逻辑的基本规则就其本身而言，**不是精神**思想活动的规则；而且，它们作为理论规则并不直接掌控科学的工作方法和实践。但是与此同时，如果人们要始终一贯地思考，这些规律就必然成为"特殊的人类思想艺术"（spezifisch humanen

---

① 胡塞尔：《逻辑研究》，Ⅱ/1，第101页；英译本，Ⅰ，第128页。
② 同上书，Ⅱ/1，第159页；英译本，Ⅰ，第172页。我认为，鲁道夫·贝尔内特的"导论"中所做的分析（鲁道夫·贝尔内特编《内在时间意识现象学（1893～1917年）》，第37～38页）特别有助于对第三点的理解。
③ 胡塞尔：《逻辑研究》，Ⅱ/1，第161页；英译本，Ⅰ，第173页。

Denkenkunst, specifically human art of thinking)的规范①。此外,如果科学要声称自己是客观的、始终如一的理论和真理的话,逻辑的基本规则就成为制约着受到历史条件限制的科学方法和技术的规定性的规则②。由于逻辑的理论分支不"关注心智事实",正如胡塞尔所说,那么逻辑的术语和规则一旦发生了转换,就可以起到"心智经验和倾向的通名"的作用③。诸如"当下化""概念""判断""三段论""证明""理论""必然性"等都"可以作为心智状态的类概念(class-concepts)而发挥作用,因而是隶属于心理学的"④。那么,只有被转换之后,这类规则才能成为心理学的规则;一旦完成了转换,这些规则便同个体的、精神的事件或行为发生关联;它们作为概念而与外延发生关联;因为胡塞尔把这些规则设想为本质,那么它们便可以作为类而与它们的实例发生关联。

对表指意义(signification)的分析,以及对《逻辑研究》中一般地被称为"意义的赋予行为"的分析,当然是一种更为复杂的分析,因为我们正在考察的诸观念性,似乎只有被精神行为所表达时,才具有它们的存在。在《逻辑研究》的第一研究中,胡塞尔十分小心地把意义约束于在原则上用符号可以表达的内容范围之内。总的来说,他遵循着布伦塔诺关于行为的两种不可还原的样式的区分:即当下化(Vorstellungen)与判断(Urteile)。胡塞尔把当下化(Vorstellungen)看作是:通过使用名称(专名和通名)可以对其进行表达的东西;判断则是通过使用一定类型的句子对其进行表达的东西。也就是说,名称的所指即是Vorstellungen(当下化);句子的所指就是Urteile(判断)。当下化可以在没有判断的情况下单独存在,但是所有的判断都无例外地向回指向至少一个当下化作为它的基础。胡塞尔在处理在语言上被勾连表达的判断时,他把它们的意义视为,我们同世界的认知关系中的一个构成性因素。在使用它们的时候,讲话者旨在指向(refer)一个所指(referent),这个所指由符号**在**意义**中**并且**通过**意义[它本身就是一个观念性的表指意义的统一体(significational unity),一个思想]被表达出来。与此相应,理解一个断定的意义,就是去**把握**作为讲话者**所意图**的内容(语义学上)的**所指**⑤。

但是,如果我们假定判断行为是一些心理学上的事实性事件的话,一个本性为观念性的意义如何与判断行为连接在一起呢?胡塞尔在《逻辑研究》

---

① 胡塞尔:《逻辑研究》,Ⅱ/1,第159页;英译本,Ⅰ,第171页。
② 同上书,Ⅱ/1,第160~164页;英译本,Ⅰ,第172~174页。
③ 同上书,Ⅱ/1,第173页;英译本,Ⅰ,第181页。
④ 同上书,Ⅱ/1,第173页;英译本,Ⅰ,第181~182页。
⑤ 见胡塞尔:《逻辑研究》,Ⅱ/1,第一研究,第18节。

第五研究中详尽地论述了这一具有挑战性的问题。为此,他首先把一个行为的性质同它的质料区别开(第五研究第20节)。这个对立通过奥斯汀和塞尔的工作几乎成了人所共知的"老生常谈"①。介绍、断定、提问、希望是性质完全不同的行为,但是它们可以具有完全相同的内容,"在火星上有智能存在物"可以是断定它的内容,也可以是提问的内容,或者希望的内容。相反的情况是,具有相同性质的行为却可以有完全不同的内容,这也是完全可能的。比如,我可以判断,不仅火星上有高智能存在,而且他们都喜欢面包圈。而火星上的这些面包圈都比纽约城的面包圈重得多。但是这里,我们所意味的内容到底是什么呢?按胡塞尔的建议,如果这些内容是一些原子事件(state of affairs),或者是一些意向性的对象,那么我们所意味的内容就是对象,即行为所指向的对象。对象"超越"了那个行为,不是行为的一个"部分"。事实上,这就是被充实了的行为中的情况。但是,行为不需要被充实,就可以是意向性的ᵃ,就可以有表指意义。我所说的火星人以及他们的面包圈根本不存在。那么这里所谓的内容指的是什么?胡塞尔认为,他所谓的内容并不是对象,不是它意指的**对象**,而是"**与某对象相关**",或者更好一点的说法是,"**对象性关联之形式**"(Weise gegenständlichen Beziehung)②。这就意味着,内容是什么,即内容中的区别,展示为**行为自身是**如何与对象发生关联的;对专名而言,就是指向或者"代表"这个而不是那个对象;对句子而言,就是对这个而不是那个原子事件进行判断③。于是质料或者内容就是:给予行为以一个指向对象的指称的东西,而且其指向对象的方式,**恰恰就准确地是那个对象被意指的方式**。它"不仅"确定"把握了这一对象这一事实,而且还确定了,对象**作为什么**被把握了"④。行为的质料是通过"活在"或"活跃"在领会行为之中的 sense 或 meaning(感知意谊或意义)而得到具体的规定⑤。

---

① 参见 J. L. 奥斯汀(J. L. Austin):《如何用词语处理事物》(*How to Do Things with Words*, 2nd ed. Cambridge, Massachusetts: Harvard University Press, 1962, 1975)和约翰·塞尔(John Searle):《言语行为:关于语言哲学的论文》(*Speech Acts: An Essay in the Philosophy of Language*, Cambridge: Cambridge University Press, 1969)。
a 饱和的意向性对象(价值,有效性);不饱和的意向性对象(自然对象等)。——译者注
② 胡塞尔:《逻辑研究》,II/1,第413页;英译本,II,第587页。去掉了着重号。
③ 实际上,他在这里并不是顽固地坚持这一点,他并不是只谈论行为是如何被掌控的,他也谈论对象是如何被当下化的。"它们使相同的对象当下化,尽管是'依不同的方式'进行的。"(胡塞尔:《逻辑研究》,II/1,第414页;英译本,II,第588页)当胡塞尔在《大观念(I)》中引入他的意向相关项理论时,两个界定之间的张力将在对意向性的讨论中得到解决,或者被构建到他的意向性理论之中。而《逻辑研究》中尚没有这个思想,其分析停留在 noetic(意向性行为)这个片面之中。
④ 胡塞尔:《逻辑研究》,II/1,第415页;英译本,II,第589页。
⑤ 我将在关于心理主义的第十章的第二节和第三节中讨论行为之质料或内容问题。

给上述理论带来干扰的第五研究十分清楚地谈到行为的质料：它既是行为的感知性意谊(sense)，又是行为的**一部分**："性质(quality)和质料对我们而言……是整体上的本质性的内容,是一个行为的永远无法去除的构成成分(Bestandstuecke)"①。更直接地讲,就是"在'质料'意义上的内容是具体的行为体验的组成成分"(Komponente des konkreten Akterlebenisses)②。性质和内容被说成是构成了行为的"意向性本质"。由于这一点对于所有的认知行为都是适用的,所以胡塞尔进一步对这一观念作了剪裁,而专门用于言语行为(speech-acts),说言语行为具有一种"语义本质"(bedeutungsmäßige Wesen)。但是本质这一术语为我们指出了正确的方向。而且胡塞尔还加上了一个说明,指出了我们正在寻找的东西："这一本质的观念化的抽象,在我们的观念化的感性意谊(sense)中产生了'意义(meaning)'"③。这样,胡塞尔就把这件事当作他所谓的"组成成分"来处理了。也就是说,上面所谓质料内容是行为的构成成分这一说法中,指的是"行为之本质的构成成分",而不是行为本身的构成成分。这里所表明的是,你和我可以有关于格棱兰岛的冰雪荒原的不同的"当下化"ᵃ,这是说,我们有关于它的数量上和心理学上不同的精神想象或者行为；但是我们又具有相同的"内容"和相同的"当下化",这里讲的是,我们共同分享着同一种指向对象的方式；我们依据相同的语言上的**意义**,以同样的方式意指着这一对象。对此,胡塞尔解释道：

> 谈论相同的当下化(Vorstellung)、相同的判断(Urteil)等,这里所说的并非行为之个体性的同一性,仿佛我的意识与其他什么人的意识在某种方式下联结着。这种说法也不是说,行为在内在本构要素(innere Konstituentien)方面毫无差别,它们是完全相等的关系,就像一个行为复制着另外一个行为似的。也就是说,按上面的论述,我们可以进一步说,"在相同的把握意谊"(in demselben Auffassungssine)中或者"以同样的质料为基础"[被当下化了]。④

这就把我们引导到胡塞尔自己的相关表述：各种观念性的感性意谊或者各种语言意义,是如何同行为相关联的：

---

① 胡塞尔：《逻辑研究》,Ⅱ/1,第417页；英译本,Ⅱ,第590页。
② 同上书,Ⅱ/1,第411页；英译本,Ⅱ,第586页。
③ 同上书,Ⅱ/1,第417页；英译本,Ⅱ,第590页。
a 行为的内容,reell,实项的内容。——译者注
④ 胡塞尔：《逻辑研究》,Ⅱ/1,第418页；英译本,Ⅱ,第591页。

我们这里所断言的真正的同一性,就是**种类的同一性**。因此,作为一个类,而且仅仅作为类,它才能作为观念同一性,把个体的单个性之分散的多样性包容在内(span the dispersed multiplicity of individual singulars)……一个观念性意义之多重的单个个体(individual singulars)自然是相应的意指活动(Bedueten)和意义-意向行为(Bedeutungsintention)[第二版:行为环节们]。意义(Bedeutung)同从事意指(Bedeuten)的现实行为相关(逻辑的当下化同当下化行为相关,逻辑的判断同判断行为相关,逻辑的推论与推论行为相关)。这就像在类中的"红性"。除了其他的结构性环节(外延、形式,以及其他类似的环节)之外,其中的每一张纸都有它单独的"红性",即它的这个颜色种类的单个性[Einzelfall],尽管这个颜色的类,既不存在于这一张张纸中,也不存在于世界中的任何地方,特别是不存在于"我们的思想中",只要思想仍然是现实事物范围的一部分,是时间性范围的一部分。

我们可以进一步说,意义(Bedeutungen)构成了作为"**一般性对象**"这个意义上的**诸概念**的一个类。①

但是,与意义关联在一起的实例或个案是什么呢?一方面,我们可以说,具体的行为是一个整体,带着它的性质和质料。另一方面,胡塞尔把质料理解为一种特殊的方式,在这种方式中,一个单个行为可以意指或拿到它的对象。这个行为可能还会有"其他的本构环节",但是质料是它的关系性的方式,这种关系性是一种个体性的特征,它的功能就是作为意义的一个实例。当胡塞尔讲下面这段话时,上面的思想一定在他心中:

> 我们设想意义是一个观念性统一体。……在从事意指活动的具体行为中,一定的环节是与意义相应的。这种行为的本质特性存在于这些环节中。也就是说,它一定属于每一个具体的行为,在这些行为中"实现出来"的意义是同一个意义。②

这就意味着,在胡塞尔看来,意向性行为的本质就在于,行为和感知意谊(sense,观念性)之间组成的一种先验的**联结**(connection)。我们的研究尚且没有达到这种行为和感知意谊之间的先验**相关性**(correlation)。让我们通过

---

① 胡塞尔:《逻辑研究》,Ⅱ/1,第100~101页;英译本,Ⅰ,第330页。
② 同上书,Ⅱ/1,第312页;英译本,Ⅱ,第506页。

胡塞尔早期研究中的重要成果,来简要地讲一讲这一思想,然后再介绍他后期引进的两个修正。

在对本质(作为类)与行为的实例作出区分时,胡塞尔对行为的意向性特征的刻画并没有作出任何本体论约定,比如在神经生理学上,行为是如何同其实例联系到一起的。"这种特殊的内容的观念性(ideality)……是同现实性(Realität)或者个体性完全对立的。"①当设想"事情的确如此。它们是联系在一起的"时,就是把行为的作为整体的本质性"宏观特征"(它的意向性本质或者语义学本质)混同于现实性的"微观特征"。这种混淆类似于将水的潮湿混同于水分子的栅状结构②。就像水是湿的,而不需要任何水的分子变湿一样,行为可以具有意义,而不需要行为的下层"现实"的组成成分也具有那个意义。在行为中,什么是"现实"的这样的问题之所以没有提出来,是因为在关于实例的物质构成的问题(在原则上,也包括经验心理学上的构成问题)上,胡塞尔保持一种开放的态度。意义,或者表指意义,作为"语义本质"是在现实的行为中个体化的,或者在一系列的现实行为中个体化的;但是意义,或者表指意义,作为观念性的东西,并不存在于个别心理事件之"中"。

> 在这里涉及的心理学的现存事实是一种巨大的多样性,这是众所周知的:从一个个体事件到下一个事件,它就发生巨大变化;对于同一个个体事件而言,从一个瞬间到另一个瞬间也会发生重大变化,甚至从"同一个相同的世界"的角度出发也是如此。③

> ……因此,我们对有意义的起作用的表达的统一体验,对于不同的个案,显示出相当可观的心理学上的差别,即便它的意义一直严格地保持着相同。④

这里唯一的要求是,尽管它的物理的或者心理的"材料"或者"现存的事实",是作为"现实"事件呈现出来的,但是,行为**作为一个整体**,**它**呈现出来

---

① 胡塞尔:《逻辑研究》,II/1,第102页;英译本,I,第331页。
② 参见约翰·塞尔:《心智,大脑和科学》(*Minds, Brains and Science*), Cambridge, Massachusetts: Harvard University Press,1984年。
③ 胡塞尔:《逻辑研究》,II/1,第97页;英译本,I,第327页。译文有改动。
④ 同上书,第98页;英译本,I,第328页。

的是一种特异的方式：从事对象之当下化，或者"意指"对象的一种特异方式ᵃ。胡塞尔相信，这样就可以做到既保全了意义的观念性，同时又保存了心理行为的现实性。当然我们会直接看到，这一点马上会给胡塞尔自己的、作为"描述心理学"的一部分的、对他自己分析的描述，带来许多问题和麻烦①。在他把心理学同先验现象学清楚地区别开、放在相互对立的位置之前，这个麻烦一直都没有被排除。但事实上，当胡塞尔把行为的结构同作为事实的行为区别开的时候，就意味着，他的早期理论同我们在《大观念（Ⅰ）》中看到的思想，比我们设想的要接近得多。如果早期理论中在细节上存在着什么困难的话，那就是胡塞尔自己认识到的，如何对语义本身进行特征刻画是个问题。

胡塞尔想把言语行为的本构性的表指意义，更广泛一点说，就是想把所有的意向性行为，都**吸收**到本质观念中去。其结果就是把行为与意义（meaning）之间的关系特征刻画为个体与种类的联结。如果把诸行为处理为现实的心理事件，那么把意义置于其中，就既会威胁到意义的观念性，而且也将会清楚地葬送他对心理主义的整个批判。胡塞尔把这一问题同下述论据结合在一起：为了获得它的观念性，意义必须是类；而且它的观念性必须是（1）在不同行为中的相同的意向性内容的符号的重复；必须是（2）从符号处所做的概念性输入（内容）的当下化，即使在指称不在场的情况下亦是如此；必须是（3）不同讲话者和听者分享着相同的输入（内容）。但是这种分析可能会把**"是观念的"**同**"是种类的"**混为一谈，进而把具有本质的表指行为（acts of signification having an essence，它们的确如此，不管它们的意义的观念性是如何被特征刻画的）混同于表指（作为观念性的）**是**一种本质。这一混淆在胡塞尔的先验转向之后才开始得到纠正。在这个转向之后，胡塞尔努力去掉赋予行为身上的那些来自现实区域的特征，才得以成为稳定的成果。反过来，这一转变保证了这种描述把结构特征或结构环节孤立出来，保证了它们是行为的必要条件。而且进一步，对这一结构特征的理解以下述方式组织起来，以便使我们获得行为-性质与意义（而恰恰是在这种意义中，并且通过此种意义，对象才得以被意指、意向）的**相关性**，这样此种联结才得以建立。这两者都是行为的先验结构的**部分**，用技术术语来讲，这两者都是行为先验结构的互相依存的环节。我们可以在《逻辑研究》到《大观念（Ⅰ）》这段时间的工作中找到这种修正过的观点。在这种修正过的看法中，从事表指的行为本身不再是观念性意义的实例，原因很简单，从事表指的本构成分，现在被视为它

ᵃ 整体经常大于部分的总和。——译者注
① 胡塞尔：《逻辑研究》，Ⅱ/1，"导论"第6节。

们(先验)结构的一部分。结果是,行为与意义的先验联结就成为意向行为(Noesis)与意向性相关项(Noema)之间的先验相关性。这个变化还得到了《大观念(I)》与《形式的与先验的逻辑》之间的其他工作的支持。在这期间,胡塞尔把他对意义的观念的理解表达为:某种左右着符号的使用的规则。而意义的现象学上的对应者就表达为:我们不断重复地(immer wieder)使用符号来指称对象的能力。意义不是一个本质,不是我们用这种观念实体去指称对象,或者去反映不是自己的东西的观念性实体。意义是某种我们可以称为表指(signification)的 **scheme(格式)**。意向可以重复,也可以与他人共享。它们不是非时间性的,而是超时间性的。不是观念性的,而是"非实在性(irreal,虚的)"的①。我们将在第七章重新回到这一问题。

这引导我们走到了最后一组问题,即当我们注意到这里有某种循环时所提出的问题。现象学的提出,是为了给那些在认知中发挥作用的本质提供基础,现象学必然会运用这些本质去认识主体性的性质。其结果是,把从事奠基的学科转变为被认知的诸区域之一。这就引起了一个关于它的基本地位的问题的讨论。事实上,这里,在关于基础的观念上,有本体论与认识论(然后是现象学)之间的区别在起作用。这一点似乎被胡塞尔忽视了②。

正如我们已经建议的,不用公开地对从事认知的主体进行反思,也能对对象的不同区域进行本型性的分析。在原则上,对精神生活进行反思性研究,以便认识它与自然中的对象的根本性区别,但同时仍然保留它作为一个区域的地位,也是可能的。但这似乎带来一种新心理主义的威胁。一开始,胡塞尔并没有看到这一困难,因为对于他来说,对现象的反思就包括了本型还原,因此,他认为,在本质中,主体性的本质与对象性的本质之间的区别,足以支持现象学与本体论之间的对立立场。他没有完全认识到,依据在起作用的区别的力量,现象学对精神世界的描述将会同通过对心灵区域的本质分析,即通过心理生活的区域本体论所获得的结果合而为一。

换言之,胡塞尔后来逐步看到了,他的初级现象学——它的作用应该是为不同的学科提供认识论上的基础——的特殊内容可以被解释为一种区域

---

① 关于这个问题的全面具体的分析,见道恩·威尔顿《意义的起源》(《现象学丛刊》第88卷,The Hague: Martinus Nijhoff, 1983 年)第三部分。
② 见托马斯·奈侬(Thomas Nenon):〈认识论优先还是本体论优先:《逻辑研究》中的基础这一概念〉("Epistemological or Ontological Primacy: the Notion of Foundation in the *Logical Investigations*"),收在《当前语境下的胡塞尔》(*Husserl in Contemporary Context*)中,Burt Hopkin 主编,Dordrecht: Kluwer Academic Publishers,1997 年。

性学科。在《逻辑研究》之后,他认识到,他的现象学,即使是站在反对当时的经验心理学的立场上,也完全可以被人们合理地重组为现象学心理学,而且在《逻辑研究》的第一版中他甚至直接把他的现象学称为"描述心理学"①。《逻辑研究》尽量避免心理主义的典型的经验主义形式。但与此同时,胡塞尔也担心掉进如下陷阱:在需要奠基时(心理学)把诸有限的区域中的一个拿来为自己奠基。这不是一个区域内部或者区域之间的范畴错误,而是更严重的、诸区域与其基础之间的范畴错误②。由于我们很久以后才会讨论这一问题③,在这里只是再一次强调下述事实:我们眼下在这里用以说明区域本体论的现象学,是尚且没有从事后来《大观念(Ⅰ)》中称为"先验还原"的现象学。尽管这种早期的现象学也涉及现象学反思,在其最后的分析中,这种现象学还属于后来被胡塞尔称为"自然态度"的范围内。也许我们应该说,这种现象学还没有脱离自然态度。就范围而言,胡塞尔认为,这种态度还属于心理学学科的框架之内。即使我们想对联结本身给予严格的描述,但在这一点上,我们找不到一种办法来证明,将这种相关性研究一般地运用于存在的一切区域,是合理的、正当的。其结果是,这种现象学的策略是有充分根据和理由的,但尚未具有"自我奠基"的方法。

第五节 限 制

胡塞尔的现象学命令哲学从它的论证和思辨的偏见中走出来,回到对作为人类理解之基础的经验上的区域中,进行未经干扰的思考。20世纪20年代他对这个初步考察作了进一步反思,按照他这时的思想,我们可以说,实际上,在经验区域的分析上,范畴现象学实施了双重的限制。首先,我们被限制于对精神行为和经验的样式作一般的分类性的分析,这种分析应属于知识论(theory of knowledge)。理解这个初步纲领的领域范围的途径之一是做历史性的理解。粗略地讲,范畴现象学的方法受到现象学慕尼黑学派的欢迎和使用。这个团体的思想家接受了胡塞尔《逻辑研究》的现象学的灵感而拒斥后

---

① 请比较《逻辑研究》第一版和第二版之间文本的差别,特别是第二卷的"导论"第 6 节的修改。见《逻辑研究》(第一版),Ⅱ,第 17~18 页和《逻辑研究》,Ⅱ/1,第 16~19 页;《胡塞尔全集》19/1,第 22~24 页;英译本,Ⅰ,第 260~263 页。
② 参见胡塞尔:《逻辑研究》,Ⅱ/1,第 169 页;英译本,Ⅰ,第 179 页。
③ 见第十章对心理主义问题的具体分析。

来《大观念（I）》的先验转向①。其次，本型直观的真正的想法，即使是用变换的进程加以拓展之后，也是这样一种分析形态：在遇到不同的样本时，只是依据样本表现出来的规定性，临时地用"相似"和"相反"、"同一"和"差别"、"形式"和"质料"等成双成对的二分范畴对它们加以描述。结果是，意向性活动经历了一种结构性分析，但并不是进程上的分析。胡塞尔的首次尝试倾向于把行为程式化为一种成果效应的获得，它是在已经确定的上下文中用确定的意义进行工作的。它们的任务本应该是一种挑拣、选择、比较、对照，提供决定性的确证的工作。行为不是作为行动，更不是作为交互行动，即动态性、生产性的、孕育性的交互行动而得到研究的。它们是事件，而不是进程。它们总是以通过纯粹理念化而收集到的内容为走向，所以它们展示的总是共时的，而不是历时的特征。

按照1921年的文本的精神，我们可以说，胡塞尔心里想的这种初级现象学，是被作为有限制的方案来看的，是在概念性的"分类"（Scheidung）、通过范畴掌控现象、对行为-意义-对象的相关性的不同"样式"以及它们相互之间的系统"秩序"进行描述的工作中被把握的②。它的目的是提供一种行为的类型学（typology）。这些行为关联到各种对象的不同区域，关联到构成我们的区域本体论和形式本体论的各种先验学科。

在这个初步的现象学方案中，不是依据生活的认知发展，更不是依据主体的爱和劳动，来对主体的生活进行系统表达；而是依据认知的直接行为，依据它相信什么，它知道什么，来对主体的生活进行系统表达。这种分析达到的总是结构性条件，因此，这里系统地忽视了认知这类行为的生成

---

① 见卡尔·舒曼：〈慕尼黑现象学的语言行为理论的发展〉（"Die Entwicklung der Sprechakttheorie in der Münchener Phänomenologie"），载《语言，现实，意识》（*Sprache*, *Wirklichkeit*, *Bewußtsein*），E. Orth 主编，Freiburg: Karl Alber, 1988年，第133~166页。对多伯特（Daubert）工作的讨论见卡尔·舒曼、巴里·史密斯的文章〈诸问题：一篇关于多伯特的现象学的论文〉（"Questions: An Essay in Daubertian Phenomenology"），载《哲学与现象学研究》（*Philosophy and Phenomenological Research*）第47期（1986年），第353~384页。关于雷纳赫（Reinach）的研究见〈言语行为和事件：雷纳赫与实在论现象学〉（"Speech Act and Sachverhalt: Reinach and the Foundations of Realist Phenomenology"），见K. Mulligan 主编的《现象学基本文献》（*Primary Sources in Phenomenology*），Vol. 1 (Dordrecht: Martinus Nijhoff, 1987)。巴里·史密斯在这个问题上同意他们的观点，并且谈到《大观念》的先验转向，而把自我视为"最大的神秘"（"great mystery"）。见《逻辑的与形式的本体论》（*Logic and Formal Ontology*），第29页。关于对胡塞尔 noema 的批评，以及对《逻辑研究》立场的辩护性说明，见他的〈胡塞尔，语言以及行为本体论〉（"Husserl, Language, and the Ontology of the Act"）一文，收入 D. Buzzetti and M. Ferriane 主编的《思辨语法，通用语法与哲学分析》（*Speculative Grammar*, *Universal Grammar*, *Philosophical Analysis*, Amsterdam: Benjamins, 1987），第143~165页。

② 胡塞尔：《被动综合分析》，Ed. by Margot Fleischer. *Husserliana*, Vol. 11. The Hague: Martinus Nijhoff, 1966年，第339页以下各页。

进程中涉及的动态过程。结果是,有意识的生活被视为相关性的、意向性的结构。准确地讲,这类结构是可以通过对知识的必要性条件的分析而被展示出来的。

第四章　超验中的先验

> 事实上被感知到的内容、或多或少清晰协同地被当下显现及被确定的内容……部分地被一个视域渗透着、包围着,这视域自身却是被模糊觉知的,是未确定的现实性。
>
> ——胡塞尔(1913年)①

> 对被经验对象与对象给出方式之间的相关性之普适的先在(a priori)的第一次突破(这发生于1898年左右,我从事《逻辑研究》的工作期间)对我的影响甚深,以致后来我一生的全部工作都是被这种系统地阐述该先在(a priori)相关性的任务所支配。
>
> ——胡塞尔(1936年)②

第一节　从现象学到哲学

到此为止,我们所做的分析工作都是在使用描述性的研究方法,这些研究都是联系认知行为来处理事物(things)和事物的种类(kinds of things)。对不同的"行为-对象"集束之间的结构性区别的说明,同时也指出了哪些类型相互之间是不可还原,哪些是简单的或更基本的,哪些是更高阶的,或者更复杂的类型。这一说明的路数是现象学的,因为在我们"直接"同对象交往的过程中展示于我们之前(给予我们)的各种对象之间的

---

① 胡塞尔:《大观念(I)》(*Jahrbuch für Philosophie und phänomenologische Forschung*, Vol. 1. Halle a. d. Saale: Max Niemeyer, 1913),第49页;英译本(Trans. by F. Kersten, *Collected Works*, Vol. 2. The Hague: Martinus Nijhoff, 1983),I,第52页。
② 胡塞尔:《危机》(Ed. by Walter Biemel, *Husserliana*, Vol. 6. The Hague: Martinus Nijhoff, 1954),第169页;英译本(Trans. by David Carr, Evanston, Illinois: Northwestern University Press, 1970),第166页。

类型学上的区别ª,都通过"反思性(返回性)"的分析而得到解释,而这种分析所描述的是行为的类型和与这些行为的当下显现过程相对的意指(significance)的式样(patterns)。虽然看上去这些描述格式(scheme)应用的普遍性似乎是有限的,但对于我们目前的分析所达到的水平而言,我们可以声称的只是,意向性是一种普适(general)结构,它是对"作为……结构"与"为了……结构"之间的认知关系的一种总体说明。尽管如此,前面我们已经勾勒出了这一理论的大概轮廓,它表明这一理论是强有力的,而且是一种创新。对胡塞尔同代的学者来说,这种理论作为一种工作方法,足够他们在哲学生涯中使用一辈子了。范畴现象学和本型洞见及描述方法,就是胡塞尔那些最亲近的助手们,以及慕尼黑学派的学者们在内容丰富的哲学研究中使用的基本方法。对此进行适当的分析,一下子就会占去我们整本书的篇幅,这当然不是本书的任务。

随着胡塞尔思想的发展,胡塞尔不再拒斥这些研究,而是把它们看作受到一定局限的工作,因为他们都忽略了方法论问题。而对于胡塞尔来说,方法论就是一切。1918 年他在给英嘎登的信中说:

> 事实上,即使是梵德尔(Pfänder)的现象学,也是某种在本质上同我的现象学不同的东西。在一般情况下,梵德尔基本上坚定且可靠。但是由于本构(constitution)问题从来没有[在他的理论中]全面浮现,他还是落入教条的形而上学窠臼。至于盖格(Geiger),他只是四分之一的现象学。①

胡塞尔认为,他的反思性描述提供的所有内容都只是导论,是现象学要想成为基础性学科的"一阶的"②、初级的步骤;现象学要想成为基础性学科,还要求更多的准备性工作。这个问题说的更激烈一点就是:《逻辑研究》中的范畴现象学,更像是通向哲学的导论,而不是哲学本身。从《逻辑研究》(1900～1901 年)到《大观念(Ⅰ)》(1913 年)的这段时间里,胡塞尔逐步认识到:他的逻辑研究的确提供了有生长力的理论种子,可以应用来为逻辑理论和认知理论的研究工作提供现象学基础。但与此同时,要使他的研究成为真

---

a 生物、非生物;物质存在、精神存在;自然存在、社会存在;物质存在、符号存在。——译者注

① 胡塞尔:〈致罗曼·英嘎登的信〉,1921 年 12 月 24 日,《通信集》(Ed. by Karl Schuhmann in connection with Elisabeth Schuhmann, *Husserliana Dokumente*, Vol. 3. Dordrecht: Kluwer Academic Pub., 1994),3/3,第 215 页。

② 胡塞尔:《危机》,第 173 页;英译本,第 170 页。

正的哲学,他的方法还缺乏相应的广度和普适性(universality)。它既没有完成突破、摆脱提供"知识的批判"的境地①,也没有进入到哲学的殿堂内部。我们发现,有两个结构性悖论使得他的现象学停留在哲学大门之外。

1. 我们曾强调指出,诸区域性范畴不是一种单一的秩序或者单一的族群。各个不相同区域的各种规则,既可以在内容上不同,也可以在类型上不同。就像我们在上一章已经看到的那样,我们可以寻找能够应用于所有区域的一些条件。但是这要求我们在转入"任意对象"这种层面的时候"清空"它们的内容,以使它们服从于一种形式的分析。胡塞尔接受形式主义的策略,以便把不同区域的诸本构规则带入其他规则的领域之下,让它们在范围、尺度上更加一般或者更加普遍(general or universal),最终使它们落入形式化数学的范围之内;然后再去说明:为揭示其真正的基础,这种区域性的和形式性的规则,必须成为横向研究的"线索",这种横向研究把这些线索连接成被我们称为先在相关性的东西(correlational a priori)。胡塞尔提供了一种对认知成就和认知功能的分析,这种分析先作为形式模式的补充,而后又作为形式模式的基础。但这些认知成就和功能不可以被还原为形式的规则。这种分析把各种因素看成是知识的结构之本质性内容。此外,由于它是对不同区域的秩序的说明,而且是先在相关性的,所以它不可能是这些区域中的一个规则,因此,它不可能像生物种群、种属关系的树状谱系上更高的一般性那样,通过向更高层次的运动,向更高的分叉的节点的运动而派生出来。但是这样便引出了一个不能借助直观概念加以表述的问题:即便我们承认,本构分析作为一种方法,也许可以适用于特殊的领域,但是,这种分析**是否能够**领会主体性的一般结构,却是一个悬而未决的问题,而这种主体性恰恰是支撑着**所有**区域的基础,因为,依据定义,主体性的结构是与各区域的结构不同的。这个批判背后的看法是:假定意识有一种本质,它可以被直观到[然后可以用先在意向性(intentional a priori)的观念加以描述],那么,我们必须同时假定,意识可以成为对象(Gegenstand)。从外延角度看,它如果是对象,它就不再具有为任何对象提供基础的能力。我们上一章的说明依靠的就是这一观念。但是我们还没有获得任何方法论资源,以便确定先在意向性(intentional a priori)在从事结构奠基工作中的"地位",于是我们也就没有对它在胡塞尔理论中扮演的角色做任何准确的分析。

这个问题与另外一个问题密切相关。引入对经验本质和纯粹本质的分

---

① 胡塞尔:《逻辑研究》(Halle a. d. saale: Max Niemeyer, 1913 and 1921),II/1,第 254 页;英译本(Trans. by J. N. Findlay, 2 vols. New York: Humanities Press, 1970),I,第 245 页。

析,是为了澄清不同的区域本体论——也包括心理区域的本体论在内——的结构。它使我们得以在区域性研究**内部**完成了两件事:把经验性的一般化(empirical generalizations),或者"随机性(contingent)"本质,同先在范畴(a priori categories)区别开;并依此进一步界定该领域的范围和本质性特征。对意向性的深层结构的现象学分析的功能就是,提供一种格式(Scheme),通过它,存在的诸领域得以被理解为认知的领域,这样便建立起了对经验本质和纯粹本质的分析。但是在涉及勾连表达着意向性自己结构的那种本质的类型时,却出现了一个困难。我们初次刻画时所使用的观念是:意向性的本质不是精确的,而是形态学的,也就是说,它不是下述这类规则:依据它可以穷尽其集合中成员的特征,进而生成它的集合;或者通过对该集合的元素的特征进行"精确的规定"①来生成该集合。相反,它是下述这类结构:这种结构为具有千差万别的不同特征的现存行为所共享,因此,只有在"描述性概念"中才能得到领会②。假如它的结构被给出的时候是经验本质,那么**意向性就仅仅是一般化过程**(generalization)的一个产物,于是,它无非就是一种可能的一般性的特征(general feature)。这样,由于它缺乏必然性和普适性(universality),它便不可能发挥基础结构的作用。因此,胡塞尔便正确地否定了,对诸行为的直观以及把诸行为刻画为意向性行为的特征刻画是**归纳性的**③。同时胡塞尔还指出,在一般性(generality)的一定层次上,描述概念不再是"含糊的",而是"严格"的④,并且是纯粹的。由于特殊的相关性可以通过它们的可能性被领会,并因此可以被理解为是(在心理学区域中的)纯粹本质,因此,相对于(适用于)**所有**区域(这必须包括心理学在内)的单一的结构,是不可能在纯粹本质中被给出的,其理由在于(就到目前为止的描述而言):**这个结构既不是一个区域,也不是一个区域性范畴**;它也不是高于所有区域的最高范畴;它也不是单一区域的形式条件,它也不是由诸区域组成的整体的形式条件。它属于另外一个序列。它横向站位,是对知识的大厦与存在的秩序之间的某种一致性的总括说明(accounting)。为了把直接的态度同反思性态度对立起来,为了能够说,反思足以把不是对象的东西转变为对象,就要引发或者逃避下述问题:我们是否应该把"类对象(object-like)"之分析应用于意向性。于是,范畴现象学似乎未能说明或者证明,无对象的感知性意谊(the sense)也是一个对象,未能说明或者证明,把感知性意谊当作主题研究要求一种特殊话语,就是把

---

① 胡塞尔:《大观念(Ⅰ)》,第137页;英译本,第165页。
② 同上。
③ 同上书,第140页;英译本,第169页。
④ 同上书,第140页;英译本,第168页。

意向性观念当作基本的观念加以使用。总而言之,我们并没有提供合适的合理性论证,以便使我们有理由把本质性分析的资源应用于原则上既不是一个区域的共有形式,也不是所有区域的共有形式的那种内容上,应用于不是一个对象,而是所有对象性(objecthood)的条件这种内容之上。

批评的这条思路同托马斯·西博姆(Thomas Seebohm)界定的"主体性的悖论"十分相近。西博姆注意到,局限于《逻辑研究》的反思的、本型性的方法的现象学,在方法上是有局限的:局限于"世俗世界"的反思,或者说局限于对"世界约束(world-bound)"的反思。西博姆将其称为世俗世界的现象学,胡塞尔自己给它贴的标签是:经验现象学①。

> "主体性悖论"的普适形式展开如下:分析各种行为活动——在这种活动中,主体既知道那是什么,并尝试去确定这种认知活动的合理的有效性断言——的反思必须把世界,或者把被认知的各种存在之整体总合,看作是从事认知的主体的相关者。然而,在这种对世俗世界的反思中,从事认知的主体的存在,只能被理解为"在世界中的存在",因此,对世界的认知活动也是在世界中的活动。因为,世界中的任何存在,都"是其所是",而"是其所是"又是被它在世界中所处的环境所规定,或者被它在世界中的位置处境所规定;这同样适用于主体之"对世界的认知活动"。如果有谁在世俗世界的态度中提出关于主体的"存在"这个问题,对它的最一般的回应的结论就是相对主义。这种相对主义会摧毁任何关于普适有效性(universal validity)的断言的可能性——任何一个认识论反思开始之时,至少假定的都是这种普适有效性的可能性。②

2. 在表述哲学的任务和内容的时候,柏拉图,特别是亚里士多德,专门强调过最重要且首要的观点是,哲学不是关于诸存在(beings)的科学,而是关于诸存在之存在(being of beings)的科学。不是关于存在着的诸多事物的科学,而是关于"一般存在本身之整体(the whole of being as such)"的科学③,

---

① 胡塞尔:《大观念(I)》,第364页;英译本,第374页。
② 见托马斯·西博姆(Thomas Seebohm):〈先验现象学〉("Transcendental Phenomenology"),收入 J. N. 莫汉蒂、威廉·麦肯纳主编的《胡塞尔现象学:一本教科书》,Washington, D. C. University Press of America, 1989年,第356页。
③ 亚里士多德:《形而上学》(The Metaphysics), Hugh Tredennich 英译, Cambridge: Harvard University Press, 1933, Ⅳ, 1003a。译文采纳了 W. D. 罗斯(W. D. Ross)的《亚里士多德的形而上学》(Aristotle's Metaphysics, Oxford: Clarendon Press, 1924)一书的建议。译文见该书第一卷,第252页。

当然，事物在它们的"是这（being this）"、"是那（being that）"之中有它们的 to be（去存在），有它们的"是"。当它们确定的当下显现与我们的关切发生啮合（引起我们的兴趣），与不同的认知形态交织活动在一起时，那么，在我们理解领会一个东西是"什么（what）"的过程中就隐含了我们熟悉了解它的"是（is 存在）"。当然，"to be（去是、去存在）"不是对一个东西的另外一种规定，它也不是能够涵盖一切规定性的最一般的概念。亚里士多德坚持认为："to be（去是、去存在）"属于另外一个不同的序列。"这门科学不同于其他的任何特殊科学。"①存在（being）的一般性（generality）不是种属（genus）的一般性（generality）；存在的一般性并不覆盖诸事物依据种属的分类而划分出最高区域②。与分类的树状谱系对照，我们可以按照中世纪思想家的传统，把存在本身刻画成"transendental（超越的）"，因为它既不可以被理解为一个存在（a being），它也不属于具体规定存在的那些概念的区域，也不属于受到诸存在具体规定的那些概念所处的区域。

对于包含了一切"所是（is，存在）"、自己本身又不是一种具体的 being（存在）的整体，胡塞尔把这样一种整体性称为"世界"③。引人注目的是，在《大观念（I）》——该书的首要的任务，正如它的题目提醒我们的，是尝试把"纯粹的现象学"转变为"一种现象学的哲学"——开头就写道："世界是可能经验的诸对象之整体"④。然而，如果世界不是一个对象，即使在胡塞尔的最宽泛的意义上，世界也**不是对象的话**，那么就**不能够用领会对象的方法**来说明解释这个世界；不管是用领会现实对象的方式，还是用领会观念对象的方式，都不行。这种区分使我们能够获得恰恰同上面讨论过的关于主体性的性质的悖论相反对的表述。一种方法上的裂隙在这里变得十分明显，因为，本型直观适合于构造区域本体论和形式本体论；**本型直观**作为方法根本不适用于去领会在原则上从来不会作为对象当下显现自己、从来不会是 Gegenständlichkeit（对象性）的那种内容的。作为"整体"的世界之特征，绝对不会是世界**之内**各种区域之特征，不会是它的"各个部分"之特征，也不会是所有对象之集合的特征，如果世界的观念是一个从事奠基的

---

① 亚里士多德：《形而上学》IV, 1003a.
② 同上书，III, 998b.
③ 海德格尔也是以这种方式理解胡塞尔的。见海德格尔：《时间概念史导论》（*Prolegomena zur Geschichte des Zeitbegriffs*，以下简称《导论》），《海德格尔全集》第 20 卷（*Gesamtausgabe Vol. 20*），Frankfurt am Main: Klostermann, 1979 年，第 212~213 页；以及海德格尔的《时间概念的历史》（*History of the Concept of Time*），英译者为 Theodore Kisiel, Bloomington, Indiana: Indiana University Press, 1985 年，第 158 页。
④ 胡塞尔：《大观念（I）》，第 8 页；英译本，第 6 页。

观念,而不是一个形式观念的话。让我们把这种悖论叫做"对象性悖论"吧。

事实上,这里有两个方面的问题。世界不仅不同于通过本体论分析而得到的东西,而且它也不同于从集中关注各种行为的性质(quality)和质料(matter)之间的相互作用而采集到的东西。不管是"在……之中结构"还是"从……结构"(世界性)都永远不能从那些适应于"作为……结构"的认知形式那里得到领会。因此,现象学为了成为**哲学**,不仅必须回答,关于世界内部各种区域的科学是如何可能的这一问题,而且还必须为我们提供我们关于世界本身的知识是如何可能的这一问题的答案。此外,它必须提供的不仅是关于"作为……结构"和"为了……结构"之相互依赖性的现象学,同时也要提供关于"在……之中结构"的现象学,并且不能与前者发生混淆①。

如果我们对于"对象在侧面中被给出,并且通过侧面被给出"这一点感到惊奇,而且这一惊奇自然而然地引导我们走向现象学的反思的话,那么上述两个悖论的出现就推动着现象学走出自身,进入到哲学。这两个悖论引起了一种动机,它推动了现象学进一步发展,使其步入先验性(transcendental)的行列,而先验性恰恰是哲学本身所要求的。这里有两个悖论。悖论甲:认识可以被概念化为一切现象之被给出性的基础,当且仅当它是显现的事物之一;悖论乙:诸存在的整体只能被领会为一种实存。这两个悖论合在一起,就一定意味着,世俗的现象学是不协调的。

事实上,还有另外一点比内在一致性更加强烈地推动胡塞尔走向更加深入的研究。对逻辑学家来说,与协调一致同等重要的是,尝试用合适的立足点(proper footings)为逻辑提供巩固的基地。当胡塞尔在《逻辑研究》中首次引进现象学的时候,他把现象学与心理主义对立起来,即把现象学与将逻辑规则还原为心理规则的纲领对立起来。这种心理主义的纲领或理论否认逻辑的普适性(universal)和必然性的特征,因为,"心理逻辑的'规律'对我们来说是'经验的规律',是共存与连续性之各种近似性的一般性;它们同事实的情况有关,而事实可以在这个事件中是这样,在另外的事件中是另外的样子"②。在该书第一版中,胡塞尔把对逻辑的现象学研究

---

① 克劳斯·黑尔德在他为《现象学的方法:文选(Ⅰ)》(*Edmund Husserl, Die phänomenologische Methode: Ausgewählte Texte Ⅰ*, Ed. by Klaus Held, Stuttgart: Phillip Reclam, 1985)写的"导论(Ⅰ)"("Einleitung [Ⅰ]")第30页上对此有准确而清晰的论述。
② 胡塞尔:《逻辑研究》,Ⅱ/1,第148页;英译本,Ⅰ,第163页。

刻画为"描述心理学"①。尽管这个称呼惊吓了弗雷格,也引起了让胡塞尔十分后悔的混乱,但是作为一个不幸的术语的选择,并不等于背叛胡塞尔批判的初衷。从一开始,胡塞尔现象学用以进行工作的观念既有描述的形态,也有精神生活观念,这两者都与他同时代的流行经验心理学理论完全不同。此外胡塞尔还深信,他所说的"精神生活"的"规律"的有效性,是完全独立于通过经验的一般化(empirical generalization)而收集的内容之上的。使胡塞尔更加感到威胁的是,胡塞尔越来越清醒地认识到,还存在着第三种学科:"现象学心理学"②。这是他自己建立的学科,它既不是经验心理学,又不是现象学哲学本身。令他感到吃惊的是,诸如行为-意义的联系,诸如上一章所讨论的那些研究,居然都落入现象学心理学管辖的范围中来了。但是由于现象学心理学是一个区域性学科,所以胡塞尔遇到了一种来自现象学内部的心理主义的新威胁。从整体上看,《逻辑研究》的整个纲领都是对心理主义的一种回应,因此也是对相对主义的回应。同时胡塞尔认识到,为了驳倒心理主义,他必须用更为严肃的形式对相对主义展开斗争。为了使推动胡塞尔思想发展的最为有力的动机更为突出,我们可以说,胡塞尔认识到,这两个悖论构成了所有不同形态的相对主义(他所批判的心理主义的、人类中心论的、自然主义的、历史主义的相对主义)的基础性张力。这**两个悖论又是范畴现象学本身不可避免的结构性特征**。由于相对主义会导致怀疑主义,胡塞尔的现象学也会与他同时代的其他思想一样,不是去对抗这种无基础性思想的回应,而会成为**思想无基础性**的又一个表现。这里所讲的动机这一概念,不应该理解为一个心理学术语。从先验的方面看,怀疑论的作用是为真正哲学的开端创造着"典型环境(classical situation)":"理念上十分清楚,一种绝对和彻底奠基了的科学的观念,必须从这样的环境中吸取它的意义,以免无可挽救地落入认识论上的天真轻信。"③然而,针对"现象学的结果与它的设计意图相反"这样的事实,先验现象学就必须成为这样一种学科:它能够让我们从哲

---

① 胡塞尔:《逻辑研究》(第一版),Halle a. d. saale: Max Niemeyer, 1900 and 1901,Ⅱ,第18页以下各页;英译本,Ⅰ,第262页以下各页。以及《逻辑研究》,Ⅱ/1,第397页;英译本,Ⅱ,第576页。参见胡塞尔:《现象学心理学》(Ed. by Walter Biemel, *Husserliana*, Vol. 9. The Hague: Martinus Nijhoff, 1968),第34页;英译本(Trans. by John Scanlon, The Hague: Martinus Nijhoff, 1977),第24页。
② 最好的表达见《逻辑研究》第1~234页以及"大英百科全书文章"("Der Encyclopädia Britannica Artikel"),《逻辑研究》,第277~301页;英译为"'Phenomenology,' Edmund Husserl's Article for the Encyclopädia Britannica (1927)",译者为Richard Palmer,见《短篇论文集》(Notre Dame: University of Notre Dame Press, 1981),第21~35页。
③ 胡塞尔:《第一哲学(Ⅱ)》,第21~22页。安东尼奥·阿吉雷(Antonio Aquirre)的《发生现象学和还原》(*Genetische Phänomenologie und Reduktion*,收入《现象学丛刊》第38卷,The Hague: Martinus Nijhoff, 1970,第94~97页)对怀疑论的功能做了强有力的论证。

学方法上直捣相对主义的心脏。

在后面第十章讨论心理主义问题的时候,我们会再次回到对相对主义的讨论。眼下我们先把这一问题放在一边。在这一章里,我们要集中处理"世界悖论"的问题,通过澄清这一问题,通向对第一个问题的说明和处理。同时,这一章还有第二项任务。我想从胡塞尔的文本再后退一步,我们让在前三章里发展出来的那些观念自己再展示一次。在《现象学的观念》(《小观念》)①和《大观念(Ⅰ)》中,胡塞尔对自己的先验方法的表述,与笛卡尔式的思路的要求有紧密的联系。我将继续本章中的前进方向:认为被他称为现象学还原的这个观念,对于静态现象学的计划来说是中心观念,它在某种程度上独立于上述这两本著作的笛卡尔式表述的那些特殊特征。在下一章里,我们将联系这里的发现,对笛卡尔式的探索做某些详尽的讨论。目前我们集中讨论关于世界的问题。通过把它与主体性观念对立起来,将使我们有可能做到这一点。

第二节　超越中的世界

在对现象学转向的首次描述中,我们看到,经验的对象依赖于、同时又揭示着对从事经验活动的主体之感知**能力**和概念**能力**的熟知程度,当我们把这种熟知当作指导线索时,就能够把认知的活动也纳入我们的考察范围。但是,对于对象的经验所揭露出的内容**远多于**这些。因为,对象同样还展示、包含着对世界的熟知。在《大观念(Ⅰ)》的"现象学的基本考察"这一章开头的几节中,胡塞尔就指出,在看事物、听事物以及用手触摸事物时,我们同时也领会到了世界本身。我们应该如何理解这一说法呢?

应该注意,我们经验事物的情况是:我们并不是孤立地、直接地去领会那些由特殊行为所要求的具体事项,直接地拿来同其他具体的、同样相互分离的东西进行比较,然后把它们**连接成为一个整体**。实际情况是,一个东西出现时,它是在侧面与对象的不断转换和相互作用中出现的。如果我们"中断"这种经验,直接去"绝对地"观察那个对象,我们马上就认识到,在我们关于对象的整体感知中,我们经验到的内容**多于**在关于此对象每一个视角中看到的东西。我们发现,给出的对象"**超越**"了现实的侧面;而且在诸多侧面的

---

① 见胡塞尔:《小观念》(*Die Idee der Phänomenologie: Fünf Vorlesungen*),2nd. ed. Ed. by Walter Biemel, *Husserliana*, Vol. 2. The Hague: Martinus Nijhoff, 1958。

相互变换中，对象的确定性的当下显现既没有被穷尽，也未在这诸多侧面的任何一个侧面中被全面给出。对象"本身"也是以同样的方式在当下显现，而且它使得某种**多于**我们"在其本身"中发现的内容在当下显现。在我们开始的例子中，压水机作为一个整体就是它自身，但它也是庭院的"侧面"，也是农场的侧面，也许还是周围山丘峡谷的侧面。我们在朝向压水机的时候，也协同地朝向了压水机之外的许多东西。在使压水机给出自身的每一个行为中，都会有新的预期出现；它们都指向压水机所处的环境，甚至超出压水机的环境指向更远的地方。即使我们的意向没有得到充实，我们原初的预期落空了，当我们本以为存在的事物化为虚幻，但是我们对世界存在之基本信任仍然持续下去。正在进行的经验可能会取消掉我们对某个对象之存在的"特殊的相信"，但是它之所以这样进行，乃是基于我们对世界之存在的持久的信心和"一般的相信"。正是这种信心或相信，为我们的意向性行为提供了方向和它们的目的性组织；也正是这种信心或相信，甚至加强我们对主体性作为**超越**性的本构内容之"正在遗忘着"的特性。

指向对象的活动超出对象自身指向了世界，这之所以可能，是因为在对象展示出的规定性中包含了**各种背景做出的贡献**，背景内容内在地联结在对象的规定性上[a]。比如，由"柏林舞蹈工厂"（Berlin Tanzfabrik，即柏林现代舞蹈中心）演出的名为"杂多"的舞蹈中，有些舞蹈的动作把三个场景分别用不同的乐音、不同的化妆、不同的舞台布景明显区别出来，每一场景配以不同的独舞，不同的幻灯效果投在墙上，配上抒情诗，把本无意义的现象组合在一起，汇成了"Black Street Poetry"（黑人街头诗）。许多相同的舞蹈动作不断重复，但不断改变着它们互相的衔接、排列次序和位置，这使得人们难以在这一个场景同下一个场景的对比中将它们区别开来。只是通过大幕最后的降落，你才能认识到，这不是三个不同的舞蹈者，而是同一个舞蹈者演出了三个不同的独舞。这里的背景经常是未被注意的，因为它们同我们的处境是相似的。这背景经常淹没了角色，征服了个体性，即舞者的"面目"。令人感兴趣的是，对单个舞者的辨认，不仅涉及我们早些时候的经验，而且使我们知觉到了通常看不到的对象与环境之间的相互作用。

这样，即使在切入哲学之前，我们就已经对作为"世界中的对象"的各种对象相当熟悉，并因此也同世界相当熟悉。胡塞尔在《大观念（Ⅰ）》中告诉我们：

---

a　背景的作用：在个别对象的展示之中承担着、承载着对象。——译者注

通过这个途径,我发现自己处于工作意识中时,一直与一个其内容的本构成分始终在不断变化的同一个世界相关,这一相关性一直持续不变,且无力改变。对我来说,这个世界一直"在手边",我是这个世界中的一个成员。因而,这个世界并不单单是在那里的、单纯地由各种事物集合而成的世界,而且这个事物的世界同时还是价值的世界、善的世界、实践的世界。它们对我具有同样的直接性。我发现,事物在我面前不仅仅具有物质的属性,而且具有价值特性,比如漂亮的、丑陋的、令人愉快的、令人生厌的、惬意的、烦人的,等等。东西直接在那里,作为供使用的对象:"书桌"和上面的"书","饮水杯","花瓶",还有"钢琴",等等。这些价值和实用特征在构成上就属于一般的"手头"对象,不管我是否在处理这些价值、使用特性和对象。①

借用胡塞尔在 20 世纪 20 年代开始使用的术语②,我们称这个世界为"**预先给出**(pregiven)"的世界[a]。我们这样做出于两方面的原因:首先为了避免先入的臆断,认为这个世界也许就是胡塞尔后来讲的生活世界。这个问题我们在第十三章才会处理。其次,是为了将"预先给出"的世界同对这个世界的两种先验的**特征刻画**对照起来:这两种特征刻画,一种是本体论的特征刻画,另外一种是现象学的特征刻画。我们是直接地与预先给出的世界相熟悉的,尽管是默默地并没有将它直接说出来。我们原本并没有将这种熟知当作知识的**对象**,不管是当作科学知识的对象还是当作哲学知识的对象,都没有。在感知一个对象时,我同时接收到了它的背景。世界(Welt)作为整体总是在特殊的周围世界(Umwelt)中,并且通过特殊的周围世界——它可以是经济世界,可以是审美世界,可以是一个工厂,也可以是一个家庭——来展示自己。要对上述事实下判别,我们一定不能把**预先给出**的世界(整体)混同于**协同给出的环境**(部分)。后者不但是我同这些对象的关系,而且也是这些对象本身所处的场所。对此,在 1925 年的一个文本中,胡塞尔做了如下说明:

---

① 胡塞尔:《大观念(I)》,第 50 页;英译本,第 53 页。去掉了着重号。
② 〈康德与先验哲学的观念〉("Kant und die Idee des Tranzendentalphilosophie", 1924),见胡塞尔:《第一哲学(I)》,第 230~287 页;英译为"Kant and the Idea of Transcendental Philosophy",《西南哲学杂志》(*Southwestern Journal of Philosophy*), V (Fall, 1974),第 9~56 页。
a 预先给出的世界不是生活世界。直接经验的世界、预先给出的世界中包括了科学设计过的世界!——译者注

......我们必须说,不仅各种单个的"世界现实性"被我们经验,而且从一开始,世界就被经验到了。尽管一种特殊的从事关注和从事把握的感知,可以简单地把握住这里的这所房子。但是我们仍然是在更广阔的感知区域之内具有这所房子:周围的街道、花园也是这个区域的一部分,甚至事实上它们也被看到了。但从那个角度出发,世界是无穷无尽的,看与瞧的任何一个区域都是有一个开放的外视域(open outer horizon)。这个视域是不可以与那种经验分开的。从意识的角度考虑,从属于这个视域的,还有经验的可能的连续性,在其中,一个视场(visual field)与另一个视场排列在一起;一个经验现实场所同另一个经验现实场所比比相连;它们联合在一起,构成经验的统一体。这种结合之方式使得我们可以合理地说,同一个世界被连续地经验到了。但是在具体特殊的"现实的"经验中,被经验到的是这一世界的这个或那个各不相同单个的小场所(province)。但是我们可以继续走下去,总是去重新环视我们的周围,**以至无穷**……

通过这种途径,我们描述界定了[umschreiben]关于**自然世界经验**的,或者关于**被经验的世界的**,唯一原初的、真正的概念……①ª

胡塞尔**用现象学**的方式揭示出**在**自然态度中以及**向**自然态度当下显现的世界的样子,亦即世界作为"**预先给出**"的样子ᵇ。但这还远不是严格意义上的**先验现象学**对世界的特征刻画。如果我们像胡塞尔那样,在此处把"被经验的世界"称为"视野(horizon)"[这里的视野是"自然世界-经验"内部协同给出的(co-given)视野],那么我们一定不要把它混同于对该视野的完全先验性的特征刻画。我们尚未达到后者。

也许我们应该对此多花一点儿时间。注意下面这一点至关重要:世界ᶜ是在日常经验中被协同给出的,而且在日常经验中,我们对它并没有明确地作为专题加以关注。我们这里提供的看法是现象学的,这个说法的含义是,在说明自然经验中世界起作用的方式的时候,我们依靠的是"给出性"的模式(modes),以及意向性经验的某些基本框架。但是,世界作为被协同给出者,它本身还需要更深入的说明。我们已经获得了作为视野的世界的当下显现——它与在日常经验的过程中所发现的诸现象有根本的区别——的呈示

---

① 胡塞尔:《现象学心理学》,第62页;英译本,第46页。
a 以上是本体论刻画。——译者注
b 以下是现象学刻画,不是先验现象学刻画。——译者注
c 自然-经验世界,并不是指生活世界。——译者注

(disclosure，揭示、表露)，但是我们尚未获得对作为视野的世界的先验现象学的**特征刻画**。前者是在"直截了当"的经验中协同给出的世界；后者则是在被我们简称为现象学还原中才得以"给出"的世界。与这两种世界观念直接相关，我们也许可以说，一般的预先给出的世界的观念以及一个具体的环境观念，对于正确处理下列事实是必需的：所有的感性对象不是在某个基础内部的形象(figures)，就是针对一个基础而成像(figures)；而真正意义上的视野的先验观念，则专注于形象与基础之间的区别，或者它们之间的"界限"，而这个区别或界限恰恰为事物提供确定的当下显现。

对本构着我们的日常觉知(awareness)的框架的描述[a]，实际上是建立在本书最后一章所描述的意向性观念之上的。"直截了当"的行为圈定于诸对象或诸事实之中，而所有这类行为都包含在"所有的'现实'生活的基本形式"之内[1]；在生活的基本形式之中，我通过这些对象并且超越这些对象而与世界自身发生关系。这样，行为与对象之间的**纽带本身**，被相互关联的"行为群"同世界之间的更加包容的**关系所包围、束缚**[2]。这种深层的包围、束缚在《大观念(I)》中被称为"自然"态度[3]。

> 自然的认知始于经验，并停留于经验**之内**。在这种……被我们称为"自然的"态度中，可以用一句话来标示可能进行的研究工作的整个视野：这就是世界。[4]

> 自然的世界……总是而且直接地为我而在那里，只要我自然地活在其中并且朝向它；只要这种情况没有变化，那么我就"得到自然的安置"。[5]

不能把世界"总是而且直接地**为我**而在那里"这一事实，与"它作为**所指**而在那里"的想法混为一谈。与世界内的诸对象相反，世界本身并不是被公开"置于"某个单个的行为中，世界本身只是暗中[b]被置于所有指称活动之所有"直接"的行为之中，并且贯穿始终。任何企图把世界作为对象来理解的

---

a 具体感知总是被圈定在给定的先入形式之中。——译者注
① 胡塞尔：《大观念(I)》，第50页以下各页；英译本，第54页。
② 同上。
③ 同上书，第48页以下各页。英译本，第49页以下各页。
④ 同上书，第7页；英译本，第5页。
⑤ 同上书，第51页；英译本，第54页。
b 世界不是对象！不是论题！——译者注

尝试,都会导致世界的向后倒退。也就是说,在自然态度内部谈论作为整体的世界的各种不同方式,都会使世界撤退。如果用判断的术语来说,就是:世界不是一个被述谓勾连表达或拣选出的"特殊论题"的相关者[a]。它是一个"一般的论题(general thesis)",在所有用到"是"的断定中,都保留着并假定了这个"一般的论题"①。这个区分在胡塞尔的逻辑语法中有直接的反映。因为与弗雷格不同,胡塞尔拒绝把"**S 是 p**"中的"**是**",从该命题形式中分离出来,并把它变成命题(演算)的一个组成成分,或者将"是"变成一个外在于所断言的内容的断定力(assertive force)②。"是"运行于与 S 或者 p 根本上完全不同的层次上。如果把世界同现象的观念联系起来看,那么,世界不是各种"被给出的内容"中的一个;自然态度只是隐含地同这个世界的存在相熟悉,但这相熟悉的方式使得这个世界永远是"预先给出"的。当真正意义上的现象学反思被引进时,这种现象性的区别就将被置于先验区别的基础上。在自然态度中,世界的先验性从来不会被指称行为所捕获,因为世界的先验性对那种自然态度是本构性的。

为了术语的拣选,也为了把下面两节中的内容明显区别开,我们把对这种区分的描述用下图(图 4.1)加以表示:

世界的预先给出性和超越性,不仅对于非批判的日常经验具有操作性意义[b]——即不仅在被柏拉图指为"意见"或"信念"(pistis, doxa)的范围内有操作性意义,而且也潜藏于科学研究的整个规划之中,即藏于柏拉图的理性(dianoia)③的领域之中。"自然态度"的说法,几乎算不上是毁誉之词。相反,它描述的是我们与事物交往的无可避免的框架,或者说,它是环绕着我们的"兴趣与利益"的本构成分,即便是我们把它们让渡给科学的研究之后也

---

    a   层次差别:语法差别。——译者注
① 参见胡塞尔:《大观念(I)》,第 53 页;英译本,第 57 页。
② 弗雷格:〈概念与对象〉("Begriff und Gegenstand"),见 Ignacio Angelelli 主编的《短文集》(*Kleine Schriften*), Hildesheim: Georg Olms, 1967 年,第 175 页以下各页。英译为"On Concept and Object",英译文采自 Peter Geach and Max Black 主编的《弗雷格哲学著作》(*The Philosophical Writings of Gottlob Frege*), Oxford: Basil Blackwell, 1966 年,第 51 页以下各页;以及弗雷格的〈涵项与概念〉("Funktion und Begriff"),见《短文集》,第 136 页以下各页;英译为"Function and Concept", *Writings*,第 34 页以下各页;见胡塞尔《逻辑研究》,II/2,第 137 ~ 157 页;英译见II,第 780 ~ 795 页。关于胡塞尔的存在概念以及对海德格尔思想的影响,见 J. Taminiaux:〈对海德格尔与胡塞尔的逻辑学研究的说明〉("Remarques sur Heidegger et les Recherches Logiques de Husserl"),载《关注与超越》(*Le regard et l'excédent*),收入《现象学丛刊》第 75 卷,The Hague: Martinus Nijhoff, 1977,第 156 ~ 182 页;英译为"Heidegger and Husserl's Logical Investigations",见 Robert Crease and James Decker 编译的《辩证法与差异》(*Dialectic and Difference*), Atlantic Highlands, New Jersey: Humanities Press,1985 年,第 91 ~ 114 页。
    b   自然态度的合理性。——译者注
③ 柏拉图:《理想国》,509d ~ 511d。

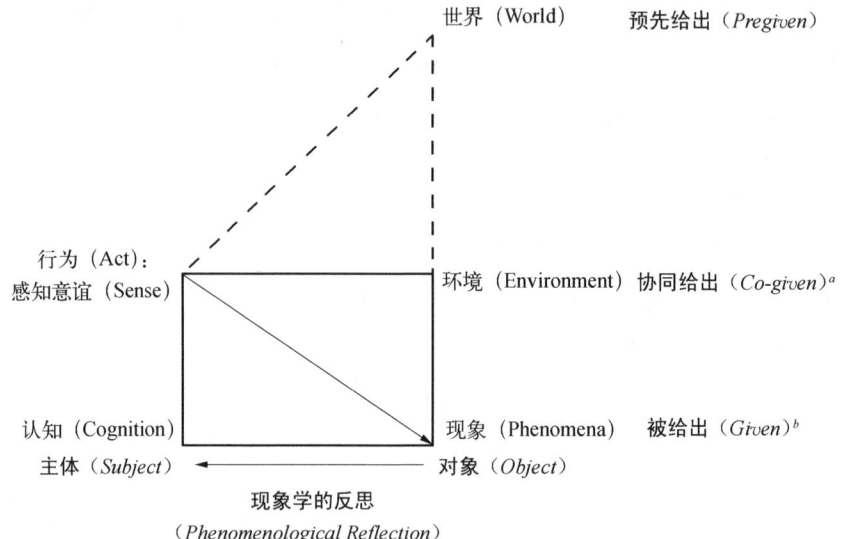

图4.1 预先给出的世界及其揭示（The Pregiven World and Its Disclosure）

是如此。它不仅覆盖了我们"平均化"的市民的姿态心境：买早点面包，赶地铁，读体育新闻，等等，而且它也包围着所有"实证"①科学的劳作，比如一个作为生物学家的公民测试她的培养基以寻找硝酸盐或者其他化学成分的踪迹，或者一个心理学家把病人症状解释为多发性人格紊乱，等等。即便是对整个环境进行概念化的那些科学，不管它们是生态学、经济学还是文化学，同预先给出世界的这种潜在的基础性关系，对于它们都是具有本构性的，尽管它们并没有受到应有的重视和理解。毫无疑问，生物圈，农业的平衡，听觉文化，等等，可以起到世界的"索引（indexes）"的作用，但是从自然态度内部对世界的任何直截了当的特征刻画，都使得世界本身抽身而退[c]。

胡塞尔以一种更具挑战的方式把这个论题拓展为一种哲学成就，拓展为柏拉图的真正意义上的思维（noesis）的领地。所有关于世界的科学理论以及大多数的哲学理论，都处于自然态度的框架**之内**。这就意味着，至少是当

---

a 具体背景。——译者注
b 具体对象。——译者注
① 当胡塞尔说，"自然态度的一般论题"运作于下述信念，也就是：世界从来并且总是在那里，以及经验科学的目的，或者被他称为"自然态度之科学"的目的，以更广泛和更可靠的方式对它加以把握，此时他所讲的世界，就是自然态度本身所假定的那种世界之所是（也就是自然科学所描绘的世界之所是），而不是依据现象学的分析去发现的世界的真正之所是。这些自然科学作为整体，被胡塞尔刻画为"实证科学，自然实证性的科学"。见胡塞尔在他手头的那本《大观念（I）》第53页的批语；英译本第57页注释21。胡塞尔《形式的与先验的逻辑》第232页，英译本第225页把这种自然科学关于世界的假设贴上"naive"（天真）的标签。
c 现象学对自然科学的意义。——译者注

它们开始对世界进行分析的时候,它们不仅对主体性是盲目的[a],而且在它们试图对"所是"之整体加以领会的时候,它们用来工作的,是对世界的隐蔽的**相信,而不是以与世界存在相适合的方式对世界进行关注**[b]。经验论和唯理论,逻辑中的心理主义和形式主义,就是在这个思维框架内不断重复出现的选择项。这种现象肯定是这种双重"**遗忘**"的结果。因此,世界总是或隐含或公开地被刻画为可实证的实体。在几个地方,胡塞尔的确认识到,有些较好的理论(尤其是笛卡尔、康德和狄尔泰的理论)在自然态度的天衣无缝的密闭系统中扯开了缝隙。但是他们从来没有"透视"到世界的真正意义上的存在。同他们的分析方法与局限性相一致,他们所提供的是自己关于作为整体的存在的理论,这些理论是现象学看法的先驱①。这就要求我们对世界的实证刻画与世界的现象学刻画之间的关系做进一步的考察。

第三节 作为整体的世界与作为视野的世界

前面我们已经指出,① 我们日常生活中与事物以及位置的相熟悉,总是牵涉到对世界的预先熟悉(preacquaintance)。但是,② 在我们领会事物的各种途径中,无一例外地都没有把世界作为东西之一直接加以经验。它处于所有的认知之中,但它却没有得到认知的适当领会。我们看到,胡塞尔把所有这类经验和理解收集在一起,将它置于自然认知的名目之下。这类认知的框架结构被胡塞尔贴上自然态度的标签。说"所有的自然认知都发生于自然态度之内",就等于说"对某种不可以作为对象加以把握的内容的存在的一种深层的、隐而不显的确信,使得它(自然态度)成为可能"。即便是对于那些直接关心环境的自然科学家们来说,世界亦未就其真正的存在作为题目而受到研究。正是基于此,现象学的态度要求对自然态度彻底加以翻转。

胡塞尔拒绝把对世界的实证性特征刻画确认为在哲学上合适的特征刻画[c]。但这种拒绝可能容易使下述更为有意思的事实变得难以理解:胡塞尔不仅允许对世界做本体论上的特征刻画,而且他还在他的现象学范围内部给予这种特征刻画以理论体系上的地位。事实上,恰恰是这种整合为范畴现象

---

a 具体工作中忘了 X。——译者注
b 这种形式尚未得到;对他注意时,也忘记了它的特性,使之引身而退。——译者注
① 胡塞尔:《形式的与先验的逻辑》(Ed. by Paul Janssen, *Husserliana*, Vol. 17. The Hague: Martinus Nijhoff, 1974),第 231~232 页;英译本(Trans. by Dorion Cairns, The Hague: Martinus Nijhoff, 1969),第 223~225 页。
c 哲学上的特征刻画的目标是通过范畴现象学来刻画自然态度中的世界。——译者注

学提供了工作目标。

我们这里的研究所涉及的内容一直集中在胡塞尔现象学中关于世界的本体ᵃ论的性质和地位这一问题上。此处扮演主角的一直是,在哲学上对预先给出的世界的两种不同的**特征刻画**。我现在要指出的是,这两种哲学上的特征刻画都是先验的特征刻画,而我们所关心的恰恰是这二者的相互联系①:一种是本体论的,一种是现象学的,我们应该再次留意胡塞尔对待本体论的态度。

胡塞尔的兴趣并不在于取消本体论,而是在于复原或者"改革"②本体论。关于他的改革工作的大纲,我们将在本书最后一章进行处理。与此同时,对世界的形式上的分析,即证明世界是相互关联的诸多存在的必要条件ᵇ,可以成为一条指导线索,引导我们达到一种关于世界的真正的现象学理论。虽然,在胡塞尔那里,有时两种特征刻画同时并行,并对两种特征刻画赋予了相同或者类似的特点。但是在他的作为整体的理论体系中,胡塞尔清楚地区别了对世界的本体论描述和现象学描述,十分清楚地看到它们分属于不同的层次③。本体论观念的解析(Abbau)构成《大观念(Ⅰ)》和《形式的与先验的逻辑》两本书的第一部分,而实际上却为进入在第二部分中展现的现象学观念提供了切入点。在"世界"的观念尚未被拓展为"生活世界"之前,这种区别已经很好地建立起来了。这个区别同时也是胡塞尔刻画主体性特征的关键。所以,我们必须更加明确地搞清楚,胡塞尔是如何达到对世界的本体论描述的,以及是如何把这种描述融合到他自己的理论体系中去的。

"自然认知从经验开始,并且停留于经验**内部**"④,我们在上面曾经引用过这句话。所有关涉自然认知的研究,不论是现实的还是可能的,都是各种关于世界的科学。但是没有任何一门科学专门研究世界本身,它们都只是处理世界内部的一组事实和(或)一组对象。所以,如果我们要对自然知识的

---

a 对本体论,不是取消,而是改革。——译者注
① 下述事实使情况变得更加复杂:我们不能假定导致了这两种特征刻画的两种哲学理论在什么是"预先给出的世界"的问题上是一致的。"预先给出的世界"的说法意味着什么,这本身就是由一个理论的"风格"和要求决定的:它既要顾及先验的特征刻画,又要顾及对现象进行描述的陈述的类型。如果这些陈述不是日常话语的陈述,而只是已经建立起的科学话语的陈述,那么两种非常不同的现象观念以及预先给出之内容便告终结。尽管就像我们的研究所建议的那样,称为"预先给出",而不是"给出",但它也已经是依赖于被我们标示为现象学的话语。这里的赌注是,这里的开端允许我们最终对那个在科学上来说至关重要的世界概念进行说明。这个问题我们将在第十三章中加以讨论。
② 胡塞尔:《形式的与先验的逻辑》,第415页。
b 世界是必要条件。——译者注
③ 胡塞尔:《形式的与先验的逻辑》,第437~438页。
④ 胡塞尔:《大观念(Ⅰ)》,第7页;英译本,第5页。

范围和各学科之间的相互关联做出说明的话,这些科学必须被作为世界的各种区域来对待处理[a]。接近、探索世界,"自然而然"就包括在哲学上对这个世界进行描述的一定方式。换言之,把世界作为整体的推论是分两个步骤进行的:(1)对真命题的语义分析,就是将其置入关于存在的事实(或对象)之条件的本体论或因果分析的关系之中;(2)而对事实之业已给出的集合的分析,与对作为整体的事实的可能性之条件的分析,恰恰完全对立,因此,便引进了把区域本体论同对世界本身的普适性分析**区分开的**可能性。胡塞尔同意下述论题:如果不假定作为整体的世界的存在[b],并且不假定任何种类的对象得以存在的一些条件的话,我们便不可能理解一门科学中的事实之间的相互联系,也不能理解各门科学之间的相互联系。如果我们要确保各区域之间的合理性的连接的可能性,我们就必须假定世界的存在,而对它的存在的推断是建立在把世界作为**整体性**的理论论证的基础之上的。用《大观念(I)》开头的表述来说,就是:

> 世界是可能的经验以及可能的经验知识的对象的总和(Gesamtinbegriff[c]),是在以现实经验为基础的正确理论思想中可以得到认识的那些对象的总和。①

用语义学的语言来说,世界就是现实的和可能的真命题中所指内容的整体性[d]。用所有自然科学都运用的术语来说,世界就是由因果性联系在一起的所有实体的总体性。无论是在哲学的表述形式中还是在科学的表达形式中,这里所遵循的过程,都使用着本型变换(eidetic variation),以便从对象和事实转入到本体论**条件**或者质料性**条件**[e];没有这些条件,对象和事实就不可能成为相互关联的认知对象。这种探索**不是**把世界看作是诸多个体的聚集(这些个体带有的特性可以还原为世界之外延的属性的一些组合性),而是把世界视为存在着的整体性,视为一种"观念(idea)"②,一种对于说明事实和(或)对象的存在来说必不可少的观念。如果构想正确的话,对世界的

---

a 世界的本体论描述。——译者注
b 因果分析:1. 区域本体论;2. 世界:可能性条件。——译者注
c Inbegriff 即总体把握。——译者注
① 胡塞尔:《大观念(I)》,第8页;英译本,第6页。
d 切记:预先给出的世界包括了科学化的世界,不等于生活世界。——译者注
e 世界不是集合,而是一种观念、信念。——译者注
② 胡塞尔:《形式的与先验的逻辑》,第442页。

本体论的特征刻画就会成为现象学研究的指导线索[a]。

我们以胡塞尔本人很少做的方式,把这件事情放到关注的中心,为世界的**先验特征刻画**提供支持和论证,以避免犯下将世界处理为实证对象的错误;然而这种做法**同时又停留于本体论研究的界限之内**,即停留在自然态度的**界限之内**,这并非不可能[①]。对理解这个问题最好不过的帮助,就是转向早期维特根斯坦,尽管就我所知,胡塞尔从来没有提及过,甚至从来没有阅读过他的任何著作[②]。维特根斯坦的《逻辑哲学论》[③]也提供了一个对世界的特征刻画。这个特征刻画是以世界中的事件与世界本身的根本区别为基础的。维特根斯坦指出,世界是事实的"整体(Gesamtheit,totality)",或者是可能存在的诸原子事件的整体[④]。它不是诸对象的整体,尽管诸对象也被纳入到对世界的说明之中;这些对象作为基本元素相互关联,这种关联是由我们对事实之逻辑描述所规定的[⑤]。此外,世界并不是事实的"总和(sum)"或集合(set)。因为如果那样的话,世界这个观念就会被还原为它的外延,那样的话,除了事实之外,什么也没有了。较合理的是,在事实的集合之外、之上,还有一个世界,它是"现实性的整体"[⑥],它有自己的"形式"[⑦]和自己的"界限"[⑧],把世界当作"原子事件"的整体性来对待为维特根斯坦提供了对真理的话语进行哲学上的特性特征刻画所需要的本体论假定:专名不可能孤立

---

a 在自然态度之内,为世界整体提供本体论说明:维特根斯坦的《逻辑哲学论》。——译者注
① 这一点对哲学产生了严重的后果。其中之一是,在现象学和早期分析哲学之间打开了裂口。下面维特根斯坦的讨论也企图达到更深入的东西,而自从《逻辑哲学论》发表以后,它却把这二者在思想上分开了四分之三个世纪。
② 在《形式的与先验的逻辑》一书的附录中有一处提到《逻辑哲学论》对重言式的分析,但是那是他的学生奥斯卡·贝克尔写的。见《形式的与先验的逻辑》,《大观念(Ⅰ)》,第 334 页;英译本,《大观念(Ⅰ)》,第 337 页。胡塞尔并不了解维特根斯坦的工作,但是大量的证据证明,至少到 1929 年,维特根斯坦已经对胡塞尔的工作有了解。见他的《哲学注释》(*Philosophische Bemerkungen*),Rush Rhees 主编:《文集》(*Schriften*),Vol. 2,Frankfurt am Main:Suhrkamp,1964;英译为 *Philosophical Remarks*,译者为 Raymond Hargreaves and Ryan White,Oxford:Blackwell,1964,还见他的《对哲学研究的基础考察:蓝色和棕色笔记》(*Preliminary Studies for the Philosophical Investigations: The Blue and Brown Books*),Oxford:Blackwell,1960。在这些地方他都提到了现象学。曾有一个短暂时期,维特根斯坦接受了现象学的用语。此事见赫伯特·斯皮格伯格(Herbert Spiegelberg):《现象学运动》(*The Phenomenological Movement*),收入《现象学丛刊》,The Hague:Martinus Nijhoff,1965,Ⅱ,第 669~670、762~763 页。
③ 维特根斯坦(Ludwig Wittgenstein):《逻辑哲学论》(*Tractatus logico-philosophicus*)[1921],《著作集》(*Werkausgabe*),Vol. Ⅰ,Frankfurt am Main:Suhrkamp,1984 年;英译为 *Tractatus Logico-Philosophicus*,译者为 D. Pears and B. McGuinness,London:Routledge & Kegan Paul,1961。
④ 同上书,1.1;2.04。所有关于维特根斯坦的注释给出的数码都是段落和文句的标码。
⑤ 同上书,2.1;2.13。
⑥ 同上书,2.063。
⑦ 同上书,2.171。
⑧ 同上书,5.6。

出现,它只能在一个命题的上下文中才有机会获得一个意义;命题也只有在上下文中"显现出来"①时才具有逻辑形式。与此相同,对象也只有在原子事件中同其他对象发生联系才得以存在,而原子事件则只能存在于构成了世界的整体性的内在的关系中②。逻辑与本体论之间的"镜像反映"使得维特根斯坦得以认为,① 作为整体的科学语言"描述着"由原子事件构成的存在着的整体性③。② 命题的本质(它的命题形式)给出了语言和世界的本质④。③ 语言的界限也就是世界的界限⑤。

而维特根斯坦十分清楚地使用整体性这一观念作为本质,来对世界做哲学的澄清和说明。他得出了十分强而有力的结论,这是由于他认识到,他的分析[a]——先验的分析——本身不能属于这个世界。对于维特根斯坦来说,真命题的总和是与(现实的和可能的)实证科学的整个内容相符合的⑥。由于哲学所研究的内容不是世界之内的各种事实,而是世界本身,所以它不是实证科学之一,所以它不属于那个由语言的可真、可假的句子所规定的序列。严格地说,维特根斯坦告诉我们,世界是"先验的"⑦。他推测道,如果把世界作为整体来理解,那就要求**一种从永恒的立场出发的直观**(sub specie aeternitatis)。由于没有这种直观,同时又由于他拒绝任何类似于现象学还原作用下产生的基本框架的转换(我们将在下一节讨论这一问题)[b],所以维特根斯坦只有求助于非概念性的手段:"把世界作为有限整体的感觉是**神秘**的"⑧。作为一种**神秘**的东西,世界不可以在有意义的语言中得到表达[c],因为在那里,对世界的描述将会是,既非真也非假。世界绝不可能被指称(**referent**,被指),因为世界缺乏能指者(**reference**),所以在原则上,世界不可能在科学的语言中得到描述。不只世界,而且整个哲学的全部内容都是先验的,于是维特根斯坦按着他一贯的一丝不苟的风格得出以下结论:"对

---

① 维特根斯坦:《逻辑哲学论》[1921],4.121;4.1212。
② 同上书,5.524;2.0124。
③ 同上书,4.023;4.024;4.25;4.26。
④ 同上书,5.4711。
⑤ 同上书,5.61。
a 先验分析不属于这个世界。——译者注
⑥ 维特根斯坦:《逻辑哲学论》[1921],4.11。
⑦ 同上书,6.13;6.41。
b 现象学转换了认知框架。——译者注
⑧ 维特根斯坦:《逻辑哲学论》[1921],6.45。
c 维特根斯坦找到了一种科学的话语,用来描述世界内的经验对象、科学对象和事件、事实,并且发现,世界不可以用科学的话语来言说。
　　道可道,非常道。道在万物之中,万物在道中,道本身却不是万物,不可用常言道之,不可用科学语言、对象性语言道之,所以是玄,研究它的学问是玄学。——译者注

于不能说的内容,人们应该保持沉默。"①"哲学的严格意义的方法实际上是什么都不说。"②

胡塞尔相信,现象学可以比美丽的歌声更好地充实那个寂静。他并不拒绝维特根斯坦的断言:世界可以作为整体来处理,因为,有一种令人吃惊地十分接近维特根斯坦的途径,使得胡塞尔得到了形式判断理论(apophantics)同形式本体论之间的"镜像反映关系"③。而且,对于维特根斯坦和胡塞尔两个人的系统而言,"普适知识(mathesis universalis)"应该是可以用来描述它们之间关系的语言。胡塞尔也会承认,维特根斯坦所做出的贡献超越了其他世界理论:那些理论超越了把世界作为对象来对待的初级的"天真性",却被二级的"天真性"——把世界当作实证的东西来对待的"天真性"——所捕获。而维特根斯坦在把世界置于先验层次的时候,也拆除了世界的实证性。胡塞尔对此的回应将会是:维特根斯坦所驶入的寂静的否定性,恰恰是设计出来专门用来稳定科学话语的霸权地位的世界理论的逻辑结果,因为,这种科学话语中的世界理论突然发现,它自己所描述的内容(世界本身)恰恰不属于这个话语,或者不属于客观的科学的任何领域。只有在科学话语的全部框架之外发现了指称的中心点时,只有理解了科学话语的语法,理解科学话语中的世界,将其理解为那种可以用现象学加以说明的转换带来的结果时,科学话语的霸权地位才能被打破。但是要想证明这一点,我们必须回到对世界的现象学的特征刻画。

我们看到,所有的对象都有一定的背景,而背景也是我们去经验对象的必不可少的一部分。在我们经验一个对象的相互关联的特性时,特别是当我们的意向落空或者受到纠正时,我们的感知通过对象带来的不只是与世界的默然的熟知,还带来了对世界**存在**的"一般性的"或者"非设置(nonthetic)"的确信。要想理解对对象的特殊经验,通过什么途径提供了对世界存在的相信,就要认识到,进入对世界的正面概念④进行现象学拆解的那个入口。这之间的连接需要进一步的探索。

每一个被感知的对象,都是由实际当下化,但是却并没有成为焦点的、协同当下化——并在这个意义上,是协同给出——的诸多侧面的多样性之某种所谓核心所构成。当然,可能我们只捕捉所期望的东西,寻求这类内容在

---

① 维特根斯坦:《逻辑哲学论》[1921],7。
② 同上书,6.53。
③ 胡塞尔:《形式的与先验的逻辑》第一部分。
④ 见胡塞尔:《大观念(I)》,第 80 页以下各页;英译本,第 94 页以下各页,以及克劳斯·黑尔德:〈胡塞尔〉("Edmund Husserl"),奥特弗里德·侯福(Otfried Höffe)编:《哲学经典作家》(*Klassiker der Philosophie*),München: Verlag C. H. Beck, II,第 289 页以下各页。

现实的感知中对它们的充实。我可以围绕着压水机走,这样,以前所期望的侧面——可能十分模糊,并未完全确定的侧面——充实、丰满起来,并得到明确的规定。我也可以从我对压水机的感知,最后转移到压水机最初吸引住我的感觉时就朦胧"暗示着"的那整个区域。每一种经验都会展开一定数量的经验上的新侧面、新对象的可能性,它们并非完全是随意的可能性,而是如胡塞尔所说,依据"预先指定的形态(style)"被期待的可能性。我可以自由地转移到这个方向,或者那个方向,可以勘查压水机的背面,也可以把我的关注转向庭院。在我的进一步经验的路线尚未准确确定之时,规定着我当下感知的感性意谊或者语义含义限定了我的经验的可能性。处在关注焦点中的侧面或者对象引发了这类预期,这一点表明,我已经熟知了一大群可能性。

尽管如此,在这一点上,我们十分容易误入歧途。不管是庭院还是农场,甚至广阔的周围环境,都同世界不是一回事,因为其中的任何一项都可以十分容易地成为新的指称行为的**一种对象**①。它们中的每一个都将是实证性的。与此相反,所有事物均在其中有其相应的当下显现的那个世界,本身并不是一个事物ᵃ,它也不具有特定的被指内容那样的特征。我们也不可以将世界还原为感知的给出的行为的关注焦点之外的特定环境。把关于行为与对象之间的意向性关系的反思融合到我们的考察之中,现象学就使得我们能够把世界既**不理解为**相互关联的事实的整体,也**不理解为**在相互关联的意向行为中所指向的整体性,而是把世界理解为一种组联(nexus):一种从压水机到庭院,再到农场,再到周围环境的运动中揭示出来的组联(nexus)。它是表指意义之间的网络,一种 Verweisungszusammenhang,或者是一种指称性牵连(referential implications)之间的组联;行为与对象的任何意向性联接,都把这种指称式蕴涵的组联作为必不可少的基础。为了用一个术语来把握它,《大观念(Ⅰ)》引入了"horizon(视野、视域)"这一术语:

> 在我醒着的时候,被我意识到的在"手头的"世界,是不可能被包围着感觉的现实领域的协同当下显现的内容所穷尽的——不管它在直观上是清晰的,还是黑暗的,也不管它是明晰的还是不明晰的,都一样。在一种固定的存在秩序中(in einer festen Seinsordnung),世界向外延伸至

---

① 当胡塞尔把世界说成是环境,说成是 Umwelt(比如《大观念(Ⅰ)》,第 50 页;英译本,第 53 页),他是想削弱他的特征描述。但是然后,他给我们提供的无非是同实证科学中的世界概念等同的概念。参见《大观念(Ⅰ)》,第 53 页;英译本,第 57 页。
ᵃ 世界不是一个具体事物,也不是一个一般性事物,而是一种诸意谊(和诸意义)之间的表指网络。——译者注

无限(Unbegrenzte)。那些实际上被接收到的内容,那些多少在一定程度上清楚地协同当下显现和被规定的内容……是一部分被充实,一部分被一个对未确定的现实性的 horizon(视域)ª——它本身是一种朦胧的意识——所笼罩。……[围绕着感知的内容]是未确定的[也就是说,被期望的感知意义,带着它们的开放着的充实的各种可能性,都是开放的、悬而未决的]和无穷的,也就是说,这个视域是被隐蔽着的,这个不可能完全被确定的东西,是必然在那里的。①

为了避免"在哲学上对世界绝对化"——或是绝对化为对立于意识的不可还原的现实性(实在论),或是绝对化为由意识构造出来的现实性(主观唯心论),胡塞尔在《大观念(I)》中提出:"世界本身把它的整体存在作为某种'感性意谊(sense)'来占有,这种'感性意谊'已预设了一种作为感性意谊的给予过程(Sinngebung)之领域的绝对意识(daß die Welt selbst ihr ganzes Sein als einen gewissen "Sinn" hat, der absolutes Bewußtsein, als Feld der Sinngebung, voraussetzt.)。"②胡塞尔现象学的这一基础观念,直到他的最后一部著作《危机》中都未改变:

> 为我们而在的那个世界,成了可以理解为由最基本的意向构成的意义的结构。这些意向性本身的存在,无非是与其他感性意谊一起进行工作中的一个感性意谊构型过程(Sinnbildung),是通过综合而"本构着"新意义的过程。③

作为感性意谊之组联,世界最初可以被理解为针对经验中的事物的可能的规定性之**视域**ᵇ。在涉及可感对象的情况下,它们的感性特征都牵涉到一种开放性和不确定性,它们都在召唤进一步的经验。那些被预期的内容,不是某种乱思乱想,而是牵涉到一种

> 确定性,这种确定性具有严格的规定性。它能预示[deutet vor]可

---

a　视域概念不应该被绝对化。——译者注
①　胡塞尔:《大观念(I)》,第49页;英译本,第52页。《大观念(I)》的这一节是"horizon"这个术语第一次出现的地方。
②　胡塞尔:《大观念(I)》,第107页;英译本,第129页。
③　胡塞尔:《危机》,第171页;英译本,第168页。
b　外部世界在现象学描述中的样子。——译者注

能的可感的多样性,这些多样性连续不断地相互融合,联合在一起,组合成一个感觉的统一体,在其中不断持续存在的事物,在其侧面投影(侧显)的永远常新的系列中,永远展示新的侧面(或者在倒退中,展示着老的侧面)。①

更晚些时候,胡塞尔把同样的思想重新表述在下面的段落中:

> 这种感性意谓,这种**被思想的内容作为被思想的内容**(cogitatum as cogitatum),永远不可能被当下显现为一种完成了的被给出者。只有通过对这一视域的说明,对连续不断被以新的方式唤醒的诸多视域的说明,它才能变得清晰。预先的勾勒本身尽管总是不完善的,但是在它的**不确定性中**,[我们能发现]**确定性的结构**。比如,一个立方体总是为未看到的方面留出大量的开放可能性,但是尽管如此,它已经被事先[im voraus]**领会**为一个立方体;它可以在特殊性质上有所区别:着色上、粗糙程度上,等等,而这里的每一种规定都为进一步特性的规定[*Besonderheiten*]继续留下开放性的空间。②

此外,这种对视域的理解还有一个意向行为(noetic)上的搭档:

> 在这些可能性中仍然总有一个"**我能**"和"**我做**"分别地在起作用。**我能够做不同于我现在正在做的事情**。视域是各种预先规划好的潜在性。③

> 每一个经历过的经验都有一个变动中的视域,有与意识的不断交替相关的组联(nexus)和自己经验流的各种不同阶段的更替——意识的潜在性属于指向视域自己的指称性蕴涵的意向性视域[Herizont der Verweisung auf themselbst]。比如,每一个外部感觉都有一个指称性蕴涵,它从对感知对象**现实被感受**到的侧面,[移动到]被协同意指的、还未被感受、只是被期望的侧面,这个侧面开始并没有被直觉,只是被预期的侧面,空洞的侧面。……[行为]具有着持续的**瞻前**(protention)意向,

---

① 胡塞尔:《大观念(I)》,第 80 页;英译本,第 94 页。
② 胡塞尔:《笛卡尔式的沉思》(Ed. by Stephen Strasser. *Husserliana*, Vol. 1. The Hague: Martinus Nijhoff, 1963),第 82~83 页;英译本(Trans. by Dorion Cairns, The Hague: Martinus Nijhoff, 1960),第 45 页。
③ 同上书,第 82 页;英译本,第 45 页。

对于感知的每一阶段,**瞻前**意向都有一个新的感知意谊。①

作为视域的世界是**先验的**,因此它使得诸存在的确定的当下显现成为可能,但是它本身却永远不能被认定是一个存在者。从**现象学上**对视域进行特征刻画,视域属于表指意谊(significance)的序列,为意向性提供基础。把世界刻画为视域,使得我们能够避免支撑着自然态度的那种致命错误,即避免把关于世界之"所是"的问题,设计为是关于某个实体、某个存在者的问题。

第四节　从反思到还原

我们将在本书第十三章至第十五章中详细具体地讨论作为视域的世界[a]这一现象学的概念。这一观念描写**在自然态度中**世界是如何运作的。它在"预先给出性"中刻画世界的特征。这样的世界是人类生活的所有活动不可避免的背景,不管这些活动是工人的日常劳作,还是科学中的特殊事业。在把世界作为整体来考察的哲学探索中,还增加了一种更复杂的情况:哲学把世界的特征规定为一种高阶的存在者(existent),一种整体性。这是一个先验的观念,并且因此,在较好的理论中,这个世界的概念不是通过超越于各种实存的一般化而得出来的[b];世界是诸实存去存在(to be)的条件,因此也是实存之间的互相联络本身。但把世界特征刻画为整体,并没有把**作为自然态度的本构内容**的世界作为专题加以讨论。在试图表达适用于一切认知对象的某种逻辑条件(胡塞尔)和语法条件(维特根斯坦)时,这类工作都必然预设了那个世界[c]。胡塞尔利用这一点提出了下面的看法:作为整体的世界这一本体论概念是一个**派生**的概念,它必须由作为视域的世界概念加以补充,如果不是用它取代的话。但是为了建立起这一世界概念,我们必须在理论层面上能够提出视域的观念,必须能够由在世界内部熟知的世界,转入到把世界"作为整体"[d]来领会,并且能够保证,不会再回到把世界当作"对象性"来对待的老路上去。关于"作为整体的世界"同"作为视域的世界"之间的区别的意向对象理论(noematics),召唤一门意向行为理论(noetics)。它应专门来

---

① 胡塞尔:《笛卡尔式的沉思》,第82页;英译本,第44页。
a 作为视域的世界是自然态度中的世界。——译者注
b 世界概念不是一般化的结果。——译者注
c 自然态度之世界这个视角并没有受到关注,并未作为对象被研究。——译者注
d 作为整体的世界:本体论的。
作为视域的世界:现象学的。——译者注

研究我们是如何把上述区别置入我们的关注中心的。

胡塞尔试图发现一种方法论上的工具来处理这一问题,藉此方法,使他能够将那种支撑性的特性——它把世界的所有领域紧密联系在一起——孤立出来,将其置于不起作用的状态;最终结果是把世界的所有实证特征刻画孤立出来,置之不用。无论是自然科学对世界的看法,还是哲学对世界的看法,或者是"自然态度"对世界的看法,都被框在对这个全局方向上的确信之中。这个确信加强了"直接"态度的流行与力量。现象学的分析如果想避免自然主义的态度,就必须在同等程度和范围上实施有效的转换:这种有效的转换不是在行为的层次上进行改变,而是在支持着世界的实证性的那个态度ᵃ的层次上实施有效的转换。

当胡塞尔认识到单纯的内在**反思的**方法——即《逻辑研究》遵循的方法——不足以完成这一任务时,决定性的突破就发生了:"然而,不管进行的观察和分析有多么小心,不管朝向我的纯粹的心理生活是多么真实,朝向我的心灵的纯粹知觉是多么真切,单纯的反思仍然停留在**自然的、心理学的反思**的范围之内,只要还没有使用这种方法的话。"①

把一个对象作为意向性的对象来领会的活动,总是包括了超越性的成分,这些成分恰恰不是简单地把我带出诸侧面、引向对象之整体,它同时还把我们带出这种对整体的规定,引向对象的"在那里(being there)",引向对象的存在(existence)。存在(being)本身"不是一个现实的谓词"(real predicate)②。它本身从来不是诸规定中的一种规定,更不是被感知的诸对象当中的一个对象。尽管它从来没有被领会,但却被包括于所有确定的经验之中。尽管在我们同诸事物直接打交道的领会中,从来没有把它作为专题加以关注,它却是所有对象作为对象之所是的那个"是",是世界中所有之所以"是事实"的那个"是"。在达到充实的时候,存在(being)也被获得。胡塞尔论证道,如果我们能找到一种途径,对作为整体的存在的确信进行反思的话,我们就能够包容**所有的那些"所是之内容**(all that is)",而不用假定:我们事先能说或者能知道**那是什么**(what it is);甚至不用假定,去承认**那是什么**之整体为概念性的封闭(closure)。

这些观念指点我们回到胡塞尔在《逻辑研究》中所从事的关于存在问题的研究,以及关于"是"这术语在各种命题中所扮演的特殊角色等问题的研

ᵃ 重要:转换态度,达到对世界本身的把握。——译者注
① 胡塞尔:《第一哲学(Ⅱ)》(Ed. by Rudolf Boehm. *Husserliana*, Vol. 8. The Hague: Martinus Nijhoff, 1959),第79页。着重号是作者加的。
② 胡塞尔对康德这个观点的概述见《逻辑研究》,Ⅱ/2,第137页;英译本,Ⅱ,第780页。

究。按照胡塞尔的看法,所有的言语行为,都有一个由性质和质料组成的语义学本质;不同的行为之性质可以有相同的质料;判断以"当下显现"为基础;所有的真判断都可以在相应的充实行为中得到认可。胡塞尔的上述论点,使得他可以提出下面的看法:各种关于事实的陈述以及它们在经验中的确认都是最基本的。一切不同的认知形式都有"对象化行为(objectifying acts)"作为它们的基础①;通过陈述可以被表达的这行为,都具有一种核心形式:S 是 p②。胡塞尔十分谨慎地指出,在进行充实的行为中,我们可以把当下显现的直观行为嵌套到被指内容 S 或者 p 中去;而这些被指内容都是个体[不是具体个体(concretum)就是抽象个体(abstractum)],但是把被指内容 S 和 p 联系在一起的那个"**是**(is)"ᵃ,在行为的**所有**质料中都有它发挥的作用。但是那个"是"本身是不能被这样理解的。"诸范畴形式的对象性相关者不是'现实(real)'的环节。"③我们可以"感性地直观"或者感受被称为"金子"元素所意指的内容,以及被称为"黄"的颜色,但是我们却不能以同样的方式看到"金子**是**黄颜色的"④。正是由于它同感性对象的这种区别,这种特殊的特征要求借助于与其相适应的、不同性质的领会形式。在《逻辑研究》中,这种形式被称为范畴直观,这种直观并不是去领会具体对象,而是去把握对象性的(objecthood)本构内容,不是去把握事实,而是去把握事实性本身的本构内容ᵇ。它要领会的是充实在所有特殊命题中,在其中起作用的那个"一般性论题(general thesis)"ᶜ。在**如**它们存在那样去经验对象或事实的过程中,所有的对象化行为都**在**对象或事实的**存在中把握对象或事实**。

为了理解胡塞尔的理论中这重要的一步,我们必须强调指出,对存在的默默的相信,不只是简单地支撑着我们所意向的对象,而且还支撑着我们所把握的不同领域,以及支撑着我们作为专题加以关注的世界,不管是在科学上还是在本体论上都是如此。在我们对各种事物的经验中,在我们对这些事物的科学讨论和哲学讨论中,从来不能给我们提供存在(existence)。把实证性作为整体全部囊括在一起ᵈ,然后将其置于脱扣状态,要做到这一点的关

---

① 见胡塞尔:《逻辑研究》,Ⅱ/1,第 477~499 页;英译本,Ⅱ,第 636~651 页。
② 实际上,《经验与判断》既讨论了 S 是 p,也讨论了 S 有 p,并把二者都看作基本的。但是只有前者有形容词形式做谓词。见道恩·威尔顿《意义的起源》(《现象学丛刊》第 88 卷,The Hague: Martinus Nijhoff, 1983)第 109 页对此的讨论。
a Being 要求特殊的直观形式以便显现自身。——译者注
③ 见胡塞尔:《逻辑研究》,Ⅱ/2,第 137 页;英译本,Ⅱ,第 780 页。
④ 同上书,Ⅱ/2,第 140 页;英译本,Ⅱ,第 782~783 页。
b 范畴直观。——译者注
c 这个一般论题、一般设定被悬置了:并没有得到描述、分析、说明和解释!——译者注
d Being 的普遍性。——译者注

键是,想办法将其在基础中支撑性的确信,或者使五花八门的形式成为可能的那些基本特性,悬置起来。胡塞尔的表达方式是,必须使自然态度作为整体"不起作用"。我们不再遵循与事物打交道的正常途径,我们不再陪"对存在的确信"玩了——对于所有固定到它们所指称的内容上的特殊行为来说,对于在每一次被给出中都同样协同给出的那个世界来说,这种对存在的确信都是操作性的(operative),因而是本构性的。我们把这种未被作为专题加以关注的全面的相信"悬置"起来,或者"中止它们的作用"ᵃ,其结果就是,将我们的关注转换到对剩下的东西的分析,假如还剩下什么东西的话。从意向相关项上(noematically)来说,就是存在被"放到括弧中"。胡塞尔把这种对自然态度的"中性化"称为"epoché(悬搁)"①。

这种排除的环节是与胡塞尔的先验说明中的颠倒(翻转)与包含的环节(reversal and inclusion)联系在一起的。与"直截了当"的态度或者自然态度相反,它并不全神贯注于其特殊的任务和利害关系,也不是只对世界有部分的知觉,或者只有对世界的边缘(margins)的知觉;现象学的态度把我们作为整体的生活做成它的论题加以研究。这就要求一种对我们的思想的正常思维方向做一种"不自然的"也许是十分"粗暴的"倒转。换句话说,在平时,我们对意向生活有一种**反身式**(reflexive)的、但是默默的熟知。通过**这种**默默的熟知我们熟知了世界;现在,这种**反身式**的、默默的熟知被做成了外显的明显直率的**反思**(explicit reflection)**的**主题,进而成为方法论上加以**净化**的课题,这种净化工作把主体和世界作为"对象",以及把作为存在而显现的必要条件ᵇ置于不起作用的状态。通过这种净化活动,我们得以在"主体和世界"的存在上(in their being)达到主体和世界。"悬置"存在(existence)论题,"悬置"存在的超越性之本构内容,其结果是把作为整体的世界带入到一个尺度上,一个场所中,使得我们可以直接地、"内在"地描述世界整体ᶜ,在这描述中并且通过这种描述来掌握世界整体。与此同时,世界的观念获得规定的那个层次也从根本上发生了改变;它取代了指称内容——即事物、事实、事件、环境等——序列上的世界之观念,使世界处于意义的序列ᵈ——即表指意义的序列、意向性生活同被指内容之间的基础连接的序列——之中。一

---

    a 把一个不清楚的东西括起来,看还剩下什么清楚的,这也是笛卡尔的策略。——译者注
    ① 胡塞尔:《大观念(I)》,第52~57页;英译本,第55~62页。
    b 并没有真将其"对象化"。我们平时达不到主体和世界的存在,看不见自己的眼睛和Universality。——译者注
    c 等于把握"Being"。——译者注
    d 语义世界:用语义分析取代了事实内容的分析。这就是后来海德格尔问的:Sinn von Sein, the meaning of Being。从现实空间转入语义空间。——译者注

旦现象学的态度取代了自然态度ª,我们就会发现,世界被描述的方式发生了根本的改变。展示于光天化日下的世界,① 不是作为自然科学的解释中那样的因果联系,② 也不是作为社会科学的总结中所讲的那种社会政治环境,③ 也不是作为史学纪年中的那种历史世界,④ 也不是作为无限多的实存的宇宙或者无所不包的万有,就像一些形式主义说明或者先验说明所认为的那样。与上述的所有把握不同,在这里,世界被理解为"感性意谊的统一体(unity of sense)",被理解为一种指称本构内容或者表指性本构内容(significance constitutive)的无约束的交叉结构(自由矩阵,unbound matrix,模板、模型、基体)、世界中对象的确定的当下显现的无约束的交叉结构(自由矩阵)、被置于括弧中的各种世界的多样变体的无约束的交叉结构(自由矩阵)。世界本身的"去是(to be)"的特征刻画,依据的就不再是存在(existence),而是指称(significance)。"世界本身作为某种'sense(感性意谊)'有了它的全部的存在"①ᵇ。更准确地讲,世界是那样一种**指称**(significance,表指意义)**的组联**(nexus of significance):靠了这种组联,所有的事物才具有了它们之针对(for)主体的确定的当下显现,当然这里的主体是指,意向性地与这些事物相关的主体。

把排除与包含这两环节联接在一起,就构成了著名的、被胡塞尔称为现象学还原的方法ᶜ。由于它的功能是为我们提供一个从事各种现象学研究的作为整体的场所,所以我们可以说,它构成了**真正的**(the)先验现象学的方法(路径,method)。

现在再看胡塞尔用现象学的"epoché(悬搁)"将存在(existence)悬置起来这一思想,也许我们就可以理解它背后更深层的意义了。把关于存在(existence)的论题置入括弧中,使我们得以反思意向性的结构,而意向性结构是我们通过现象学反思得到的。这种悬置也使得我们能够解剖关于世界的自然概念,因为没有关于存在(existence)的假定,我们便不能有意义地谈论诸实存的存在的整体(existing whole of beings),而没有此假定,也就不可能有整体性本身。悬置使自然态度中的"绝对的世界"变成了"关联性(relative)"的世界。于是,现象学的"划括弧"和反思进程就导致了立场的改变。从这一立场出发,世界便被设想为同主体性有着必然联系的表指意义的

---

  a 正面叙事:达到了世界:unity of sense。——译者注
  ① 胡塞尔:《大观念(I)》,第107页;英译本,第129页。
  b 德文原文 Die Welt selbst hat ihr ganzes Sein als einen gewissen "Sinn", der absolutes Bewußtsein, als Feld der Sinngebung, voraussetzt。这里的 Sinn 是拓展了的 Sinn。——译者注
  c 还原法的两个侧面。——译者注

组联(nexus of significance)ᵃ。用胡塞尔的话讲就是,我们把还原看作是对任何 transcendence(超越)——"存在"这一观念在认知上的对应者——假设的抑制和中止,因而也是开放了内在性之"绝对的"被给出性。这都只是为了去发现先验性:使诸现象在它们的超越(transcendence)成为可能的过程中,发现先验的内容(transcendental)。

我们看到,对世界的本体论上的特征刻画与对世界的现象学上的特征刻画之间存在着惊人的区别。尽管两者都可能是"先验的",但前者把世界看作事实的整体,后者则把世界看作相互连接的**表指意义**(**指称**)ᵇ之网络。前者属于被指称之内容的序列,后者则属于表指意谊(Significance)的序列。对世界的实证性的看法也要求世界有它的封闭性(closure);但是现象学的看法讲的却是一个开放的、无约束的视域。最后,还存在着一种惊人的差别:科学的一致性、连贯性(coherence)所要求的统一性的类型,同经验的完整性(integrity)所要求的统一性的类型之间的差别。在《逻辑哲学论》中,维特根斯坦曾经确信,在科学的话语中,世界并没有直接得到镜像反映,或者得到直接地展示。因此他假想地论证了把世界作为整体性来处理的正确性,其理由是,作为诸真理的单一有穷的系统的各门科学的统一性,需要得到奠基和论证。与此相反,对胡塞尔而言,世界是**穿过**(across)经验的不同区域(包括那些既非语言上的,也非科学上的经验在内)被展示出来的ᶜ。世界的作用就是借助于典型性上不同区域之间的经验的相互关系和差异(divergence),说明不同的区域的统一性问题。

现在我们有了把胡塞尔的现象学转换到先验语域(transcendental register)之中的一把"钥匙"。尽管它并没有新发现,没有发现"作为……结构"与"为了……结构"之间的关系(relation)(这个发现有巨大突破性),但是它发现了"作为……结构"与"为了……结构"之间的相互关联(interconnection),是依赖于"在……之中结构"的——这一发现导致了向先验分析的发展。在先验分析的进程中,"作为……结构"和"为了……结构"作为先验性的结构重新被组织,这个层次上的分析的引入恰恰使现象学转变为哲学ᵈ。

---

a 语言转向、本体论差异均隐藏于此。——译者注
b 原文为 meaning,经过与作者的讨论并依其建议,改为 significance。——译者注
c 不是假设性论证。——译者注
d 前面所讲的都是在自然态度中,经过本质还原之后,现象学借助本质直观可以做的一些工作。预先给出的世界描述、分析。世界中各种不同领域的本质特征的描述分析,即区域本体论:音乐现象学,文学现象学(英嘎登),现象学美学,建筑艺术现象学,科学史(Koyre),现象学生活本体论(海德格尔),现象学伦理学(萨特),现象学宗教神学[布尔特曼(Bultermamn)],现象学心理学(Gurwttze),现象学的马克思《资本论》解读(阿尔都塞),现象学马克思主义(东欧),现象学社会学[阿尔弗雷德·舒茨(Alfred Schulz)],等等。——译者注

第五节 先验主体性

《大观念(Ⅰ)》这本著作头绪繁多,人们很难将其纷繁的线索织成一个整体。关于该书对还原的讨论,一般来说人们总是忽视,在胡塞尔开始对主体性观念进行穷追不舍的分析之前(从第31节开始),对世界的分析有一个本体论式的特征刻画(第1节)和"自然的"特征刻画(第27～30节)。我们对世界概念已经进行过剖析,尽管还是十分初步的①,并希望这一分析能为我们提供一个入口,使我们得以接近那尚未被胡塞尔有关笛卡尔式的明证性所淹没的主体性观念。把世界刻画为表指意义的组联(nexus of significance),进一步深化了胡塞尔理论中关于认知对象和认知本身之间的意向性关联。世界作为一种表指意义的组联,为我们打开了一个各种经验性的可能性的场所(field)。但是这就意味着,我们对这些可能性是熟悉的,它们在我们的掌控之中②。视域作为可能性之场所,就蕴涵了主体性之作为**潜能**(potentialities)的场所。

> 在这些可能性中,我们发现起作用的成分分别有:"**我能**"和"**我做**","**我有能力做不同于我在做的事情**……"。诸视域被规定为诸潜能。我们ª也可以说,人们可以根据一个视域中放置的内容来询问每一个视域,说明它,[并]**揭示**意识生活的现实的潜能。③

在原则上,这是行为与意义(meaning)之间的更深层联系,它使得胡塞尔需要对他最初的意向性理论加以改变。如果世界是感性意谊的组联(a nexus of sense),那么我们就必然需要内部纽带,把诸对象与认知性产品的诸体系,以及它们的交互作用——事物就是在这种交互作用中,为了这个交互作用并通过这个交互作用,而具有了它们的表指意义(significance)——联系在一起。如果世界具有了作为表指意义的全部存在,那么,作为"感性意谊赋予行为之场所"的主体性④,也就已经被包含于其中了。这样,世界作为一

---

① 在第三部分我们将回来讨论这个问题。
② 黑尔德:〈胡塞尔〉,见奥特弗里德·侯福编:《哲学经典作家》,第290页。
a 主体性:人的潜能和能力。——译者注
③ 胡塞尔:《笛卡尔式的沉思》,第82页;英译本,第45页。
④ 胡塞尔:《大观念(Ⅰ)》,第107页;英译本,第129页。

种感性意谊的组联(a nexus of sense)ᵃ,就蕴涵了一个相关联的主体性的观念;它不仅是包括了特殊的"感性意谊的赋予行为",而且也是包括了各种能力、各样习惯、相互影响的各种形态——通过这些形态,诸事物得以获得它们被体验到的属性——的相互关联的整体。确定的对象不仅处于可能的规定性的**组联**之中,而且也处于可能的行为以及各具体主体之间的相互行动的**场所**之中。恰恰是关于视域的观念引导我们达到的这种可能性与潜能的相互蕴涵,组联与场所(nexus and field)的相互蕴涵,把主体性作为认知性的成果的聚集场地(locus)引入进来。

这里需要特别小心。在《小观念》以及《大观念(Ⅰ)》中的表达方式,使得这一思想看上去好像:还原就是把超越于人类意识的内容放到括弧里,以便把超越性内容转变到内在的领域中。我们在下一章中将会看到,胡塞尔在把世界放到括弧中之后,对作为"剩余者"的主体性做了笛卡尔主义式的处理;胡塞尔的这一做法不仅鼓励了,而且也要求上面这种笛卡尔主义式的解释。但是事实上,置入括弧当中的存在,不仅用于超验性的存在,而且也用于内在的存在。所以,被悬置的不仅仅是世界的存在,还有处于生存环境中的主体的现实的存在ᵇ①。这种分析产生的结果,不是关于认知的现实条件的陈述,而是关于认知的可能性的先验条件的陈述。

把胡塞尔的分析转变到先验的层次上,使得他可以把依据先验结构ᶜ[因此也是依据内在的与表指意义联系在一起的综合之观念]加以理解的行为,同现实层次上的行为区别出来,然后便可以把行为和表指意义看作唯一(先验)结构的两个组成部分。而不是像他在《逻辑研究》中所做的那样,把行为处理为属于另外层次(类,species)上和另外的区域(观念的,ideal)中的结构(诸表指意义 significance)的实例。作为结果,行为与意义之间的先在的**联接**(connection),就被理解为一种先在的**相关性关系**(correlation)。在现在被称为《小观念》(1907 年)的讲演中,胡塞尔是这样描述这个问题的:

---

a 意义组联(nexus of significance)与感性意谊的组联(a nexus of sense)的关系问题! ——译者注
b 重要! 但其说法有偏离《大观念(Ⅰ)》之说法的倾向;"主体在组联中"。——译者注
① 1932 年芬克向考夫曼(Kaufmann)指出的,就是他把自己准备的两篇书评寄给胡塞尔时提到的这一点。与此同时,考夫曼的误解恰恰表明,笛卡尔式的理解如何统治着读者群,即便是赞同《大观念(Ⅰ)》的还原思想的读者也是如此。参见布鲁兹那在他为《笛卡尔式的沉思Ⅵ》写的"译者导言"中第 xli 页中对这一点的讨论。
c 行为被理解为先验性意义上的行为,以区别于现实的心理行为。行为与表指意义的相关性,不用类与实例关系来理解、处理意谊与行为的关系。——译者注

自然,这里不仅考虑到诸个体行为,而且也考虑到它们的复杂的综合体,它们之间的一致性与不一致性相互关联,以及出现于它们内部的目的论。这个复杂组合,不是一种简单的聚结在一起的东西……而是一种认知的各种统一,作为各种认知性统一,它们也有它们的统一,一种作为诸对象性的相关者的统一。①

　　胡塞尔在1906~1907年的讲演中也曾强调过这一点:"**先验现象学**(或者先验哲学ᵃ)的任务是要弄清楚真存在与认识等之间的相互关联,并因此研究行为、表指意义和对象之间的一般的相关关系。"②现象学获得了一个富庶的场所,可以把这个场所交给分析。之所以能如此,要归功于下面三个事件:①ᵇ从"描述心理学"的说明转换到先验现象的说明;②ᶜ与此相应,从行为与意义的先在联系(a priori connection),转换为行为与意义的先在相关性(a priori correlation);③ᵈ认知不仅是不同行为与对象复杂组合之间的多种多样的相互联接(interconnections),而且也是功效(achievements)的巨大**体系**与表指意义**网络**之间的多种多样的相互联接。胡塞尔把这个场所称为**本构**(constitution)的场所,把对这个场所的分析称为**本构分析**(constitutive analysis)。本构这一观念的引入,同时也进一步深化了范畴现象学的观念,并带我们走出了临时性的表述。我们将于第七章中专门讨论这一话题。

　　这里的分析为先验现象学的研究设计了两个系列。第一个系列,行为与意义ᵉ的各种特殊的相关性关系(correlations),或者按胡塞尔的说法,是 **ego-cogito-cogitatum**(**我-我思-被思者**)ᶠ的相关性关系;它被包括在主体性与世界的一般相关性关系中。在这第一个系列上,即在行为与意义的相关性关系

---

① 胡塞尔:《小观念》,第13页;英译本,第10页。
a 本构分析,constitutive 分析就是指这种高度复杂的网络的分析。——译者注
② 胡塞尔:《逻辑与认识论导论:1906~1907讲演录》(*Einleitung in die Logik und Erkenntnistheorie: Vorlesungen 1906/07*),Hrsg. von Ullrich Melle,1984,第427页。感谢鲁道夫·贝尔内特等在《胡塞尔现象学导论》(*An Introduction to Husserlian Phenomenology*,Evanston, Illinois: Northwestern University Press,1993)第56~57页提及此点和下一个脚注的内容。
b 描述心理学活动于自然态度中,不能获得绝然真的知识,不能为自然科学奠基;先验现象学脱离了自然态度,达到了本质领域。但是也可以看出,现象学与心理学的关系:先验的本质的心理结构与相关对象的描述!——译者注
c 联系(connection),是两个种类的东西之关系。相关性(correlation),是同一个东西、同一个过程的两个组成方面,两个内在环节。棋、足球,考古看牛骨、龟甲和陶片。——译者注
d 加上 Leistungen 与表指意义的联系网络。——译者注
e 行为的内容。——译者注
f 线性的,局部的,具体的。——译者注

的系列上,存在(existence)被置于括弧中的方法有两种应用:通过悬置随机性,意向性成为了一种纯粹性结构,它不掺杂任何对区域性分析具有的本质意义的质料性约束,由于切断了同诸实存领域的联络,它保证了意向性是一种**先验的**结构,这种结构便可以应用于分析所及的所有区域。而视域的观念则处于第二个系列中,即表指性意义与可能的认知成果功效的组联[a]。第一个层次上的行为与意义之间特殊的相关性关系是依赖于这种组联的。当行为与意义的"区域性"相关性关系经历了一番分析时,它们被置于① 相互影响的诸主体"实际能力"或"才能"之"普遍性"的相关性关系之内,并被置于② 可能的规定性的诸框架之中,此时走向现象学分析的先验运动便出现了。换句话说就是,行为与意义的相关性关系有主体性与世界的交互作用

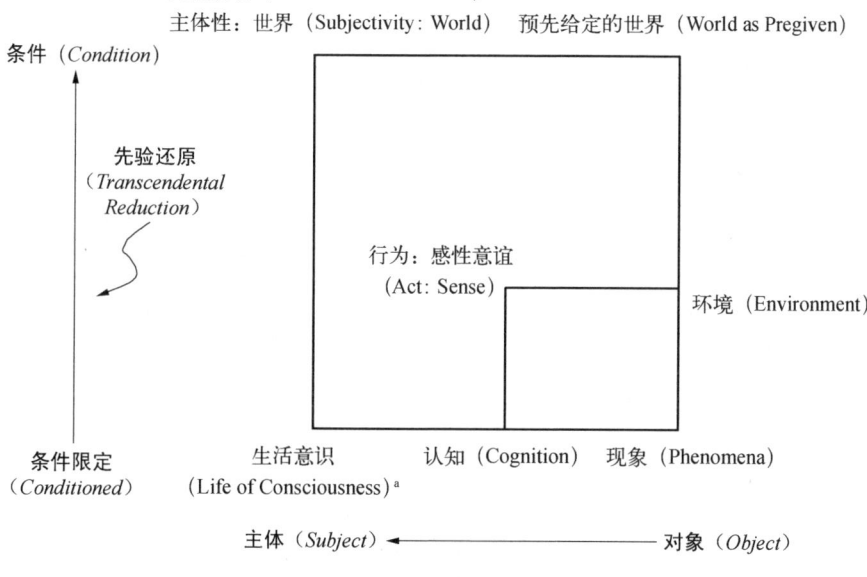

图 4.2　预先给出的世界和先验现象学
(The Pregiven World and Transcendental Phenomenology)

---

a　立体的,氛围的,具体转换的,层次切换的。——译者注
b　表格中意识生活的表述是胡塞尔用来同一般先验意识的本质可能性相区别的。见胡塞尔:《第一哲学(I)》,第 256~257 页;他把这个层次称为"transcendental facticity",以与"transcendental essence-research"相区别。这似乎和《大观念(I)》提及的,通过还原打开的"个体存在的区域"相呼应。见胡塞尔:《大观念(I)》,第 58 页;英译本,第 64 页。见 copy A,英译本,第 64 页。关于本型还原和先验还原的区别见《笛卡尔式的沉思》第 34 节。——译者注

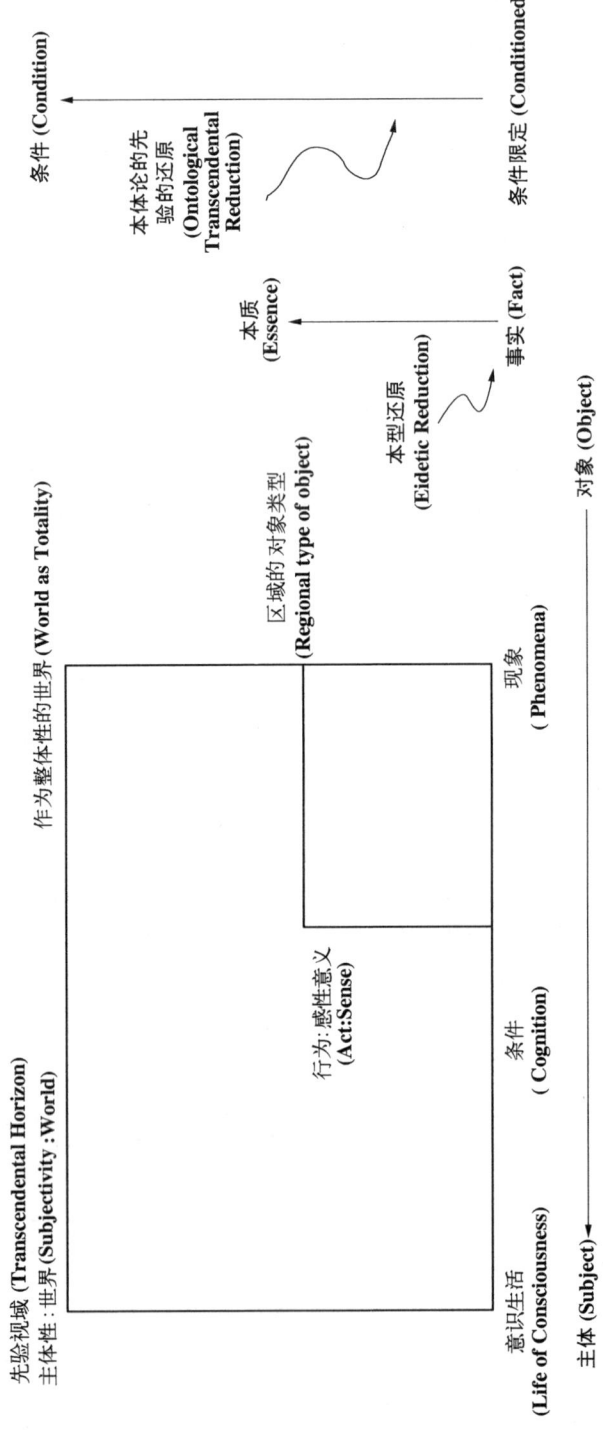

图 4.3 作为整体的世界和先验现象学 (The World as Totality and Transcendental Phenomenology)

(reciprocation)作为其基础。通过先验性还原,赢得了主体性和世界,这样,作为先验结构的行为与意义(meaning)的相关性关系就有了安全保障。胡塞尔称这种相关性为 noetic-noematic(意向性行为的-意向相关项的)结构。

让我们通过表格对两种方式加以说明。第一种方式是,把日常生活和"理论[a]之前"具体的环境作为指导线索,第二种方式是,从理论性的经验和被本体论定义了的世界"向后倒退"。静态分析能够理解这二者结构上的区别;但如何在给出的历史环境中从第一种运作到第二种研究,要回答这个问题,就需要一种生成性的研究。

从意向性出发,我们就可以避免上面提到的两种典型错误:既不会把世界等同于主体性,也不会把世界还原为主体性,如唯心主义所做的那样,不会把主体性等同于世界;也不会从世界中导出主体性,如经验论所做的那样。世界与主体性是同样原初的,共源的(co-originary),都是不可还原的。先验地解释过的视域[b]就是世界与主体性二者相互作用、往复运动的场所,是这二者的双值(二阶)分布的领域。

先验的研究是建立在《逻辑研究》的范畴现象学的研究成果基础上的[c]。把主体性和世界看作共源的观点,是把行为与表指意义作为相关性来处理的做法、作为认知的所有特殊行为的不可还原特征来对待的理论观点的逻辑延伸。在下一章我们将会看到,为了某种特殊的理由,胡塞尔把他的先验研究的这第一批结果在《大观念(I)》中做了进一步的解释。特别是当胡塞尔试图用纯粹意识[d]的观念来理解先验的主体性[e],试图把现象学还原为对世界的**排除**时,其结果是把严重的**不对称性**引入了它们的关系之中,同时也在自我和世界之间创造了**本体论上的分割**,并且使得自我占有了相对于世界的本体论上的**优先地位**[f]。

本章集中关注的是,为胡塞尔的"静态"先验分析提供一个形态学说明。我认为,在没有把他的笛卡尔式的看法纳入研究中来以前,这种分析是可以接受的(plausible)。但是,对于这种分析,我们一直都没有提出合理性或合法性的问题。必须等到第十一章,我们才能对这个问题加以讨论。

---

a 从生活到先验视域,与从科学到先验视域之间的关系,要求进行发生分析。——译者注
b 结论:相对于传统,现象学的特征是:世界与主体的相互作用场是二阶的。——译者注
c 主体与世界的共原性、同源性,地位的平等性,同样原初。行为、表指意义的相关性是不可还原的认知结构和特征。推广而为主客共源平等。——译者注
d 用纯粹意识取代先验主体性,就等于取消了世界,排除了世界,这是《大观念(I)》的片面性。——译者注
e 先验主体性不必是纯粹意识。——译者注
f 这只是笛卡尔主义的结果。——译者注

第五章　笛卡尔式的围栏

　　在那本书[《大观念(Ⅰ)》]里,本型现象学只限于严格的本型"描述"的领域内,即限于直接地可直观的[einsichtiger]先验主体性的本质结构的领域内。因为这个领域本身就已经包含了一个诸本质特征的系统的[自身]封闭的无限性……的确,就是那个描述的范围,也是被限制在已经可达到的层次上。这样,内在的时间范围的时间性问题就被排除在外了。

——胡塞尔(1931年)①

　　……先在性描述现象学(在《大观念(Ⅰ)》的现实工作中可以见到)作为对先验土壤的直接耕耘,自身就是"第一哲学",即开始的哲学。

——胡塞尔(1931年)②

　　胡塞尔的描述现象学通过扩大它的工作的活动**范围**和重新定义它的**方法**,使这种现象学发展成了哲学。把关于行为与现象的内在关系(relation)的这第一个发现,放在一个更大的相关性(correlational)纽带之中,即主体性与世界的相关性纽带之中,这个做法扩大了它的范围。通过现象学还原的观念,它的方法得到了彻底的修正。现在它的任务是,把"存在的整体"包容进来,从而为所发现的作为奠基性结构的那些内容之先验的身份提供担保。

---

① 见"跋语(Nachwort)",《大观念(Ⅲ)》(Ed. by Marly Biemel. *Husserliana*, Vol. 5. The Hague: Martinus Nijhoff, 1952),第142页;英译本(Trans. by Richard Rojcewicz and Andre Schuwer. *Collected Works*, Vol. 3. Dordrecht: Kluwer Academic Pub., 1989),"Epilogue,"《大观念(Ⅱ)》,第409页。
② 见"跋语(Nachwort)",《大观念(Ⅲ)》,第147~148页;英译本,"Epilogue,"《大观念(Ⅱ)》,第415页。

在上一章中,我们对范畴现象学之内的运动作了总结,即对从《逻辑研究》中的最初发现到《大观念(I)》中严格意义上的先验方法的发展过程做了总结,并引进了两件东西:一是关于先在(a priori)的相关性关联的观念。这种观念把主体性和世界看作同等原初的环节。二是关于现象学还原的理论。在这一理论中,留下了一个悬而未决的问题:"各种不同的方法,全部相等的可能性",在先验分析中是一个开放的问题。总之,在第四章中,我们利用关于诸实存之存在的问题的讨论,引入关于世界的观念,然后把主体性理解为共源的相关性特征,也就是视域这一概念所指称的内容。但是我们的分析仍然不完善,因为我们绕开了胡塞尔在《大观念(I)》中清晰的表达。在上一章中我们的工作**有意不考虑**《大观念(I)》中的两个立场,因此是一种简化了的说明。在《逻辑研究》[a]的第一研究中[b],在试图达到话语行为的表指意义(signification of speech-acts)的过程中,胡塞尔把**个人经验**的范围用作达到先验研究的进入点;这正是**独白**在方法上的优势的反响。作为结果,主体性被特征化为**意识**。在《大观念(I)》中,静态现象学在本质上成了一种描述学科,它不是简单地把意识的**结构**处理为先验的,而且意识本身也被处理为先验性的,因此,二者都成为现象的普适(universal)的基础。其结果是,构型了意向性分析形式,这种分析以一种特殊的方式成了静态分析的中心(本章第二节讨论)。然而,这第一条线索又与《大观念(I)》中的第二条线索交织在一起,即强意义上的[c]直观明证性(intuitive evidence)。这一概念要求对现象学还原进行特殊的设计。如果说,是康德让胡塞尔认识到,只有使现象学成为先验的,并且揭示了区域性的领域同它的基础之间的区别,现象学才能变成为哲学;那么我们也可以相应地假定,是笛卡尔让胡塞尔认识到,只有通过一种彻底的、反思的明证性类型——它同时覆盖了其基础的整体性——他的现象学的领域才可能变得安全可靠。一旦诉诸笛卡尔的表达方式以后,我们就将去尝试把静态分析的特征隔离出去(本章第一节的内容)。不幸的是,在开始的时候,胡塞尔并没有认识到康德的道路同笛卡尔的道路之间存在的种种张力的紧张程度。当他的思想进一步发展之后,他才渐渐清楚地认识到,被称为进入先验分析的笛卡尔道路有它的局限性。我将把我个人对这一研究纲领的批判留到第十章去做。这里,我们的说明遵循胡塞尔本人对这

---

a 《逻辑研究》从个人经验进入现象学。——译者注
b 《逻辑研究》:意识结构是先验的、本质科学;《大观念(I)》:意识本身是先验的,现象学变成描述科学。——译者注
c 意识过程被处理为先验的,不仅仅是其结构。——译者注

一局限的反思。用兰德格里博十分巧妙的说法①就是,胡塞尔"离开"笛卡尔主义的同时,却从来没有拒绝笛卡尔主义(本章第三节讨论)。其后,我将进一步追问:他的《笛卡尔式的沉思》,这本对"标准的胡塞尔"形象产生了决定性影响的后期著作,为什么一直没有用德文发表?与此相关,我们特别要审视一下胡塞尔与海德格尔的关系,然后再讨论这个文本是否驳倒了下述看法,即认为胡塞尔离开了他关于还原的早期笛卡尔式的表述(第四节讨论)。在下一章中我们还要讨论,不同于胡塞尔建议的笛卡尔途径的其他可供选择的途径,并且要指出,在这些不同的表达形式下,可以发现一个共同的路线,我们可以将其称为康德道路(第五节讨论)ᵃ。

第一节 与笛卡尔的亲缘关系

在把我们的关注转向能为现象学的基础结构,即先在(a priori)相关性提供担保的明证性之前,我们必须首先回答一个问题:为什么胡塞尔需要这样一个基础?它的功能是什么?特别是为了提供各区域学科相应的各类基础,什么是它必不可少的、必需的东西?

胡塞尔之所以关心基础的发现,并不是为世界的存在寻求基础;如果为世界寻求基础的话,那样胡塞尔就真的像一个唯心主义者了。他所关心的是为我们关于世界的认知寻求基础。如果用意向对象上的说法,就是为**被认知的世界发现一个基础**ᵇ。这个计划的走向和范围是由那个古老的哲学问题所确定的,即,什么事物可以在事物自身的基础上**直接**被认识?什么事物只能

---

① 见兰德格里博的〈胡塞尔与笛卡尔主义的告别〉("Husserls Abschied vom Cartesianismus"),见《哲学评论》(*Philosophische Rundschau*),9(1962),第133~177页;重印于他的《现象学之路》(*Der Weg der Phänomenologie*),Gütersloh: Gerd Mohn,1967年,第163~206页;英译为"Husserl's Departure from Cartesianism",见道恩·威尔顿主编的《胡塞尔现象学:六篇文章》(*The Phenomenology of Edmund Husserl: Six Essays*, Ithaca, New York: Cornell University Press, 1981),第66~121页。
a 本章涉及现象学中十分困难的部分。这里的问题不涉及现象学工作的内容、对象,而涉及它自身的性质和方法论。初级现象学是一般科学各区域的工作。由于胡塞尔没有明确将二者分开论述,写成两个不同系统,所以造成了它的表述艰深。
　　描述现象学发现:认知行为与被认知的对象之间的内在相关性。研究者进一步将其扩大为主体(人生)与世界的相关性。
　　如何为以前发现的内容之先验身份担保!为什么?因为,如果是经验,就是或然真!不可以为数学和理想性存在奠基!严格性没有保证!解释总带有明显的任意成分:因人因地因时而变!非精确科学!
　　再次强调以前的核心内容:主体-世界相关性,主、客同源——一张纸的两面。视域;还原的两个方面:保留与去除。——译者注
b 现象学不是为世界寻求基础,而是为认知寻求基础。——译者注

在以其他事物为基础的情况下才能被**间接**认识？以自身为基础而被认识的事物，为了被认识，不要求自身之外的任何东西，所以，它们的被认识是无可置疑的。通过自身而被认识，粗略地讲，就是那个拉丁文单词"evident（明证性）"①所要表达的意思。依据笛卡尔和莱布尼茨的看法，只有自我意识才可能被规定为不借助媒介直截了当地被认识，因此是 evident（明证性的），即自明的（self-evident）。从事认识活动的意识，并不需要通过什么其他东西为媒介才能出现。这类非媒介的知识的特殊本性，就是这种知识能为被认识者的存在提供保证。正如胡塞尔十分喜欢说的那样，在这个范围内，存在就是被感知②。

但是我们为什么需要这种自明性（self-evident）？这点儿直接知识的价值何在？在与自然科学的关系中它能发挥什么样的作用，有什么样的功能？在把知识看作本质上是演绎性的各种理论体系中，这种自明性可以保证这些体系不至于落入无穷倒退的困境。在总结亨利希·雅可比（Heinrich Jacobi）对这一问题的看法时，曼弗雷德·弗兰克（Manfred Frank）曾指出：

> 派生物要求有它所派生之处。派生物同它们的基础总是有着密切关系，就同受条件限制的事情与其条件的关系一样ª。所有的结论、推演、论证，都是在受到条件限制的意识领域中进行的，也就是说，它所在的那个领域的意识并非是它的无条件的对其"自身自在"（出于自己本身的手段）[in-itself (out of its own means)]的意识。所以，按理性的推导途径从基础中获得的所有认知，都是间接的，有媒介的……但雅可比提出：有条件的受限的观念和无条件的不受限的观念，是彼此不可分隔地连接在一起的。而且它们的连接方式是，受有条件限制的观念预设了无条件限制的观念为前提，只有通过后者前者才能被给出。③

---

① 这一段和下一段的内容，接受了曼弗雷德·弗兰克（Manfred Frank）〈自我意识与合理性〉（"Selbstbewußtsein und Rationalität"）一文中的观点，见佩特拉·科尔默（Petra Kolmer）、哈拉德·科滕（Harald Korten）主编的《对理性的界限的规定》（*Grenzbestimmungen der Vernunft*, Freiburg: Verlag Karl Alber, 1994）第 392~393 页所提供的分析。
② 参见胡塞尔：《被动综合分析》（Ed. by Margot Fleischer. *Husserliana*, Vol. 11. The Hague: Martinus Nijhoff, 1966），第 19 页。
a 演绎性知识大部分内容是间接的，所以要求基础的支持。数学是典型的例子。——译者注
③ 〈自我意识与合理性〉（"Selbstbewußtsein und Rationalität"），见佩特拉·科尔默、哈拉德·科滕主编：《对理性的界限的规定》，第 394 页。弗兰克引用的是 F. H. 雅可比（F. H. Jacobi）《在给 Moses Mendelssohn 先生的信中的斯宾诺莎学说》（*Über die Lehre des Spinoza in Briefen an Herrn Moses Mendelssohn*, Breslau, 1789）一书中第 423 页以下各页的内容。

胡塞尔承认基础与被奠基之间的这种基本区分,不受限、无条件与受限、有条件之间的区分[a],他也承认它们之间的不可分割的连接。但是由于胡塞尔并不把一般的认知看作仅仅是演绎性工作,也不认为具体的自然科学是演绎性工作,所以这个基础的功能不可避免地落入演绎链条上的无穷倒退:

> 但是,**也许为知识奠基的一种新的观念**,即作为一种先验的奠基活动,是通过笛卡尔式的先验自我的发现而开始的。的确,为了把我思(ego cogito)评估为无可置疑的明证性的前提,从而公开引向一种先验主体性的种种结果,我们指导自己专注于下述事实:现象学的悬搁(epoché)(为我,正沉思着的哲学家)开辟了一种新类型存在(being)的无限领域,一种新型的先验经验的范围。[①]

如果自我意识的作用是避免无穷倒退,那么它就是处**在经验的链条之中**。各种经验的统一性,(即便是它被还原为时间中的序列,之前与之后的统一体),并因此存在的诸区域的框架,都被我思(ego cogito)视为**本构**(constitution)的各种范围。胡塞尔所需要的直接性和明证性是笛卡尔式的,但是我们将会看到,"我思(ego cogito)"作为基础而发挥作用的方式却是康德式的。

任何关于胡塞尔接受对笛卡尔主义的讨论,都必须首先确定,笛卡尔的哪些指导性的思想最吸引胡塞尔。

1. 笛卡尔计划,至少在《第一哲学的沉思》中[②],旨在为知识提供一个安全的不可动摇的基础。与人们的意见、信念以及自然科学知识的不确定性相反,笛卡尔所寻找的是绝对的真理,以及一个不容置疑的出发点;从这个出发点出发,应该使得他能够确保这绝对真理的安全可靠。对安全可靠的明证性和基础的求索,激动着笛卡尔整个的研究活动。

2. 由于自然科学知识的不确定性,也由于实际经验的随机性,我们根本

---

[a] 如果是纯粹演绎的,就不会产生无穷倒退:从一个起点而来。如果是经验的就有无穷倒退问题:经验为经验奠基,为经验奠基,为经验奠基……——译者注

[①] 胡塞尔:《笛卡尔式的沉思》(Ed. by Stephen Strasser. *Husserliana*, Vol. 1. The Hague: Martinus Nijhoff, 1963),第 66 页;英译本(Trans. by Dorion Cairns, The Hague: Martinus Nijhoff, 1960),第 27 页。

[②] 笛卡尔(Descartes, René):《第一哲学的沉思》(*Meditations on First Philosophy*)[1641],译者为 John Cottingham,见 John Cottingham, Robert, Stoothalf and Dugald Murdock 编译的《笛卡尔哲学著作集》(*The Philosophical Writings of Descartes*), Cambridge: Cambridge University Press,1985 年,Ⅱ,第 3~62 页。

不可能ᵃ在世界本身中为我们关于自然世界的知识找到基础。我们不断地犯各种错误；不仅我们对事物的解释是如此，而且在我们的感性感知中也是如此。所有的经验认知都依赖于某种与其自身不同的东西，无论就其内容而言还是就其确证而言，情况都是一样。人们会回应说，我们可以求助于归纳性的一般化（generalization）和统计性的分析，将这些问题分离出去，但是这种做法，无论对胡塞尔还是对笛卡尔来说，都是不适用的。因为这样做顶多为我们提供一些或然性知识，而永远不能为我们提供确定无疑的知识。此外，笛卡尔还论证说，在原则上还存在着一种可能性，那就是整个世界不过是错觉造成的稀薄面纱，从事欺诈的精神手里的编织物而已。笛卡尔只看到了一种可以避免这些困难，而又不致导致持久的无法动摇的**怀疑主义**的可能性：如果我们至少能找到一种认知**事实**，这种事实的当下在场本身就能为它的存在提供担保的话ᵇ，那么它就可以为我们提供一种框架，在这个框架上，我们就可以编制出安全可靠的真理的美丽织物。我们已经看到，自然经验或者外部经验永远不会为我们提供这类事实。笛卡尔在**内在经验**的领域中找到了这种事实。因为自然经验的所有行为，同时又是我对经验过程这一事件知觉的行为，而且即便被经验的对象是幻觉，这种我对我的经验过程的直觉仍然继续存在，而且，即使最后发现整个世界只不过是一种错觉而已，我的这种知觉仍然会持续存在；我至少可以**担保**，思想的过程本身是发生了。因此，至少这个认知的事件是存在的。我对"我正在思想"的反思性直观，为我提供了无可置疑的明证性，因为在这种情况下，它的"被感知"与它的"存在"之间是一致的，这种一致性确保了它的存在，彰显了它自身的非媒介的直接性和无条件的不受限的特性ᶜ，保证了它作为 arché（原则、开端、基础）的地位。

3. 外部经验与内部经验这两种类型的经验之间的区别，内在世界与外部世界这两种领域之间的区别，对笛卡尔来说是以关于**外在存在物**（res extensa）和**思想之物**（res cogitans）这两类不同实体的存在的形而上学的二元论为基础的。可能是幻象、可能是错觉的世界，只是在时间和空间中延展的那个世界，因为只有这个世界是由对象和事件构成的，而对它们之感受，既不包含被感知的整体，也不能担保其存在。而"**我思**"的情况则不同，"**我思**"作为性质上完全不同的另类实体，根本没有与之相配之物，因此也就保证了对直观是一览无余的，没有遗留。

从胡塞尔的早期著作开始，他就十分清楚地拒绝**外在物**与**思想物**（res

---

a 实际的不可靠性。——译者注
b 在场就是自身存在的证据。——译者注
c 自我是内在的绝对可靠性。——译者注

extensa and res cogitans)的二元论,把它看作是理论思辨的虚构。这种二元论不仅与意向性的概念是相矛盾的,而且意向性概念不要求对"物理现象"和"心理现象"作任何区别。在《逻辑研究》中,胡塞尔提出:

> **明证性的特征**已经为我们提供了**描述性的样式**:对(内在)和(外在)感知做出区别。所有关于形而上学性的实体性的前提都被摆脱。**明证性**的特点是:它或者随感性经验而自己给出,或者给不出。只有明证性能够决定这种分野。①

《逻辑研究》的许多其他说法表明,在那个时期内,胡塞尔尚未认真严肃地研究过笛卡尔的理论,以便去详尽规定他的哲学方法[a]。这项工作是在《逻辑研究》与《大观念(Ⅰ)》期间的这段时间内完成的②。他研究笛卡尔的结果就是拒斥了上述笛卡尔思想中的第三点,而欣然接受了笛卡尔的前两点看法。但是要让笛卡尔的第三点思想同其他两点完全脱离干系却不是一件容易的事。所以在《大观念(Ⅰ)》中,我们可以看到某种二元论的思想,主要是在本体论上的二元论,经常浮现于胡塞尔关于还原的表述中。

关于意见或者信仰同知识之间在哲学上的长期对立,在胡塞尔的理论中重新得到认可。但不是通过把感性知觉作为对知识无关紧要的东西加以拒绝,而是通过把所有我们接受的关于事物本质的判断——不管是日常生活中的,还是自然科学提供的判断——都悬搁起来,以便能转到"事物本身",以便能转到绘制一张忠实于"事物本身"结构的关于世界的理性地图的计划中来,胡塞尔给出的关于他的还原观念的第一个、一般性的意义是论战性的[b]:任何关于现实性的构造,从最通俗的到最精致的,都不能在一开始被认为是真的和有任何优先权的。在它们被认为是有效之前,一切都必须经过称量,经过安全检测,经过协调性整合[c]。

尽管胡塞尔使用笛卡尔的思想,把还原铸造成某种特殊的形式,但是他

---

① 胡塞尔:《逻辑研究》(Halle a. d. saale: Max Niemeyer, 1913 and 1921),Ⅱ/2,第 225 页;英译本,Ⅱ,第 854 页以下各页。
a 对工作方法的哲学规定之要求,导致了笛卡尔主义。——译者注
② 这些材料作为《现象学的观念》(*The Idea of Phenomenology*)发表,实际上是 1907 年的讲演稿,这里第一次清楚的表明,胡塞尔对笛卡尔计划的兴趣是认识论的,而不是本体论的。
b 处理笛卡尔的领域:经验自我,将其一个特征置之不用,使世界的其他内容成为可以直观的相关性显现。——译者注
c 现象学还原的核心:反思与本型分析。——译者注

并没有停止使用反思和本型分析等观念[a]。按照我们的总结,这些观念构成了他的现象学还原的核心。只不过它们得到另外一个进程的**补充**,即把真正的笛卡尔领域视为可疑[b],作为整体置入括弧中,悬置不用。不仅是把特殊对象和事实置于怀疑之中,而且作为对象和事实整体的世界也被置于怀疑之中。胡塞尔把包含着**所有**其他内容的世界的**一个**特征悬置不用,这样就可以使所有其他特征保持为现象[c],能够继续接受本型(eidetic)分析和本构(constitutive)分析。我们已经看到,他把世界的**存在**放到了括弧中,然后接受了笛卡尔关于内在经验、直接经验、外在经验和间接经验之区分的思想,并指出在加括弧之后,仍然有某种东西保存下来。我们发现的剩余(residue),或者可以被直接直观到,或者可以被间接直观到[d]。这些东西就是精神的智力活动,就是 **cogito**(我思)。当然在意向性的理论中,"我思"只在与**cogitatum**(被思想物)**的关系中得到处理**[e]。胡塞尔强调,这是他同笛卡尔的原则性区别,但是,这种剩余被等同于内在内容的领域。

假如在这里,胡塞尔把这种剩余理解为纯粹是他的认识论的产物的话,就像 1907 年的时候在他的"现象的观念"中明确对还原加以表述时所表达的那种倾向那样[f],那么胡塞尔就只会对描述的类型或者解释的框架做出两种区分,即会提出先验描述的合法性来同科学的描述相对立。但是胡塞尔在这种认识论的区分上,又加上了**一种本体论的区分**与之对立;十分清楚,这种增加的区分是走出我们以上描述的静态分析之局限的决定性的一步。在《大观念(I)》中,胡塞尔引入了下述论题:纯粹的先验知识是关于主体性的诸纯粹本质性结构之间的内部相互关系的知识,它完全依赖于**作为整体存在**(being as a whole)的领域的发现[g],在这一领域中,一切随机性均被排除在外:

> 因为读者已经知道,统治着这沉思的兴趣关心的是一种新型的本型论[h]。它首先希望,特别是把作为事实的世界排除在外,但是并不排除作为**本型**的**世界**(world as Eidos),它并不排除诸本质的任何其他领域。的确,对世界的排除指的并不是排除自然数列的世界或者与其相关的算

---

a 笛卡尔加本型分析:关于世界的理性地图。——译者注
b 笛卡尔本体论的二元论被放弃了。——译者注
c 悬置了世界的一个特征:本体论上形而上学的设定,使其成为现象:成为与主体共生的,相关性显现。——译者注
d 被悬置的就是存在设定。——译者注
e 反对孤立的无世界的自我。——译者注
f 认识论区分+本体论区分。——译者注
g 依赖于本体论的!——译者注
h 剩余1。——译者注

术世界。

然而,我们并不准备走这条道路,因为它并不能引导我们达到我们的目的。我们也可以把我们的目的特征化为,绝不在对自己ᵃ的特殊性——这个区域像任何其他真正的区域一样,是一个有关**个体存在**的区域——界定清楚之前,去**获取存在的新区域**。①

胡塞尔相信,排除或然性(contingency)是通过一种存在领域的发现而实现的,在该领域中,我们不会再面对侧面与对象的相互作用,也没有超出被给出的内容之外的当下显现的盈余。因为恰恰是上述这些特点,决定了我们的认知是临时性的,是假定性的,是可订正的。内在性同超越之间的现象上的区别ᵇ,被转换为绝对性的存在与现象性存在之间在本体论上的区别②,然后又去说明解释为不可置疑的知识与可置疑的知识之间在认识论上的区别③。纯粹的认知不是随视角而变化的,也不依赖于经验的过程路线,而是一旦相应的立场(Einstellung)确定之后,在理解的单次行为中,就可以将其全部装入意识之中。先验性不是借助于诸本型范畴和原则进行理解,而是将其理解为"**事物**(res)"自身,理解为"存在的区域"。另外,意识的"to be"(去是)能够全适地被直观,即通过其"被感知"而直观到,不留任何的剩余。

关于意识是一种无剩余的存在的这个思想一直统治着还原的笛卡尔式表述。胡塞尔还用另外的一个论题来加强他的这一观点,这个论题就是:

> 假定当意识的存在(being)由于物理世界的灭绝而发生形态转换(modifiziert)的时候,意识自己的存在(existence)也不会发生任何变化。……结论是,没有任何实在的存在(being),没有任何在意识中出现的当下显现、合法的存在,是意识自身(在最广的意义上、亲身经验之流的)存在的必然条件。④

如果我们中止了关于存在的论题的功用,即中止了关于世界存在的论题

---

a 剩余2。——译者注
① 胡塞尔:《大观念(I)》(Halle a. d. Saale: Max Niemeyer, 1913),第 58 页;英译本(Trans. by F. Kersten. *Collected Works*, Vol. 2. The Hague: Martinus Nijhoff, 1983),第 63 页以下各页。
b 内在与超越本来是现象上的区别,在这里转化为绝对存在与现象存在之间的区别,再变为可怀疑的知识与不可怀疑的知识上的认识论区别。——译者注
② 胡塞尔:《大观念(I)》,第 44 节。
③ 同上书,第 46 节。
④ 胡塞尔:《大观念(I)》,第 91~92 页;英译本,第 110 页。取消了着重号。

的功用,把意识看作是坚持下来的内容,并把它看作是通过对它的直观就可以保证它的存在的**绝对性**ᵃ,那么我们一定会得出"世界**从属于**意识"的结论。胡塞尔认识到这一结论的力量,并对它作了以下的描述:

> 就其各自的感性意谊而言,在意识与现实性之间撕开着一道真正的深渊。在这边是投影式侧显式的存在,它永远不能绝对的给出,只是偶然的,相对的存在。那边是必然的绝对的存在,本质上不可能通过投影侧显和显像而给出。①

还原的结果是,意识的"绝对存在"与世界的"相对存在"之间的差别。

对还原的笛卡尔式的表述,开始于中止我们对"存在的""一般性"的信仰ᵇ,它中断了我们对作为整体的现界的"迷恋",或者它对我们的诱惑,以便勾连显示出它们的结构,并以此勾连表达出它们的本构性(constitution)与认知生活之间的内在纽带。然后ᶜ它又引入针对世界的括弧法,把世界理解为存在的区域,一个实存者(ontic)的准区域而放入括弧中去。括弧法是为了获得遗留下来的、保存在那里的**存在**的**第二**领域ᵈ。胡塞尔追求后者,是因为他并不把主体性看作"空洞的逻辑的可能性",而是看作一种"现实"的存在②。而且他还相信,这样就可以避免像康德和新康德主义那样采取先验性的回归和假定式的追索。第一个存在的领域ᵉ将总是现象学还原的部分之一。在他晚期的哲学思考中,当胡塞尔试图对还原作其他方式的表述时,我们也总会发现这第一领域。第二个"现实"的领域ᶠ,是当胡塞尔从事笛卡尔式的思路时独具的特殊领域。当然还有其他一些特殊特点。

面对这第二个本体论条件的背景,我们看到,中止存在论题,对于发现纯粹的本质来说是必不可少的。中止存在论题不应被理解为,只是把我们对现实世界的相信实施了括弧法,将其放置于括弧中③;而且,中止存在论题还是

---

a 直观到的绝对性。——译者注
① 胡塞尔:《大观念(I)》,第 93 页;英译本,第 111 页。
b 第一步:终止存在信仰。——译者注
c 第二步。——译者注
d 主体性不是一个逻辑的点,而是现实的区域。——译者注
② 胡塞尔:《大观念(I)》,第 90 页;英译本,第 108 页。
e 世界的相关性结构。——译者注
f 先验自我。——译者注
③ 胡塞尔:《大观念(I)》,第 57 页;英译本,第 61 页:"……我并没有像一个智者那样否定了这个'世界';我并没有像怀疑论者那样,怀疑它的实际存在[达在],而是我实施了现象学的'epoché(悬搁)',它彻底把我关闭于对时空现实存在的任何判断之外。"去掉了着重号。

一种想象上的对世界本身的毁灭(Vernichtung),即对其超越了其被感知的存在域的毁灭。但是由此便可以推出,意识的剩余是一个内在存在,或者内部存在的封闭的,或者自足的领域。1931年,胡塞尔在回顾《大观念(Ⅰ)》的时候,他把那部著作中提交给分析的主体性刻画为"一种无限的,自身封闭的,绝对的自治的领域"①,给出了这种封闭性,我们的内在经验,或者内部直观,就能够保证它自己的存在(达在,Dasein)②。这恰恰是因为,被直观的内容的给出是**全适的**(adequately),全适的意思就是说,不带侧面与对象之间的相互作用,所以是透明的;同时还是**绝然的**(apodictically),它是不可怀疑的,因为对它的感知就已经为它的存在提供了担保,因此在种类上,它是不同于被悬搁起来不起作用的存在的。

向自身封闭的领域的观念的收敛,配合以直观给出的观念,使胡塞尔得出了一个具有特殊特征的主体性观念ᵃ。还原之后,这个既具有"现实的存在",又对我来说是全适的当下显现的内容,就是**意识之流**。由于这个领域是通过现象学反思而开拓出来的,而且具有直接当下显现的性质,所以意识就必然是**我的**意识,而且是一个**内在的**区域。而其作用,不是使用意识观念作为先验主体性的出发点,而是把先验主体性还原为意识:"先验的还原把我同我的纯粹有意识的体验之流连接在一起,把我同由这类体验的现实性和潜在性构成的统一体连接在一起。"ᵇ③

要把主体认定为意识,要求把意向性的结构解释为是内在性领域中的事件,而且还要求它找到在"意识的内在性(Innerlichkeit)"④中的所有的结构性差别和对立。通过把世界的存在放到括弧中,笛卡尔式的还原使得对对象的评估成为对显现的统一体的评估;这些现象的统一体的存在,以及它们的如此这般的具体存在,**必须被看作是与世界的存在毫无瓜葛的存在**,也就是说,使得评估从对象的显现方面转入**到在显现之中完成的有意识的行**为方面。其结果就是,在还原内部,一个对象只能被作为一个 X 或者是

---

① 见"跋语(Nachwort)",《大观念(Ⅲ)》,第145页;英译本,"Epilogue,"《大观念(Ⅱ)》,第413页。
② 见胡塞尔:《大观念(Ⅰ)》,第85页;英译本,第100页。
a 主体性:得出了意识之流。——译者注
b 主体:意识、意识结构:意识+生活+理解+世界。——译者注
③ 胡塞尔:《笛卡尔式的沉思》,第121页;英译本,第89页。但是胡塞尔相信,这就意味着,他的理论不仅仅是一个个人事件"……可被人的[Copy D 中被改为'我的']Ego(自我)所认识到的,**在本质的必然性上**也一定可以被任何一个 Ego 所认识。"胡塞尔:《大观念(Ⅰ)》,第90页;英译本,第108页。
④ 胡塞尔:《现象学心理学》(Ed. by Walter Biemel, *Husserliana*, Vol. 9. The Hague: Martinus Nijhoff, 1968),第490页。

"**对象-极**"①来处理,其感知性意谊就是ᵃ把对象的显现统一到其正常的当下显现之中。"如果我们全部接受了这种感知性意谊的内容,加上它的直观多样性(plenia),那么其结果就是一个确定的,非常重要的**显现概念**"②。笛卡尔式的还原也导致了把具体的个人理解为 egos(诸自我),这种诸自我的存在必须严格地由有意识的体验之流来加以说明ᵇ。由于经验或者体验本身是我们实际经历的内容,所以"自我"本身只有通过将与显现有关的诸行为的系列统一在一起这种自我的功能才能进入这种说明。作为这样的自我,它就构成了"**主体-极**"③。意识就处于主体极与对象极之间。按照这种看法,意向性的"内在"结构就被笛卡尔式的还原勾连表述为④:

自我-极　<精神的行为:感知性意谊(sense)>　对象-极

当胡塞尔提出,观察开放的意识之结构在本质上是意向性的,并因此同超越事物联系在一起的时候,这是一种内在分析的事实ᶜ,以及通过中止了我们对世界的信仰才达到它的事实ᵈ,这两件事实导致了,让世界从属于意识,把世界看作是派生的,是与绝对存在对立的、相对存在的领域。总之,笛卡尔式的途径切掉了主体性与世界的同等原初性。下面让我们来具体剖析一下这个观念。

第二节　静态分析与自我论

也许我们能找到更深的理由来理解在《大观念(I)》中对主体性和世界的这种刻画。首先让我们指出,把主体性限制为意识流,而意识流则展示于先验反思之前ᵉ,是建立于还原过程中必要的对象化(客体化)转变之结果。从批判的角度去看,这种限制是胡塞尔低估了被《大观念(I)》称为"理论态度"的范围广度的结果;这个范围在实施了先验还原之后,还继续存在下来,而且是通过还原才达到全盛。第二ᶠ,我们要指出,这一点导致了主体性与世

---

① 胡塞尔:《大观念(I)》,§131,第 270~273 页;英译本,第 313~316 页。
a 对象极。——译者注
② 胡塞尔:《大观念(I)》,第 275 页;英译本,第 318 页。
b 用功能说明意识流。——译者注
③ 胡塞尔:《大观念(I)》,第 109、160~161 页;英译本,第 132、190~192 页。
④ 定义胡塞尔理论中的 noesis 和 noema 孕育了重要的争论。我这里不准备处理这个问题,仅向读者指出,在我的《意义的起源》一书,特别是第二部分中,我尝试处理这两个观念。
c 事实 1。——译者注
d 事实 2。——译者注
e 不是走出了自然态度,而是使自然态度发展到极致。——译者注
f 主客不对称。——译者注

界之间的关系的**不对称**,因为它把世界转变成为必然**附属于**主体的世界。让我们详尽地剖析一下这两个问题ª,因为它们能告诉我们《大观念(Ⅰ)》中的静态分析的局限性。

1. 就像我们已经看到的,现象学的反思使得侧面与对象的相互作用十分清楚地显示出来,它贯穿于整个感知经验的全部实施过程中。每个对象都在侧面的多样性中并且通过侧面的多样性被给出ᵇ。为了把握这一区别,《大观念(Ⅰ)》依靠"显现(appearance)"这一概念,使用它来准确地把握"显现X"与"X显现为a"之间的差异,而不是形而上学地引进phenomena(诸现象)与noumena(诸本体)的区别。胡塞尔在保证他的描述的中立性的努力中,在使描述服从"诸事物自身"的支配的努力中ᶜ,也使用了"显现"这一概念。这看上去是在分析上对自己施加了一种意外的(unexpected)限制。

我们可以在《大观念(Ⅱ)》开头的章节中找到《大观念(Ⅰ)》中导致先验分析的理论框架的线索。胡塞尔把在认知评估过程中启用的"从事观察和思考的主体"的兴趣——不管它是物理学上的还是艺术评论上的——公开称为"教条的-理论性的(doxic-theoretic)"态度ᵈ①,而且他还把这种态度同我们的非批判的感性感知的态度、价值性的或者实践性的态度对立起来②。理论上的态度导致了我们同任何可能的在手头(at hand)的诸对象的关系的变更,以便对这些对象进行批判性的分析。在意向活动方面,"体验这个"与"知道如何"被重新塑造为"知道那"。在意向对象方面,被欣赏的事情与应手的事情被组合成各种被认知的具体事项(items)。我并不是简单地玩球,我还做出了判断:这是球体,不是立方体。我不仅在欣赏克利(Klee)ᵉ油画的颜色组合,我还描述了他在油画创作中使用的色彩组合的着色对比(counter-positioning)的方法。在每一种情况下,我们都可以说,我们理论的兴趣导致了我的"对象化活动",用胡塞尔的术语来说,就是把对象从我们非反思的占有中提取出来,将其调整转变为分析的主题。对象被从事思想的主体推远到并保持为被看、被想、被判断的具体事项。

---

a 还原不是去掉了对象化,而是发展了对象化!——译者注
b 笛卡尔主义使得自我被对象化了。——译者注
c 这本来是属于感性直观、感性经验的概念,现在被用于内在先验领域。——译者注
d 对科学的理论态度的批判。——译者注
① 胡塞尔:《大观念(Ⅱ)》(Ed. by Marly Biemel. *Husserliana*, Vol. 4. The Hague: Martinus Nijhoff, 1952.),第2页;英译本(Trans. by Richard Rojcewicz and Andre Schuwer. *Collected Works*, Vol. 3. Dordrecht: Kluwer Academic Pub., 1989),第4页。
② 同上书,第7页;英译本,第9页。
e 保罗·克利(Paul Klee),现代派画家。——译者注

起初,胡塞尔相信,理论态度是诸种"自然"态度当中的一种,所以在现象学还原中也被悬置起来。在这种框架之下,人们很难会把现象学的态度同理论的态度混为一谈,不会把现象学的态度错误地置于其他构成性分析之中,把它看成其中的一种。但是,在《大观念(I)》中,似乎现象学的态度又启用了[a]《大观念(II)》中的理论态度的进程,即一种对我们与诸事物的牵连关系的中立化,相应地把对象当作现象来关注,然后对从事思想的主体加以反思。在还原之后再看这一进程,现象学无论如何是一种理论性的事业。如果我们使**态度**与**兴趣**之间对立起来的话,那么我们就可以说,对自然态度的悬置仍然发生于某种兴趣之中,即构建真正理论的兴趣之中。即使我们承认对自然态度的中立化(这里的自然态度应把理论态度也包括在其中),我们仍然没有因此保证驱动着自然态度的兴趣(一种理论态度)被中立化了。这个问题对于笛卡尔式的道路而言是一个十分敏感的问题[b],因为,这条道路并不赞成对自然态度的逐步的渐进式分解,或者使用相适应的批判观念把我们带回到先验的立场上来。相反,它信任的是一种单一的方法论手段(即脱离对存在的相信),把整个自然态度的力量都悬搁起来,使我们脱离所有兴趣,进入到分析的场所中来。事实上,怀疑论问题是引入还原的动机;而还原必然依赖于某些操作性概念,[有条件的,无条件的;直接的,间接的;全适的,非合适的(adequate and inadequate),等等];它们是"超越于"现象本身的当下显现的。所有这些事实都确定无疑地表明,胡塞尔的还原仍然停留于理论态度的框架之内[c]。这就直接提出了对这种"不被还原所触及"态度的可能性问题:也许是在未被注意的情况下,引入了对自身的转换,并且在先验态度内部影响到了分析的**结果**。

兴趣与理论态度的一致并不应该用来论证下面的看法,即认为胡塞尔不能够把自然的态度同现象学的态度区别开;这只表明了,由于胡塞尔启用笛卡尔式的还原思路对它们进行区分,使得他的现象学分析复制了[d]某些操作性的特征和一些操作性的观念,而它们原本是理论态度内部的未被还原的特征和观念。笛卡尔式的思路涉及的理论兴趣和认知论探索控制了胡塞尔的描述,给这些描述带来了一种隐含的假定,即主体性应该被视为"从事思想和观察的主体[e]"。反过来,关于主体性的这一看法,又塑造了还原内部胡塞

---

a 又回到被他批判过的理论态度之中。——译者注
b 现象学的理论兴趣。——译者注
c 笛卡尔主义仍然是一种理论态度、理论兴趣,而它们本来就是自然科学的基本态度。——译者注
d 自然态度中的操作性概念被保留下来了。——译者注
e 主体成了思维的、观察的主体。——译者注

尔的分析所产生的结果[a]。

还原作为一种理论活动,建立了某种场所,在这里,对象作为**显现**向我们并且为我们而给出自身。反思不仅仅是发现有什么东西在那里。反思作为意向性的活动,发挥着自己的功能,设定着分析的进程路线。对象作为现象(显现)必然是经验的对象。对象的经验,不可避免地是**我**的经验[b];也就是说,作为显现,对象属于为我所有的内容的领域[c]。还原以及对世界所谓的"毁灭"保证了世界可能只被包括在,只有从我的意识之流的方面出发可以接近的领域中。这就意味着,我只可以在显现中并通过显现来认识这个世界。在最宽泛的意义上讲,我只能把世界作为**我的**世界来认识。把世界当作我的世界来占有,就意味着,"我"是世界所属于的"我",其意义是说,有一个世界向其显现的"自我",这个自我不是世界的一个部分,它自己并不在世界中"出现"。如果我们计量世界中的单个东西的数量,"自我"并不在被计数的东西之列。因为[d]我具有一个世界,这是使事物得以在其中显现的前提条件。重要的是,相反方向的思路是不对的:我不能因为我可以脱离世界而熟知**我的**自我[e],而推导出下述想法:世界不是自我的部分,或者世界(作为显现)并不依赖于自我。从这种不对称性中,维特根斯坦得出了逻辑结论:"主体不属于世界,而只是对世界的一种限定。"① 关于这一点,胡塞尔的说法是:"对我的世界而言,'我是'不可约减的、意向性的基础。"②

《大观念(I)》中引进自我,将其处理为先验的自我,是胡塞尔已超出他自己早期的分析的决定性步骤。"在《逻辑研究》中[f],在纯粹自我的问题上,我持一种怀疑主义的立场,但是在我[进一步]的研究进程中,我不能再坚持这种立场。"③ 十分清楚,《逻辑研究》中已经有了行为或者经验的观念。在这些研究中也谈论主体,但是是在理论性的知识的某种心理条件下谈论它的。"从事思想的主体一般情况下……必须有能力去完成一定类型的行为,以便使理论的知识得以实现,这一点是先在(a priori)自明的。"④ 但是在《逻辑研

---

   a 方法影响了结果。——译者注
   b 从意识流出发可以接近的领域。——译者注
   c 属我性:在我原有的领域中。——译者注
   d 自我不在世界中,世界依赖于主体,主体是世界的基础。——译者注
   e 脱离了世界,处于世界之外的自我。——译者注
① 维特根斯坦:《逻辑哲学论》,5.632。
② 胡塞尔:《形式的与先验的逻辑》(Ed. by Paul Janssen. *Husserliana*, Vol. 17. The Hague: Martinus Nijhoff, 1974),第 243 页;英译本(Trans. by Dorion Cairns, The Hague: Martinus Nijhoff, 1969),第 237 页。
   f 《逻辑研究》中无自我概念,"我"是 Index。——译者注
③ 胡塞尔:《大观念(I)》,第 110 页;英译本,第 133 页。
④ 胡塞尔:《逻辑研究》,II/1,第 238 页;英译本,I,第 233 页。

究》中没有,而在《大观念(Ⅰ)》中特别需要的,恰恰是关于自我的观念。它既不同于经验的主体,也不同于心理学的主体[a]。"我们绝对不会像偶然遇到经验当中的一个具体的经验自我那样遇到纯粹自我。"[①]因为自我是"在经验中所有的现实的或者可能的变化中,从始至终总是同一的那种东西"。所以它不可以被理解为这种经验的一个"片断"或者这类经验的一个环节[②]。在胡塞尔努力说明他的这种分析的先验性质时,他拿康德式的表述作为自己的表述:"'我思想'必须能够伴随我所有的当下显现和(再)当下化。"[③]

《大观念》的第二卷继续拓宽了这种描述,超出了康德。在这里自我

> 在感知的行为中,是以被感受的内容为走向;在认知的行为中,是以被认识的内容为走向;在想象的行为中,是以被想象的内容为走向……在每一个行为的成功成果中,都有被指向性或者走向性的指导线;我只能把这种走向性、被指向性描述为:"我"中取得了一个出发点,而"我"则明显地保持数量上的同一和不可分,尽管它同时活在这多种多样的行为中,自发地参与到这些行为中去,并且不断进入永新的各种走向之光线,并通过它们而朝向那在它们的感知性意谓中是对象的东西。更准确地讲就是,纯粹的我,在不同的模式中,依据"行为-成果"的不同种类,而同对象发生关系。[④]

胡塞尔用来描述自我与其行为之间的这种亲密的、紧密的纽带的术语,就是"功能(function)"。这是康德的一个术语,但胡塞尔对该术语的解释却不是康德式的[⑤]。胡塞尔说:

> 在诸行为中……纯粹自我发挥着它的各种纯粹的"功能",因此我们几乎想把诸行为本身标示为"功能",在拓展了的意义上的"功能"。这样,一方面,纯粹自我就可以同自我在其中发挥功能的行为区别开;自

---

a 《大观念(Ⅰ)》引入的自我:非心理的、非经验的。——译者注
① 胡塞尔:《大观念(Ⅰ)》,第109页;英译本,第132页。
② 同上。
③ 同上书,第109页;英译本,第133页。
④ 胡塞尔:《大观念(Ⅱ)》,第97~98页;英译本,第103~104页。
⑤ 康德使用"function"一词十分严格,总是联系到知性行为的统一性:指它把经验的感性多样性带入诸范畴之下;他没有像胡塞尔那样将"function"扩展到情感的领域,或者扩展到可被胡塞尔称为被动综合的领域。见康德《纯粹理性批判》(Hamburg: Meiner Verlag, 1952),B93、A108和B143;英译本(London: Macmillan Press, 1933),第105、136~137、160页。

我通过这些行为与对象发生关系。另一方面,自我只是抽象地[原文如此]ª被区别出来。说抽象,是就自我不能够被思想为某种与此种经验分离开的东西,与"生活"分离的东西;就像在相反的方向上,这些经验是不能被思考的,除非被思想为自我的生活的媒介。①

这种观念的链条引导我们到了胡塞尔所理解的、由先验现象学所发现的不可还原的基础:

> 只要每一个我思都要求一个被思想物,被思想物又通过行为的成果与纯粹自我发生关系,我们便在每个行为中都能发现引人注目的两极性:一方面是自我极;另一方面是作为对立极的对象。②

在这里,诸行为与诸意义的相关性不再是以主体性与世界的相关性为基础,因为在《大观念(I)》中,他在主体性与世界之间只看到"意义的深渊"③。与范畴现象学的活动范围相一致,也同从"属我-性"的领域中可以抽象出来的内容相一致,行为与意义的这种相关性是以自我和对象的两极性为基础的。在把分析限制于意识之流的分析的时候,世界也被丢掉了,也就是说,它只能作为现象,或者更准确一点,作为现象的被投影之界限,作为认知之诸对象的整体性而被整合进来。胡塞尔**没有**认识到的是,先验主体性的整个范围由此也被丢失了。也就是说,它只能作为在所有行为中都起作用的同一的主体才是可理解的。对象——与自我"完全不同的种类的统一性"④——具有的同一性,是在与该对象相关的行为的"一致性"中得到验证的⑤。《大观念(Ⅱ)》的分析与《大观念(I)》又结合在一起ᵇ,当胡塞尔再次引用康德,而且略作变更的时候:"纯粹自我必须能够伴随我所有的(再)当下化"ᶜ⑥。

我们这里提出的关于胡塞尔从事的研究工作中所实施的那种理论态度的类型的问题,就是胡塞尔自己于1922～1923年间的冬季学期的讲课中提

---

a 自我不可同经验分离,不可与生活分离。思想是生活的媒介。——译者注
① 胡塞尔:《大观念(Ⅱ)》,第99页;英译本,第105页。
② 同上书,第105页;英译本,第111页。取消了着重号。
③ 胡塞尔:《大观念(I)》,第93页;英译本,第111页。
④ 胡塞尔:《大观念(Ⅱ)》,第106页;英译本,第113页。
⑤ 同上书,第107页;英译本,第113页。
b 意识流的分析中,世界仅仅作为现象、现象侧显的界限。——译者注
c 这样主体失去了自己的场,成了行为中发挥作用的"理想人的逻辑结构",像图灵机和具体的一台台电脑的关系。——译者注
⑥ 胡塞尔:《大观念(Ⅱ)》,第108页;英译本,第115页。取消了着重号。

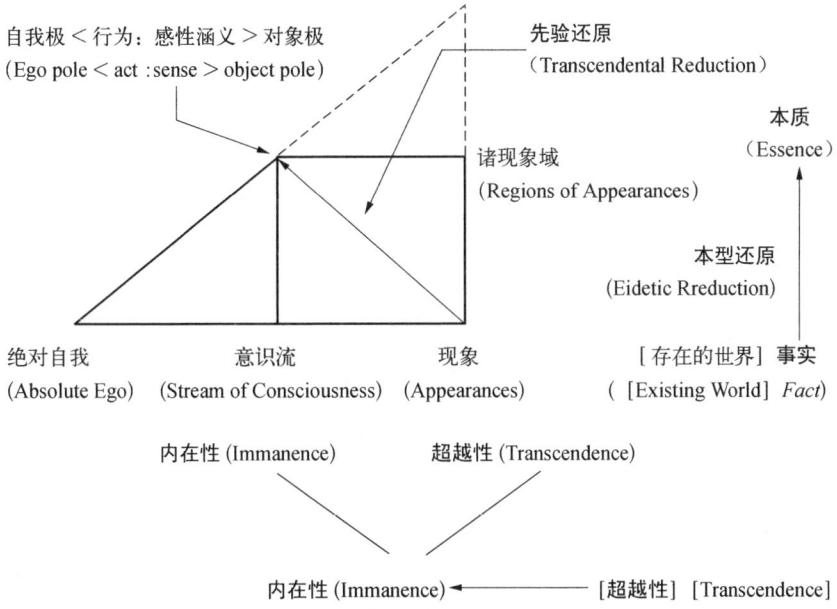

图 5.1　笛卡尔式的还原下的先验现象学
(**Transcendental Phenomenology under the Cartesian Reduction**)

出的问题。这期间的讲稿直接同笛卡尔式的思路相关。在下一章我将具体考察"哲学导论"这门课程讲稿中的路线。现在我们将其中的与这个问题有关的一条线索提出来,以便指明胡塞尔是如何处理这个问题的。

在这一课程开始,胡塞尔担心,由于真理和理性得以建立的领域是先验现象学分析的主体性的场所[a],对真理和理性的兴趣结果会导致太过狭隘的主体性观念:即会把主体性仅仅视为一种"认知主体性(Erkenntnissubjektivität)",即仅仅是认知行为的主体[①]。这里的问题十分清楚:"认知只是生活的一种功能,但是人们会说,自我的生活不只是从事认知的生活。"[②]这便导向了一个观念,这个观念比维特根斯坦对这一观念的强调

---

a　认识只是一种生活功能。——译者注
① 胡塞尔"手稿"(Manuscript)B Ⅰ 37,26b。给出的页码是手稿原页码[现在见胡塞尔的《哲学导论: 1922/1923 年讲课稿》(*Einleitung in die Philosophie*, *Vorlesungen 1922/23*),《胡塞尔全集》第 35 卷,第 34 页,以及第 40 页。——译者注]。
② "Erkennen ist eine Funktion des Lebens. Aber Ichleben ist, wird man sagen, nicht nur erkennendes Leben."B Ⅰ 37,29a。由于手稿尚未发表,我在注释中给出德文原文[现在见胡塞尔的《哲学导论: 1922/1923 年讲课稿》,《胡塞尔全集》第 35 卷,第 40 页。——译者注]。

早了二十年,这就是关于"生活的形式"的观念。

> 在生活的其他形式中有着对其他事物的追求,对美的追求,对商业上可用性的追求,以及对其他类似东西的追求。行动中的主体产生了真理的各种作品,比如理论等等,它也产生了美丽的艺术作品,它也生产各种商用产品……①

由于考虑到这一点会给他把认知的 noetic-noematic(意向活动与意向对象的)结构处理为诸区域——这诸区域本身并不是认知领域——的基本形式的努力带来张力,于是胡塞尔尝试通过关注在这些领域中起作用的理性的兴趣或者规范,来把这些领域包括进来。因此他说:

> 如果我们以前——在理性的较狭窄的领域中,即在认知的领域中——曾要求在纯粹反思中把主体——在这里是从事认知的主体——做成普适(universal)的论题,甚至首先要求在追问什么是明证性,什么是非明证性,什么是理性,什么是非理性之前,它们都必须被认为,对于理性的整个理论而言都是有效的、真的。那么所要求的实际就是,对全部的、完全的主体性——只要它以某种方式处在理性的可能规范之下——进行普遍的(universal)研究。只是在研究的较高层次上,反思才专门讨论,什么是理性特殊的特征和理性的全部形态,以及从特殊的理性活动方面来看,和从理性的构成物(各种理论、各种艺术作品等等)方面来看,理性的特征是什么,把它们当成主题。这样,我们似乎就有了一种包括内容更为丰富的哲学:如果我们把它只理解为关于最后的原则性的普遍性的科学的话,该哲学ᵃ将在一般的人性的观念上,以及真正的人类文化的一般性观念上,展示这种哲学自身的存在。②

在这里,胡塞尔开始看到,理论上的兴趣在多大程度上控制了他原来的看法,并且认识到,他的理论需要一个更加广阔的基础。他从《大观念(Ⅰ)》

---

① "Aber in anderen Lebensformen ist das Streben auf anderes gerichtet, auf Schönes, auf wirtschaftlich Nützliches u. Dgl. Das handelnde Subjekt erzeugt Wahrheitswerke, wie Theorien, es erzeugt Werke schöner Kunst, bearbeitet wirtschaftliche Güter…" B Ⅰ 37, 29a [《胡塞尔全集》第35卷,第40页。——译者注]。

a 更丰富的哲学。——译者注

② B Ⅰ 37, 30b[《胡塞尔全集》第35卷,第42~43页。——译者注]。在本书第十二章,我们将回到所谓真正文化的问题。

中笛卡尔式的理论探讨的诸多限定中提取了一种限定,这种限定使胡塞尔走出了将先验领域等同于自我论(Egology)之领域的局限,进入了把该领域重新勾连表达为交互主体性的领域。在我们引用的这个文本中,他以下列方式表述这一问题[a]:

> 因为主体性在本质上是一种共同体主体性,或者说,活跃在一种共同体形式中,而且还因为,单个人的生活只是囊括了一切的普遍的共同体生活之巨大编织物上的一根线而已,因此这种科学[即关于理性的普遍的哲学的理论①]从一开始便同普遍的共同体主体性,同普遍的共同体生活相关。②

在下一章和第十二章中,我们将重新回到这一问题。

2. 我们要强调指出,从主体性向自我的笛卡尔式还原,在它的尾部带有某种限制[b]:它限定了什么可以作为先验分析的"不可绕开的"(unhintergehbar)基础结构。由于自我被理解为从事综合活动的一极,所以它的真正的相关者就不是世界[c],而是对象。"我-行为-对象在本质上是属于一起的;在这种观念中,它们是不可分的。"③就像在康德那里一样,自我起的作用,就是作为我们占有有关对象的连贯一致的认知之可能性的条件。但胡塞尔在《大观念(Ⅰ)》中的分析,由于他把"自我"与对象的不对称性,同笛卡尔式的"绝对存在"与"相对存在"之间的本体论差别混在一起,因此导致这种不对称性作用的过分强大。因此世界[d]被视为"仅仅是一种意向性的存在,以致它只是为了意识的、次要的相对的存在"④。其结果就是:自我与世界之间的区别变成仅仅被理解为自我对于世界的**本体论上的优先性**,进而在

---

a 交互主体性。——译者注
① "die universale philosophische Vernunftlehre". BⅠ37, 31b[《胡塞尔全集》第35卷,第45页。——译者注]。
② BⅠ37, 31b[《胡塞尔全集》第35卷,第40页。——译者注]。胡塞尔仍然认为这种分析是由精神的立场("geistige Einstellung")控制的,我们从《大观念(Ⅱ)》中得知,这种精神的立场是一种理论态度:它允许我们去做社会和文化区域的区域本体论研究。但是我们已经看到,这种态度已经跳出了它起初的框架。这个发展将最终把胡塞尔带入先验身份中的交互主体性之整全的观念中。我们将在下一章中继续追踪这个问题。
b 主体=共同的主体;个人是编织物——共同生活——中的一根线。——译者注
c 对象与世界的区别:综合不能以世界为内容。——译者注
③ 胡塞尔:《大观念(Ⅱ)》,第107页;英译本,第114页。
d 笛卡尔主义:世界仅仅为意向性的存在,次级的存在。——译者注
④ 胡塞尔:《大观念(Ⅰ)》,第93页;英译本,第112页。

本体论上把世界还原为"内在"的领域,还原为主体的区域①。

如果我们宣称,在《大观念(Ⅰ)》中主体性的先验分析,就是使自我失掉世界的多变性,我们还必须补充说,在《大观念(Ⅱ)》的那些段落正确地把世界的本性看作为视域,而这思想之所以能成功,全在于在广义的主体性观念[a]中插入了先验自我的概念。但这个成功是以牺牲方法论的连贯性为代价的。如果我们把"我"看作一个"个人(人格 person)",我们便重新发现了同世界的丰富的联系[b]。在它们之间也存在着一种交互作用:一方面,我是"现实环境的本构部分"②,另外一方面,个人作为"自由的我"③又支配着她或他的环境。在另外一个写于1917年左右、后来作为《大观念(Ⅱ)》的附录而发表的文本中,世界完全被纳入这种看法中,取代了自我论的视角。这里的思路分作两步:(1)"活生生的主体是现实生活的主体"④;(2)生活包含着世界:

> 对于他自己的生活来说,必然有一个直觉性的"生活-视域"属于他。他作为人类的生活,一定有一些事物的视域从属于他,这些事物不只是一些[物理的]物体,而是价值的对象,货物,等等……⑤

这样,我们得到的相关性就不是自我与对象(作为两极)之间的相关性,而是"主体性"或者"生活的主体"与"视域"或者"生活世界"之间的相关性[c]⑥。后面这种看法带来的困难是,我们清楚地离开了被称为先验分析的规划,特别是当我们同《大观念(Ⅰ)》的方法作比较的时候更是如此。从《大观念(Ⅱ)》的立场来看,把主体处理为个人,是**一种区域性**的研究。我们得到了主体性,但不是先验的主体性。关于主体的一个加强了的观念,以及主体同一个丰富的世界的观念的关系,只是作为经验的重复(double),只是作为世界中的客体,才得以重建[d]。但是,没有用太多的时间,胡塞尔就尝试将这

---

① 也许情况是,在《大观念(Ⅰ)》中,胡塞尔低估了"把世界看作对象"在这里所引起的困难,并且没有认识到他的分析的局限性。我们不得不把下面的问题留给另外的讨论:康德对纯粹理性的"二律背反"的分析,是否可以被理解为是反对从自我的先验性特征刻画及其显现,走到作为整体的世界的分析。B 432 以下各页。;英译本,第 384 页以下各页。
a 胡塞尔:《大观念(Ⅱ)》:世界=视域。——译者注
b 个人、人格:丰富的世界联系,与他人的相互合作:又是自由的。——译者注
② 胡塞尔:《大观念(Ⅱ)》,第 109 页;英译本,第 116 页。
③ 同上书,第 257 页;英译本,第 269 页。
④ 胡塞尔:《大观念(Ⅱ)》,第 372~373 页;英译本,第 382 页。取消了着重号。
⑤ 同上书,第 375 页;英译本,第 384 页。
c 这样的自我分析,离开了先验分析的领域。——译者注
⑥ 胡塞尔:《大观念(Ⅱ)》,第 375 页;英译本,第 384~385 页。
d 区域性主体不是先验主体。——译者注

种丰富了的看法整合到他的先验分析之中去。

把世界理解成视域的观念这一思想上的突破性发展[a]，是胡塞尔的先验转向的结果。但是，对主体的处理仍然停留在它的范围之内，即受到下列事实的限制：这种立场把理论态度以及这种态度对认知主体的依赖性，同关于主体的现象学观念融合在一起。这种融合清除了由于局限于胡塞尔的静态分析的范围之内所引起的潜在的张力。就主体性被定义为自我而言，它是先验的，其代价是丧失了与自己同等原初的相关者——世界[b]；但是，就它引进了一种扩大了的主体性观念——作为世界的相关者的主体，主体因而终止了它的先验性，即因为它成为了对象，又因为它的分析成了区域性的。从这两方面看，它都不是先验的了。然而，与康德的统觉的先验统一相类似，把主体性特征刻画为自我，对于一切说明来说都不是偶然性的特征，而是一种必然性的特征：首先对任何把主体处理为"逻辑上的思想主体"[①]，即用认知的行为来规定主体的任何研究来说是如此[c]；其次对于任何把对象处理为现象，即把"自在(in itself)"处理为"为我(for me)"的立场来说，也是如此。从理论体系的角度来看，自我与对象的两极性，自我对于对象的优先性，就是这两个步骤的结果。

这种特征是胡塞尔的笛卡尔式的探索工作的必然部分。但是，很少有人注意[d]到，这并不是胡塞尔设计他对意向性和主体性与世界之间关系的基础的、**静态**的分析的唯一途径。在已经发表的著作中，我们可以十分清楚地看到这一点。在《形式的与先验的逻辑》中采取的是我们刚刚概括的《大观念(Ⅱ)》的分析路线，并将其调整为先验性分析。在我们转入下一节之前，我们先简要地看一看，胡塞尔是如何以他的关于视域的现象学概念，来说明作为整体的世界这一观念的。被预想为整体的世界具有一种"是一个'universe(宇宙万有)'的'意谊'和'是超越的'这样的'意谊'。世界作为无可置疑地存在于这里的宇宙万有（作为[e]宇宙万有而不是作为大堆互无相联的东西）的预先被给出，对一切实证科学来说是各种判断的基础"[②]。这个意谊把我们又引回到主体性，以及"现实的和可能的成功的多样性"，在这种多样性

---

  a 作为视域的世界。——译者注
  b 丧失了世界的自我中止先验性，因为它既是对象又是区域。——译者注
  ① 胡塞尔：《形式的与先验的逻辑》，第239页；英译本，第232页。
  c 逻辑主体对象被处理为"为我"的对象，自我优先。——译者注
  d 笛卡尔主义不是唯一途径。——译者注
  e 宇宙万有是有机地联系在一起的。——译者注
  ② 胡塞尔：《形式的与先验的逻辑》，第437页。

中,作为整体的世界的"理念(idea)"得到了"预先的规定(preschribed)"①。作为"为我"的宇宙万有的世界所具有的诸种意谊之一就是,它在那里是"为他人的":"世界……在它自己的意谊上作为对象性的世界,具有着'是永远真实的世界'这种**范畴形式**,它不仅是为我的,也是为每一个人的。"②"世界的被给出性的届时所处的模式ª,是为了可能的和现实的实践、为了我自己的实践和为了共同体的实践,方才如此。"③这样,我们就被带出了属于**我的**内容的领域,而进入到"经验的共同体"之中,带入到同作为宇宙万有的世界相关的实践之中④。作为整体的世界,作为"客观的(对象性的)"世界,它预设的不是主体性的观念,而是"从事意谊-本构活动的交互主体性"观念⑤。

看起来,笛卡尔式的分析把自己的内部翻转到外面来:不仅主体又被重新登记到世界之中,而且主体性的观念也被交互主体性所取代。但是在这个问题上,我们仍需等待。因为视域的观念和整体性的观念之间的结构性的张力,只有在胡塞尔的发生ᵇ理论中才得到消解。在那里将提出,"世界**是**(being)整体",是通过"**生成**(becoming)"整体的过程来理解的。

第三节　笛卡尔式道路的诸局限性

胡塞尔的笛卡尔式的纲领的表述,让我们提出下述问题:与兰德格里博的著名文章的提法相照应⑥,我们可以问,胡塞尔是否曾经离开过笛卡尔主义?还是像曼弗雷德·索默尔(Manfred Sommer)试图指出的那样,胡塞尔始终保持是一个笛卡尔主义者,终生无悔,直至他的生命的最后一天?⑦ 对这个问题的表述必须十分小心。我们必须十分清楚,这个问题同胡塞尔是否曾经放弃静态现象学是截然不同的两个问题。胡塞尔从来没有放弃过静态现

---

① 胡塞尔:《形式的与先验的逻辑》,第241页;英译本,第234页。
② 同上书,第243页;英译本,第236页。
a 胡塞尔《形式的与先验的逻辑》中的自我是共同的我,世界是共同的世界。——译者注
③ 胡塞尔:《形式的与先验的逻辑》,第440页。
④ 同上。
⑤ 同上书,第243页;英译本,第236页。
b 生成过程即世界整体。——译者注
⑥ 见兰德格里博:〈胡塞尔与笛卡尔主义的告别〉,英译为"Husserl's Departure from Cartesianism"。
⑦ 见曼弗雷德·索默尔(Manfred Sommer):〈胡塞尔哥廷根时期的生活世界〉("Husserls Göttinger Lebenswelt"),见曼弗雷德·索默尔主编:《胡塞尔:精神世界的本构》(Edmund Husserl, Die Konstitution der geistigen Welt),Hamburg:Felix Meiner,1984,第 ix ~ xlii 页。对生活世界进行分析的任务,相应的是由展示它同胡塞尔的笛卡尔式框架的兼容性构成的:"生活世界理论属于笛卡尔主义,是它的补充。"(第 X 页)

象学。我们也不应该把这里的问题还原为下面的问题：在《现象学的观念（小观念）》和《大观念(Ⅰ)》中，胡塞尔对他的静态现象学纲领给出了一个笛卡尔式的表述，并且把他的发生现象学与静态现象学对立起来，那么胡塞尔在他的晚期著作中，比如《笛卡尔式的沉思》中，是否又把他的新的研究成果重新概括到笛卡尔式的反思之下？胡塞尔似乎是这样做了，尽管在下一节中，我们将会看到，这件事比表面上看上去要有意思得多。因为每一次新的尝试都使新的错误浮出水面。对我们来说，现在的问题是，我们在本章第一节中所总结的笛卡尔纲领的三个方面，是否均被胡塞尔未加改变地接受下来了。

胡塞尔从来没放弃过为知识寻找稳定和坚实的基础的工作。如果说有什么驱使胡塞尔不断走向越来越深入的分析的话，那恰恰是他这种坚持不懈地追求可靠基础的探索精神。因为他从来没有把他的方法设想为一种简单的向前进行的程序，而是看作一种还原的方法，一种借助于本构因素簇，提供对复杂性的分析[a]。这些因素并不是假言性的演绎性的构造，而是允许进行直觉性认定的。所以，胡塞尔一直保持是笛卡尔主义者。像笛卡尔一样，他不断地重新设计他的理论体系，然后不断建设、重建哲学的基础以及居于其上的高楼大厦[b]，为此耗尽了他整个的哲学生涯。不管理论的内容发生了什么样的变化，对于存在的各领域进行理性的[c]、统一的说明的基本立场一直坚持到底，没有变化。

但是这种意义上的笛卡尔主义是一种相对较弱的笛卡尔主义。这种笛卡尔主义几乎没有什么太大的意思，几乎没有涉及我们上面指出来的笛卡尔主义的那几种最重要的因素。而且不能为我们提供任何洞见，以便理解胡塞尔自己为什么越来越关心他的研究纲领的局限性。在这一节中，我准备列出五个涉及这一问题的核心要点。它们应该能指明，最初胡塞尔在把现象学哲学同笛卡尔式的分析融合在一起的时候所包含的那些内在张力。随着时间的推移，胡塞尔终于认识到，狭义解释的笛卡尔式的道路，既不能在广度上也不能在深度上对先验性的内容作出说明。他多次使用这种方式进行试验，尽管他越来越感觉到它的局限性，但他仍然企图从内部对它加以拓展。这种努力在他的《笛卡尔式的沉思》一书的工作[d]中达到了顶点。但是他最终还是放弃了这项尝试，将剩余的精力留给了《危机》(1934～1937年)一书的工作。

---

    a   坚持追求最后基础的精神使胡塞尔的工作不断深入。——译者注
    b   直观地认定、确定本构因素。——译者注
    c   坚持理性主义立场。——译者注
    d   在胡塞尔处是经过拓展的笛卡尔主义。——译者注

我想把对《笛卡尔式的沉思》一书的分析推迟到下一节,以便在此集中精力考察胡塞尔自己在其著作中对笛卡尔式的途径的反思。准确地讲,胡塞尔到底看到了哪些局限性呢?

1. 第一个思考关涉到笛卡尔式的**还原**作为一个整体所带来的局限性。由于把世界放入括弧的做法才使得还原得以起作用。给我们留下的那种类型的领会并不是**通过**世界的领会。其结果是,我们获得的"自我"是一个"空洞"的自我[a]。在《危机》一书中胡塞尔是这样表达这一问题的:

> 我要在这里顺便指出:在我的《大观念(I)》中达到了先验悬搁的更为简捷的道路。……它被我称为"笛卡尔式的道路(因为这种途径设想,仅仅通过反思,把自己引入到《第一哲学的沉思》的笛卡尔式的悬搁之中,同时又通过批判的清理,把笛卡尔的偏见与混乱从中净化掉),这条道路有一个最大的缺陷,这就是,当它经过一跃,将人们引导到先验自我,它使自我进入显现为内容空洞的视野,因为这里不存在准备性的说明。首先,人们会困惑,我们到底从中得到了什么,更不知道由此出发,如何能达到一种全新种类的基础科学,后一点对于哲学恰恰是决定性的。①

2. 这里涉及的第二点是:因为这个途径将世界还原得只剩下它面对意识的当下存在,所以笛卡尔式的反思总是已经"完成了的"统觉(apperceptions),然后再去寻找本质性的诸结构。由于我们被局限于在反思眼光下展示出来的内容,所以任何在这个层面**"之下"的诸层次**都被掩盖起来。在《现象学心理学》中有一个十分清晰的段落谈到**现象还原**作为内在经验的一种类型的局限性。在那里,胡塞尔针对《逻辑研究》所讲的话,放到《大观念(I)》身上也许更合适[b]:

> 特别重要但是很晚才被注意到的一点是,反思的,亦即所谓"内部"经验,有许多层次,有许多深度上的方向;无论什么时候,人们想努力将其托出最表面的层次,都是极难付诸实践的。开始,人们的确得不到任何暗示,看不出还有诸多深度和中间层。他看不到,内部经验不是简单

---

a 空洞的自我。——译者注
① 胡塞尔:《危机》,第157~158页;英译本,第155页。
b 掩盖了内在经验的诸多复杂层次。——译者注

反思——这种简单的反思似乎应不费周折就该引我们到各自不同的内部状态的具体性上去的;他看不到,具体化只能从反思的许多层次上作为论题来把握;这种内在的经验是一个总是由新的反思不断被揭示的过程。对纯粹的、系统化的不断继续前进的描述的要求……是十分困难的工作的广大场所……①

3. 关于反思的本性的诸多问题都直接涉及"世界是超越的"之意义问题。笛卡尔的还原到底是把世界作为主题进行了研究,还是带来了世界的存在的至关紧要的变化呢?侧面预先指示出了对象与行为的相关性。对象正是在这些侧面中并且通过这些侧面来给出自身,它们是对象给出自身的途径。这些对象永远不会被任何一个单个的侧面所穷尽。同一对象有进一步展示出更多新的视角的可能性(它绝不会被多视角中的任何一个视角所穷尽),这恰恰是现象学上所展示出来的存在着的对象之超越性,并因此也是世界的超越性。超越性既是向意识的行为给出自己的**对象**的处境性(situatedness)说明,也是对这些**行为**的关系性的特点的说明。在把还原刻画为"把存在放到括弧中"的过程中,导致胡塞尔ª的处于处境中(situated)的超越性的观念重新调整为**主体性**的超越性②。一旦把意识解释成绝对存在的区域,类型上不同于世俗世界的领域,那么,意识能够同一个对象发生关系,当且仅当,那个对象被拉进意识中。超越性属于内在性,而不是内在性属于超越性。现象学——正如胡塞尔自己决定这样称呼它的那样——成为一种唯心主义。

胡塞尔担心,他的排他性语言,特别是《大观念(Ⅰ)》中的语言,会导向这样的想法:世界丢失了,即被还原为主体性现象了;或者导向另一种想法:主体不属于内容存在的那个领域。在评论"……我们的目标……也可以特征化为:绝对不会在它自己的特性被界定之前,去获取一个关于存在的新的领域"这句话的时候,胡塞尔在他自己的那本《大观念(Ⅰ)》的书页边缘上批注道:

世界性的万有难道不是无论任何样式的存在的万有吗?去追问

---

① 胡塞尔:《现象学心理学》,第30页;英译本,第21页。
a 导致超越性属于内在性,对象进入到意识之内。——译者注
② 见克劳斯·黑尔德:《现象学方法:文选(Ⅰ)》"导论(Ⅰ)"("Einleitung [Ⅰ]," to Edmund Husserl, *Die phänomenologische Methode: Ausgewählte Texte Ⅰ*), Stuttgart: Philip Reclam, 1985年,第43页。

"什么东西保留下来"有什么意义吗？事实上,这种表述是可疑的,因为该表述是从感性现实性的世界中提取出来的,携带着下述思想：从整体中——从现实的关联(reale Zusammenhang)中——排除一部分,即现实性。然而,这个问题仍有合理的意义,当我们以下列方式表达的话：如果世界性万有,现实性的一切仍保留在括弧之内,还有什么东西仍然能够被设定为存在？①

实际上,胡塞尔在为《大观念(I)》的英译本写的、发表于1931年的"后记"中,已经认识到,"消灭"世界的这种说法使得人们很难看到,现象学的目标实际上在于阐明这个世界：

> 总而言之,现象学的唯心主义并不否认现实世界(这里首先指的是自然)的实际存在,似乎它主张,世界只是自然的思想和实证科学都必须服从的——尽管是无意的——一种表面现象[Schein]似的ᵃ。现象学的唯一任务和成绩就是去说明这个世界的感性意谊,严格地说,把每一个都会认可的——本应如此——那种意谊解释为现实的存在过程。世界是存在的,它作为于从不间断的经验中——这种经验经常地将自己融会于普遍的一致性之中——存在着的宇宙而给出自身,这一事实完全是无可置疑的。但是,要理解这种支持着生活与实证科学的不可怀疑性,澄清它的合法性的基础,则完全是另外一回事。②

4. 就像经过笛卡尔式的还原后产生的世界的状态具有不确定性一样,它在主体性的状态中引起了类似的不确定性。就像前者的结果一样,在围绕着确认先验主体性作为意识之流的同一性的问题上,同样也遇到了一些困难。

20年代,胡塞尔逐步认识到这一问题,使胡塞尔的看法陷入盲点的是,他在把ᵇ自然态度放进括弧之前,已经为主体性的心理学描述准备好了地盘；而在心理描述这里的反思把主体性处理为意识之流。被胡塞尔称为现象学

---

① 对《大观念(I)》第57页的批注。此注见舒曼编辑的《大观念(I)》,第485页,针对正文第66页A条文本。引自胡塞尔：《大观念(I)》,英译本,第63页(此注原文有误,据《胡塞尔全集》做了订正。——译者注)。
a 现象学并不是否认现实的世界,而是要去说明现实世界的意谊。——译者注
② "跋语(Nachwort)",《大观念(Ⅲ)》,第152页；英译本,"Epilogue,"《大观念(Ⅱ)》,第420页。
b 主体不等于意识,意识是主体的重要方面。——译者注

心理学的学科显然是一种反思的学科,它关心的是意识的本质性结构;它只是一种实证科学[a],因此它不涉及先验还原的问题。但是由于先验反思必须把这个结果作为"现象"加以解释,而且是借助于先验主体性的本构行为来实现的,那么,为什么胡塞尔[b]仍要假定,先验主体性本身也是经验之流呢?他的回答是:现象学心理学和先验现象学处理的是相同的内容。但这只能带来第二个问题:假定了作为心理学反思的对象的意识,同我在还原内部所反思的主体具有同样的内容,在明证性上具有[c]相同的性质,同样是全适地(adequately)被给出的,胡塞尔招致了"自我"的奇怪的分裂:自我分裂为两个部分:一部分是世俗的,一部分是先验的,然而没有一个特征在描述上是不同的。将主体性等同于意识,是在还原内部把基础放到内在经验之上的必然结果吗?

在写于 1924 年左右的另外一部手稿中①,胡塞尔集中谈到"剩余(residuum)"这一比喻的误导作用,又重复了我们刚才关心的关于世界的遗失的问题,他说:

> 对"先验主体性"这个主题和这里新出现的诸感知——这种感知一旦系统地进入活动就会产生新的实存基础——的解释,遇到的困难比我一开始想象的要艰巨得多。(一)首先,最好避免使用现象学"剩余"和"把世界置于不起作用的状态"这类说法。它很容易误导人们认为,世界从现象学[d]可能的研究领域中被排斥出去了;反而只有与世界相关的"主体"的行为,现象显示的不同方式,等等,才成为主题。②

然后他引入了一条思想路线,使得他可以把关于经验的先验领域的观念从意识的先验领域的观念中解放出来:

> 但是从另外一个视角出发,我们必须特别小心,注意不要陷入那些危险的偏见。可能开始看起来,下面这一点是显而易见的:通过还原作为"剩余"而获得的主体性,只是我自己的"纯粹"主体性,[所谓我私人

---

a 现象学心理学是反思的科学,又是实证的科学。——译者注
b 先验还原后,还能有经验流吗?——译者注
c 出路:自我分裂,两个自我:经验的自我和先验的自我,却有着完全相同的内容和特征!——译者注
① 胡塞尔:《第一哲学(Ⅱ)》,第 432~439 页。
d 现象学先验还原排斥、消灭了世界。——译者注
② 胡塞尔:《第一哲学(Ⅱ)》,第 432 页。

的自我]a①……

　　我从下列事实开始：首先，在[我的]自然生活的过程中，我从事着自然的反思，因此把我自己理解(apperceive)为一个人性的个体(human person)。然后，我作为一个现象学家进行观察：这种理解(apperception)的有效性，被归入被还原之列；个人作为一般的个人，作为纯粹的意识，本身则属于被视为我的经验的先验区域的范围……最初在这种还原中，我过分强调了意识之流的作用，好像还原就是如此处理它似的。

　　无论如何这是我在1907年引入现象学还原的时候的最初看法。在这种看法中隐藏着一个原则上的、人们轻易难以识破的错误，虽然它通过1910年秋季的现象学还原被"拓展"到单体的交互主体性时，这个错误就被克服了②。在那个时候我已经做了解释：可能看上去，向"经验之流"的还原似乎会产生一种新类型的唯我论。但是当我们弄清楚了，还原首先并不是简单地引导到现实的意识之流(和它的自我极)，而是，正如我1910年所说的，每一被经验的事物，以及整个世界——作为在流动着的经验中发挥有效性(开始是作为自然)的世界——都是可能经验的无穷多样性的"Index(索引)"，此时，这个困难就被解决了。③

　　沿着这个文本读下去，我们越来越清楚地看到，这个探索的优势就在于，它使得胡塞尔得以把他关于先验主体的观念同他的视域观念结合在一起。视域本来就是意向性地隐含的、通过定义而实际地超出了可以被直接经验之内容范围。在这个文本中发挥作用的还原，十分清楚已经超出了还原的笛卡尔式的表述，接近了对意识与世界之不对称性的倒转。

　　在给《大观念(I)》的英译本写"后记"的时候，即该书问世二十年之后，他回顾了在《大观念(I)》中对先验主体的第一次特征刻画。他在那里看到的并不是"存在"的自我封闭"区域"。他写的是"纯粹现象学之被给出者的开放的和无穷的**场所**"④。在下一章中，我们将集中谈论这一点。只有"结

---

a　先验还原后只剩下私人的自我。——译者注
①　这是胡塞尔加的眉批。
②　这门课的题目叫"Grundprobleme der Phänomenologie(现象学基本问题)"[Wintersemester(冬季学期), 1910/1911]，现在编辑发表在《交互主体性(1)》(*Intersubjektivität*, I), Ed. by Iso Kern. *Husserliana*, Vol. 13. The Hague: Martinus Nijhoff, 1973年, 第111~194页。
③　胡塞尔：《第一哲学(II)》, Ed. by Rudolf Boehm. *Husserliana*, Vol. 8. The Hague: Martinus Nijhoff, 1959年, 第434页。着重号是作者加的。
④　"跋语(Nachwort)", 胡塞尔：《大观念(III)》, 第149页；英译本, "Epilogue,"《大观念(II)》, 第417页。

构"或者"本质"是"自我封闭的和自身连贯的"①。这就引向在《大观念(Ⅰ)》的笛卡尔式的立场中根本找不到的一种表述:

> ……这里已经指出的"先验主体性"——就其像一个人在从事自我反思的时候,它在其先验经验中被给出的那样——不仅意味着,"我作为先验的自我自身"具体参与着我自己的先验意识的生活,而且,还指称着那个协同主体(co-subjects)ª,这个协同主体自身当下显现为在我的先验生活中的先验内容,当下显现为先验的"我们-团体"(we-community)中的先验内容(这是在我的先验生活中协同当下显现的)。因此,先验的交互主体性就是这样一种主体性:在其中,现实的世界被本构为对象的内容,成为一种为了"任何人"的存在。现实世界就是在这里获取它的感性意谊的……②

这种表达的引入可能会引起对胡塞尔在《大观念(Ⅰ)》中所建议的道路的改革,将它转换到通过现象学心理学所开辟的道路上去。而现象学心理学从自己出发,将自己限制在意识的领域内。我想在这里简短地指出,如果是这样的话,这种改革的道路就将被归入实证科学所开辟的道路上去ᵇ。这样我们便不再处于笛卡尔式的道路上了。

5. 作为第三点(对世界的受制约的看法)和第四点[(纯粹)意识无法与先验主体性认同的看法]的结果就是,笛卡尔式的道路很难维持作为各种对象与认知的各种事实之整体的世界同我对该世界的再当下化之间的区别。

如果我们把向我们给出的世界当作"真实的世界",我们必须把它看作是一个不是一次就能够全部给出的整体ᶜ,而是一个通过不断进行确认与修正的过程给出的整体。于是,世界作为一个在它的自由变换的真正过程中被规定的一个观念(idea),就是一个交互主体性的世界。但是,这样的一个世界就不是在笛卡尔式的还原中给出的世界,因为通过求助于直接的属于我的东西的领域,他人的思想精神便被排除在外了,即被当作现象来处理了。在

---

① "跋语(Nachwort)",胡塞尔:《大观念(Ⅲ)》,第149页;英译本,"Epilogue,"《大观念(Ⅱ)》,第416页。

a 先验主体被拓展为协同主体。——译者注

② "跋语(Nachwort)",《大观念(Ⅲ)》,第153页;英译本,"Epilogue,"《大观念(Ⅱ)》,第421页。

b 由此,作为整体的世界与世界之当下化之间的区别难以维系。——译者注

c 笛卡尔主义式的思路给不出交互主体性世界。——译者注

1924年的一个文本中,当胡塞尔对这种思想路线的内涵进一步加工的时候,他认识到下面的事实:

> 在先验的经验和思想中,只要我没有得到先验主体性——即作为**交互**-主体性的先验主体性——之**全部的普遍性**(universality),并且认识到这里**世界是作为这种交互主体性相关者的话**……换句话说,只要我没有先验地在其全部范围内说明,先验主体性作为一种在人性的条件中,或在自然的世界性中(只能作为处于该世界中的人类社会中)的生命活动,并且先验地理解我自己和我的"我们"的话,那么**在我对世界的[再]当下化**——这只是对世界性内容的个人的和主观的人性之[再]当下化——就**与世界本身**之间保持着**一种张力**。……只有当我选取了根本的先验立场之后,而且,从这一点出发,在它的整体性中界定了先验的万有-主体性(all-subjectivity)的无限性之后,**这种张力才会消失,(再)当下化与现实性之间的区别才消失**。①

胡塞尔看到,我(主体性)的再当下化与世界之间的对立显现为一种"不可逾越的对立",如果从个体的自我开始的话。"如果我们停留在[笛卡尔式的]悬搁之中,我们如何能够超出我们对世界的再当下化呢?"②

不幸的是,在这个文本中他对这个问题的回答完全是针对某些人的(**ad hominem**)。他这样做,只不过是为了调侃那些因我们中止对世界信仰的"无可怀疑的必然性"而经常"忧虑"并为其所吓退的人③。他对这个问题谈得有多么不够并不重要,因为他并没有从笛卡尔式的理论框架内部回答这个问题,而仅仅是求助于先验分析与常规分析的区别,求助于先验主体性的普适性(universality)④。胡塞尔想以后再处理这个问题,通过特殊表达形式,即把"他人"当作"其他主体"相适应的形式,即通过同感性(empathy)的观念来处理这一问题⑤。不管我们在它身上发现了什么问题,求助于同感性,只是肯定了我们追踪的这一点:依据交互主体性对先验主体性进行的特征刻画,既超越了作为《大观念(I)》中笛卡尔式还原的基础之意识的观念,也超越了把世界限制于内在领域之中的工作。

---

① 胡塞尔:《第一哲学(Ⅱ)》,第480页。
② 同上。
③ 同上书,第481页。
④ 同上书,第482页。
⑤ 参见同上书,第494页以下。

第四节　海德格尔与胡塞尔的"诸沉思"

胡塞尔自己后来认识到的困难以及发生的踌躇,意味着他放弃了《大观念(Ⅰ)》中的笛卡尔主义吗?还是这些踌躇与困难只是某些孤立的问题,只是使得胡塞尔更加严格地处理他的笛卡尔式的探索?这些困难不是一些小的缺陷,而是一些十分严肃的问题;但是也可能他一直不十分清楚这些困难带来的严重干扰之全面的深度,只是在他试图把他的笛卡尔式的分析重新加工成最后的、首尾一贯的理论表达的时候,他才清楚地看到这一点。《笛卡尔式的沉思》这部晚期作品发表于1931年,在《大观念(Ⅰ)》问世几乎20年之后,距他对还原的其他途径最集中紧张的工作(大概在1923~1925年之间)①至少也有五年之久了。所以《笛卡尔式的沉思》一书被大多数人视为最充分的证据,证明胡塞尔的现象学纲领从头到尾是笛卡尔式的,贯穿于1906年或1907年之后的全部思想发展过程之中。对《笛卡尔式的沉思》一书的这种解释的背后的指导思想是假定:《笛卡尔式的沉思》在交互主体性理论的方向上拓展了《大观念(Ⅰ)》的分析,其对方法的理解是与《大观念(Ⅰ)》完全一样的。不管胡塞尔接受了什么样的其他途径,大家的一致看法是,笛卡尔式的道路是胡塞尔现象学最纯粹的表述。

然而在上一节中,我们已经看到,这个问题并不如此简单。无论如何,我们必须小心谨慎,不能认为胡塞尔在1906年至1913年间引入笛卡尔式的方法,在1923年至1925年期间尝试整合其他方式的研究工作,仅仅在1929年后才又转回到笛卡尔式的方法。胡塞尔论静态和动态发生方法的文本,以及他关于动态发生(发生)逻辑的讲稿,这两个文本都收集在《被动综合分析》一书中。它们可以追溯到1921年的工作,并且一直延伸到他的最后一部著作《危机》一书。另一方面,笛卡尔式的道路仍在继续。即使在20年代,当他的其他方法已经直接受到关注的时候,胡塞尔也从来没有放弃过继续发展他的笛卡尔式思路的努力,甚至在他的伦敦讲演(1922年)和巴黎演讲(1929年)中,把这一方法作为入门,向初次接触他的思想的人加以介绍。事实上,胡塞尔于1933年把《笛卡尔式的沉思》的法文译本推荐给读者的时候,已经

---

① 这个表达可以在上书的不同段落中找到,还可在《被动综合分析》和《现象学心理学》中找到。然而,导致这种误解的原因是,《逻辑研究》(1900/1901年)和《大观念(Ⅱ)》中所采取的通向现象学分析的途径就不是笛卡尔式的。在他1910~1911年冬季学期《现象学基本问题》的讲稿中,胡塞尔已经尝试从"世界的自然观念"走向先验现象学。

开始发展他的《危机》一书的思想。这些也使我们确信,他从未ª抛弃过笛卡尔式的思路。另一方面,对于笛卡尔式思路不同的还原方法的思考,也不能理解为只是他思想发展中的一个插曲、试了几次之后便弃置不用的方法。《形式的与先验的逻辑》一书就是证明。该书最后校样的修改,正是在胡塞尔开始写作他的巴黎讲演稿期间完成的。的确,当我们回顾胡塞尔思想发展的时候,我们会看到,胡塞尔早期的《逻辑研究》,甚至《大观念(Ⅰ)》某些晚些的章节[与《大观念(Ⅱ)》结合在一起阅读],可以被理解为,事实上[如果不是权利上(de jure)的话]是他在向其他思想方法的运动。更有启发性的是,在1910年至1911年冬季学期的讲稿《现象学基本问题》中,胡塞尔已经尝试着从"世界的自然观念"出发向先验现象学ᵇ运动①。不管我们怎样谈论胡塞尔还原方法的各种道路,我们都必须从一开始就认识到,不同方法的共存、并肩前进的现象,贯穿于胡塞尔的整个哲学旅途。

然而,我希望通过对《笛卡尔式的沉思》的历史和内容两方面的考察,能够超出对这个问题的上述看法,走得更远一点儿。胡塞尔的标准化形象的工作假设是:不仅《大观念(Ⅰ)》和《沉思》被不加区别地同等对待,一刀切,而且这两本书的基本材料也被认真剪裁,缝制成了一件完美的套装。而这个套装的尺寸留下了充分的余地,以适应今后随年龄的增长带来的变化的需要。如果经过分析,我们发现,《沉思》就现在的样子,也显示出了它的样式的某些变化,而胡塞尔之所以决定不让它同德国读者见面的原因,是由于他自己发现了其中的严重破绽ᶜ,那么,我们对胡塞尔"离开笛卡尔主义"就获得了新的洞见。

我们已经不厌其烦地指出,我们已经对更深的问题有了明确的鉴别:对我们而言,在追求对现象学做系统理解的过程中,至关重要的问题并不是静态现象学的笛卡尔式的表述是否与笛卡尔式的道路结合在一起。二者之间的联系是显而易见的。关键的问题是,静态分析的计划作为整体,是否同笛卡尔式的思路结合在一起。这样设计的问题就使我们有可能提出关于《笛卡尔式的沉思》的形成史,以及关于胡塞尔自己如何看待这项工作等十分准确精细的问题。我们准备将这个问题同关于海德格尔在胡塞尔晚期的研究工作中所起作用的问题结合在一起加以讨论。在下一节中,我们将继续追问,《笛卡尔式的沉思》是否引入了对《大观念(Ⅰ)》中的笛卡尔式的道路的重大的改革。这是标准胡塞尔形象的支持者几乎从未

---

a 胡塞尔从未放弃过笛卡尔主义。——译者注
b 现象学的不同方法共存与胡塞尔的理论工作。——译者注
① 相关的文本发表于《交互主体性(1)》中,特别是第188~191页。
c 《笛卡尔式的沉思》的破绽。——译者注

提出过的问题。

　　围绕胡塞尔的《笛卡尔式的沉思》所发生的故事——我将要引用1929年胡塞尔交给法文本译者的那个写作方案,以及他一直持续到1933年的、不断加工的工作;而且特别强调查阅已经印刷成书的那些文本①——是一个充满迂回曲折的故事,最终是一个严重受挫的故事。值得庆幸的是,耿宁和卡尔·舒曼的杰出工作,罗兰·布鲁兹那(Roland Bruzina)最近的工作,为我们提供了十分详实的指导,告知我们如何在胡塞尔思想手稿的"迷宫"中航行②。在本书导论中已经提到,胡塞尔在巴黎的索尔邦作了两场报告(1929年2月23日和25日),题目是"先验现象学导论"③。他马上大篇幅地修改这些报告,大部分专注于交互主体性问题,以便提供一个报告底本,供日后翻译成法文。他不仅对原来的讲稿做了修改——通过修改,讲稿成了四个分立的沉思——而且还扩展出来第五个沉思,专门讨论交互主体性问题。当他于1929年4月7日搁笔之时,恰逢他七十岁生日的前夕。他当时认为,这本著作完成了。但是过完生日之后,他又被该书稿的不足所困扰,接下来他又花了四周的时间对它加以修改,到了五月中旬,这本小书才告修订完成。1931年该书以法文 Meditations cartesiennes 为题正式问世。毫无疑问,起初胡塞尔

---

① 我们这里使用的文本有三个版本,我都把它们叫做《笛卡尔式的沉思》,我们也给它们贴上胡塞尔使用的标签:"the French Meditations(法语沉思)",它们包括:
　　(1) 1931年由加布里埃尔·法伊弗(Gabrielle Pfeiffer)、伊曼努尔·勒维纳斯翻译的 Méditations cartésiennes。这个译本依据的是1929年5月17日寄给译者的版本,底本本身是1929年2月23日和25日在巴黎作报告时用的稿子的修订和拓展本。
　　(2) 我们作为《笛卡尔式的沉思》加以引用的文本是《胡塞尔全集》第1卷发表的文本。对于我们的目的而言,它同寄给法伊弗和勒维纳斯的版本是同一个文本,只有很小的改动。
　　(3) 由凯恩斯翻译,发表于1960年的 The Cartesian Meditations 使用的德文原稿同(2)有出入,而更接近(1)稿。
　　当脚注中引用《笛卡尔式的沉思》时,指的都是(2)稿,也就是《胡塞尔全集》第1卷的文本,参考凯恩斯的英译(3)。我要强调的是,寄给法文译者的德文文本于1950年在《胡塞尔全集》第1卷中发表时同原文略有出入,而由凯恩斯翻译、1960年出版的英译本只有很少改动。对于我们的目的来说,可以看作是同一个文本。这一点见罗纳德·布鲁兹那《笛卡尔式的沉思Ⅵ》的"译者导言"第 lxix ~ lxx 页注释8。"Cartesian Meditations"带引号是为了指出一个基本事实:法译本刚出版,就被胡塞尔看作是第一初稿,急需修订。用它来指称后来胡塞尔连续工作了数年的那个计划。胡塞尔也把这个计划称为"German Meditations(德语沉思)",这并不是因为,原来的"法文沉思"没有德文原稿,而是因为,新版本是专门为德语读者而写的。

② 见耿宁为《交互主体性(3)》写的"编者导论",见该书第 xvii ~ lxx 页;并见卡尔·舒曼:《胡塞尔年表长编:胡塞尔的思想与生活之路》(Husserl-Chronik: Denk-und Lebensweg Husserls),《胡塞尔全集·文档》第1卷(Husserliana Dokumente, Vol. 1, The Hague: Martinus Nijhoff, 1977);并见布鲁兹那《笛卡尔式的沉思Ⅵ》的"译者导言",第 vii ~ lix 页,以及布鲁兹那未出版的书稿中关于胡塞尔、海德格尔和芬克关系的那一章。非常感谢作者允许我阅读他的手稿。

③ 文本以〈巴黎演讲〉("Die Pariser Vorträge")为题发表于《笛卡尔式的沉思》,第3~39页;英译为 The Paris Lectures,译者为 P. Koestenbaum (The Hague: Martinus Nijhoff, 1967)。

对这个结果是十分满意的,甚至认为这本书的德文版将最终把他的现象学方法放置到一个稳固的基础之上。5月26日,他在给罗曼·英嘎登的信中写道:

> 我连续不断地一直工作到4月7日,终于完成了对巴黎讲演的扩充工作,不幸的是,后来[即他的生日之后],我发现,这个完成的产品几乎难以令人感到满意,因为我——为了避免一些困难的说明,又为了不要过于超出巴黎讲演的文本的概论(Sommaire)风格——在论述的表述中,不得不留下了许多断裂、不连贯的地方。这些断裂使关于交互主体性的理论受到影响(分别来看,现象学的单子论和现象学的先验唯心主义)。于是我决定把这项工作做成一个整体,为关于对陌生人的经验(Fremderfahrung)之先验理论提供一个完整的构架。在这个过程中,一个新的"笛卡尔式沉思"(也是现在的书名)便诞生了……我把它视为我的主要文本,准备不久在尼迈耶(Niemeyer)出版社出版。①

但是事实是,胡塞尔自己从来没有让他的德文本《笛卡尔式的沉思》出版。为什么他拒绝把该书交付出版?特别是拒绝交付被他自己称为他的"主要文本"的书出版,这是令人感到最为惊奇的。

关于胡塞尔与海德格尔之间的关系问题有许多推断和说法。有人认为,海德格尔的《存在与时间》(1928年)的问世引起了胡塞尔哲学思想的根本性变化,致使胡塞尔引入了生活世界的观念,我们可以在《危机》一书中找到这个观念。另外一些人则持相反的观点,认为胡塞尔一直十分孤独,沿着他自己的思想路线全身心地投入工作。他与海德格尔之间不断增长的不一致,引起的不是胡塞尔重新调整思路的方向,而是深深的失望。很显然,前一种观点是误导性的。我们将在本书第十三章中看到,早在20年代,胡塞尔就开始把生活世界的观念引入到他的写作中来了,并且专门为此写下了几个研究手稿。这些手稿都早于胡塞尔拿到《存在与时间》一书之前。第二种看法也不尽准确。我们将在关于《沉思》的故事中看到这种观点不准确的原因。

海德格尔于1915年完成了他的教职资格论文,1916年开始一边在军队中服役,一边继续从事他在弗赖堡大学的哲学研究。其身份是私人讲师,这是依据他的教职资格论文授予的教职(但是没有薪水)。这一年,胡塞尔从

---

① 胡塞尔:〈致罗曼·英嘎登的信〉,1929年5月26日,《通信集》(Ed. by Karl Schuhmann in connection with Elisabeth Schuhmann, *Husserliana Dokumente*, Vol. 3. Dordrecht: Kluwer Academic Pub., 1994),3/3,第248页。见Kern:"导论(Einleitung [III])",第xvii页。

哥廷根转至弗赖堡。海德格尔显然知道胡塞尔和他的著作。他于1909年认真研究了《逻辑研究》,《大观念(I)》的研读耗去了他1914年的整个暑假①。但是看起来,年长海德格尔三十多岁的胡塞尔在这之前没有见过海德格尔②。由于心脏不适,海德格尔得以在弗赖堡的邮政检查部门服军役,并且可以同时在1916~1917年冬季学期在大学讲授"逻辑学中的基本问题"这一课程。这自然使得他能够同胡塞尔不断有所接触、交流。

也可能是那托普询问海德格尔的情况,使得胡塞尔开始注意这位青年学者。马堡大学教职有了空缺,那托普想知道,是否应该把海德格尔列入补缺者的行列。尽管胡塞尔1917年回答时使用的是中性词汇,没有将他看作自己的学生,对他也不太了解,但回信内容仍然是对海德格尔有利的。海德格尔最终被列入最后的名单。然而1917~1918年,胡塞尔与海德格尔的关系变得"十分亲密……可以在私人的基础上讨论哲学问题。"③

第一次世界大战结束后,一片废墟,百废待兴,但是胡塞尔仍然十分顽固地坚持要求设在卡尔斯鲁尔的高等教育部特批,专门为海德格尔在弗赖堡大学哲学系设置永久性的教学职位。当时海德格尔的职位,相当于美国现在的临时讲师,或者助理讲师,对于海德格尔只能有一个不起眼的教职。胡塞尔对此十分不平。他企图用他的教授权力来改善这种情况。我们知道,后来海德格尔参与了《现象学与现象学哲学》年鉴的编辑工作,1920年胡塞尔给英嘎登的信中提到这一点时说,他准备让海德格尔来参加他准备出版的一本著作的加工工作④。胡塞尔还尽力寻找其他途径来帮助海德格尔。1920年夏天,胡塞尔接受了加拿大温思罗普·贝尔(Winthrop Bell)公司七千马克的捐赠。胡塞尔写道,他还没有决定如何使用这笔捐赠。但是:

> 可以说,Stante pede(确定无疑的)是,我首先要给我们杰出的海德格尔1000马克。他穷得像教堂里的老鼠,现在他交了好运,有能力去为

---

① "我不得不牺牲整个假期,由于胡塞尔的《现象学》后面的章节给我带来了太多的麻烦,而且我不想被人指为误解,就像 Messer and Cohn 近期受到的指责那样。"见〈致恩格尔贝特·克雷伯(Engelbert Krebs)的信〉,1914年7月19日,转引自胡果·奥特(Hugo Ott):《马丁·海德格尔》(*Martin Heidegger*),Frankfurt: Campus Verlag, 1988年,第83页;英译为 *Martin Heidegger*, Allan Blunden 译,London: Fontana Press, 1994年,第81页。
② 从组织关系上看,海德格尔和胡塞尔那时不在同一个系。海德格尔当时属于基督教哲学系(哲学2系),不属于正常的哲学系(哲学1系)。1918年或1919年海德格尔才获准转到哲学1系。
③ 胡果·奥特:《马丁·海德格尔》,第102页;英译本,第102~103页。
④ 胡塞尔:〈致罗曼·英嘎登的信〉,1920年7月18日,《通信集》,3/3,第204页。

他自己搜集宗教哲学方面的基本材料了。①

胡塞尔的坚持终于得到卡尔斯鲁尔高教部的回报:决定支付从1920~1921年冬季学期起海德格尔作为**助教**的永久性教职薪金。这个职位与美国今天的正式讲师相当。请注意不要将其混同于胡塞尔的工作助手(也叫Assistant),担任过胡塞尔工作助手的只有三个人,伊迪斯·斯泰因,她是胡塞尔从哥廷根带来的,路德维希·兰德格里博以及欧根·芬克。在这个学期,海德格尔教授了宗教现象学的课程②,并与胡塞尔合作,还指导了几个学习小组的研究③。

胡塞尔还为海德格尔在马堡找工作方面尽力不少。由于海德格尔没有作品面世,所以去马堡正式任职的事一拖再拖。为此问题,胡塞尔第二次给那托普写信。这回在信中,他对海德格尔大加赞赏,为海德格尔获得此职位极力推荐和担保,毫无保留④。1923~1924年冬季学期,海德格尔赴马堡任职。但是他并不喜欢马堡,认为那里的气氛"乏味"且"沉闷"⑤,那里的教授除了鲁道夫·布尔特曼(Rudolf Bultmann)之外,都是令人厌倦的。每当假期无课时,他便逃出"雾气蒙蒙的洞穴"⑥,回到离弗赖堡不远的黑森林的托特瑙堡(Todnauberg)山的小木屋中。这期间,他同胡塞尔的关系仍然继续。每次回来,路过弗赖堡,都在那里停留。有时海德格尔就在胡塞尔家里过夜,胡塞尔和夫人十分欢迎他。特别是他参加每年4月8日胡塞尔的生日庆祝会,使胡塞尔十分开心。就是在1926年胡塞尔的生日庆祝会上,海德格尔将他即将出版的《存在与时间》公开献给胡塞尔。这部书于1927年春天面世。

海德格尔在马堡任教期间,尼古拉·哈特曼(Nicolai Hartmann)离开马堡,他的正教授教席出缺。海德格尔曾申请替补哈特曼职位。胡塞尔第三次以个人名义给马堡大学写信,告之对方,对于他们脑子里能想到的任何职位,海德格尔都是首选人选,"在我眼里,海德格尔毫无疑问是成长的一代中最重要的人物"。而且他还正确地预言:"除非什么无理性的机会或者命运的不幸的冲撞,阻扰了对此的庇护,否则,他注定将成为一个伟人层次的哲学

---

① 胡塞尔:〈致贝尔的信〉,1920年8月11日,《通信集》,3/3,第21页。
② 见胡塞尔:〈致罗曼·英嘎登的信〉,1920年12月30日,《通信集》3/3,第208页。
③ 胡塞尔:〈致贝尔的信〉,1920年8月11日,《通信集》,3/3,第14页。
④ 见胡塞尔:〈致保罗·那托普的信〉,1922年2月1日,《通信集》,3/5,第150~151页。
⑤ 转引自胡果·奥特:《马丁·海德格尔》,第125页。
⑥ 同上。

家,成为引导人们走出我们这个时代的混乱与懦弱的领袖人物。"①但是由于哲学系的政策和柏林的中央政府的教育部造成的推延,对海德格尔的任命被延期了。两年之后,1927年10月,有学校向海德格尔提供了教职。但此时他已经知道,他要作为胡塞尔的后继者返回弗赖堡。

看来胡塞尔是一个对事情反应较晚的人。不仅他在伦敦讲演中(1922年)向英国听众预演他的笛卡尔②,两年以后才去回应经典的英国经验论的问题(1923~1924年)③,而且直到1929年夏天之前,即在1926年4月8日海德格尔向他献上《存在与时间》的三年之后,胡塞尔都没有真正地理解他与海德格尔之间严重的分歧。对于他们之间的分歧他在这之前也有察觉,还专门为此约海德格尔来讨论这一分歧。胡塞尔的夫人经常代胡塞尔回信,1927年12月30日胡塞尔的夫人给海德格尔写信说:

> 我丈夫十分愿意在你回来的旅途中,能安排一段时间,以便同你就你的书[《存在与时间》]进行一整天的学术讨论。他用了整个假期的时间,专门对你的书进行了研读,并且觉得有必要就一些对他来说仍然不是十分清楚的问题④求教于你。⑤

几天之后,1928年1月8日海德格尔的确访问了胡塞尔。我们没有关于这次谈话讨论的结果的任何直接的文献。但是我认为,1931年胡塞尔给梵德尔的信件的内容,对此事有参考价值,它反映出他与海德格尔之间关系的发展过程。他在信中写道:

> 当《存在与时间》在1927年出版时,我对该书的语言和思想的新风格感到十分陌生。起初我相信,他日后的著作对此会有进一步的澄清:他是那个把我的研究继续下去的人⑥。我从他那尽管不十分清晰、但非同寻常的智力力量得出的印象,真诚地尽一切耐心去理解它、接受它。面对他的这种对于我的思想类型来说,是如此难于接近的理论,我不愿意去设想,

---

① 胡塞尔:〈致埃里希·吉恩士(Erich Jaensch)的信〉,1925年6月26[或30],《通信集》,3/3,第334页。
② 胡塞尔:《伦敦讲演》,以手稿 Ms. F I 29 为基础,被编目为 M II 3a 和 3b。
③ 胡塞尔:《第一哲学(I)》。
④ 〈玛尔文·胡塞尔(Malvine Husserl)致海德格尔的信〉,1927年12月30日,《通信集》,3/4,第150页。
⑤ 原文是:"mit Ihnen belehren zu lassen"。
⑥ 原文为:"Fortsetzer meiner Forschung zu sein"。

去承认这个事实：在这些理论中，我的现象学研究的各种方法，以及严格的科学性本身被抛弃了。不管我和海德格尔的过错是怎样的，我觉得他过快地跃入了高阶的问题。他自己则一直否认他抛弃了我的先验现象学，并告诉我要等待[《存在与时间》]第二卷的出版。由于我那时缺乏自信，我宁愿怀疑我自己，怀疑自己跟随、理解、评价这些思想的异样的动机的能力。①

1927~1928年，胡塞尔同海德格尔为《大英百科全书》合作撰写《现象学条目》，以失败告终。尽管在此项工作的草稿中，清楚地表明了这两位思想家在对现象学的理解、对现象学的定义上的差异是如此之大②，但这仍未能警醒胡塞尔看到在他们之间找到共同的道路有多么困难。耿宁指出，胡塞尔"把这种张力归咎于他与海德格尔之间哲学上的讨论和沟通过少（从1924年以后，海德格尔就在马堡任教）③，并且希望通过深入的思想交流，建立长久以来一直期望的，但未能成功的统一性"④。这封信以及其他一些信件向我们十分清楚地表明，胡塞尔无力将他的著作付之出版这一事实，如何深刻地动摇了他自己的自信。这并不单是胡塞尔在编辑方面需要帮助的问题。海德格尔为胡塞尔的《内在时间意识的现象学》（1928年）做了一次最后的，但是粗糙的编辑工作⑤。兰德格里博从1923年开始，就着手把胡塞尔堆积如

---

① 胡塞尔：〈致梵德尔的信〉，1931年1月6日，《通信集》，3/2，第181~182页。这封信包括一段胡塞尔关于他同海德格尔失和这个问题的最公正的理解。见该信第180~184页。
② 这篇文章的头两个草稿保留了下来，发表于《现象学心理学》，第237~277页。第四稿是定稿，发表于《大英百科全书》。见胡塞尔：《现象学心理学》，第277~301页；〈现象学〉（"Phenomenology"），见《短篇论文集》（Notre Dame: University of Notre Dame Press, 1981），第22~35页。关于此次合作，见沃尔特·比梅尔：〈胡塞尔的大英百科全书文章以及海德格尔的批注（"Husserls Encyclopädia-Britannica Artikel und Heideggers Anmerkungen dazu"）〉，见《哲学杂志》（Tijdschrift voor Filosofie），12（1950），第246~280页；英译为"Husserl's Encyclopädia Britannica Article and Heidegger's Remarks Thereon"，见彼得·麦考密克、弗雷德里克·艾利斯顿主编的《胡塞尔：解释与评价》，Notre Dame: University of Notre Dame Press, 1977年，第286~303页；以及斯蒂芬·克罗威尔（Steven Crowell）的文章：〈胡塞尔、海德格尔和先验哲学：对大英百科全书文章的另一个看法〉（"Husserl, Heidegger and Transcendental Philosophy: Another Look at the Encyclopädia Britannica Article"），见《哲学与现象学研究》（Philosophy and Phenomenological Research），Vol. 50（March, 1990），第21~35页。
③ 实际上他于1923~1924年冬季学期，即1923年底，开始在那里执教。
④ 耿宁："编者导论Ⅲ"，见《交互主体性（3）》（Ed. by Iso Kern, Husserliana, Vol. 15. The Hague: Martinus Nijhoff, 1973），第xxiii页。
⑤ 1926年海德格尔在完成了《存在与时间》之后便开始关注这个任务。他的编辑工作远不如伊迪斯·斯泰因于1917年以来漫长的艰苦劳作——从手稿过录为手抄本时——那么困难，他编辑的就是伊迪斯·斯泰因过录的手抄本。把胡塞尔的手稿整理出一个前后连贯秩序是一项极其艰巨的任务，完成这个任务的人就是伊迪斯·斯泰因。见鲁道夫·勃姆为胡塞尔的《时间意识》（Zeitbewußtseins）写的"导论（Einleitung）"第xxxii~xxxiii页。后来，胡塞尔的确为把此任务交给海德格尔一事表示后悔。见〈致梵德尔的信〉，1931年1月6日，《通信集》，3/2，第182页。

山的手稿整理成前后连贯的陈述。1928年芬克又参加了这一工作。胡塞尔最需要的是新一代中的"最优秀者",能带着现象学的旗帜走向未来。海德格尔是少数年轻人之一,自己认为会将现象学发展为先验的理论。如果凯恩斯的报告是准确的,那么依据胡塞尔自己的说法,他经常向海德格尔说,"你和我就是 die Phänomenologie(**唯一真正的现象学**)"①。胡塞尔给梵德尔的通信中也提到他与海德格尔的关系中的心理方面的维度。他谈到他的后继者、年轻的海德格尔在马堡的前途,就像谈论自己的前途一样,并且明确表白,他无力反抗海德格尔热情洋溢的"亲切诚恳"②。无论如何,胡塞尔全力以赴支持海德格尔作为自己的继承人到弗赖堡任职。由于海德格尔不能在1928～1929年冬季学期之前接替他的职位,他还超出他的退休期限,额外上了一个学期的课程,以补空缺。1929年的4月8日,胡塞尔七十岁生日那天,正是他完成《笛卡尔式的沉思》手稿之后的第一天,也是胡塞尔开始修改第五沉思的前两天(整个工作稿是5月17日寄往巴黎的法文译者的),这两位哲学家的关系仍然保持良好③。

但是到了那年夏天,情况则完全变了。《笛卡尔式的沉思》已经寄给了译者,《形式的与先验的逻辑》已经于6月底付印,胡塞尔腾出了两个月的时间,专门用于彻底通读海德格尔的著作。如果我们相信胡塞尔夫人的描述的话,那胡塞尔曾经"花去了整个的假期[1927年的圣诞节]专门研究"海德格尔著作,那么我们可以说,这是他第二次认真研读他的年轻朋友的著作了。这次,他不仅研究了《存在与时间》,而且还研究了《康德与形而上学问题》,也许还包括《论诸根据的本质》等④。1929年7月24日,海德格尔作了他的教授就职讲演"什么是形而上学"⑤,胡塞尔也出席了讲演会。这是学界最正

---

① 凯恩斯:《与胡塞尔和芬克的谈话》,1931年8月13日,Richard Zaner 编:《现象学丛刊》第66卷,The Hague: Martinus Nijhoff,1976年,第9页。
② 〈致梵德尔的信〉,1931年1月6日,《通信集》,3/2,第181页。
③ 参见耿宁:"编者导论Ⅲ",《交互主体性(3)》,第 xxiii 页。
④ 同上书,第 xxii 页。参见〈致乔治·米施(Georg Misch)的信〉,1929年6月27日,《通信集》,3/6,第275页,以及玛尔文·胡塞尔〈致罗曼·英嘎登的信〉,1929年12月2日,《通信集》,3/3,第254页。短文〈论诸根据的本质〉("On the Essence of Reasons"),写于1928年,1929年发表于献给胡塞尔的纪念文集中。海德格尔〈论诸根据的本质〉("Vom Wesen des Grundes"),见《胡塞尔70岁诞辰纪念文集》(*Festschrift: Edmund Husserl zum 70. Geburtstag gewidmet*),《哲学与现象学研究年鉴》补充卷(*Ergänzungsband zum Jahrbuch für Philosophie und Phänomenologische Forschung*, Halle a. d. Saale: Niemeyer Verlag, 1929),第71～110页;英译为 *The Essence of Reasons*,双语版,译者为 Terrence Malick (Evanston, Illinois: Northwestern University Press, 1969)。
⑤ 加"跋语"发表为海德格尔的《什么是形而上学?》(*Was ist Metaphysik?*) [1929] (Frankfurt am Maim: Klostermann, 1943)。我们引用的文本依据的是海德格尔的〈什么是形而上学?〉[1929],见《路标》(*Wegmarken*)(Frankfurt am Main: Klostermann, 1967),(转下页)

式的事件，海德格尔作为胡塞尔的继承人，公开站在那里向胡塞尔的探索发起挑战。这个挑战明显到足以使胡塞尔不得不去理解他们之间的严重分歧。也许恰恰是这个讲演，使胡塞尔大吃一惊，终于使他十分清楚地认识到他们之间分歧的根本性质①。这个讲演根本未提及胡塞尔的名字。在内容上，至少有三点可以直接理解为对胡塞尔的挑战。

1. 海德格尔使用了科学的实证性与某种超出实证性内容的区别，这种内容被认为是唯一可以达到真理的，但是却被迫像所有其他话语的指称（reference）一样，被理解为是超出这种实证性的东西。这些内容得出的结论是，这种话语讨论的是"非有（nothing）"，其主要的论题是"非有性（Nothingness）"。这种区别本身是他提出的存在与实存之间的本体论差异的 ontic（实存性）变体。海德格尔使用这种区别以指出，"非有性（Nothingness）"恰恰是形而上学研究的唯一ª对象。在他的解释中，为了揭示非有性，他引进了达在（Dasein）这个术语，以取代胡塞尔的术语"先验主体性"。这个讲演中没有让意向性的观念作为基本结构，它得以让我们继续把实证性作为主体性的超越的相关者。结果是，海德格尔把这个实存的整体性问题接了过来，因此，是在一个与胡塞尔的笛卡尔式途径一样的领域中工作。但是他在工作中并没有采取任何还原。这个颠倒的发生，受到了对我们的话语讨论中对"非"的关注的影响，即对一般意义上的否定之现象的关注的影响，然后又到"非有性"观念中为它们寻找根本基础。"不存在'否定'和'非（the Not）'，只是因为'有（there is）'吗？……非有性（the Nothing）比'非'和'否定'更加源初。"②关于他与胡塞尔的相似性以及同他的严重区别，海德格尔的表述如下："非有性是对实存[**Seiende**]的一切性[**Allheit**]的否定。"③这种一切性[**Allheit**]的否定不会引向其他的实存，也不会引向如意识流这类的实存所在的二阶领域中，而是引向"全然的非-实存（not-being）"。

2. 这一点与下列洞见紧密联系在一起：这个步骤并不要求我们去假

（接上页）第1～19页；英译为"What is Metaphysics?"，见大卫·克雷尔（David Krell）主编的海德格尔《基本著作》（*Basic Writings*），New York：Harper，1993年，第89～110页。对这个讲演同〈论诸根据的本质〉（Vom Wesen des Grundes）的关系，海德格尔做了如下说明："〈论诸根据的本质〉一文写于1928年，与讲演'什么是形而上学?'写于同一时间。后者考察的是Nothingness（非有性），而前者则是要定义本体论差异。"见为《论诸根据的本质》第三版写的前言，第21页；英译本，第2～3页。

① 参见耿宁："编者导论Ⅲ"，《交互主体性(3)》，第xxiii页。
a 无与有的对立。——译者注
② 海德格尔：《什么是形而上学?》（*Was ist Metaphysik?*）[1929]，Frankfurt am Main：Klostermann，1943），第6页；英译本，第97页。
③ 同上书，第6页；英译本，第98页。

定,我们可以实际上**把握住**实存(Seiende)的整体。海德格尔对下述思想提出了挑战:实存的整体必须自身"被给出",然后才可能将其置于否定之下加以否定,就像在《大观念(I)》中所要求的那样。在那里,胡塞尔在对还原的解释中将其称为对整体的想象性的**毁灭**(Vernichtung)。我们如何来构成一般的关于整体的观念呢?因为我们不可能通过理性的行为绝对地把握它;但我们发现我们自己"处在诸实存(seiende)的整体之中"①。在与其相适应的存在中,即在非有中揭示着这个整体ª;我们是通过畏惧(Angst)达到这个整体的。畏惧是《存在与时间》中的一个熟知概念。这就意味着,不是通过**对象化**的行为,即不是通过胡塞尔的现象学**反思**所建议的那种观念,而是通过关注于情绪的现身情态(die Befindlichkeit der Stimmung)来达到对整体的认知②。

3. 非有性的观念在诸**实存**之领域和属于现象学的领域之间创造了一个完全的分离,而不用假定:我们有一个**存在**的领域,可与实存ᵇ的领域相比较,就像我们在笛卡尔式思路上的情况那样。但这同时也意味着,留下了胡塞尔只会认为是震惊的裂隙,即科学丰饶的成就与其基础之间的裂隙。取代意向性与区域本体论的构造之间在认识论上的连接纽带——其功能是对各种自然科学的不同区域作出关键性的说明——的是,海德格尔对非有性的形而上学的暧昧呼吁。"只有当它预先把自己置于非有之中来把握自己时,科学的达在(Scientific Dasein)才是可能的。仅当它没有放弃非有时,达在才开始理解自己是什么。"③海德格尔的这种连接对胡塞尔而言过于玄乎,根本不可信。我们可以想见,为什么胡塞尔认为,海德格尔的整个分析都缺少科学的严谨性④。

以下是胡塞尔在一年半之后给梵德尔的信中所描述的当时的处境:

> 紧接着我的著作[《形式的与先验的逻辑》]发表之后,我用了两个月的时间来研读《存在与时间》以及其他新文章,以便得到一个针对海德格尔哲学的审慎的和最终的立场。我最终得到的是一个令人痛苦的结论,海德格尔的深奥,他的机智的非科学性([Unwissenschaftlichkeit])

---

① 海德格尔:《什么是形而上学?》,第8页;英译本,第100页。
a 反思与情绪的对立。——译者注
② 海德格尔:《什么是形而上学?》,第8页;英译本,第100页。
b 实存域与现象学域之间的完全分离,科学奠基成为泡影。——译者注
③ 海德格尔:《什么是形而上学?》,第17~18页;英译本,第109页。
④ 关于海德格尔自己对于这个讲演的疑虑见他的"跋语",《什么是形而上学?》,第23~31页。

与我毫无关系。而海德格尔[对我的现象学的]公开的和隐蔽的批判,是建立在粗暴的误解之上的。他被哲学体系的那类构建所吸引,而正是对那种类型的构建恰恰一直被我看作是自己终生以求却永远不可能去完成的任务①。所有的人早都看到了这一点,只有我蒙在鼓里。我对海德格尔并没有隐瞒我对此的看法。②

紧接着这封信之后,胡塞尔写的下一文本就是为博伊斯·吉布森的《大观念(Ⅰ)》英译本(1931年)写的"跋语"。它写于1929年9月至10月之间,后来作为英译本的前言面世,以及当他重新审读《大观念(Ⅰ)》时写下的几个有关手稿。在这些文本中,他特别强调以下两点,他认为,这两章是使海德格尔严重误解他的思想的关键之处:第一点,现象学还原的实质,第二点,也许——是第一点的结果——是哲学家无力把纯粹心理学③或者纯粹人类学④——胡塞尔认为,《存在与时间》所处的理论框架就是它们——与先验现象学区别开。在"跋语"中,他强调关于哲学的观念:哲学应该是"审慎的工作,它是由最彻底的科学的严格性[Wissenschaftlichkeit]这种精神构成的"⑤。但这顶多是一种宣言。胡塞尔必须用一种严格的、具体的可供选择的其他理论来回应海德格尔的探索。

"跋语"完成于1929年10月。此时胡塞尔又重新开始《笛卡尔式的沉思》的修改工作,目标是出版它的德文版。人们也许会认为,整个德文稿已经寄给了法文本译者列维纳斯和皮尔佛(Pilfer),剩下的任务只是做些许的编辑性工作了。这原本也是胡塞尔自己的想法。因为《形式的与先验的逻

---

① 这段话的德文原文十分难读:"…daß er in der Ausbildung einer Systemphilosophie begriffen sei von jener Art, die für immer unmöglich zu machen ich zu meiner Lebensaufgabe stets gerechnet habe."
② 胡塞尔:〈致梵德尔的信〉,1931年1月6日,《通信集》,3/2,第184页。
③ 在他手头的那本海德格尔《存在与时间》一书第16页的眉批中,胡塞尔写道:"在我的意义上,这条道路是做广义的意向性的人格心理学,是从个人生活运动到世界……"。见罗兰·布里尔(Roland Breeur)编辑的胡塞尔〈对海德格尔《存在与时间》一书的批注〉(Edmund Husserl, "Randbemerkungen Husserls zu Heideggers *Sein und Zeit* und *Kant und das Problem der Metaphysik*"),见《胡塞尔研究》(*Husserl Studies*), Vol. 11 (1994),第14页。
④ 在他手头的那本海德格尔《存在与时间》一书第13页的另一眉批中,他的评论更加尖锐:"海德格尔把各实存[Seiende]的诸区域、各普遍者(universals)以及整个区域和世界的本构的、现象学的说明,变换或者改装成了人类学的说明。整个问题就是一个转换问题。达在(Dasein)对应the ego(自我)等等。这样,一切都成了根本不清楚的东西,而在哲学上则失去了它的价值。见胡塞尔〈对海德格尔《存在与时间》一书的批注〉,《胡塞尔研究》第11卷,第13页。
⑤ "跋语(Nachwort)",《大观念(Ⅲ)》,第138页;英译本,"Epilogue,"《大观念(Ⅱ)》,第405页;耿宁:"编者导论Ⅲ",《交互主体性(3)》,第xxv页。

辑》(写于 1928 年 11 月至 1929 年 1 月)完成于巴黎讲演录(写于 1929 年 1 月至 2 月初)之前,清样的校对修改应该是在 1929 年上半年完成的。所以,在《形式的与先验的逻辑》中宣布,《笛卡尔式的沉思》将于 1929 年秋天出版①。但是海德格尔进攻的声音仍在胡塞尔耳边回响,他并没有打算向征战的水域派出战船。"跋语"本身告诉我们一些令人吃惊的事。胡塞尔被迫对《笛卡尔式的沉思》做彻底的修订,而不是仅做些许编辑校订工作而已。在《形式的与先验的逻辑》中,读者可以找到作者提供的未来著作的信息。他提到《笛卡尔式的沉思》的法文版的即将出版,并指出,该书"在基本路线方面给出了进入现象学哲学的简短导论",然后宣布,德文版将不久问世,最后加上了几句令人吃惊的德文版将包含的话:

> 额外增加的第二个导论,其中将包括一个对个人的(沿人文科学的路线的)观念和自然的人类学和心理学的观念的说明。……这被作为初始性的问题加以研究。②

这里所说的"自然的人类学"恰恰是他在《存在与时间》中发现的问题。换句话说,他起码认识到,他寄往法国供译者翻译的《笛卡尔式的沉思》的版本(我们今天认可的《笛卡尔式的沉思》)只是一个"简短的导论",并没有提供一个对海德格尔相应的合适的回答。他设想的第二个导论的写作,将是针对海德格尔的著作发起的挑战的回应,甚至准备重写《沉思》,使其具有更适合德语听众的形式。上面的引文还表明,胡塞尔在思考,如何把现象学还原特征化为,由区域性学科的批判——具体讲就是通过对"个人的和自然的人类学的观念"的批判作为中介——而实现的还原。

在写于 1929 年 12 月 2 日的一封给英嘎登的信中(耿宁也引用了此信③),胡塞尔决定不出版《沉思》的被译为法语的那个版本的德文版,而是对它们彻底地加以改写,这恰恰是对海德格尔的一种回应。

> 对海德格尔的彻底研读?我最终得出的结论是,我不能把这本著

---

① 胡塞尔:《形式的与先验的逻辑》,第 11 页;英译本,第 7 页。参见布鲁兹那为《笛卡尔式的沉思Ⅵ》写的"译者导言"第 xi 页。
② 此段文字见 1931《大观念(Ⅰ)》。博伊斯·吉布森英译本之"作者为英译本写的前言(the Author's Preface to the English Edition)",第 30 页。博伊斯·吉布森 1929 年收到前言文本。德文原文 1930 发表在《年鉴》(Jahrbuch),去掉了分段。见耿宁:"编者导论Ⅲ",《交互主体性(3)》,第 xxv ~ xxvi 页。
③ 《通信集》,3/3,第 254 页;"编者导论Ⅲ",《交互主体性(3)》,第 xxvii 页。

作[即《存在与时间》]①列入我的现象学的框架之内,很不幸。此外我还必须全面并且彻底地拒绝这本书,无论从它的方法还是就其内容的实质来看,都是如此。我认为更加值得去做的是,把《笛卡尔式的沉思》的德文版全面加以发展,使之构成我的成体系的"主要著作"。②

关于他对海德格尔著作的方法与内容的看法,也是三个月后写给希克斯的信的中心内容。在谈到吉尔伯特·赖尔(Gilbert Ryle)对《存在与时间》的批判性评论③时,他写道:

> 在这个十分详细的书评中,他也谈到了我的现象学。但是他并未把握到它的全部意义和领域。海德格尔根本没有遵循我的方法,而只是对我在《大观念(I)》中草拟的描述心理学和意向性心理学的进一步构建而已。评论中针对他的反对意见,没有一个字能够安装到我身上。④

胡塞尔的后期著作中经常回到心理主义的问题,并且联系人类中心主义(Anthropologism)谈论这个问题,因为他相信,这种分析可以为批判海德格尔提供关键性武器。但是我们这里寻求的是另外的东西。他告诉英嘎登,这将是对《沉思》的重新改造,全面的重组,不是未经发展的版本(即不是我们今天看到的、印刷出版的《沉思》),它将成为他的"主要著作"。同时,他又在这里加上了**成体系**的著作的讲法,但是我们到哪里去找这个新的文本呢?他决心要提供的《沉思》的彻底的改造版,后来变成了什么?

就像耿宁收集的证据证明的⑤,他的确马上开始了这项工作。这项工作同1928年阿姆斯特丹的讲演结合在一起⑥。这个讲演本身关注的是心理学与先验现象学的关系问题。还有一些其他的文本与此有关,再加上一些补充性的研究。他还转向了关于交互主体性和时间构成等问题的材料。我们甚至有为"第二个导论"写的简短的"前言"⑦。他的努力在1929年11月被打断,1930年2月又重新开始。原因之一就是兰德格里博正在与他合作,对他

---

① 舒曼断定这里的著作指的就是《存在与时间》,见《通信集》,3/3,第254页注释175。
② 德文原文为" Ausgestaltung der deutschen Ausgabe der *Cartesianischen Meditationen* zu meinem systematischen 'Hauptwerk'"。《通信集》,3/3,第254页。
③ 这个尖锐的评论,是一个富有洞见而又刻薄的评论与有礼貌的尊敬之间的混合物。它发表于《心智》(*Mind*),Vol. 38 (1929),第355~370页。
④ 胡塞尔:〈致希克斯(Hicks)的信〉,1930年3月15日,《通信集》,3/6,第180~181页。
⑤ 耿宁:"编者导论Ⅲ",见《交互主体性(3)》,第 xxvii~xxviii 页。
⑥ 发表于《现象学心理学》第302~349页。
⑦ 见耿宁:"编者导论Ⅲ",《交互主体性(3)》,第 xxviii 页脚注1。

的几份关于逻辑学的手稿进行加工整理,后来就成为《经验与批判》一书。他被这项工作所吸引,但很快意识到,这会用掉他太多的时间,因而会推迟《笛卡尔式的沉思》德文版的工作,而后者应该成为"我的一生的代表作"。在1930年3月写给英嘎登的信中,他仍然继续说"小法文本"不可能简单地转变为适应德国当前情况的文本。在德国"时下流行的向'生存'哲学的摆动",以及"拒斥把哲学视为'严格的科学'"的风气,使情况变得十分糟糕。这些话显然是指向海德格尔的。这一任务要求,一个

> 更广泛的说明和进一步的发展,以达到最高层次的"形而上学"的问题。我现在正用充沛的精力,高度集中地进行工作;我在秋天之前不可能结束这项工作。①

他集中了全部精力和能量于《沉思》的重新加工工作,以便对海德格尔有一个回应。但是突然他又改变了他的计划,中止了他对《沉思》所有的相关工作达一年之久。在这期间,胡塞尔又回到更大的成体系作品的想法上。对这个规划的工作用去了他1930年或1931年的时间。为什么发生了这一工作的转向?耿宁认为乔治·米施(Georg Misch)所写的一系列分析胡塞尔现象学和海德格尔现象学的文章,包括那些献给胡塞尔的文章刺激了胡塞尔②。这些文章带着同情的口吻向胡塞尔指出,对于还原需要做出比已发表的著作中所提供的更加全面的说明。同芬克的广泛讨论的结果,也是对"现象学哲学体系"的起草工作。这项工作起初是他自己动手,后来改由芬克执笔的,时间在1930年8月13日③。无论如何,胡塞尔的注意力还是转向了建立体系的工作,转向芬克加工的庞大手稿。1930年11月,这工作的开头部分的草稿交给了胡塞尔④。1930年12月胡塞尔写信给梵德尔:"取代[《笛卡尔式的沉思》]德文版,我现在打算明年发表一部适合于德国公众的大型著作。"⑤几个月前乔治·米施得到了同样的信息:"这本书,准备了有十年之

---

① 胡塞尔:〈致罗曼·英嘎登的信〉,1930年3月19日,《通信集》,3/3,第262页。在四天之前,他写信给希克斯——1922年胡塞尔在伦敦做讲演时,剑桥大学的邀请人——说,《笛卡尔式的沉思》的德文版将是一个"真正扩展了的重写本[Bearbeitung]",它将"以简易、平易近人的方式展示我的现象学哲学的全面的大纲"。见〈致希克斯的信〉,1930年4月15日,《通信集》,3/6,第180页。
② 耿宁:"编者导论Ⅲ",见《交互主体性(3)》,第xlii~xlv页。
③ 芬克:《笛卡尔式的沉思Ⅵ》,第二部分,补充卷(Teil Ⅱ, Ergänzungsband),见《胡塞尔全集·文档》,2/2,Dordrecht: Kluwer Academic Publishers,1988年,第3~9页。
④ 布鲁兹那:《笛卡尔式的沉思Ⅵ》的"译者导言",第xiv页。
⑤ 胡塞尔:〈致梵德尔的信〉,1930年12月6日,《通信集》,3/2,第177页。

久,终于要变成存在了。该书有望成为完全清晰的整体性的系统结构。"①1930年至1931年胡塞尔从事起草他的大系统著作。我们必须等到第八章,才能讨论这些文本。他紧张地为这项计划工作到1931年4月,直至被一项他无法逃避的义务所中断。他在1931年的4月到6月间起草讲稿,然后分别在法兰克福、柏林和哈勒作了"现象学与人类学"②的报告,然后筋疲力尽地回到弗赖堡③。

尽管胡塞尔在艰苦努力地为完成他的大系统著作的计划而工作,他仍然希望能在《年鉴》上发表他的《笛卡尔式的沉思》。1931年2月16日他在给英嘎登的信中简要说明了他的方案:

> 我在疯狂地工作。十分不幸,新著作已经不能赶在《年鉴》十一期出版前完稿了。经过上一整年毫无喘息的努力,感谢上帝,终于获得了大量的内在清晰性和自恰性(self-corroboration),尽管如此,还有大量工作需要重做,还有大量东西需要准确定义,等等。我正在进行把《笛卡尔式的沉思》编入《年鉴》的工作(由芬克作扩充,必要的时候,我亲自动手),还包括把贝尔瑙的论时间的手稿编入《年鉴》的工作。芬克自己已经把它编辑成了一个完整的文本(而且是一个相当有可读性的文本)。④

正如布鲁兹那(Bruzina)所指出的,胡塞尔面临一个两难的问题:

> 一方面,实际上需要的,也是他自己过去的大量丰富的研究的确引导他走向的,是比《沉思》更宽广的观念,但是把它们整理成东西,按照芬克为他加工出来的系统计划使之成型,加工完善成令人满意的作品,是一项艰巨无比的任务。这样艰巨的任务放到他身上,特别考虑他的年龄——他当时已经七十有三,疾病也经常降临,对他进行折磨,人们有充分的理由怀疑,这样做实际上是否可行。另一方面,《笛卡尔式的沉思》已经基本上完成了,几乎达到出版的水平。但如果想让《沉思》修改到胡塞尔的最新认识所达到的水平和广度,又需要对它们进行广泛的重新改写。而在对它们重写的努力中,又会暴露出《沉思》在总体观念上

---

① 胡塞尔:〈致乔治·米施的信〉,1930年11月16日,《通信集》,3/6,第282~283页。
② 胡塞尔:〈现象学与人类学〉("Phänomenologie und Anthropologie"),见《文章与报告(2)》 [*Aufsätze und Vorträge（1922~1937）*, Ed. by Thomas Nenon and Hans Rainer Sepp, *Husserliana*, Vol. 27. Dordrecht: Kluwer Academic Pub., 1989],第164~181页。
③ 耿宁:"编者导论Ⅲ",见《交互主体性(3)》,第lii~liii页。
④ 《通信集》,3/3,第273页;布鲁兹那《笛卡尔式的沉思Ⅵ》的"译者导言",第xv页。

一直承受着的基本局限性。①

面对这个两难,胡塞尔的决定是将工作一分为二,让芬克承担修改《沉思》的重担,而胡塞尔则提供对芬克的材料的不间断的讨论和批判性分析。其后的连续几年内,胡塞尔一直希望《沉思》不久将出版问世。英嘎登对"法文版沉思"的批评性评论一定是六月前寄到的,因为胡塞尔的夫人在写于1931年5月15日的一封信中感谢英嘎登的评论,并报告他的新的进展:"德文版无论如何将被扩充,并增加另外两个沉思。芬克博士正在和我丈夫一起紧张地为此而工作。"②七月间胡塞尔告诉凯恩斯,《笛卡尔式的沉思》的德文版将在下一期《年鉴》上发表③。在同一个夏天他还告诉凯恩斯,他已经三次起草"导论",提到的是1922年伦敦的讲演、1929年巴黎的讲演以及"德文的沉思",后者正在写作之中④。几天之后,他承认,作为导论(几个月前它刚刚出版)"结果是不尽人意的"。凯恩斯注道:"然而他希望,'德文的沉思'应该更加成功才是。"⑤但是他对它的加工只在八月中进行了一个很短的时间,1931年10月底,或者最晚到11月初,他把这个计划完全委托给了芬克⑥。取而代之的是回到他的成系统的著作上去。在这项计划上,他精力充沛地工作到1932年2月。在这之后,他对"系统著作"的兴趣也让位给为死后的遗著而做的整理工作了(1932年5月到1934年8月)。他有时也看一眼《沉思》。1932年1月7日,他写信给博伊斯·吉布森:"在放弃了一段时间之后,我又有了加工《沉思》的德文版的打算。(为了全面的系统的著作而放弃了它,我现在就是为后者而工作)。"⑦我们能看到他1932年2月对《沉思》的附加的研究工作。但是到了5月,他告诉凯恩斯,他放弃了为现象学写作简短导论的想法,尽管这是必须提供的。在谈话中,胡塞尔也表示出对芬克重新加工《沉思》的成果的某种疑虑:

> 胡塞尔特别强调现象学还原的重要性。显然当他心里想着《沉思》的时候,胡塞尔说,他放弃了为现象学写简短导论的想法,这里他所说的

---

① 布鲁兹那:《笛卡尔式的沉思Ⅵ》的"译者导言",第 xv 页。
② 胡塞尔:〈致罗曼·英嘎登的信〉,1931年5月15日,《通信集》,3/3,第294页。
③ 凯恩斯:《与胡塞尔和芬克的谈话》,1931年7月11日,Richard Zaner 编:《现象学丛刊》第66卷,第4页。
④ 同上,1931年8月28日,第27页。
⑤ 同上,1931年9月1日,第30页。
⑥ 同上,1931年11月9日记入,第37~38页。
⑦ 《通信集》,3/6,第142页。

简短导论,是对现象学还原的简短解释。涉及芬克对《沉思》的加工,胡塞尔说——芬克不在场——他将会彻底研究它,但是这本书将完全是另外一个样子(ganz anders)。①

关于芬克对第五沉思的改写意见(1932年夏天交给他的)以及芬克1932年8月至10月间分批交来的、如今十分著名的第六沉思,胡塞尔的确进行了批判性的研究。但在此时,整个计划已经成了芬克的计划。他把胡塞尔的材料用于他自己的独创的工作方向上。他也越来越不像助手,而像一位合著者在工作,即使是为计划制定方向时,也是如此②。胡塞尔似乎于1933年夏天以及1933~1934年冬天又回到这一计划,研究过芬克的工作。但是按照我的看法,当1932年8月19日给英嘎登的信谈及希望"取代《沉思》……其原来的旧形式不适合德语公众"③的时候,这是对我们现在手上有的这本《沉思》的最终判决。即使在致命的1929年夏天的五年之后,仍然没有一种新形式的、修订过的《沉思》,或者系统的著作供胡塞尔发表,以便对海德格尔的挑战作出恰如其分的回应。从1934年夏季直到1937年8月最后病倒,他都在全力以赴地投身于另一计划的写作。这就是后来成了《危机》一书的工作④。

---

① 凯恩斯:《与胡塞尔和芬克的谈话》,1932年5月4日,Richard Zaner编:《现象学丛刊》第66卷,第71页。
② 关于这一点我们可以参看布鲁兹那对胡塞尔和芬克之间的复杂关系的分析。见布鲁兹那《笛卡尔式的沉思VI》的"译者导言",第xxiii~xxxii页。
③ 胡塞尔:〈致罗曼·英嘎登的信〉,1932年8月19日,《通信集》,3/3,第288页。
④ 围绕这个计划的最重要文本见《危机》补充材料和附录,以及Reinhold Smid编辑的对《危机》一书的补充卷(Ergänzungsband zur "Krisis",《胡塞尔全集》第29卷,Dordrecht: Kluwer Academic Publishers, 1993)。

第六章 先验的揭示

我们继续对康德进行哲学思考,却不是重新从他工作的起点出发,沿着他走过的道路前进,而是向后追溯,去寻找被康德认为是理所当然而接受下来的东西(即康德的思想犹如每个人的思想一样,经常使用一些被他作为毫无疑问、可供利用的东西);以及当我们意识到它们是一些"预设的假定",并给予它自身普遍的和理论的兴趣时,于是令我们惊讶的事就会发生:那里向我们开放着一个现象的全新的无穷性,它属于一个新的维度,只有经过坚定一致的钻研,进入被认为是理所当然的内容所暗含的意义和有效性中,它们才会来到光天化日之下。

——胡塞尔(1936年)①

我献身于诸多反思已经有许多年。在这期间,我曾经尝试过许多道路,它们都同样可行。目标都是在一种绝对透明的和强制性的样式中,展示出那个动机:强迫[我们]走出生活与科学之自然的实证性,作为必然性去要求转换到先验的态度、转入现象学还原。

——胡塞尔(1931年)②

这种先验的自我学本身是初级现象学,它有意地是"唯我论的",但一般来说,它表明自己是一般现象学的基础领域,它是如此宽阔,以至于最后把所有可以在真正意义上称为哲学的内容全

---

① 胡塞尔:《危机》(Ed. by Walter Biemel, *Husserliana*, Vol. 6. The Hague: Martinus Nijhoff, 1954),第114页;英译本(Trans. by David Carr, Evanston, Illinois: Northwestern University Press, 1970),第111~112页。
② "跋语(Nachwort)",《大观念(Ⅲ)》(Ed. by Marly Biemel, *Husserliana*, Vol. 5. The Hague: Martinus Nijhoff, 1952),第148页;英译本,"Epilogue,"《大观念(Ⅱ)》(Trans. by Richard Rojcewicz and Andre Schuwer, *Collected Works*, Vol. 3. Dordrecht: Kluwer Academic Pub., 1989),第416页。

部包括了进去。

——胡塞尔(1930年)①

先验自我学的整体是一种预备性现象学……自我学是一种抽象，但是是一种必须的抽象，不单纯是一种可能的抽象。

——欧根·芬克(1928~1929年)②

我们已经指出，出于回应当时德国哲学界的现实状况的需要，推动胡塞尔超出他原来出版《沉思》的计划，使他进入更大的系统著作的写作规划。如果我们不去顾及我们上一章指出的胡塞尔正在进行工作的其他研究项目，胡塞尔对《沉思》和"系统著作"的加工工作的程序可以大概排列如下：

1. 1929年1月至1929年5月：巴黎讲演，以及对它们的加工修改，直至成为"法文版沉思"。

2. 1929年10月至1930年3月：把"法文沉思"修改为"德文沉思"的工作。

3. 1930年夏天到1932年1月：转向"系统性著作"。

1929年至1932年之间的这段时间，并不是胡塞尔第一次尝试创作"更大的系统著作"，也不是最有成果的时期。下一章我们将具体考察这一问题，并且会看到，他第一次"系统著作"的尝试，恰恰开始于他发展出静态现象学和动态发生现象学的区分的时候。现在，我们要转向另外一个令人意外的事实："法文沉思"并不是《大观念（Ⅰ）》发表之后胡塞尔第一次创作一部公开称为"笛卡尔式的沉思"的著作，而且也不是第一次把这种"沉思"同他的"系统著作"的计划联系在一起。就像上一章我们已经提及的，胡塞尔对凯恩斯说，1922年的伦敦讲演，是他第一次尝试为他的哲学提供一个导论。这样的尝试一共有三次③。1922年6月胡塞尔作的四次讲演的总题目是："现

---

① 胡塞尔：《交互主体性（3）》(Zur Phänomenologie der Intersubjektivität, Dritter Teil: 1929~1935, Ed. by Iso Kern. Husserliana, Vol. 15. The Hague：Martinus Nijhoff, 1973)，第109页。

② 欧根·芬克：《手稿》Z~Ⅳ, 26a (1928~29)，引自罗纳德·布鲁兹那：〈哲学工作中的孤独与协作：1928~1938年间的胡塞尔与芬克〉("Solitude and Community in the Work of Philosophy：Husserl and Fink 1928~1938")，见《人与世界》(Man and World)，22 (1989)，第310页注19(note 19)。

③ 凯恩斯：《与胡塞尔和芬克的谈话》，1931年8月28日，Richard Zaner 编：《现象学丛刊》第66卷，The Hague：Martinus Nijhoff, 1976年，第27页。

象学方法与现象学哲学"①。在这些讲演中,他试图为英国听众——他们之中包括著名哲学家 G. E. 摩尔(G. E. Moore)和语言学家 C. K. 奥格登(C. K. Ogden)——进入自己的现象学哲学的笛卡尔式的道路,提供一个清晰的说明。这些讲演的准备工作从 1922 年春天开始。这项准备工作后来变成了创作"大系统著作"的整整一年的连续工作②。它调转了"法文沉思"的排序,但是没有翻转它的结果。作为"法文沉思"命运的先兆,在 1922 年夏天和秋天,胡塞尔重新修订了伦敦讲演,并希望能出版它。但是它们从来没有交付出版。但是,经过修改的稿子曾作为"哲学导论"课程的讲课稿加以使用③:以下是胡塞尔 1922 年至 1923 年冬季学期讲授的课程,从中我们得到他 1922 年工作的程序:

1. 在 1921 年春至 1922 年春:为"大系统著作"做准备。
2. 1922 年春至 1922 年 6 月:准备并交出"伦敦讲演稿"。
3. 1922 年至 1923 年冬季:修改"伦敦讲演稿",准备"哲学导论"课程。

胡塞尔对"伦敦讲演"的修订主要是由加入到原讲演稿的两个插入部分构成④。这些修改主要围绕着三组内容进行,这三组内容恰恰与 1929 年"法文沉思"修改中围绕的三组内容相同。它们对原始材料的修改和改进,其方式就是当旧材料未被摧毁时,它们也必定被动摇和改造。特别有意义的是,这些修改使得我们有可能看到,在笛卡尔式的道路**背后**的来龙去脉,并为我们的看法提供了支持:就如胡塞尔自己指出的,这基本上是一个导论,是一个"引导性原则"[hodegetisches Prinzip]⑤,是引导人们进入作为整体的现象学方法的第一步。我们将使用"哲学导论"课程的讲稿文本,联系胡塞尔"法文沉思"之后的评论,以便分离出三组至关重要的内容。这些内容来自胡塞尔本人思想的内部,并走出了"法文沉思"的思想范围,最终也走出了笛卡尔式的道路。

---

① "现象学方法和现象学哲学(Phänomenologische Methode und Phänomenologische Philosophie)"讲课草稿被编为 F II 3,兰德格里博的转写编为 M II 3。关于此讲演的历史见赫伯特·斯皮格伯格:〈胡塞尔在英国:事实与榜样〉("Husserl in England: Facts and Lessons"),见《不列颠现象学会会刊》(*The Journal of the British Society for Phenomenology*),Vol. 1 (1970),第 4～15 页。
② 耿宁:"编者导论II",见《交互主体性(2)》,第 xviii-xvix 页。
③ 讲课稿"哲学导论(Einleitung in die Philosophie)"由写于 1922～1923 年的下列手稿构成: B I 37,F I 29,M I 3b,F II 3 和 B IV 2,现编为《胡塞尔全集》第 35 卷出版。
④ 加在开头的 39 页手稿(B I 37, 2～34, and F I 29, 3～7)内容指示出,其出发点是有问题的(下文我们会谈到第一点)。在笛卡尔式还原之后,胡塞尔开始操心记忆问题和可能的欺骗问题,在伦敦第二个讲演的讲稿的中部(M II 3a, 49),胡塞尔填加了 113 页(F I 29, 12～125),增加它表达的质量。在下面第 2 和第 3 点中我们会用到这些文本,在第十一章,我们会回到回忆问题上。
⑤ F I 29, 12b。

第一节　后笛卡尔式的沉思

为了寻找胡塞尔自己对整条笛卡尔式的道路的关注轨迹,我们将从根本上检验"法文沉思"——就像上一章中一样,"法文沉思"这一术语指的是 1929 年夏天写就的德文本,以及于 1931 年发表的法文译本——并结合对 1922～1923 年讲稿中涉及我们讨论的问题的材料的检验。如果事实上胡塞尔在 1920 年左右对笛卡尔式的道路作为问题做过批判性的思考,那么在 1929 年的文本中我们就能找到这种变化的痕迹(本节第一点),然后我们就可以转入讨论胡塞尔自己在几个不同手稿中对"法文沉思"(见《胡塞尔全集》第一卷,以及凯恩斯的英语翻译)两个核心概念的反思。在"法文沉思"发布之前,他就进行了某些这类反思(本节第二点)。另一些则是在他希望另外加工出一个"德文沉思"的过程中进行的。如我们已经看到的,这个计划最终没有完成(本节第三点)。在第二点中我们将佐证,在《大观念(I)》与《沉思》之间关于全适感觉的理论并没有变化。在第三点中则去考察那些引起我们对先验基础重新思考的出人意料的发展,这一发展使得全适明晰性的问题不那么重要了。

一、通向还原之路的问题

胡塞尔的"第一沉思"一开始所讨论的问题,同《大观念(I)》完全一样,"因此,我们,每一个自为自在的人,每一个要彻底开始的哲学家,便决定重新把我们直到现在一直认为有效的,以及我们所有的科学均一直认为有效的信念均设置为'停止其作用'的状态"①。事实上,现存的科学,无论它们是质料性的还是数理性的,都不能用作我们所寻找的基础科学的"样品"或者"样式"。但是胡塞尔随后又脱离了这一立场。尽管没有一门科学可以被视为有效的,但是却有一种关于科学的"普遍的观念(universal idea)",它左右着事实上存在着的各门科学。我们被允许把这种观念看作为"假设",并从这种观念中精选出至少两个关键的特性:① "直接判断"与"间接判断"之间的差别,并由此获得推测(supposition)与假设(presupposition)之间的区别;

---

① 胡塞尔:《笛卡尔式的沉思》(Ed. by Stephen Strasser, *Husserliana*, Vol. 1. The Hague: Martinus Nijhoff, 1963),第 48 页;英译本(Trans. by Dorion Cairns, The Hague: Martinus Nijhoff, 1960),第 7 页。

② 假言式(假设式)断言与充实了的或被验证了的断言之间的区别,并由此获得了明证性的观念①。英嘎登对此提出了反对意见,认为我们不应该这样做。因为我们仍然是从事实上存在着的科学那里得到指示的,而我们对那些观念却并没有进行合法性论证②。除此之外,英嘎登的评论明确指出,胡塞尔是从悬置各种不同科学开始的,但他同时却又从中看出了在那些科学中发挥作用的一般性的规范式观念。

这并不是《大观念(I)》明确的出发点。在那里取而代之的是一种以"我们的完全自由"③为基础的、对自然态度的整个的和"彻底的改变"④,以便获得现象学的态度。此外他使用了外在世界的可怀疑性与内在感知的不可怀疑性之间的这种笛卡尔式的区别,以便把世界的存在同意识的存在区别出来,这里并没有求助于从自然科学的一般形式中采集起媒介作用的概念的想法。胡塞尔所信赖的只是从经验本身内部找到的性质上的区别。在写作《沉思》的时候,胡塞尔把世界的明证性(非必然真的)同**我思**(必然真)对立起来⑤。在这样做的时候,他已经把奠基和明证性概念预先加载到他的理论中去了。

我可以在凯恩斯同胡塞尔的对话中找到关于这一点的证据。凯恩斯曾经得到过芬克为了对胡塞尔的第一沉思进行修改而起草的初稿。1932 年 5 月,凯恩斯研究了这份草稿并同胡塞尔进行了讨论。凯恩斯报告说:胡塞尔"将避免像芬克在《草稿》(*Entwurf*) 中所做的那样,从关于哲学的观念切入。"对此,胡塞尔明确地予以辩护的是,"诸科学的理想(ideal,观念)指导下的动机(motivation),我们可以通过现象学发现这种动机,[即]现实科学所探寻的理想观念"。他拒绝了凯恩斯的下述建议:从"**彻底的**(radikal)知识的理想观念"出发,即从"独立于文化环境和普遍性的动机"开始⑥。如果胡塞尔既不愿意从哲学的本质(芬克),也不愿意从绝对知识的理想观念(凯恩斯)开始,而是坚持用**现实存在的科学研究的理想观念**开头的话,那么他便超出了笛卡尔式道路的初始表述。

---

① 胡塞尔:《笛卡尔式的沉思》(Ed. by Stephen Strasser, *Husserliana*, Vol. 1. The Hague: Martinus Nijhoff, 1963),第 51 页;英译本,第 10 页。
② 同上书,第 205~206 页。胡塞尔的批语。
③ 胡塞尔:《大观念(I)》(Halle a. d. Saale: Max Niemeyer, 1913),第 54 页;英译本(Trans. by F. Kersten, *Collected Works*, Vol. 2. The Hague: Martinus Nijhoff, 1983),第 58 页。
④ 同上书,第 53 页;英译本,第 57 页。
⑤ 胡塞尔:《笛卡尔式的沉思》,Sections 7 to 9。
⑥ 凯恩斯:《与胡塞尔和芬克的谈话》,1932 年 6 月 6 日,Richard Zaner 编:《现象学丛刊》第 66 卷,第 80~81 页,参见 1932 年 5 月 11 日,同上书,第 75 页。

如果看一看伦敦讲演,然后再看一看为1922~1923年冬季学期的讲义[a]所写的附加的导论,那么我们就会发现,在那里他对此问题做了异常准确的处理。伦敦讲演中,他为我们提供的是与"第一沉思"大致相同的探讨,不过更加准确。然而新的导论则挤出了早期文本的范围,第一次给我们提供了一个通过对诸科学的批判进入现象学之路的版本。这是在下一节中我们将讨论的问题。这种插入向我们指出:第一,笛卡尔式的方式本身并不是自给自足的。第二,不同的道路要求相互作用,相互依存。这里我从伦敦讲演的开头开始,然后引入他为讲课而加在该文本之前的文本,即"哲学导论"的内容。

在伦敦讲演中,在他引入他的笛卡尔式的思路过程中,胡塞尔自己面对着一个核心问题:"我"应该从什么地方去寻找出发点,以便"被证明是绝对正当的"[①],而且那是一个"具有必然性的基础"[②]。在提问时,他认识到,他必须首先追问,"在'绝对无误的合理性'的名义下,为我将来的认知行为,我实际上打算和要求的完全性是哪种类型的完整性"[③]。然而,在我为认知而具有基础之前,我必须有能力说出,什么才算是合理性证明(justification)。就像在《沉思》中一样,在这里他企图解决这一问题的做法是,建议:我可以从过去的知识中拿一些"典型的材料,以说明这种理想观念"[④],但是我只把它们当作"纯粹的可能性"[⑤],"只是从它们这里出发去构造概念"[⑥],以便其后去理解它们。从这个过程中,导出了我关于直观的观念。从事认知的判断在本性上的目标是获得

> 一种这样的观察或洞见:它所相信的不只是一种被相信内容,而是本身被看到,或者是本身被检验、自身被领会、自身被把握的内容。这种相信直接指向被给出的"证据(evident)",这种相信本身就被称为证据(an evident),或者是一个明证性地(evidently)被奠基了的相信。[⑦]

---

[a] 由科学进入现象学。——译者注
① "absolut zu rechtfertigen".
② "ein notwendiges Fundament".
③ "was für <eine> Vollkommenheit ich unter dem Titel 'absoluter Rechtfertigung' für meine künftigen Erkenntnisse eigentlich meine und fordere." F II 3, 15a.《胡塞尔全集》第35卷,第316页。
④ "exemplarisches Material für die Klärung dieses Ideals".同上。
⑤ "reine Möglichkeiten".
⑥ "bloß um daran Begriffe zu bilden". F II 3, 15a.《胡塞尔全集》第35卷,第316页。
⑦ "einem Sehen oder Einsehen, derart, daß das Geglaubte nicht bloß geglaubt, sondern selbst gesehen oder eingesehen, selbst erfasst, selbst ergriffen ist. Ein solcher nach 'evident' Gegebenem sich richtender Glaube heißt selbst ein evidenter oder evident begründeter." F II 3, 15b.《胡塞尔全集》第35卷,第316页。

但问题是,这个关于证据(evidence,明证性)的观念,并不是笛卡尔式的反思的产物,而是作为反思之催化剂的诸行为的产物。从结构上来看,这个观念是从自然态度中通过变换而采拾出来的。与"第一沉思"不同,在这个文本中,胡塞尔认识到,"在做任何事情之前"①,在进行笛卡尔式的还原之前,他必须首先对"合理性证明"这个观念做出说明。

当然,一旦他捕获了直觉的洞见的观念,他的笛卡尔式的思路就似乎得到保证。胡塞尔又在它之上加上"完全的明证性(complete evidence)"②的观念,并且将其等同于"全适的(adequate)观看,或者全适的调查"③。在其中可以"把握到被相信的对象本身"④,没有给"预期性意向"⑤留下任何东西。然后把这一观念应用于内在经验,并且从中导出了一个事实的场域:"只有作为事实的亲身经历,即那种即使我假定的世界根本不存在,它仍然无可争议地存在的事实,是必然真的(apodictic),是现象学的先验'现象'"⑥,他还补充说:"因为世界的非存在并不能触及这种体验。"⑦

但是我们在他 1922~1923 年的讲稿中已经看到,在他加在原导论**之前**的 39 页手稿中,已经对自己的切入点发生了疑问。伦敦讲演本身只是在最开始的时候暗示出,进入现象学有不同的途径:"进入现象学有着不同的途径。在这次的讲演中我想选择最基本的一种。"⑧我之所以想检验这个后加的导论,是基于以下两方面的理由:首先它会向我们指明,那个胡塞尔必须以**非**笛卡尔式的立脚点为基础的进入笛卡尔式思想的道路——尽管,他仍然声称,"这只是一个前奏,它并不属于正剧本身。正剧现在才正式地严肃地开幕"⑨。其次,因为,它给我们提供了有丰富洞见的早期文本(1922 年),它处理的恰恰是通过对实证科学的批判进入现象学的途径。

让我们从实证科学的各区域学科同哲学的普遍性学科之间的对比开始。

---

① "allem voran"。F II 3, 15b.《胡塞尔全集》第 35 卷,第 316 页。
② "vollkommene Evidenz".
③ "ein adäquates Sehen oder Einsehen".
④ "Selbstfassen des geglaubten Gegenstandes".
⑤ "von einem antizipierenden Meinen". 同上。
⑥ "Nur das pure Erleben als Tatsache, das was unangefochten bleibt, auch wenn ich annehme, es sei keine Welt, ist das apodiktische, das transzendentale 'Phänomen' der Phänomenologie." F II 3, 25a.《胡塞尔全集》第 35 卷,第 77 页。
⑦ "Denn das Nichtsein der Welt berührt ja nicht das Sein dieser reinen Erlebnisse." F II 3,26a.《胡塞尔全集》第 35 卷,第 78 页。
⑧ "Es gibt verschiedene Wege in die Phänomenologie. Ich will für diese Vorlesungen den prinzipiellsten wählen." F II 3, 12a.《胡塞尔全集》第 35 卷,第 313 页。
⑨ "Alles Bisherige war ein bloßes Vorspiel und gehört nicht zum Spiel selbst, das nun erst beginnen soll." F 129, 3a.《胡塞尔全集》第 35 卷,第 50 页。

我们可以在这里使用一种首次逼近法,通过设想哲学是对自然科学的"需求"的一种回应,以便接近这种哲学的内容。

> 哲学联系着这个在完全普遍性(vollen Universalität)意义上的世界万有(Weltall),同一般的存在之万有(All des Seienden)——在可以随意扩大的意义上——有关;并且回过头来联系着所有的各门科学。哲学处理的所有问题,都十分严肃地涉及这些科学,满足或者将去满足科学在[理论上]的需要。这些需要是所有这些科学,它们的一般性的所有层次上,都无法满足的,但是这些需要却是在所有科学中都共同体验到的(mitleben)。①

在这一手稿中,他清楚地勾勒出了通过实证科学进入现象学的道路,它早于《危机》十二年。在这里他解释了这些需要将会出现,当科学

> 把它的目光向后投射,即投向那最深的基础,投向那些基本的概念和原则,不是去关心那些技能,而是关心它自己方法论的实践,或者在关系上与其类似的内容,如果可能的话,越出数学-技术内容,理解了整个数学性纲领的合理性的最深层的意义以及它的界限时。②

然后他举出了一系列给人印象深刻的实例。首先,在数学中我们发现的问题有:
(1) 连续统问题,
(2) 集合论问题(导致了诸如数学概念的构建问题),
(3) 关于数学洞见与由这洞见所产生的理想对象之间的关系问题,
(4) 有效性的意义问题。
其次,在物理学中,我们有下列问题:
(1) 如何理解因果性,
(2) 几何概念的使用问题,
(3) 领会时间与空间的性质问题,
(4) 相对性的来源与意义的问题。
人文科学也使用各种基本概念,也要求对此加以说明。最后,从作为整

---

① 《胡塞尔全集》第35卷,第5页;B I 37, 3a。
② 同上书,第6页;B I 37, 3b~4a。

体的一般科学出发,胡塞尔提到的方法论问题有:排除"第二性的质"的问题,以及目的论的解释问题,科学中的基本概念之间缺乏必要的协调一致的问题。胡塞尔在其中找到了他的哲学转向的**动机**:

> 当一个实证科学的研究者正在从事他的工作时——当他以倾向于具体的事物和现实的态度中进行观察、进行实验和从事理论总结时——他获得了大量的定理和理论,它们本身都具有自己的合理性(Rationalität),由于对必然有效性的确信,每一个人都以同样的态度来理解各种事实。除此以外,还在经验中证明这些理论本身的真理性。所有的基本概念,概念性的原始材料——科学的所有定理,都是从基本概念,从概念性的基本材料中推导出来它们的意义——一方面都是一个源初的,清楚的自明性(Selbstverständlichkeit);不过另一方面,它们仍然有一种不可理解的谜一样的意谊的不确定性;其直接的明证就是:当一个科学家自由地使用被看作明证性的普遍性命题时,他决定让它们的结论进一步推广,此时便出现了不确定性,甚至矛盾。为什么会如此,其根据是不清楚的。①

这种情况使胡塞尔得以发现科学的基础"难题"与哲学之间的联系:

> 对于所有的这些基本概念来说,情况都是一样……:它们同时既显而易见,又充满了谜团。于是在这些科学中它们预先给出的不言而喻性不允许再起作用。……[于是对一种新的科学的要求便出现了:]它专门把原来被认为不言而喻的内容作为问题来研究。每件被普通人认为是不言而喻的事情[科学家也生活在这种自然态度中],在反思中都向我们显示,它们陷于最深的谜团中不能自拔。我们这样说一点也不显得过分。如果有人把哲学称为是一门关于显而易见的内容的科学,这个说法是悖论,但却是真的。②

按着这种要求,胡塞尔构建起了他向先验现象学分析的转移:

> 所有这一切都表明,这些哲学问题涉及的不仅仅是一个各门单独

---

① 《胡塞尔全集》第35卷,第6~7页;B I 37, 4a。
② 同上书,第8页;B I 37, 5a。

的实证科学分别依赖各种单纯的反思的问题。它所要求的更多：在那些广泛的概念群——它们是一切科学必不可少的财富——的指导下，[建立]一种一般科学论(allgemeinen Wissenschaftslehre)，专门处理所有那些与作为科学的科学观念不可分割地联系在一起的所有问题。必须在两个相关的方向上都有效：我们可以把从事认识的主体同被认识的对象并列在一起，而后者本身又可以进一步分离，以至于我们可以说，有三种相关方向：① 指向认知活动的科学行为的方向；② 指向认知活动中所必须的意谊内容(Sinnesgehalt)，也就是诸概念、诸命题以及真理的方向；③ 指向通过这类意谊内容而得到规定的(即：在正确的知识中，在真理上得到规定的)对象性。只有当科学论研究了其相关性中的[先验]相关性的，即不可分的 Zusammengehörige(共属性内容)，只有当它一直关注这种交互作用的实质性诸本质联系(Wesensbezüge)，只有如此，它才可能成为一个哲学学科，一门真正的最后的科学，一门进行最终说明的科学。①

这个穿过诸科学的"实证性"的运动，通过提出的问题，将运动推向更高的层次的过程，是一个"批判"的过程②。胡塞尔自己把这个过程描述为"认知的最高的自身沉思的过程(die höchste Selbstbesinnung der Erkenntnis)"，这是很难翻译为英文的一句话③。当他认识到，需要对笛卡尔式的道路进行补充之后，批判和 Besinnung(沉思)的观念就开始起到越来越重要的作用。在 1922 年，胡塞尔仍然认为，笛卡尔式的道路是"所有哲学方法中最基本的方法"④。但是，他越来越强调这条道路的各种困难。

1922～1923 年"哲学导论"的讲稿的开头章节，以及 1929 年"法文沉思"的开头章节，二者都依赖于某种补充，随后这种补充又被忽视，被排挤到边缘地位。尽管如此，穿过科学的这条道路尚缺乏专一化，因而胡塞尔后来必须引入《危机》。在《危机》那里，对科学的反思打开了它通向现象学的通道，在那里，不仅是对科学中某些概念性的问题的反思[a]，也不仅是对在不同的自然科学中发现的共同的一般性指导性的观念性内容的反思[b]，同时还是对**历史**

---

① 《胡塞尔全集》第 35 卷，第 8～9 页，B I 37，5a～5b。
② 参见同上书，第 27 页；B I 37，18b。
③ 同上书，第 34 页；B I 37，24a。
④ "die Urmethode aller philosophischer Methoden". F I 29, 3b.《胡塞尔全集》第 35 卷，第 51 页。

a 科学的内部反思。——译者注
b 不同科学的共性考察。——译者注

地发展出来的支配着近代科学的观念的反思[a]。时间的要素加入到这种分析之中。这恰恰就是为什么《危机》不是以"假定"的关于一般科学的观念开始,取而代之的是著名的对伽利略的分析[①]。在《危机》中,胡塞尔认识到,即使笛卡尔式的道路不能够为从自然世界到先验现象学的态度的转化提供具体的说明[②],但是这种思路已经在1922~1923年讲稿的开头章节,以及《沉思》的开头章节中起作用了。

二、明证性与自我

现在是我们复原胡塞尔的明证性(Evidence)这个中心观念的时候了。也许有人会感到吃惊,到目前为止,在我们的分析中,我们一直将明证性置于十分边缘的位置。当然,在第二章中,我们讨论本型变换的时候,以及在本章开头讨论胡塞尔同笛卡尔之间的密切关系时,已经接触到他的明证性概念。第一次讨论主要是围绕着本质是如何生成的和分布的问题进行的,并没有过多关注明证性的有效性问题。第二次讨论拉入了这个问题,将它同笛卡尔为理论寻求可靠的认识论基础的问题平行地放在一起。现在我们必须直接面对明证性这个概念,至少是面对它在先验领域中的使用[③]。我们将通过追问,在《大观念(Ⅰ)》与《沉思》中,胡塞尔对明证性的处理有没有什么差别这个题目,来逼近这一问题,然后再看在"德文沉思"中的明证性概念。我们将勾画出明证性原则的核心特征:**我思故我在**,然后再看这个原则是如何用来为所有的静态分析的基础结构提供可靠性担保的。

明证性这个观念,大体上同当下显现(presence,当下在场)和自身给出这两个观念是等值的。就如我们在第一章中已经看到的一样,我们对到来的对象和事实之期望,与这个对象或事实的到达之间存在着差别。"被意味"的对象成为了"被给出"的对象。但是这并不意味着,胡塞尔依赖原子式因素的或者观察式陈述这类简单概念来支撑他的真理概念。明证性同 Geltung(有效)不同,即与 validity(有效性)或 justification(正当性)不相同。Geltung(有效)是一个意义更加丰富、更为复杂的观念[b]。它恰恰在胡塞尔的文本中

---

    a   科学的历史考察,发生考察。——译者注
    ①   胡塞尔:《危机》,第9节。
    ②   同上书,第43节。
    ③   "先验意识的绝然可靠性不同于世界的居然可靠性(The apodicticity of the transcendental consciousness is not the same as mundane apodicticity)",依据凯恩斯的记录,胡塞尔这样向他说的。《与胡塞尔和芬克的谈话》,1931年11月20日,Richard Zaner 编:《现象学丛刊》第66卷,第43页。
    b   为真理提供担保。——译者注

对应于那保卫真理的方案。"我们具有的明证性必须向我们提供它自己的明证性的**合理性证明**(justify)。"①但是,这就意味着,在这个巨大计划的脉络中,被给出性的特征和梯度(gradients)发挥着决定性的作用。不仅在"单纯被意向"与"被给出"之间存在着差异,而且在"被给出者"之间,即在被感知的、被想象的、被回忆的等等对象之间,也存在着差异。在胡塞尔的理论中,被感知对象的"躯体式"的当下显现,具有某种优先性。它是当下显现的示范式类型,它给我们的明证性提供了最基本的类型。

对于这个理论来说,至关重要的是,不一定必须是"全适(adequately)"地"被给出",才被视为是明证性。胡塞尔明确地指出:"原初的明证性"可以是"全适的",也可以是"非全适的"。明证性突出的特征似乎是它的直接性,或者"非媒介性";它的对立面是间接"被给出者",或者以其他什么东西为媒介而"被给出者"(即复合体的抽象原素,一个论证的结论等)②。如果明证性是全适的明证性的话,那么在被意向的对象的感知意谊,与被给出的对象的感知意谊之间,就存在着完全的一致性。它们之间不存在"剩余"。在意向性中,没有任何东西是未充实的。胡塞尔说,如果一个明证性是全适的,那么"它在原则上就不可以'被加强'也不可以'被减弱',于是,它就不存在**轻重的梯度**"③。事实上,一个对象的全适地被给出,排除了"它的其他可能性"④。在非全适的明证性那里,充实只包含了部分的一致性,即在本构着意向的感知意谊与充实行为中的那些成分之间的**部分**一致性。比如,我对压水机的描写——描述为红颜色的压水机之描述——永远不会被全适地充实:一方面因为压水机作为被感知的对象还有无数其他的性质,可以不断"越出"所断言的内容;另一方面,还因为术语"红"的意义和"压水机"的意义永远不可以被这个单一对象所穷尽,不管该对象是如何典型。如果某个东西只是非全适地被给出,那么进一步的经验会"删除"前面感知的侧面,甚至推翻对它的整个认知⑤。事实上,没有任何"外在"经验的对象是可以全部给出的,或者一下子整个被给出的。这主要是由对象同它的侧面之间的差别造成的。并不是对象的所有侧面都能直接给出来——作为直接朝向我们的这一面那样给出。许多侧面的当下显现只能通过预期来得到保证。这些侧面不

---

① 胡塞尔:《第一哲学(Ⅱ)》(Ed. by Rudolf Boehm, *Husserliana*, Vol. 8. The Hague: Martinus Nijhoff, 1959),第 33 页。
② 胡塞尔:《大观念(I)》,第 285~288 页;英译本,第 329~333 页。
③ 同上书,第 288 页;英译本,第 333 页。
④ 同上书,第 285 页;英译本,第 329 页。
⑤ 同上书,第 287 页;英译本,第 332 页。

是实际地展示出来,而是同现实当下显现的东西一起被附带(协同)给出的。用感知意谊的理论术语来表述的话,那就是,对象身上总是有一些可以瞻前预期的性质,它们构成了我们对象的经验的组成部分,但是它们缺乏当下直接的直观性的充实。胡塞尔告诉我们,所有超越性对象的被给出都是非全适的。

然而胡塞尔相信,我们可以在更高的层次上重新夺回关于超越对象的全适观念。"在原则上,相应于每一个'真实存在'的对象,都有一个可能的意识的观念,在其中对象自身是原初地被给出的,因此是完全被全适地把握的。"① 诸对象的每一个范畴,都有"普遍(universal)的本质,这种本质在原则上是可以带到全适地被给出之下的"②,与每个这类对象范畴相应,我们有一个领会的范畴,它"预先制定了规则,处于这个规则之下的对象,依据自己的感知意谊和被给出的方式而被带到全适的、原初的被给出性之中……"③ 全适地被给出的内容,不是对象,而是对象的 idea[a](观念、理念),按胡塞尔的说法,即"康德意义上的 idea(理念、观念)"④。这样的观念可以通过高阶行为的还原活动而得到**直观**,这种高阶行为涉及范畴直观,以及某种程度的观念化(idealizations),但是为这种 idea(理念)在下面打底子的诸直观,总是非全适的。

在《大观念(I)》中,绝对真(apodicticity)这一概念看来受到全适这一概念的约束,而且还受到"对本质或者本质式关系的洞见"⑤的约束。但是胡塞尔当时已认识到,它可以应用于我们关于超越性事物的经验,只要我们认识到,"被设定的个体之'如此这般存在(So-sein)'的必然性"⑥的话。在《大观念(I)》开头的部分,胡塞尔写道:

> 一种必然性的意识(更准确地讲,一种判断意识)——在其中,由肯定性称谓构成的事态(原子事实)被意识为一种本型式普遍性的特例——被称为绝对真(apodictic)[意识],而判断本身,那些命题,是与该命题相关的普遍[事态(原子事实)]的**绝对真**的(也被称为绝对真的"必

---

① 胡塞尔:《大观念(I)》,第 296 页;英译本,第 341 页。
② 同上书,第 296 页;英译本,第 341 页。
③ 同上书,第 296~297 页;英译本,第 341 页。
a 康德意义上的 Idea。——译者注
④ 胡塞尔:《大观念(I)》,第 297 页;英译本,第 342 页。
⑤ 同上书,第 285 页;英译本,第 330 页。
⑥ 同上,德文原文为 in der Erkenntnis der Notwendigkeit des So-seins eines gesetzten Einzelnen。

然式"的)**结果**。①

绝对真性(Apodicticity)意味着：某种复合性是必然的和不可置疑的,也就是说,我们不可设想它们不存在。用比较宽松的说法就是,**全适性**(adequacy)**的观念被应用于已经被给出的内容；而绝对真实性**(apodicticity)**的观念则被用于规定下述关系的可能类型,即一种被给出的内容之间可能具有的关系的可能类型**。如果注意到胡塞尔坚持反对把明证性(evidence)看作一种感觉(feeling)②,那么我们就可以理解,为什么他把**绝对真实性**(apodicticity)和**全适性**(adequacy)这两个术语当作他关于明证性看法的核心。这些区分使我们有可能来确定,《大观念(I)》中对专门用于意识的明证性进行规定时所作贡献的特殊地位。我们将检验,在《大观念(I)》中,明证性观念如何引导胡塞尔走向他对意识的笛卡尔式的特征刻画。我们还将讨论1922年的伦敦讲演,因为它对《大观念(I)》中的明证性概念进一步进行了补充和加强。

1. 胡塞尔声称,当我经历自己的经验的时候,当我生活在自己的"我思活动"中的时候,我并没有把经验"实际地当作一个意向性的对象加以知觉"③。但是胡塞尔却肯定：我可以通过"对视线眼光做反思性的转换",把这个经验把握成为对象,"在一种朝向它的新形式的'我思'中,在一种彻底的理解的方式中,在感知性的领会中指向它",对它加以把握④。在"超越感知中",被感受到的对象本身并不内在于对它进行感知的行为内部。但是,在内在地指向亲身经历[Erlebnisse]的行为中,它们的意向性对象,"就和行为自己一样,属于同一个经验之流"。这里,"意识与它的对象形成了一个纯粹通过经验产生的个体的统一体"⑤。

2. 对经验的内在性感受,"是对某种东西的纯粹的看,这种东西⑥是(或者可以成为)在感知上作为绝对的内容而被给出"⑦。而这就意味着,它的被给出,并不是某种可以通过表象的各种不同形式,通过不同的侧面的投影而达到自身的同一性的东西。针对超越性感知的情况,胡塞尔说：

---

① 胡塞尔：《大观念(I)》,第15页；英译本,第14页。
② 同上书,第300页；英译本,第345页。
③ 同上书,第67页；英译本,第78页。
④ 同上。
⑤ 同上书,第68页；英译本,第79页。
⑥ 同上书,第81页；英译本,第95页。胡塞尔在他手头 D 本上批道："in its present in each point of its Now."见舒曼编辑的《大观念(I)》(全集本),第494页；英译本《大观念(I)》,第95页,脚注。
⑦ 同上书,第81页；英译本,第95页。

被看到的东西保持是:真正地被看到的内容与尚未被看到的内容的混合物。它总是对进一步对它进行感知的过程保持开放,有可能结果是,被看到的不是在表面上被看到的那样,甚至,原来被看到的内容也可能的确根本不存在;那么被看到的东西消解为幻觉或梦幻。①

但是在涉及内在感觉的情况时,我想到关于被感知的对象之内容,这内容可以是错误的。但我直观到的内容,仍然是"带着它的性质,绝对地在那里"②。在《现象学的观念》中,胡塞尔称这种被直觉到的东西是"绝对被给出的境域(sphere)"③。"它作为存在,作为'这个那里/这里'被给出;对它的存在的怀疑是没有任何意义的。"④接着胡塞尔加上了控制了他整个笛卡尔式的思路的明证性观念:

> 这种排除了任何有意义的怀疑的被给出,是对被意向的对象自身如其所是的一种全然的、直接的观看和把握。这种被给出,形成了意义重大的(pregnant)的明证性概念,被理解为"直接明证性"的概念。⑤

3. 在引进绝对被给出性这一观念时,胡塞尔必须追问:到底什么允许在内在的感知中被给出的事物如此这般地被给出?因为这里对象与侧面之间没有区别,因为每一经验,或至少每一亲历的经验的"核心"直接被给出,不带任何剩余。我们就必须得出如下结论:被亲历的经验是以**全适的方式**被给出的(**adequately** given)。这个论题早在《逻辑研究》中就已经建立起来了:

> 每个感知都是通过把对象把握为在其活生生的本身(in leibhafter Selbstheit)中当下显现的意向得到特征刻画的。以尽善尽美的一致性与

---

① "... und bleibt das gesehene Ding ein Gemisch von eigentlich Gesehenem und nicht Gesehenem, also immer bleibt es offen, daß sich <im> Fortgang weiteren Wahrnehmens herausstelle, daß das Gesehene nicht so sei, als wie es vordem vermeintlich gesehen war, oder gar, daß es überhaupt nicht sei, daß sich das Gesehene in Illusion oder Traum auflöse." F II 3, 18b.《胡塞尔全集》第35卷,第319页。
② 胡塞尔:《大观念(I)》,第81页;英译本,第96页。
③ 胡塞尔:《小观念》(*Die Idee der Phänomenologie: Fünf Vorlesungen*, 2nd. ed. Ed. by Walter Biemel, *Husserliana*, Vol. 2. The Hague: Martinus Nijhoff, 1958),第32页;英译本,第24页。
④ 同上书,第31页;英译本,第24页。
⑤ 同上书,第35页;英译本,第28页。

这种意向相应的感知，如果在其中该对象自身是现实地当下显现，而且在严格的意义上，在其活生生的本身(in leibhafter Selbstheit)中当下显现的话，它可以一览无余地被领会，并因此，实项的[reell]被包容于感知的活动自身内部，那么这种感知就是全适性的。据此显而易见，而且从感知的纯粹本质来看也是自明的(evident)：全适的感知只可能"内在于"感知之中；它只可能与感知朝向预期同时被给出的，和它一起从属于某个具体意识(einem Bewußtsein)的经验。而且准确地说，这只对纯粹现象学意义上的经验是有效的。①

在《大观念(Ⅰ)》中，这种全适性被解释为"绝对真实性(apodicticity)"：因为经验的被给出，不讲什么角度，不讲什么侧面，就像胡塞尔在他手头的一本《大观念(Ⅰ)》的边页上的眉批中所说的，它们是绝对的**"不可清除的"**②。在伦敦讲演中，我们能看到同样的论证：如果某事物是全适地被给出的，那么该意向或者判断的"所有环节"都"完全地得到充实"③。在关于它们的存在这一问题上，我们不可能犯错误。如果我在反思中把握到了我的亲历的经验，我就把握了一个绝对的事物自身：该事物的存在根本上是不可否定的④。这正是他在伦敦讲演中讨论全适给出性的方式："当某事物是全适被给出的，它便不可能被否定和怀疑，我们可以用下列的说法来对它进行特征化描述：那些全适的明证的东西是在绝对真实的确定性中被给出的。"⑤

4. 有一种特殊类型的必然性，专门适用于理解与实在对象对立的精神生活。任何物理东西的设定都是"或然"的，这就是说，对它而言，总是存在一种可能：经验的进程会进一步引入各种感知，它们不能与以前的经验内容协调一致地统一在一起。这样，以前的经验就发生转变，有时还会被全部否定；甚而可能会发现其对象根本不存在。对于自然对象或者自然事实，我们只可以通过展示出某种必然性的规律，间接地赋予它某种必然性。苹果必然

---

① 胡塞尔：《逻辑研究》(Halle a. d. saale：Max Niemeyer, 1913 and 1921)，Ⅱ/1，第355页；英译本(New York：Humanities Press, 1970)，Ⅱ，第542页。1913再版时胡塞尔对这一段做了修改(中文依据德文B版重译，与英译有出入，"朝向"一词采自倪梁康2006年的修订本译文。——译者注)。
② 胡塞尔：《大观念(Ⅰ)》，第82页上的眉批，见舒曼编辑的《大观念(Ⅰ)》(全集本)，第495页。不见于英译本。
③ "satt erfüllte". F Ⅱ 3, 15b.
④ 胡塞尔：《大观念(Ⅰ)》，第85页；英译本，第100页。
⑤ "während etwas adäquat gegeben ist, kann es nicht negiert und nicht bezweifelt werden. Das bezeichnet sich auch mit den Worten: das adäquat Evidente ist in apodiktischer Gewissheit gegeben." F Ⅱ 3, 16a.《胡塞尔全集》第35卷，第317页。

是绿的或者不是绿的,因为这个原子事实受到本型的必然性制约,受到排中律的控制。与此相对,对精神事件或者精神过程的领会,则是一种"经验的必然性"ᵃ①。这并不是因为它是包容在本型的规律之下的一种特例(它本身的或然性),而是因为它是一种不可能不存在的个体性。任何当下显现的精神事件都是**必然**存在的。将来对它的否定是根本不可能的;经验的存在本身(very being)担保了它的存在(existence)。胡塞尔声称:它具有"**事实的必然性**";它之所以被如此称呼,是因为本型规律已包含**在**这个事实**中**。的确,在这种情况下,涉及的是"作为事实"的事实的**存在**②。

5. 在《逻辑研究》中,胡塞尔假定,所有在内在感知中给出的任何亲历的经验,都是作为整体而全适地被给出的。但是在《大观念(I)》写作的年代,即1905年的讲课稿中,在专心致志地分析了内在时间意识之后,他认识到,并非所有的亲历经验都是如此给出的,于是,他对自己的观点提出了修正:

> 一个亲历的经验……从来不会完全被感知;它不可能在其完全的统一性上被全适地加以把握。它在本质上是一个流。如果把我们的反思性关注对准它,我们总是从现在这一点出发,可以跟在它的后面浮游;与此同时,对我们的感知来说,在我们后边的那一段尾流却在消失。对于[从我们这里]直接流逝而去的内容,我们只是在顾后意向(retention)中具有对它们的意识,否则我们就只有在向后追忆的回忆形式中,才有对它们的意识。最后,我的经验的整个涌流,是亲历经验的统一体;而这亲历的经验,在本质的必然性上,是不可以在一次感知活动中——即通过随它而浮游的一次感知中——完全地被领会的。但是这种不完全性或者"不完整性",恰恰属于对一个亲历经验的感知的本质;这种感知在原则上是不同于我们在"超越性"感知的本质中所发现的情况的,不同于通过侧面得到的投影的,不同于通过类似于现象之类进行感知的情况的。③

在内在感知中,我们没有在超越性感知中、在侧显投影式(Abschatten)的感知中、在通过侧面的显像中发现的那种情况,但是这本身不能为内感知的全适性提供担保。出现这个问题,不仅是当关注我们对过去取得的亲历经

ᵃ 分析的必然,经验必然,事实必然。——译者注
① 胡塞尔:《大观念(I)》,第87页;英译本,第103页。
② 同上书,第86页;英译本,第103页。
③ 同上书,第82页;英译本,第97页。

验——它必然地和当下经验同属于一个涌流,只不过不在当下而已——的回忆的时候,而且还在关注到"后顾意向"——这种"后顾意向"仍然是现实的**现在**的形式——滑向了过去的时候。它留给我们一个实际的"核",对于这个"核",我们可以要求任何直接的和无媒介的给出性。胡塞尔解释说:"亲历的经验存在样态上(Seinsart)是,可以把一个充满洞见的感觉的视线,完全直接地投向每一个现实的、作为原初、当下活生生的经验"。① 现实的当下显现中所缺少的内容,在全适给出中所缺少的内容,胡塞尔试图将它们填装到反思本身中去。所以他继续说:

> 下列情况发生在"**反思**"的形式中:反思具有一种非常显著的特征,即,能够在反思中以感知的方式被把握的那些内容,在原则上,被特征刻画为是:某种不仅在现在是的东西、在感知上的视线正关注的东西,而且它还是,在这一视线被转向它**之前**,就**已经是过的**东西。②

在反思层次上的这整个发现,使得胡塞尔得以提出,并坚持以下两种看法:我们只占有亲历经验的核,那个现实的"现在",它是全适地给出了;同时,在对它的把握中,我们仍然可以推断,我们整个意识生活的现实存在是无可怀疑的。请注意,他是如何从一方面到另一方面的:

> ……尽管我的经验流并没有从它的广阔的范围上得到把握,尽管这个流已经流过的那些地方,以及它还将要流去的地方都是未知的,然而只要我把我的视线投向我流动的生活,投向它实际的当下,把我自己把握为这个生活的纯粹的主体……那么我便可以直接并必须说:**我存在**(I am),这个生活存在,我生活:我思(cogito)[Ich bin, dieses Leben ist, Ich lebe: cogito.]。
> 获得这种明证性的原则可能性,属于每一经验之流和自我。③
>
> ……**我的**一般的意识是原初地并且是绝对地被给出的,不仅从它的本质的角度来看是如此,而且从它的存在来看也是如此。④

---

① 胡塞尔:《大观念(I)》,第 83 页;英译本,第 98 页。
② 同上。
③ 同上书,第 85 页;英译本,第 100~101 页。
④ 同上书,第 85 页;英译本,第 101 页。在 D 本上对"我的意识"加上了"作为涌流的当下"进行修饰。眉批见舒曼编《大观念(I)》(全集本),第 495 页;英译本,第 101 页。

作为整体的涌流是**绝对真实的**(apodictically)被给出的,但是并非全适地被给出。这种情况之所以可能,只是因为,有一个核心系缚在明证性上,这个核心是既全适、又绝对真实地被给出,它就是那个"现在(the Now)"。但是,这就足以为那一奠基式结构——所有静态分析都依赖于这一结构——的存在提供保证吗?应用到意识之上的明证性,难道不是必然地依赖于记忆的作用吗?在他手头的一本《大观念(I)》上,胡塞尔于1929年又补充道:

> 也许,同一性的可认定性(Identifizierbarkeit),以及与其相应的,再次-走-回来之可能(Zurückgehenkönnen)[即回忆],是属于亲历经验的存在。也可能是这样:回想状态(Beständen)的绝对性,以及[它们的]绝对真实的(apodictic)内容,只是被预先设为前提。但无论如何,如果我要谈论我的生活,我的经验之涌流,我同一"我之所是",并且在本真本质的纯粹性上谈论它,此时的情况是如此。……①

6. 按照现在的情况,意识是胡塞尔的分析的基础。然而我们只保证了意识的存在,但没有为意识的范围做出担保。但正是由于这一点,我们不仅需要在"现在"中的经验,而且还需要经验的整个涌流的"无止境的统一性",需要必然能够覆盖纯粹之我的所有经验的形式②。正如,如果不去考虑——如我们刚指出的——他把意识范围包括到内在感知本身的尝试的话,我们则看到,组成意识之流的大量内容(如果不是所有内容的话),都不在当下[a];胡塞尔机敏地尝试,把这一事实同下述论题结合在一起:可以通过高阶的直观形式,将作为整体的意识流整合为当下显现。全适的直观"从来不会"有足够的能力去覆盖经验的"**整个组联**";但是我们具有另外类型的可以"无止境地进行下去"③的直观,它可以在另外一个层次上找到全适性。

> 从一个把握到另外一个把握的连续进程中……我们也以某种形式把**经验之流**把握成统一体。当然,我们并不是像把握一个单独的经验那样把握它,而是以**康德意义上的理念**的方式把握了它。这不是通过偶然被设定或者被断言的,而是绝对地、不可置疑地被给出的——但这是在

---

① 胡塞尔:《大观念(I)》,第85页,注释;英译本,第101页。舒曼编《大观念(I)》(全集本),第496页;英译本,第101页。
② 同上书,第165页;英译本,第196页。
a 不在当下!——译者注
③ 胡塞尔:《大观念(I)》,第166页;英译本,第197页。

相应的更广的意义上的被给出性。尽管无可置疑性也是建立在直观的基础之上的,但是它却具有完全不同的来源;这个来源是为亲历经验的存在(Sein)而在的;它是在内感知中达到纯粹被给出性的。这个洞见了康德的"idea(理念)"的理念化(ideation)的这种特性就是:它的内容的全适规定性——在这里就是经验涌流的全适的规定性——是永远达不到的,但它并不因此而失去了它清晰的洞见。①

在本型(eidos)层次上自我的全适的给出性与它的经验的重新获得,我们也可以在"伦敦讲演"中看到:

> 不要去考虑现实性问题,而是让我们去考虑自我论上的可能性的问题……作为基础科学,我们获得的不是关于我的自我的事实性科学,不是关于自我的**思想活动**(cogitationes)实际上是什么的事实性科学,我们获得的是一门本型(eidetic)科学。更准确地讲,作为基础科学,我们获得了一种系统的、本型的描述的无限场所,这种描述是对一般先验主体性的直接可全适洞见的,并且客观可确证的、本质性特性的描述,对它的可能的意识,它的可能的意向性成绩功能的描述。②

然而,这里引起的问题是,这样我们便十分接近于把对意识之流的本质的直观过程,比拟于任何东西——对包括超越对象在内——的本质的直观过程,这样,这两个领域之间的所有差别都消失不见了。我们在第十章里还会回到这个问题上。但是现在我们还是回到《笛卡尔式的沉思》上来吧。

如果我们把在这里发展出来的内在感知理论,同胡塞尔在《沉思》中提出的理论加以比较的话,我们就会发现,《沉思》中的理论与《大观念(Ⅰ)》中的理论是大致相同的。当然,与我们在《沉思》中看到的相比,强调的侧重有所变化。他很快对全适性和绝对真实(adequacy and apodicticity)做了去耦处理,[使其不相互干扰]:"全适性和绝对真实(adequacy and apodicticity)不需

---

① 胡塞尔:《大观念(Ⅰ)》,第166~167页;英译本,第197~198页。
② "Statt der Wirklichkeiten betrachten wir die egologischen Möglichkeiten ... Nicht eine Tatsachenwissenschaft von meinem Ego and seinen cogitationes, so wie es faktisch ist, gewinnen wir als erste, sondern eine eidetische Wissenschaft. Genauer, wir gewinnen zunächst ein unendliches Feld systematisch eidetischer Deskription unmittelbar adäquat erschaubarer und objektiv feststellbarer Wesenseigenheiten einer transzendentalen Subjektivität überhaupt, ihres möglichen Bewußtseins, ihrer möglichen intentionalen Leistungen." F Ⅱ 3, 35b, 37a.《胡塞尔全集》第35卷,第327、329页。

要一定手拉手地联合在一起。"①除此以外,绝对真实这一观念本身就不十分稳定。一方面,我们有对其有效性的较为古老的强调:"如果它们是不全适的(inadequate),它们至少必须具有可被认出的绝对真实的(apodictic)的内容,有一种实存式(ontic)内容,依靠它,绝对真实性(apodicticity)便得到了保证,成了一劳永逸的绝对的坚实稳定。"②另外一方面是下述事实:现在正起作用的非全适性,就意味着,那种明证性,在原初明证性的层次上,并非"一劳永逸的绝对坚实稳定"。实际上,胡塞尔认识到,他的最原初的观念是脆弱的,并且承认,在这类明证性排除怀疑的同时,它仍然可以受到怀疑;也就是说,在这个"现在"中显示为确定的内容,明天可以显现为可疑的③。其结果是,他又对 evidence to be apodictic(明证性去成为绝对真)上加了一个新的要求:它必须能够经得起"批判的反思"的检验④,这就意味着,明证性必须将自己置于有效断言的巨大集合之中,它们将为明证性提供合理性证明(justification)。没有**有效性**的更广泛的格式(scheme of **Geltung**),也就没有任何**明证性**(Evidenz)。

其结果就是,《沉思》把重负从全适地被给出上转移到了原初地被给出上。只有一个地方,我们还能听到《大观念(I)》立场的回音:一个"核心",如果仅一个核心的话,是"全适地被经验到的",那就是

> 活生生的自身当下显现,它表达了命题"我思(ego cogito)"的语法意义,与此同时,超出它之外的延伸只有一个还确定的一般性的、假定性的视域,它包括了并未真实经验到的,但必然协同(附带)被意向到的内容。⑤

视域指向那个不再是现实的过去的内容。但是与此同时,胡塞尔又强调,悬搁(epoché)给出了"我的经验生活的整个涌流",并且强调,这里是**原初地被给出**:"而且,**对我而言**,它一直在那里,把它作为⑥一个当下场所,以**本**

---

① 胡塞尔:《笛卡尔式的沉思》,第62页;英译本,第22页。
② 同上书,第56页;英译本,第16页。
③ 同上。
④ 同上书,第56页;英译本,第15页。
⑤ 同上书,第62页;英译本,第22~23页。奇怪的是胡塞尔这里使用的是"adäquat Erfahrene"而不是"adäquat Erlebte"也许是笔误。即便是在《大观念(I)》中 Erfahrung 总是对超越对象的经验,从来不会是 adequate。唯一一处谈论"现在"是 adequately,就是《笛卡尔式的沉思》中的这段话。
⑥ 原文 nach 应读为 als。

源的原初性(ursprüngliche Originalität)的方式而一直有意识地意识到它。"①尽管如此,他还ᵃ是把"在活生生的当下中发生的事情",从构成了意识的更大的场所中区分出来。在"第五研究沉思"中,他向"本身性(Eigenheit)之境域(sphere)"的还原,使他得以既达到了经验之流的现实性,又接近了它的潜在性②。

这里勉强放进来关于全适性的概念并不令人吃惊,因为这是笛卡尔式的思路的各个方面所需要的。如果没有有意识的生活——至少是其核心的——的全适被给出,那么,内在感知ᵇ的明证性性质,同超越性(外在)感知的性质之间,在现象学上的任何区别都将会失去意义。如果失去了这一区别,那"我思(ego cogito)的明证性也就成为一种"假设性的",也就是说,它也要依赖于其他的明证性,于是它便不是独立的可确定的了。仅仅在观念的层次上,在本质的层次上,"我思想我的思想(ego cogito cogitatum)"才能重新获得无可置疑性;但是即便是在这里,我们也不能证明,这就是其他真理可依赖的基础。然而,20 年代,胡塞尔对这一观念做了十分清晰的思考。在 1922~1923 年胡塞尔讲授的"哲学导论"课程中,他就认识到,即使活生生的当下显现是全适地被给出的,它并不能由此获得从事奠基的结构、意识的整个涌流。为此,人们必须求助于记忆,于是,马上会提出一个问题:关于记忆的可靠性的问题,关于它的"绝对真实性"的问题。因此他说:

> 如果记忆不再是我的过去的"**思想活动**(cogitationes)"的绝对真实的确定性的来源的话,那么,我便不能再谈论我的生活、我过去的自我和我过去的意向性经验的无止境的流。……当它当下显现时,我有的只是瞬间的"**我思**(ego cogito)",而且只有当我以反思的目光对准它的时候才是如此……如果"我思"流过去了……我能够回忆起关于它的某些东西,但是尽管我绝对保证,当前的回忆是当下的经验,但是对于我回忆的内容,我却不能提供任何担保。③

在这个文本中,他没有回避他的纲领中的这个具有破坏性的隐含意义:

---

① 胡塞尔:《笛卡尔式的沉思》,第 59 页;英译本,第 19 页。
a 指出胡塞尔的做法十分牵强。——译者注
② 胡塞尔:《笛卡尔式的沉思》,第 131~132 页;英译本,第 101 页。
b 内在感知与外在感知的区别。——译者注
③ F I 29,见胡塞尔:《被动综合分析》(Ed. by Margot Fleischer, *Husserliana*, Vol. 11. The Hague: Martinus Nijhoff, 1966),第 366 页。参考胡塞尔:《大观念(I)》,第 69 页;英译本,第 90 页。

我将不能谈论生活的无止境的涌流,不能谈论我延伸到无限的过去和无限的未来的生活,不能谈论作为现实生活的现实形式的现象学时间ᵃ等等。由此看来,我被限制在绝对无繁殖力的"我存在(I am)"之中:我感知,当现在我感知的时候;我思想,即当我现在思想的时候;我感觉(feel),只有当我感觉的时候等等。当这些事情发生时,我可以在反思中看到它们,可以构成完全没有任何用处的命题,它们并不能产生任何永恒的真理……而只是对当下流逝的(fleeting)生活的不结果实的当下消逝的(fleeting)适应而已。②

即使我们承认"现在"的全适性,它提供的证明也远远满足不了胡塞尔的需要。胡塞尔必须求助于记忆。在原则上,记忆不可能产生任何全适性的明证性。在实践上,它作为一个行为,根本不能保证将给我们提供绝对真实的明证性③。

由于这方面的问题一直对胡塞尔的原初看法造成压力,所以,当胡塞尔开始不仅谈论直观,而且也谈论内在感知的**批判**的时候,我们一点都不吃惊。如果我们回头再看一看他 1922～1923 年的讲稿中相应的部分(它形成了对"伦敦讲演"的补充),我们就会发现,他又回来强调全适性同绝对真实性的紧密的相互联系。"绝对真实性是全适性的背面,它所意指的是自身的直接被给出,对它的确证性的怀疑的任何预期都不存在。"④他开始谈论内感知对象的最佳当下化的各种不同**程度**,并且公开承认(尽管是在其理论框架内部),全适被给出的现象是一种"**抽象**"。这里预示了一种至关重要的区分(我们将于下一节对其进行讨论):原初被给出的内容与纯粹地、基序(primordial)被给出的内容之间的区别。基本被给出的内容可以是全适地当下显现,但就其自身而言,却是从原初给出的内容中抽象出来的。下面这段文字是 1922～1923 年讲稿中最具挑战性的文字:

但是,我们现在必须认识到,原初的自身领会具有一种必然结构,在其自身内部具有一种渐进性,没有了这种渐进性,原初领会是不可想

ᵃ 时间性是生活的现实形式。——译者注
② F I 29,见胡塞尔:《被动综合分析》,第 366 页。
③ 我们将在第十一章回到这个问题。
④ "... die Apodiktizität ist die Kehrseite der Adäquation, das Gemeinte ist unmittelbar und ohne jede Antizipation, deren Bestätigung noch in Frage bleibt, selbst gegeben." F I 29, 28a。《胡塞尔全集》第 35 卷,第 119 页。

象的。准确地说,在这里,即在内在感知的批判中,首先要学习的就是这一点。……由此,各个现实的"现在"就是自身被给出的**最高的**和**最完善**阶段,并因此而具有一种优势。只有在这个阶段里边,一个乐音,作为相应的一个乐音瞬间,才依据它的存在和如此存在,依据自身包含的内容,从它的绝对自身上得到把握,某种意义上直接就它的被把握的内容上得到把握。不过,这仍然只是一种抽象的谈论方式。实际上,只有谈论存在(being)和如此这般的存在(being-so)才是有意义的,因为一段乐音是一个对流逝而去的综合的功能性段落。乐音是一个统一体,它作为单一的、可被同一确认的内容给出自身,[仅]在连续的意向性的综合之流中给出自身,而这连续的意向性是按着不同程度逐步出现的,没有[这类]逐步性,乐音统一体完全不可想象。……而且,的确,当我听到一支乐曲,在原初性中绝对被听到的乐曲,并不是现在在耳边持续回响的那个音,而是一支曲子,感知的统一体,即如此这般构成着自己的形成过程:它在穿过了"现在"这一形式,同时也穿越过去的各种形式,穿过向将来开放的形式的行程中,构成着自身的过程。……①

如果我们去注意胡塞尔是如何达到对时间的理解的,以及在写作《沉思》的过程中他是如何处理空间的,我们会十分吃惊地发现,全适观念仍然在他的分析中回荡。"这里"不能被简单地理解为一个点,只能在与"那里"的相对立、相比照中得到理解。每个都属于"我的基序(primordial)境域",每个ᵃ都是在同"其他"的相比照中被经验的②。没有"那里",没有必然地超出接纳了全适经验的东西,就根本不存在"这里"。

胡塞尔继而认识到,不仅"外在"对象是逐步被给出的,而且"内在"对象也是逐步被给出的。就像凯恩斯对这个时期的记录所证实的。在对《大观念(I)》以及其中关于亲历经验(Erlebnisse)无侧面的论题的回应中,胡塞尔提出:"Erlebnisse(亲历经验)是通过被动意向性(顾后意向性)本构出的,即在通过 Abschattung(投影)的**意义上本构出的**③。我们在胡塞尔同凯恩斯的谈话中也可以看到同样的思想:

---

① F I 29,28a~28b.《胡塞尔全集》第35卷,第120~121页。
a 相对性。——译者注
② 胡塞尔:《笛卡尔式的沉思》,Section 53。
③ 凯恩斯:《与胡塞尔和芬克的谈话》,1931年12月12日,Richard Zaner 编:《现象学丛刊》第66卷,第55页。

胡塞尔看到,在《大观念(I)》中对时间意识考察有疏忽,这一疏忽十分危险;他还看到,如果谁考虑行为的时间上的各种变型,他肯定获得某种与"Abschattung(阴影)相类似的东西,一种贯穿于完全不同的瞬间的多样性中的同一性(identity)。①

的确,《大观念(I)》的主要特征是,尽管时间问题被悬置不问,决定专门致力于形成一种共时的分析,可是胡塞尔仍然用从全适的被给出的当下显现,来理解"当下性"。尽管他省略了时间意识,但是为保证亲历经历的直接性,胡塞尔仍然需要时间式标记。直接处理时间意识,也许使得胡塞尔得以认识到《大观念(I)》中的这一点。但是假若他当时当真这样做了的话,他的全适观念就会被相对化。最起码,他关于 **Urimpression**(原印象)的早期理论——原印象是构成"现在"的数据——被他的"**活生生的现在**"②理论所修正之后是如此。这种修正甚至在《大观念(I)》之前就有了。因为这样,"现在"就不再是一个点,而是当下显现的一个**场域**(field),一个必然由顾后意向和瞻前意向所穿越过的一个场域。意识的全适的给出性,就像超越性对象一样,也将会成为"康德意义上理念(idea)",即某种不可能被认知,但是可以在我们对它的反思中,以及通过对它的反思而被预期的东西。我想把时间概念和明证性概念之间的关系问题推迟到第十章再做具体讨论。

将支持笛卡尔式的思路的明证性观念中的主要张力给分离出来,这些反思是很充分的。针对"这类明证性被认为是**全适的**而且**自己证明了自己的合法性**"这一观点来说,它只产生了亲历经验的核心,在某种抽象的意义上,它只是直接的"现在"。但是,对于用笛卡尔式的明证性观念建立先验现象学所要求的从事奠基的结构来说,也就是为作为整体的意识之涌流来说,对于为它提供此结构并提供担保来说,这个结果是远远不够的。反过来说,就"对于提供这种结构并且为它提供担保而言,现象学直观是**充分的**"这一观点的范围而言,它必然是**不全适的**,并且因此是**不自明的**。只有通过**批判**,通过论证的补充,它才能成为充分的和**绝对真实**的。由于缺乏直接的自身-明

---

① 凯恩斯:《与胡塞尔和芬克的谈话》,1932年3月11日,第70页。芬克也告知凯恩斯:"《大观念》分析是在被给出性的 Urmodus 的领域中进行:当下显现。"同上书,1931年8月24日,第25页。
② 约翰·布隆(John Brough)在他的经典文章〈胡塞尔早期的论时间意识的文章中绝对意识的出现〉["The Emergence of an Absolute Consciousness in Husserl's Early Writings on Time-Consciousness",见《人与世界》,5(1972),第298~326页;重印于弗雷德里克·艾利斯顿、彼得·麦考密克编辑的《胡塞尔:解释与评价》,Notre Dame: University of Notre Dame Press,1977年,第83~100页]跟踪描述了这一发展。

证性,现象学直观就要求进行论证,以便提供合理性证明。这样,**假设**的使用就成为这类明证性不可避免的特征。这里有构建的因素在起作用,更准确地讲,胡塞尔在康德那里发现的令他反感的东西,现在出现在他自身的著作中。

三、从主体性到交互主体性①

在他对还原的分析中,胡塞尔真的简单地忽视这些问题? 他真的对他的文本中存在的内在张力根本盲目无知吗? 在这些问题与胡塞尔最后放弃了出版第二个(德文)《笛卡尔式的沉思》的计划的理由之间是否存在着某种联系? 在把"法语沉思"寄给译者之后,他1929年6月草拟的作为写作"德文沉思"准备的那些材料,可以为我们提供某些答案。这些手稿处理的张力,正是我们讨论全适的明证性时遇到的那些问题背后的那种张力。

一个写于1929年10月或11月的文本②十分值得注意,胡塞尔把它插入到对"沉思"的第一次加工的手稿中。这个文本处理的是括弧法这一观念,它是笛卡尔式的还原中最严肃的事情之一。胡塞尔担心的是,不把"世界之所是"置入还原之中,即不把"如其显现的那个世界"置入还原之中,在思考中就根本不可能"不想到(think away)"其他的自我。在《大观念(I)》和《沉思》中的悬搁活动中,我可以"拿掉"其他人而不至于将我自己"分解掉";在其原初的时间性中,自我自己保持是一个"不可改变的必然性"③。这是我们十分熟悉的胡塞尔论题。然而,胡塞尔马上接着说:

> 但是,下述问题需要重新加以思考:把我的同时代人全部转变到表面现象[Schein],保留下来的世界就不能保持不发生改变——首先是,[不发生改变的]不是我,我自己。……作为进一步的推论,我(也就是,我本身)从根本上被改变了。……④

在这个时期写下的其他文本中也可以发现类似的思想:

---

① 关于交互主体性的最好的研究,见丹·扎哈维:〈胡塞尔和先验主体性:对语言实用主义的批判的一个回答〉("Husserl und die Transzendentale Intersubjektivität: Eine Antwort auf die sprachpragmatische Kritik"),《现象学丛刊》第135卷,Dordrecht: Kluwer, 1996;英译为"Husserl's Intersubjective Transformation of Transcendental Philosophy,"见《不列颠现象学会会刊》(*Journal of the British Society for Phenomenology*), 27 (October, 1996),第228~245页。
② 胡塞尔:《交互主体性(3)》,第50~52页。
③ 同上书,第51页。
④ 同上。

> ……我被安置的地位是,与每一位其他人都处于相等的关系中,与这些他人共同本构着世界的协同-承担者。像我自己一样,每一个其他人对于世界的存在来说也是必不可少的——这真正的同一个世界对于我来说是实在的,客观的。不放弃这个世界,我就不可能不想及(wegdenken)他人。没有任何确定的他人主体,而且隐含地意味着,没有任何不确定的他人[主体],即在开放的视域意义中被预期的他人[主体],是可以不被想到的。①

胡塞尔把这一点所包含的意义清楚地理解为,在还原内部的世界的完全"客观性"。

> 让我们来想一下对象世界的拾级而上的本构过程。"只要"在我的基本境域内(primordial sphere)还没有其他人被本构出——假定这是可以想象的,我的基序(primordial)世界就将会是我的基序(primordial)**自我**(ego)的一个纯粹"构造"。但是只要我经验到**其他的自我**,把他作为另外一个人来经验,而且以正确有效性的方式,纵使只有假定的有效性,我就马上具有了其他人的基序(primordial)世界,将其设定为**他的**(先验)**自我**的构造物。与此同时,很显然,在他的基序(primordial)世界同我的基序(primordial)世界相互重叠之处,那里便存在一种同一性(identity),并且,二者相互作用,一会儿把一个方面的保留的盈余带入相互有效中,一会儿把另一个方面的盈余带入相互有效性中,并由此使得一个共同的世界得以建立,然后也使得一个共享的文化世界得以建立。②

这里指出了,在笛卡尔还原中,在原来对世界的理解中,存在着一种固有的混淆。一方面,世界的存在曾经被"weggedacht(不予思考)",被还原为孤立的自我(solus ipse)之协同指称式的相关者,以及孤立自我的本构活动的成果功效;世界仍然保留着它的超越性,但是却没有保留作为"对象式(客观式)"世界的地位。但是另一方面,任何对象式的内容也都没丢失,只是被置于同主体的关系中。在这里的文本中,胡塞尔认识到,像他的笛卡尔式的纲领所要求的那样,把世界放入括弧的做法,实际上会改变自我显现的途径,并

---

① 胡塞尔:《交互主体性(3)》,第46页。
② 同上书,第43页。

改变被作为主题加以讨论的途径。作为对此的反应,他企图在"基序(primordial)"世界与"原初(original)"世界之间插入一个楔子:他提出"**被作为唯我论式还原的世界,不应该混同于基序式(primordial)世界,唯我论式还原也不应该混同于基序式还原**"①,经过基序式还原之后,所剩下的只是我的经验之流,以及我自己的自我所经历的那些经验(内容)。这种还原必然排除他人,在任何意义上,他人都不属于主体性的范围。"我关于同情的所有经验都属于基序(primordial)范围,但是,不包括其中被经验到的……他人。对于所有交互主体性文化的规定也是如此。"②只有在这个条件下,我们才可能有对于亲历经验而言的**全适的**被给出性这类东西。与此相反,唯我论的还原只是把一般意义上处于一个世界之关联中的自我作为主题。还原的这种风格是为了来承载他的先验现象学的负担。在这种还原的情况下,经验——包括同情和取得一致这类经验在内——正在行进的路线如此配置以使:"唯我论的世界获得交互主体式世界的意义"③。他在这几个月间写的另外一个文本中为我们提供了一条线索,指出了这二者是如何在内部相互衔接在一起的:在唯我论的还原内部向自我展示自己的那些实存(beings),不仅具有一个"内在"的视域,而且还有一个"外在"的视域。这个外在的视域是朝向那些至关重要的与"内在"视域联系在一起的其他诸实存。"在诸视域中的本构的意谊-开放性的类型,现在是通过交互主体性而对意谊在更高层次上的形成的基础。"④最后,这一思想甚至把唯我论世界与共同分享的世界之间的优先性也给颠倒过来了:"在经验性生活的进程中,唯我论的世界,作为交互主体式世界的**一种受限的当下化**……向自我揭示着自己。"⑤胡塞尔认识到,这一思想对于还原后发现的自我的本质规定的直接的意谓是什么,"那恰恰属于自我的本质:感到自己是**孤独者**(solus)的自我,它也能发现自己是本身继续生活的进程中的伙伴们的**共事者**(socius)。"⑥

依我的看法,把基序(primordial)还原同唯我论还原对立起来,是胡塞尔在扩展"法语沉思"的工作中,对已经看到的问题进行某种拓展处理得出的结论。如果一个人从"纯粹唯我学"开始,就像所有方法论唯我论者必须做的那样,那么"先验唯我论"⑦看来就是不可避免的。胡塞尔提出,这种"唯我

---

① 胡塞尔:《交互主体性(3)》,第51页。
② 同上。
③ 同上。
④ 同上书,第46页,他专门警示不要理解为"genetic succession(生成的连续性)"。
⑤ 同上书,第52页。着重号是作者加的。
⑥ 同上。
⑦ 胡塞尔:《笛卡尔式的沉思》,第69页;英译本,第30页。

论"只是"哲学上较低的层次",如果交互主体性作为"被奠基了的较高层次"而开始起作用的话,那么这种唯我论"作为一种方法"就必须"受到限制"①。如果胡塞尔在《笛卡尔式的沉思》中所使用的方法论唯我论不是由基序还原,而是由原初还原构成,那么在自我论还原和交互主体性还原之间就存在着一种内部的连接。此外,基序还原与唯我论还原之间的区分,为我们理解"第五个笛卡尔式的沉思"提供了一个新的洞见,也为理解胡塞尔走出他自己的笛卡尔主义提供了新的意义。在"第五个笛卡尔式的沉思"中的交互主体性的分析,是对第一和第二沉思中临时开辟的主体性范围的一种**外展**(explication),而不是对它的补充,即不是走出它的范围之外,并因此让它们原封未动的留在那里②。胡塞尔提出,我的基序自我是"我的具体的自我的一个层次"③,这样他就把基序的和唯我的层次结合在一起,这就意谓着,基序的层次只是通过抽象而得到的,因而不是根源性(primary)的,起码就这种方法而言是如此。如果我们把唯我论还原放置到基序还原的位置上,作为我们的出发点,我们便有了一个自我和世界的相关性的观念,这个观念可以保护着视域的观念。并且它也由此保护了交互主体性与(分享)世界之间的相关性观念——这一观念是本构和解释的所有现象学格式的最丰饶的基础——与视域这一观念之间的内在联系。在原则上,它也解决了我们在前面注意到的、由全适地直观到的最初级(primal)当下显现所产生的不充分性带来的问题。这个困难被先验境域的丰富观念所取代:开始是由**临时性**的自我论的观念取代,稍后又对它进一步加以"外展"为交互主体式观念,胡塞尔在"沉思"中重新起用"单子"这一术语来取代"纯粹自我",已经是在静态方法内部发出了这种改变的信号。**全适的观念肯定要求基序的还原;而唯我论还原对它并无需求,也不能够涉足;为先验主体性提供担保的明证性,只是对于这个初级的、临时的现象学是绝对真实的**(apodictic)。

帮助胡塞尔在加工《沉思》的这些手稿中看到了唯我论还原同交互主体性之间的内在联系的视角,在"第五沉思"中完全不见了,留下的只是静态的和本构的研究④。

> 跟随着包含在唯我论的自我中的各种可能性,以及唯我论世界中

---

① 胡塞尔:《笛卡尔式的沉思》,第 69 页;英译本,第 30~31 页。
② 此为耿宁在他的"编者导论Ⅲ"(《交互主体性(3)》)第 xxxiii 页中提出的看法。
③ 胡塞尔:《交互主体性(3)》,第 52 页。
④ 见第四沉思,胡塞尔:《笛卡尔式的沉思》,第 100、103、109~114 页;英译本,第 66、69、75~81 页。

的各种可能性的过程中,一种生成是可以想见的:唯我论自我生成为人类世界中的人,唯我论世界生成为来自其中的交互主体式的人类世界。①

我们还是把对这条思想路线的分析留给专门分析动态发生问题的后面的有关章节。

在《沉思》中,胡塞尔仍然企图从全适性的当下开始他的现象学考察,认为这是必然的。但我们看到,他在工作中已经开始动摇。在写于1930年3月间的一个文本中,胡塞尔进一步远离了关于这种必然性的思想。这个文本特别提到第二个沉思,对它的出发点进行了审视。他认识到,已经被置入括弧中的世界仍然对还原的过程发挥着定型的作用:世界一开始便规定了还原过程的特征。因此,存在着两种可能性:一种可能性是,被还原的世界可以意味着**我的**经验之世界。于是,就要求我直接来到他人的自我之处。一旦我确定了他们的存在,我便能够谈论我们共同分享的经验②。另一种可能性是,我可以从世界出发("在它的存在论结构中"),一开始就从作为交互主体式的世界出发,从作为同**我们**共享的经验相关的世界出发。胡塞尔指出,后一种可能性要求在时间性概念上采用一组不同的参数:"于是我们就得到了'我们'之内在的、共同的时间:'我们-当下','我们-过去','我们-将来'。"③实际上,他乐意接受下述想法:从第二种可能运动到第一种可能中④,其结果是,调整了第五沉思与第二沉思的次序。但是他突然中止了此项修改工作,因为他认识到,两条道路均是可行的。但两者的区别仍然十分明显。他补充说,这个区分

> 对于现象还原的原理来说十分重要。如果从交互主体性出发,我们可以建立一个交互主体性的还原;在此还原中,我们把自在的存在世界放到了括弧中,而还原到所有交互主体式的领域(universum),这个领域也包括了所有自在的个体主体。第二步,就是还原到交互主体式的、最后本构着(letztkonstituierende)的生活中,还原到交互主体式的"经验涌流"中,还原到对一切自我学内容的社团化(Vergemeinschaftung)中。⑤

---

① 胡塞尔:《交互主体性(3)》,第51页。
② 同上书,第65页。
③ 同上书,第65~66页。
④ 同上书,第67~68页。
⑤ 同上书,第69页。

在原则上，胡塞尔也承认，两种方法中的任意一种都可以置入其他文本中，但特别是在第一沉思的文本中。在那里，还原的路线可以是：

"向先验主体性的还原"；这个表达被证明是有歧义的。被悬搁的主体性可以被理解为"我的单子式的本身的(eigene)"，即从事现象学的自我的单子式本身的主体性，或者①理解为，把那种主体性包含在自身之内的先验的交互主体性。

如果人们把主体性理解为基序(primordial)的[=原初的]具体的自我，那么，"我"的一极，作为现实的，可能的各种行为的一极，如果人们把"我"的一极具体地用行为来理解——作为他的经验的一极，作为与具体行为不可分的一极来理解——那么我们就得到了平行的一个概念，作为所有各种基本的具体自我的大全的，具体的交互主体性的概念。……②

这使得胡塞尔可以对以下两种还原做出区分：一种先验还原，它开放了一种**自我**，带着它的意识的涌流，它的精神的功效成果。另外一种先验还原，开放了一个分析的先验**境域**(sphere)或者先验**场域**(field)，它必须依据其他考虑加以充实。前者是胡塞尔的还原的原创形式，后者是他的分析工作所要求的形式，只要他把先验主体性理解为交互主体性的话。

这些献身于对笛卡尔式思路的界限内的反思，都写于《沉思》出版之后，这里说的《沉思》就是我们现在称为《笛卡尔式的沉思》的文本。令人惊奇的是，大约八年以前，在他将伦敦讲演加工整合入他 1922～1923 年的讲课稿《哲学导论》的时候，围绕着交互主体性作用的一系列课题，绝大部分都已经被提出来了，而且他对此进行了十分清晰地思考。这些材料十分重要，不仅因为它可以上溯到 1910～1911 年的《现象学基本问题》讲稿③，是这条基本思想路线的结晶化，构成了同《大观念(I)》之后发展起来的笛卡尔式的思路的表述方式(同伦敦讲演中给出的表达一样)的第一次直接对抗；而且还因为它帮助我们把"法语沉思"放置到同伦敦讲演相同的修辞语境中。它的重要性还在于，它也加强了我们的论证：伦敦讲演应该被理解为为那些对现象学一无所知的以及也许"未改宗"的人们而写作的入门式导论。

---

① 原文 und 应读为 oder。
② 胡塞尔：《交互主体性(3)》，第 73～74 页。
③ 见胡塞尔：《交互主体性(1)》(Ed. by Iso Kern, *Husserliana*, Vol. 13. The Hague: Martinus Nijhoff, 1973)，特别是第 159～191 页。

胡塞尔相当详细地对"同感(Einfühlung)"进行了分析。"同感"作为一个行为,或者是一组行为,使我们经验到作为主体的他人。他的分析中特别强调"同感"与内感觉之间在时间性结构上的差别:

> 同感,依据它的本质特征的方面去看,是再当下化(Vergegenwärtigung)的形式。从这一点来看,它同记忆和期望类似。但它们是十分不同的:回忆涉及过去,而且是我的过去,从经验的观察来看,是涉及我的先验的过去,我过去的**我思**(cogito)。与此相似,原初的期待涉及我的未来。然而"同感"涉及的是当下,但是现在涉及的不是我的当下,而是一个陌生者的当下,并且穿过这个陌生者当下,间接地涉及陌生者的过去和陌生者的未来。当然,我的自身感知涉及的是我当下的经验行为。然而,严格地讲,我不可能感知陌生人的经验行为,只能通过"同感"来非本真地协同(附带)感知到它们。①

这种思路引导他提出了"同感"行为如何构造自身的有趣的理论:

> 这种对意识的求助于这种再当下化中进行的反思,引向一种现实的、假设的可能的感知,其内容为:如果我以这种方式进行了触摸,那么,我将会现实地感知这个和那个;如果我以某种方式把眼光转移,那么我现在就将具有这个或那个的图像;如果我把我自己置于这个或那个场所,那么我的各种显现就将会是这个或那个样子,等等。②

简言之,这里出现的是一个共享的相互协调配合的体系。通过合适的建构,对他人的感知就引导到对还原中被给出之内容的扩展,即引导到把我的主体性插入到交互主体性中去的必然性。请注意,在这个文本中,"同感"给我的不仅是作为整体的他人的主体性,而且还在我的主体性和他人的主体性之间给出了一个先验层次上的"互联关系":

> 如果我们利用"同感"经验,将其建立于对陌生身体的物理经验之上,不是对作为一个[人类]世界中的一员的陌生人进行客观判断的基础,而是现象学地使用它,那么,这种经验便把这种关闭在自身中的我之

---

① F I 29, 19b.《胡塞尔全集》第35卷,第107页。
② F I 29, 20a. 同上。

现实的和有动机推动的可能的经验(我当下、过去、预期的将来的经验)之组联,拓展为下述第二种组联,即拓展为一个整个的第二个主体性。通过面部表情等等的作用,[陌生人]单个的经验组联就将可以进入到特殊的经验中。但这些组联将被未规定的尚未进一步熟知的经验的视域所包围。最后,它就是一个完整的主体,作为一个整体,它已经通过人身(Leib)的整体类型,以一种一般的、未规定的方式被表示出来(indiziert ist)。就像我自己的纯自我学上的经验组联一模一样,带着它现实的——对我而言可能的——经验,是一个经验上的被给出者,这种被给出性为判断提供了一个自然-素朴(naive)的合理性根据(Rechtsgrund),于是,我整个的先验的生活,同他人的整个的先验的生活组联,作为经验组联而被给出,并且可以被断定为经验上的先验性的组联。①

通过我的经验和他人的经验形成了单个组联这一点,使胡塞尔认识到一种对于"当下显现"这一观念而言根本性的隐含意义:

> 同样,通过一种从事当下化的经验类型,即"同感",陌生人经验的当下显现也可以进入到我的经验的当下显现中。而且,当我"关掉"同客观世界——因此也包括同其他人作为客观现实性的联系,在此仍然保留着我的意识涌流同他人的意识的涌流的先验组联;而他人的意识涌流本身是在与我的意识涌流的相互关联中被先验地经验到的。②

尽管"先验的-社会的-主体性不是像我的自我那样原初地被给出在我的面前"③,但这个思路使得胡塞尔得以明白地拒绝,把先验范围限制在自我论之内:

> "从事同感"的再当下化活动之系统,相应于并叠加到感知的以及

---

① F I 29, 20a.《胡塞尔全集》第35卷,第107~108页。
② F I 29, 20a~21b. 同上书,第108页。关于"empirical"用词是难以理解的。但是有一个暗示表明,胡塞尔指的是,在我自己内部,我发现存在着他人的痕迹,这就说明,这是他人的当下显现的结果,我可以在我的先验判断中使用这些痕迹,导向我与他人共同分享的经验的组联之被给出性。我之所以这样看,是基于胡塞尔继续论证说,在还原之后,在把他人的"心灵生活"放入括弧之后,我不仅"保留"了我自己的先验存在,而且也"在我内部",在我的内在"帝国"的一定界限内,存在着其他先验主体的索引。同上。
③ F I 29, 22b. 同上书,第111页。

陌生人体感知的可能的转向内部的系统,[把同感当作它们的出发点]。这个系统是一个先验的纯粹[超越性]经验的系统,它属于"再当下化"的类型。这样,"先验还原将我还原到我的内在的存在和内在的生活中,还原到我自己的先验主体性"等说法,就是错误的。还原将我还原到的地方,在那里,我在我的经验中,总是有这个或者那个陌生主体性,或者,一定数量的[超越的]他人自我,将我还原到一个所谓具有诸多人头的先验主体性上:这个主体性带着我的自我,包围囊括了所有这些他人的自我,带着他们所有的生活,他们所有的显现和意向性的相关者。①

这样,任何求助于全适性,把它作为担保先验领域的诉求,均遭毁灭。这一方面是因为在原则上,他人的意识不是被直接给出的,另一方面还因为,当我必须把主体的万有(All)设定为"一个普遍组联"②的时候,"我实际上在我的'同感'境域中所具有的,只是少数他人的自我,以及由永新的、现实可能的同感行为带来的开放视域,这些视域会为我产生其他的他人的自我"③。接着胡塞尔又完成了下一个逻辑步骤,提出属于这一组联的有

　　一种先验的社会时间,它是大家共同(allgemeinsame)的时间,它覆盖了所有个体自我的时间;在其中,所有单个自我的意识之涌流都统一为一个联合的(bound)、先验的、社会的意识流。④

不管这种对贯穿于主体之间(trans-individual)的社会性意识流的诉求有多大问题,也不管对先验的社会时间的诉求有多大问题,其结果都不是使伦敦讲演中首次提出的分析无效,而是对这种分析加上一种限制。我的自我对他人来说具有某种认知上(epistemic)的优先性;这是因为,在我的反思中,其被给出的内容具有直接性和丰富性,也由于[在先验层次上]他人的存在的合法性确证(justification),把我的自我当作它的出发点。但是对于从先验还原中得出的结果,即作为交互主体式组联的先验境域的说明解释,却意味着

---

① F I 29, 22a～22b.《胡塞尔全集》第35卷,第111页。
② "ein universaler Zusammenhang". F I 29, 23a. 同上书,第112页。
③ "Ich habe wirklich nur in meinem Einfühlungsfeld wenige alter egos, aber einen offenen Horizont immer neuer real möglicher Einfühlungen, die mir die weiteren alter egos ergeben würden." 同上。
④ "... eine transzendental-soziale Zeit als die allgemeinsame Zeit, in der all die Zeiten der einzelnen ego sich decken und in der alle Bewußtseinsströme der einzelnen ego sich zu einem verbundenen transzendental-soziale Bewußtseinsstrom einigen." F 129, 23b. 同上书,第113页。

交互主体性具有一种**基础式的**优先性,或者至少同主体性一起**具有协同基础式的**优先性,也就是说在下述意义上具有优先性:主体性既是作为整体之世界的真正的相关者;同时,世界、主体性,以及交互主体性之间的交互性是最基础的结构,或者从事奠基的结构。在这个文本中,胡塞尔认识到了存在之秩序同认知之秩序之间的重要区别。

通过基序(primordial)还原和原初还原之间的区别,以及与此相应的,作为自我的被给出性之标准的全适性的丧失,笛卡尔式的思路便失去了它的特权;失去了在以自我与他人之间的区别、自我与世界为基础时笛卡尔式思路所具有的特权。由于主体式"存在的境域"被剥夺了它的准存在论地位,再坚持自我与世界的不对称性,自我与他人的不对称性,以便保证唯我论的自我作为现象学方法的不可还原的、不可回避的(unhintergehbar)基础地位,就已经远远不充分了。

胡塞尔不仅对这种特权进行了限制,而且对笛卡尔式的思路的必然性也进行了限制。这种限制是在作了伦敦讲演之后,寄"法语沉思"手稿给法语译者之后,马上提出来的。他认识到,同认知的途径相反,存在的途径赋予交互主体式世界与交互主体式生活同等的特权。胡塞尔也认识到,可以把"法语沉思"的路线给颠倒过来。的确,这种可供选择的途径,在配上历史概念之后,就是《危机》一书中胡塞尔所采取的探索方法。

把以上三个方面概括起来说,胡塞尔在走向他的"沉思"(第一点)的最佳"路线"上优柔寡断,他遇到的问题比"第一沉思"看上去的样子要复杂得多。为适应于先验自我而在明证性的观念上引起的改变而产生出来的问题更为深刻(第二点),它引向一个根本不同的方法途径的概念,在这个途径上,交互主体性与自明性的分析紧密相关(第三点)。特别是由于在全适的明证性与意识的整体涌流之间的富有成果的联系不再存在(第二点),胡塞尔必须在"基序(primordial)"还原和"自我论"还原之间做出区分。作为结果,他不再把主体性规定为私人的领域——这里只有通过违法越界,才能引向他人的意识,而是仅把它规定为临时性的"我的自己"。就其本身而言,主体性实质上是交互主体性,就像在(新的)第五沉思中所说明的那样。自我与他人之间的不对称仍然保存下来,但是,这二者不再分别属于存在的不同领域——就像对笛卡尔式的思路所作的初次表述中所要求的那样;相反,二者属于同一个通过视域概念连接而成的单一场域。在笛卡尔式的思路的观念中发生的这些变化,最终使得胡塞尔能够保证主体性、交互主体性和世界的同等本源性,这正是他后期思想所要求的。

尽管这些反思将胡塞尔的笛卡尔式的思路改造得逾越了这一思路的早

期配置,但并没有使得这一思路中止。之所以如此,至少有三方面的原因:首先是教学上启发式的需要。笛卡尔思路曾是一个对于法语读者十分合适的"简短导论";胡塞尔可以向法语读者推荐,但他认为并不适合德国"现在的情况",特别是德国向"存在哲学的时髦摇摆"①。其次,更有强制性的理由是理论上的。胡塞尔用分析的诸场域的认识论观念,和本构之境域的现象学观念,取代了存在论观念,即取代了"存在"的诸境遇概念,这样他便净化了静态方法。一旦他这样做了之后,他就获得了一个不带存在论承诺的唯我论形式:这种唯我论是真正的"方法论上的"唯我论。更准确地讲,胡塞尔终于克服了这个思路:即全适性的认识论上的要求自身,可以导致主体的形而上学的构成,因为"被给出"不再是实体的样式,即不再必须能够在一览无余的情况下透明地直接地当下显现自己。主体性的观念终于从意识的观念中解放出来;从自身封闭的、个体性的涌流中解放出来。第三个,也是最后的理由,是体系上的。尽管是渐进的,但意识现象的任务被意向性心理学所接收过去,并且大部分被它所包含。由于意向性心理学从"科学"转向其诸先验式基础,在原则上,它与意识现象学不同,胡塞尔变得相信,他关于意识的分析的全部内容,即通过笛卡尔式的悬搁获得的内容,完全可以在意向性心理学中找到。这里引起了关于先验心理主义的问题——对此我将在第十章中进行讨论。这还意味着,笛卡尔式的思路被加以拓展,转变成为一种"直接的途径"。在下一节的讨论中,我们会回到这一问题。

第二节　通向先验分析的各种途径

在这一章的分析进程中我们已经看到,胡塞尔自己对他的笛卡尔式沉思的最初表达提出了挑战,这最初表达是以直接性、全适性和透明性等各种细致入微的认识论观念为基础的。按着最初表达的路线,这些表述把主体性处理为存在的、"属我性"的、当下显现的封闭的境域,这是一种存在论上站不住脚的立场。从根本上说,这并不是这类观念内在具有的一些孤立、单个的问题,而是这些概念集合在一起的结果,它们既不能为先验性分析提供一个全方位视野(the full scope),也不能提供先验式内容的真正的深度。这些早

---

① 胡塞尔:〈致罗曼·英嘎登的信〉,1930年3月19日,《通信集》(Ed. by Karl Schuhmann in connection with Elisabeth Schuhmann, *Husserliana Dokumente*, Vol. 3. Dordrecht: Kluwer Academic Pub., 1994),3/3,第262页。

期的表述不可能比"我思着被思想物(ego cogitio cogitatum)"走得更远,尽管它们用某种直接性来解释**我思**(cogitio),而这已经遇到了一种威胁:把被思想之物(cogitatum)及其关注的世界改变成一种"再当下化"。

当然,理解笛卡尔式思路背后的内容还有其他途径。胡塞尔使用他拓宽了的逻辑,作为笛卡尔式道路的初步表达的指导线索,尽管在原则上还原已经将这种逻辑排除在外,但胡塞尔还指望着这种逻辑。我们可以在《逻辑研究》的第四和第五研究中,以及《大观念(I)》的第一部分中找到它。这是胡塞尔在实现现象学转变的时候提出来的逻辑。如果把本质同事实之间的对立固定下来,那么逻辑以及它下属的各学科就是各种理想型的构造,就必须用认知的"理想型"模式对这些构造进行描述。"一般来说",任何人都可以成功地达到这种理想型模式。对感知的分析担保了现实内容与理想型内容之间的对立,并且展示出,现实内容如何被提炼为理念性内容。由于**理论的态度**支撑着这一方案,所以,任何给出的主要课题都只能追溯到关于它的认知的本质。自我是我的,但是它的结构却是属于认知本身的。此外,对象是我的意识之流中的一个现象,但是与此同时,它的**超越性**[a]却意味着,这个对象[b]应该以同样的方式出现于任何可能的意识之中。对胡塞尔来说,完全可能把先验性的范围限制到"我思被思想者(ego cogito cogitatum)"之内;对其他问题,比如交互主体性和"理论之前"的世界等等,则可以做边缘化处理[c]。因为它不是科学的[d]实践,而是**关于科学的理论**;不是相互影响的参与者的辩论,而是分属于各个思想者的命题;不是与思想家的生活混合在一起了的历史,而是思想家们不得不从事的研究的产品。理论只能被理解为理论,而不是被理解为认知[e]性实践活动的集合;这些实践活动依据"诸事物本身"的要求,而同超出个人从事活动(或者无法从事活动)的看法之内容内在地联系在一起。

与此相反,我已经看到,在20年代写下的不同文本中,特别是在其中那些原计划作为对《笛卡尔式的沉思》的修订的文本中,胡塞尔的进一步反思引导他走出了对笛卡尔式思路的初次表述,进入了一个拓宽了的笛卡尔式思路。在我们的分析中,我们必须去理解一种改良的笛卡尔式思路,如何能对整个先验分析作出新的贡献。如果我们把修正后的笛卡尔式思路看作胡塞

---

a 自我本身有超越性。——译者注
b Inter-subject。——译者注
c 边缘化。——译者注
d 先验自我论是关于先验描述的理论,不是描述理论本身。——译者注
e 科学理论及关于实践与科学实践的理论。——译者注

尔进入先验分析的直接途径,将它同间接途径对立起来,那么我们就得到了对这个问题的清楚的理解①。间接的途径引导我穿过分析媒介的领域,在那里,批判(我们这样称呼它)引发了一种向先验说明的转变。而直接的途径不是从肯定性(positivity)问题出发,而是从否定性(negativity)问题出发的,从与肯定性对抗的、与肯定性的完全相反的方面出发的。这种直接途径不是从把材料集合在一起的某个领域开始,而是从对任何可靠的出发点的缺省开始。它的谈话对手,既不是持还原论立场的科学家,也不是持"客观主义"立场的哲学家,而是已经处于先验话语层次上的怀疑论者。为了对怀疑主义作出回答,才产生了对这一途径的要求,所以,这个途径避免从问题开始。怀疑论者们的话题,不是从对一个具体事物的询问开始,而是一开始就立刻追问关涉一切事情的问题。同怀疑论者的开局策略一样,现象学的直接的思路,不关心在个体事物之间存在着的巨大的、广泛的、全面性的差别,而是直接回到存在的整体,把整个存在的整体置于询问之中。

人们发现,修正了的笛卡尔式思路,有更深刻的功能和运用,这是通过对这一思路同直接道路的内在联系的**检验**发现的。胡塞尔认识到,通过"一跃"而进入先验领域的做法,其结果是使得笛卡尔式的思路显得"内容空洞"②。他还认识到——尽管较迟了——一般的笛卡尔思路,特别是《沉思》中的笛卡尔思路,顶多起一个导论性的作用。它们在双重意义上是导论性的:它们为初学者提供了一个初步的概览。另外更重要的是,它们为间接的思路提供了理解的**预备性**(preliminary)的先验格式。借用皮尔士的著名术语来说,笛卡尔式的思路起到了一种内收作用(adduction):它产生了一个指称的临时框架和一个指导:指向间接思路的多少带有归纳性的运作。在这样做的时候,它开辟了一个可以被填充,甚至可以被修正调整的分析的领域。但与此同时,直接的思路又依赖于这些其他思路,所以也失去了它的自足性。也许把"路"这个标签贴到它上面也不尽合适,因为直接思路的操作并不与其他的"路"并行而为。它更创造了一种开放性框架,在其中,其他各种思路得以作为先验型分析而发挥作用。

---

① 在这里让我强调指出:下面我并不打算如在第一章那样,讨论现象学分析的途径,而是用现象学术语讨论先验分析的途径。阿吉雷指出笛卡尔式道路由于预先设定并被建立于"经验的批判"之上,它也是"间接的"。见安东尼奥·阿吉雷:《发生现象学与还原》(*Genetische Phänomenologie und Reduktion*),《现象学丛刊》第 38 卷,The Hague: Martinus Nijhoff,1970 年,第 39 页。就笛卡尔道路的变型拒斥了合适性,转而求助于批判这一点而言,我们失去了任何对它的奠基性基础。关于在什么意义上它仍然保持是直接性的,我们将会在这里解释。

② 胡塞尔:《危机》,第 158 页;英译本,第 155 页。

接下来我们去接触胡塞尔提到的不同的"间接"通道,这些通道是他在沿笛卡尔思路达到这一点的过程中曾经试过的,而且是通过实证科学勾勒出这条道路的不同方面。与笛卡尔式思路相对立,我们将把这类间接的思路冠以康德式的思路的标签。胡塞尔自己并没有使用这一说法,但是他把1924年在康德协会的报告所作的讲演之扩充版,冠以"康德和先验哲学的观念"的题目,所以,我们的这种称呼,多少是有根据的①。一般来说,任何间接的思路都要求一种相应的起媒介作用的学科,从这一学科出发,向回追问它可能性的条件。就像康德在《第一批判》中使用一般判断ª的逻辑形式作为他达到知性的纯粹先验概念,即范畴②那样,胡塞尔则从某些具体的实证科学,或者存在论学科出发,"向回追问",以达到先验的结构。在开始,他提及了诸学科的令人吃惊的多样性。但是,依我的看法,无论胡塞尔提到了多少种通道,但**基本上**只有两种一般性的方向可供人们沿着它走下去。让我对这两**种探索**方式的每一种**途径**做一番简要的描述。

一、意向式心理学的探索③

《逻辑研究》完成之后没过很长时间,胡塞尔便认识到,《逻辑研究》中经验心理学同现象学之间的整齐的对立,并不能够像他所设想的那样,推动心理学ᵇ学科的彻底改造。而事实上,在《逻辑研究》第一版中,他把自己的初级现象学称为"描述心理学"。这已经暗示出,经验心理学(即便在这里,也可以进一步区分经验主义者的心理学——这是被胡塞尔所拒绝的——和辅助性的统计心理学)、现象学心理学和纯粹现象学之间的明确区分是必要的。由于对这种需要的认识,致使胡塞尔不断反复尝试去澄清现象学心理学同纯粹现象学的区别。胡塞尔想要指出,先验现象学并不是心理学。但与此

---

① 胡塞尔:〈康德与先验哲学的观念(1924年)〉,见胡塞尔:《第一哲学(I)》(Ed. by Rudolf Boehm, *Husserliana*, Vol. 7. The Hague: Martinus Nijhoff, 1956),第230~287页;
a 从实证科学出发。——译者注
② 康德:《纯粹理性批判》(Hamburg: Meiner Verlag, 1952),B95~B106;英译本(London: Macmillan Press, 1933),第106~114页。
③ 这是"间接途径"["阿姆斯特丹讲演(Amsterdamer Vorträge)"],见胡塞尔:《现象学心理学》(Ed. by Walter Biemel, *Husserliana*, Vol. 9. The Hague: Martinus Nijhoff, 1968),第347页)。它是从现象学心理学到先验现象学的道路。见胡塞尔:《第一哲学》,第132~163页;《现象学心理学》全书;以及《危机》,第194~276页;英译本,第191~265页。《第一哲学》中把这条道路作为经验的批判来处理,这个描述看来更为合适。就我所知,胡塞尔没有把其他的途径包括在这个一般的探索中,而是认为在原则上,任何其他的社会科学,只要处理相互影响的主体的问题,如人类学、社会心理学以及社会学——当然是依据现象学的理解——都可以作为"线索"。我们用意向心理学来标识这种探索,因为胡塞尔并不把其他途径看作这种探索。
b 经验心理学,现象学心理学,纯粹现象学。——译者注

同时,他也看到,事实上,《逻辑研究》的所有工作都可以直接算作现象学心理学的一部分。我们已经指出,这一点使得他把现象学的还原和现象学的转变,都列入先验性工作的行列,他的解决方案是,把关于主体的现象学心理学,处理为**过渡性的学科**[a],处理为通向关于先验自我的纯粹现象学的诸途径之一。如何表明这里面的确有态度上的差别在起着作用?胡塞尔有三个选择。他可以在两个学科的**内容**上发现差别,也可以在它们被认识的**反思**的类型上发现差别,也可以在伴随它们的**明证性**的类型或者性质上发现两门学科之间的差别。最后一种区别(明证性类型上的区分)几乎是不可能做到的,如果这两个学科像胡塞尔所断言的那样,都是"纯粹性"科学的话。因为,对于这两门学科来说,发掘出来的只是同一个意识之流,在两种情况下,我们依仗的都是内在反思的形式,因此,明证性的性质也应该是相同的。当胡塞尔在《第一哲学》中探讨这一问题时①,胡塞尔依赖的是头两种选择的结合:这两个学科的反思的类型上的差别,导致这两门学科内容上的差别。在《第一哲学》中,他主张,经由意向性心理学的道路,对笛卡尔式的思路做了补充[b],"这样,我思就不再只是一个空洞的辞藻"②。因此,在先验自我的内容中就有一种同心理学上的自我的对比,并且超过后者,承担起坚持这种区分的任务,而不是相反。

《第一哲学》是 1923 年和 1924 年胡塞尔的讲课稿。在那里,他尝试去理解,如何在反思的类型上做出区别。在开头,他又回到下述论题,即心理学,即便是对纯粹意识进行分析的心理学,也活动于**自然态度**之中,与其他任何一门实证科学都没有差别。对此他解释道:

> 把我[作为心理学者]的存在悬搁起来,这种悬搁……留下的是一切行为的未被改变的、自然的、实存式的有效性。……我的目的是赢得"现实的行为主体"的行为经验,将其作为纯粹经验,而且依据的是它们的纯粹的经验上的典型特征。但是,这并不意味着,我这位心理学家,自动地想把对面面感知的、如此这般的东西(设置的物品、价值等等)的

---

    a   过渡性心理学。——译者注

    ①   特别重要的是讲课稿的第 47~51、132~163 页。我在分析中使用《现象学心理学》是临时性的,关于先验心理学的问题,详见本书第十章。我发现,阿吉雷对这部分文本的说明很有帮助,我的分析在许多点上和他有重合。见他的《发生现象学与还原》(*Genetische Phänomenologie und Reduktion*),第 44~49 页。

    b   心理学的补充。——译者注

    ②   胡塞尔:《第一哲学(Ⅱ)》(Ed. by Rudolf Boehm. *Husserliana*, Vol. 8. The Hague: Martinus Nijhoff, 1959),第 126 页。

确信这种立场放弃掉。我想要做的,也是实际上做的,只是相对地——相对于我的目标——停止它的工作……因此,我并没有简单地、绝对地禁掉我的地位立场[即自然态度],即禁掉我对实际行为的意向性对象的现实存在的自然态度。①

那么如何从纯粹心理学分析转换到"对先验的纯生活的观察"?② 按照胡塞尔的理解,这个问题就是追问,所要求的分析的"方法之改变与提高"达到什么程度,悬搁扩大到什么程度,才能达到**绝对普遍性**(absolute universality)?③ 在这些讲稿中,他的解决办法是建议,悬搁"扩展到"行为之外,首先扩展到在分析的心理学模式中揭示出来的行为之外,然后不仅覆盖它们的对象,还要覆盖向心理学分析开放的实际现象背后的"意向性牵连(implications)"④。总之,被"悬搁的"是被认为是"背景"的内容⑤。胡塞尔诉诸于他的诸视域理论,他显然相信,只有先验的悬搁可以包括这类诸视域。作为结果的普遍性为我们提供了作为整体的我们的自我以及更多的东西:"实际上,我们处在生活的无穷的组联的单一性中,处在一个人自己的生活、交互主体式生活、历史生活的无限性中。"⑥

在一个胡塞尔加到这些讲稿中的批判性文本中,他用下列论题同这一困难搏斗:

> 针对这种探索,人们可以反驳说:当我作为心理学家想要为我自己以及他人揭示纯粹心灵上的相互联系时(这一相互联系构成了我的纯粹心灵的内容的整体性),——并且我确实需要一般性的纯粹心灵——,我必须实施一种普遍性(universal)的现象学还原……所有对个体行为的个体还原,都是在普适的、在开始时便囊括一切的[心理学]还原之中活动的,并且以个体的诸纯粹行为[被加工为]作为一个整体的纯粹心灵的诸瞬间而告终。⑦

心理学不仅是个人的,而且也是"普遍的"(universal)"。个人心灵与诸心

---

① 胡塞尔:《第一哲学(Ⅱ)》,第143页。
② 同上书,第142页。
③ 同上。
④ 同上书,第153页。
⑤ 同上书,第145页。
⑥ 胡塞尔:《第一哲学(Ⅱ)》,第153页。
⑦ 同上书,第317页。

灵的整体上交互主体式相互联系之间的对立,永远不能满足在心理学现象学分析与先验现象学分析之间建立区别的需要。

在第十章中我们将讨论,胡塞尔如何处理这一区别,以及如何贯彻这一思想路线的批判性含义。不管我们后面的研究结果如何,我们现在都可以看到胡塞尔的基本思想,即一个关于自我的现象学心理学——包括它的成果在内——本身就是一个独立的学科,同时又是向完全的先验现象学过渡的途径上的一个步骤。这种通向先验层次的研究活动,是通过对主体**自身**的正面研究,而不是通过对象的某种领域的研究实现的。

二、通过存在论的批判进行的探索

在通过存在论的批判进行的探索这一题目下,我们囊括了不同性质的途经:逻辑的批判①、实证科学的批判②、对世界的存在论的批判③。各种途经的顶点,充分体现在《危机》一书的主导方法中,即通过生活世界进行的探索中。在上述每种情况中,我们都面对着各种不同的"对象式"的、"超越的"区域,它们可以是实的区域,可以是理想的区域,各个区域分别给我们提供了指导的线索。如果我们考虑到,通过意向心理学的途径的探索,从心理学的主体,走到先验的主体,然后,通过存在论批判的途径而进行的探索,"是同笛卡尔式的探索所提出的途径相对立的"④。胡塞尔不时地看到,康德式的回归式研究进程与他思想的密切关系。从**否定**的方面讲,存在论的探索揭露客观主义——正如胡塞尔在《危机》⑤中所称呼的那样——的偏见。它的元理论假设是:世界本身就是存在,所有的实存都可以通过与对象和对象之间的相互关系相应的话语而得到揭示。从肯定的方面讲,被我们称为康德式道路的胡塞尔思路,把不同种类的"总体性"或者"整体"作为"回到显现的方式的多样性和它们的意向性结构去从事探究的**索引**或者**指导线索**"⑥。这些学科的研究范围为先验的现象学分析的范围提供了线索。因为康德式的思路是通过对被给定内容的"批判"来进行工作的,所以,为了启动现象学的转向,完全没有必要像在笛卡尔式思路中那样,把对世界存在的确信[a]悬置起来,相反,在现象中存在着某些裂隙、某些干扰、某些颠倒、某些疑难,把它们带到经

---

① 这是《形式的与先验的逻辑》的探索。
② 参见胡塞尔:《第一哲学(Ⅱ)》,第229~274页。
③ 我们马上会讨论这一问题。
④ 胡塞尔:《危机》,第175页;英译本,第172页。
⑤ 同上书,第70~71页;英译本,第68~70页。
⑥ 同上书,第175页;英译本,第172页。
a 无需悬置世界!——译者注

验的过程中的光明里,或者批判的光明中,这些恰恰激起了现象学的转向。这里也不需要把主体性处理为存在的自足的领域。这个运动是从被思想物以及它的视域,到我思,然后再到从事介入参与的诸主体的各种不同的"生活形式"的运动。

在"康德与先验哲学的观念"——这是一个人们很少进行讨论的文本——中,胡塞尔对这些思想进行了研究。我将把这个文本称为胡塞尔的"康德式的沉思"。他之所以很重要,主要是因为,它用以开始的关于一般性(generality)的层次,与笛卡尔式思路处于同样的水平上。在这里,他对先验性的突变的特征刻画,大部分脱离了笛卡尔式的局限,尽管在其中的一小节他又重新回到旧的描述之中。我们可以看到,胡塞尔通过对世界的批判性提问或 Besinnung(沉思)的思路的各种特殊的特征,使得一切都更有意思,因为生活世界的概念还没有被启用,而这些反思恰恰是在胡塞尔尝试对静态方法和动态发生方法做出说明的那段时间中提出来的。我们将沿着他在这个文本中的思想轨迹,把他这条思想路线作为他的本体论批判之路的范例。

他的工作是以批判的观察开始的:尽管世界是"诸多事实的整体"①,但是我们的经验总是"不完善的",也就是说,"我们总是抓住世界的各种片断,甚至这些片断也是某个时间的一个方面;而这些方面从根本上说,永远不会[a]是有效的全适性(valid adequacy)"②。这并不是一个事实的局限,"一个实际上完全的经验是不可能的;因为在原则上,这个前进运动是无终了的"③。然而,这种不完全性并不意味着,世界处于我们的经验之外。通过经验,我们变得对世界"有了知识",熟知了它的"实际**现存在(达在)**"④。通过和谐的经验,世界得到确证或证实,也就是说,在作为整体的和谐的经验的过程中,存在着对世界的存在本身的不可置疑的熟知⑤。换句话说,我们具有的对世界的熟知,是与各种具体对象相关的、所有外显的和集中的行为之内在固有的、必然的特征。这就意味着,在与世界相关的认知中,或者指向世界的认知中,世界本身与行为和认知的结构之间存在着一种"**和谐**"[b]。这种和谐是一切实证科学的**假设前提**,但是他们却无力研究这个前提,无法证明这一前提的

---

① "康德与先验哲学的观念",见胡塞尔:《第一哲学(I)》,第 244 页;英译本,第 20 页。
a 不会有全适性。——译者注
② 胡塞尔:《第一哲学(I)》,第 244 页;英译本,第 20 页。
③ 同上。
④ 同上。
⑤ 同上书,第 244~245 页;英译本,第 20~21 页。
b 实证科学与现象学:世界与行为之间的和谐。——译者注

合理性。"所有的实证性的问题都活动于这个关于亲历经验中世界的无疑问的事先被给出性的框架中。"①

现象学的任务就是,把世界置入问题之中。但是要做到这一点,并不是通过像怀疑论那样把世界"分解掉"②,而是首先承认它"自在的存在ª",承认它"预先被给出"的地位③,然后再去追问,如何理解它,世界的**意义**是如何"在我们的认知性的成绩功效中,取得它的主体式的或者交互主体式的形态的"④。因此,在转向"在我们的认知成绩功效之中世界之本构"时,世界的绝对超越性(transcendent)内容并没有被否定,而是保持不变——"世界的'在自身中的自在'是一个无可置疑的事实"⑤。但同时,这一转向又使得我们得以理解世界的"在自身中的存在",理解这一缺乏根基的预设前提。于是胡塞尔补充道:

> 要真正回答所有这类问题,要获得对被认知的存在与从事认知的意识之间的关系的真正理解,只可能存在一种方法,那就是到认知活动自身本质的成绩功效中去研究认知生活本身。……去观察,意识自身如何依据其本质性的式样在自身之内本构和承载对象性感性意谊,以及它如何在自身内构造"真"的感性意谊,以便之后在自身之内去发现这样本构起来的感性意谊(sense),将其作为"自在"的存在,作为真的存在,以及作为"自在"的真理。⑥

这一处理世界的思路还有另外一个特点,使它与《大观念(I)》中的笛卡尔的思路区别开来:它把"纯粹主体式的意识和交互主体式的意识ᵇ",同我自己的经验涌流或者我自己的意识分离开"⑦。限制于"我自己性"和独白性ᶜ的境域做法被看作一个成问题的做法,被看作也许对于它的相关者、对于作为整体的世界的尺度来说,是不充分的。就像他自己说的:

---

① 胡塞尔:《第一哲学(I)》,第245~246页;英译本,第21页。
② 同上书,第246页;英译本,第21页。
a 承认世界的自存的存在。——译者注
③ 胡塞尔:《第一哲学(I)》,第245页;英译本,第21页。
④ 同上书,第248页;英译本,第23页。
⑤ 同上书,第247页;英译本,第23页。
⑥ 同上书,第248页;英译本,第24页。
b 不同于意识流。——译者注
⑦ 参见胡塞尔:《第一哲学(I)》,第248页;英译本,第24页。
c 独白的不充分性。——译者注

  ……人们必须十分小心地关注下列事实：一个一般的先验主体性不应单纯地被理解为可能的单体，而应该被理解为一个可能的共同体的主体性ᵃ，只要作为这样的主体性，也就是说，即通过意识之可能的交互主体式行为，它把诸个体的先验主体的多样性囊括在一个可能的"万有"之中。至于在一切共同体之外，在思想的所有可能性中，"唯我主义"的主体性在何处，这本身是诸先验性问题之一。①

于是，胡塞尔便这样来定义它的任务的：

  跟着主体式的和交互主体式的意识的所有可能的和现实的形式走，跟随着它的特殊的和综合的形式走，相当专一地把它的视线对准属于自在和自为的意识的内容之上。②

胡塞尔通过把主体性的观念发展成为交互主体性观念而使得他的先验事业中的ᵇ内在分析进一步得到丰富，尽管他的确倒退回来，又谈论作为在主体性之"中"的世界，把作为一般先验分析的领域的主体性，混同于作为意识生活的主体性：

  意识的实际生活，意识的普遍性的生活，在它的先验交互主体性内部，作为"现象"自身内部承担着相关式事实：世界被本构成为作为在其内部进行当下化的世界。③

作为对他自己的方法论唯我论的反映，胡塞尔把在个体自我中的唯我论出发点ᶜ理解为临时性的出发点，作为分析的"初级限制"，它要求下述补充：

  诸主体的普遍共同体的最广阔的构架，处在与个体自我以及同其

---

a 主体性：共同体的主体性。——译者注
① 胡塞尔：《第一哲学(I)》，第257~258页；英译本，第31页。
② 同上书，第254页；英译本，第28页。
b 两种主体性，主体：1. 先验分析的领域，2. 意识生活的主体。——译者注
③ 胡塞尔：《第一哲学(I)》，第256~257页；英译本，第30~31页。他谈论"纯粹意识"的时候，仍然把它当作"纯粹主体式存在之绝对自身包含的领域"，但在认识论上，这已经是一张过期支票，尽管在形而上学上并非如此，因为它"同所有实证科学相反，是唯一的科学的领地"。同上书，第254页；英译本，第29页。
c 唯我论：临时的出发点。——译者注

他人的可能的社会交往之中,也就是说,处在与"任何一个人,不管他是什么人"的关系中,处在"先验的交互主体性"之中。①

在第三章中我们勾画出了,当把逻辑以及与逻辑相关的存在论和判断理论作为指导性观念的时候,这种探索是如何工作的。在第十章中,我们将重新回到笛卡尔式的思路,从先验性工作的角度来考察心理主义问题。最后,生活世界的思路将是本书最后三章的中心议题。我们将回到先验现象学的影响最持久的方面。

下面我们冒着粗糙简化的危险,把这一章的内容总结为一个对照表。胡塞尔带补充性的探索(图6.2)的先验分析的全部范围可以通过与《大观念(I)》中笛卡尔式思路的略图(图6.1)之间的对比清楚地显示出来。

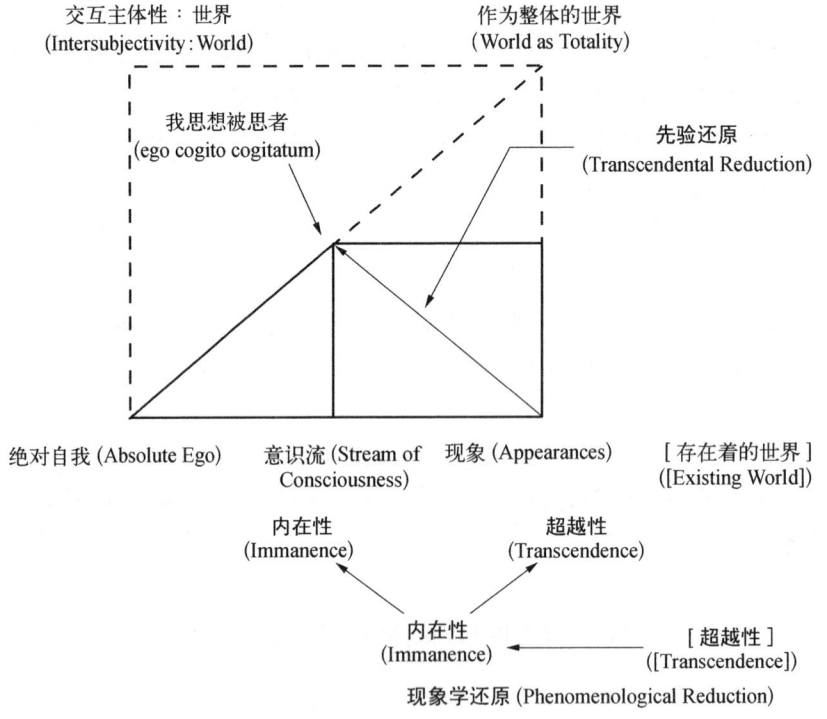

图6.1 通向先验现象学的笛卡尔思路
(The Cartesian Way to Transcendental Phenomenology)

---

① 胡塞尔:《第一哲学(I)》,第272页;英译本,第44页。

第六章 先验的揭示

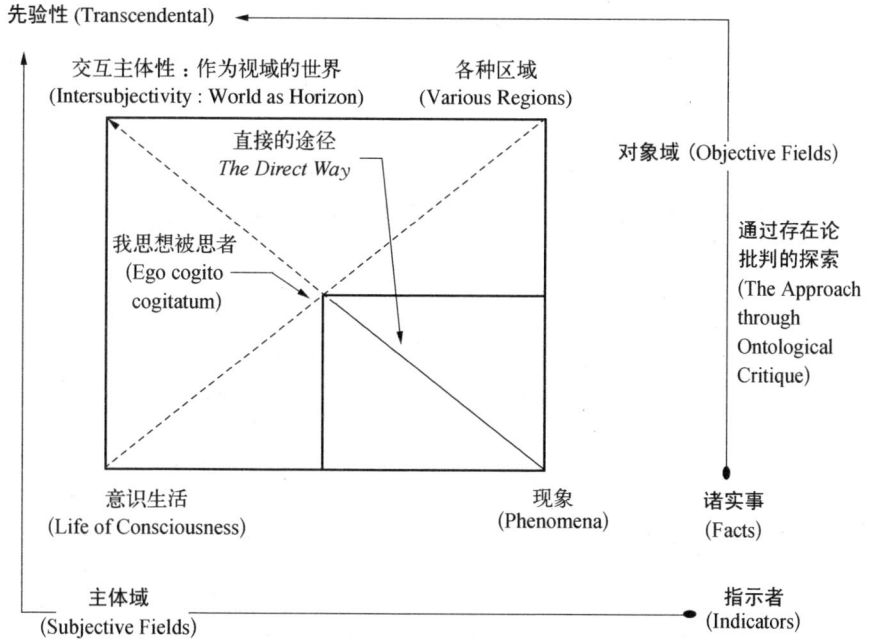

图 6.2 通向先验现象学的直接的和间接的途径
(**Direct and Indirect Ways to Transcendental Phenomenology**)

第七章　从范畴现象学到本构现象学

我们通过还原得到的先验的绝对者,说真的并不是最后的[层次];它是在某种深层的、完全特殊的意义上本构了自身,它的源泉在最后真正的绝对那里。

十分幸运的是,在我们的准备性分析中,我们可以把时间意识这个谜排除在外,不去考虑,同时又不会伤及分析的严格性。

——胡塞尔(1913年)①

来自偶然的判断和判断行为的命题之存在的独立性,并不意味着理想的同一的内容是特殊内容[也就是说,属于种属的领域]②。但从那里出发,最终的说明导致了最深刻的本构式问题,这些问题与时间的原初意识的关系,对你来说并不陌生。由于我目前的工作不是关于时间的纯现象学③——这项工作可以分离出去单独去做——而是研究个体化,研究个体的(如"实际的")存在的一般本构性的庞大问题,而且是依据它本质上的基本形成过程(formations)加以研究。因此,现在关涉的是……彻底的现象学问题。

——胡塞尔致英嘎登(1918年)④

现象学方法尽管克服了自然态度的初级的幼稚性,但它最初引导我们进入一种新的幼稚性,即那种简单描述的行为分析的幼稚性。反过

---

① 胡塞尔:《大观念(Ⅰ)》(Halle a. d. Saale: Max Niemeyer, 1913),第163页;英译本(Trans. by F. Kersten, *Collected Works*, Vol. 2. The Hague: Martinus Nijhoff, 1983),第193~194页。译文有改动。
② 关于《逻辑研究》把意义作为类的处理,见本书第二章。
③ 这次他是对自己未能完成关于时间问题的贝尔瑙手稿而痛苦。
④ 胡塞尔:〈致罗曼·英嘎登的信〉,1918年5月15日,《通信集》(Ed. by Karl Schuhmann in connection with Elisabeth Schuhmann, *Husserliana Dokumente*, Vol. 3. Dordrecht: Kluwer Academic Pub., 1994),3/3,第182页。

来，这种幼稚性必须通过进入更深刻的本构式分析的过程加以克服。

本构式分析不同于描述性分析……这类幼稚性也体现在海德格尔那里，只要他把达在（人类生存）作为基础，而不是获得它的本构性，它的生成与世界的生成平行。

——据凯恩斯关于胡塞尔的报告（1931年）①

范畴现象学给自己规定的任务是：在各种行为或者它们的成绩功效的**各个类型**，与对象和（或者）事实的**各个区域**之间，构建起相关性的类型学（typology）。一旦在与其他关系的对照中，各种相关性关系得到描述，那么本构式现象学就对范畴现象学的规划做了拓展；其拓展的途径就是：关注每个相关性关系的"厚度（thickness）"、研究每一个相关性关系如何隐含地同其他嵌套在一起的各种转换（transformations）或类型相关——每种展示出来的相关性都依赖于这些类型。一旦视域理论被整合到分析的领域之中，并且由此每一个行为都被理解为处于与其本身有内在联系的成绩功效的领域之中，那么本构的观念就得到了全面的发展和利用。

在专门对被胡塞尔称为形态变换（modalization）问题的那些研究中，我们可以找到胡塞尔从范畴现象学向本构现象学的渐进发展过程。在《逻辑研究》第五研究的开头几小节中，已经可以看到一些对这一问题的认识的朦胧的影子；在《大观念（Ⅱ）》中有少数的分析触及这个方面。专门对形态变换的研究见于他的《被动综合分析》《形式的与先验的逻辑》，以及《经验与批判》等这几种完成于20年代的著作中。在本章中，我们将一方面追随他对感知的——或更宽泛地讲，对经验的——本构分析的足迹，另一方面，我们要跟踪他对断言活动——或者更宽泛地讲，他对言语行为——的本构式分析的足迹。这些分析是经过战略上的选择的，而不是仅限于胡塞尔存在论的各个区域中的一个；它们是要说明设计和建立**任何**区域内容的条件，或者更准确地讲，它们是在任何特殊区域发展真正的描述的先验条件的层次上发挥作用。对言谈和感知的本构式说明进一步澄清了：在范畴现象学中使用的意义-意向行为与意义-充实行为之间的明确对立。这种本构式说明用"揭示之过程"②取代了简单的反思，用"动态的"反差对比（contrast）取代了"静态"

---

① 凯恩斯：《与胡塞尔和芬克的谈话》，1931年8月28日，Richard Zaner编：《现象学丛刊》第66卷，The Hague：Martinus Nijhoff，1976年，第27~28页。
② 胡塞尔：《现象学心理学》（Ed. by Walter Biemel, *Husserliana*, Vol. 9. The Hague：Martinus Nijhoff, 1968），第30页；英译本（Trans. by John Scanlon, The Hague：Martinus Nijhoff, 1977），第21页。

的对立,尽管这种反差对比没有把时间和时间化全部整合到它的解释之中。视域仅作为意义(meaning)蕴涵或者感性意谊(sense)蕴涵的系统而起作用,而不是作为时间上配置的本构的格式而起作用。对于后者,我们必须等待发生分析的转向之后,才能看到这种情况。

由于形态变换的途径必须被分解到我们的说明中,所以我们不是像胡塞尔在《大观念(Ⅰ)》中做的那样,探索本构现象学的观念。他在那里全力通过笛卡尔式的探索来推进这种分析。在第五章中我们已经尝试了,把推动还原的观念带入笛卡尔式表达中加以定位。因此,我们可以在这里提问,如果我们废弃了笛卡尔式思路的特殊结构,那么静态分析会是什么样子? 我们如何把握笛卡尔式的还原观念同康德式的还原观念之间的区别? 如何把握静态分析同发生分析之间的差别? 如何摆脱静态分析而赢得一种对于本构的观念的新洞见?

尽管我的说明已经超出了胡塞尔明确提出的论证,但这仍是合理的:把对断言和感知以及对言谈和经验的本构式分析,视作最可靠的途径,用非笛卡尔式的术语,重新把胡塞尔的"直接的思路"表述为先验的分析。有三点考虑可以作为对我们这一立场的支持:① 在胡塞尔的存在论中,言语和经验各自并不是单独的区域;它们是作为**认知**(cognitive)条件发挥作用的,目的恰恰是为了设计与建立任何被给出的区域。② 语言和经验不是被还原为关于言语行为和判断行为的意向心理学,而是让它们作为那些学科的**知识**(epistemic)条件发挥作用。③ 在主体性和交互主体性之间建立内在联系的需要本身,必须对先在(a priori)相关性的全部领域做出合理性证明;这个需要不能仅通过回溯到经验的办法来解决——就像胡塞尔用"感同心(Einfühlen)"理论企图做的那样,还需要考虑到交往互动扮演的角色。言语和经验合在一起,为我们提供了任何经验学科或者区域性学科的存在的动态的条件。

如果这一探索是正确的,那么我们对《经验与判断》在胡塞尔的纲领中的地位便可能会有新的理解。这个文本是兰德格里博于 1924 年或 1925 年间开始编纂的。其文本由至少可以追溯到 1915 年的胡塞尔手稿组成[①]。我们在第五章中已经看到,对这一文本进一步加工和思考讨论的需要,把胡塞尔的注意力从 1929 年 11 月到 1930 年 2 月对《沉思》的修订中拉了出来。这

[①] 关于《经验与判断》使用手稿文本的情况见迪特·洛马尔(Dieter Lohmar):〈关于胡塞尔《经验与判断》一书的形成与初始材料〉("Zu der Entstehung und den Ausgangsmaterialien von Edmund Husserls Werk *Erfahrung und Urteil*"),见《胡塞尔研究》,13(1996),第 31～71 页。

一大堆手稿当然是胡塞尔的,但实际上显然是兰德格里博把它们编辑缀合成一本书的,包括其中较早的章节在内。在延误多年之后——这主要是由于德国不安定的政治气候,以及兰德格里博个人的生活环境所致——这部书才于1938年出版发行。胡塞尔正是在这一年离开了人世。有许多线索表明,这本著作不仅为我们提供了对逻辑的发生式说明的核心特征,而且这本书也是对本构分析的一个非笛卡尔式的探索,如果不是就它的设计结构,而是就它的内容来看的话。有以下几个方面可以佐证这一点:① 对形态变换的分析在这部书中占了主导地位。② 本型变换的进程成了本构描述的工作方法,进一步丰富了直观的观念,以至于几乎代替了它。③ 在"谓述前的(prepredicative)"[或者语言前的(prelinguistic)]与谓述的(或者语言的)相互转换中许多方面的问题,尽管形态变换理论都有说明,但时间并没有被整合到这一说明中。我们看到了"逻辑生成论(genealogy of logic)",但它实际上是一种本构式说明,它把经验和判断之间的相互作用,理解为一种动态的,但(尚且)没有从时间上加以理解。这一探索之所以是合理的,主要基于下列事实:它要说明的逻辑构型过程,本身就是理想式的过程。

在本章转入对笛卡尔式的思路(本书第五和六章)的内容进行总结之前,我们先对本书第一至第四章的内容加以总结。前面几章对现象学方法的特征刻画,我现在可以坦白地说,完全摆脱了胡塞尔的笛卡尔式方法的特殊要求。然而,由于我们以前只限于考察世界观概念(本书第四章),所以,我们当时暂时悬置了对本构概念本身的讨论。所以我们当时只能够对还原的理论做部分的介绍。这一章就以对这个不足的弥补为开始。

第一节 本构的场域

在现象学成为先验现象学的同时,现象学也成了哲学。在第四章中我们把"在……之中"结构与"作为……"结构和"为了……"结构区别开,把使用"在……之中"结构作为引入世界观念的途径,并启用世界与"在世界中的诸存在"之间的区别作为把世界刻画为视域的钥匙。现在我们必须进一步开发这条道路,以便把现象学的基础特征化为先验的。这远不只是为其描述的形式提供担保,更不只是把一系列的现象学的研究、把范畴现象学提升为"普遍(universal)现象学",提升为一种"一般哲学理论"。先验的还原使现象学走出了它的类型学(typology),进入了类型描述(typography)。先验的转向把最初通过范畴式研究发现的相关式关系转换为**本构**格式,这样既为研究现象是如何被认识的,即**知识上的**(epistemic)说明的现象学提供了担保,又为它们是如何成功地成为现象的**结构式的**说明的现象学提供了担保。现象的类型在先验的层次上被刻画为本构场域。但是,胡塞尔所谓的"本构(constitution)"是什么意思?

胡塞尔始终坚持把关于因果性的理论同本构式理论分离开。他把因果性理论限制在对物理事件的产生的分析,以及对物理事件之间的相互作用的分析之内。而关于本构的理论,则用于说明意向性事件的组成(composition)。一个关于本构的理论是用以描述和说明"诸现象-事实(phenomena-facts,缩写为PF)",它们可以是被经验的对象、复杂组合体,或者各种事件,通过回溯到属于**我**的精神事实(mental facts,缩写为MF)的集合,更一般地讲,回溯到一个个体的自己,该自身处于同本构着(constituting,缩写为C)现象-事实的本构过程的关系(MF) C (PF) 中。

由于对于任何属于一个单一类型的"现象-事实",都有多种多样的精神事实,于是我们得到:

$(MF_1, MF_2, MF_3, \ldots, MF_n)$ C (PF)

当胡塞尔首次在《大观念(I)》介绍他的理论的时候,曾指出,粗略地讲,大概有三种类型的精神行为对于意向性描述是重要的:行为的模式(mode)或者"性质"("quality" of the act, AQ),感性综合体(sensorial complex, SC),以及表指性的成分,胡塞尔一般地将其称为 noematic(意向相关项)之内容。胡塞尔拒绝把现象事实的整体(PF)仅仅看作附加在感性综合体的因素之上的属性所引起的结果。他在理论中溶进了一个理想式的、可结构的因素;他把这个因素称为 Noema(意向性相关项)。此外,行为的性质不只是被附加到其他的因素之上,而是把各种因素作为整体加以定性(qualify)。由于使用形式与质料二元配对的表述方式,于是胡塞尔就达到了用下述格式来描述这一途径,即精神活动的事实对于非复合的"现象-事实"来说是本构的:

AQ [N (SC)] C (PF)

quality of the act [Noema (sensorial complex)] Constituting (phenomena-facts)

行为的属性[Noema(感性综合体)]本构着(诸现象-事实)

粗略地讲,在胡塞尔面前,本构之格式有两种可能的理解方式。**第一种选择**,就是始终如一地用属于我的意识的精神事实来解释"现象-事实":① 整体(PF)是精神事实组合的结果。② 整体并不包含任何不是各种精神事实以及它们之间关系的属性。在这种情况下,解释的秩序是,从精神事实到"现象-事实",分析给我们提供的不仅是"现象-事实"存在之必然的,而且还是**充分的**条件。有了（$MF_1, MF_2, MF_3, \ldots, MF_n$），也就得到有（PF）所要求的一切。这种选择与胡塞尔最初的笛卡尔式的表述一致，它建立在下列前提上：我们有一种直接领会诸精神事实的途径，它应完全独立于它们的存在或独立于通过现象-事实对它们的接近。**第二种**选择就是：① 把整体（PF）看作诸精神事实**再加上一种**非精神的特征，又（或者）加上一种是精神的但非如事实的特征而成的组合之结果。② 整体具有的（某些）属性，它们是多于精神-事实和它们之间的关系所具有的属性。在这种情况下，解释的秩序应是从"现象-事实"到精神事实；分析将为我们提供**必然性**的条件。解释的秩序是从（PF_n）到（$MF_1, MF_2, MF_3, \ldots, MF_n$），而且不需要介入下述断言：在独立于（$PF_n$）的情况下，我们可以达到（$MF_1, MF_2, MF_3, \ldots, MF_n$）。

然而，断言在独立于现象事实（PF）的情况下，我们不能具有精神事实，并不意味着我们缺少对精神事实的直接的了解熟知。如果是如此，我们就会陷入同被称为反思理论发生冲突的境地①。更确切地说，这意味着，当我们反思并领会那些我们直接知觉的精神事实的时候，我们便协同领会了它们的相关式的现象事实（关于意向性的论题），我们只能在精神事实之说明现象-事实的关联中，才能把精神事实作为主题进行讨论，以及我们借助于由精神引起（决定）的现象-事实之结构，才可以设想精神事实的功能和操作活动（条件）。

胡塞尔是从第一种选择开始的，以后不断地企图回到这个出发点。他相信，把一切领域带到理性的规则的统治之下，是必不可少的。这是他的先验唯心主义的必要条件之一。然而胡塞尔把他的论题，即 Noema（意向性相关项）是一个理想性的东西，安放到精神事实的领域中时，便制造了一系列的问题。特别是因为，Noema（意向性相关项）是要解释整体"现象-事实"的组织结构；而这个组织结构"先于"或者位于感性综合体的因素之中，所以它一定是完全不同的种类。此外，就像我们已经强调过的，行为的性质，不是被附加到其他两种精神事实中，而是规定了它们的性质。虽然如此，这些特征形象（features）并不像发现现象的视域式性质——发现精神生活的不似现实（non-factlike）的特征——那么重要。所有的"现象-事实"都是相对于**背景**、处于**语境**中的，背景和语境对于"现象-事实"的规定是有贡献的，尽管它们

---

① 关于这个问题的全面研究见丹·扎哈维：《自知与相异性：一个现象学的研究》（*Self-Awareness and Alterity: A Phenomenological Investigation*），Evanston，Illinois：Northwestern University Press，1999年。

自己并不是事实。胡塞尔的这个发现以及他在全适的明证性理论中所遇到的困难,推动他接受了第二种选择。但是更重要的,还有其他的内在理由:这涉及对本构观念的深化,以及他的现象学方法的真正概念的深化。后面我们将会看到这一点。

让我们再回来看一看 1921 年的手稿"静态和发生方法"。在第二章中,我们提出,"本构式现象学"的术语含义不清,它处于胡塞尔所谓研究"意识一般结构的普遍的现象学"与研究"发生现象学"之间。胡塞尔首次把范畴式说明同本构式现象学结合而纳入静态现象学的标题之下,然后又把静态现象学同发生现象学对立起来。当时他写道:

> 每一总体理解都有 noesis 和 noema(意向活动与意向相关项)这样的结构。在意见的样态中,每一总体理解(apperception)都依据各自的类别完成了一种意义的赋予和对象的设定活动。它要求一种分析的特殊形式。我们可以实施这种分析,依据意向活动和意向相关项的结构,从各个方面,从各种充实的可能性,从可能充实的各种体系等不同的方面,不管是完成了的,还是仍然在继续完成的过程中,把一个总体理解的意向性显示出来而加以描述。依靠这种描述,一种本构式的描述,就不存在所谓说明上的起源(genesis)的问题。①

因为起源(genesis)将占据以下两章的全部篇幅,所以在这里我们只需要强调,静态现象学把范畴现象学和本构式分析的资源全部调用来去生成我们在第一章中所讲的那种描述。感知的各对象——在范畴上与它们相应的报告不同,与它们在本质上的高阶本型直观也不同——被描述为在侧面中并通过侧面而被当下化的对象。这些侧面与总体理解(apperception)的各环节相关,并与嵌于整个感知行为中的感知相关,在这些感知行为中对象得以被经验。对象并不是仅仅**为了**主体——作为一个消极的精神舞台上的表演者——而在那里存在。更确切地说,对象的当下化,要求主体的某种成绩功效。在这些成绩功效中,对象的统一性得以"建立",从各种侧面与对象的交互作用之中并且通过这种交互作用而显示出来的规定性中,建立起对象的统一性。我们在第二和第三章中已经看到,范畴现象学对不同区域——比如物理自然、个人、文化等——中的对象给出了说明。这种说明是通过回溯到它

---

① 胡塞尔:《被动综合分析》(Ed. by Margot Fleischer, *Husserliana*, Vol. 11. The Hague: Martinus Nijhoff, 1966),第 340 页。

们的意义、回溯到它们成功当下化的不同的途径而实现的。它还为我们提供了不同区域之间的临时性的序列。这一序列是仅限于对各个区域的结构性不同特征的比较而做出的。这个序列还可以通过本构式说明加以补充,即通过说明,它们是如何通过一系列的 noetic-noematic(意向活动-意向相关项式的)形态变换,而从其他区域中衍化出来的,或者内在地同其他区域相关的。但是,这里仍然"没有一种解释性的起源(genesis)问题"。在静态分析中,我们有对结构的形态变换的说明,它是从具体的发展的关键问题中抽象出来的。

但是,在1921年的文本中,从发生分析的角度出发,胡塞尔一旦同静态现象学拉开距离,便在静态现象学的方案内部把本构式说明同范畴说明对立起来。当然,胡塞尔在其他的著作中并不总是坚持这一区分①。但是,这种区分在这里是有意识地引入的②。如何来理解这些相互对立的学说呢?

先验的分析不仅建立了主体和世界的相关性,以保证区域性分析的基础,而且还使用这种相关性来说明先验分析的**深度**。当胡塞尔把范畴描述同本构式描述对立起来时,他把这二者放在一起加以思考,作为两个并列的学说,从前者向后者的发展是从浅表向深层次发展。因此,基础结构的临时性观念转换为先验**场域**(Feld)的临时性观念。范畴现象学建立了意向活动和意向相关项的不同的相关性关系,以与之平行的各个不同区域相应,形成了**水平式**(**horizontal**,视域性)的排序(Ordering)。作为对此的补充,还有一种"**垂直式**(**vertical**)"的研究,它处理的是每一个相关性内部转化变换的多样

---

① 《经验与判断》中的范畴和本构经常是放在一起处理的。见《经验与判断》(Ed. by L. Landgrebe, Prague: Academia-Verlag, 1938; Hamburg: Claasen, 1954),第50页,第269页以下各页,第328页;英译本(Trans. by James Churchill and Karl Ameriks, Evanston, Illinois: Northwestern University Press, 1973),第50页,第226页以下各页,第274页。在某些段落,把本构和生成看作一回事。参见该书第78页以下各页;英译本,第74页以下各页。《大观念(I)》中也未能将此区别贯彻到底,也许是因为时间问题被排除于考虑之外造成的。参见该书第197页以下各页;英译本,第193页以下各页。1921年文本的最后部分,胡塞尔回忆《大观念(I)》的不足,他说:"有时候我翻一遍《大观念》为的是弄清楚,到底意识结构的原理同本构思考的区别何在,如果我也把任何事情都'本构地'认作是内在的。"(《被动综合分析》,第345页)
② 范畴现象学同本构现象学的区分的最好理由是历史性的:慕尼黑学派热情接受《逻辑研究》中的现象学思想,但是坚决拒绝本构问题,以及与之密切相关的还原方法,正如它们在《大观念(I)》中发展出来的。而胡塞尔本人认为,这是决定性的区别。我们已经引用过1921年他给英嘎登的信中说:"事实上,即便梵德尔的现象学也在本质上和我的现象学不同。因为,本构问题从来没有真正被他所面对过。这使得他——在其他方面他基本上是可信的和坚定的——走向了教条的形而上学。"1931年胡塞尔在给梵德尔本人的信中说,"我已经失去了我早年的确信,认为你会认识到现象学还原和由此而来的先验本构现象学的革命性意义,并以为你和你的学生将会参加到关于它的意义的庞大问题的工作中来。"〈致梵德尔信〉,1931年1月6日,《通信集》,3/2,第183页。见卡尔·舒曼:《现象学的辩证法I:胡塞尔论梵德尔》(*Die Dialektik der Phänomenologie I: Husserl über Pfänder*),《现象学丛刊》第56卷,The Hague: Martinus Nijhoff, 1973,第3页。

性。在这类研究中,我们走向的研究是

> 本构式的特征刻画,对顾后、回忆、希望等等样式的所有变化进行描述,因此使我们得以遵循在原则上对各种总体理解进行的系统排序;这种排序垂直(vertically)切入(sich kreuzt)那总体理解依据对象最一般的种属(实际的对象区域,或者可能的存在的区域)而来的划分(Scheidung)。①

这样我们就看到第二种描述性学说——本构式描述,切入了第一种描述——范畴描述。本构在这里是说许多因素"从底层"而来,放到一起,或走到一起,麇集了不同的层次而成为一个群体,可以说是在"创建关系",或者本构就是主动地把诸因素"向上"组合成高层次上的统一体,在这种情况下,我们就可以说它是一种构建或者合成(construction or composition)②。垂直坐标给我们提供了每个层次的深度,并且把这些水平层次上分布的群体连接在一起,并且用整体与部分、奠基与被奠基的逻辑关系将它们进行分类。

如果冒一点术语混淆的危险的话,我们可以说,通过先验现象学发现的(水平式的)视域的观念,开拓了本构的垂直坐标。与沿着水平坐标进行的分析相反,本构式现象学处理的是"形态变化(modal transformations 模态变换)"的编排序列问题,它被应用于 noetic-noematic 的不同相关性的多样性中。这里关心的是"各种结构与各种形态,它们包含了总体理解的所有范畴"③。在这个时期,胡塞尔给我们留下的讲演稿正是对结构和形态(modalities)的非常具体的细节探索④。从确定到怀疑的转变,从肯定到否定的转变,从现实到可能的转变,所有这一切都直接切入我们的初步反思中所揭示的对象与行为之不同种属(genera)之中。除了这种形态变换之外,胡塞尔还想在形态变换同完整的"行为-对象"相关性之间建立联系⑤;在每个单

---

① 胡塞尔:《被动综合分析》,第 340 页。
② 见 J. 里特、K. 格林德尔(J. Ritter and K. Gründer):《哲学历史辞典》(*Historisches Wörterbuch der Philosophie*),Darmstadt: Wissenschaftliche Buchgesellschaft, 1976, IV,第 992 页以下各页,W. 霍格雷贝(W. Hogrebe)写的条目"本构(Konstitution)"。
③ 胡塞尔:《被动综合分析》,第 340 页。
④ 参见同上书,第 25~191 页。
⑤ 同上书,第 111 页上,胡塞尔声称,变换(transformations)正如 retention(顾后滞留)[按我的看法,加上瞻前预期(protention)和所有的被动综合,都属于感知行为的整体],本身并不是意向性的,所以是不可以衍变的(modalized)。衍变(modalization)的观念是应用于整个意向性行为的。按这种讲法,我们就有权利谈论被动综合的模式和主动综合的衍变了。

独的相关性之中,还存在着各种综合,比如时间性改变、离散性传播、连续和不连续,它们永远是不同的,但总是在不同的行为与对象中运转着,起着作用。即便是相同性和差异性、亲近和距离、统一与分裂等这类特征,也贯穿于一切范畴秩序之中。

本构现象学把经验的不同式样或者层次的深层结构突出出来。对在现象中并通过现象而被给出的超越对象的反思,首先发现了成绩功效与感性意谊之间的**相关性**被重组为该对象的**本构上的**条件,以与其他对象相区别,因此**这种相关性**通过不同的"层次"或者"阶层"的说明而进一步得到扩展,并被嵌套在范畴样式之中,并且"**促成**""超越性的成绩功效"的"**发挥**(motivate)"①。通过回溯到它们"建设"的途径,本构式现象学对各种区域提供了说明。意向性不仅用于说明结构,而且也用于说明"来源(origins)"。

胡塞尔努力设计他的"成体系的现象学"②。在这一时期,他就是这样称谓他的工作的。在这个工作过程中,他使用范畴分析和本构分析这两种具有完全不同特征的分析方式进行工作。范畴分析的**主题**是:关于 noetic-noematic 相关性的不同"**本质情状**(essential shapes)"③的类型学工作或者分类工作。而本构分析的**主题**则是为"样态衍生变化(modal modifications)"提供描述;这些衍生变化应该"包含了总体理解的所有范畴,不管被动的还是主动的"④。范畴分析的**出发点**本来是"根据对象的区域对总体理解进行的**划界分配**",也就是说,是各种区域本体论的工作⑤。而真正的本构式分析,则是直接建立在这种分类工作的基础上的。把这二者合在一起,胡塞尔便问,"难道静态现象学不恰恰是关于指导线索的现象学吗?而本构式现象学难道不是关于各种对象性之领导式样之现象学吗?……"⑥它们之间的差别在分析样式(scheme)中最为清晰。用诸侧面和对象的区别在进行工作时,范畴分析使用意向与充实之间的区分来构型它的分析。"我遵循下述相关性:显现的对象与显现的多样性之间的统一,它们统一的方式,使得它们 noetically(在思想活动方面)是和谐的。"⑦与这类水平式(视域式)的研究相反,垂直的分析给我们提供的是"在特殊的发展层次上的意识里,相互内在

---

① 胡塞尔:《被动综合分析》,第 303 页。
② 胡塞尔:《交互主体性(2)》(Ed. by Iso Kern, *Husserliana*, Vol. 14. The Hague: Martinus Nijhoff, 1973),第 38 页。下一章将讨论这一问题。
③ 胡塞尔:《被动综合分析》,第 340 页。
④ 同上。
⑤ 同上书,第 344、347 页。
⑥ 胡塞尔:《交互主体性(2)》,第 41 页。
⑦ 胡塞尔:《被动综合分析》,第 40 页。

连接(interconnections)的类型学"①,以及对从一个层次转换到另外一个层次的"形态转换"的描述。

第二节 双 重 后 退

从范畴说明走向完全的本构式分析的运动,使我们得以回到我们的出发点,根据它在先验现象学中扮演的本质的角色,对它进行特征刻画。

在《逻辑研究》中引入的范畴现象学,联系着意向活动的经验与充实活动的经验在知识论上(epistemic)的差别,使用行为与表指意义之间的相关性,来建立自己的描述。我们说,胡塞尔给我们提供了关于这类相关性的逻辑学,这就意味着,他对它们的说明是一般性的。但是,这一点不应该使我们忽略了下述事实:相关性本身对于各个不同区域都有其特殊性。区域的结构恰恰说明该区域中当下显现的相关性的类型。《逻辑研究》留给我们的是关于行为的一般性理论,而没有对所有行为的统一性做出说明;它留给我们的是一种关于世界的区域的理论,但是没有关于这个世界的理论;它留给我们的是一种关于表指意义的理论,但是不带视域观念。它的确为我们提供了关于部分与整体之关系的逻辑学,即在《逻辑研究》中我们可以找到对范畴现象学的首次表达,但是它既没有关于意识的自我论上的观念,也没有关于世界(或者视域)的观念。此外,它也不是一种先验理论。在方法论上,我们找不到这种逻辑学与描述心理学之间的决定性区别。其结论——最起码就它的纲领本身的陈述而言——缺乏关于现象学本构的严格观念②。

随着现象学还原的引入,我们获得了存在本身的"整体",即获得了"整体"的世界:它作为视域,蕴涵了主体性的"整体"。通过把"为了……结构"置于先验层次上,使得我们得以为范畴现象学的基础提供担保。这样,现象学就成了一种"普遍的(universal)现象学"。

这一时期,胡塞尔的思想中有着一种苏格拉底式的运动,因为本构式分析最初是在《大观念(Ⅰ)》中提出的,但直到1920年才得到清楚的说明。这种分析把我们又拉回到范畴分析,迫使我们重新评估、解释我们的出发点。我

---

① 胡塞尔:《交互主体性(2)》,第41页。
② 关于《逻辑研究》"constitution"这个术语的使用见Ⅱ/1,第116~121、149页;英译本,Ⅰ,第140~143页。第163页上的用法可以是 biological(生物学的)也可以是 anthropological(人类学的)。我们可以在索科洛夫斯基的〈胡塞尔本构概念的形成〉(见《现象学丛刊》第18卷,The Hague:Martinus Nijhoff,1964年)中找到对此的清楚预测。

们可以两次退回到对出发点的分析中。① 如果先验地加以重新解释的话,行为与表指意义之间的联系,就被描述为 noesis 和 noema 的相关性。通过必然性条件的观念对这种相关性的初始理解,经由本构式条件的观念而得到进一步拓展。反过来,各区域出现在本构的领域中。② 通过对不同领域的浅表和深层的说明,本构式观念就提供了对超越性的先验说明。

第三节 当下显现的起源

因为我们构建了水平坐标,把所有的区域存在论置于其中,所以我们便可以进入对这些不同区域及其结构的纵向说明。但是,对于我们目前的工作来说,这是一个过于庞大和过于复杂的分析。对于我们来说,更为合适的是,引进一些说明,使我们得以对这些"结构和形态"进行一些内容上的讨论,而这些内容,就如我们刚引述的,"包括了总体理解的**所有**范畴"①。

胡塞尔对这些一般的垂直层次之结构和形态的研究,一方面集中在行为方面,这些行为把现象带入当下显现中;另外一方面,则集中于话语的不同样式上。然后又转向这两个方面在相互差别的区域本构中的不同区分关系上。它们之间的相互作用,展示出表指意义的网络,就是通过这一网络,现象学定义了现象的**存在**。

使得胡塞尔关于感知和话语的说明如此高深莫测——甚至使得他的发生现象学如此难以彻底了解——的原因,就是我们不能够把握下述事实:它们都必须"定位"于本构式现象学的先验领域中,而且作为结果,它们都必须经过本构式的重新解释,使其超出他的范畴性说明的临时性描述并置于其上。这种混淆的出现,毫无疑问,不仅由于我们可以分别对每一个区域的存在论进行研究,可以在现象学心理学和现象学语言学的分科之名目之下进行研究;而且还由于当它们把"完成了的"构型与这些构型的条件之间的关系当作主题加以讨论时,笛卡尔式的反思必然地要贯穿于它们之中。

在这里,我们要避免这类错误。但同时,毫无疑问,胡塞尔对各区域的深层结构的研究是十分有限的。我这里要参照的不仅是像海德格尔、福柯、德里达、利奥塔(Lyotard)和哈贝马斯这样的思想家的工作,而且也要考虑到下述事实:在胡塞尔对语言和经验的许多处理中,对在不同区域的深层结构中使用语言与经验的不同途径并不敏锐。胡塞尔感觉到,他的感

---

① 胡塞尔:《被动综合分析》,第340页。

知分析,他关于原初经验的范例性个案的分析,必须被扩展到更加宽泛的观念上,以便使经验能够整合到其中去。他也认识到,他的现象学把话语交往上的维度边缘化了①。当他对感知概念进行扩展,并进行了与此相关的许多必要的研究时,他并没有给予语言应有的关注。我们的确可以发现一些对此的片断研究,而且很有启发性。我们在下面的工作仅限于指出,在胡塞尔的分析工作的限度之内,这些片段研究到底能带我们走多远,也许会有令我们吃惊的发现。由于在我较早期的著作中已经对胡塞尔文本做过艰苦的发掘②,所以,这里我关于感知和言语行为的讨论就不再做如上两章那样的详尽的文本分析。我这里想集中考察,在真正的本构式说明中,事情到底是如何进行的。这就使我可以对胡塞尔的各种区分进行澄清说明,并将它们加以推广,使之与胡塞尔的整体纲领相一致。

我们现在要回到对感知的说明。这一说明向我们表明,我们如何正沿着单一的垂直的分析路线前进,而且同时又可以给我们提供一个胡塞尔认为是一切垂直说明的基础的经验之模式的简要分析。胡塞尔对感知的说明是他的理论中最具有竞争力的部分之一。我尝试通过对他的理论的某些发展的描述,将此事置于一个新的基础之上。

为了避免过于枯燥,让我们回到农家院中央的压水机上。压水机并不是主体的思想"之中"的一个对象,也不是现象学把它放到那里去的。即使当我们正在处于关注压水机的直接经验之中,行为的焦点也是在超越的对象之上。毫无疑问,处于焦点中的对象,被"放"在或者被关注到特殊的模式中;这个模式就是由行为贡献的。但是,即便是在关注的这个阶段上:即便是尚未被充实,行为尚是一种**期望**,也就是尚未决定它自己的"取舍",即使是尚在期望之中;即便在这时,我们"通过"期望式的阶段,并超出了期望阶段,指向被关注的对象之存在;而且最终指向处在对象的被给

---

① 我们可以在 F I 29 找到这一段。他把这段加进去,以便对伦敦讲演的原文进行更正。我们在下一章会讨论这个问题。"通过感同,每个人都可以设身处地地为他人着想,认识到他的经验体系经验到的,他人的经验体系同样可以经验到。每人都可以相互理解,每人都可以间接经验到他人的经验:就像确证自己的经验一样来确证他人的经验"。德文如下:"Durch Einfühlung kann sich jeder in jeden versetzen und erkennen, daß sein Erfahrungssystem dasselbe erfährt was das andere. Jeder kann sich auch mit jedem verständigen und jeder die Erfahrungen des anderen mittelbar erfahren als Bestätigungen seiner eigenen Erfahrungen, evtl. aber auch als Berichtigungen." F I 37, 80a. A "kommunikative Ichallheit(交往式的'所有-我-性')"就是感同活动的产物。同上。

② 见道恩·威尔顿的《意义的起源》(见《现象学丛刊》第 88 卷,The Hague: Martinus Nijhoff, 1983)第二与第三部分,以及道恩·威尔顿的文章〈从事联结的专名和被联结的对象: 弗雷格与胡塞尔论 Bedeutung〉,见克里斯托弗·吉米·奥托·珀格勒编的《争论中的现象学》,Frankfurt am Main: Suhrkamp, 1989 年,第 141～191 页。

出性的形式中的对象。对象的被给出性(givenness),构成了行为的目标。它不仅是对生锈、有颜色的侧面的期望或者关注,而且还是它的充实,那个已经被看到的生锈的侧面,就是胡塞尔要用意向性的观念加以解释的东西。

然而并不是所有的充实行为都是感知行为。除了决定了对象的这里和现在的感知行为之外,还有回忆和外在的希望这类行为,它们占有着过去的和将来的可能对象,并把可能对象作为诸对象的充实。还有精神描写的成绩功效,它在想象(imagination)中对一个意向进行充实。毫无疑问,行为公诸于众,对象的复合便在特殊的当下被给出。但是与感知中的情况不同,在这些情况下,对象具有时间性特征,将诸对象固定在过去或者将来;或者如果是想象中的情况的话,将诸对象固定在当下之"上"。所以并非所有的充实性行为都可以使对象**当下在场(显现,present)**;但是所有的充实行为都可以使一个对象**当下化(presentify)**,或者**制作**一个对象的当下在场(显现)。为了把握这一区别,胡塞尔区分出了两种不同类型的充实样式:对当下化(Gegenwärtigung,presentation)和再当下化(Vergegenwärtigung, presentification)做出了区别。在大多数情况下,我们可以用英文把 Vergegenwärtigung 说成是 re-presentiating the object(对一个对象进行再-当下化),因为在一定的范围内,这类行为总是依赖于或者建立于先前的感知行为之上。用胡塞尔的术语来讲,它们是奠基于感知之上的。

即使在当下化(Gegenwärtigung,presentation)内部,也存在着差别,需要加以区分。对压水机的感知可以是不清楚的、有距离的、有被遮掩之处,或者直接消失在午后的倾盆大雨之中。只有通过进一步地接近它,或者在大雨停止后,我们的感知才进一步优化到满意的程度,对象才清晰可见。在最佳的感知行为中,既不能太"远",也不能太"近",只有此时对象才不会是"模糊"地给出,而是"原初"地给出。在当下化行为中的一个对象的原初的被给出性被称为"直观"(Anschaung)。

当胡塞尔认识到,当下化中一定有不同的模式,以便同不同的区域相适应,此时,他便保留了原初当下化与各种再当下化的变形之间的工作差异。这样,直观的观念便得到更大的推广。它成了最佳经验被给出性之 noetic(意向活动上的)搭档。与此同时,胡塞尔还提出,躯体化(embodied,化入人身)的感知提供了对世界的熟知,当下化的所有模式都是以对世界的熟知为基础的,它们都通过不同的方式关涉(refer)到世界。躯体化的感知是直观经验的不同样式的最后基础。因此,胡塞尔对感知的看法,为我们提供了支撑着自然区域的那些经验模式的全方位说明,同时也为超出自然之外的那些区域提供了局部性说明。

对于胡塞尔的本型直观的更严格表述而言,当下化与再当下化之间的区别成了个大麻烦。如果胡塞尔为了建立本质性的陈述,必须得占有一种绝对真实的基础的话,那么本型的洞见就必须是当下化(presentiation)的形式。本型分析必然会涉及跨时间的比较,然而,这又不可避免地要求,在本质明证性中的再当下化(presentification)成为它不可或缺的因素。只是到了后来,胡塞尔才认识到,作为结果,所有的变换(variations)都必须包含"批判"的因素。但是现在,让我们集中于现实对象的感知,以及当下化与再当下化之间的对比,以便进一步把胡塞尔为原初感知的本构提供的说明进一步具体化。

原初的直观是由当下在场(显现)的充实构成的。德里达强调,胡塞尔理论中的"当下在场"的优先性是完全正确的,至少对于感知和分析的这个层次是如此①。事实上,如果胡塞尔所做出的重要对照差别,只是在当下化和再当下化之间的对照差异的话,那么德里达对胡塞尔的批判就完全是合理的。当然这里没有提及,在胡塞尔的发生理论中对这种优先性的重新表述。在那里,胡塞尔把感知(Wahrnehmung)或者当下化处理为复杂综合体,其中至少包括:直接处于我们面前的侧面或视角的当下化(Präsentation 或者 Perzeption),与构成了作为整体对象的其他侧面的"总体当下化"(Appräsentation,或者 Apperzeption)之间的抽象的区别。Apperzeption(总体理解)这一术语尽管在《大观念(I)》中很少出现②,当它出现时,其功能一般说来似乎也是作为 Wahrnehmung(感知)的同义词来使用的。在1922年的文本中,胡塞尔的确清楚地把二者看成一回事:"原初的总体理解就是感知(Wahnehmung)"③。但是胡塞尔仍然有意识地选择了总体理解(**Apperzeption**)这一术语,这是因为他更强调这种过剩和盈余:每个感性总体理解中的行为本身,都携带着这种过剩和盈余。

> 如果我们不能以下列方式定义总体理解的话:一个意识,它不仅意识到在意识中的东西,同时,它还意识到某些东西,它们是作为某些其他东西的激发式因素……它指向这个他者,把他者作为某种属于意识的东

---

① 雅克·德里达(Jacques Derrida):《声音与现象》(*Speech and Phenomena*),英译者为 David B. Allison,Evanston, Illinois: Northwestern University Press,1973 年,第 64~66 页。
② 参见胡塞尔:《大观念(I)》,第 103~105、162 页;英译本,第 125~127、192 页。
③ 胡塞尔:《被动综合分析》,第 337 页。

西,通过意识而被激发推动的东西。①

范畴性研究工作涉及对不同时间中的不同特征与行为的比较,并且提出从结构上去说明什么是相同的,什么是不同的。而本构式的分析则迫切要对行为做进一步的分析:**是什么致使它被领会为多于它直接明显给出的内容**。这种新的说明不是进入概念式的意义秩序,而是进入感性意谊的秩序;不是进入逻辑蕴涵(logical entailment)的秩序,而是进入情感牵连(affective implications)的秩序。在胡塞尔的各种本构式描述中,原初的"当下在场(显现)"必然包括着原初的"当下不在场(显现)",它寻求那种超越性的运动,以便使"当下不在场"在此处被转化为临时的"当下在场"。通过这种方式,"当下不在场"也得以被保留。这样,所有感知,作为当下化,就都载负着"盈余",感知永远不会在现在中被穷尽。

在本书第一章开头的描述中,我着重强调了侧面与对象之间的区别,并且提出,侧面本身并不处于关注的焦点,尽管它们被整合到一种形式中,在此形式中对象才得以被给出。尽管如此,我们已经对它们有预先的熟知,但只有在直接从事反思的行为中,侧面才变成了"类似对象"的东西,才成为分析的主题。此外,以知识及其明证性的样式的分析为走向的静态现象学,只把注意力的焦点放在感知的某些样式上,只集中关注知识性(**epistemic**)的感知。从这两个给定的事实出发,就可以得出,胡塞尔在开始的时候,是以使用传统的形式与内容这一对概念来描述感知之本构的。英嘎登是少数几个可以让胡塞尔听得进他们的批判意见的哲学家之一。他曾于1918年写信给胡塞尔,讨论胡塞尔实际上在《逻辑研究》中所描述的经验样式的问题。他的话也同样适用于胡塞尔在《大观念(Ⅰ)》中的描述:

> 只有当真正的知识(已经达到的认识)已经达到成功之处,才会着手去处理关于知识(Erkenntnis)的问题。而它从根本上说,关于知识(Erkenntnis)的问题,关心的只是识别[wiedererknennen,再次认出]的问题。我们已经**具有**了关于对象的"观念",我们关心的是,直观地显示的对象(充实了的意向)是否与那个观念(表指性的意向)相一致。在我看来,当我们开始学习"从概念上来**把握**[begreifen]"对象时,当我们还没有关于这一对象的观念,而只是初次构建这一

---

① 胡塞尔:《被动综合分析》,第338页。

观念时，以及可能的话，进一步重新构建这一观念，并将这一观念"固定"到这个对象上的时候，第六研究的分析必须依靠对**原初的**知识的考察来为自己**奠定基础**[unterbaut，打基础]。表指意义的**来源**必须被指出来。……（这一点也必须在《大观念（Ⅰ）》对感知的分析那里得到贯彻！）①

一方面，最初研究的感觉的种类实际上是感知性的**识别**(recognition，认出)的形式，是 looking for(寻找)某个 X 的形式；在此形式中，它的被期待的规定，已经"事先"在命题或概念上详细陈述清楚了(specified)。另一方面，与此相对，感知式对象被理解为某种个体的、"某个在那里的，其实际的本质是某种具体性(concretum)的东西"②，也就是说，它被理解为某种本质的一个具体实例。与此相应，在对感知的首次说明中，胡塞尔区别出两个分析步骤：① 行为是一种形式，它的内容是 Noema(意向相关项)，然后② Noema 是形式，它的内容是意向性对象。《大观念（Ⅰ）》在这个看法上又加上了一个初步的、临时性的、本构式的看法：非对象性的感性的"资料"[主观的，noetic(意向活动)的内容]是被行为(noetic 的形式)赋予了生命的(animated)，或者被它解释过，依据的是感性意谊(noematic 的形式)，因此它们就成为了对象的侧面或者对象的现象(对象的内容)。这一看法在下述情况下是可靠的：感知式的识别受到明确的概念的指导，这些概念是可以在语言中得到表达的，而在语言中存在着极高的解释的成分。我的朋友要求我给他拿一个大的水杯。我走出去找到一个对象，正好与这一描述相符。我看到的内容就变成了相关者，成了侧面，其基础是它的适合性。当我把杯子拿给我的朋友时，它的相关性特征恰恰是语言行为中具体特列(specified)的那些内容：它的侧面(内容)得到准确地整理(ordered)，当然是依据指导着我的行为(形式)的描写的 meaning(意义)(形式)进行了整理。

然而在《大观念（I）》中，胡塞尔的理论曾经把内容解释为，经由行为"解

---

① 胡塞尔：《通信集》,3/3,第 184~185 页。这是一份英嘎登寄给胡塞尔的草稿。其中包括英嘎登的说明：〈致胡塞尔的信〉是"关于第六研究和唯心论问题"。同上书,第 569 页。在这个说明中还提到对第六研究(就像我们在第五章中指出的,胡塞尔计划在第二版中对第六研究做全面改写)和《大观念（I）》关于唯心论问题的重要章节的整个重读问题。在寄给胡塞尔的信中,他接着说道："在直观……指导性意向以及纯粹 noematic(视角上,某种意义上是'存在论')指导下对'意义'的考量之间,应该进行更加准确的 noetic 区分。"

② 胡塞尔：《大观念（I）》,第 29 页;英译本,第 29 页。

释过"的东西,而行为依据的是某种关于感性资料的古典观念。而且他倾向于把感知对象的物质性成分处理为感性资料的复合体。其结果是使得他的理论面临走向现象主义的危险。此外,在实在的(real)资料同理想的(ideal)意义之间,存在着不可逾越的断裂①。随着时间的推移,胡塞尔对他最初的感知理论,即用形式-内容模式把握感知的看法,越来越不满。在 20 年代,他引入了经过进一步发展的感知理论,这种理论不再仅仅处理知识性(epistemic)感知,而且也处理更为基础的、更加广泛的**非知识性**的(**nonepistemic**)感知类型。最后用本构现象学的资源,对它作了最后的丰富。

尽管胡塞尔把侧面说成是(当下在场的)资料,对(非当下在场的)对象进行感知的行为是以这些资料为基础的,但是他把这些资料本身设想成为仅仅是一些**抽象**的(不当下在场的)环节;对它们的分离突出,预设了(当下在场的)整个对象的感知作为前提。这使得他认识到,感性-资料(sense-data)这个观念,需要进一步分解拆开,重新加以组合解释。在《大观念(Ⅰ)》之后,胡塞尔决定进行上面谈到的新探索。在伦敦讲演中他清楚地讲到这件事:

> 如果一个人以感性-资料的传统开始,并且受到它的误导,而想说,被感知的[对象]只是感性-资料的复合,那么他就正好把外部感知的分析彻底搞颠倒了。的确,在原则上,感性-资料是在心理学态度之下的一种理论分析的错误产物。具体的完整的现象,完全像它在直接的直观中提供的那样的现象一样,是任何现象学的描述必不可少的出发点。依据我们的方法,任何一个主张都应该直接从纯粹直观中获得。从这种考虑出发,十分清楚,首先出现的并不是"我看到了感觉的资料";正确的说法是,我看到了房屋,大树,等等。我听见了远处的铃声,车辆走过的卡嗒声,等等。②

---

① 关于这个发展的全面考察,见道恩·威尔顿:《意义的起源》,第二部分。
② "Es wäre beispielsweise ein ganz verkehrtes Vorgehen bei der äusseren Wahrnehmungsanalyse, wenn man geleitet durch sensualistische Traditionen damit anfangen wollte zu sagen: wahrgenommen sind Komplexe von Sinnesdaten. Sinnesdaten sind und in der Regel sogar falsche Produkte einer theoretischen Analyse in psychologischer Einstellung. Aber der notwendige Anfang jeder phänomenologischen Beschreibung ist das konkret volle Phänomen; genau so wie es in der unmittelbaren Anschauung sich darbietet. Direct muß nach unserer Methode jede Aussage aus der reinen Anschauung geschöpft werden. In dieser Hinsicht ist es klar, daß das Erste nicht ist; 'ich sehe Empfindungsdaten', sondern ich sehe Häuser, Bäume usw. ich höre von ferne her Glocken, einen Wagen rasseln etc."见 F Ⅱ 3, 29a。

在1918年之前的一个文本中①,胡塞尔认识到,感性意谊(sense)与质料性(hyletic)内容之间的区分,首先是感知性意向与感性充实之间的**对立**引起的结果,其次,它们不应该被视为两种分离的成分,只是偶然在一个感知行为之中被联合在一起:

> 意谊(sense)[对象作为对象在其中得到知觉]不是空的,而是[以某种方式]完全被规定了的意谊(sense)。更准确地讲,它彻头彻尾的是"丰满"的、被充实了的意谊(sense),就如它一直所是的那样,被直观的丰富性所覆盖。在被直观到的形式中,我们不能把它们——感觉与它的充实——并列地放在一起。我们只有把空的意谊(sense)同充实的意谊(sense)对立起来,才能获得它们之间的差别。②

于是,感性-资料就不可能被直接说成是,被赋意行为(meaning-bestowing act)赋予生命力的元素。感性-资料是一些**"抽象的"**,或者可抽象的**有依赖性**的环节,只能通过把关注对象的行为与充实之行为中被给出的内容对立起来,然后通过有选择地映现(screening)后者,才能将感性-资料分离出来。但是如果形式-内容这种格式不能够满足对感知的本构说明的要求,那么应该如何来对感知进行特征刻画呢?

压水机的各个侧面是以各种不同的方式相互联系的。如果我们围着压水机走,其颜色保持一致,一个侧面"混入"到另一个侧面中,我们把它们看作是"相类似"或者"同类的"。只有当我们走到它的背后,我们才突然发现青苔的绿色,而不是锈迹斑斑的红色。这样,压水机的一个面突然同另外的面发生了"反差",表现为"不同的"或者"不同类的"。此外,各个侧面的颜色同侧面的质地(textures)联系在一起。而质地又表现出它们自己的相类性和差别。胡塞尔看到,各种侧面的这些感性外观不能被作为感性资料来处理,不能认为它们的组合创造了感知性对象。更为恰当的看法是,它们是一个整体的"环节",或者是一个整体的"相互依赖的各种外观"。只有通过有选择地放映整个感性对象,并且抽象地集中于这一面的一个片断,这些侧面才能被看作分离的、个体性的东西。

也许早在1909年对时间的研究中,胡塞尔就已经在这一问题上做出了决定性的突破,所以,它可能早于《大观念(I)》的写作。如果真是如此,那就

---

① 关于文本日期见《被动综合分析》编者注,第363页和第xvii页。
② 胡塞尔:《被动综合分析》,第363页。

再一次加强了我们的主张,贯穿在《大观念(Ⅰ)》之中的静态分析只是临时性的。胡塞尔已经对于他的发生研究有了准备,尽管还没有全面展开。为了获得某种类似感性-资料这种被给出的东西,人们不得不处于某种模式中,以便使这类东西可以作为被给出的东西而被直接经验。起码加上时间标记,这就会成为惊人的事件。实际上,胡塞尔拒绝承认下述思想:我们具有什么类似"基本感觉材料-意识"这类的东西,在其中,一些特殊的感觉材料,比如"乐音-点(tone-point)"之类的东西,本身可以现实地当下在场①。他拒绝的理由是,现时当下在场的任何东西,任何具有"现在"这种形式的东西,都必须有"**连续性**"为其先决条件。"基本感觉材料(Primal sensation)"只可能是"原初性(originativeness)之非自足的片断"。他还补充说,"基本的感性材料是某种**抽象**"②。

在《大观念(Ⅰ)》中,胡塞尔排除了时间性构成,其结果是推迟了这些思想的影响。只有当他重新拿起"个体化这一庞大问题"时,正如他1918年给英嘎登的信中所说的那样③,上述这些观念的作用才浮出水面,显示出来。甚至在《大观念(Ⅰ)》中,他也拒绝关于感性资料有任何独立性存在的——借用休谟的比喻来说——在被动的、纯接纳性的心智舞台上跳舞的理论。在大多数经验主义的理论中,各种感性资料之间的关系是"盲目的"(这是胡塞尔在《大观念(Ⅰ)》中的用语),是由背后的联想机制所驾驭的;在联想中,各个侧面的各种组合和诸对象则是独立于心智活动的。而在《大观念(Ⅰ)》中,胡塞尔至少要求有一个内在的组织的原则,即Noema(意向相关项)。但是,当他吸收"联想"这一术语用于标示20年代的研究领域时,胡塞尔把它描述为"被动综合"理论,用它来与早期的理论相比照。混合的内容与对立的内容之间的区别,得到被胡塞尔称为"同质性综合"与"异质性综合"的支持。而这些综合本身又是当下化之综合的从属性环节或从属性特征,而这种当下化则又本构着感知整体。被动综合被用来对不可避免的受触发性(affectivity)进行说明。情感作用被胡塞尔称为"情感力量[Kraft]",它是"感知性场域作用于感知行为的力量"④。

在胡塞尔的范畴性说明中,有两种同时进行的对感性-资料这个临时性

---

① 胡塞尔:《内在时间意识》(Ed. by Rudolf Boehm, *Husserliana*, Vol. 10. The Hague: Martinus Nijhoff, 1966),第325页;英译本(Trans. by John Brough, *Collected Works*, Vol. 4. Dordrecht: Kluwer Academic Pub., 1991),第338页。
② 同上书,第326页;英译本,第338页。
③ 胡塞尔:〈致罗曼·英嘎登的信〉,1918年4月5日,《通信集》,3/3,第182页。
④ 胡塞尔:《经验与判断》,第79页;英译本,第76页。这里自我不是"行动",而是"生产"。《经验与判断》,第81页;英译本,第77页。

观念进行分解的方式。第一种是 noematic(意向相关项的),作为感觉的片断或者外表的感性-资料,被视为浅表或者侧面的[组成的]不可或缺的内部环节;第二种是 noetic(意向行为的)。作为感性综合的感性-资料,被处理为从属性的综合(dependent syntheses),它们预设了连续性,并因此嵌套在更大的感知行为之内。这些变化影响到了胡塞尔对感知行为的 Noema(意向相关项)的特征刻画。比如,如果我们想对意义(meaning)和言语行为的所指(referent of Speech-acts)做出准确的区分,我们便把 Noema 作为对意向(intending)行为(即从事指称的行动,即使在其所指缺席的情况下亦如此)的说明。但是,感知要求以某种方式把 Noema 整合到感知对象中去。假如我们把言语行为想成是由三元结构组成,由行为意义(Noema)和所指(充实)组成,那么感知就可以被看作是二元结构的:由从事感知的行为与相关的被感知的对象构成。**感知意谊(sense),感知性的 Noema,不是处在行为与对象之间的"第三项",也不是处在行为与对象之间的"理想性的内容",而是一种格式(scheme)。这种格式是用于对侧面的整合过程,以及侧面与对象的整合过程的说明,这种说明依据的是对感知的相互相关的综合。**由于感知是总体理解(apperception),所以感知总是指向整体,指向这种超出了可以在当下分离出来的那些内容。感知总是发生在感知意谊(sense)的"horizon(视域)"之内,这种视域是在进行中的感知经验的真实过程内发展起来的。

这种对于感觉的经典观念的真正重要的重构,是胡塞尔发展出来的感知理论的重要特征之一。而第二部分则是更具有革命性的。

当我们从压水机的正面移动到它的其他侧面,我们就会注意到,这些不同的方面可以具有相同的显示性(manifest)品质,但同时又具有非常不同的外形特征和不同位置。总之,不同的侧面也是**视角性的(perspectives)**。作为不同的视角,侧面并不能被认为是"内在固有地(inherently)"通过回溯到感性的综合来说明,而只能"关系式地(relationally)"回溯到空间的综合来说明。感知的空间的协调配位(co-ordinates)是一种经验性的空间协调配位,而不是通过代数来定义的空间坐标体系。胡塞尔十分慎重地把感性对象的亲历的空间与牛顿空间的匀质的广延性严格地区分开。在数学坐标系的位置上取而代之的是,用上下关系、左右关系、前后关系等经验式关系,来描绘亲历的空间。它们具体规定了亲历空间的基本维度,也规定了各种侧面作为各种视角的本构式条件。

为空间寻找基础的过程,引导胡塞尔不是走向其他层次上的心智综合,而是引导他走向对**身体**的重视。由上下、左右、前后组成的亲历的空间坐标系,本身就扎根于人体同其所处环境的基本关系之内。在这种看法中,人的身体不是空间"中"被感知的东西之一,而是空间得以辐射出去的"零点"或者"中心",就像飓风的风眼一样①。

人体的观念是对胡塞尔的第一个感觉理论的重要补充。胡塞尔的范畴分析总是从认知的(cognitive)信息方面来处理感知的问题,这些信息是通过警惕的双眼获得的。这个初步的理论提供的与其说是关于感知的理论,倒不如说是一个关于感知的概念的理论。但是这个理论框架可以用肉体性(corporeality)来加以理解。胡塞尔对感知的静态处理受到他对真理的兴趣的支持,这种处理假定了一种特殊的身体上的形态:在一个**不动的**身体中,**装有**一双固定的眼睛。但是,不动的身体只是**行动动作**的身体模式"我能……"的身体的一种模式。凝聚的眼是身体感知活动的"各种能力"中的一种。在胡塞尔关于感知的本构理论中,感知行为被整合为身体的行动动作。这样,胡塞尔便指出了一个途径,通过这个途径,知识性(epistemic)感知就成了非知识性(nonepistemic)感知的一种特殊样态。

通过把感知整合到身体中,还得出了另外一个更加重要的结果。如果知识性(epistemic)感知在"固定"的观看中找到了它的相关者,那么非知识性感知便是通过"运动中"的眼光而出现的。它被吸引到哪里,就探究到哪里。它被引诱到何处,就去接近何处。在把感知放置到身体的动作的关系中的过程中,胡塞尔认识到,作为现象的本构成分的感知性意义(meanings),不仅是与联想式和空间上的综合一起出现的,而且,更一般地讲,是与——用皮亚杰(Jean Piaget)的术语来说——同化与调节(assimilation and accommodation)的交互作用模式一起出现的。感知是把某个东西拿在手里,把握它们;而东西则刺激我们,影响我们,要求我们适应它们,接近或者远离它们。胡塞尔把感知整合到"我能"之中,就保留了感觉与动作之间的内在纽带,这恰恰是海德格尔认为胡塞尔的思想中丢弃掉的那个纽带。

《大观念(I)》略去了"对时间意识之谜的思考",而且也放弃了对空间问题的处理。而对本构的这两个基本形式的恢复,把胡塞尔带出了他最初的分析领域,将他带入到全方位的本构现象学,然后又带他进入了发生(genetic 起源)现象学。我们发现这些程式是在两个不同的注册表中进行的。首先是在他的本构分析中,它们的作用是基本的综合,是经验行为的多样性的基础。当他发现,垂直结构的不同类型之间的连接本身是时间性的时候,这个

---

① 关于胡塞尔对身体的看法,见《大观念(Ⅱ)》,第55~90、143~161页;英译本,第60~95、151~169页。

思想后来进一步推广、扩展到他的发生分析中。其次，从方法本身的角度来看，在发生分析拓展它的"时间性"时，我们可以把本构现象学看成是先验场域的"空间性"的一种分析说明。但是目前，我们必须停留在第一种注册表中，完成对本构分析的讨论。我们将在第八章和第九章中处理发生理论和第二种注册表。

前面我们曾经建议，原初的感知可以被作为当下化的行为来处理。它同回忆和希望的再当下化行为完全不同。我们围着压水机散步，从一个视角运动到另外一个视角，这并不是发生在眼睛的眨动之中。的确，在某种意义上，如果我们不把先前的片断"保存在"现在的片断中的话，我们永远不可能把感知到的不同侧面，作为一个对象的侧面来感知。我们的行为能成功做到的，无非是把"许多部分"理智上综合到一个"整体"中。除了空间性之外，还有对感性对象而言不可或缺的时间性，即使在原初感知中也是如此。它在范畴现象学中完全被忽略了。

在我们对压水机的感知中，刚刚被感知到的那些侧面，还都是"现在"生动的部分；而与此同时在这个"现在"中，新的侧面正在当下在场。先前的侧面接连不断地从当下"逝去"，但是它并没有完全遗失为过去，没有变成需要清晰的、单独的另外的行为——即回忆行为——才能使其恢复的、完全过去了的东西。**顾后的滞留意向**(retention)，使得正在逝去的"现在"的那个片断保留下来。而当下的片断又朝向着下一个片断，朝向正在步入的感知。我们不需要第二个行为，即预期行为，来设计、计划下一个片断，不管是清楚的还是模糊的，都不需要。实际上，**瞻前预取意向**(protention)就是正在进入当下的"现在"中的片断。尽管胡塞尔最初尝试，把"现在"看作这两者之间的印痕点(impressional point)，但是他很快便认识到，这样的点，正如我们看到的，只是一个"抽象的界限"。与此相反，"活生生的当下"，是由**顾后滞留意识与瞻前预取意向在"现在"中的叠加**组成的。事实上，时间片断的链系已经延伸到现实当下在场的内容之外，进入了尚未实际起作用，或者尚有距离的当下之中，也许距离压水机经验有半天、一天或半周，或者较为模糊地，在我喝到清水之后那天的其余部分。的确叠加在"现在"中的内容，最后是对回忆和预期之可能性的基础：回忆以顾后滞留开始，而预期则以瞻前的预取意向开始。瞻前的预取意向与顾后滞留意向之间的相互作用，支撑着联想和空间式综合，使分析的这个层次，成为最基本的层次。

这一时间理论指导胡塞尔走向最深刻彻底的研究，按我们的看法，为他的发生研究提供了钥匙，时间分析使得他首次进入本构分析的层次。由于我们这里的工作早已经使用时间性来标识静态分析与动态分析之间的区别，所以在这里对此做进一步的说明是适宜的。

胡塞尔的本构分析的丰富性,归功于他借助于现象紧密相关的形态变换,来观察一个现象和对它的关注行为(们)。关于形态变换的理论基本上用于检验行为-对象的整全相关性,但同时它也可以用于探测潜在于单个相关性之下的"被动综合",去寻找使它成为可能的那些它嵌套于其中的本构层次。我们向后运动,从感性性质到它的空间配置,然后到相关性的时间性发展。时间化既是作为它的条件被发现的,又在**结构**上被分析。因为它是一种综合,不仅用于说明一个对象的时间特征,并且也被用于说明与该对象相关的材料性和空间性综合,所以胡塞尔把时间性看作是最基础的层次。这又引导他走向他的发生分析,并进一步证实了他的下述主张:本构分析与发生分析之间的边界是流动的。时间化是从感知的分析中得到的。但是,我们并没有澄清,它如何在其他变形中起作用,也没有澄清,它如何解释我们在这些变形之间的秩序性经验。此外,我们对时间化的理解,既没有达到意义(meaning)和感性意谊(sense)的水平,也没有依据它与先验分析的关系。对于这些问题的说明,我们必须等到我们可以真正集中精力处理发生分析的时候。

胡塞尔对感知的本构说明是借助于,把联想式综合、空间综合和时间综合连锁在一起,以它取代对感知的静态特征刻画,即把感知理解为通过意义(meaning)对资料的解释性把握(Auffassung)的看法;同时他还引进了关于**感知性意谊**(sense)(Wahrnehmungssinn)的正确观念。研究文献中关于胡塞尔的 Noema 观念的争论,主要集中于《大观念(I)》,而大部分人都没有去认真注意他 20 年代对"个体化"问题的再思考工作。在这种情况下,这些争论就忽略了,在胡塞尔的这些研究中,他用于取代对感知做形式与内容二分说明的那些方式和内容,也忽略了经过改造的感知性 Noema 概念。从我们在这一章中的研究得出的观点来看,我们可以十分可信地提出,**感知性的意谊**并不是"类弗雷格式的"理想的内涵式的实体,而是一些**格式**(schemata),这些格式组织起感性综合与感性场域之间的关系,它们自己也像场域一样,被这些关系设定成那样。这些格式是一些结构,这些结构作为整体被具体化到感知意向性中,并去说明(概念前)感性的、空间的和时间的特征;"如其被本构的"那样,在它们被预期的感知过程中对它们加以说明①。它们把不同的被动综合之间的关系协调整理在一起,然后再把这些综合与不同场域的属性协调整理在一起。在进行感知的行为与被感知的对象之间的基本相关性关系

---

① 更全面的分析,见道恩·威尔顿:《意义的起源》,第 6、7 章。

中,我们至少发现了三种相互嵌套在一起的层次。

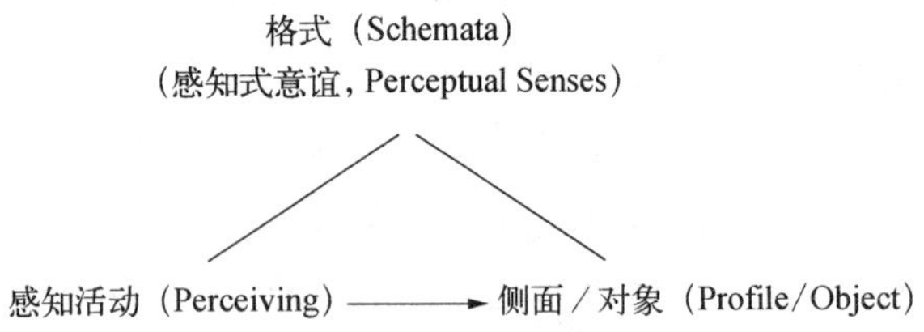

```
                    格式（Schemata）
              （感知式意谊, Perceptual Senses）
                       /\
                      /  \
                     /    \
        感知活动（Perceiving）———→ 侧面/对象（Profile/Object）

联想式综合（Associative Syntheses）     ：  感性特征（Aesthetic Features）
    同质性（Homogeneity）                  混合/相似（Blended/Similar）
    异质性（Heterogeneity）                对立/区别（Contrast/Difference）

空间综合（Spatial Syntheses）           ：  空间场域（Spatial Field）
    上/下（Over/Under）                    高低（Height）
    左/右（Left/Right）                    宽窄（Width）
    前/后（Fore/Back）                     深浅（Depth）
    远/近（Close/Far）                     相邻（Proximity）

时间综合（Temporal Synthesis）          ：  时间场域（Temporal Field）
    顾后滞留（Retending）                  逝去/连续（Passing/Succession）
    瞻前预取（Protending）                 到来/连续（Coming/Succession）
    当下（Presentation）                   活生生的现在/同时性（Living Now/Simultaneity）
```

图 7.1 被动综合的诸维度（Dimensions of Passive Synthesis）

对感知的这种说明为我们提供了在本构层次上做分析的一个范例；这个层次形成了自然领域的深层结构。在第三章里我们业已勾勒出的每一区域,都可以接受这种分析。我们选择感知,不仅因为在胡塞尔的研究中,感知受到了最大的关注,而且还因为,感知也是经验的最基本的层次。胡塞尔甚至提出,

> 感知以及与之平行的直观的模式是意识的第一批基本型式（Grundgestalten）,它们对于更专门的逻辑意识是十分重要的。它们是逻辑大厦中的第一批基础（Grundlagen）,所以必须得到说明和理解。①

对感知的这种说明发挥着原型作用,用以分析不同区域的经验的被给出性之多样性,同时它也成了在所有区域的本构中发现的、不可约减的垂直嵌套层面。

---

① 胡塞尔:《被动综合分析》,第 319 页。

第四节　言谈中的当下

我们在以上的讨论中尚未涉及的是，如何对由原初的感知进入知识性的（epistemic）感知的过程加以考察。上面的分析对区域场域中直接显现的当下在场进行了说明，从这里出发，该理论将引导出一种关于自然的存在论。但是，依据形式与内容的框架，胡塞尔对感知所做的范畴分析只是派生性的，顶多只能应用于某些受限的类型。我们指出，他后来在 20 年代用感性综合的本构分析取代了它。胡塞尔对本构的兴趣不仅限于区域性场域，而且对各种区域存在论的本构研究也感兴趣。为了给区域存在论提供担保，我们必须对理解的类型进行讨论，因为各种存在论就是在这种理解中表达自己、为自己寻找保证的。领会和证据都是必不可少的。因此，我们需要澄清，我们如何能够实现从意向到充实的转变，特别是我们如何从日常感知，进入可以产生确证性的批判式感知的模式。到目前为止，我们已经指出：在一个已经给出的场域中从事的知识性感知，是在面对着无约束感知，以其为背景的情况下发生的；我们构建的各种存在论，都已经预设了与各区域的**熟知**，而这些区域的结构恰恰是我们正要加以描述的。但是，怎样说明从一个到另一个的转化呢？

对于这种转化，胡塞尔给我们提供了两种有生长力（fertile）的说明：第一种保持在感知过程的内部，它描述了，当受到干扰时，一个感知所经历的几个相互关联的形态变换，或者它经过的几种模式。比如，一个意向的失落或者只是部分地得到充实，这时产生了感知的否定，以及有"减速-效应"的对于先前的感知确信的取消。再举一个例子：对同一个复杂情况产生的不同感知之间会引起冲突而导致怀疑，其解决的办法不是肯定其中一种选择，就是把二者全部否定①。第二个创立改变的途径是，通过断言、主张的干涉，它们把我们从对事物的全神贯注的状态中拉出来，要求我们重新审查。我们要对这第二种途径作更多的讨论，因为它使得我们能够直接面对语言问题。

从这一点上引入语言行为也是出于对另一方面内容的关注。我们已经发展出了感知经验的观念，但是，很显然经验本身并不能产生知识。所以，我

---

① 见胡塞尔：《被动综合分析》，第 25~64 页。论感知变换（perceptual modalizations）的各种变体。

们必须对概念性的来历或者源泉加以说明,因为这些概念形式是各种不同的区域存在论的本构内容。胡塞尔通过把感知活动的"被动"综合同"述谓思想"的主动综合对立起来,构成了这种分析。我现在的讨论就是要集中于理解这些模式,它们**引起了**向述谓的转向,向判断——判断与断言(judgments, assrtions)是一起工作的——的转向,向区域学说的话语的转向。在把握日常话语和严格话语之间的运动的动力学特征的努力中,胡塞尔看到,它是一种对"形态转变"的说明。

我们对断言的来源的考察给我们带来了出人意料的有利条件。与感知的分析不同,借助于不同的语义场和不同的语境的相互依赖性,这里的考察将会十分清楚地切入不同的区域。一旦我们依据话语的各种转变,为给出的区域的深度提供了本构分析,我们便一定把这个区域同其他区域联系在一起①。因为任何对"主动"综合——胡塞尔这样称呼判断的行为——的研究中,本构分析都会滑入发生分析。本构分析与发生分析的区别并不是强硬和固定的。这种区别是"**操作**"上的区别。因此,我们这里做的是分析的逐步深入,而不是清楚的分阶跃进。

由于所有的"主动"综合都受到塞尔的所谓"可表达性原则"②的支配,这样,我们便占有另一个明显的优势:我们可以在言语之内做区分工作,将其作为我们进入一般的精神行为和特殊理解活动的讨论的入口。让我们回到开头一章中设计的中断的言谈的案例,做进一步的展开③。

自亚里士多德以降,所有陈述句的形式都是 S 是 p,它被认为就是命题的形式,因此成了真理的基本载体④。对于亚里士多德及其追随者来说,这类陈述同用来表达命令、希望、祈祷的句子之间存在着根本性的差别,因为后面

---

① 见胡塞尔:《被动综合分析》,第341页以下各页。我们将会看到,这并没有穷尽发生分析,而只是发生分析的引入。
② 塞尔:《言语行为:关于语言哲学的论文》(Cambridge: Cambridge University Press, 1969),第19~21页。
③ 我们将在第九章考察胡塞尔晚期著作中支持这一分析的相关文本。关于这一问题的全面考察以及胡塞尔这一思想的文本方面,见理查德·威尔顿:《意义的起源》,第七至第九章,以及《从事联结的专名和被联结的对象:弗雷格与胡塞尔论 Bedeutung》第13节。我再次指出,这里我接受了罗伯特·索科洛夫斯基在他的《当下在场与不在场》一书中处理胡塞尔《形式的与先验的逻辑》中关于报告与断言(reports and claims)之间的区别之相关章节的方法。见罗伯特·索科洛夫斯基:《当下在场与不在场:对语言与存在的哲学研究》(Bloomington, Indiana: Indiana University Press, 1978),特别是该书第八章。我比较自由地使用他的这一区别,而且在我的分析中,在和他完全不同的方向上使用这一对立。特别需要指出的是,不接受他的下述论题:我们可以把断言(claims)当作对报告(reports)的意义的专门规定(specifies)。
④ 《解释篇》(De Interpretatione),见理查德·麦基翁(Richard McKeon)编:《亚里士多德基本著作集》(The Basic Works of Aristotle), New York: Random House, 1941,第42页(= 17a)。

这一群句子**不是**可真可假的①。但是,就我所知,没有谁在字符串S 是 p 的命题性的使用与非命题性的使用之间做出过区分,也没有人试图用S 是 p 所经历的某种模式的转变,来对S 是 p 加以理解。人们总是把所有句子看作具有S 是 p 这样的表面形式,这就等于说,命题是表达性的(expressive)。如果S 是 p 被当作基本形式,并且所有其他的变异都发源于它,那么就必然会得出如下两结论:① 由于S 是 p 是一个不可约减的语法形式,所以,对言谈的一切其他类型而言,只要这种言谈使用了S 是 p 的变异形式,S 是 p 在逻辑上的内容,都是基本的。② 真理条件的逻辑分析,既决定了S 是 p 的意义,也决定了S 是 p 的合法(legitimate)使用。

由于这一论题以及相关推论的作用,于是便出现了十分严肃的语义学问题:如何在S 是 p 表达出来的内容与世界之间的断裂上架起桥梁。通过上面最后一种分析划定出来的场域,我们被驱入到描述真理条件的两种途径之一:① 或者逻辑的内容被假定为字符串的意义(不是字符串的指称),这样,它的真理条件就是通过符合来刻画的,或者通过外在条件来刻画的。② 或者逻辑的内容被处理为字符串的指称。这样,真理条件就被分析为一种对全等集合进行规定的一致性条件或者算法(coherency conditions or a calculus for determining equivalent classes)。语义学的历史似乎就是在这两条道路之间来回变动的。要打破在这两种选择之间的循环,要求我们对S 是 p 重新加以思考。而胡塞尔的形态变换理论(theory of modalization),恰恰为我们的这项工作提供了支持。

试想,我们正在搬往一个新的公寓,你把我和我们的朋友阿波罗,还有几箱书用车运到新住处,并且指示我们,把成箱的书放到书房的小地毯上。我们搬着两箱书向楼上走,到了楼上之后,才发现屋子里有两块小地毯,一块是棕色的,一块是米黄的。因为不知道应该把书放在哪块地毯上,所以我便转向你问道:"我应该把书箱子放在什么颜色的小地毯上?"你回答说:"米黄的那一块。"

也许我知道书箱应该放到米黄色的小地毯上,但是由于没有开灯,我不知道桌子旁边的那块小毯到底是棕色的还是米黄的。于是我便转向阿波罗,一个对健康特别关注,这些天只吃胡萝卜和葵花籽的家伙,问他桌子旁边的小毯是什么颜色的,他回答说,"是米黄的",我点点头,然后把书箱放到上面。

---

① 亚里士多德:《诗学》(De Poetica),见理查德·麦基翁编:《亚里士多德基本著作集》,1,第 474 页(= 1456b)。

如果我们把这些句子放到语境中,"小毯是米黄色"这个句子被说了几遍,没有一次是把标榜真理性主张的活动作为该句子的目的。向我描述小毯颜色的谈话中,我的伙伴只不过是提示我,书箱应该放在何处。我完全接受了这些"报道",进而去找米黄色小毯,把桌旁的小毯认作是米黄色,而没有提出任何疑问。

请注意,我们的句子 S 是 p 已经混入到我们正在做的动作中。它的作用是协助我们介入参与当下的任务。语符串的作用是"勾连表达(articulate)"出我们动作的场所,为我们提供方位。但是,当语符串使我得以作出区分的时候,它的确给我指出了方向,向我发出了指令,但是我们之中没有任何人对它的真理和正确性感兴趣。我们大家都正在试图在尽量不伤筋动骨的情况下完成我们的工作。

我们可以继续指出,S 是 p 这个语符串中的意义(meaning)是由概念式格式(conceptual scheme)组成的。只可能通过认定和规定的试探规则(启发指示规则,heuristic rules of identification and determination),才能对这种格式加以描述。这里的使用和交互影响是本构式的。意义在下述意义上是——按胡塞尔的说法——"ideal":我们发现它总是重复地(immer wieder)发挥作用,也就是说,同样的规则,可以在不同的但是相类似的状况下起作用。首先,S 是 p 的意义应该依据它如何为我们介入参与事物提供方便的方式来加以理解。如果我们说,在使用 S 是 p 的时候,我们把这个谓述当作了一个理想的、意向性的实体,而我们的言语行为是通过概念对各种对象进行分类的活动,或者赋予个体以某些属性的活动构成的,我们对这个语符串的规定就过分了。实际情况是,S 是 p 所起的作用就像一个工具一样,只是对手头进行的工作的增强、提高。我们的语符串的作用不是再当下化,而是当下化;不是从事概念化,而是从事调控活动,不是从事分析,而是从事同化(assimilate)。

当然,有一种回应会说,我们说 S 是 p 的时候,并没有**明确公开地**把 S 是 p 当作一个主张来用,但是**内在地**把它用作了主张。这样就是,当我告知阿波罗,小毯是米黄色的,其目的是给他一个放书的位置的时候,此时我所做的,也许"无意识地"说着一个真主张"小毯是米黄色的"。关于这个问题,我将于下一节进行讨论。这里我只想给出一个最基本的回应。在我看来,这种说法里存在着三个问题。① 它可能把使用 S 是 p 的实际(de facto)结构的说明,混同于它的正确使用的合理描述(de jure);然后又提出,后者是前者的条件。② 如果我们能够指明,它作为主张的使用,是它作为报告的使用的某种转换的结果的话,如果我们能对这种转换所包含的某种形态变化进行描摹的话，我们就不需要去回溯到潜在的或者无意识的意向。③ 这里并不是讨论S 是 p 如何才能被有意义地和成功地使用，即使它未能满足作为命题被使用之成真条件。比如，如果小毯并不是米黄，而是脏得发白，或者它不是小毯，而仅是一个马背垫，那个描述可能"足够用了"。这里看上去并不比用镊子拔钉子更有问题。

如果我们引入其他的情况，我们就会看到，从什么地方开始进入真理问题。在听到把书箱子放到米黄色小毯上的指示后，不管是我还是阿波罗，都没有在书房里看到小毯。我们便到其他房间里去找，在这种情况下，那个描述仍然是作为报告而起作用。如果我们在那里仍找不到，我们就会一起停下我们手头的活动，回过头来重新想想刚才的那个描述，把那个描述看作讲话人的建议，质疑它的正确性。当我们这样做的时候，句子本身就成了注意的焦点，我们便将尝试去弄清楚，那个句子到底说的是**什么**。在反思的过程中，我们便把语符串的意义"对象化"了。作为结果，这些谓词被重构成为**概念**，而它们同对象的关系受到了真理-条件的支配。我们寻求确证（confirmation）的活动是由在概念与对象之间的建立（设置）关系活动，以及检验这些概念是否合规则地得到使用的活动构成的。此外，句子所表达的内容，通过想象（envisioned）变成了**主张**（claim），或者命题，事实是，这是由于句子所报告的内容，经过重新装配，成了**被称谓的事实**（proposed fact）：你假定确实如此。我们想用罗伯特·索科洛夫斯基的说法，将其称为"命题转向（a propositional turn）"①。这种 Einstellung（态度）的或者兴趣的改变提示它：当我们关注语符串S 是 p 所当下化或再当下化的事实时，报告被当作是真的主张。理解一个主张，就是有能力表达出一个真理条件，这个真理条件决定着这个主张的意义，因此规定了它可能的确证（confirmation）。只有主张（断定）才有可能为真或为假。所以，只有主张（断定）才是命题。

把生活实践语言转化为真理的讨论，不仅出现于缺乏所指（找不到小毯）的情况，而且还出现在当我们预期的内容与我们实际找到的内容存在某种差异的时候。当我们感知到的对象与我们期待的东西发生了差异，以致我们的期待十分失望，这时就会出现上述情况。也许我们能找到的小毯，但只是深蓝色的，**否定**被插进来。这里我们所期望的东西仍然继续存在着（它仍是小毯），我们看到的只是"删去"我们的一部分意向。"感性意义的一

---

① 罗伯特·索科洛夫斯基：《当下在场与不在场：对语言与存在的哲学研究》，第 99、146 页。

般框架被保存下来,得到了充实……但是,某些'其他'的东西继续出现,仍然活生生的意向与在新的直觉中发现的感性意谊(senses)之间出现了冲突。"①

如果有进一步的障碍插进来,否定便会十分容易地转为**怀疑**。也许我们在地板上看到只是一个亚麻桌布,是某种我们不应该把肮脏的书箱放在上面的东西。于是在主张与我们看到的东西之间出现了一种不可解决的矛盾。或者阿波罗坚持认为,地板上的那个东西真的就是小毯。这样在对看见的东西的两种不同"解释"之间便产生了冲突。否定专注于认识到,米黄与蓝色**不可能两种都**是对的。怀疑则影响到对整体的感性意谊。比如我们认识到,我们涉及的既不是小毯,也不是桌布②。这恰恰就是面对着感知把真理与错误问题"插入"进来的地方③,胡塞尔明明白白地把关于否定和怀疑经验,同**提问**活动联系在一起。"在可能成为问题的这些可能(被动意义上的怀疑)之间的被动式析取性张力,促成了主动的怀疑活动的出现,这个行动把自我置入了某种行为的分裂之中。……这里出现了一种力争做出坚决决断的追求,使得它产生了质问(Fragen)。"④胡塞尔提出,"每一种可能的判断都可以被看作问题的内容"⑤。恰恰是与质问过程的这种联系,构成了命题的转向,使真理的讨论得以根植于生活实践之中。"质问是与判断相关的实践行为的一种模式"⑥。由于质问的过程是言谈与判断之间的媒介,是报告与主张之间的媒介,所以胡塞尔关于判断的发生式说明,为我们提供了语用学和语言分析之间的内在联系:"所有理性同时都是实践的理性,而且因此都是逻辑的理性。"⑦

让我们先对可能产生的误解打一点预防针。报告与主张并不是两种不同类型的实体。我们并不是先有一个语符串"小毯是米黄的",然后又有了与之不同别的什么东西。正确的理解是,**主张就是报告**,但是它们不再被作为某种现成应手(ready-to-hand)的东西来看,不再让其协助我们在一定环境里介入参与到对象中去。用海德格尔的范畴来说,此时它们是某种当下手边(present-at-hand)的东西,同断言、建议或者维护某主张的活动联系在一

---

① 胡塞尔:《被动综合分析》,第27页。
② 同上书,第38页。
③ 同上书,第39页。
④ 同上书,第59页。
⑤ 同上书,第60页。
⑥ 同上书,第62页。
⑦ 同上。

起①。主张一般不属于日常的言谈或者聊天的活动,相反,它们常常把我带出言谈或聊天,走向精确地再当下化式讨论。它们受追求真理的反思志趣的左右,而不是受非反思的、介入参与具体事物的志趣所辖制。这里的区别根本不在于表面的语法,而在于**兴趣**之所在,在于采用语符串的那个行为的种类。这种行为的不同类型导致了报告与主张之间的差别。态度的改变,恰恰就是我们从对报告的内容的直接接受中抽身出来的行为,就是终止了《大观念(I)》中所谓的 doxic(信念式的)模式②,以及被招致去询问句子所表达的诸事实,把句子表达内容当作是由讲话者纯粹谓述出来的事实。朝向主张的兴趣旨在(科学上)的正确性。但是只要我们将这一过程置于交互主体式的语境中,我就可以看到,构成一个主张的认知活动,也涉及一种义务:我们的谈话对手有责任讲述真理。总之,实际上,这是一种"理论性的兴趣"③,该兴趣是命题的场域的本构式因素。

但是我认为,这里不仅仅是兴趣上的区别。这也是指称功能上的区别,它是划分报告与主张的分界线。我们举一个简单的例子。假定两个人在交流对话,他们说的句子都有 S 是 p 的形式,那么,就完全可能在**指称条件**与**真理条件**之间做出明确区分,然后用这种区分为我们提出的报告与主张之间的区别作担保。指称性条件的 S 是 p 这种形式可以成功地用作报告,而主张则服从真理条件。

指称的条件具体指定了"足够好"的对象或原子事态的复合体,它们是由讲话者对这个 Sp 的描述或者 S 是 p 这类句子的"不同而足够的"使用所意向的。如果两个报告的功能都在于把讲话者所意向的内容描述为相同的所指,那么这两个报告就会是相同的。因此,为了判定它们是否是相同的,听者就必须将它们回溯到,讲话者所意图拣选出的、用 S 是 p 来表述的对象或者原子事态的复合体;之前,听者原本"跟随着"讲话者,相信这些 S 是 p 中表述的内容。

真理(成真)条件是由现实或可能的对象以及原子事态的复合——它们或者适合,或者充实了 Sp 这个描述的 noematic(意向相关项)内容,或者 S 是 p 这个句子的内容,它们都是被讲话者说成,并被听者如此理解了的——来定义的。如果它们在所有脉络中都是同义的(比如,如果他们做同样的陈

---

① 我们将在第十四章中继续这个问题的讨论。
② 胡塞尔:《大观念(I)》,第 217 页;英译本,第 252~253 页。
③ 胡塞尔:《形式的与先验的逻辑》(Ed. by Paul Janssen, *Husserliana*, Vol. 17. The Hague: Martinus Nijhoff, 1974),第 129 页;英译本(Trans. by Dorion Cairns, The Hague: Martinus Nijhoff, 1969),第 124 页。

述),而且如果它们具有相同的现实或可能的对象或原子事态的复合体,作为它们的语义所指的话,则两个句子将表达同一个主张(即弗雷格所谓思想,胡塞尔所谓命题或原子事态)。

此外,针对上述关于米黄色小毯的例子,我们还可以提出另外一个例子作为补充,来说明指称条件与真理条件之间的分别。请想象,巴纳比先生是一位银行家,他的家族同黑社会阴谋集团有千丝万缕的联系。有一天,巴纳比被杀。我确信,他的女婿卡斯伯特是凶手。假定你也恰恰同意我的看法,接受我对他的描述,也用"杀害巴纳比的凶手"这个说法来指称他的女婿。我同你隔着后院围栏闲谈的时候,我们可能正确地使用了这一标记,指称他的女婿。我们的谈话中很清楚地把他和他的家族的其他成员对立起来。在调查的过程中,由于某些线索被揭露,你发现,原来凶手不是这女婿,而是他的妻子,是她将匕首深深插入了她父亲的胸膛。于是我们关于卡斯伯特是杀害巴纳比的凶手的报告,不再是表达你也共享的那种确信,相反重新组成为我的错误断言。如果我们坚持,指称条件同真理条件的一致,报告与断言的一致,那么我们便不得不说,我们隔着后院围栏的谈话中提出的断言之指称功能是成功完成了,尽管它们是错误的。但是依据定义,一个错误的主张是一个指称的失败。在我们的例子中,讲话者的指称活动仍然是成功的,即使最后发现,卡斯伯特不是谋害巴纳比的凶手。如果我们把这种句子当作报告,我们就可以看到,讲话者的意向以及这些术语的语义学的输入规定了其指称。我们的"命题转换"才迫使我们去接收、承认它们之间的差异,使得我们得以提出真理问题。

第五节 意义的类型

如果想把报告和主张之间的区分组织到一个整体中去,我们现在还得做几件事。首先集中到我们对胡塞尔理论之理解的那个决定性方面上。第二,关注这个方面在胡塞尔思想的发展中是如何起作用的。第三,在对 noematic (意向相关项)内容的特征刻画中,清楚地区分出可能做出的四种刻画。最后,作为结论,把这些方面使用于对自在事物本身(thing-in-itself)的当下讨论中去。

早在 1900~1901 年的《逻辑研究》一书中,胡塞尔就把随机式(occasional)表达同对象性(客观的)表达对立起来;后来在 1913 年第二版的序言中他认识到,所有的"经验概念"都是"随机的(occasional)"。由于认识到经验的表达所具有的意义要求我们关注这些意义的语境(context),以及说出它们时身处的那些环境(situation),这就迫使胡塞尔去关注日常话语与科学话语的相互作用问题。在上一节中,我们使用两个例子来帮助我们把报告与主张区别开,并且说明了,把 S 是 p 当作主张看待的做法,涉及对 S 是 p 的非知识上(nonepistemic)的使用的反思。这种区别的产生是由语言的实际使用(pragmatically)所导致的,也就是说,是通过 S 是 p 如何被使用所导致的。根据我们的看法,"对真理的兴趣"使得 S 是 p 成为一种表达式(expressive)命题。但是对我们的研究目的而言,现在的严肃问题是:在兴趣和指称结构之间的差别背后,是否在它们的 noematic(意向相关项的)内容中也存在着实质性的差别①。这个问题的另外一种提法是:我们是否可以把报告还原为隐性的主张。在理解它们如何联系在一起的尝试中,我们有两种选择:

① 将 S 是 p 用作报告时,我隐含地使用了作为主张的 S 是 p,只是对报告的反思行为发现了原本就在那里的命题。

② 将 S 是 p 用作报告时,我并没有隐含地使用作为主张的 S 是 p,对"什么是 S 是 p"的反思行为才将它构造成了一个命题。

假如取第一种可能性的话,那就应该强调 S 是 p 的意义与指称之间的区别,以此描述报告与断言之间的关系。当我们把 S 是 p 作为报告来使用时,我们注意力的焦点放在讲话者的意向性的所指之上。当我们在完成具体的任务时,语符串的功能是指导我们去按这种方式去做,不要按那种方式去做。能够满足语符串的内容,也就是多少"适合"noematic(意向相关项方面的)内容。让我们把任务规定为去定义:"适合"到底必须有多紧凑才好。通过对语符串的意义的反思,我们会发现指称是如何可能的,在这种情况下,语符串的意义(指称)就是弗雷格所谓的思想(thought),就是胡塞尔所谓的命题或者被意向的原子事态(proposition or the intended state-of-affairs)。在这种反思中,我发现了,什么是"未被作为主题"加以注意,但是无论如何在我们使用报告时已经当下在场的内容。命题构成了行为的"matter" or the "noema"("质料"或者"意向相关项"),并且将其解释为:行为处理对象的方式,就是

---

① 我们不能在这里围绕着胡塞尔的 noema 和意义的理论所遇到的问题全面展开讨论。对此的早些时候的尝试工作,见道恩·威尔顿的《意义的起源》第二、三部分。在那之后,鲁道夫·贝尔内特对《逻辑研究》到《大观念(I)》之间的胡塞尔的意义概念和 noema 观念的历史发展做出了杰出的研究,他重点探讨了 1906~1907 年冬季学期关于逻辑和认识论的讲课稿和 1908 夏季学期关于意义理论的讲课稿。我在下面的分析中吸收了他在此工作中提出的观点。见鲁道夫·贝尔内特:〈胡塞尔的 Noema 概念〉("Husserls Begriff des Noema"),见《胡塞尔著作的出版与胡塞尔研究》(*Husserl-Ausgabe und Husserl-Forschung*),Dordrecht: Kluwer Academic Publishers,1990 年,第 61~80 页。胡塞尔的两个讲稿已经以《逻辑与意义理论导论》(*Einleitung in die Logik and Bedeutungslehre*)出版了。

对象本身所是的方式。这种理论就是：由于S 是 p 被当作报告来使用，就隐含地把S 是 p 当作主张来使用，所以，报告之所以可能，是因为其意义是一个命题，它构成了我把 X 当成 P 这一行动的意向性内容。

如果取第二种可能性为我们的立场，那就会在尝试说明报告与主张之间的联系时，不把主张S 是 p 作为报告S 是 p 之所以可能的条件。认为这是对S 是 p 的"直截了当"的使用，它的功能就是对现象的"作为……结构"（as-structure）的清晰表达。只要这种使用未受到挑战，也就是说，只要讲话者尚未发现，讲话是语无伦次的，或者与显现的现象出现差异、矛盾，那么报告就被接受，受到信任，我们就继续我们手上的工作。但是报告是完全有可能受到挑战的。这种对报告的挑战，或者对报告的关注，恰恰制造（produces）出命题。也就是说，当S 是 p 表达一个讲话者所意指的主张时，挑战本身就是S 是 p 的本构成分。如果我们把命题称为语符串的意义，那么命题就不可能是我们作为报告而使用的S 是 p 的一个条件，理由十分简单，因为命题本身只是对报告进行反思的结果。对提出的报告做反思活动，其组成部分之一就是去询问，它是什么意思？这样，noematic（意向相关项上的）内容经历了一种改变：区分的"已经足够用"的格式的工作，被一组与其他概念处于对立之中的概念所代替。而这些其他概念则通常被用于对象的分类工作，或者把一些属性规定给那些对象之类的工作。与此同时，反思的目的是提出原来的报告与真理的关系问题。它使得我们可以看到一种内在的联系：主张变成了一个*规则*，如果我们报告正确，我们就要遵循这个规则。

面对以上两种选择，胡塞尔自己的立场是什么？在从《逻辑研究》到《大观念（I）》这段时间内所写下的文本中，包括《大观念（I）》本身在内，胡塞尔十分清楚地采取了第一种立场。他实际上是站在一大串思想家的行列中。这个行列可以一直回溯到亚里士多德。在1908年的讲稿中，他对意义理论有明确的论述。他区别了① 一个断定所指称着的对象，② "所说的内容本身"以及对该断定的反思中所给出的"对象性"。在做出了这个区别之后，胡塞尔把后者等同于一个行为的 noematic（意向相关项上的）意义。所说的内容以及所想的内容，就本身而言，恰恰就是它"被意指、被思想的形式中所涉及的对象"①。由于他既是理想性的又是在反思中的，或者在"名词化"（nominalization）过程中被给出的，所以，胡塞尔将这种意义称为"范畴对象

---

① 胡塞尔：《意义理论》（Ed. by Ursula Panzer, *Husserliana*, Vol. 26. Dordrecht: Martinus Nijhoff, 1987），第 28、38 页。

性",有时称它为"命题(propositional)[对象性]"①。反思的行为并没有创造命题对象性,而是发现了早已存在于那里的命题对象性:

> ……范畴性的内容[被规定为]对象性内容,也就是,**隐含地**被意识到的内容,通过一种眼光的新配置、一种范畴式反思,[通过]在反思中协同的名词化,使其成了 Gegenstand-vorüber(关于某某的对象)。②

而上述关于形态转换的理论已经清楚地表明,胡塞尔已经走向了第二种选择,但带着一个重要的限定。胡塞尔一直坚持语符串的意义与指称之间的区别,甚至在他的意向性理论中,在论证指称对意义的依赖性时,仍坚持它们之间的区别。然后,这种区别也表现在报告与主张之**意义的不同特征刻画**中,而非仅仅表现于它们的差别式指称中。尽管我们是从对报告的反思中得到的主张,但我们不能把命题仅仅看作报告的意义。胡塞尔支持第二种选择吗?

我在我的另外一本书里③曾主张,胡塞尔晚期对语言问题的反思,以及对日常话语与科学话语(或严格的话语)之间的区别的反思,使得胡塞尔走出了他早期关于语言是非时间性的理想对象的最初看法。在那里,我提出了三个理由:

① 形态转换的分析表明,从事主张的行为本身隐含地与其他种类的行为联系在一起。

② 意义的"观念性"被解释为同样背景下类似语境的符号之可重复性的格式。

③ 语言的交互主体式、对话式的维度,既决定了有意义的语符串的应用方式,也决定了语符串意义本构的方式。为了把握这一区别,我把报告的意义冠以"概念式格式"的标签。

很显然,这是需要进一步研究的任务。在本书最后一章,当我们回到意义问题,并且已经有了非常清晰的关于语境的概念时,我们再进一步讨论这个问题。因为对目前来说,对这两种可能性的关系的临时性勾画应该够用了。对报告的意义的特征刻画进行全面研究、不把报告当作命题(像弗雷格那样)来处理的关键是,要认识到,主张已经是反思的话语的一种形式;**在这**

---

① 胡塞尔:《意义理论》,第 81~85 页。
② 同上书,第 85 页。这一段的内容我遵循的是鲁道夫·贝尔内特的分析。见他的〈胡塞尔的 Noema 概念〉,《胡塞尔著作的出版与胡塞尔研究》,第 72~73 页。
③ 道恩·威尔顿:《意义的起源》,第三部分。

种形式中,报告的概念格式已经被对象化了,被配置为思想、命题或者规则。如果这些规则已经对首先被用作报告的句子作了调整,这些句子就变成为主张。在《危机》一书中,正如我们将在第十三章中看到的,理解句子的这两种类型的区别,对于理解被胡塞尔称为"激活(activation)"或者"再激活(reactivation)"之进程,即对理解那种把被接受的报告提交给分析的要求,是至关重要的,对理解被胡塞尔称为"积淀(sedimentation)"——在这里主张融入确信中,成为一个团体的日常生活的话语的组成部分——的过程①,同样十分重要。

当我们把 S 是 p 的知识性使用与非知识性使用的区分,同我们前面得出的感知的知识性类型与非知识性类型的区分放在一起时,本构现象学就会要求我们也要对意义和感性意谊的类型做出相应的区分②。胡塞尔并没有把他的各种不同类型的讨论都放到这种思路中加以研究。所以,我们很清楚,无论就术语而言还是就分析而言,我们实际上都已经超出了胡塞尔。我们希望下面的图(图7.2)能起到地图作用:指出行为的类型和意义的类型的区别。这些区别应该适用于任何关于意向行为之表指成分的合理理论,或者关于这类意向行为的 noematic(意向相关项上的)内容的合理理论。

	感知(Perception)	言语(Speech)
知识的(Epistemic)	感知性再认识 (Perceptual Recognition)	主张活动 (Claiming)
非知识的(Nonepistemic)	源初感知 (Originary Perception)	报告活动 (Reporting)

行为的类型(Types of Acts)

	感知(Perception)	言语(Speech)
知识的(Epistemic)	感知类型 (Perceptual Type)	命题 (Proposition)
非知识的(Nonepistemic)	感知性格式 (Perceptual Schema)	概念性格式 (Conceptual Schema)

意向相关项内容的类型(Types of Noematic Content)

图 7.2　行为的类型与意向相关项内容的类型
(Types of Acts and Types of Noematic Content)

这里的言语只限于指 S 是 p 这一语法单元的使用(而且在隐含的

---

① 参见胡塞尔《危机》,第 52、371~372 页;英译本,第 52、361 页。
② 关于认知性与非认知性(epistemic and nonepistemic)之间的区别已经是一种理想型的说法。具体的感知和话语则表现为二者之不同的变形和混合。

情况下,包括具有这种形式的任何成分)。我们现在所能做的,只是对术语加以规定。而对它们的完整说明则需要将它们相互比照,进行特征刻画。

1. 一个主张的意义是通过报告的名词化形式(S 是 p→S 是 p 这个说法 {that S 是 p})而成为讨论的主题;它是这样的一个命题:

(1) 当用于陈述一个原子事态时,控制规范着 S 是 p。

(2) 它本身可以通过下述三组不同的规则对自身加以特征刻画:

① 绝对成真的(apophantic)规则,为构成"符合形式(well-formed)"的主张提供了一定的句法条件;

② 诸内涵条件,在其中一个命题的谓述内容可以被修改精炼(rendered)为概念,然后在与其他概念的关系中将其区别出来;

③ 实存式(ontic)规则,这些规则为我们提供诸真理条件,在此条件下,S 是 p 可能为真,并因此可以被定性(qualify)为一个主张。

2. 如对一个主张的意义的分析是由对一个陈述的(逻辑)内容的反思构成的,那么,对一个报告的意义的分析就集中于对报告的意向性结构进行说明的那些格式。其结果就是,各种报告之谓述的意义,不是依据真理条件下的内容为特征,而是有关联地依据各种符号,它们同该谓述处于聚合式的和组合式(paradigmatic and syntagmatic)的关系中[a],为了协助我们介入和参加到事物中去。使用以及可能使用的格式,使我们得以接近和获取相关谓述的概念式输入,就其本身看,这些输入可以特征刻画为一种精神模式,因此涉及想象。总之,报告是一些工具,它们使得我们得以介入世界、参与其中;协助我们制订行动计划与相互影响和作用的计划。

3. 按我们的看法,感知意谊,是感知的非知识性形式,按胡塞尔的称呼是感知的"被动的"形式之 noematic(意向相关项上的)构成成分。它们是一些可以通过三种类型的(感性的、空间的、时间的)综合加以特征化的格式。这些类型是我们对经验到的内容进行吸收的方式之一部分,这些内容则是在我们由感知上调节我们的感觉与世界的关系的过程中获得的。

4. 知识性感知。与非知识性感知相反,它被理解为是对于感性的再认识的形式。这种再认识别活动是在言语中所使用的概念指导和"邀请"下进行的。就像在主张那里的情况一样,这里也有一些反思因素在起作用。比

---

[a] 聚合式的关系,在语言上指"黑"、"白"、"红"之间的关系,即类似于分类学上的种属关系;组合式的关系,则指"汽车"与"驾驭";"黑"与"猫";"白"与"羊";"红"与"玫瑰"之间的关系。从人的语言能力之发展看,人们先掌握的是聚合关系,然后才发展到对组合关系的理解。——译者注

如,在总体理解(apperception)自身中,被动地被理解的相似性与区别性成为我们感知性关注的中心。我们不仅看到 X 相似于 Y,我们还看到 X 对 Y 的相似性。我们进入了一个在起作用的类型之清楚的感知性解说。这些类型平时受到概念体系的指导,我们现在于特殊的具体区域中,或者针对某一特殊任务而启用这个概念体系。

离开了对胡塞尔思想的直接说明,我正试图依据不同的角度对胡塞尔的分析进行分类、排序。尽管很难充分地把它作为一个不同类型的感性意谊的成熟理论,但是我的解释给我们提供了对一些重要区分的一个粗略的图像,进而就我们当前关于意义与对象的本构讨论提出一些问题。对作为"承担着谓述的 X"这一 noematic(意向相关项上的)对象之分析的现象学解释[1],以及与此密切相关的,由迪特·亨利希(Dieter Henrich)现在正尝试重新恢复的"物自身"概念[2],这两者都是对 S 是 p 进行某些处理而来的不可避免的产物。让我在此尝试以一个结论来把握两者。

尽管我们承认 F(x) 再产生了 S 是 p 的结构,当我们将它作为命题使用时,许多分析的现象学家和亨利希所作的各种分析仍然做出了四种假设,这四种假设从我们的研究结果出发来看都是有问题的。这四个假设分别是:

① 所有的感知活动都是认知活动(knowing)的形式,这些形式反过来被定义为本性上是命题性的。
② 对所有具有 S 是 p 的形式的句子结构,都可以给出一个弗雷格式的解释,并且通过 F(x) 被再生产出来。
③ F(x) 是最基本的,所以反映了诸事物的基本结构,或者,分别地表达了我们同诸事物之间的认知性关系的基本因素。
④ 该事物的所有规定,都是通过 F 得到传达的(conveyed)。

给出了这四个假定之后,就不可避免地得出下列结论: x 代表 X 承担着谓述(逻辑上描述),或者代表着物自身(存在论上描述)。

---

[1] 参见大卫·史密斯、麦金泰尔:《胡塞尔与意向性:心智、意义和语言研究》(Dordrecht: Reidel, 1982),第 200~204 页。
[2] 迪特·亨利希(Dieter Henrich):〈物自身:关于有穷事物之形而上学的导论〉("Ding an sich: ein Prolegomenon zur Metaphysik des Endlichen"),见 J. 卢斯、G. 文茨(J. Rohls and G. Wenz) 编:《信仰的合理性》(Vernunft des Glaubens), Göttingen: Vandenhoeck & Ruprecht, 1989,第 42~92 页。

胡塞尔的回应——我们在这里只能根据上面已经讨论的分析为基础做一简要说明——大概会是下面的样子：

① 如果谁把理解定义为本质上是命题性的,那么,日常的感知就不是严格意义的理解形式,因为它是前语言的。但是胡塞尔会拒绝这种受限的理解观念,而宁可将其称为"谓述前的熟知"或者"谓述前的经验（体验）"。它们都是以感知为基础的。我们一旦领会了本构现象学的根本属性,对日常感知的分析就不是在"先验性分析"中,而是在"先验感性论"中被给出的①。

② 最好的情况是,F(x)仅仅提供对S 是 p 的谓述性的使用形式。实际上,它甚至连这个也提供不了,如果我们把"是"设想为是以一种范畴综合的形式为基础的,而"is"不可还原为（irreducible）与 S 联想在一起的确认行为（identifying acts）,也不可还原为归类于 P 和属性上连接着 P 的行为,就像胡塞尔在第六研究中所建议的那样②。

③ F(x)是衍生（derived）于及依赖于我们从讲话和观看活动的非知识模式之变换为谓述和再认识的知识模式。这个变换可以是基本的,但不是原初的（primitive）。

④ 诸感知性对象都有一些规定性,这些规定性不是通过回溯到概念,而是通过回溯到它们的类型（type）、感知性的结构而在现象学上得到解释,而这些类型和结构在本性上是前概念的（preconceptual）。它们本构着诸事物（things）的感知式性质。实际上,在感知中给出的对象的规定性,在它们成为由 F 拣选出的事物属性之前,本身必须经历"对象化"的过程。

如果胡塞尔的分析是正确的,如果S 是 p 作为报告的使用与作为真理性主张的使用之间的区别,可以用形态变换和兴趣的不同来加以说明的话,那么我们就有了一个相当准确的途径,把现象学的**语法分析**同**逻辑分析**联系起来,这里既包括了对句子的意义分析,也包括了对句子的指称分析,并且也找

---

① 胡塞尔:《形式的与先验的逻辑》,第297页;英译本,第292页;胡塞尔:《被动综合分析》,第295、361、362页。对这个观念的定义与康德的定义方式完全不同:"因为这个先验的关于感知意谊（senses）的理论（Sinnlehre）恰恰对 aesthetic（感知性的）,perceptual（感性的）,和一般意义上的 intuitive（直观的）apperception（总体理解）的所有 Vorkommnisse（表现）做了彻底的研究",第361页。
② 胡塞尔:《逻辑研究》,Ⅱ/2,第128页以下各页;英译本,第773页以下各页。

到了把相关的语言学同逻辑联系在一起的途径。这将是十分有价值的,因为将这两个层次混为一谈是其中一个最持久的和最有危害的哲学错误。

这个结果向我们表明,对整合感知的断言或者主张的本构性说明应该是怎样的。这种说明将以在底下起支撑作用的层次为基础:

① 报告。这些报告使用粗糙的并且准备好的概念性格式来组织它们对事实的配准(registration)。

② 否定性。在否定中,感知的被动综合对应以报告为基础所预期的内容而制造出冲突。

③ 怀疑。它将确信的设定性(thetic)态度转变为迷惑。

④ 质问。在质问的过程中,我们把谓述当作概念或者当作逻辑意义上的函项加以主题化,考虑它们的适应性和可用性。

⑤ 义务。要求我们的对话者讲真理。

这些层面构成了本构的垂直坐标。我们已经给出了一个特别适用于对物理对象和事实的区域加以描述的方式,同时,它也可以用作对其他区域作先验的本构说明的模式。在涉及个人以及社会和文化形态的形成时,对经验的说明就更加复杂,就像语言把经验组织配置和再当下化时的情况一样。

我认为,这种分析的惊人结果使我们得以看到,(日常)语言与对于区域性的场域来说是本构式的(非知识)的感知之间是如何相互作用的。这种相互作用内在地与断定及确证之间的辩证作用连接在一起。它恰恰导致了各种区域存在论的产生。在最后的分析中,就是它使我们的各种存在论成为现象学的存在论,并且为这些存在论提供了它们在世界中的各种根基。

第八章　向发生现象学的转向

早在十多年以前,我就已经克服了静态的柏拉图主义阶段,形成作为现象学核心课题的先验发生论的观念。

——胡塞尔致那托普(1918年)①

跟踪本构的[秩序],不等于跟踪发生的[秩序],准确地讲,构成的发生自身启动为在一个单子内的发生。

——胡塞尔(1921年)②

过去的这一年是伟大的解释性沉思[Besinnungen]的时期。我最后一次[原文如此]彻底思考了现象学的原则、基本观念及其方向路线。

——胡塞尔致格里姆(1922年)③

特别重要,但是[在内在经验分析的历史发展中]很晚才注意到的这个基本事实是:反思的经验,即所谓"内在的"经验有很多层次和深度方向。而且每当谁要努力越出最浅表的层级而把它实践起来时,那是极其困难的。事实上,他一开始是不能对所有层级和中间媒介略有所知的。他不知道内在的经验不是一种简单的反思,即它可以没有进一步的纷扰而引向各自的内在领域的具体性中。然而情况却是所认可的存在之能够被具体把握为一个主题,只会发生在多层面的反思中,因而内在经验是一个在永远常新的反思中被影

---

① 胡塞尔:〈致保罗·那托普的信〉,1918年6月29日,《通信集》(Ed. by Karl Schuhmann in connection with Elisabeth Schuhmann, *Husserliana Dokumente*, Vol. 3. Dordrecht: Kluwer Academic Pub., 1994),3/5,第137页。
② 胡塞尔:《交互主体性(2)》(Ed. by Iso Kern, *Husserliana*, Vol. 14. The Hague: Martinus Nijhoff, 1973),第41页。
③ 胡塞尔:〈致阿道夫·格里姆的信〉,1922年9月1日,《通信集》,3/3,第85页。

响着的揭示过程。

——胡塞尔(1925年)①

第一节　静态分析同发生分析的桥接

我们对胡塞尔的笛卡尔式思路的考察得出的结果是,区分了静态分析与静态分析的笛卡尔式表述,并且同时重新提出一个问题:一旦脱离这种笛卡尔式的表述,如何才能把静态现象学与发生现象学加以对照区别开来？发现笛卡尔式思路的局限,本身并不能证明,引进发生研究的合理性。起初它只要求一种对静态分析的非笛卡尔式的表述,这一点我们已经在本书第二章、第四章和第七章做了勾勒。这项工作将胡塞尔的注意力的焦点由建立先验**结构**和绝对主体性,转移到一个先验**场域**,一个由水平坐标与垂直坐标协调起来的场域,本构分析就活动在这个领域中。由于这两个坐标轴覆盖了现象学领域的浅表和纵深两个维度,所以它们似乎是完备的了。这个断言又得到下述惊人事实的支持,即我们对感知的本构分析已经调用了"瞻前预取"、"后顾滞留"、"回忆"和"期望"等观念。依据胡塞尔的理论,时间性分析会将我们带到最基本的"形式",最纵深的"绝对"②之前,在它们之外,再没有任何东西可供探察了。

这个结果同第二个结果正好吻合。人们认为,胡塞尔的体系性现象学引起了一个严肃的挑战:要求对发生现象学所覆盖的内容之极端多样性和异质性进行说明。胡塞尔把发生现象学这个标签用于完全不同的领域,以致我们都不知道,如何能够将它们归入一个统一的范畴之下,并对他为什么这样做感到困惑难解。20年代早期,胡塞尔写道:发生分析给出"对生活的伦理形式"的说明,将其理解为"可能的人类生活之先在的(a priori)和本质的形成过程",甚至说明了"真正的人性的观念以及它如何发展自身(giving shape to itself)的方法"③。但是它也处理"本构的生理学过程和为一个物理世界及

---

① 胡塞尔:《现象学心理学》(Ed. by Walter Biemel, *Husserliana*, Vol. 9. The Hague: Martinus Nijhoff, 1968),第30页;英译本(Trans. by John Scanlon, The Hague: Martinus Nijhoff, 1977),第21页。
② 胡塞尔:《大观念(Ⅰ)》(Halle a. d. Saale: Max Niemeyer, 1913),第163页;英译本(Trans. by F. Kersten, *Collected Works*, Vol. 2. The Hague: Martinus Nijhoff, 1983),第193页。
③ 胡塞尔:《文章与报告(2)》(Ed. by Thomas Nenon and Hans Rainer Sepp, *Husserliana*, Vol. 27. Dordrecht: Kluwer Academic Pub., 1989),第29、55页。

与其并列的活生生的肉体(lived body)之间的统一性提供条件的方式"①。发生现象学以某种方式把两个极端桥接在了一起：① 一方面是宏观整体分析：为我们当下对世界的理解和经验做出伦理的与文化的贡献进行宏观整体分析，甚至包括对科学思想与哲学思想的整个历史的分析。胡塞尔1922～1924年间写的一系列文章以及其后所写的《危机》一书，都关涉这方面的内容②。② 另一方面是具体细致的微观的说明。这涉及对我们最原初的感知的文化前(pre-cultural)之结构成分的分析，以及说明它们如何产生关于自然的共享经验之方式。我们可能会问，发生分析是否负责把静态现象学剩下的未加考虑——不管是出于偶然的原因还是原则上——的理由都给包了下来。如果我们始终如一地突出发生理论与静态理论之间的对立，那么发生分析自身可能会缺乏把它研究的不同课题联系在一起的体系性纽带。如果胡塞尔只是把静态现象学遗留下来的剩余问题简单地收集在一起的话，那么去寻求把各种研究统一在一起的原则，以及作为结果去辩称胡塞尔实在有一个体系性的现象学，便都只是徒劳的。

在这一章里，我准备继续在上一章开始的工作，尽量准确地界定这一问题的位置，以便确定胡塞尔发生现象学的发展。在我们检验胡塞尔的方法的时候，我们已经发现了一些分析模式和一些研究轨迹，但是直至他开始研究他的"视域"观念之前，胡塞尔本人对这些方法和轨迹似乎并没有完全掌握。这就将会指导我们去研究胡塞尔理论的不同方面之间的内在联系问题。

有一点我们常常忘记，这就是胡塞尔与弗雷格理论发生接触的意义。实际上它意味着，《逻辑研究》关注客观主义或者形式主义的局限性，这与它对意义理论上的心理主义的批判同样重要。弗雷格认为，谓词词项[弗雷格称它们为"概念词(concept-words)"]以及命题(它处在另外的层次上)，都有某种被设定为相对于其外延的内涵。弗雷格对词项和命题之内容的形式主义规定(specification)，以及它们的意义与指称之区别的形式主义**规定**，都是通过真理条件的说明才得以完备的③。它既不需要回溯到支持命题内容的行为或行为的成绩功效，也不需要回溯到使命题"饱和"或者"确证"的途径的经验说明。弗雷格系统地制止任何用意向性描述来补充其理论的努力。由

---

① 胡塞尔：《被动综合分析》(Ed. by Margot Fleischer, *Husserliana*, Vol. 11. The Hague: Martinus Nijhoff, 1966)，第342页。
② 这是著名的《改造》(*Kaizo*)杂志的文章，见胡塞尔：《文章与报告(2)》，第3～94页。第十二章将具体讨论它们。
③ 见道恩·威尔顿的文章：〈从事联结的专名和被联结的对象：弗雷格与胡塞尔论Bedeutung〉，见克里斯托弗·吉米·奥托·珀格勒编辑的《争论中的现象学》，Frankfurt am Main：Suhrkamp，1989年，第141～191页。

于这种限制,"所指"仅可能被描述为下述被给出者:它们明显地是在这些术语中并通过这些术语被给出,它们或者作为由主词来命名的对象,或者作为落入谓词管辖之下的实例受到分类或指称。

在上一章中我们看到,胡塞尔对这些问题的处理,是通过在意义条件和真理条件(科学)之间打入一个楔子,而把命题处理为知识上既定的言语行为的相关者。早在《逻辑研究》中,他就看到对那些条件——这些条件对于有意义的主张的构造和充实是本质性——的**范畴**分析是不够的,需要更多的工作。说明形成主张的活动与其之后在成功的经验上确证(confirmation)活动之间的**动态**相互作用是必不可少的①。因为这二者的"内容"并不是一致的,所以,确证(confirmation)总是不断提出扩大范围的要求,要求进一步详尽的描述。而详尽的描述反过来又要求更多的附加证据。

在《逻辑研究》中,胡塞尔满足于让谓述(proposing)与确证(confirmation)在结构上的相互作用来定义他的视域观念。粗略地讲,视域使得前意识的内容——既包括命题上的,也包括经验上的内容——成为背景。这个背景视域支持着不断继续的意向,而且它也被隐含或非主题化地处于一个已被给出的充实之内。毫无疑问,胡塞尔的这一思想是对弗雷格的重大改进,因为它包括了对命题行为以及对经验对象的更丰富的说明。然而在这里,胡塞尔的下述两个观念:① 充实涉及意向性内容(被特征化为抽象的逻辑实体)与直观地当下化的内容之间的符合一致(coincidence),② 背景被理解为是主题前的(prethematic)内容,在逻辑上或语义上已依附于某一特殊的充实,都意味着一般的意向相关项上的(noematic)内容还是依据命题性内容来校准自己,给自己定型的(leveled and modeled)。此外,充实着意向的内容主要被视为,依据它与所意向之内容的同一性或"覆盖"(Deckung)。胡塞尔发现了他所需要的谓述行为之观念(conceptual)内容与经验行为的判定(determinate)内容之间的关键对立;他用意义(Bedeutung, meaning)与感性意谊(Sinn, sense)之间的区别将它固定下来②。但是他把这种对立的**特征刻画**限制为一个"构型完备(well-formed)"的领域,然后那被确证的(confirmed)判断则倾向于压缩意义与意谊的范围,瓦解它们相互区别的特征,因此使他的视域观念受到限制,显得像是语义场的聚合式(paradigmatic)代替物。

---

① 见胡塞尔:《逻辑研究》(2nd rev. ed. 2 Vols. Halle a. d. saale: Max Niemeyer, 1913 and 1921)第六研究第一章。
② 见胡塞尔:《大观念(I)》,第 124 节。

在 20 年代，胡塞尔想起核查他的初级现象学，即初创于《逻辑研究》然后转变为《大观念(Ⅰ)》的先验语域(register)[a]的现象学。在写作《逻辑研究》的时候，胡塞尔认为这种现象学完全适用于为逻辑奠定基础，而且是不会落入心理主义和形式主义陷阱的第三种选择。但到了 20 年代，在胡塞尔看来，它仍然需要加以拓展。在现象学设计之初，整个的时间性问题，以及最终它的转换和发展问题，都被暂时放在一边未做研究①。在对自己思想的拓展过程中，胡塞尔又回到了他的《逻辑研究》的第一研究借以开始的问题，特别是关于感性经验和言语问题的研究。观察他的感知理论和语言理论的进一步发展，将为我们提供一个途径，以达到连接静态分析和发生分析的系统纽带。

为了把胡塞尔对感知的第一次具体的发生研究置于合适的位置，并因此使一般的发生分析(这可以在现已被收集到《被动综合分析》内的手稿中找到)也得到合适的位置，我们需要把这些文本同《大观念(Ⅰ)》以后胡塞尔自己思想的惊人发展联系在一起。《大观念》按原计划应该是三卷本的著作。第一卷出版于 1913 年，但是第二卷一直停留于手稿状态，第三卷只有一个写作大纲，没有更进一步展开为书稿。1924～1925 年，兰德格里博曾对由伊迪斯·斯泰因编辑过的这部手稿进行加工修改。但即使这样，按兰德格里博的报告，胡塞尔也只是把它们看作"素材"②。毫无疑问，第一次世界大战使胡塞尔失去一子，又重伤另一子(两次)，以及战后经济政治的困难时期，都使得胡塞尔下决心把这一计划放在一边。但是有决定性意义的是，他自己渴望推进他对现象学方法的理解，这一直驱使着他的工作。从 1921 年起，他开始准备他的后来被他称为"大体系"的著作，这个研究计划取代了原来准备出版三卷《大观念》的计划。1921 年 11 月底，他在给英嘎登的信中写道："几个月以来，我一直在为我那个太庞大的手稿而工作，一直在为一个大体系著作而做计划，它应从最底层构建起，以后可以作为现象学的基础性著作。"③

这个体系性著作的计划为胡塞尔两个最重要的、最富创新意义的文本提供了一个框架。这个文本就是 1920～1921 年冬季学期开始讲授的关于先验逻辑的讲稿，以及在 1921 年暑假期间(8 月到 10 月底)写下的一大批有关论时间的手稿。这批手稿后来以圣梅尔根(St. Märgen)手稿而闻名。对于我们

---

[a] 社会语言学术语：按其使用的社会情境定义语言变体，如科技英语、宗教英语、商务英语等。
① 参见胡塞尔：《大观念(Ⅰ)》，第 163 页；英译本，193～194 页。
② 见耿宁："编者导论Ⅱ"，见《交互主体性(2)》，第 xvii 页。
③ 胡塞尔：〈致罗曼·英嘎登的信〉，1921 年 11 月 25 日，《通信集》，3/3，第 213 页。

的目的来说,前者最为重要。

在紧接着下一个月给英嘎登的其他信中,胡塞尔又一次担保,他并没有"抛弃"《大观念(I)》,尽管其中有许多观点并没有得到很好的发展。其中涉及的所有原则性问题都需要进一步"纯化",他自己写道:"的确,我已经前进了如此之多了。"①在这个上下文中,胡塞尔提及他连续四个学期的讲课稿,而且特别谈到了1920～1921年冬季学期第一次讲授的关于先验逻辑的讲课稿。这一大批讲稿曾于1923年夏重新讲授了一遍,1925～1926年冬季学期再次讲授。这批稿子如今发表于《被动综合分析》一书中,这个文本是我们当前的分析所依据的主要文本。胡塞尔对这批手稿的加工十分紧凑,胡塞尔周围的其他人也知道它的重要性。比如,梵德尔从慕尼黑写的信中证明他知道这批手稿的情况②,梵德尔的一个学生,菲利普·施瓦茨(Phillip Schwarz)早些时候决定去弗赖堡学习,就是为了去听胡塞尔的这门课③。十分清楚,这些材料跟胡塞尔拓展他以前的现象学的范围广度,以及发展为一个体系的努力是密切相关的。在计划和草拟这些讲稿的时候,他曾于1920年9月写信给贝尔说,"我想用一种全新的精神来草拟我的逻辑学讲义:将它作为整个哲学的诸原则的最普遍性的形式原理。沿着这个主线我将达到一个——体系。……"④12月份他告知英嘎登,这个讲稿"是多年劳作的果实"⑤。所以,看来他确信这批讲稿对他的体系是十分重要的。他在1925～1926年冬季学期重复讲授的时候,只是对它作了扩充。因为他在那个学期讲课期间给曼克(Mahnke)的信中说,这里涉及的是"世界-构成之体系现象学的根本基础"。……⑥

1922年夏天到伦敦作讲演的邀请,推迟了胡塞尔对逻辑的研究工作。然而由于1922年整个上半年的大部分时间他都用于准备伦敦的讲演,之后在1922～1923年冬季学期便讲授了"哲学导论"⑦的课程。在1922年12月给贝尔的信中,胡塞尔谈到自己对构造体系的方法之努力时,向他提及了这些讲稿。他还专门强调了达到体系方法的正确"开端"或出发点的重要性:

---

① 胡塞尔:〈致罗曼·英嘎登的信〉,1921年12月24日,《通信集》,3/3,第215页。
② 梵德尔:〈致胡塞尔的信〉,1921年3月21日,《通信集》,3/2,第165页。
③ 梵德尔:〈致胡塞尔的信〉,1921年1月1日,《通信集》,3/2,第239页。
④ 胡塞尔:〈致贝尔的信〉,1920年9月22日,《通信集》,3/3,第20页。
⑤ 胡塞尔:〈致罗曼·英嘎登的信〉,1920年12月12日,《通信集》,3/3,第206页。
⑥ 胡塞尔:〈致曼克的信〉,1926年2月21日,《通信集》,3/3,第453页。
⑦ 以此为题的课程讲过几次,但正如我们在第六章中查考指出的,这次是伦敦讲演并在其后对此讲稿做了进一步的研究,从而形成了此本文。

> 对我来说，它的确是一个最困难的课程。实际上一年多以来，我一直在为思想的体系性课程而工作，现在我把它们加工成讲稿的形式——它与我在伦敦所做的讲演相同，后者只不过是它的压缩形式。对于我来说，经过不断的反复——准确地讲，与教课的任务有关，在不同的题目下，尝试在许多讲课的过程中，发展出一个对现象学的导论——变得越来越清楚，这里涉及的是哲学体系的重大任务之一：适当的开端的任务(Aufgabe)，如何把知情者(knower)的水平从自然的概念的素朴性，提高到绝对的证明了其合理性的科学水平之开端，即哲学水平的开端。①

而在胡塞尔于伦敦刚刚完成的讲演中，我们看到，他把笛卡尔式思路的因素混杂到他关于现象学体系的思考之中。他在这封信里继续说：

> 正确动机的产生，明显有赖于以我思(ego cogito)作为"开端"的必然性，给予它现象学还原的意义，也就是从先验的意识和自我进至先验境界的本型分析，而由此进一步把自我(ego)、纯我拓展到"全-我(I-all)"，吸收感同性等等——我现正为此绞尽脑汁，这绝不是为图安逸的人准备的。②

寻找一条通向体系现象学的正确路线，以及寻找一个适当的切入点的努力，却遭受挫败。"哲学导论"是建立在修正了的伦敦讲演的笛卡尔式思路上的，因而使这个计划的完成更为复杂。一年之后，胡塞尔开始尝试为他的开拓体系的工作寻找新的可能路线，以达到他的"第一哲学"中的还原。这就是1923~1924年冬季学期讲授的课程③。对先验分析的合适开端或切入点的关注，使他偏离了他有关构建体系现象学的原初计划。过了五六年之后，他才重新有机会又回到这一问题。但是我们由此仍可以看到，他关于感知的发生现象学的具体执行，以及对《被动综合分析》的专注，是被构思为其现象学的体系性进路的基础部分。

如何处理现已作为《被动综合分析》一书出版的手稿，还存在第二种途径。如果我们把这些文本同他的后期著作放在一起，我们就会发现，胡塞尔

---

① 胡塞尔：〈致贝尔的信〉，1922年12月13日，见《通信集》，3/3，第43页。
② 同上书，第43~44页。
③ 以《第一哲学》(Erste Philosophie)为题出版，分Ⅰ、Ⅱ两卷。

把前者视为对《形式的与先验的逻辑》一书的扩展了的导论。最重要的是，《被动综合分析》这本书有效地挑战了他早期对日常话语与准确的科学话语之间的关系的忽视[也许我们应该补充一句，这一点也隐含了对 noematic（意向相关项）内容的特征刻画]。现今作为《被动综合分析》一书的这批手稿，原有的副题之一已包含"Urkonstitutionen（诸源初本构）"一词①，而且它是涉及另外一批手稿有关"发生逻辑"的一段文本②。以这些文本为基础，我们可以看到，这些材料原本属于《形式的与先验的逻辑》一书的导论部分，后来却被排除于《形式的与先验的逻辑》主体文本之外③。从理论体系的观点看，他已经假定，"被动综合"的分析已经完成了，所以主体文本便集中精力处理同形式逻辑以及先验逻辑直接相关的问题，即处理"主动"综合的问题。

胡塞尔在这批手稿中的工作是彻底扩展由康德的"先验感性论"首先圈定的研究领域④。在这些手稿中他不仅研究了时间和空间问题——当然他的解释是现象学的——而且还研究了感性经验的某些基本结构。在胡塞尔的研究产生影响之前，康德范畴论和先验逻辑中的思想一直左右着这个领域的研究。即使在胡塞尔转向逻辑学的时候，他提供的乃是关于经验的诸判断所预设的某些必要条件，以及说明判断的发生学，也就是解释经验与语言的结构性转变如何本构着理论的、再当下化的话语层次。在这批讲课稿中，他进一步探索的特殊问题是把他的感知理论同《形式的与先验的逻辑》一书中的逻辑学综合在一起，这个特殊问题可以被理解为"**被动综合**"与"**感知的形**

---

① 见胡塞尔:《被动综合分析》，"文本校勘注（Textkritische Anmerkungen）"，第 445 页。
② 见同上书，第 524 页对正文第 411 页第 4 行的注。这个附录（*Beilage*）采自手稿 D 19。
③ 现在发表在《被动综合分析》一书中的内容，包括按手稿编号的讲课稿 F I 37，F I 38，F I 39。胡塞尔曾按此手稿讲过三门课程：最早是 1920~1921 年冬季学期，这个讲稿是一个经过修改的较短版本，其中略去 F I 39；1923 夏季学期的讲稿经过了进一步的修订，也略去 F I 39 的内容；1925~1926 年冬季学期又讲了一次。手稿 F I 37 的第 3~32 页被合并到《形式的与先验的逻辑》的（写于 1928 年底到 1929 年初，1929 年出版）"导论"和"准备性的考察"中。手稿第 3~7 页被收入该书的第 1~3 页和第 14~15 页（原始页码），胡塞尔把手稿的主题摆在那里，在该书以后的行文中再也没有直接讨论过它们。按胡塞尔原来的写作计划，要说明逻辑表达的意义"向回指向它们那个来自经验的源头"，来自"更深层的发生源泉"的途径（第 185 页；英译本，第 208 页）。它是整个《形式的与先验的逻辑》预设的前提。关于这二者之间的关系还有另外一个证据，就是 1920~1921 年的讲稿中，F I 39 在 F I 37 和 F I 38 之后，题目为"行为、题目、论题行动（Activity, Theme, Thematic Action）"，兰德格里博将其用在他编辑的《经验与判断》中，而那本书，就像它的副题表明的，专门关注"对逻辑的发生理论的研究（the Genealogy of Logic）"，见胡塞尔:《被动综合分析》，"文本校勘注（Textkritische Anmerkungen）"，第 443 页。而安东尼·斯坦伯克翻译的《被动综合分析》的现行英译本，则把这个段落重新组织到《胡塞尔全集》文本之中，使其恢复了胡塞尔讲稿的最原初样子。
④ 胡塞尔经常使用"transcendental aesthetic"这个术语以便把他的被动综合分析同"transcendental logic"区别开来，在其上建立起谓述思想境界的描述。见胡塞尔:《被动综合分析》，第 295 页，第 361 页以下各页，特别是第 498 页。

态变换(modalities)"所涉及的各种问题。这些问题属于行为中和语境脉络上的变异问题，它直接影响到意义，但并不一定能直接在谓述内容中找到它们的表达。正如我们已经看到的，这不仅要求对于感知意谊(sense)的进一步清晰的特征刻画，还要求对意义(meaning)的本构维度的进一步清晰的特征刻画。而后者是不可以通过对真主张的逻辑内容之成真条件的反思来把握的，也不可以通过对意义(meaning)的反思来把握。对于意义(meaning)，在现象学上是依据逻辑的"意义赋予"行为进行现象学的解释。由胡塞尔的扩展而来的对意义的解释直接影响了某种语境化，并由此追踪到了"话语行为"的类型、感知行为的类型的"发生论"，这是静态分析所特许并将其理解成自己之基础的发生论。这个运动即是对发生分析的潜在统一性及多样性的说明。

就像我们在上一章中已经勾勒出的，依据被动综合处理感知(这是胡塞尔讲课稿最基本的成绩)，有赖于对他的静态的"形式-内容"感知图式的再思考[a]。他不仅看到这种二元性是临时性的，更重要的是，他也理解了，他最初将其置入同命题的关系中的感知的类型——现在我们看到，这是由概念式区别指导下的，在知识上的感性识别确认(epistemic perceptual recognition)——是有局限性的，受到了确定(confirmation)和为明证性担保的兴趣的控制。这类感知类型预设了感知知觉(perceptual awareness)的更广阔的背景，负载着确定性，所以是预设了一种特殊类型的感性表指关系，这种关系要求自己独特的特征刻画。一旦胡塞尔把这种背景不仅仅界定为认知(cognition)的结构的"条件"，而且还将它规定为动机性的母体(motivational matrix)，这种母体是为了对认识的**发展**进行说明而提出的，这时他便走到了动态发生研究之中。

与此情况类似，谓述话语也是从日常生活的交互式的谈话中发展出来的，也涉及一定的转换问题，这种转换使得言谈有能力承载模型-理论式说明(model-theoretic accounts)所要求的(claim for it)针对对象和事实的指称关系类型。比如，当弗雷格谈到概念(concept)时，他是把它作为谓词(predicate term)的所指(referent)来看的。他的看法在下述意义上是正确的：真理的规定(determination)依赖于报告，焦点集中在我们使用谓词(predicates)时显示出来的默然隐含的意义(silent meaning)；其结果就是，默然隐含的意义被处理为抽象的观念，这些观念是可定义的，所以可依据与现实对象和事实的一

---

[a] 静态思考：形式内容+命题关系！有问题，忽略了兴趣左右，才有此事出现；高阶的语言前的感知更为基础。——译者注

种受规则支配的关系而被具体指定(specified)。合成陈述(resulting statements)的浅表结构,可以与日常语言的句子完全相同。但是在命题中对谓词的**使用**,已经是一种**意义记述**(mentioning)和把它们的意义**对象化**为内容的方式。在我们寻求对象性和确证(confirmation)时,我们都是集中于科学的、对象性的概念上,我们使用这些概念时,就像将它们使用于对象和事实上。对对象(客观)真理的兴趣,以及对严格可定义的观念的兴趣,并不能直接由符号已有的意义中拣选出其意义。取而代之的是,通过限定(stipulation,约定)和操作式描述来构建一个概念,而这个概念是可以获得科学语言的认可的。这些符号已经承载着它们自己原有的意义,但是这些意义只有在面对一个语言学意义(带着其他维度)的上下文语境时,才可能被说成是逻辑上被特征化了的意义,而在寻求内容之"核心"的过程中,是永远也把握不到这种意义的。除此以外,日常语言话语中的意义并不是永远稳定的,而是经历着不断的发展与变化。对于后期胡塞尔来说,日常语言和真理话语之间动态的、历史的相互作用有三种桥接方式:日常话语对主张(claims)的支撑,真理话语的混凝沉淀(sedimentation)被不断地回溯到日常的生活和思想之中,日常话语的改变是由我们与事物打交道、参与介入其中的方式引起的。

第二节 垂直的深度

为了给胡塞尔的发生现象学的特殊的关注点以及它的研究范围提供一个概要,我要用一些时间从对胡塞尔的文本分析后退一步。在保持我们到此为止所使用的对经验和批判的说明的同时,我下面要考虑,若要想给意义和意向性一个全面的说明,我们必须做到什么;我认为,沿着胡塞尔的思想路线,对意向性生活和现象之间的关系的全适说明,应该分为三个层次。它们应该就处于在现象学说明的纵向坐标所开辟的分析场域之内。我尝试使用下面的图表,来把胡塞尔的发生分析解释为一种纲领,它的设计本身就是要为我们提供一个达到第三层次的路径,并且理解第三层次与其他两个层次的关系。

我这里只想对每个层次的内在结构作一些说明。先说明胡塞尔对它们的处理,然后描述它同其他层次的关系。

1. 对**意义**的**逻辑的**特征刻画,是把意义看作为支配各种再当下化(representations)之间关系的规则。这些再当下化可以是逻辑的符号,也可

话语类型和条件 (Discourse Types and Conditions)	话语场域 (Discourse Field)	指称场域 (Referential Field)	经验类型和条件 (Experiential Types and Conditions)
第一层(Level One)			
理论的再当下化的话语 (Theoretic Representational Discourse)	科学语言 (Scientific Language)	建立的对象与事实 (Established Objects and Facts)	知识的感知性观察 (Epistemic Perceptual Observation)
第二层(Level Two)			
交往式相互作用 (Communicative Interaction)	日常言谈 (Ordinary Speech)	日常事物和复合体 (Everyday Things and Complexes)	非知识式感知性介入参与 (Nonepistemic Perceptual Involvement)
第三层(Level Three)			
叙事和隐喻模式 (Narrative and Metaphoric Models)	语境 (Context)	背景 (Backgrround)	情感和人体的原类型 (Affective and Corporeal Archetypes)

图 8.1

以是抽象的精神实体,也可以是现实实体(real entities),可以是诸对象、诸事实,或者它们的某些新近的变体:现实处境等。现象学对话语的多样性差异是相当敏感的,所以它对陈述的**现象学**之特征刻画,并不拒绝在这种方式中对诸符号与诸所指之间的关系进行形式化的可能性。相反,它还要求某种补充:这种补充要把"逻辑的行为"(通过它们并在其中才使得这种连接得以成功)同"经验的行为"(通过它们并在其中所指才能得到观察)整合连接在一起。观察(observation)是感知的一种**知识性**类型,在这种类型中,感知的最基础的目标是去担保考虑中的一个主张的确证(confirmation,证实)。它是由在命题中表达出的概念来指导或左右的。当感知把 X 看作 Y 时,Y 是通过正在起作用的概念图上的特殊结点(node,纽结)而被具体指定的(specified)。知识性感知从感知性的读出(reading)(这里,被经验的内容缺乏的是,那种通过存在的知识体系的视角出发做出的解释固定下来的规定性)延伸到感性的再认识(re-cognition),这里观察者被要求把数据同一定的概念上的模板搭配起来,或者依据一组指令对数据进行拣选。知识性感知期待着一个来自事物方面的"是或不是"("yes or no")的回答,尽管它并不是总能接到这样的回复。这里把(知识性的)感知特征刻画为诠释性的(hermeneutic)或解释性的使用,不会引起含混。这是由于感知活动是依据区别(differences)而被组织起来的,这些区别在内容上是概念性的。被看到的东西,总是客观事实的一个实例或者样品,**就像**被描述的那样。此外,确证

(confirmation)往往涉及仪器工具的使用和试验设备这类媒介和专门与它们匹配的"示读(reading)"等等。所以在这种情况下,我们甚至可以说有"双重的示读",因为对于对作为事实的现象进行示读(reading)的具体指定(specifying)来说,对工具的解释性示读(reading)是本质性的。

2. 现象学在逻辑上的特征刻画的补充,要求把(逻辑的)行为整合到意识的说明中,同时还要求不仅覆盖符号和所指,而且覆盖行为的诸规则。尽管如此,它仍然没有完备到可以把握一般的话语意义的所有维度,甚至没有完备到能把握它的基本维度。这第一个层次是建立在其他层次之上的,而**其他层次在它们的谓述内容或结构中(逻辑的特征刻画中)不具有直接的再当下化**,这是因为,发展出的命题语言原逻辑(protologic)的必然性,引进了某些批判的**诸排除性**(exclusions),在**诸排除性**一旦起作用之后,便将它们"遗忘"。如果我们把逻辑句法结构与语言学的句法结构之间的关系这个有意思的问题放在一边存而不论,那么命题至少要经历下述语义上的转变,才能被置入与日常语言对立的位置上:

(1)符号作为命题,摆脱了符号的下述四种功能:

① **工具式**或者**实施式**(performative)功能,通过这个功能,符号就会成为工具,用于占有事物或驱动事物(比如师傅对徒弟说"砖"这个词的时候);

② **类比**的功能,这种功能可以使符号所服务的事物的物理属性直接再当下化(用不同的高度对线的长度进行比较[a]);

③ **象征指示**(indicative)功能,这种功能以感性的"联想"的纽带为基础指称一个对象(如冒烟与着火的关系);

④ **暗示**(intimating)功能,通过这种功能,符号会展示出讲话者的精神状态或者他们的历史(希望、心愿),这些内容是一个主张的直接指称的东西之外的盈余部分。符号作为命题时,只有被胡塞尔称为**表达的**(expressive)那个功能被保存了下来,它借助一个意义来从事指称,而这个意义是符号与所指内容之间概念性的、有规则控制的纽带。总之,语言的符号被限制在一个特定范围内,使得它能够承载理想式意义。在排除了符号的这四种功能之后,言语行为就必然地被构成为意义的承载者或者意义的给予行为。言语行为就被还原为意义的**表达行为**。

---

[a] 著作等身,日上三竿,虎背熊腰等。——译者注

（2）此外，为了提供直接的再当下化，必须约束被表达的意义。逻辑的表达是**对象性的(客观的)**，当且仅当，首先，**隐喻性**(metaphorical)的概念被排除，取而代之的是，用**字面**意义对事实或者情况进行再描述；其次，意义中**主观**上的各种变换在原则上也被去除，然后依据其理想的内容，分别对意义加以界定；再次，**随机偶然的**，或者索引式表达——它们的意义完全取决于对具体处境的感知——可以被那些无此特性的表达所代替。由于同时中止了意义的诗歌式维度、生活实践维度和躯体维度(poetic, praxical and bodily dimensions of meaning)，于是表达行为的作用，就被还原为对客观性(对象性)意义的承载行为，其结果就是表达行为都是逻辑行为。

（3）最后，讲话者被理解为不是受他(她)的文化的制约，而是只受理性规则制约的人。这样，表达的意义不仅仅是被分析所描述，同时还要臣服于分析，如果有必要的话，还要受分析的制约。如果再考虑社会交往的相互作用的话，那么，就只有讲话者的理想的社团共同体可以想象了。设想这种缜密的(rigorous)话语的目的，就是想构造一种可以摆脱文化相对性的语言，即构造一种总是可以贯穿于各种文化、为各种文化所共享的语言。

尽管这些改造(transformations)都被遗忘了，但恰是这些改造在不同程度上产生出谓述话语。只有在这些参数的范围之内，对意义的逻辑上的特征刻画——一种现象学就是建立在其上的——才得以开始，才具有有效性。如果废除了这些改造，我们便回到日常话语，回到被中止了的意义维度，更准确地讲，回到被命题结构所遮蔽的意义维度中。这样做，就开辟了一种现象学的可能性：它为对日常话语的意义进行**语言学上的**(linguistic)特征化提供基础。

3. 我们必须等到本书的下一章，才能对日常话语的意义与这种话语的语境之间的关系展开具体详尽的讨论。出于同样的理由，依据背景的特征刻画对感知的分析也要等到下一章。为了我们当下的目的，我们只需要少数观念，以便将第二层次与第三层次对立起来。

从谓述话语中获取指导方向的这种对于意义的现象学特征刻画，联系到它对其他理想意义的逻辑推演关系，把意义作为理想实体来处理，然后就把意义解释为一种抽象的、意向性的结构。意义便被理解为一种自身同一的内容，它支持着它同概念图(map)上的其他纽结点(node)的关系，与此同时，也使得指称活动成为可能。"**使用**"是形式与结构的一种功能，也就是说，它本身并不是**内容**的本构因素。相反,语言上(lingustic)的特征刻画从日常语言的使用中取得它们的支承(bearing),从功能中读出其结构。胡塞尔已经开始向这个方向运动,但是并没有完全澄清处理日常话语的意义应该采取的方法。假如他这样做了的话,那么就会导致对意义[或者 noematic(意向相关项)上的内容]的完全不同的特征刻画,那么意义就不会被看作理想对象,而是会被看作是一种**差示结构**(differential structure)。在这种结构中,意义同在语义场中其他符号的**使用**之间的关系就会成为"内容"的本构因素。一个语符串的意义之规定取决于

(1)**组合**(syntagmatic)关系。通过**不同**的句法标义成分,一个符号可以与其在同一个语符串中的其他符号建立起的关系就是组合关系[a]。

(2)**聚合关系**(paradigmatic)。通过**特殊**的句法标义成分,一个符号可以与同在一个给定的语义场中的其他可在这个语义场中顶替自己的符号建立的关系就是聚合关系[b]。

(3)也许仍可以称为**组合**关系(syntagmatic)。一个给定的语符串在一个给定的话语**语境**中,同其他的句子具有组合关系[c]。

所以,对一个意义的完备的特征刻画,要求不仅回溯到替换规则——这些规则本身就依赖于给定的语义场的结构,而且还要求回溯到语境,回溯到实际上起作用的默许的信念的连锁集合(interlocking sets)。语义场和语境,两者都不是直接被表达出来的,而只是间接被表达出来的,或是隐含在语符串自身中的,都支撑着形式完整的语符串,对于符号的意义规定是内在的、实质性的。

在这第二层次上,存在着与之相应的变化,这一点也要引入我们对感知的考察中。感知在我们日常介入参与事物的活动中的角色,并非被整合到对世界进行再当下化的方案中去,而是要被整合到同化和调整我们自己以适应世界的诸活动中去。我们经验到的各种事物在我们面前的当下展示,基本上是作为我们的行动的相关者,作为我们为了完成生活实践中的各种任务而加以利用和处理改造的东西。与此相应,非知识的感知参与其中,也就是说,它不是观察(observation),而是寻找(finding)我们围绕事物或与事物接触,从而介入参与利用事物的途径。在本书第三部分,我们将依据与事物交往介入的

---

a　p 能与之组合者: pit, apt, nip...,"打"能与之组合者: 打牌,打架,打铁,打江山……——译者注
b　能与 p 聚合者,选中 p: pit, bit, nit...,能与"打"聚合者,选中"打": 打牌,玩牌……打架,吵架,劝架……——译者注
c　p: pit, nitp, apt...——译者注

组联,来对我们所经验的事物的意谊(sense)进行特征刻画。

在第三层次上,我们发现的情况正好相反:我们找到了控制叙事和隐喻的想象,为一个文本或话语的延伸片断提供意义及逻辑,这二者都超出于对部分的逻辑分析和直接的语言学分析所获得的东西。但是,它们建立了各种隐含暗示的路线,从而控制着各种思想的路线。这些路线从与术语使用相适应的可明确指定的语义场,延伸到控制着文本片断或者话语段落的、潜藏在下面的前概念或前模式(fore-conceptions or models),延伸到"框着"整个社会交往团体的信息交流(communication)、多少可定义的聚合系统(paradigms)。它构成了我称为语境的内容。

与此相应,在第三层次上,经验被理解为处于宽泛感性的、实践的和情感领域之中的经验。诸条件的千差万别的各种集合,从特定的带有格式丛(schematic clusters)的感性的场域(比如颜色),延伸到处于给出的行为和行动中的相互对立的各行动类型,延伸到具体化了的技能的类型和支持所有行动的运动性各种类型,延伸到处理事物所要求的途径[胡塞尔称之为"亚敏感性(secondary sensibility)"],延伸到"习惯性",最后延伸到性情,性情为我们提供了超越于世界之上的整体,海德格尔把它描述为"现身情态(Befindlichkeit)"。与第二层次的在实施上的类型完全不同,我们可以将这些类型称为原类型(archetypes),但我以后将称其为背景。

第二层次和第三层次,为我们肉身的存在的历史性提供了担保,通过它们同第一层次的内在关系,为我们对世界取景的理论模式提供了担保。逻辑的话语依赖着日常的话语,因为它可以被理解为是对由文化上、历史上规定了的世界的领会的一种改造。如果逻辑的话语得到承认和传播,沉积到我们参与介入事物的日常方式中去,逻辑的话语就会**变成**日常话语,引入自己的隐喻。在经验方面,我们能发现平行的联系:实验与观察总是**起源于**并且相对于生活实践的经验与感性经验的背景,并对之加以改造,但其改造的方式并不能完全去掉它的相对性和随机的特征。某些理论的和实践的学科的成果,本身就是对我们运动于其中的空间的改造,对我们散步的路径,对我们从事的工作的改造,使有组织的行动成为产品,而产品又再创造了新的生活环境。这些成果又**沉积**到世界之中,又变成了背景的一部分,靠了这种背景,成千上万的相互作用获得了它们整体性的意义。

这第三层次并不是隐蔽在头两个层次"背后"的一个层次。它并没有为我们提供意义的第三种类型,它为我们提供的是处于语符"之间"的语境和背景。它不是话语的一般类型,相反,它包括了在日常话语和逻辑话语中起作用的叙事模式和隐喻模式。此外,它并没有为我们提供感性意谊的另外的类型,因为它并不是经验的第三种类。实际上,它是感性意谊的类聚(clustering of senses),它们把行动和情感本构为一个整体,而这个整体确定和构成了我们称为经验的全部区域。

如果把纵向坐标加以拓展,让它包括背景和语境,那么它就能为我们提供一个链接,把它同被胡塞尔使用发生分析所设想的内容联系在一起。我们把各种区域现象学的存在论,或者在改变关注焦点之后,把各种区域学科,处理为沿着水平坐标的配置。对它们的"说明澄清"启用了一种分析模式,这种模式遵循着 noetic(意向活动)与 noetimatic(意向相关项的)结构而活动,这些结构对每个区域来说都是本构式的。通过使用认同与差别、比较与对立,静态现象学把每个区域都置于同其他区域的关系中,而且注意其他地区域的哪些因素是衍生的,哪些因素对各自区域来说是全新的。

水平坐标轴的**基础**是意向性,也就是说,是先在(a priori)的相关性,是通过先验的反思被揭示出来的,并得到了担保。本构分析澄清了这个基础,而且由于依靠了**纵向坐标**才使这种澄清成为可能,并且把先验性的内容改造成了一个场域。我们刚刚勾勒的三个层次,作为先验结构而与存在论上的结构相对立。这些层次就是沿着那个纵向坐标被发现的。当我们把这些层次不仅作为浅表结构"所隐含"或"所关涉"的一个深层结构来当下化的时候,当我们也把它们理解为场域的**条件**——这些条件使得**意向性**得以具体的**转换**(transformations),通过这种**意向转换**,一个区域才从另一个区域中发生出来,或者一个区域变成了另外一个区域——的时候,我们提供的就是动态发生说明。在给出了第三层次如何与其他两个层次内在地约束在一起的途径之后,本构分析就引导到一种发生现象学,这种现象学把它的结构置于同语境和背景的关系中,并且因此置于同历史随机性和发展的联系中。在下一章中,我们将阐明,对于胡塞尔的静态现象学是如此重要的"阶层(strata)"的"空间性的"形象(images),并不是被发生过程所取代,而是被发生过程的"时间(temporal)"形象所拓展和补充。对意向性类型之区别的结构性说明,通过在时间上说明"这些区别是如何出现的"而得到推广,这样的世界便重构为**生活**世界。

当然,此论题在这里只带有一种承诺的调子,在我们正式提出它之前,还有大量的工作要做。这种发生分析的观念是如此之困难,正如我们马上会看到的,主要是由于胡塞尔是在完成了静态方法的构建之后才把它发展出来。在某种程度上,是由于**静态方法的过分拓展**,覆盖了它自己的组织原则所允许它覆盖的内容。此外,因为我们上面勾画出的头两个层次也可以依据"区域"加以研究,这使得它们在先验研究中的本质特性之角色变得模糊,而这一事实也加重了提出发生分析的困难。

第三节　胡塞尔早期著作中对发生心理学的批判

胡塞尔后期现象学中几个最重要、最杰出的核心观念——发生论(genesis)、起源(origins)、发生式解释(genetic explanation)等,都经历了漫长曲折的发展过程。我认为这个发展经历了三个阶段,在这一节中我们介绍第一个阶段的梗概。

在胡塞尔最早的著作中,他曾认为描述心理学能够提供一种洞见,透视到数学与逻辑的基础。只是到了后来他才发现,现象学是一种完全不同的东西,在他的第一部主要著作《算术哲学》①中,他尝试回答关于多样性(multiplicity)和数量(magnitude)这些数学观念的"起源"(Entstehung, origin)或者源头(Quellen, sources)的问题,他的方法是对收集性组合与比较这类心理活动进行观察②。我们可以非常宽泛地说,这本著作作为数学运算提供了一种发生说明,尽管胡塞尔在他的说明工作中并没有使用"发生"这一说法。在康德的影响下,胡塞尔甚至使用时间去定义数学运算的观念,但是又把时间看作"心理学的预设条件(precondition)",因而暗中推翻康德的看法③。由于胡塞尔总是从逻辑或数学的概念回到它们的心理学来源,所以,他实际上并没有注意对作为整体的方法进行考察,没有注意对心理学领域本身进行考察,不管是在1887年的教职论文中④,还是在1891年的《算术哲学》中,都是如此。

胡塞尔后来放弃了对算术的心理学解释,而用现象学的解释取代了它。这一发展可以通过观察《逻辑研究》中对"发生"这个概念的处理而看得很清楚。在这些早期研究中,他并没有把心理学直接刻画为是一门研究发生的学科。但《逻辑研究》第一版却十分清楚地表明,他此时的确是这样看的。在这个文本中,他对现象学方法(不幸的是,他把这个方法称为描述心理学)同自然主义的、经验的心理学做了区别,他把后者使用的方法贴上了一个一般

---

① 重印于《算术哲学:心理主义与逻辑研究》(*Philosophie der Arithmetik: Psychologische und logische Untersuchungen*), Vol. 1, Halle-Saale: C. E. M. Pfeffer, 1891年,第1~283页。
② 胡塞尔:《算术哲学:心理主义与逻辑研究》,第14、71~76、91~93页。
③ 同上书,第32页。
④ 同上书,第289~339页。

性的标签:"发生(genetic)"①。粗略地讲,现象学关心的是描述意识的涌流的内在内容,如其在"内感觉中"显示出来的那样去描述它们。与此相反,经验心理学却是一门关于"发生"的学科。它提供的是关于这些内容的来源与发展的因果性解释。在第五研究的第一版中,他对这个对立进行了具体阐述,但其阐述的方法是不可取的。由于这个对立在胡塞尔理论中的关键作用,我们不得不花一点时间对他的分析进行讨论。

在《逻辑研究》第一版中,他使用发生分析这一概念时,总是与下述问题联系在一起:是否在现象学上能找到证据证明,超出经验之流、处于经验之流之上的自我(ego)是存在的。由于他不相信有这样的证据,所以胡塞尔建议,我们应转向"全适的(adequate)"内在感知,以便摆平这一问题②。结果表明,"在当下瞬间中"的证据的"核心",就是亲历经验自身连续地串联并置(concatenation)。但我们看到的不仅是这些:

> 在这个[即意识的生活的]区域中,还进一步出现了另外的区域:回忆展示于我们面前的内容,它们以前曾经是明证地(evident)当下显现过的内容,所以属于自己过去曾是的自我的内容。[我**过去所是**(ich war)之明证性,或者明证的或然性(Wahrscheinlichkeit)]。然后,在经验性的[原文如此]基础上可以设想为,与每一瞬间可以全适地被感知的内容一起存在的——也就是说,**连续地统一地**与它联系在一起的——所有内容。当我在这里说"**连续地统一地**与它联系在一起"时,我指的是,具体的整体的统一体,这个整体的诸部分,或者是其[有依赖性的]**诸环节**,在它们的共同存在中相互奠基,相互需要;或者是其[独立的]**诸片段**,它们通过自己的本性而奠基了它们的共同存在的统一形式,这些现实的形式在实际上是属于整体的内容,它们是 reell(真实地)地居于整体内部的诸环节。共同存在的这些统一体,从一个瞬间到另一个瞬间,连续不断地相互过渡,构成了一个[意识之流]不断变化的统一体。这个意识流的统一体从自己这方面来说,要求连续的持存,至少要求一个环节的连续变化,这对于整体的一体来说是本质性的,因此是同它不

---

① 胡塞尔:《逻辑研究》(第一版,Halle a. d. saale: Max Niemeyer, 1900 and 1901),Ⅱ,第4、8页;比较《逻辑研究》,Ⅱ/1,第3、6页;英译本(Trans. by J. N. Findlay, 2 vols. New York: Humanities Press, 1970),Ⅰ,第249、252页。芬德莱(Findlay)的英译依据的是第二版,但经常包括了第一版的重要段落。我的翻译总注出芬德莱英译本的相应码页。
② 胡塞尔:《逻辑研究》(第一版),Ⅱ,第335页;比较《逻辑研究》,Ⅱ/1,第357页;英译本,Ⅱ,第544页。

可分离的。这角色是由主体的时间意识扮演的……①a

什么学科处理这些与全适地被感知的内容"共同存在"的区域呢？什么样的分析能为我们提供对这种统一体的说明，对经验的整体涌流的说明呢？在讨论了"主体的时间意识"作为稳定的持续（duration^b）和稳定的变化，以及对于经验的各种具体的整体性的统一体是本质属性之后，第五研究又把现象学分析与心理学分析混合在一起，进一步补充说，这种时间意识就是构成了"那个'我'的内容，作为灵魂的（seelisch）统一体，作为'自我'之所有'亲历经验'之实际上（real）自身封闭的、时间上发展着的统一体"②。他在这里使用了"灵魂（Seele）"这一概念。在《大观念（Ⅱ）》中，胡塞尔专门用这一观念指称心理学这个学科研究的内容。而且在《逻辑研究》第一版的那个时期，胡塞尔认为，对"我"的分析就是对"灵魂"的分析，而"灵魂"又属于心理学研究的内容。所以，当他想再把"自我"心理学与真正的现象学对"自我"的研究区分出来时，就遇到了很大的困难。在第五研究中他解释说，"灵魂"就是"规定着心理学的研究领域的内容，就是规定着作为关于亲历经验或者'意识的内容'在'心理上'的学说"③。接着就提出了下面这种对心理学的混合式的特征刻画。就我所知，这种心理学是《逻辑研究》中唯一另外一处包含了"发生（genetisch）"这个词的地方：

> 心理学的任务——在描述上——就是去研究自我-经验（或者意识的内容），研究它们组合的本质性种类和形式，以便去探究——发生地（genetisch）——它们的起源和灭亡，它们形成与变化的因果样式和规律。对心理学来说，有意识的内容就是一个自我的内容，这样，它的任务就是去探究自我的真实本质。……去探究在自我中各种心灵因素之间

---

① 胡塞尔:《逻辑研究》(第一版)，Ⅱ，第335～336页；比较《逻辑研究》，Ⅱ/1，第357～358页；英译本，Ⅱ，第544～545页。（翻译中参考了倪梁康译《逻辑研究》第二卷，上海译文出版社，2006年第二版，第418～419页，以及第427页版本注释[46]。译文依据英译本和德文原文重译。——译者注）
a 时间意识是整体自我的基础。
b 在伯格森哲学中翻译为"绵延"。——译者注
② 胡塞尔:《逻辑研究》(第一版)，Ⅱ，第336页。
③ 同上。第二版中，胡塞尔声称，他在第六节中做的就是把"在心灵主体意义上的经验自我"的"现象学内容"孤立出来，把经验观念"从内在的感受内容""拓宽""到现象学自我的观念"，"这样经验自我便意向性地本构起来"。但是胡塞尔的这个声明几乎没有什么意义。见胡塞尔:《逻辑研究》，Ⅱ/1，第358～359页；英译本，Ⅱ，第545页。

的交织活动,以及它们后来的发展和退化过程。①

在胡塞尔从描述心理学——除了为了指称自我之外,在第一版中它还具有与现象学相同的内容——移动到解释的心理学范围时,胡塞尔看到了一个描述的层次,一个有意识内容的结构的描述层次,他提倡甚至要求另外的层次,即它们的"起源"和"转换"(transformation)的层次。唯一**妨碍**将这种分析用于整个现象学的,就是在第一版中拒绝把"康德"的"纯粹自我"的观念用作现象学的基础,以及他的单调的声明:所有他能够找到的就是一个"经验自我"②,它恰恰就是自然主义心理学所涵盖的那个自我。

事实上,上面所引用的那些段落,都属于《逻辑研究》第二版中被删去的那些段落。这些段落把现象学与心理学的对立,以及现象学与发生分析的对立置入一种双重约束之中。一方面,与现象学**对立**,心理学处理有意识生活的某些视角,这些视角对于作为"具体的整体"的生存是本质性的,比如有意识的内容与过去的统一,作为整体的时间意识的功能,以及关于具体自我的观念,等等。另一方面,如果不补之以发生描述,心理学似乎显得不完善。胡塞尔很快就解除了第一个约束,在该书第二版时,有意识的生活的所有视角原本都属于心理学,现在都成了真正现象学的一个部分。但这只是把对这些视角原来的说明中的发生方面的内容置于边缘。

在第一阶段,胡塞尔把发生分析处理为心理学③分析的组成成分。而他又很难把心理分析同现象学清楚地区分开。因为他把现象学设想为描述心理学。这种把发生分析整合到描述分析之中的一点微弱的倾向,在《逻辑研

---

① 胡塞尔:《逻辑研究》(第一版),第336页;英译本,II,第545页以下各页。为了找到静态分析与发生分析之间对立的背景,我们也许应该关注保罗·那托普的著作。在"第二版前言"第xvi页上(英译本,I,第49页),胡塞尔提到了那托普的《普通心理学》(*Allgemeine Psychologie*),毫无疑问,胡塞尔读过这本书。保罗·那托普《依据批判方法建立的普通心理学,第一卷:心理学的对象和方法》(*Allgemeine Psychologie nach kritischer Methode, First Book: Objekt und Methode der Psychologie* [1912], Amsterdam: E. J. Bonset, 1965)。同时也要注意,胡塞尔是在告诉读者将第7节从第五研究中删除之前提及那托普的。而问题恰恰是从第7节里提出来的。通过下述事实也可以证明这种影响:在接下来的第8节中,胡塞尔大量引用和批评了那托普的《普通心理学》(Freiburg: J. C. B. Mohr. 1888)在导论中的观点。对那托普的思想在胡塞尔发生方法的发展中所起作用的详细讨论,见道恩·威尔顿的文章〈胡塞尔先验哲学的体系性:从静态方法到发生方法〉("The Systematicity of Husserl's Transcendental Philosophy: From Static to Genetic Method"),见道恩·威尔顿主编的《新胡塞尔:批判性读本》(*The New Husserl: A Critical Reader*),Indiana University Press,2003年,第255~288页。
② 胡塞尔:《逻辑研究》(第一版),II,第342页;英译本,II,第549页。
③ 这个用法当然在后来的文本中也可以找到。"近代心理学是作为自然科学的心理学;它们的来源问题是因果发生问题,而这里的因果性比较自然因果性的特征刻画更为准确。"见〈论起源(1930年)〉("Über Ursprung [1930]"),胡塞尔:《文章与报告(2)》,第132页。

究》(1900~1901年)第一版到《大观念(Ⅰ)》(1913年)期间,被彻底颠倒过来加以强调,此时第一个阶段就结束了。在1907年的一个讲课中①引入先验方法是一个重大突破,它在《大观念(Ⅰ)》中得到进一步的发展。其结果就是,胡塞尔放弃了他早期的初次表达,取而代之的是现象学描述以及通过本构理论所做的具体详尽的研究,它直截了当地与研究精神生活的心理学公开对立。在1913年《逻辑研究》第二版的前言中,他已告知读者,现象学关心的主要内容,不是"亲历的经验,或者经验个人的亲历经验的各种分类",而是"纯粹"经验的结构②。对于我们这里考虑的问题,其结果十分清楚:由于在《逻辑研究》中的发生分析总是从属于关于人的认知的发展之心理描述,所以,发生分析从先验现象学中被驱除出去,最好的情况也只是被安置到心理学的区域学科的一个部分中。

胡塞尔后来认识到,"经验心理学"(至少是经验论传统所理解的经验心理学,或者当时新出现的实验心理学)与描述心理学(至少可以回溯到《逻辑研究》第一版中就存在的那种描述心理学)之间存在着根本差别。在第一版后来被删除的那一节中,他的胡塞尔版的心理学,已经把一个感知行为的描述内容和感知行为的意指对象,与同这二者对立的行为的处所做出了区分。在那里,他认为这些观念应该是"科学的认识论和心理学的基础"③。在1925年的讲稿中,胡塞尔强调,使他的心理学与在他之前的心理学具有"本质上完全不同面貌"的内容④,就在于他自己的心理学的"目标是一种纯粹的认识论的心理学"⑤。他的心理学尝试,在作为哲学方法的心理学的经验主义稳定措施(valorization)与康德主义把心理学描述看作认识论上无关紧要的东西而加以拒绝的态度之间,开辟一条小径。胡塞尔当时已经知道,不管他的理论中有多少"新颖的内容",他的理论仍然受到不可避免的范畴性错误的感染。不管《逻辑研究》第一版受到最初由布伦塔诺定义的描述心理学这一观念的"本质转换"⑥的影响有多大,它在范围上仍然受到局限,没有"包含所有可能的一般对象的整体,也没有包含一般的可能的意识的整体,或者一般可能的主体性的整体"⑦。二十五年之后,胡塞尔对这一结果有了更清楚的

---

① 现在以 *Die Idee der Phänomenologie* 为书名出版。
② 见胡塞尔:《逻辑研究》,Ⅱ/1,第 xiv 页;英译本,Ⅰ,第48页。
③ 胡塞尔:《逻辑研究》(第一版),Ⅱ,第339页;英译本,Ⅱ,第548页,取消了斜体。
④ 胡塞尔:《现象学心理学》,第40页;依据英译本,第28页。
⑤ 同上。
⑥ 同上书,第34页;依据英译本,第24页。关于这一点的详细说明,参同上书第36页;英译本,第25页。
⑦ 胡塞尔:《现象学心理学》,第42~43页;依据英译本,第30~31页。

认知：

> 只要这种分析还被认为是经验的，反对心理主义者的那些反驳就都是无的放矢；就像关于知识的理论，关于诸先验原则的科学（这些原则被认为是使得理性的客观产物之可能性成为可理解的），怎么可能建立在心理学之中，建立在一门经验科学之中。除此而外，还有一个事实，那就是打建基础的描述性研究，或者心理-发生研究必然会是徒劳无功的，也就是说，它们无力引导到对逻辑研究和伦理研究的理解，因为它们无力洞察任何真正的意向性分析。①

在《逻辑研究》中还有一个最后的提示，它是相当有建设性的。第六研究针对的是两类性质上完全不同的行为类型之间的关系：言语行为与直观或者感知行为，胡塞尔区别出了"静态的"描述和"动态的"描述。胡塞尔把两种情况对照起来：一种情况是，我们的命名或者描述（摹状）活动是一种认识（Erkennen）活动，是对感知上已经当下显现的东西（静态结合）的认识活动。另一种情况是，表指行为（言语行为）与直觉行为"在时间上是分开的"，后者对前者的"充实"是"动态的"，采取的是"时间式样"②。在上一章中我们已经看到，这并不需要对时间性或者时间性发生进行说明，它完全可以把自己局限于对行为之间的结构性差别的说明，尽管这些差别是通过时间性标记成分（temporal markers）区分出来的。"意指"或"表指"行为，是先于对它加以充实或者"析异综合（Unterscheidung，排异）"的直觉行为；在后一种情况下，直觉在其中创造着同原初意向"不一致的"或"冲突的"内容③。时间加在不同的行为之上，其作用只是标签而已。但是当胡塞尔不仅谈到，意向的对象与充实的对象之间的"认同性的统一性"，或者不认同性④，而且也谈到"部分认同性"的现象时，充实本身就"包含了比充实所需要的**更多**的东西"⑤，此时暗示出，这里也许有更丰富的内容在发挥作用。

---

① 胡塞尔：《现象学心理学》，第42页；依据英译本，第30页。
② 胡塞尔：《逻辑研究》，Ⅱ/2，第34页；依据英译本，Ⅱ，第695页。
③ 同上书，Ⅱ/2，第42页；英译本，Ⅱ，第701页。（倪梁康翻译为"区分"也是对的。胡塞尔在此处对Unterscheidung的含义有十分明确的规定。它是"认同为一（Identifizierung）"的反义词，我试译为"排异、析异"。——译者注）
④ 同上书，Ⅱ/2，第34页；英译本，Ⅱ，第696页。
⑤ 同上书，Ⅱ/2，第46页；英译本，Ⅱ，第704页。

第四节　胡塞尔中期著作中发生分析的出现

所有的发生描述学科都被归于心理学的领域。1913 年出版的《大观念(I)》中发展出来的先验分析,是直接同心理学对立的。所以,当我们发现在 1912 年的手稿中,胡塞尔直接涉及真正的现象学时,居然有意识地使用"发生"这一术语,我们当然会吃惊不小。这个表述开辟了使用"发生分析"这一观念的第二个阶段。在《大观念(Ⅲ)》(这一卷的中心议题是现象学与存在论之间的关系)的补充性文本中有两个段落,胡塞尔引进这个观念(发生分析),以便解释他的本构理论。第一段只是把它作为一种"想象"或"图画"来使用,作为我们的解释性"想象活动"的产物来使用。事实上,这观念之被使用,正如以另一方式去说明发现与被发现、奠基与被奠基(founding and founded, of ground and grounded)之间的关系,以及某些层次对其他层次的依赖性关系,这些关系都是通过本构分析来说明的:

> 人们可以使用发生过程的想象,对本构的分层的过程进行具体说明,人们可以假想:只有在给出最低层次的被给出性中,经验才得以真正地实现。然后,在另一个新层次上又出现全新的东西,通过它,又会本构起新的统一体,如此等等。但是,这种发生过程(生成过程)同**数学**中实施的生成是一样的。如果认为这里是心理学上的发生,是对世界中的人类关于世界的各种观念的[心理学上的]解释,他们关于"自我"的观念的[心理学上的]解释,那就大错特错了。这些问题跟我们在这里研究的内容毫不相关。我们要描绘的只是在诸现实给出性自身的**本质**中,到底有什么层面,另一方面,我们要描绘在诸给出性的把握中,到底有哪些层面{在起作用}……①

第二段文字使用了第一段文字中的思想,以便把本构现象学设置为存在论的对立面。存在论思考问题的模式是 katastematic(稳定不变的),即把它所考察的各种统一性纳入"它们的认同性(identity,同一性)中",将它们作为

---

① 胡塞尔:《大观念(Ⅲ)》(Ed. by Marly Biemel, *Husserliana*, Vol. 5. The Hague: Martinus Nijhoff, 1952),第 125 ~ 126 页;英译本(Trans. by Richard Rojcewicz and Andre Schuwer, *Collected Works*, Vol. 3. Dordrecht: Kluwer Academic Pub. , 1989),第 113 页。英译文有改动。

某种"固定的"东西来看,然后,再尝试在特定的区域"地形学"中确定它们的方位,

> 而现象学-本构的思考,则在流动中把握其统一性(unity),即,将其作为一种本构涌流的统一性来把握。它跟随这类运动与各种路线,在此过程中的统一性,以及这类统一性的每个组成成分、侧面和真实属性,都是认同性(同一性)的相关者。从某种标准来看,这种思考是运动学的(kinetic),或者"发生学的(genetic)":这类"发生论(genesis)"属于完全不同的"先验的"世界,它完全不同于自然的和自然科学的发生论。……认知的每个统一性……都有自己的历史,用相关的说法来表达,对这种真实的事物的意识,也具有它的"历史",它的内在的目的论,其所在的形式,在**本质上**属于意识的显现和同一性鉴定(Bekundigung-und Beurkundigungsweise, manifestation and authentication,亲自现身和身份鉴定)的模式之有规则的系统。这些模式都是可以从这种意识中提取出来的,从它身上拷问出来的。①

这里讲的目的论秩序指的就是:控制着这种分析的不仅是意外地、随机偶然地形成的简单的统一性的观念,而是成功地与整体的"客观意谊(sense)"相协调的统一性,这个"客观意谊"就是,通过正在起作用的意谊牵连(sense implications)之体系,由正在行进的经验路线来规定的意谊;但同时这个"客观意谊"又正规定着这个路线,调整着每一个侧面,将其安排为它的投影(Abschattung)。这种有组织的活动是"目的论的",按胡塞尔的理解,这里所谓"目的论的"就是指,对诸侧面进行调整的原则是一组规则,这组规则依据为对象设计好的"最理想的"被给出性,来规定、确定对象的结构上的认同性(同一性认定)。现象朝向这种理想性(optimum)的运动的过程,是发生于时间中的。但是,时间性仍然不是用于解释这一过程的原则之一。当我们在侦察到这一文本中的新发展时——看起来,这里所提及的"发生"属于完全不同的先验世界,这里提及此事,开辟了一种此前胡塞尔还没想到的可能性,在这种分析所揭示的"历史"中,时间性本身尚未

---

① 胡塞尔:《大观念(Ⅲ)》,第129页;英译本,第117页。英译文有改动。

作为其中的因素发挥作用①。这样,我们仍然处于本构说明的界限之内,还没有达到真正意义上的发生学。

到此为止,我们的讨论使得我们可以得出本构考察的三个特征,使得它同真正意义的发生分析不相混淆。同时,我们把这些特征又理解为为我们达到发生现象学提供了桥梁。

1. 在我们关于诸侧面与对象之间的相互影响的描述中,侧面被作为现象的多样性来处理,它们不仅在材料上(noematically,在意向相关项上),而且也在时间性上(noetically,意向活动上),相互不同、可以分辨:这些侧面使整体当下显现,而整体又通过它的一个个侧面而被给出。但是以这种方式来描述感知,尚不是真正的发生分析,因为这种说明仍然是在对象的**统一性**的指导下进行的,因此,这些侧面只要是可抽象的,它们便仍然只是一些依赖性因素,是由那个统一性所预设出来的。对象的"固定了的"和"完成了的"类型,以及它们各自的意向性条件,给我们的这种说明提供了框架。再加上这种统一性被理解为是目的论的统一性,也就是说,它通过我们对它的经验的**渐进式**接近,从而得到具体指定和证明(specified and confirmed)。换言之,它们是在静态说明中存在着的动态的方面。在这种说明中,联想的综合、空间的综合和时间的综合这三个层次"嵌套装配"在一起,这三个层次只能理解为:它们是一个经验性的对象的"必要条件",或者是这种特殊类型的复合的"必要条件"。只要我们把自己限定去说明,在开始时作为"已经完成"者而接收下来的东西之结构条件,我们就仍然没有达到它们的真正的形成过程(becoming proper)。

2. 各层次**之间**的关系可以通过"基础的"和"衍生的"、"简单的"和"复杂的"、"第一位的"和"第二位的"、"建立的"和"被建立的"这种二分规定来严格地加以理解。比如把断定一个主张的行为处理为取决于一个报告(reporting)行为在模式上向质问(questioning)的转换;把范畴性直观行为处理为对感性直观的行为预设活动;还有把感性判断行为处理为对感知的行为预设活动,等等,这些都是借助于它们的条件来理解浅表层次。因为这种类型的依赖性都可以通过对**意义**的蕴涵和知识的条件的思考而获得,所以在这

---

① 鲁道夫·贝尔内特等人著的《胡塞尔现象学导论》(Evanston, Illinois: Northwestern University Press, 1993)第 197 页上,对这一段文字的说明十分清晰:"依据胡塞尔后来的思想,对这种'显现和投影的系统之分析'——这是在目的论上指导着对象的基本被给出性,以及相应的意向的充实的系统——还不是真正意义上的发生分析。当然十分肯定,这些系统是支配着意识的多样性的时间过程的规则,但是这些过程只是稳定的认同性的主观相关者,对象在相关者们中获得了被给出性。在真正的发生现象学中,所关注的应该不再是这类相关关系所完成的体系之分析,而是去探究它们的发生过程。"

里,我们尚未对发生考察的特殊的内容有什么理解。

3. 还有一个点与此相关,它被直接用于视域(horizon)观念本身。它也被包含到我们的本构考察中,比如,当我们把一个断定放到日常生活的话语的某种转换的语境中,这种转变此时并没有被当作"主题",或者并没有在命题内容中直接得到表达,尽管这种转变对于断言来说是本构性的。与此相应,知识性的感知的观念,以感性熟知作为背景,但在集中于对事物的观察的情况下,是出于被"遗忘"的状态。而且我们尚未能涵盖那些感知意谊(sense),在这些意谊中,日常话语和非知识的感知自己都是处于视域之中的。我们也尚未发现诸视域之间以及它们的发展之间的联系。所以,视域理论也仍然没有通过"条件"这一观念设定而被包含在内。

下述事实使我们对中期思想的理解变得复杂起来:在1905~1910年,胡塞尔发展出了时间意识理论。在这些理论中,他也间接地提及《逻辑研究》第一版,而没有提及其中的发生分析的观念①。他在1922年的表达,充分体现了胡塞尔的确信:"从内部看,时间是意向性发生过程(intentional genesis)的**形式**。"② 而十年之后他的说法是:时间性"在一种持续的、被动的、完全普遍的发生(universal genesis)之中构成自身"③。这一点使我们感到困惑,不知到底是怎么回事。十分清楚,关于时间意识的考察属于"发生问题"的"第一的和最基本的层次"④,就像胡塞尔自己在《笛卡尔式的沉思》中所说的那样;而对时间的第一次广泛的研究早在胡塞尔发生性现象学观念已经成熟在胸之前很久就开始了。如果时间为发生性分析的意义提供了钥匙,那么在发生现象学在胡塞尔的思想内成熟以前,我们如何获得胡塞尔关于时间的理论的基本原理呢?

对时间的考察与对发生方法的考察之间的关系是一个特别复杂的问题,我们将在下一章中予以讨论。这里我们只能够对这个我们直接面临的问题给予一个临时性回答。我们不仅在1905~1910年的工作中能找到胡塞尔对时间性本性之理解的发展足迹,就如鲁道夫·贝尔内特和布隆(Brongh)的出

---

① 就我所知"(发生)genetic"这一术语在收集于《内在时间意识》一书的文本中没有出现过。
② 胡塞尔:《交互主体性(2)》,第221页。
③ 胡塞尔:《笛卡尔式的沉思》(Ed. by Stephen Strasser, *Husserliana*, Vol. 1. The Hague: Martinus Nijhoff, 1963),第114页;英译本(Trans. by Dorion Cairns, The Hague: Martinus Nijhoff, 1960),第81页。
④ 同上书,第169页;英译本,第142页。

色研究所指出的①,我们也可以在这一时期与 20 年代早期之间的工作找到这方面的足迹。当胡塞尔反思他的第一次描述时,他认为,那些描述只是依据其形式来处理时间,把时间的转变只看作形态变化。其结果就是,我们达到了但是并没有进入发生考察。在拓展这个早些时候的问题时,

> 以这些描述,这些本构描述,它们根本就没涉及对解释的(erklärende)发生过程(genesis)的追问。当我们从原初印象(感知)——作为可用于所有的整体当下化活动的一般的典型的种群特征,它涉及所有的 Apperzeptionen(整体理解)——过渡到本构的特征,对后顾滞留、回忆、希望等等所有这类的模态变换进行描述,并遵循着 Apperzeptionen(诸整体理解)的系统的秩序之原则,这个原则垂直切入,依据对象的最高种类而对 Apperzeptionen(诸整体理解)进行分类。此时这里涉及的也不是解释性发生(genesis)的问题……②

把时间看作 Apperceptions(诸整体理解)的"种属上的"或者"类型上的"特征,或者它们在"模态上的变换",实际上,无非是把时间当作了模态上的"形式"。但是,胡塞尔认识到,"亲历的顾后滞留的范围"属于"亲历的当下显现";它自身既不是模态变换,也不能够在模态上被改变③。但是在他的看法中,时间性的非-模态阶段(non-modal phases),或经验的前模态化的对象,与时间性自身之间的关系是不清楚的。

我们还找到了一些其他的线索表明:胡塞尔对他的最初的时间分析的关心是随时间而不断增长的。特别是他对"当下"的说明,以前过于抽象,好像"当下"是一种可以切断同其内容的关系的形式似的。因此他说:"纯形式很显然是一种抽象,因此,对时间及其成果功效的意向性分析,从一开始就是一种抽象的分析。"其结果是,关于时间的第一个理论,并没有为我们提供"关于流动着的当下的,以及对有特殊性的内容产生影响的、统一在一起的

---

① 约翰·布隆:〈胡塞尔早期的论时间意识的文章中绝对意识的出现〉,见《人与世界》,5(1972),第 298~326 页;后重印于弗雷德里克·艾利斯顿、彼得·麦考密克编:《胡塞尔:解释与评价》,Notre Dame, Indiana: University of Notre Dame Press, 1977,第 83~100 页;约翰·布隆为胡塞尔《内在时间意识现象学(1893~1917 年)》[*On the Phenomenology of the Consciousness of Internal Time (1893~1917)*]英译本写的"译者导论"(Translator's Introduction),见《胡塞尔著作选集》(*Collected Works*)第四卷,Dordrecht: Kluwer Academic Pub. , 1991。鲁道夫·贝尔内特的文章〈当下的非当下性:胡塞尔时间意识分析中的在场与缺席〉("Die ungegenwärtige Gegenwart: Anwesenheit und Abwesenheit in Husserls Analyse des Zeitbewußtseins"),见《现象学研究》,14(1983),第 16~57、xi~lvii 页。
② 胡塞尔:《被动综合分析》,第 340 页。
③ 同上书,第 111 页。

当下之涌流的必要的综合结构"①。胡塞尔惊呼,"于是,整个关于时间意识的理论就是一种概念式的观念化"②。总之,我们尚未获得一个理论,它能够表现处在其本质性的"涌流"中的"具体的当下"③。我们也尚未对感性意谊——在这种感性意谊中,时间对于"内容的区别来说"是**内在的**——作出说明④。从这种自我批判性的注释的观点来看,应该可以十分有把握地说,时间意识的说明,起初只是**本构**现象学的一个片断。就像我们将要看到的,只是在胡塞尔研究了被静态研究置于一边的两个至关紧要的现象,即"标示性"(indication)和"联想",或者"动机"问题之后,向发生分析的转变才获得了成功。

为了切断理解这个问题的通常思路,我要建议**静态分析与发生分析之间的区别,不应该被简单地等同于共时分析与历时分析之间的对立**。我们谈论静态或者共时分析的时候,所指称的内容实际上也有历时性的方面,因为本构说明一般来讲要求在时间 T_1、T_2 和 T_3 上对各种特征进行比较,即使是本型变换(eidetic variation)的观念也要求这一点。我们允许时间上的"形式"作为被给出内容的描述性因素。然而,它们是结构上的比较,它并不提出从 T_1 到 T_2 到 T_3 之间的发展与转换问题,它们尚不是"内在的"历时研究。

在第三个阶段,也就是从 1917 年⑤开始,其思想结晶于 1921 年〈静态和发生现象学方法〉一文中。真正的发生分析把时间性整合到了它的描述中。甚至时间本身也被理解为发生过程的结果。下一章中我们还会拣起这个问题。现在我们必须先完成我们的任务,指出发生性分析是如何在胡塞尔的文本中出现的。

我们已经指出,在《大观念(Ⅰ)》中,根本没有发生分析的观念,在《大观念(Ⅲ)》中,发生观念才被引入,但只是作为想象的形象而引入的。所以,当

---

① 胡塞尔:《被动综合分析》,第 128 页。
② 同上书,第 387 页。文本写于 1920 年和 1926 年。
③ 参见同上书,第 409 页。
④ 同上书,第 128 页。
⑤ 见胡塞尔:〈致保罗·那托普的信〉,1918 年 6 月 29 日,《通信集》,3/5,第 137 页,引为本章的题签。胡塞尔的说法:向先验发生学的观念之转变经过了十多年的过程,显然是说过了头,这也许是被那托普自己著作中使用"genesis"一词所激怒的缘故。但是,胡塞尔的说法仍然是指出了,胡塞尔把自己新的发生分析的思想看作是《大观念(Ⅰ)》中静态分析的工作框架的发展结果。见耿宁:《胡塞尔与康德:关于胡塞尔与康德及新康德主义的关系之研究》(Husserl und Kant: Eine Untersuchung über Husserls Verhältnis zu Kant und zum Neukantianismus),《现象学丛刊》第 16 卷,The Hague:Martinus Nijhoff, 1964,第 346 页以下各页;以及鲁道夫·贝尔内特、耿宁、爱德华·马巴赫的《胡塞尔:对其思想的描述》(Hamburg: Felix Meiner Verlag, 1989 年),第 198 页。

我们在《大观念(Ⅱ)》的第三节中看到发生观念反复出现时,会感到吃惊①。为了理解这一点,我们必须关注《大观念(Ⅱ)》是怎么写成的。1912 年的第一稿中只处理了物理自然和活的身体与灵魂的问题,然后从这里又进入到《大观念(Ⅲ)》论科学哲学的材料中去②。伊迪斯·斯泰因的第一个打字稿大概完成于 1916 年,但是其中不包括社会文化世界的研究在内。在 1918 年她完成的第二个打字稿——它是从可以回溯到 1913 年的重要手稿中抽出来的——扩大了原来的计划,把我们上面提到的第三节的材料包括了进去。这些材料显然比第一、二节的材料写成得要晚,或者是后来重新改写过,似乎是对主要文本进行了进一步的修订,但主要的增补则可以在兰德格里博 1924 ~ 1925 年誊写的打字稿中找到——这已经是第三手了。《胡塞尔全集》的编辑就是以这个第三手稿为基础的。这些增补是对原稿的几个涉及范围广泛的附录。所有的附录,特别是头三个附录,与第三节的内容有关。这样我们也许就可以理解,为什么**所有**论及发生分析——胡塞尔从 1918 ~ 1921 年开始发展出来分析——的地方,只见于第三节以及关涉到它们的附录中,而均不见于第一和第二节。这正鼓励我们去考察 20 年代早期他关于被动综合的研究工作。

  社会文化世界以及它的形成——用胡塞尔的术语说——是"主动"综合的结果。作为一个复合体,它们是社会的合成物。我们十分容易地看到,它们的存在依赖于积极的构造活动(active construction),依赖于人类的行为成绩功效,它们由以前存在的因素"向上"建造起来。文化的形态和价值都带有发展的标记。人们可以十分容易地看到,对它们的结构的说明,需要加上对它们发生的说明。胡塞尔第一次发表他关于发生性分析的思想,是在 1923 ~ 1924 年的三期日本杂志上的系列文章。此时,他已经清楚地对静态现象学和发生现象学做出了明确的区分。这些文章所关心的是"积极"的本构活动,而不是被动的综合。"让我们尝试着发展出一种关于生活的一般伦理形式,把它作为一种可能的人类生活的先在(a priori)的和本质的形态,即一种动机的形态,为了一些本质的理由而引导着生活的伦理形式。"③在第十二章中我们将要讨论这些文章如何对伦理规范、文化形态和历史本身的观念进行发生性研究。发生分析的观念开始在区域性研究和文化研究中结出果实。同时,胡塞尔还用它深化自己对语言和言说(language and speech)的理

---

① 胡塞尔:《大观念(Ⅰ)》,第 198、215、251、316、349、357 页;英译本,第 209、226、263、329、360、368 页。
② 见"编者导论(Einleitung des Herausgebers)",胡塞尔:《大观念(Ⅰ)》,第 xvi 页。
③ 见胡塞尔:《文章与报告(2)》,第 29 页。在本书第十二章将进一步讨论这组文章。

解，以及它们如何在本构的"垂直"维度之说明中发挥作用，这正是我们下面一章要探讨的问题。

但是，发生分析不仅被用于"积极"的综合，它也被用于被动的综合。他在这一时期发展出来的经验的先验感性论——就像我们上面已经证明的——不仅被整合到他对判断的发生说明中，而且它本身也是发生性分析的一个片断，这些讨论是我们在几个于1920～1926年写成的文本中找到的。它们被收集到《被动综合分析》一书中，我们下面就转入对这些研究的讨论。

第九章 发生现象学

时间,从内部看,是意向性生成(genesis)的形式。

——胡塞尔(1922年)①

第一节 作为体系的现象学和发生分析

在上一章中我们勾勒出了,在20年代胡塞尔致力于构建现象学体系的时候,静态现象学与发生现象学之间的区分是如何发展起来的。那么在后期的著作中,我们是否也能发现,成体系的现象学方法的发展规划与发生分析之间的内在联系呢?

我们看到胡塞尔草拟了一个规划,准备写作一个大的系统性的著作,而且在1921年和1922年紧张地为此而工作。在1920~1921年冬季学期,胡塞尔讲授的课程的题目是"逻辑学",这门课他于1923年夏季学期和1925~1926年冬季学期又重复讲授了两次。今天我们看到的《被动综合分析》一书所包括的主要内容就是这些讲课稿。我把这个文本放在经过胡塞尔拓展了的现象学方法的中心,由于它致力于从感性的形态变换和时间性问题方面对本构理论的探索,并首次把他发现的发生分析用于感知分析和判断理论中。1921年7月31日至10月26日,胡塞尔在圣梅尔根度假,这是离弗赖堡不远的黑森林山区中的一个小镇。他把这段时间全部投入了与这些问题紧密相关的时间性问题的研究工作。但是,似乎这时胡塞尔没有能够做出一个完整的研究计划。这一时期的挫折感可以在1922年2月他给那托普的信里看得十分清楚。这段话我在导论中曾经引用过:

---

① 胡塞尔:《交互主体性(2)》(Ed. by Iso Kern, *Husserliana*, Vol. 14. The Hague: Martinus Nijhoff, 1973),第221页。

我比你的处境更糟,因为我的绝大部分工作都被淹没在我大量的手稿中。我无力完成我的工作,对此我几乎感到绝望。我很晚——一部分是到今天——才达到全面、成体系的思想——虽然这种成体系的思想是以前的具体的研究所要求的,但是现在(成体系的思想)要求我对以前的工作做全面地加工。一切都处于重新结晶的阶段。我就是竭尽人力之所能,也只能是为我身后的遗著工作而已。①

由于胡塞尔对更大的成体系著作的写作规划和草稿的数量巨大,胡塞尔在世时几乎没有一篇②发表。如果耿宁是正确的话,那么胡塞尔从来没有放弃过这个成体系的大型著作的写作计划,只是完成这一计划实在太过艰巨。所以胡塞尔决定代之以写作小型的成体系的导论,以后可以继续对相关的、较易处理的部分接着研究下去③。做出这样的决定也许是当时的环境影响的结果。应邀去伦敦作四次讲演——他于1922年6月去伦敦——的准备工作,使他偏离了对大型著作的计划的直接工作。之后,他又决定对这些讲演稿做加工、深化的工作,以准备发表。他的"哲学导论"的讲稿(1922~1923年冬季学期讲授)和我们今天看到的"第一哲学"(包括了1923~1924年的讲课稿)就是这些工作的成果。1923年他给英嘎登的信中说,他决定不发表伦敦讲演稿,而是和助手一起对1922~1923年的讲课稿加以扩充,准备付印④。他再没有提起过他的体系性著作的写作规划。他在给约翰尼斯·多伯特(Johannes Daubert)的信中写道:"我希望在1924年能够开始出版一系列的著作,以导论性的文本开始[meditationes de prima philosophie(第一哲学的沉思)],然后,按着体系的连续性,是几个基础性的文本,将来可以对它们从多方面[allseitig]继续研究。"⑤看起来,胡塞尔在20年代早期之后就已经放弃了成体系的现象学的写作计划。但是到1930年夏天,他又突然重新拿起这个项目,在通信中又谈起这个写作计划,又重新为这个成体系的著作写

---

① 胡塞尔:〈致保罗·那托普的信〉,1922年2月1日。《通信集》(Ed. by Karl Schuhmann in connection with Elisabeth Schuhmann, *Husserliana Dokumente*, Vol. 3. Dordrecht: Kluwer Academic Pub., 1994),3/5,第151~152页。见耿宁:"编者导论Ⅱ",见《交互主体性(2)》,第xix页。
② 写于1923~1924年《改造》杂志的文章可能是唯一例外。这组文章的题目是"关于革新的五篇论文(Fünf Aufsätze über Erneuerung)",见胡塞尔的《文章与报告(2)》(Ed. by Thomas Nenon and Hans Rainer Sepp, *Husserliana*, Vol. 27. Dordrecht: Kluwer Academic Pub., 1989),第3~94页。参见本书第12章对它们的分析。
③ 耿宁:"编者导论Ⅱ",见《交互主体性(2)》,第xx页。
④ 胡塞尔:〈致罗曼·英嘎登的信〉,1923年8月31日,《通信集》,3/3,第218页。
⑤ 胡塞尔:〈致多伯特的信〉,1923年12月22日,《通信集》,3/2,第80页。

作新的提纲，为了理解这一突然的变化，我们只需要回忆一下他在这期间努力把"法文沉思"加工成"德文沉思"时所遭遇的挫折就可以了。在他发展到对他寄给法文译者的供其翻译用的《笛卡尔式的沉思》的德文底稿采取了拒绝的立场之后，我们发现，他在几个月之后，在1930年夏天就开始重新构想他的成体系的著作的写作计划。

这个计划是用以取代《笛卡尔式的沉思》的尽管修改过，但仍非常不完善的笛卡尔式思路的。他想将其中有意义的有价值的内容归入到更大的，但完全不同的成体系的现象学的研究项目的框架结构中去。在20年代早期并没有真正放弃成体系的现象学的研究项目，只是被其他更急迫的问题，以及通过具体的局部研究而达到小收获所掩蔽而已。所以胡塞尔在1930年11月给乔治·米施的信中报告说，他正在忙于写作关于他的体系的一本书，为这本书他"已经做了十年的准备工作了"①。在下一个月他在信中与英嘎登谈起，他"在内部准备了十年，如今终于可以加工出来的工作上有了进展"②。

关于成体系的著作我们找到两个草稿。第一个由胡塞尔写就，可能在不久之后，由芬克重新加以组织写成第二稿，于1930年8月13日交给胡塞尔。就像胡塞尔一贯不实际的作风一样，他准备为此写作5卷本的著作。因为我们没有时间对这两个草稿之间的差异进行详尽讨论③，所以我想在这里把胡塞尔自己写的草稿全文照录如下。这个草稿显示出静态分析与动态分析之间的对立如何控制了他的整个研究方法。这样就可以表明，这种对立不只是标准解读中所理解的一种边缘性特征，或者后来补充的一些想法，而是在胡塞尔哲学观念中占绝对核心地位的思想。在这之后，我们再把它同芬克的大纲做一些比较。

第一卷：对于自我论的意识学说的基础性考察④（意向性的一般理论，在其本质一般性构型（Gestalten）中的所有形态变化）。

第二[卷]：自我论上的世界性之本构。关于经验领域[Emperie]的时空性[Raumzeitlichkeit]和时空的对象性[Gegenständlichkeit]之本构

---

① 胡塞尔：〈致乔治·米施的信〉，1930年11月16日，《通信集》，3/6，第282~283页。
② 胡塞尔：〈致罗曼·英嘎登的信〉，1930年12月21日，《通信集》，3/3，第270页。
③ 见耿宁："编者导论Ⅲ"，见《交互主体性（3）》(Ed. by Iso Kern, *Husserliana*, Vol. 15, The Hague: Martinus Nijhoff, 1973)，第xl-xlii页。
④ 德文原文为"zur egologischen Bewußtseinslehre"，而其含义为"towards a doctrine of consciousness approached egologically"，"论自我学中的意识理论"。

的 noematische 和 noetische 理论。所有阶段上的经验世界。亲历的人身,物,**孤立**的我。首先是静态的。

第三[卷]:自我的自动生成(Autogenesis)作为唯我主义的抽象。被动生成和联想的理论。预先本构[Vorkonstitution],预给出的对象的本构。在范畴方向上的对象之本构。|被划掉:"关于诸理想性和关于精确自然的本构。"|情绪和意志的本构,人格、文化的本构——唯我论的。①

第四卷:交互主体性和社会共同体的世界之本构。同感性(Einfühlung)。人的本构,历史世界的本构。交互主体的时空性。无限性。精确自然的理想化(到底有多少属于第三卷?)。静态的:人与周围世界。

第五卷:对象性世界的先验生成。人与人性的先验生成。世代问题。自身保存问题。在真态[Echtheit]中的人。人性和命运。目的论与神的问题。②

这个草稿的简明性以及它的范围,使我们得以深入洞悉操控着胡塞尔现象学方法的最成熟思想的基本术语。

首先,静态分析与发生分析之间的区别,与唯我论的本构和交互主体性本构之间的对立交叉在一起。同感性可以作为静态的描述被给出,这种情况使我们面对如何理解胡塞尔第五次沉思的问题。值得注意的是,这时的唯我论探索在胡塞尔看来是一种"抽象",大纲表明了他的本构观念的重担在此是由交互主体性观念来承担的。

其次,从第一卷的静态分析到第三卷的发生分析的演变,大致平行于从"先验分析"到胡塞尔重新改造过的修正版"先验感性论"的变迁。另外,静态分析到发生分析的转换发生于第四卷到第五卷之间。但在这里看起来,是交互主体性与发生分析的联系促使发生(genetic)现象学超越它早期的限制,走向胡塞尔在这时期所谓的世代生成(generative)现象学。③ 十分引人注目的是,这个草稿与1921年的文本是如此相近[a]:

---

① 手稿到此中断;其余为芬克的打字副本。
② 这个文本保留为芬克的打字副本。耿宁将它放在速写原稿"Volume Ⅳ"("手稿"F Ⅳ 1,第11页)的开端。见"编者导论Ⅲ(Einleitung[Ⅲ])",第 xxxv 页,关于文本问题的注释2;关于文本本身见第 xxxvi 页。
③ 关于世代现象学的分析(an analysis of generative phenomenology)见安东尼·斯坦伯克:《家里与家外》,Evanston, Illinois:Northwestern University Press,1996年。
[a] 静态——发生。
现有分析——先验感性论。
交互主体性的联系——发生-世代生成。——译者注

1921年的"静态和发生现象学方法"	1930年的"成体系著作"的大纲 第一卷到第五卷的内容
意识的一般性结构的普遍(Universal)现象学	第一卷 意向性的一般(General)理论，关于其本质性的一般形式
本构现象学，世界性，时空性本构的noematic和noetic分析	第二卷 自我论理论的本构
关于生成(genesis)的现象学	第三卷 关于被动生成(genesis)的理论

我们也可以发现，1921年的同一个文本与1930年大纲草稿第四卷与第五卷之间的平行关系：

意识的一般结构之普遍现象学	第四卷 a. 静态：人与周围世界
本构现象学和社会与历史世界；交互主体性的时空性	第四卷 b. 交互主体性的本构
关于世代之生成的现象学	第五卷 先验生成论；问题

第三，被动本构和主动本构的层次为一方，唯我论本构和交互主体性本构的层次为另一方，为了同时特征刻画两者之间的关系，胡塞尔在第三卷范围内的特征刻画中，使用了"预本构"、"预给出"等术语。"预本构"这个观念之说明用以对照于接着在第四卷和第五卷所要重拾的交互主体性。这个术语表明，我们尚未处于具体的社会性本构和经验对象的完全具体规定之层次上。但是"预给出"这个观念，使我们回到第一卷和第二卷，它不仅告诉我们，在主体的主动noetic功效起作用之前，有一种被胡塞尔称为"自动生成(autogenesis)"的层次在起作用；它还告诉我们，在先验反思中，世界在作为"主体世界"的相关性关系中不可化约的部分，它本身是以一个**预给出**的世界为基础的。如果是这样的话，那么对意向性的唯我论式的分析，就没有为我们提供一个不可化约的基础。这个基础本身是一种深层本构的产物。对于这个深层本构，独白式的行为的格式和理想性的意义是无力加以把握的。对胡塞尔而言，"预给出"便意味着：① 存在着一些本构的格式，它们没有遵循"自我-我思-被思者(ego-cogito-cogitatum)"这个简单的三元组格式，② 更重要的是，对现象的**存在**的结构上的现象学说明，必须通过它们的**生成**过程(becoming)的发生说明来加以补充。

第四，第三卷中，在"唯我主义的"说明下，引入的关于"人格(个人)"和"文化"这些区域，实在令人不解。直至我们认识到，这恰恰是《大观念(Ⅱ)》中的立场，这一疑问才得以解开。不仅自然的不同领域，还有精神的不同领域（精神领域在它们的本构上完全是交互主体性的），因为它们也是"现象"，所以这些区域也必须接受范畴分析和本构分析，与第四卷中交互主体性的引入相比，这里有一个重要的区别：在第四卷那里，超越了第一至第三卷的本构进程之暂时性唯我论的构型过程（framing）。交互主体性发挥作用时，并不是作为被本构而成的现象场域，而是作为本构自身的格式的一部分，作为动态的、进行本构的承担者（constituting agency），我们在其中并通过它才能获得本构的成果。我们此时已不再处于唯我主义的抽象之中，尽管如此，在第三卷中我们仍然使用静态分析开始从事描述。我们已经证明，在静态考察之中，胡塞尔从自我论的场域向交互主体性场域转换。这个转换产生影响的最好的例子就是胡塞尔的第五沉思。我们在本书第六章中曾经建议，最好以"自我"作为前面四个沉思涉及领域的一个合适阐明。胡塞尔在写《沉思》的时候，由于刚刚写完这里讲的提纲，它在胡塞尔的脑子里还记忆犹新。当胡塞尔在第四卷中推翻了第一卷到第三卷的"唯我主义的抽象"时，胡塞尔的大纲记录了一个关键的区分：在交互主体性的静态研究中所使用的相关关系，不再是自我与对象之间的，而是"人与世界"之间的相关关系。

最后，我们还发现一个提示，不仅空间，而且时间既可以在一个发生分析中被给出，也可以在一个静态分析中被给出。对时间的静态分析，正如我们在《内在时间意识现象学》中所看到的，**应该是对时间的经验之结构的说明**。在下一节中，我们将转回来讨论发生分析与时间性的关系问题。

也许在胡塞尔的草稿的基础上，且与胡塞尔进行了进一步的磋商，芬克也写了一个计划，它比胡塞尔本人的大纲涉及的领域更加广泛。芬克的草案有胡塞尔的五倍长，但建议用两卷本取代胡塞尔五卷本的计划。第一卷提纲有十分充实的描述，第二卷只列出了各章节的题目，我在下面只列出章节的题目。

第一卷 纯粹现象学的层次
  第一节　关于哲学的开端和原则
  第二节　回溯式的现象学
  第三节　前进式的现象学
  第四节　现象学形而上学的基本要素

第二卷 存在论与现象学
  第一节　关于普遍的"先验感性论"的观念
  第二节　自然与精神
  第三节　从纯粹的内在心理学到先验现象学[①]

[①] 文本见耿宁："编者导论Ⅲ"，《交互主体性(3)》，第 xxxvii ~ xl 页。

在接到芬克的书面建议几个月之后,胡塞尔写信给英嘎登时,脑子里还想着这个计划,或者起码还想着这个计划的提出的题目之排列程序。

  但是很自然,特别是在我这个年龄[71岁],我最关心的是现象学的成体系的基础性的著作,对它我已经暗暗准备了十年之久,我现在正在加紧工作把它变为文字。……
  自上一个夏天以来,上一本书出版以后[指《形式的与先验的逻辑》],我一直处在兴奋的深入的研究中:初步尝试研究各种草案、思想的多种路线,先验现象学的普遍性问题——作为普遍的哲学。结构严整,为所有的存在论[一切先在(a priori)科学]和一般的所有科学,开辟和提供最后的基础……首要的,也许是最大的困难在于,无偏见性[Vorurteilslosigkeit]的彻底解放,以及它的现象学还原的方法。对后者——我以前的学生中没有任何人理解它——现在从各方面进行了说明,不存在任何黑暗的角落,不存在任何歧路[Ausweichen]。这本身就已经成为很长的一节[参见上面芬克草案第一卷第一节]。然后接下来便是,对"预给出的世界"的本构分析之系统讨论。[参见芬克草案的第一卷第二节或胡塞尔的草案的第二卷?]。然后接下来是发生现象学[芬克草案第一卷第三节,或胡塞尔草案第三卷]。然后是"形而上学问题",特别是现象学意义上的形而上学问题[第一卷第四节]。然后,接下来是用先验主体性,通过特殊的先验的**经验**,绝对的东西便被直接展示出来。……
  把这些落实到完成的形式中,要耗费大量的时间,但是我的确希望有能力在下一期的《年鉴》(1931年秋)上,至少发表它们的前一半。我那位极有天赋的芬克的帮助是十分了不起的。没有他的帮助,我将一事无成。①

尽管胡塞尔在信中是按"芬克大纲"的研究进程讲话,但我仍然发现了芬克大纲的重要改变,它既同胡塞尔的第一草案不一致,也同胡塞尔后来在《危机》一书中的想法不一致。这里涉及的是胡塞尔向英嘎登描述的第一节的内容。胡塞尔讲的是"'预给出的世界'的本构性分析的研究体系",然后接下来是"发生现象学"。而芬克的方案总是围绕着回溯式的现象学和前进式的现象学之间的对立展开,涉及"拆卸式分析(**Abbau-Analyse**)"和"建设式分析(**Aufbau-Analyse**)"。我认为,引入后者的有力的理由是,芬克认为

---

① 胡塞尔:〈致罗曼·英嘎登的信〉,1930年12月21日,《通信集》,3/3,第270页;耿宁:"编者导论Ⅲ",见《交互主体性(3)》,第 xli 页。

前进式分析涉及了"先验生活的**完善性**"的问题①,也就是说,这种分析应该成为一个学科,在其中胡塞尔应该能够从目的论上处理真正的人性和人类的命运等问题。在这个语境中,生成观念被限定在"理想性的生成"的范围内。但是芬克想强调,"前进式分析的**这个**'本构性'特征",而且在这个语境中,所讲的前进式分析"既不是'发生式的',也不是依赖于'可能性之条件'"②。我认为,作为结果,也许同耿宁的看法相反③,芬克用回溯式的与前进的这种不同的对立,**取代**了胡塞尔对静态与发生之间对立的依赖。另外一种可能性是,他把涉及被动综合的不同形态变化的静态分析与发生分析之间的对立,置于回溯分析中,把胡塞尔的主动综合的生成说明,看成是"前进式的","本构";然后去寻找更加集中于形而上学的讨论,以补充现象学对"**建设**"(Aufbau)的说明,将其称为"现象学的形而上学"④。当我们对胡塞尔的体系性研究提纲与芬克的大纲加以比较的时候,胡塞尔本人的大纲更加接近后面十年中胡塞尔的思想发展过程。

促使胡塞尔回到他 1921~1922 年的理论体系的规划,还有另外一个理由。耿宁曾经通过他出色的文献工作提出,胡塞尔决定放弃"笛卡尔式沉思"的计划,以便继续他的"现象学哲学体系"的研究工作,这不仅仅是由于他在"笛卡尔式沉思"的论证工作中发现了内部困难,而且还在于他在 1930年 4 月至 10 月对乔治·米施的"生活哲学和现象学"前两部分的研读。这篇作品是米施献给胡塞尔 70 寿辰的礼物。米施在胡塞尔去弗赖堡之后两年接替了他在哥廷根的位置。米施于 1929 年 5 月或 6 月,把他那由三部分组成的作品之第一部分寄给了胡塞尔⑤。8 月前第二部也寄到,第三部可能于 1930 年夏天或者初秋寄到⑥。这部作品主要是讨论海德格尔的思想。它把

---

① 文本见耿宁:"编者导论Ⅲ",《交互主体性(3)》,第 xxxix 页。
② 同上。
③ "胡塞尔草拟的工作计划进程与芬克的'第一卷'内四个章节的安排相当吻合。"同上书,第 xli 页。
④ "前进式的现象学追问空间本身的来源,而不是空间的代表。"在前进式的现象学之后一节的标题是"现象学形而上学的基本特征"。同上书,第 xxxix 页。
⑤ 见胡塞尔:〈致乔治·米施的信〉,《通信集》,3/6,第 274 页。
⑥ 在他〈致乔治·米施的信〉(1929 年 8 月 3 日,《通信集》,3/6,第 277 页)中,胡塞尔说,他仔细(genau)读过它们。但是耿宁认为,直到 1930 年 4 月到 5 月之前,胡塞尔并没有认真研究这些书。它们发表于《哲学期刊》(*Philosophischen Anzeiger*),Ⅲ/3(1929 年),第 267~368 页和Ⅲ/3~4(1929 年),第 405~475 页。它的第三和最后部分见 Vol. Ⅳ/3~4(1930 年),第 181~330 页。如果 1930 年 4 月到 5 月胡塞尔的研究不包括第三部分,那时它们还未发表,那么当胡塞尔当年 11 月给乔治·米施写信时,他肯定读过了。见〈致乔治·米施的信〉,1930年 11 月 27 日,《通信集》,3/6,第 283 页。这三部分是以书的形式出版的,题目是《人生哲学与现象学:狄尔泰方向与海德格尔、胡塞尔的交锋》(*Lebensphilosophie und Phänomenologie: Eine Auseinandersetzung der Dilthy'schen Richtung mit Heidegger und Husserl*),Bonn:1930;Darmstadt:Wissenschaftliche Buchgesellschaft,1975 年。它把

胡塞尔描述为过于受理智主义的约束,而把狄尔泰关于生活的不同范畴的发生理论,与胡塞尔的关于(被静态理解的)意向性观念对立起来①。胡塞尔当时知道,这个批评对于《大观念(Ⅰ)》是正确的,甚至对于《形式的与先验的逻辑》也是对的。米施在著作中简要地讨论了后面这本书的思想,尽管此书刚刚出版②。胡塞尔也知道,他的思想早已超出了那种方法的界限,尽管很遗憾,这方面的文字尚未发表,未能给读者任何这方面的提示,已出版的东西顶多是在《形式的与先验的逻辑》一书的第二个附录中带出来的一点提示。米施对静态分析和发生分析的区分也给胡塞尔提供了一个从外部观看他的《沉思》的视角,帮助胡塞尔把这些沉思看作问题的一部分,而不是看作对海德格尔的一种回应。无论如何,胡塞尔的"现象学的哲学的体系",本来就期望从狄尔泰的学生那里得到批评意见,而且使一切都更加重要的原因,乃是胡塞尔浸淫于狄尔泰的著作时——用胡塞尔自己对米施的说法——同狄尔泰的著作有"内在的共同性[innere Gemeinsamkeit]"③。事实上,胡塞尔写信给米施,是试图向他指出,"'非历史的'胡塞尔必须与历史保持距离,但只是暂时的"④。一般地讲,我们可以说,对米施作品的研读,迫使胡塞尔不要过于把他的发生现象学的观念同历史的发展联系在一起,因为早在1922年的手稿中我们已经看到过那样的情况⑤,而是要清楚地把历史同他的整个方法联系在一起。看起来,的确是关于历史的问题研究,推动了胡塞尔走出他的第一个大纲,可能因此而认可了芬克版的大纲中对许多课题的立场,特别是这个纲领对世界的特征刻画,向静态现象学分析的开放:将世界理解为预给出的世界。人们甚至可以推测:是历史的问题最终使胡塞尔于1934年再次放弃了他对理论体系的加工——这本来是他首先可能做到的事——而着手于后来成为《危机》一书的写作。

---

① 依据耿宁:"编者导论Ⅲ",见《交互主体性(3)》,第 xliii 页。
② 他的回复如此之快令人吃惊。胡塞尔告知乔治·米施,他的评论会是该书的第一篇评论。见〈致乔治·米施的信〉,1930年11月15日,《通信集》,3/6,第282页。
③ 胡塞尔:〈致乔治·米施的信〉,1930年11月27日,《通信集》,3/6,第283页。见唯一保留下来的1911年狄尔泰同胡塞尔之间的通信,当年狄尔泰就去世了。《通信集》,3/6,第43~53页。关于胡塞尔与狄尔泰的关系还见耿宁:"编者导论Ⅰ",《交互主体性(1)》,第xxxii~xxxiii页,以及"编者导论(Ⅲ)",《交互主体性(3)》,第xlvii~xlviii页。
④ 胡塞尔:〈致乔治·米施的信〉,1930年11月27日,《通信集》,3/6,第283页。
⑤ 见本书第十二章对《改造》杂志文章的讨论。

第二节 具体的主体性和动机问题

在讨论现象学的体系这一概念与发生分析的同时发展这一问题时,我们也看到了,胡塞尔的工作如何在这一方面上进入了一个紧张多变的时期,一个集中劳作,长时间但成果甚微的时期:内容数量之巨大,兴趣之多样和广泛,淹没了他,使他从一个项目跑到另一个项目。在写作《大观念》几卷书稿的时候我们已看到的这种倾向,在这最后的阶段变得更加严重:一方面他的出版计划不断受挫,本来想象可以在数月中完成的书稿始终未果;另一方面,不同的地方的讲演邀请,使得他难以专心。其结果是他的关于发生分析的工作散落在不同的手稿中,使得我们今天面临重新将它们缀合在一起的任务。下面就是我们对它的重构,在此不可能在胡塞尔的思想和我对其思想的把握之间划出一条清晰的界限。

内在性的问题要求先验现象学沿着发生分析的方向进行拓展。理解这一点的最好途径也许是跟随胡塞尔本人,深化对先验自我的分析,尝试去说明先验自我的个体化和它的特殊的历史性。当然,这条道路经历了许多迂回曲折,让我们把上一章所做的关于《逻辑研究》的讨论作为开始。

在《大观念(I)》(1913年)中,胡塞尔给予先验自我以十分显著的地位,但我们十分吃惊地发现,《逻辑研究》第一版(1900~1901年)中提出了关于意识的非自我性的概念。上面我们已经看到,在第五研究中,胡塞尔认为,把亲历的经验归之于"精神的个人或者自我",实际上并非是"一个现象学上的发现"①。在那里,胡塞尔只想勉强承认"作为一个经验的对象"的自我之存在。由于它可以是科学观察的对象,比如在心理学的经验学科中就是如此,所以现象学的洞见对它不能有什么新的发现。所谓现象学洞见,在《逻辑研究》中就是指"内感知"。由于这里的胡塞尔的经验自我的观念是他后期思想所描述的个人(personal,人格)和具体自我的雏形,因此注意到在《逻辑研究》中,他如何理解,我们如何能够从经验的层次走向现象学层次,便具有非常重要的意义。

---

① 胡塞尔:《逻辑研究》(第一版,Halle a. d. saale: Max Niemeyer, 1900 and 1901),II,第331页;比较《逻辑研究》(2nd rev. ed. 2 Vols. Halle a. d. saale: Max Niemeyer, 1913 and 1921),II/1,第353页;英译本(Trans. by J. N. Findlay, 2 vols. New York: Humanities Press, 1970),II,第541页。

如果我们从经验自我中把"我身体[Ich leib]"切除掉,如果我们接着把这种纯粹的精神性自我约束在它的现象学的内容的范围内,那么后者就把自己还原为意识的统一性,还原为亲历经验的现实的复合(complex)。……这个自我就完全等同于它自己的相互连接的统一体。①

换言之,中断身体同意识之间的联系,就把具体的经验自我转化为经验的纯粹的涌流,就使我们得以通过内在"合适的"感知对它加以界定。

当我们进一步深入观察时,我们就会发现对自我的第二种规定,这个规定同他将自我排除于现象学领域之外的做法有点不一致。胡塞尔认为,康德式的自我隐藏在形而上学特征之后。正是要与康德式的自我抗衡,在第一版中他提出了一个主体性观念,不仅是非经验的(这一点和康德一样)而且是非自我论的,就如我们上面刚看到的。但是胡塞尔也认识到,意识通过各种经验而同世界勾连在一起,诸对象就在这些经验中得到领会,特别是通过这类经验的时间性而得到领会。意识的涌流是由"诸统一性"组成的,这个统一性就是"从一个瞬间到另一个瞬间,从本瞬间进入到另一个瞬间的共存与连续,本构着一个变化的统一性"②。意识的组联借助于"主体性的时间意识"而具有"具体整体的统一性",而时间意识为"连续的绵延或者连续的变化"的"诸形式"提供了保证[a]。有趣的是,当胡塞尔把时间包括到他的《逻辑研究》第一版中的时候,它的功效是把意识涌流加工成了"灵魂的统一性",加工成了他的所有的"经验"在时间上不断前进、不断发展着的统一性③。在这个过程中,胡塞尔声称,亲历经验的概念得到了进一步的"推广"或者扩大,扩大了的概念能够对灵魂的本构以及自我的本构提供说明。这样,在第一版中,没有被"当作现象学的发现"的"自我"观念,而是把自我认作为心理学的东西。在努力对有意识的生活的"具体整体"的说明中,它的确与时间性相连接,与经验的涌流相连接。胡塞尔还提出,这种连接为我们

---

① 胡塞尔:《逻辑研究》(第一版,Halle a. d. saale: Max Niemeyer, 1900 and 1901),Ⅱ,第331页;比较《逻辑研究》(2nd rev. ed. 2 Vols. Halle a. d. saale: Max Niemeyer, 1913 and 1921),Ⅱ/1,第353页;英译本(Trans. by J. N. Findlay, 2 vols. New York: Humanities Press, 1970),Ⅱ,第541页。
② 同上书,第336页。参见《逻辑研究》,Ⅱ/1,第358页;英译本,Ⅱ,第545页。
a 内在时间意识为自我提供基础,自我是:杂多中的统一,苹果是一个一个具体苹果的统一! 它不是实际的对立存在,是看出来的。——译者注
③ 胡塞尔:《逻辑研究》(第一版),Ⅱ,第336页。比较《逻辑研究》,Ⅱ/1,第358页;英译本,Ⅱ,第545页。

提供了关于灵魂的观念,灵魂恰恰是第一版中用于指称具体性中的自我的术语①。

第一版在引用那托普对自我的描述——他把自我描述为:意识的所有内容的主体式中心——之后,胡塞尔便大胆地宣布,他"完全无力找到这种自我"。在1913年的第二版中他增加了一个脚注,谦和地承认,"从那个时候起,我就专门去寻找它"②,当然他并不是对"自我-形而上学"感兴趣。他认为"自我形而上学"是新康德主义者的失误。同一年,他在《大观念(I)》中明确表示,他赞成有作为意识的先验"一极"的自我存在,这是《逻辑研究》中他归之于灵魂的内容的一种回音。但是在《大观念(I)》对自我的特征刻画中找不到任何对时间-意识的考虑。从《逻辑研究》的背景出发,这一事实就意味着,它避免了把先验自我同具体的经验自我相混淆的危险。这个事实还意味着,"我"这一概念是形式性的,与康德的"我"的观念十分相近。毫无疑问,康德是驱使胡塞尔重构他的现象学的哲学家。康德直接影响了从《逻辑研究》到《大观念(I)》之间的工作,影响了他对真正现象学方法的思考,并且毫无疑问,它也影响并使得《大观念(I)》的方法是静态的③。十五年之后,在反思《大观念(I)》对"自我"的处理时,胡塞尔承认,"关于追问什么是自我之特殊的特征刻画,在《大观念》的第一卷中尚未进行讨论"④ᵃ。

直接使得自我的本性这一问题重新提出的,是在《大观念(Ⅱ)》中发展起来的对"我"的不同方式的构思。一方面,胡塞尔继续坚持"纯粹主体性"或

---

① 我们看到在第二版中,胡塞尔匆忙中想把这一切都理顺,但是并不成功。这一点儿都不奇怪。在承认了这种分析给我们提供了"关于自我的现象学内容,是关于经验自我——在心理'灵魂'主体意义上的自我——的现象学内容"之后,胡塞尔补充道:"经验的观念从内向的感知上得到进一步拓宽;而且在这个**意义**上是有意识地拓宽为'现象学自我'的观念,在它这儿,经验自我是在意向性地本构起来的"!胡塞尔:《逻辑研究》,Ⅱ/1,第358~359页;英译本,Ⅱ,第545页。
② 胡塞尔:《逻辑研究》(第一版),Ⅰ,第361页;英译本,Ⅱ,第549页。
③ 不是作为康德理论的内容,而是作为方法论这一点,这可以是合理的主张:在原则上,康德的第一批判中的探索只是"静态"分析。这是由于他的最终的分析中对"我"的特征刻画是"空洞的(empty)",也就是说,统觉的先验统一性严格地说是一种"形式的"统一性。其结果是,不同层次之间的运动(即感性与知性之间的运动),或者从判断到范畴的运动,只能借助于"诸条件"来定义。而这些条件们可以从向知性显现的内容中读出来,因此被局限于奠基活动与被奠基之间的关系中,它们使得概念性的蕴涵成为可能。
④ "跋语(Nachwort)",《大观念(Ⅲ)》(Ed. by Marly Biemel, *Husserliana*, Vol. 5. The Hague: Martinus Nijhoff, 1952),第159页;依据英译本,"Epilogue,"《大观念(Ⅱ)》(Trans. by Richard Rojcewicz and Andre Schuwer, *Collected Works*, Vol. 3. Dordrecht: Kluwer Academic Pub., 1989),第426页。

a 先验的整体感觉:对自我的持续不变的统一之感知;经验的统觉:变中的统一之感知,自我统一之感知。在康德那里,统觉总是与自我意识相关。——译者注

者"纯自我"与"心理自我"或者"心理主体"之间的绝对的区别①,但与此同时,晚些时候在《大观念(Ⅱ)》中,他却展开了涉猎广泛的研究,对处在某种环境(Umwelt,周围世界)中的"个人自我"进行了思考。这些研究"看上去与胡塞尔转向对本构问题的**生成**(genetic)理解是非常的一致的"②。在这里,胡塞尔开始压缩控制他的先验自我概念的影响,因为他看到康德的理论过分形式化、过分抽象。在他的进一步改进了的理论中,胡塞尔仍想保留住自我的统一性与总体理解(apperception,统觉)的场域统一性之间的康德式联系。"作为一个'我',这个'我'借助于世界而具有统一性……"③然而与之相对立,他对先验自我的"具体"观念作出了迫切的要求,并提出,先验自我,从它的随时间而进行的发展上来理解,事实上就是"站在那里(stehendes)与停留着(bleibendes)的个人(personales)自我"④。这种联系恰恰是我们在《逻辑研究》中所发现的思想的惊人回音。

这个发展让胡塞尔面临一个问题。他后期的思想向前走了很长的一段,再没有回来顾及,把这个具体的自我纳入心理学的主体中去。当他把他的说明保持在一个超验的语域(register)中时,自我被特征刻画为具有某种能力或者才能(Vermoegen 或 Vermoeglichkeit)。除此之外,他还习得了某种性格(dispositional)倾向,或者具有了习得某种性格(dispositional)倾向的能力。胡塞尔称它为习惯性(Habitualitäten),它是于世界反复交互作用中获得的结果。将这些作为本构解释的一部分来处理,就意味着我们的具体感受力总有一个"次级感受力(sekundäre Sinnlichkeit)",因为现在我们必须把我们经验的"历史"包括到我们的说明中,不管是个人的历史还是社会共同体的历史。最后,它还意味着,自我必须肉身化,必须处于对人身性(Leiblichkeit)的占有之中。但是胡塞尔的先验方法如何把这些特征拼入到先验自我的结构中去呢?[a]

如果静态分析为我们提供了意向性结构的"形式",那么发生分析便是努力去明确表达这个结构,而无需预设结构的形式能够最终与其内容切断联

---

① 胡塞尔:《大观念(Ⅱ)》(Ed. by Marly Biemel, *Husserliana*, Vol. 4. The Hague: Martinus Nijhoff, 1952),第 121 页;英译本,第 128、413 页。"跋语(Nachwort)",《大观念(Ⅲ)》,第 145 页;英译本,"Epilogue,"《大观念(Ⅱ)》,第 412 页。
② 鲁道夫·贝尔内特等:《胡塞尔现象学导论》(Evanston, Illinois: Northwestern University Press, 1993),第 211 页。
③ A Ⅵ 30, 38b. 引文依据鲁道夫·贝尔内特等:《胡塞尔现象学导论》,第 213 页。
④ 胡塞尔:《笛卡尔式的沉思》(Ed. by Stephen Strasser, *Husserliana*, Vol. 1. The Hague: Martinus Nijhoff, 1963),第 101 页;英译本(Trans. by Dorion Cairns, The Hague: Martinus Nijhoff, 1960),第 67 页。
a 作为结构形式的时间与作为具体存在过程的时间。自我的历史性、社会性、肉身性如何整合到先验自我中? ——译者注

系。最初的抽象把自我设置为与"对象极"对立的"自我极"。但这种抽象只被当成是一种临时性措施,这主要是因为胡塞尔认识到,这类抽象不允许胡塞尔对"个体化"进行说明。自我必须不仅仅被作为一个极来进行研究,它持久贯穿于诸意向性经验的持续性,并给它们以统一性,而且还应该作为一个具体的主体来研究,这个具体主体有它自己的能力、兴趣和习得的确信。这个自我与被胡塞尔称为"个人历史"的内容紧密相关:

> 任何被给出的**我思**(cogitatio)之纯粹自我,都已经有了绝对的个体化,而且**我思**本身都是某种自在的(in itself)绝对的个体性的东西。然而自我不是空洞的一极,而是各种习惯性的承担者,并且它还意味着,它有它自己的个人历史。①

如果正确地加以考虑,自我都包含经验的某种能力以及某些行动或者反应的倾向。这些倾向是随着时间的发展、通过有意识的生活之现实作用而逐步建立起来的。在一段十分罕见的对本构说明与发生说明进行比较的文字中,胡塞尔在谈到过去、当下和将来的形式规则性或形式性结构时,他把特殊的 noetic-noematic 的经验与这些经验的"给出性的流动的模式""放置在"一起。接着他又补充说:

> 但是,在这个形式内部,生活之过程是有动机推动的(motivierte)过程,它是特殊的本构活动的成绩功效,它带有多方面的特殊动机和动机系统,这些系统依据生成的普遍规律性,产生着自我的普遍性生成之统一性(Einheit)。自我为了自己而本构着自身,但是这是在所谓的**历史**统一性中进行的。当我们这样说的时候:在自我的本构中,包含了为了自我而实存的所有对象性的本构,不管这些对象性是内在的还是超越的,是理想的还是现实的。因而,我们现在必须加上一句:通过这些本构体系使得这样或那样的各种对象和对象范畴得以为自我而存在;这些本构体系自己,只有在一个依规律加以调控的生成框架之内才是可能的。同时,这些本构体系又由普遍的生成形式联系在一起,这种形式使得具体的自我(单子)可能成为一个统一性,使自我(单子)在这种生成形式的特殊的存在内容中兼容。自然、文化世界、带有其社会形式的人类世界,等等,是为我而存在,这种说法的意思是:对我来说存在着相应

---

① 胡塞尔:《大观念(Ⅱ)》,第 299~300 页;英译本,第 313 页。

的经验可能性——随时可以为我而让它们发挥作用,在某种综合的风格中自由地继续进行下去,而不管我当下是否现实地经验到这类对象。此外这个说法还意味着,与它们(自然、文化世界、带有其社会形式的人类世界。——译者注)相应的意识的其他模式——模糊的意向等类似的模式——对我而言,也在那里作为诸可能性。而且,属于它们(自然、文化世界、带有其社会形式的人类世界。——译者注)的还有这类可能性:通过预先规定的经验类型而被充实或成为失落。这里存在着业已形成了的(ausgebildete)固定习惯性——一个业已形成的(ausgebildete)、通过某种受诸本质规律调控的生成过程(Genesis)而赢得的(erworbene)习惯性。①

与此相应,对象也不只是空洞的一极,只为当下的意向性行为提供论题性的焦点,它还携带自己的历史因而十分厚重。我们所有的关于对象的以前经验"都以习惯的方式滞留于作为意向性对象的对象之上……"。这就意味着,经验引起的改变的方式,恰恰是对象向我们当下显现的途径;这还意味着,这种经验"在对象上留下了持久的结果"。对此胡塞尔解释说:

> ……即使对象再次源初地,也就是按照感知那样被给出,它也是具有了本质上新的意谊内容(Sinnesgehalt),而不是以前曾经被感知的内容。这个对象是通过新的感知意谊而被先在给出(vorgegenben)。这个对象通过获得的——必然是空洞的视域[即未通过充实而被特殊化的]——**视域**的熟知(Kenntnisse)而被意识。主动的赋予感知意谊的积淀,以前规定的属性,现在成了感知的把握过程的意谊(Auffassungssin)的组成成分,即使事实上它并没有被重新展示出来。②

具体对象是**积淀**而成的对象。对象源初地被给出,是相对于先前被给出之内容组成的背景而言,即是以"二级感受性"为背景的。

这种对自我的诸习惯性和诸能力的分析,沿着与积淀过程紧密相关的

---

① 胡塞尔:《笛卡尔式的沉思》,第109~110页;英译本,第75~76页。在对照德文校对译文时,参考了老友张宪先生编入《胡塞尔文集》的译文(张宪译:《笛卡尔沉思与巴黎讲演》,人民出版社,2008年,第112~113页。尽管没有采纳他的译文,但他的译文对我理解这段艰涩繁复的文字,帮助匪浅。——译者注)
② 胡塞尔:《经验与判断》(Ed. by L. Landgrebe, Prague: Academia-Verlag, 1938; Hamburg: Claasen, 1954),第138页;英译本(Trans. by James Churchill and Karl Ameriks, Evanston, Illinois: Northwestern University Press, 1973),第122~123页。

"预先被给出"之对象的思路展开。这就是胡塞尔在其最初的对自我的静态说明中所丢失的"在……之中"构造之再次发现的途径。同时它也开辟了对生成(genesis)关注的道路,以说明它们的历史。

胡塞尔认识到,要想使他自己的研究最终从康德思路的抽象性质中解放出来,唯一途径就是通过生活的观念来拓展他的自我(ego)的观念。因为生活这一观念可以使我们将意向性的"历史",成为对自我说明中的因素。这一重点的转换,使胡塞尔得以发现自我与世界的更深联系,进而发现自我与交互主体性的更深层的联接。这些想法在一个1921年或1922年写成的文本中以一种异常清晰的方式聚集到一起:

> 那真正意义上的"我"是一个带着各种习惯性和各种能力的"我-极(Ichpole)",这些习惯性和能力都是从"我"的生活和它们的立足点(Stellungnehmen)中积累生长到"我"中的。但是[甚至]这也是一个抽象。只有当我们把它的全部的具体生活以及它的意向性都考虑进去,它才成为具体的"我"。在其中,所有真正的对象性都是对于这种意向性的理性规则——不仅是现实的,而且也是可以由"我"加以自由变换的(在"我-能-亲自-确信"中,我-能-在经验中-更深入渗透到-世界中)——这个世界也属于这个"我"……
>
> 就像整个世界为我而在那里一样,每一个其他的"我",以及与我联系在一起的诸共同体,都属于我的"我"之具体内容。就像我们已经指出的,它们作为一种理性的或"明证地"有效的观念,是作为我的"自我"的对立极而属于那里。[从这个观点来看,它们无非是些物件以及与特殊物件的联系,即叫做人体(Leiber)的东西[a]。]它们不单纯是真正的意向性的相关项。实际上它们本身就是"我",本身就是绝对的存在(seiend),虽然它们只是理性地协同当下显现于(appresented)我面前。这就是说,属于我的"我"之具体性的,不仅包含意向性的规则,在"其他我"之名下的"真存在(Wahres Seins)"(我的可能之同感经验的规则),而且也包含真存在(Wahres Seins)的观念(Idee)——作为"其他"的我(他我ater ego)而和谐地、协同当下显现出来的存在——一个"我"自身,他依据同感的意义是一个绝对的存在,就如我自己之所是一样。以这种协同当下显现[它把他人作为"你"而给出]为基础,我就能——就像我,在与我自己的关系中,碰到一个"我-我"的规定——在与你的

---

[a] 此语为英文译文中所无,译者据德文原文增补。——译者注

关系中,遇到一个"我-你"的规定。而且那个协同当下显现的我,同样可以决定、规定我;而通过同感的媒介,我必须把这个对我的规定经验为真实的①。我通过他而被规定,就像他通过我而被规定一样。我们在一种绝对的关系中相遇。我们并不在外在的关系中相遇。我们实际上在"我-行为们"中成为了一个——(eins),这些"我-行为们"从我跑到你,从你跑到我,你影响到我,我影响到你。②

通过这种具体性,我们既获得了与作为生活世界的世界的内在联系,也同时获得了与作为你的他人的内在联系,这个你不仅仅是我的"意向性相关者"。因此,也就获得了一种相互作用,这种相互作用就是对我与你的"绝对关系"的特征刻画。这种看法开始把胡塞尔的分析带入一种方向,这种方向被标准解读视为是与胡塞尔的方法相抵触的。也许同海德格尔的思想加以比较,这一点就会更加清楚。

胡塞尔对主体性的信赖是完全不同于海德格尔对"人生达在(Dasein)"的那个"达(Da)"的解释的,也不同于海德格尔通过回归空间性、现身情态(Befindlichkeit)和领会而对"在-之中"结构的揭示③。如果撇开这些差别不谈的话,胡塞尔通过把主体性思考为具体的存在,以此来展开"在……之中结构"的途径,使得他比通常所想象的更加接近海德格尔的思路。请注意胡塞尔的发生现象学以及它的具体的主体性观念,与海德格尔的现身情态(Befindlichkeit, affectivity)和领会这两个观念所带出的两个方向是相同的。① 现身情态的思想并不是要展示关于情绪的观念,十分清楚,它的目标是把主体性置于其世界之中,以非论题化的途径来占有那个世界。胡塞尔关于被动综合的说明以及感性形态变换的理论,恰恰是关于世界如何在并非由我们创制的循环关系中捕捉住我们的。关于情绪和定情调的观念在胡塞尔看来是十分陌生的(alien),尽管如此,我们也许仍可认为胡塞尔开拓了现身情态的区域,放在现身情态这个区域中——感知性理论——的其中一种内容,海德格尔宁愿放在理解领会中;而对其中的另外一种内容——身体——海德

---

① 这句话的严格英文翻译如下:
  And on the basis of this appresentation(协同当下化)— just as I in relation to my self meet practically an I-I determination — I can meet an I-Thou determination in relation to the Thou; the appresented(被协同当下化的) I, likewise, can want to determine me; through the medium of empathy I can and must experience this determination as a real determination.
② 胡塞尔:《交互主体性(2)》,第 275~276 页。
③ 见海德格尔:《存在与时间》[1928], Tübingen: Max Niemeyer, 1967;麦奎利、罗宾逊英译: Being and Time, New York: Harper and Row, 1962,第一部分第五章(Part I, Chapter 5)。

格尔则完全加以回避。我们几乎可以听出他对海德格尔的抱怨,正如他曾经抱怨康德那样:海德格尔并非没有"觉察"到"经验的诸更低层次"的"数量之巨大"。但他可以附加一句,"但是这里更加重要的是,不能忽略从事本构活动的自我与亲历的人身为一方,现实物性为另一方的这二者之间的持续的交互作用关系"①。② 主动的生成理论,主动的综合理论,真正的"判断"理论,甚至包括"精神性"的构建的形成理论,所有这一切都向回指向认知(cognition)的"主动综合",指向意义性构建中的理解作用,——恰恰是这个理解将主体性置入它的世界的关系之中。

毫无疑问,这个联系应该值得专门加以讨论,我们为它专门留出了第十四章。现在我们必须把这些关涉具体自我的一般观点,同开辟了自我的意向性生活的发生理解的某些观念联系在一起。

让我们先回忆一下胡塞尔关于本构的思想,它引入了总体感知(apperception)[a]的观念,以便对感知行为的超越活动(transcending)的成果功效进行描述。胡塞尔扩大了这一观念,不仅是为了覆盖对象给出自身的各个侧面的连续关系,而且还是为了使所有意向性活动的垂直结构桥接在一起。我们对这种垂直结构是有意识的,知道它自身携带着更多的东西,或另外其他的东西。但是这并不意味着,我通过逻辑的推论而演绎出或者归纳出其他的东西,而是说,在其中,我当下经验的内容"指向了这个他者,把它作为属于自我的东西加以指向,作为受它推动的东西而指向它"②。进行指向或者进行指示的这个观念,要说明一个行为的外显内容同它隐含的特性——那些"前-本构性"的层次——之间的联系。那些"前-本构性"的层次是由它的浅表结构所隐含的。对这些层次的揭示,恰恰是成熟的本构现象学的任务。但是只要胡塞尔考虑到这些层次不仅是预先设定的,而且也是生产性的,不仅是一个"条件",而且也是个"源泉",它们之间的相互关系便表现为一种发生(genesis)的秩序了。首先,发生分析所发现的内容,尚且不是沿着垂直坐标的另外一个层次,而是变换的"诸规律",这些规律是用于从深层结构出发来说明浅表结构的。这类规律就可以为我们提供有关意识的"历史":

> 有一个很有必要的任务,就是从原总体感知(Urapperzeption)出发去建立一种普遍的基本的诸规律,用以指导诸总体感知(诸统觉)的构

---

① 胡塞尔:《大观念(Ⅲ)》,第128页;英译本,第116页。
a 在康德哲学中译为"统觉"。——译者注
② 胡塞尔:《被动综合分析》,第338页。

建活动,并且有必要系统地推演出诸可能的构建(Bildungen),因而有必要依据其来源(Ursprung)来澄清每一个被构建者(Gebilde)。

意识的这个"历史"[所有可能的总体感知(统觉)的历史]并不专注于去发现现实的总体感知(统觉)的实际生成过程(genesis)……而是每一个总体感知(统觉)的格式塔(完型)都是一个本质完型,这些格式塔所具有的生成(Genesis)便是依据这些本质的规律而出现。因此,在如此这般的总体感知(统觉)的理念里,便包含它必须经历的一种"生成的分析"。①

对这种思想,胡塞尔还加上了一个要求:这种规律(们)为我们提供了"生成的模式,在其中任何这种类型的总体感知(统觉)都是原初地从意识的个体性涌流中出现的"②。我们应该如何理解这句话呢?本构的说明不是给我们提供了一种规律(们),它们已系统地掌控着诸总体感知(统觉)吗?

对蕴涵活动与被蕴涵之格式进行重构,并且完全使用本构性分析,将这些格式作为**动机**的格式,在最后的分析中,就是把静态分析所要求的自我之形式概念转换为对自我之具体描述,诸本构规律便被重新塑造为生成规律:

> 共存性(compossibility)之本型规律(这些规则实际上控制着共时的或者相继的存在,以至可能的存在)是最广泛意义上的因果性规律——是"如果……则……"的规律。但这里最好回避"因果性"这种表达,因为它身上带有过多的偏见,最好是讲先验境界中的(以及"纯粹"心理学的领域中的)**动机性**。亲历经验的万有(universe)——这些经验组成了先验自我那内在的[reell]和持续的存在内容(Seinsgehalt)——仅在**涌流**的普遍**统一性**形式之中才是一个共存性的万有;所有的具体细节本身(Einzelheit)作为其中流动着的东西,都服从着这种统一性形式。也就是说,这个最一般的形式,即具体的亲历经验的所有特殊形式的形式——以及在这类经验之涌流中流动着的所有本构起来的 Gebilde(构建物)的形式——就是动机的形式;这种动机的形式连接着一切,控制具体的每一个细节。这种动机的形式,我们可以进一步将其描述为一种**普遍生成的形式规律性**(formale Gestzmäßigkeit einer universalen Genesis)。……

但在这一形式之内,生活的进程是作为动机推动的过程,此过程是特殊的从事本构的成绩与功效之过程,它带有诸多的特殊的动机和动机

---

① 胡塞尔:《被动综合分析》,第339页。
② 同上。

系统,这些系统,依据生成(genesis)一般的诸规律性(allgemeine Gesetzmässig-keiten)制造出(herstellen)一个自我的普遍生成(universale Genesis)的统一性。①

作为一种初步的近似表达,我可以说,胡塞尔的发生思想所强调的不是新的层次,而是对它们发展中的相互间关系的说明;强调的不是结构上的层次,而是具体转换的诸关系。发生分析重塑了本构性——是对"可抽象的"意向活动(noetic)和意向相关项(noematic)的因素嵌套在被给出的经验之复合中的说明,又或者是对高级的复合之主动构造的说明——这种重构依据的是发展,这种发展是通过描述具体的配置组构着诸复合(complexes)的诸条件(这些条件是随时间而开展的)而来的。使得发生分析特别难于理解领会的原因是,这种分析所追查的关系,不是行为的一种类型与其他类型之间的、逻辑地假定的,或者通过它的实施而蕴涵的那些关系;它所追查的是意向性行为——依据它的视域而进行——发展过程或者"形成过程",它与这个视域的随之出现的转换之间的关系。视域并不是被设想为表指意义的相互蕴涵的网络,而是被设想为"动机"组联。这里所谓的"动机"是指,主体性与世界之间的相互作用的转换过程,它会导向行为的具体发展,就像它受到这种行为的具体发展的影响一样。总之,发生现象学关注的是"在……之中"结构本身的形成过程。

现在我们的讨论终于达到一个地步,可以首先回答上一章开头提出来的许多议题中的问题。使胡塞尔对诸多完全不同的领域的发生描述最终聚拢在一起的是:每一个区域——不管是感性综合的微观过程,或者是文化构建的宏观过程——都服从于这种重构,并因此都与一个特殊领域或诸不同领域的"更早的"结构配置相关。这种相关性是借助于使这些区域得以发展的深层结构之中的**横向**(lateral)连接而建立的。

发生分析克服了胡塞尔关于自我的静态概念中的最严重的局限性。我们回想一下他在《逻辑研究》的**第一**研究中关于"标示性(索引性)"的"我"的分析,在那里他把"我"处理为既具有"一般性意义",又具有"特殊的偶或性意义"的东西。作为前者,它指称的是主体,作为后者,它把讲话者拣选出来作为个体。胡塞尔转向独白,乃是他在《大观念(I)》中的笛卡尔式思路之保护下依赖静态分析的预兆。这种转向把下述感知意谊保护下来:在其中,所揭示出来的意识是个别的(individual)事实。但是"标志性(索引性)"的

---

① 胡塞尔:《笛卡尔式的沉思》,第109页;英译本,第75页。

"我"还隐藏了一个一般性的(general)意义,因此,对**我的**意识的揭示,能够上升到对意识的本质描述,或者对一般主体性的本质描述。而描述的任务又涉及一种想象(imagination),它的任务是把对"我"的经验,浇铸入一般的形式之中,使其渗透到它的内在的一致性和意义中。胡塞尔的分析可以说明从事实到本型结构的转换,但是它不能够允许在某种意义上推导出自我的个体性。它倾向于压制由黑格尔有力地展示的思想,即指示着一般性主体的那个"我",只有借助于否定的、对立统一的进程,才能指称个体。主体是普遍性的(universal),因此可以具有先验的地位,这样的主体**生成为**(becomes)个体①。胡塞尔的静态分析必然要忽略涉及个体化的那些进程。只有通过他的发生分析的观念,才使得胡塞尔又得以在其思想中恢复这一进程,开始对个体化的某些格式进行描述——积淀,习惯化,话语,家乡与陌生世界,等等,主体的本构内容变成了个体的内容。

我们不可能对第三章中所勾画出的不同领域如何进行这种描述作出一种广泛而全面的说明。这里,我们必须把我们对发生现象学的进一步的解说,限制在前几章已经活动于其中的范围内,即继续讨论对感知与判断的研究。与我们的期望相反,胡塞尔不仅提出对感知"被动性"进行发生考察,还提出对"主动性"进行发生考察,即考察认知的主动的成绩功效。

第三节 言语的偶然性

在第七章中,我们把判断活动放在同它所包含的否定、怀疑、质问等活动的关系中进行本构性分析。这些活动是判断的"诸条件",离开了它们,我们就无从理解从事判断的活动本身。与此同时,怀疑和质问的相关的活动也能"作为动机而推动"判断的活动。这种情况对于所有认知行为都是对的:"这样每个活动都有动机推动,在活动的范围内我们有纯粹的生成,作为下述形式中的纯粹的行为生成(act-genesis):我,在实现该行为中的我,又被下述事实所规定:我已经实现过其他的行为。"②其他行为的潜在的历史,建立起了每个显示出来的行为的方向和预期。胡塞尔声称,在"主动的生成"研究中,我们发现了"我的思想活动、评价活动、志愿活动的动机之形式是通过他人

---

① 关于这一点见曼弗雷德·弗兰克:《自我意识与自我认识》(*Selbstbewußtsein und Selbsterkenntnis*),Stuttgart:Reclam,1991年,第18~19页。
② 胡塞尔:《被动综合分析》,第342页。

的这些活动而形成的"①。

如果发生分析是对"在……之中"结构的形成(becoming)的说明,那么它就必然还得有一个关于意义的理论,以保留同**语境**的内在纽带。众所周知,在"第一研究"中胡塞尔把标示(indicating)从符号的表达功能中切割了出去,以便突出"客观"表达场域的独特性:这些表达(expression)能够与非真即假的主张或断定联系在一起。胡塞尔用以实现将标示同表达分离出来的技术,就是方法论上的唯我主义:与我自己进行沉默的对话;言语行为终止了(不再是讲话的方式);这种方式带有物理的当下显现,这个当下显现本来可以使得它自己作为与世界中的事物以及与其他讲话者——这些讲话者的精神生活总是处于我可以直接看到的一面——的纽带而发挥作用。现在言语行为的这种作用被中止了,因为客观的表达使得对其内容的理解有可能独立于特殊语言行为的环境,其内容先于(prior)对相应的诸对象的领会,这些对象对使用这些表达的行为进行了"充实"。这些表达去除了讲话者的标示指示性内容,或者去除了任何与被标示者的联系纽带,而这些被标示者在性质或内容上,可能不同于表达的意义所具体指定、界定的内容或类型。这样做了之后,就使得胡塞尔可以把意义当作观念来看待,并进而在概念上可以在意义与所指之间做出一清二楚的区分。于是,客观的表达就成了与"偶然性"或索引性表达相当不同的东西,而后者的意义只可能通过对它们的讲话的语境的关注才能被把握,或者通过允许所指内容在对其意义的规定中起决定性的作用,才能被把握。在这种对意义的分析和言语行为的分析中,胡塞尔一直坚持在《逻辑研究》中的这一假定,把诸客观性表达作为这种分析的指导线索,把偶然性的表达排除于他的考虑之外。但是,这种运动在原逻辑(protological)层次上,配置形成了意义本身的特征刻画:由于诸所指的世界,是一个空间性的和时间性的世界;还由于使用具有同样意义的表达,去指称那个世界中的无数的现实对象,所以,胡塞尔便得出了一个似乎可信的结论:意义是无时间性的理想性存在。这种意义就成了命题的本质性要素(constituents)。

与此相反,发生分析试图把言语行为放回到它的源初语境中去,这就是说,让言语重新回到它的本质的偶然性中去。胡塞尔认识到,在《逻辑研究》和《大观念(I)》中被置于不顾,以及在那里被看作是外在于对意义之说明的标示(indication)分析,"已经本构了发生现象学的核心"②。如果谓述话语

---

① 胡塞尔:《被动综合分析》,第343页。
② 胡塞尔:《经验与判断》,第78页;英译本(Trans. by Dorion Cairns, The Hague: Martinus Nijhoff, 1969),第75页。

(propositional discourse)是从我们的经验以及我们同他人的交往的某种转换中衍生出来的,那么发生分析就能为我们提供一种理论,向我们说明,符号如何才能**获得**一个"理想"的"非时间"的意义。

在写作《形式的与先验的逻辑》的时候(1929年),胡塞尔集中精力去协调不同类型的话语,协调使这些话语得以产生的"兴趣"。其中有些章节,他详述有关陈述性句子的日常使用与谓述使用之间的区别①。此外,在对所谓"偶然性判断"的分析中,他同自己在《逻辑研究》中的初次讨论拉开了距离。这里的思想更具有建设性,因为在其中我们看到对意义的不同的特征刻画的一些提示②。

在写于《形式的与先验的逻辑》之前的一个重要文本中③,胡塞尔公开把"科学的陈述[wissenschaftliche Aussagen]"同"对日常生活的描述性陈述[die deskriptiven Aussagen des Alltags]"对立起来。这些"偶然性的"或"依情形而变化的"陈述总是"同具体的处境相关的,这其中自我于其生活过程中、在这些处境中获得他们经验性的明证性……借助于它的实践性的意向"④。如果想把这些陈述转换成为科学断言,它们的"概念性(Begrifflichkeit)"就必须经历一个"概念构建"的过程。这个过程假定了,我们"在意义上"是熟知"这些词汇的",因为我们是按它们"适应"经验的方式来"使用"的。"偶然性的判断不需要是直观性的、明证性的,它们指向着一个实践的处境。……"⑤

这就意味着,最初的《逻辑研究》中第一次提出的意义理论只是语言使用中诸种可能性中的一种。这意味着对科学话语而言具有本构性的是:

> 逻辑学家考察语言,首要的是,只考察语言的观念性(ideality),把它作为同一的(identical)、语法的词汇,与它的现实和可能的现实化相对照,把它作为同一的语法句子或者句子的联系。⑥

只有忽视了日常生活中的言语行为这些维度,我们才能达到语言的观念性,而前者对于语言的日常使用的分析来说,应该是本质性的:

---

① 特别是第42~46页值得参考。
② 胡塞尔:《形式的与先验的逻辑》(Ed. by Paul Janssen, *Husserliana*, Vol. 17. The Hague: Martinus Nijhoff, 1974),第80和第85节。以下文字取自道恩·威尔顿的文章:〈从事联结的专名和被联结的对象:弗雷格与胡塞尔论 Bedeutung〉,见克里斯托弗·吉米、奥托·珀格勒主编:《争论中的现象学》,Frankfurt am Main: Suhrkamp, 1989,第13节。
③ 见胡塞尔:《形式的与先验的逻辑》,第437~446页。写于1922年和1926年。
④ 同上书,第440页。
⑤ 同上。
⑥ 同上书,第25页;英译本,第21页。

> 我们不去考虑属于词语以及属于所有符号的那些 **Hinweistendenzen(标示指示倾向)**……我们也不去考虑那些与它们纠缠在一起的心理经验,比如我们转向我们的对话伙伴,向他陈述我们的判断等等的心理经验。①

有了这些限定压缩之后,那么就很清楚,为什么"这里[日常]语言只被作为次要的东西加以考虑"。语言只被看作"一种与科学相适应的语言",它同特殊的"知识-技术的目标""联系在一起"②。

认识到意义的静态分析中的这种局限,就为发生说明开辟了道路。只是我们如何去描述下述的意义:不是(逻辑性)概念,不是作为行为的观念性对象而"现成在手边"的东西③,而是,在某种意义上,这些东西自己预设了它们呢?《形式的与先验的逻辑》一书本身包含有两个富有建设性的建议。

1. "判断作为感知意谊有……意谊-生成过程"④。第一眼看到这种"生成秩序",看上去仅限于同结果的关系,限于同起作用的概念所包含或者所隐含的那些概念有关。但是这个观念,就像胡塞尔说的,还延伸到了某种感知意谊的"历史性",延伸到一种途径:通过这个途径,它们"一个层次接着一个层次地,向回指向源初的感知意谊和属于这个观念的意向相关项上的(noematic)意向性"⑤。我们被告之,"这不仅被应用于……句法蕴涵,而且被应用于处于更深层的生成,这种生成已经属于[语义上]的基本'核心',向回指向它们来自经验的发源之处"⑥。

2. 把"偶然性判断"置于谓述主张之对立面的,乃是诸偶然性判断依赖于它们所指的语言表达之**语境**。胡塞尔用"处境性的视域"这一说法来解释这种情况,这从根本上区别于在对陈述作出明确反思时可以被主题化的情况:

> 人们可以随后说明这些视域,但是"**本构着的视域-意向性**"——它使得日常生活的周围的世界永远是经验的世界——总是先于任何解释。它就是**本质上决定着偶然性判断之意义的东西**,它总是远远超出诸

---

① 见胡塞尔:《形式的与先验的逻辑》,第 27 页;英译本,第 23 页。
② 同上书,第 31 页;英译本,第 27 页。
③ 参见同上书,第 192 页;英译本,第 185 页。
④ 同上书,第 215 页;英译本,第 207 页。
⑤ 同上书,第 215 页;英译本,第 208 页。
⑥ 同上书,第 216 页;英译本,第 208 页。

语词本身能够清楚、明确地表达出来的"所是之内容"和"可说之内容"(what is and can be said)"。①

鉴于"被谓述的一般对象"总是明确判断(explicit judgment)之产物;把它作为意义来处理,总是同反思的一个行为紧密联系在一起的,所以我们谈到对象和意义这二者时,都涉及一个视域。这个视域先于判断的活动和对意义——并不是从作出断言活动的反思中获取的意义——的特征刻画。结果便要求对意义做出一种新的不同的特征刻画:

> 那么[这些视域]是"一些预设",它们作为意向性蕴涵被包含在进行本构的意向性中,它们继续地规定着直接经验环境的对象的感知意谊(gegenständlicher Sinn,对象性意谊),所以与我们到此为止所讨论的谓词性判断活动的观念化预设相比,有着完全不同的特征。②

在第七章中,我们以胡塞尔自己对这些问题的反思为基础提出了一个问题:他把意义的一般性地特征刻画为观念性存在,是否顶多只对于命题性(谓述)的话语是正确的。不管这种理论有多么不充分,胡塞尔一直是用这类术语一般地谈论科学话语中的意义,包括他最晚的作品在内③。但事实上,处境式的话语被看作不仅是不同于,而且还决定着命题(谓述)话语出现的语境;这个事实就意味着,用胡塞尔自己的术语来说,我们重新提出了那个问题:如何对这个意义之更基本的观念进行特征刻画?

胡塞尔后期的意义理论强调感知意谊,认为在感性意义中,意义的"观念性"不是与观念性实体联系在一起的,而是同"反反复复",同重复和重复性的格式联系在一起的,正如他在1925年的一个文本中所说的那样:

> 在一个接一个的重复中,建立起了重复的统一意识……重复意识是同一意识的一种突出[ausgezeichnete]形式,在其中,同一性原初地、

---

① 胡塞尔:《形式的与先验的逻辑》,第207页;英译本,第199页。
② 同上书,第207页;英译本,第199~200页。
③ 例如,他的〈几何学的起源〉("Ursprung der Geometrie"),见胡塞尔:《危机》(Ed. by Walter Biemel, *Husserliana*, Vol. 6. The Hague: Martinus Nijhoff, 1954),第365~386页;英译为"The Origins of Geometry",见英译本(Trans. by David Carr, Evanston, Illinois: Northwestern University Press, 1970),第353~378页。

本构地被给出,也就是说,它是这种意识的基础的、原初的给出自身的成果功效。①

这样,命题性(谓述)的话语的意义就不是不可化约的,虽然它具有一种被生产出来的同一性。如果"偶然性"话语意义的特征可以被刻画为是一个**格式**,它把语境、使用和内容捆绑为一种社会交往中的关注的活动,就如我们在第七章中所主张的那样,那么严格的命题性的话语意义,就是把这种格式发展成为下述**规则**的结果:这个规则使得在不同的语境中的重复成为可能,使得使用与成真的条件联系在一起。这个观念使得我们得以引进客观话语的意义与时间之间的内在联系。真理性讲话的意义的观念性或者超时间性(trans-temporality)——一旦我们把这些转换看作它的本构成分的话——就成为时间性的特殊形式:它就是在不同的时间、不同的语境中,在与相同的所指相关时,使用相同符号的形式(重复性)。

在胡塞尔的发生说明中,不仅给出了意义的时间性的特征刻画,还给出了对它的对话上(dialogical)的特征刻画。在发生分析中,由于偶然性话语或者处境式话语的优先性,在独白中的临时性的出发点就被抛弃了,因为偶然性的言语行为必然是一个交互主体性的言语行为,它涉及激活与再激活以及积淀的过程。

转向独白原来专门是为了在话语中切断符号的表达功能与符号的标示指示性功能之间的联系而设计出来的一种技术。"唯我主义的态度"为进入现象学的意义理论提供了一个临时的出发点。由于使用了笛卡尔式的思路,这个技术被提高到方法的水平,过分被绝对存在与相对性存在之间的对立决定,被认为:一旦经过适当的还原和规定,"自己性(ownness)"的范围就成为了能在其中看到明证性是绝然真(apodictic)和全适(adequate)的唯一领域。其结果是,社会交往不再是那个场域——它的勾连表述揭示了经验的先验结构——的本构特征。上面所勾画出的范畴性和本构性说明已经足够令人神往,它们可以组建起对这个"自己性"的范围的研究,因为这种描述,没有要求哪怕是一点点对交互主体性或者社会交往的分析。然而这个问题的笛卡尔式表达仍导致了混乱,因为**它一方面说**:我们引进了清楚的区别,它本质上是本型性的,对于这个区别而言,主体性与交互主体性之间的**区别**与它并无直接关涉——尽管这一区别可以很好地构成我们进行分析的背景;而**另一方面它又声称**:由于我获得了特权能达到存在的整个境界,而这个存在境界

---

① 胡塞尔:《形式的与先验的逻辑》,第449页。

完完全全是我自己的,所以交互主体性是次要的,最终必须从这个属于我的领域中被推导出来的。后一方面使得关于交互主体性的问题和社会交往的问题处于从属性的、派生性的地位;而前一方面(交互主体性和社会交往)则打开了通向这种分析的大门。胡塞尔自己在后期著作中认识到,这里所要求的恰恰不是把自我同他人的区别固定下来的先验分析,而是要求分析超越这种区别:

> 在这些沉思中,我把所有的知识构造,以及在某种意义上,所有的实践性构造,都置入唯我主义的态度中。开始时,我没有机会讨论交互主体性的思想,交互主体性的认定和交互主体性的真理。……但是,只要一旦把社会团体拉到思考之中……那么通过附加的思考,我们就确定了我们的观察:孤立的主体性的科学(mathematics)**就其本身而言**,就是交互主体性的,反过来,没有任何交互主体性的科学(mathematics)是可能的,如果它不是业已完全奠基在孤立的主体性之中。①

这一思想使得胡塞尔得以讨论使静态分析之所以可能的某种方法论的"抽象",由此认识并承认了交互主体性的社会交往的优先地位:

> 开始,在一定程度上,我关心的是一种自我论的逻辑,也就是说,对这种分析进行奠基,而不去涉及交互主体性的问题。
> 但是,这要求小心认真地思考它的感性意谊的问题。我们用以开始的语言就是交互主体性的,而正在存在的世界的感性意谊从一开始就已经是交互主体性的了。……
> 当我似乎只是为了自己想获得知识而做了这些以后,这里仍然需要,首先在**抽象性**中构建的分析对交互主体性的有效性做出奠基,即要求一种扩大[第一种分析]的补充性研究。②

这些新的研究,就是由发生分析提供的,因而表达行为的"历史"就把我们带到社会交往的行为,以及带到意义的下述区域,在这种区域中,意义已经超出了我对它的特殊占有。我所占有的语言本身带着各种极"厚"的积淀;它不仅是我过去对它的使用的积淀,而且是整个文化的积淀的结果。我主动

---

① 胡塞尔:《形式的与先验的逻辑》,第344页。
② 同上书,第350页。着重号为我所加。

的谈话活动总是对随着时间的流逝而成为沉积物的内容的一种重新激活。这就是说,随着时间的流逝,不仅日常生活的谈话的内容本构着一种"第二被动性",而且命题性判断也本构着"第二被动性"①。而且语言从根本上就是被设计的,使我们得以坚持指向我们对交互主体性的语境的介入参与。通过转向话语,我们进入了一个"空间",命题性(谓述)语言的观念性就是建立在其上的。

言语的生成性的分析是对意义之本质的时间性和空间性的说明。它为我们提供了一种被我们称为**语境**(context)的理论。

第四节 感知性处境

如果对语言的发生分析,通过偶然性概念而发现了语境,那么感知的发生分析就通过联想和受触发性(affectivity)的作用而发现了**背景**。在前面,动机(motivation)这个领导性的概念引导我们说明了意义-蕴涵(meaning-implication),及其贯穿于"主动综合"的不同的层次和类型的"开展";如果应用于"被动综合",与此相反,它将引导我们到"联想(association)"的现象学。"对于所有完全先于主动性产物而被给出的对象性之本构来说,被动生成的普遍原则携带的名头,就叫联想"②。

胡塞尔并没有像他的早期著作中那样,把联想这一概念定义为一种心理学的原则。

> 我们在这里用"联想"这一名称,指称一种内在生成的形式和规律性,它总是属于一般的意识,但是并不是像对心理学家而言那种客观的、心理-物理因果性的形式……我们运动于现象学还原的框架结构之内,在这里所有的客观现实性和客观的因果性都被放到括弧中。③

在经验主义的看法中,联想是各种经验之间的联系,或者经验的各种对象之间的联系,它们不是通过感知意谊(sense)建立起来的,而是严格地由随时间而行链接在一起的事物的同步出现建立的,由近似性或者接近性

---

① 胡塞尔:《经验与判断》,第 336 页;英译本,第 279 页。
② 胡塞尔:《笛卡尔式的沉思》,第 113 页;英译本,第 80 页。
③ 胡塞尔:《被动综合分析》,第 117 页。

(contiguity)建立起来的。但是胡塞尔通过对这个层次上的内容分析,发现了感知意谊的因素,因而修正了经验主义的这种思想。胡塞尔的静态分析将标示(indication)现象排除在之外;联想的概念是胡塞尔将标示现象整合到感知意义(perceptual meaning)的说明中去的一种途径,因而也是发现标示现象同时间性与主体性之间的纽带的一种途径。后期的胡塞尔远远超出了休谟和洛克,把联想看作是

> 称呼纯粹自我之意向的、本质的规律性的本构之最全面的名称,它是一个内在的先在的领域,离开它,作为自我的自我(an ego as such)就是不可想象的。只有通过发生现象学,自我作为一个无穷的组联才成为可理解的,与普遍的生成统一性联系在一起,与综合地共属在一起的成果功效的统一体联系在一起——与那些层次联系在一起,这些层次必须适合于时间性的普遍的、永久的形式。……①

联想被编织到胡塞尔对总体感知(统觉)的思想中,我们可以说是以我们在本书第七章发现的内容为基础的。那种联想不仅仅是本构的原则,而且也是生成的原则。它说明了诸多侧面随着时间"建立起的"整体的途径,使侧面的序列跨过了时间,因此,顾后滞留和瞻前预取(retention and protention)必须被引入对它们的**共存**与**相继**之间的区别的说明中。总体感知(统觉)不仅是一种投影,而且是被对象"拉""扯"(drawn or pulled)所致。这就是说,对与此时经验类似的早些时候的经验的顾后滞留,使得它的感知意谊发挥作用;这种感知意谊发挥作用时,指向着正在继续进行的经验进程。感知性意义的这种"转换"对于感知是本质性的:它的作用被看作是一种感知上的"归纳"。这又返回来指向那些经验:在这些经验中,感知意谊首先被获取,然后又变成**习惯**:

> 正如休谟正确教导我们的,**习惯**不仅仅是我们的养育者,而且是世界的养育者,习惯更是意识功能:构型着,并且持续不断地继续构型着世界,[以及]事实上构型着所有对象性。"习惯"是对象性意谊给予(Sinngebung)的原初起源(Urquelle),习惯作为归纳,当然总是伴随着一种相应的充实,这种充实是本构着具体实存(Dasein konstituierend)的持

---

① 胡塞尔:《笛卡尔式的沉思》,第114页;英译本,第81页。

久的和原初的力量。①

但是我们的说明不能停止于此,因为这些观念还不够使我们理解下述感知意谊,在这些感知意谊中,感知总是"situational(因情景而制宜)",作为投影而介入总是涉及一种脱颖而出(extrication)的运动。请回忆一下,本构分析是从内在性这方面来对超越性进行特征刻画的。这种分析隐含地从给予意向性方面去处理一种特殊的运动:行为指向"外部",通过诸侧面"超越到"诸对象。这种倾向不能完全归功于笛卡尔式分析的优势;它的出现还因为,使用了意向和其充实之间的动态的相互作用来描述经验。关于被动综合的思想打开了通向经验的其他特征的大门。我的经验同时也是掌控和被掌握的经验,行动和阻碍的经验,侵犯和被侵犯的经验。在感知的时候,我不仅行动,我还被行动作用。我不仅发生影响,我还被影响作用之更广泛的领域所吸引掌控。我的行动不断优化我对对象的看法,但只有当对象把我吸引向它们的时候。不仅我们的行为意向地关注对象,而且对象也捕捉我们的行为。我们之所以经常指向它们,恰恰是因为它们捕捉到我们。我们的意向的"射线"与从对象指向我们的"对手的射线"是相称的②。在《逻辑研究》和《大观念(I)》中把意向性活动设想为一种线性的、投射式的运动,现在则被循环的意向性观念所取代。对总体感知(统觉)的全面分析都要求对**受触发性**(affectivity)进行说明,并且要求说明"行为"如何"通过与非行为[ausseraktiv]区域的生成关系而被推动"③。关于触发(affection)的观念,又是对联想分析的补充。它们一起传达感知意谊(sense),在这种感知意谊中,感知意向性包含涉及投射(projection)与反射(rejection)、超然与被诱(transcendence and being solicited)、主动达到与被动拖入等一系列循环。它们一起都要求把一种亲历的人身整合到说明中去。

在这里我们不能过于匆忙,因为胡塞尔想要通过被动综合的观念,建立起他关于联想的理论。这种分析仍然限于意识范围之内,我们实际上尚未跳出这种局限。只有受触发性(affection)的观念为我们打开了一个更深层的维度。当胡塞尔告知他的听众,通过他的这些研究,他正进入"一种关于所谓无意识的现象学"④时,他认识到这一点。当然,在某种意义上,所有的被动

---

① 胡塞尔:《自然与精神》(Natur und Geist),《胡塞尔全集》第 32 卷,第 146 页;F I 32,162a,耿宁把这段文本的写作时间定为 1927 夏季学期。在本段中我采信了耿宁在第 202 页上给出的深刻分析。
② 胡塞尔:《大观念(II)》,第 98 页;英译本,第 104 页。
③ 胡塞尔:《被动综合分析》,第 342 页。
④ 同上书,第 154 页。

综合都是无意识的。但是看起来,把受触发性整合到他的理论中,这种做法开辟了另外一种可能性,我们可以通过回到瞻前意向的观念而获得这种可能性。

在关于瞻前预取的最初观念中,胡塞尔仅仅接触到的困难是:它似乎未带给感知过程任何新的内容,它并不是真正的"本构成分",因为它似乎可以被还原为,对业已存在于记忆中的内容的再造与投射。"联想性的期待显然以联想为前提;联想作为被唤醒的东西,回溯到与'记忆'的联系。"①问题是这里顶多产生了诸可能性的多样性"配置"②,这种多样性的配置比在感知中实际发生的要更为广泛。在感知中我们并不期待所有的这些可能性,我们只期望有限度的一束可能,"在协同在场(Mitgegenwart)"的内容中,在"整体视域的多维度的连续体中",我们只期望"其中的一条线索"③。为什么我们倾向于,或者期望于这条线索,而不选择其他的线索?仅仅以作为顾后滞留之逆转的瞻前预取为基础,我们无法对其做出解释。

在《被动综合分析》中,胡塞尔认识到,瞻前预取是"基本的生成式规律性的第二个方面,它支配那本构着意识生活的统一涌流而把它作为时间(Zeit)"④。任何一种印象现在都不仅联接着"关于过去的意向视域(intentional)",而且联接着"一个关于未来之瞻前预取(protentional)视域"。我们能够阐述两个视域,但是胡塞尔补充说:"所有这一切我们都已经知道了。"他让其分析继续向前运动,去询问后顾滞留和瞻前预取这二者的"空的当下显现"(空是因为对象并不在活生生的现在中当下显现)是否是"同类型的"当下显现?它们是否仅仅由于功能上的差别而被区分开来?他开始去探讨其他的差别。与顾后滞留的"纯粹被动性"相反,瞻前预取似乎涉及主动性因素。在这种主动性中,它的预期性结构伸出了"开放的双臂"而朝向未来⑤。此外,不是顾后滞留,而是瞻前预取承担了"向前指向(being-directed-toward)"这种结构,而这结构对于"被动感知"来说是本质性的。胡塞尔提出,联想不仅仅是连接着顾后滞留与(当下)的印象,而且要求瞻前预取。"只有在原初的时间意识的瞻前性路线上,联想才会起支配作用。"⑥因此瞻前预取便为顾后滞留提供了保证,而不是相反。

---

① 胡塞尔:《被动综合分析》,第187页。
② 参见同上书,第190页。
③ 同上书,第428页。
④ 同上书,第73页。
⑤ 同上书,第74页。
⑥ 同上书,第77页。

与此相关,胡塞尔还探讨了另一思想。在一小部分的手稿片断中,他试图通过把关于瞻前预取的想法同关于身体的思想结合在一起,来处理这个问题:

> 那[现实瞻前预取的]路线,就是通过运动感觉(kinaestheses)的现实过程,如通过眼睛的主体运动等,来被实现和被具体地推动。恰恰就是通过这种动力的推动,这条路线才获得现实的期待的特征。视域的保持是潜在之期待体系。①

即便是这种视域的保持,也完全被胡塞尔理解为"运动感觉之整体"的相关项。胡塞尔又补充说:

> 属于期望的诸运动感觉本身就带有关于"能做(Koennen)"的意识,即有能力发动它们之"能做"的[意识],并因而有进一步的结果:"能做"使得通过它们所推动的现象之进程得以发生。②

对受触发性的发生说明,引导我们对瞻前预取这一观念的进一步深化,其结果是把"活动中"的亲历的人身整合到这种说明中来。这成了背景的一部分,所有的感知都处在这种背景中。这样,联想与受触发性之间的对立就被整合到占用与适应(appropriation and accommodation)的身体运动之中,就像皮亚杰所清楚看到的那样③。

我们还发现感知的时间性不同于言说的时间性。感性意谊(sense)不仅具有那种抽象的时间性,即那种在不同时间、不同行为里,在它的不断重复中展示出来时间性,就像我们在语言学意义中发现的那种情况,而且还具有具体的时间性成分,因为在我们对新的侧面的期望中,我们不仅对它的性质和位置有瞻前预取,而且对它的时间的舒缓变换(modulation)或它的节奏也有瞻前预取。我们感知的失望主要跟事物的时间节拍(速度)、时机(timing)以及它们的性质相关。由于这也会传导给其他与当下情况相类的案例,所以它一定是感知意谊中起作用的部分因素。

然后,胡塞尔将关于受触发性的思想整合到他关于联想的生成性说明之

---

① 胡塞尔:《被动综合分析》,第 428 页。
② 同上。
③ 让·皮亚杰(Jean Piaget):《感觉的机制》(The Mechanisms of Perception),英译者为 G. N. Seagrim(New York: Basic Books, 1969)。书中随处可见。

中。对联想和受触发性的广泛的分析,最终为我们提供了感知视域的说明;这种说明中止了他对语言学意义曾作的特征刻画之最初偏向。就如我们将在第十三章中提出的,我们现在具有一种背景的"感性(aesthetic)"观念。在这种背景中,感知意谊是一些格式,它们出现于——正如它们所说明的——侧面和对象的感性配置与具身化(embodied)的感知行为这二者的关系中。它们既是这些配置的格式,也是说明这些配置的原则。尽管这不是在胡塞尔自己的实践上,但是,在原则上,它完成了把背景整合入他的理论中的工作。关于感知的发生现象学,推动我们进入对感知意谊的时间性的说明,也就是说,进入对本构的各种不同的纵向路线的那些横向连接的分析。我们称这些纵向路线为背景。

第五节 时间性与生成

主动与被动的通常对立在感知与言语的发生分析中开始消失。在静态分析中被视为被动的感知,现在借助于多样性综合而被理解,通过感知的瞻前预取而被整合到身体的行动中,直到此时,我们才可在受触发性(affection)的诸现象中发现新的被动性。面对着所要求的语言的被动语境,以及由诸多谈话者——每个讲话者都坚持着自己的主动主张——的社团建立的、积淀的意义之被动语境,被视为主动综合的言语行为才得以发生。

把对感知和言语的看法的拓展中所提出的思路作为线索,现在我们能够指出静态分析与发生分析之间的决定性的差别。我认为,胡塞尔的发生现象学,试图通过把视域本身理解为时间性的,来说明语境和背景的不断发展中的相互作用。在他自己公开出版的著作中,这一思想最早见于他的《形式的与先验的逻辑》一书中:

> 静态分析由意向的对象之统一性所指导,因此它是从并不十分清楚的被给予性开始的,遵循着它们作为意向性的形态变换的指示标识(Verweisung),而努力去追求清楚明白的内容之指导下进行的。而生成性的意向性分析[与此相反],它以**整个的具体的相互连接性**为走向,在这种相互连接性中,每一个意识以及它的意向性对象本身都是届时地在那里。这样便马上出现问题,那些其他的意向性指示标识也属于这个"**处境**(situation)",比如在其中,一个正在从事判断的活动在那里。这里就包含了生活的内在**时间性的统一性**问题,而这生活在其时间性中都

有它的"历史"。通过这种途径,每一个个别的意识经历作为时间上的出现便有它自己的"历史",也就是说,有它自己在**时间上的生成**。①

对"处境"的说明就是对通常世界的说明,个体性对象总是反复在其中出现,这也是对生活的时间性说明。通过这种时间性,诸多的个别行为才具有它们在时间上的生成。发生分析并不像本构分析那样,只关心那些对象与行为之间不同种类的相关性之纵向综合。发生分析关心的不是行为,不是综合,而是那些同时把意识语境化的内容,把每一个对象作世界性处理的内容。在另外一个文本中,胡塞尔甚至把这一思想称为"关于无意识的康德式问题"②。从根本上看,这是那种必不可少的组联的说明,离开这种组联,事物将无位置,没有处境中的可理解性,没有了具体的当下在场;离开了这种组联,我们的行动和行为就失去了时间性的来源,就没有了空间的外貌,就没有了具体作用效果。这就是为什么胡塞尔敢于称这种分析是"解释性的(explanatory)",这也是为什么他的这个思想如此难以理解的原因。初看起来,好像他正在揭示在其描述性分析的初级方法中无法提供的关于行为和对象的观察视角。而事实上,这是一种对行为、对象和意义(meanings)的**相互作用**的说明。**这种相互作用**并不出现于纵向研究中的任何特殊的行为或者任何行为的集合中。这样,我们可以把视域描述成这种**被推动的牵连的组联**(nexus of motivated implication)。

在胡塞尔现象学描述的格式的这种相关性性质被给出之后,通过语境对视域的时间性分析,就将涉及交互主体性的观念。而把视域作为背景进行的研究就应该在身体的说明中找到支持。在这个方向上,胡塞尔做了许多试探,就像我们上面所指出的。但是由于交互主体性理论是不充分的(inadequate),这个理论的大部分仍然继续通过他的关于表达(expression)的观念,而不是通过标示(indication)的观念来规范他人的当下存在;并且由于他把社会交往的交互作用和身体的"训练(disciplining)"的思想加以限制,甚至对人体作很不合适的解释;因此,正如福柯指出的,这个理论并没有充分发挥作用。胡塞尔仍然依赖有意识的行为来承担他的时间理论的核心。正如胡塞尔于1921年说的,"对象的本构的各种历史依靠的是封闭的一个单子的

---

① 胡塞尔:《形式的与先验的逻辑》,第316页;英译本,第316页。
② "手稿" B IV 12, pp. 8/9,转引自耿宁:《胡塞尔与康德:胡塞尔与康德及新康德主义的关系之研究》(*Husserl und Kant: Eine Untersuchung über Husserls Verhältnis zu Kant und zum Neukantianismus*),《现象学丛刊》第16卷,The Hague: Martinus Nijhoff, 1964,第268页。

普遍性生成"①。

尽管十分有限,但是无论如何,发生分析和时间性那至关紧要的联系是由胡塞尔建立的。我们十分惊奇地看到,在这些局限之内,他居然走得如此之远。我需要跟着胡塞尔走完这条道路的最后一段。

我们认为本构分析开辟出一种发生性说明:它的纵向的分析是发生分析的第一步。现在这也可被理解为转向对时间的描述。从当下的感知向过去的感知的转变,或者,当下经验通过某种规律而同过去总体感知(统觉)紧密联结在一起的途径,这些说法都表明,时间性分析——它实际上跳出了范畴现象学的范围,但仍处于本构现象学之内——如何为我们提供了,不仅是对感知的当下行为的理解,而且提供给我们方法去理解,这个行为如何与另一个早前的行为相衔接。胡塞尔想要做的便是用关于一种有关结构的发展和出现的"内容"性理论,去补充关于必然相续性的这种"形式"的说明。发生分析不是一种借助于横向的或者纵向的"条件"来对行为的**存在**进行说明的理论,而是一种关于行为的**成为**(becoming)的理论,关于行为的时间性发展的理论。胡塞尔对这个关键问题经常是很清楚的。

> 意识流就是一个持续的生成之涌流,但是它不仅仅是前后相继的流(Nacheinander),还是一个从另一个当中出来的流(Auseinander),是一个按着必然相继的规律的生成发生(Werden,Becoming),在这个相继过程中,从原总体感知(Urapperceptionen,原统觉)中生长出,或者从最原始的总体感知性的意向性中生长出不同类型(Typik)之具体的总体感知(统觉)。——在它们所有之下,诸总体感知让一个世界的普遍性总体感知得以出现。②

在这个思路中,时间要求一种新的位置。它不仅仅关注一个行为的层次比另一个行为的层次更深入,就像在本构分析中所出现的那样。它所关注的是引入发生分析自身的解释性格式:"意向性生成之普遍的和本质的形式,所有其他形式都要返回到这种形式,它就是内在时间性的本构形式③。"

---

① 胡塞尔:《被动综合分析》,第345页。
② 同上书,第339页。
③ 胡塞尔:《形式的与先验的逻辑》,第318页;英译本,第318页。

胡塞尔在一生中连续不断地对他的时间性理论进行反复加工①。他的内在时间意识的理论能帮助我们解决一个胡塞尔在联系到自我知觉的性质时所遇到的特殊困难。我们不要忘记,在先验的还原之下,意识经常被认为是任一和所有的对象之本构。这就意味着作为本构过程(constituting),作为功能的过程(functioning),意识本身并不是一个对象。我不能够说,对我具有意识的那种知觉,是由于我对它的反思才产生出来的结果,这是出于十分简单的理由,即把意识放到反思中作为论题来处理,使它转化为一种分析的对象,这个过程本身总是已经假定了我对意识的熟悉了解。自我知觉(自识)总是站在通过反思行为而产生的对象化的这一方面。在胡塞尔努力澄清这个自我——它不是对象——的本性的时候,在解释它如何才能具有这种先于反思的对自己的知觉的时候,他把这个自我说成是时间过程(temporalization)本身。正如黑尔德解释的,"我从我自己的意识生活中的每一瞬间滑入到过去,但是我仍然继续顾后地知觉到我自己。这种原始的顾后滞留是最原初的综合"②。这样便产生一种"自身认同"的类型,它是前-对象化的,

> 我的原我是某种不变的持存者和保留者(unverändert Stehendes und Beibendes),而通过对象化之前的自己对自己拉开距离(Selbstdistanzierung),我的原我就是活生生的流淌着的东西,也就是说,是某种与以前所是的内容相对立的,而可以成为别的内容的东西。因此,我的自我在它最深刻的维度上是一种活生生的存在,在这种存在中,"持存"与"流淌"统一在一起,是一回事。③

在胡塞尔集中于思考个体的、具体的自我时,他关于生成的思想已经溢出了这种思想的堤岸。我们发现的我与你之间的相互规定性,就意味着自我的发展必然要同该自我与他人的关系紧紧绑在一起,是一个在共同体中与他人共同分享的生活过程。正是出于这种原因,我们发现胡塞尔最晚期的著作走向了另外一种类型的分析,即称为**世代生成(generative)现象学**。在这种

---

① 本段中我们采信了克劳斯·黑尔德在《生活世界现象学:文选(Ⅱ)》(Edmund Husserl, *Phänomenologie der Lebenswelt: Ausgewählte Texte II*)的"导论(Ⅱ)"("Einleitung [Ⅱ]")(Stuttgart: Reclam, 1986)第30页的杰出分析。还可参看他的《活生生的当下:胡塞尔对先验自我的存在形式的追问——根据时间问题研究发展出来的思想》,《现象学丛刊》第23卷(The Haque: Martinus Nijhoff, 1966),全书随处可见相关论述。
② 黑尔德:"导论Ⅱ"("Einleitung [Ⅱ]"),第30页。
③ 同上。

现象学中,他把关于发生分析的最初观念推广到生存与死亡、故乡世界与陌生世界、大地与世界等这类生存性的参数中①。

这一思想使发生分析的范围最终得以完善。时间性是最终的来源,依靠时间性,所有发展,所有生成发生,包括意识生活本身的发展和生成转化都得以说明。"生成的基本规律是原初时间意识的规律。"②我曾提出发生分析不仅说明了我的具体生活的本构,而且也说明了视域本身。"时间,从内部看,是意向性生成的形式。"③

第六节 成体系的现象学

我们努力对胡塞尔现象学的不同方面作一个全面的总结。因此,我准备将本书前九章中思考的进程制成一张图表。我曾指出理解发生现象学的关键,首先是澄清发生现象学同先验现象学之间的关系,即澄清发生现象学同胡塞尔最早在《大观念(Ⅰ)》中构想的先验现象学纲领之间的关系,并且把这个纲领与先验分析的领域的重建工作联系在一起。而这一重建工作始于把笛卡尔式思路的结果看作是过渡性的,始于胡塞尔开始追问"来源"之问题。然后就是去理解他关于本型结构的思想如何通过转换的思想得到补充。本书前九章的工作论题是:构成胡塞尔现象学体系的各种学科的次序,粗略地说,也就展示了他的现象学体系发展过程中经历的几个阶段。

1. 第一个学说是在《大观念(Ⅰ)》和《大观念(Ⅱ)》中发展出来的,这个学说试图为形式存在论和区域存在论的先验基础提供保证,这个基础就是意向性**结构**。胡塞尔把诸区域存在论看做是现象学的研究,它们使用本型方法描述对象或存在的被给出之有限领地的本质结构,描述的是这些存在或对象在经验之中当下显现的方式。他有时把这种方法贴上"分析现象学"的标签。我则把它称为范畴现象学,因为这种现象学的目标是:

(1) 澄清诸存在的各种**基本范畴**,这种澄清一方面依据某种结构上的恒常不变性,这些不变性进行着本构,另一方面依据某些规律,它们调节着"存在的种类"与"经验的类型"之间的关系。

(2) 诸区域存在论则分别勾连表达着这个"整体"的某个"**部分**"。

---

① 关于这个问题见安东尼·斯坦伯克:《家里家外》。
② 胡塞尔:《被动综合分析》,第344页。
③ 胡塞尔:《交互主体性(2)》,第221页。

（3）对整体本身的澄清与说明则要求回到所在区域性领域的"**基础性**"内容中去。这个学说（3）就是真正意义上的先验现象学。但是在 1921 年，当胡塞尔对它的范围进一步加以限制时，他把这种奠基的学说（3）描述为"意识的一般性结构的普遍现象学"。它（3）同范畴现象学一起，构成了他在这个时期的、被标示为"静态"现象学理论的核心内容。

静态现象学的任务是为这种结构（意向性）提供担保；这种结构为不同的区域提供了不可缺少的基础。这个基础使得我们得以把每一个区域界定为本构之范围（sphere）。这种在意向性中为所有区域的**基础提供担保的方法**，也为每一个区域提供对其进行**分析的基本形式**。由于对现象的"作为……结构"（as-structure）的理解依靠的是那个诸对象和复合体向其（to whom）且为其（for whom）显示的"谁"，所以所有意向性分析都是"相互关联性"的分析；在对诸存在的规定性进行的说明中，感知意谊的结构（sense-structures）的相关类型（Noema，意向性相关项）被置于同行为类型（Noesis，意向性活动）的关系中。对象或复合体就是在其中并且通过它而被领会、被使用的。

《大观念（Ⅰ）》中的先验现象学限于研究"先验主体性的直接的、可直观的本质性结构"。与此相应，先验领域并不是具有纵深维度的场域。在该书问世十五年之后，当胡塞尔对《大观念（Ⅰ）》进行反思时，他承认"那种描述的领域局限在它的最容易理解的层次上"。《大观念（Ⅰ）》所包含的是"诸本质属性之系统的自我封闭的无限性"①。

把意向性处理为以本质性属性作为一种奠基的结构（grounding structure），而不是将其处理为带有纵深维度的场域，这是受到《大观念（Ⅰ）》对还原的笛卡尔式表述的鼓励培养所致。这一表述造成世界的存在与主体性的存在之间在存在论上的分裂。其结果便是担保了世界的不同的区域的基础，却没有启用回溯性分析将分析从其结构拉回到它的源泉。相反，我们在这种分析中被限定在下述思想中：它给我们一种不可化约的、必然的、普遍的结构，这种结构可以在先验反思中"一下子"便得到领会，而对它如何与我们正在试图澄清的各区域的存在论内在地联系在一起的这个问题，却没有提供任何清楚的理解。

2. 在《大观念（Ⅰ）》中，先验现象学被当作是本构现象学。但是随着发生现象学的发展，胡塞尔开始把本构分析作为一种不同于他最初的"关于意识的一般性结构的普遍现象学"的另外一种思想来处理。通过对经验的横

---

① "跋语（Nachwort）"，《大观念（Ⅲ）》，第 141 页；英译本，"Epilogue，"《大观念（Ⅱ）》，第 408～409 页。

向(horizonal)结构的研究,通过其对处于底层的形态变换和转换(modalizations and transformations)——它们使得显现的结构得以出现——的分析,本构分析为通过先验还原才开辟的"存在之境域(sphere)"揭示了一个深度。同区域性场域所处的横向坐标轴相反,一种纵向坐标轴被开辟出来,它把意向性的奠基结构转换为应去探究的先验**场域**。通过这一附加的深度,现象学便使我们能够理解各区域——它们既是区域存在论的基础,又是通过区域存在论得到说明的——如何**被导出来的**(derived)。这种浅表与深度之间的区别,建立了一种区域性场域与先验场域之间的**内在**联系。

如果不使用区域存在论作为我们的指导线索,我们将不能理解本构场域的横向坐标与纵向坐标之间的区别。正确理解的本构现象学并不为我们提供除了范畴分析开辟的区域之外的其他区域,它只是描述它们的各种结构;这些结构属于感知意谊或语义的秩序,这些结构使得这些区域得以成为确定的场域。如果范畴现象学的关注焦点,是被给予场域的本型结构之同一性和区别,那么本构现象学所关心的就是追踪这些结构的"来源(origin)",比如去寻找那些转换(transformations),通过这些转换,日常言语就成为谓述话语;或者去寻找使其成为可能的那些经验。正如我们已经看到的,这里涉及对各种主动综合的不同形态之间的内在纽带的研究,以及对主动综合与被动综合之间的内在纽带的研究。

3. 在本构现象学中关于来源的思想构成了通向真正的发生分析的桥梁。在处理这一关系之前,我们应该对静态现象学与发生现象学之间的对立做出更一般的概括。

发生现象学**重构**了胡塞尔静态思想的成果,其做法是废除了两种"抽象",而这两种抽象使得他对意向性的初次特征刻画成为可能。第一个抽象就是"纯粹自我",它一开始便被描述为统一体的两极中的"一极",它只可以借助与之相关的诸行为和诸行动来加以规定。这个"纯粹自我"被重铸为"具体自我"的一种"抽象"的结构。这一结构具有另类的先验性特征。它具有一般性的能力,这些才能的实施会引向获得对经验事物的部署倾向,选择一种特殊的途径而不是另外的途径。这就是被胡塞尔称为"诸习性(habitualities)"的倾向,他们一起把某种历史性引入意识之中。第二个抽象就是世界,就是《大观念(I)》通过还原得到的并被拉入"内在性"领域,它是被作为"对立极",作为"某种同一的东西"而由意识来设置起来的那个内在世界①。在发生现象学这里,这个世界被重构为具体的世界,它经历了一个

---

① 胡塞尔:《大观念(I)》,第93页;英译本,第112页。

历史积淀的过程。在这个过程中,过去的成果已经储存到世界的存在中。总之,意向性意识的最初的观念现在都被精心加工为意向性**生活**。关于世界的最初观念如今重铸为**生活世界(life-world,Lebenswelt)**。

发生分析作为结果把最初由静态分析中开辟的意向性结构的各种参量进行了**扩充**。不论胡塞尔如何固守他的自我论的出发点,具体的自我本身已经被理解为本质上的关系性的(relational)自我;主体性也浸没在交互主体性之中,处于社会共同体之内。此外,在现在的精细描述中,世界与交互主体性是同等源初的(equiprimordial),并且成为受到历史限定的生活世界。这种重构与扩充内在地把意向性的场域的**存在**与它的**生成变化**(Becoming,Werden)联系到一起。

静态分析既没有处理时间意识之"谜",也没有处理空间性问题。这些环节的重新发现,带我们走出了胡塞尔的范畴分析,进入他的本构分析,然后又进入他的发生现象学。这个重新发现的过程发生在两个不同的语域(registers)中。在他的本构分析中,这些环节作为处于经验行为的多样性的底层的"综合"而被加以研究。此时,通过对具象运动和瞻前预取的进一步分析,胡塞尔发现了空间与时间的内在联系,从而将这种看法扩展到他的发生分析之中。从方法本身的观点看,我们可以把本构现象学看作对先验场域的"空间性"的解释,而发生分析则是对"时间性"的阐明。

第二个语域之所以能发挥作用,是由现象学的方法的发展所致。这种方法使它得以把在时间上和历史上配置起来的结构整合到关于第一个"形式性"的观念之中:即视域(horizon)之中。通过本构说明所发现的深度,不仅能通过结构的转换来加以描述,而且还能通过时间的转换来加以描述。与此同时,它还确定了本构现象学与发生现象学之间的地位关系。就像胡塞尔在1921年的文本所说的,"追查本构的[秩序],不是追查生成的[秩序]。它本身就是本构的生成,它本身就是作为一个单子的生成而活动的。"①如果本构分析在处理纵向的转换所依据的格式是被包含与包含、被条件限制与条件,那么发生分析处理横向变换时所依据的就是时间和空间上的格式,就是对发展的说明。通过在本构说明上加上对经验的诸区域的配置中的背景和语境的分析,发生现象学加深了关于**世界**的说明。通过对区域之间以及区域内部的转换的本构性因素的经验与话语的时间上的相互影响的图示化,加深了关于**在世界之中的存在**的思想。发生分析处理经验与话语的动态相互作用,把它们作为随着时间的展开——本性是历史性的——的进程的部分,便是对

---

① 胡塞尔:《交互主体性(2)》,第41页。

一个区域的具体配置的说明。

一般情况下，我们可以说，发生分析处理的是不同领域之间的关系，或者处理的是整个领域向另一个领域转换的历史形式；它是通过把转换结构视为**时间性**而实现的。对于发生分析来说重要的是，它说明了在先验范围内发现的本构之不同的**纵向**路线之间那些不同的**横向**关系。这些横向关系用背景和语境规定了语言、经验和现象之历时的**相互作用**，这种相互作用是在范畴现象学所包含的那些区域的深层结构中起作用的。

4. 对象、场域甚至自我（self）都是在并且通过经验的各种行为而当下显现的，这些行为都被胡塞尔特征刻画为"综合"。静态分析是借助于行为的形式对它们进行描述，然后去检验那些调控着它们不同的"noetic-noematic（意向行为-意向相关项）"的相关性规则。相反，发生分析不仅借助于行为的形式来理解综合，同时还借助于它们的生产性成绩功效；不仅借助于它们的存在，而且借助于它们的形成变化来理解综合。胡塞尔主要对两种生成作了研究，他把它们区分为主动生成和被动的生成。"主动的生成"指的是，有意识的或深思熟虑的产物：理解活动的不同**理想性**复合体，或者是来自预先本构起来的因素或对象之**现实**文化的复合体。理解活动的诸复合体可以同列于先进的科学理论。现实的文化复合体领域则可以包括从牧歌到贝多芬第九交响曲，从孩子的涂鸦到保罗·克利作品的广大领域。

由于胡塞尔关心的是真理问题，所以他后期关于主动生成的研究，集中思考的是意义（meaning）的转换问题。这种转换使我们得以把"偶然性"的日常谈话转变为类似谓述之类的话语。他认为，所有真理陈述都标示出了（暗示出了）言语的"早期"类型，因此也标示真理陈述得以从中发生的那些经验。诸判断具有"意义的生成"。它们向回一层一层地指向模态的转换——它们就是从这种转换中生发出来的；指向这些层次的任何一层所嵌套的或包含的意义；指向了它们的内容中并没有直接表达出来，却对它们的意义有本构性的语境；最后指向它们的语义学因素之经验性来源。这不仅给予"客观话语"以某种"偶然性（occasionality）"，而且也给予"客观话语"得以规定的"历史性"。

所有的主动分析都是同非自动生成的内容纠缠在一起的。主动综合所指向的最后一个层次是被动综合。这个被动综合层次可能是以前的主动生产行为的结果，它们已经作为结果沉淀到这个世界中，形成了"次级的敏感性（secondary sensibility）"。或者这个被动综合的层次也可能是具象化（embodied，身体化）了的感知的一个层次，通过它，事物得以当下显现而不用任何主动的本构或解释，它是一个"原初的敏感性"的层次。

胡塞尔关于被动综合的思想，通过他的本构分析发展到他的发生分析。就像我们已经看到的，他描述了在诸侧面和诸对象的关系中显示出来的相似性和对立的当下在场，它们重复地贯穿于几个不同的区域性场域，并且说明了它们的"来源"。在这个过程中，胡塞尔研究了联想性综合、时间性综合、空间性综合之间各种不同的相互作用，用它们来对感知意谊——在我们对某种东西的识别之中，这种感知意谊被视为熟知的东西——的传递（the transfer of sense）进行说明，并且用它们来对那种感知性意义的转换（the transformation of sense）进行说明，这些转换出现时，不是作为我们获悉一个新特征的结果，就是作为没达到预期而失望的结果。这种转换不仅是结构上的，而且是时间维度上的转换。就瞻前预取的范围而言，它指向经验，并在贯穿由被给出对象产生的多样可能性中，从预期中切出的一段"路线"，甚至把我们连接到亲历的人身之运动性和某种受触发性，它将我们的意向拉入到参与介入的组联中去。从根本上说，所有被动综合都是以顾后滞留与瞻前预取的相互作用为基础的。这就使胡塞尔得以将生成的基本规律处理为时间意识的规律。

被动综合的说明所属的学说被胡塞尔称为先验感性论。这显然是在效仿康德，但也是对康德思想的极大的拓展。在这里，胡塞尔把原初感知当作典型范例，将其与他在先验逻辑中研究的谓述断言的主动性产物对立起来。但是，即便以前的主动的构造已经成为沉淀的，并因而成为我们对事物的感知意谊之一部分，也落入原初感知的管辖限度之内。因此先验的感性论不仅包含了感性意谊（perceptual senses），而且也包含了经过形态改变之后的习得的那些成为习惯的意义（meanings）（它们也参与着对我的生活世界的构形）。

这就给我们提供了另外一条有意思的途径来理解本构分析与发生分析之间的区别。我们可以说本构现象学依据先验**空间**，把结构的转换格式化了（schematizes），使得现象性场域（field）成为可能。这些被格式化了的转换被椊构为，处于每个场域底下的阶层或积淀层，为该场域提供支撑性的基础。发生现象学用先验**时间**将那些转换进行格式化（schematizes），因此这些转换就成了发展的进程，在这些进程中较早的引发了较晚的，较晚的拉着现在的，并且给现在提供方向。这样，通过随时间而进行的重复性，不仅澄清感知意谊和语言意义的理念性（ideality），而且它们的传递和转换也就奠基在贯穿于活生生的当下的瞻前预取和后顾滞留的相互交错共融之中。

在发生分析的更深的、最后的层次上，胡塞尔发现，时间与空间本身不仅仅是"形式"，而且也是被生成的东西：一方面，通过地位、运动和场所之间的相互作用而生成；另一方面，是通过自身时间化（self-temporalization）本身的进程之持续流淌的涌流而形成。胡塞尔对时间和空间的自身衍生（self-generation）的研究，很显然是他的发生研究中最困难的一部分。

5. 在给出了层次上和描述上的这些差别之后，那么，当我们发现胡塞尔针对每一个层次，分别对所使用的不同分析方法做了区分时，就不会感到吃惊了。尽管他在使用中前后并不十分一致，但是这些分析从类型上来说存在着差别，并且这种区别保证了每一类学科的明证性。粗略地讲，这里关注的焦点有一个从"诸结构差别"向"诸结构转换"，最后向"时间性、历史性转换"的转移。在本书第十一、十二、十五章回到这一问题时，我只把胡塞尔给予它们的名字列出来，并给出相关评论的参考书目。

6. 方法论上的问题是与他的明证性理论有关的，所以胡塞尔使用单个的自我以及他习得的世界，作为他分析的出发点。其他部分的发生分析仍然留在这些参量的范围之内。但是胡塞尔对下述事实十分清楚：主体性必须是具体的，他人并不纯粹是我的意向性行为的相关者，而是有些人会影响我，而且我们总是处在一个身体中，同时又处于世界中。这就使得他不仅讨论我的经验，而且还讨论社会团体的经验、世俗生活的经验、文化和宗教的经验。在他已出版的著作中，第一次出现这种思想，是在他为日本的一个期刊写的一组文章中。其中的一部分发表于1923~1924年。我们将在第十二章对它们作具体的分析。在那里，胡塞尔追随历史发展的线索中所朝向的目的性，在这种**目的性**中，理性的交互作用变成了一种规范化的作用。

胡塞尔一旦找到了一种方式，可以把他的发展和转换的观念整合到他的现象学方法上去，一旦他找到一种途径，可以从他最初的出发点进入团体共同生存与生活世界之后，他就为现象学开辟出了一个新的视域。正是由于这个原因，我们才看到胡塞尔的后期著作，走向了另外类型的分析方向，即我上面提到的被称为**世代生成**现象学的方向。把他的发生分析与**世代发生分析**的思想拢到一起的是：时间性被理解为最后的源泉，所有的发展、所有的生成变化，包括意识生活与世界之相互作用所构建起来的我们的本质性历史在内，都通过时间性得到解释。"从内部看，时间是意向性生成的形式。"①

对范畴现象学、本构现象学和生成现象学之间的区别之说明，向我们表明了海德格尔的《存在与时间》的工作方法的深度，因为其内容上所有引人注目的各种区别，都归功于胡塞尔的思想框架，都是其框架的应用结果。尽管《存在与时间》并没有想要实际上贯彻这些思想，但《存在与时间》建立的

---

① 胡塞尔：《交互主体性（2）》，第221页。

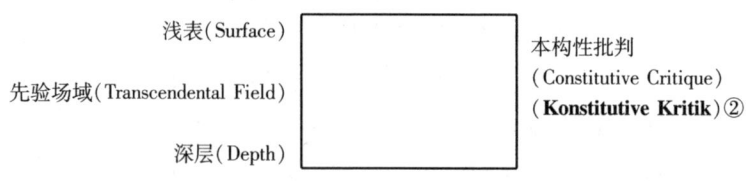

图 9.1 分析方法(Methods of Analysis)

区域属于区域存在论的范围。因为海德格尔想把"存在论的(ontological)"这一概念留给他的先验论的思想，所以他把区域性的学科称为"实存的(ontic)"。除此而外，《存在与时间》的第一部分对作为"在世界中存在"的人生达在的各种不同的环节展开了广泛的结构性描述；而且，一方面对"手头现成存在"的"来源"进行了解释性说明，另一方面对命题性断定进行了解释。十分清楚，这是在使用本构现象学的资源进行工作，当然应该加上一个重要的限制：海德格尔避免把任何一个本构层次当成是绝对基础层次。取而代之的是强调下述感知意谊：在这种意谊中，从事奠基的关系是相对的，每一层次都是整个人生达在的整个结构相互依赖的各种"环节"。在《存在与时间》第二部分中，他则试图用**时间性**对这一思考的结果进行重构。这正是胡塞尔的发生分析所号召人们去做的工作。无论他们两人的理论在内容上有多么的不同，他们成体系的现象学方法之间的不同层次所存在的令人吃惊的一致性，却是不争的事实。在本书第十四章中，我们会回来讨论这种关系。

这样，我们便结束了对胡塞尔的方法的轮廓研究。为了能获得足够广阔的视野，为了直接达到他的哲学观念的心脏地带，我们的思考舍弃了非常多

---

① 《大观念(Ⅲ)》，第93~105页；英译本，第80~90页。
② 胡塞尔：《形式的与先验的逻辑》，第191页；英译本，第184页。这也被称为"本构起源之研究(constitutive origins-research)"、"明证批判(evidence-critique)"，或者简单地叫做"先验批判(transcendental critique)"。胡塞尔：《形式的与先验的逻辑》，第185、209、283页；英译本，第177、202、245页。
③ 胡塞尔：《被动综合分析》，第340页。见第340~345页。
④ 胡塞尔：《危机》，第59页；英译本，第58页。以及第58~60页，特别是第365页；英译本，第57~59页和第353~354页。

的内容而未加考虑,许多具体分析被我们置于不顾。但是如果我所勾勒出的宏观轮廓,适当地表现出胡塞尔现象学工作领域的范围尺度,那么我们的确获得了一个与标准解释全然不同的胡塞尔。但是这种区别是更进一步的思考过程的结果。在这个深入思考的过程中,胡塞尔才变成了他的另类的自己。

第二部分

批判：胡塞尔现象学方法的局限性

第十章　先验心理主义

在正确实施的现象学心理学与先验现象学之间,存在着一种令人瞩目的完全的平行。一方面对于每一种本型确证(Feststellung),就如同每种经验的确证一样,都必须相应地有另一方与之平行。然而这整个理论内容,如果采取自然态度,当作心理学,当作与那预先给出的世界相关的实证科学的话,那么这些理论内容就完全是非哲学的。但是对"同样"的内容采取先验的态度的话,其结果就被理解为先验现象学,那么这些内容就是哲学的科学。的确,它甚至赢得了哲学上基础性的科学地位,作为一种科学,它以描述来建立先验的基础,此后这个基础便保留为所有哲学知识之唯一基础。

——胡塞尔(1931 年)①

即便先验的心理学也是心理学。

——胡塞尔(1900 年)②

在下面的三章之中,我们想**对**胡塞尔思想进行批评,同时**使用**胡塞尔的分析进行批判。因为只有转向批判,我们才能提出合理性问题。

在本研究的第一部分中,我们证明了,胡塞尔逐步地克服了他的笛卡尔式思路的局限性,发展到《大观念(Ⅰ)》(1913 年)中发现的先验分析,依靠的就是提出了静态分析和发生分析之间的区别,然后又提出走向还原的其他可

---

① "跋语(Nachwort)",《大观念(Ⅲ)》(Ed. by Marly Biemel, *Husserliana*, Vol. 5. The Hague: Martinus Nijhoff, 1952),第 146~147 页;英译本,"Epilogue",《大观念(Ⅱ)》(Trans. by Richard Rojcewicz and Andre Schuwer, *Collected Works*, Vol. 3. Dordrecht: Kluwer Academic Pub., 1989),第 414 页。英译文有改动。
② 胡塞尔:《逻辑研究》(2nd rev. ed. 2 Vols. Halle a. d. saale: Max Niemeyer, 1913 and 1921),Ⅱ/1,第 93 页;英译本(Trans. by J. N. Findlay, 2 vols. New York: Humanities Press, 1970),Ⅰ,第 122 页。

供选择的不同途径之间的区别;接下来又在他的《笛卡尔式的沉思》(1929年)中重新表述了它的基本原则,最后认识到,对于公正地评估他的方法和他本人的具体研究的全部范围,这仍然过于局限。我曾主张,假如我们认为他的笛卡尔式研究就意味着使用先验的、反思的方法,这种方法总是把意识作为不可化约的、基础性的基地来看待,在此基础上耸立着知识的大厦,那么当胡塞尔离开那条思路的同时,他从来没有真正地拒绝过它。如果情况确实是如此的话,把这种论题交给批判的分析,正是检验这一个方法是否恰当。这种批判对于当今的思考更加重要,比如德国哲学中的迪特·亨利希和曼弗雷德·弗兰克当前正企图重新恢复"自我意识"的观念①。我在本章中所要讨论的批判论题是:虽然启用对意识进行自足的(self-sufficient)反思的哲学方法,能够避免心理主义的普通的、不同样态的经验主义性质的谬误,但是它却必然落入另外的语域的同类错误,即成为先验心理主义的错误。我认为这个问题暗中破坏了所有使以下论题合法化的努力:意识是先验分析之不可化约的和不可回避绕过的(**unhintergehbarer**)基础。在下一章中,我将恢复感知意谊(sense),在这种意谊中转向意识,但从任何全适的当下显现之理论中摆脱出来,为我们提供一个指导线索,让我们看到什么东西会成为先验分析。但是我在这里的目的是严格的批判。我的批判将专门针对涉及时间问题时遇到的某些问题,以及记忆的"绝对真理性(apodicticity)"的问题。我们将从以下两个视角来处理时间性问题:① 时间性如何说明意识的同一性;② 对于这种统一性,我们所具有的明证性类型,应该如何由时间性定性(qualifies)。我将试图引入胡塞尔关于不由自主的(involuntary)记忆的看法,然后提出,现象学方法同胡塞尔自己的看法相反,具有一种不可避免的本构视角。

我们有了对胡塞尔的笛卡尔式表述的批判在手,下一章就将提供一个关于静态的先验方法之肯定性的(正面的)说明。在那里我将处理先验的论证与先验还原之间的关系,将要分析可以直接进入还原(reduction)的方式,这种方式不是笛卡尔式的,而是康德式的先验演绎(deduction)的胡塞尔版本。这种还原将由静态分析的视角出发,处理合理性化(legitimization)问题。《欧

---

① 见迪特·亨利希:《自我意识——某种理论的批判性导论》("Selbstbewußtsein — Kritische Einleitung in eine Theorie"),收入卢迪阁·布伯纳(Rüdiger Bubner)等人编辑的《解释学与辩证法》(*Hermeneutik und Dialektik*),Tübingen: Mohr [Siebeck],1970,I,第257~284页;特别是曼弗雷德·弗兰克的《个体性的不可回避性》(*Die Unhintergehbarkeit von Individualität*, Frankfurt am Main: Suhrkamp, 1986),以及他的《自我意识与自我认识》(*Selbstbewußtsein und Selbsterkenntnis*, Stuttgart: Reclam, 1991)。

洲科学的危机》一书(写于 1934～1937 年间)通常被视为,理解胡塞尔如何将发生现象学用于历史和社会文化研究的语境中的合理性问题的主要来源。但是本书第十二章并不打算转向这一文本,而是使用十年之前(1923～1924年)的研究,即部分发表于日本《改造》杂志上的那五篇文章作为资料。这是胡塞尔第一次应用他新发展出来的发生方法对文化问题所作的长篇分析。这个分析使我们得以进一步扩充在第一部分中完成的关于发生分析的思想,而且也使得我们能够对其理论的某些观点作出批评性研究。特别是我提出的主题:先验现象学对于自我意识的范畴之依赖,是否暗中破坏了(合)理性(rationality)概念与理解活动,后者是对话性的,总是带有文本脉络即语境色彩的。

第一节　心理主义问题

心理主义是一种企图把所有语义组织和句法组织都还原为精神的内容和经验主体的操作活动的理论。这种理论对哲学性的理论造成一种基础性的威胁。这种理论把一种根本上的混淆引入了哲学理论:把哲学的各个区域的话语之所有明显的不同层次,全部都简化为这些区域中的一个具体的区域,即心理学。心理主义破坏了语言构造和逻辑构造的理想性质,以实现它的这种简化还原工作。而实际上,这种理论不仅不能对概念和断言的跨-主体性(trans-subjective)意谊做出任何说明,而且也不能说明,所指及其有效性何以常常得以建立,而无需回溯到寄居于提出者之心智中的想象与联想;把谓述的内容化约还原为精神性的想象或者精神性的再当下化,以及把句法的构型等同于心理上的联想或者心理学的操作活动,就把哲学理论的所有领地都改造成了心理学的分支,把关于这些领域的逻辑学都改造成了主观性的连接。本来应该为各种不同的自然科学和人文科学在存在论和认识论上奠基的哲学,就失去了自己独立的地位,哲学在方法上和具体任务上,都被等同于心理学。这种把哲学等同于心理学的思想陷入了最为有害的范畴错误。把心理学这一个别的区域性科学,一门本身需要奠基的科学,当成了所有其他实证科学的基础。在 1925 年至 1928 年间,胡塞尔三次讲授现象学心理学的课程,这个讲稿在本章稍后部分会详细讨论。在这个文本中,胡塞尔对上述错误作出如下认定:

> 心理学本身就是一门实证科学,就像在所有的实证科学研究中的情况

一样,它所从事的研究根本不触及它自己的存在领域之存在论意义问题。①

依靠这种严格的形式主义来回应心理主义的威胁曾经有一种十分强烈的诱惑力。但是形式主义,就如我们在弗雷格和早期维特根斯坦那里看到的,把所有诠释的问题全部弃之不顾,以利于合理性辩护(justification)的问题。反过来,合理性辩护的问题却是通过重构下述进程来回答的:这个进程只接受世界的受规则控制的逻辑上的再当下化,而这个世界是由诸事实的整体构建起来的。对于形式主义来说,人类的行为、行动和相互影响,这些塑造着并再塑造着我们所有过于人化的(all-too-human)世界,对于我们的句法分析和语义分析来说,其作用与贡献,不过类似于反映在镜子中的影像对影像居于其中的镜子的结构的贡献一样。按照形式主义的观点,心理学的事实,就其应有的特性来说,在存在论上与我们在其他各种科学中所指称的事实没有什么两样。心理事实对于各门科学的基础没有任何贡献,它们同樱桃李子或小猫小狗对科学基础的贡献一样。

恐怕世界上再也找不到另外一个哲学家像胡塞尔一样,为勾勒心理主义与形式主义这两种可能性之间的运动路线而花费如此多的笔墨。在早期,胡塞尔曾经对自己的《算术哲学》中的心理主义有过批判性检讨,正如莫汉蒂的历史重构中已经展示的那样②。而对其他哲学家对心理主义表述的彻底清算是在19~20世纪之交出版的《逻辑研究》第一卷《纯粹逻辑学导论》(1900年)之中,而这一批判态度一直持续了以后的三十五年。他处理这一问题的途径,他的成功与失误,对于我们当前的讨论是至关重要的。因为同其他大多数现代的哲学家不同,胡塞尔在他自己的思想发展过程中展示的哲学路线,贯穿了整个20世纪的哲学思想。

在《算术哲学》(1891年)中胡塞尔与心理主义的这段短期的热恋、他第一次试图走出心理主义的努力、弗雷格对他的严厉批判、后来他在"导论"中对心理主义的拒斥等,所有这类故事,都在莫汉蒂极有洞见的研究中,依据证据做了很好的描述③。我们也可以从四封保留下来的弗雷格同胡塞尔之间

---

① 胡塞尔:《现象学心理学》(Ed. by Walter Biemel, *Husserliana*, Vol. 9. The Hague: Martinus Nijhoff, 1968),第257页。此处引文出自"大英百科全书文章(the Encyclopädia Britannica article)"第二稿,可能出自海德格尔的手笔。见第597页上对第256页上胡塞尔给这一节起的题目所做的批评性批注。
② J. N. 莫汉蒂:《胡塞尔与弗雷格》(*Husserl and Frege*), Bloomington, Indiana: Indiana University Press,1982年,第18~42页。
③ 同上。

的通信①中，推断出弗雷格在读到胡塞尔在《逻辑研究：导论》中对心理主义的批判时，那种得意洋洋的心情。但是当他真正研究了在一年之后出版的真正的《逻辑研究》之后②，此时他的得意肯定会马上消失得一干二净：他发现胡塞尔用"描述心理学"来加强他的意义分析。我下面打算花一点时间总结一下他们两个人之间的争论的核心论点，并且概括地谈一谈，胡塞尔在《大观念(I)》中在处理《逻辑研究》遗留下来没有解决的方法论问题时，如何在分析中引入了一种转换。此外，我还打算开辟一个新的基地，集中讨论《大观念(I)》之后胡塞尔对这一问题的处理，即在1925年到1928年之间形成的讲稿《现象学心理学》中对这一问题的看法，这个方面的内容还未引起广泛的注意③。正是这些最后的研究，不仅使我们看到，在先验语域中得到承认的心理主义问题，如何使胡塞尔最初的研究发展成为现象学，而且还使我们看到，心理主义问题的讨论如何发展出左右着某些当前对语言与精神的关系的研究。

第二节 对心理主义的首次批判

在《逻辑研究：导论》中，胡塞尔把他对心理主义的批判与对形式主义的不十分明显的、几乎是无声的批判配合在一起。他的一般策略是论证，每个规范性的学科，比如逻辑学、语言学等，都是以一两个更为理论性的学科为基础的④。与心理主义和形式主义的论战，关涉的主要是这种理论性学科的性质问题。心理主义建议，心理学是这种理论学科；形式主义则认为，可以在由构造组成的元-逻辑(meta-logic)中为逻辑学奠定基础。为了反对前者，胡塞尔提出，如果心理学这样一门经验的、区域性科学被当作一门去为逻辑学奠基的理论科学，或者为科学的理论做奠基工作的科学的话，在方法论上，它会

---

① 《通信集》(Ed. by Karl Schuhmann in connection with Elisabeth Schuhmann, *Husserliana Dokumente*, Vol. 3. Dordrecht: Kluwer Academic Pub., 1994)，Ⅵ，第107~117页；英译见J. N. 莫汉蒂：《胡塞尔与弗雷格》，第117~126页。
② 见上面第六章的分析。
③ 处理过这个文本的较早的工作有两个：沃尔特·比梅尔：〈胡塞尔的大英百科全书文章以及海德格尔的相关批注〉("Husserls Encyclopädia-Britannica Artikel und Heideggers Anmerkungen dazu")，见《哲学杂志》(*Tijdschrift voor Filosofie*)，12(1950)，第246~280页；以及苏珊娜·巴舍拉尔的《论心理主义：胡塞尔〈形式的与先验的逻辑〉研究》(*On psychologism: A Study of Husserl's Formal and Transcendental Logic*)，莱斯特·恩布里译，Evanston，Illinois：Northwestern University Press，1968年，第93~113页。
④ 胡塞尔：《逻辑研究》，Ⅱ/1，第2章。

导致内在的矛盾,在描述上会产生错误的陈述。为了反对后者,胡塞尔提出,在本质上,命题是从句法上构成的意义的统一性,而且意义的分析离开了对行为的研究,离开对交互作用的研究,就是不完善的,因为诸符号经常是在行为的交互作用中并且通过交互作用而进行指称的。胡塞尔指出,可以充任奠基工作的理论学科是现象学这门科学。

当然,我们这里集中关注的是对心理主义的批判。如果我们把知识——这些知识的有效性或者通过直接的证据或者通过间接的证据而得到证明——看作判断**行为**的属性,如果我们把真理看作正确判断之**对象**的属性①,那么胡塞尔对心理主义批判的关键论题就是:逻辑不可能被还原为具体认知活动的规律(laws of knowing),逻辑所关心的是真理的关系②。让我们把他对心理主义的批判提炼为三个相互关联的论题,并谨记我们在前面第七章中所提出的有关命题的讨论。

1. 我们从已经熟悉的谓项(predicate terms)的意义与所指之间的区分开始。所指并不是我们精神生活的组成部分,而胡塞尔的确认为,意义是属于行为之内容的东西。但是它是一种具有特殊形式的 Inhalt 或者内容,因为胡塞尔把从事判断的**实际**行为,同作为**一种观念性**单元(unit)的命题——即构成行为之内容的命题——区别开来③。这类观念性的诸单元是意义复合体,它们贯穿于占有它们的行为之中,并一直保持其同一性。

2. 我们不仅必须把从事判断的行为同被判断的命题区别开,就像我们把这类命题理解为这种行为的内容的时候那样,而且我们还必须把被判断的命题区别于我关于这个命题在心理上的想象,或者在经验上的再当下化(**Vorstellung**)。当我具有一个命题时,关于这个命题我们可以具有多种多样的想象或观念,与这种多样性相对立,这个命题本身的属性,它的类别却是一种理想型的(ideal)。这个命题本身也同把它作为主题的各种不同行为的多样性相对立④。胡塞尔的这个观点可以在时间性的区别上表现得特别突出(be cast in):因为所有心理精神生活都是由时间性规定的。它的行为、它的想象也都是时间性的。但是命题并不是时间性的,而是超时间性的,所以命题不可能被看作是心理的事实,或者被还原为心理精神的内容⑤。

3. 如果我们把命题混同于心理精神现象,我们就将会把逻辑的规律和

---

① 胡塞尔:《逻辑研究》,Ⅱ/1,第 12～14、110～112 页;英译本,Ⅰ,第 60～62、135～137 页。
② 同上书,Ⅱ/1,第 66 页;英译本,Ⅰ,第 102 页。
③ 同上书,Ⅱ/1,第 119 页;英译本,Ⅰ,第 142 页。
④ 同上书,Ⅱ/1,第 169～173 页;英译本,Ⅰ,第 179～181 页。
⑤ 同上书,Ⅱ/1,第 119 页;英译本,Ⅰ,第 141 页。

关系混同于决定着心理精神生活的过程的因果性规律。但是，即便我们承认了思维过程是服从因果规律的，并且逻辑的理想型规范能够服务于对于我们具有的思想(thoughts)进行合理性证明(justifty)的工作，也仍然不能证明诸规范与这类因果性规律是同一回事①。在"A 引起(causes) B"与逻辑的同一律、矛盾律和排中律之间，不存在任何派生关系、推导关系(derivation)，也不存在任何相应性、一致性(correspondence)②。胡塞尔认为，总的来说，想从现实事实中导出逻辑规律来是不可能的，不管这些事实是物质的还是精神的。反过来说，没有任何逻辑规则、规律隐含着事实。而且十分清楚，被客观逻辑规律排除在外的那些组合，并没有从思想的行为中排除出去。如果逻辑规律也是因果性规律的话，这种情况就不会发生了③。

弗雷格会完全同意胡塞尔上述这些看法的。只是当胡塞尔进一步向前，试图说明，意义与行为是如何联系在一起时，当他停止对他正在使用的方法进行特征描述时，问题就出现了。正如我们已经在第三章中看到的，在《逻辑研究》第一研究中，胡塞尔继续强调该书"导论"中的思想，突出意义与行为之间的断裂，仍然主张意义同从事意向活动的现实行为的关系，就如同一个自身同一的种(species)与具有此类特性的个体对象之间的关系一样。"我们也可以说，从意义构成了一类概念(a class of concepts，诸概念组成的类)，这里的类概念是'观念的(ideal)对象'这个意义上的概念。"④在第五研究中，胡塞尔把意义的分析同行为的分析联系在一起。其方法是，用意义去说明对象被意向或者被规定的途径⑤。在这样做的时候，胡塞尔不仅把意义处理为一种由行为给出示例，或者在行为之中得到具体的例证**内容**，而且还把它作为一种行为之**材料(matter)**来对待，他甚至谈到"具体行为-经验(act-experience)的一个组成成分，这个成分可以同行为共享一些性质完全不同的其他属性"(ganz anderer Qualität gemeisam haben)⑥。由于材料(matter)为行为提供了特殊的、特征性的意向，并且说明了对象被规定或者被把握的途径，所以胡塞尔相信，材料(matter)一定是意向性经验本身的组成部分⑦。

说"意义是行为的组成部分"，就是在说意义是行为本身的描述性特征，

---

① 胡塞尔:《逻辑研究》，II/1，第 68 页；英译本，I，第 103 页。
② 同上书，II/1，第 83 页；英译本，I，第 114 页。
③ 同上书，II/1，第 90~92 页；英译本，I，第 120~121 页。
④ 同上书，II/1，第 101 页；英译本，I，第 330 页。
⑤ 同上书，II/1，第 415 页；英译本，II，第 589 页。
⑥ 同上书，II/1，第 411 页；英译本，II，第 586 页。
⑦ 同上书，II/1，第 413 页；英译本，II，第 587 页。

意义不仅仅（not just）简单地通过行为中的什么其他东西来举例说明（exemplified），比如通过想象，或者通过精神上的再当下化来说明。如果意义不是行为的组成部分，那么当下显现的可能性之多样性就不能得到理解。对理论的这一补充，在胡塞尔早期分析工作中创造了一个十分清楚的张力，因为在《逻辑研究》第一版中，行为的诸成分被描述为是"现实的（reell，实项的）"，即理解为行为的内在的，或者现实的部分，因此在本性上是心理学的①。而当进入到第五研究和第六研究的领域，意义被处理为行为的环节时，这对于胡塞尔强调的意义的非现实性和理想性的立场构成了威胁，心理主义的幽灵在这里又重新出现。

第三节　先验转向：对心理主义的回应

胡塞尔很快便清楚意识到，他对于意向性行为的材料以及分析方法还缺乏清晰性。这里，很可能是弗雷格再次发挥了作用。1906 年，弗雷格在一封给胡塞尔的信中措辞严厉地写道：

> 在我看来，逻辑学家过于依附语言和语法，也过于被心理学所束缚……逻辑绝对不是心理学的一部分。毕达哥拉斯定理所表达的思想对于所有的人都是相同的，尽管任何人都有自己的表象（再显现）、自己的情感、自己的决定，它们同其他人的这类东西完全相异。思想内容（thoughts）绝不是心理结构，思想活动（thinking）绝不是内在生产过程和构形过程，而是对早已预先客观给出的思想（thoughts）的领会过程。②

《逻辑研究》问世 12 年之后发表的《大观念（Ⅰ）》正是对这种心理主义的内部威胁的一种回应。它在两个关键点上做了重新组织：一点涉及对行为的分析，一点涉及方法论问题。

此时胡塞尔认为，他在《逻辑研究》中的分析是片面的，他着重强调精神心理经验的类型学，强调意向行为（noetic），进而损害了为这些行为与经验带

---

① 胡塞尔：《逻辑研究》，Ⅱ/1，第 397 页；英译本，Ⅱ，第 576 页。
② 〈弗雷格致胡塞尔的信〉（"Frege to Husserl"），October 30 to November 1, 1906，《通信集》，Ⅵ，第 113 页；英译依据莫汉蒂在《胡塞尔与弗雷格》一书第 122 页上的译文。

来确定的语义上的指称的那些内容，即损害了他后来所说的意向相关项（noemetic）。《大观念（I）》强调行为的相关性特质，提出我们有两种相互依赖的环节：一个是行为的**品质**（Quality），我们今天称为行为的"**效力**（force）"。它总是与**一个相关对象的被关注、被获得、被意向的方式**紧密相关，即与行为的 **Sinn**（**感性意谊**, sense）或者 Bedeutung（意义, meaning）紧密相关。这里并不是对《逻辑研究》中我们看到的内容的简单重复，其理由是胡塞尔越来越清楚下面的事实：意向活动与意向相关项的相关性，并不是什么行为的现实的构成成分。如果是那样的话，那么这种相关性就成为向心理学反思公开打开方便之门的因素的库存。这种相关性是一种**先在的**（a priori）结构。它在行为的多样性中发挥着作用。

所有这些都为依赖于在方法论上对心理分析与先验现象学的分析的严格区别所支持。心理分析只是一个区域性学科，是诸多人类学科中的一个学科而已。而先验的现象学分析是真正的哲学运用的方法（我们在第四章中已经看到）。这个区分的目标就是在经验心理学和哲学之间打入一个楔子，使二者截然分开。胡塞尔感到，通过强调这两个学科在方法上的区别，就可以一下子将心理主义彻底清除。

海德格尔对胡塞尔这一时期的著作所提出的后期反思，对我这里讨论的几个问题给出了一个恰如其分的概括：

> [《逻辑研究》]的第一卷指出了……思想与知识之原则，不可能以心理学为基础，因此把对心理主义的拒斥带入到逻辑学。与此相反，在第二年出版的第二卷[第一版]有第一卷三倍之长，内容上包含了对意识的行为——它对于知识的本构来说是本质性的——的描述。但它毕竟是一种心理学。……因此，胡塞尔通过对意识之现象学的描述，又回到他刚刚拒斥了的心理主义的立场。但是，如果这个严重的错误不能被看成是胡塞尔著作的基本属性，那么什么是对意识行为的现象学描述？如果它既不是逻辑学，又不是心理学，那么现象学的特殊内容存在于什么地方？……
>
> "纯粹现象学"是哲学的"基础的科学"，哲学被特征化为现象学。"纯粹"意味着"先验的现象学"。然而，从事认知、行动和评价的主体的主体性，被置于"先验"的位置。"主体性"和"先验"这两个术语都表明，"现象学"有意识地、果断地走向了近代哲学的传统之中，但是在这一走进中，"先验主体性"通过现象学获得了更原初的、更普遍的规定。现象学把意识的经验作为论题域保留下来，但是现在将其保留在对经验的行

为**结构**之系统性的、有计划的、有可靠性的研究之中,并与从其客观性方面对在那些行为中被经验的对象之研究结合在一起。①

第四节　对心理学的重构

上面讲的故事并不新鲜,海德格尔也不是唯一一个对胡塞尔针对心理主义的解决方案做出此种总结的人。当我们开始对此事做进一步反思时,很快就会发现,这个解决方案是行不通的。这一方案完全依赖于关于心理学的一种贫乏的观念。这个观念把心理学看作一门简单的经验性学科,其任务是提供精神心理因素和联想的操作活动的总清单,就像在约翰·斯图亚特·穆勒(John Stuart Mill)和赫尔曼·艾宾豪斯(Hermann Ebbinghaus)的理论中那样。毫无疑问,可以很容易地把这种心理学同对启用的行为和行动的结构之非内省的、反思性的描述对立起来,特别是当我们把对现实的存在预设——对任何经验学科都是必不可少的预设——置入悬搁之中,进而运动到必然条件的层次的时候。换句话说,用《大观念(Ⅰ)》的语言来表述,先验现象学与心理学分析之间的本质性区别依赖于以下事实:先验现象学是**纯粹**的本型性学科,它为了给必然条件提供担保,对它的领域施行了还原,或者实施了括弧法,把一切关于它的领域的存在性断言全部放到括弧中。

> 在它的纯粹的本型态度中,一切超越的[存在]都被置于不起作用的状态,现象学以纯粹的意识为它自己的基础,在一种特殊的意义上达到了先验性问题的整个复合性整体。正是由此出发它才赢得了先验现象学的名称。②

然而先验现象学与经验心理学之间的对立还是被动摇了,因为我们已经在《大观念(Ⅰ)》中看到,胡塞尔在发展中经历了触礁搁浅之后,预想了对心理学本身的改造。他认识到,可能有一种心理学,它本身就是现象学的,它是同经验的心理学研究的纲领不同的。《大观念(Ⅰ)》问世十三年之后,他于

---

① 海德格尔:〈我的现象学之路〉("My Way to Phenomenology"),见《论时间与存在》(*On Time and Being*),Joan Staumbaugh 译,New York:Harper and Row,1972 年,第 76~77 页。
② 胡塞尔:《大观念(Ⅰ)》(Halle a. d. Saale:Max Niemeyer, 1913),第 177~178 页;英译本(Trans. by F. Kersten, *Collected Works*, Vol. 2. The Hague:Martinus Nijhoff, 1983),第 209 页。

1925年提出,这种现象学的心理学不仅是本型性的,而且也要求把存在放置到括弧中,以便做到对心智的真正分析,这不仅是对有意识生活的反思。为了引导我们回到真正的现象领域,回到现象学心理学,将存在还原掉也是需要的。一旦胡塞尔对这一论题加以论证,马上就会同他的原初想法发生冲突:他原来认为,所有区域性科学都处于自然态度之中,不带括弧。

在他关于现象学心理学的讲课稿中(他在1925年夏季学期到1928年夏季学期期间讲授了三次),在他的《大英百科全书》的文章(1927年)中,以及他在阿姆斯特丹的讲演(1928年)①中,胡塞尔不仅认识到这一困难,而且企图从不同的途径解决这一困难。我想证明的是,这些苦心思索的**结果**同胡塞尔自己所表述的信念相反,它们使得先验现象学,不仅在**内容**上,而且在它的**方法上**,都变得无法同现象学的心理学区别开。其结果是,由于不能为先验分析找到独具特色的方法和同一的范围区域,他的笛卡尔思路发生了向内的爆炸,其力量就来自被胡塞尔称为先验心理主义这一问题的负担的压迫。

第五节 一种特殊的先验方法和内容的消失

在现象学心理学的讲稿中,胡塞尔报告说,他只是现在(neuerdings)才做到把"哲学的-先验的现象学"同"心理学的现象学"区分开来。在具体论述"心理学的现象学"时,他认为,它不仅是对意识的反思,而且还抑制了对(被考虑的)对象的每一种感知性的设定活动(positing),以至对任何其他超越性对象的设定活动②。它"提供给我们的是一种'**纯粹**'的,自身封闭的心理现象的领域,提供这些现象的具体的、整体的统一性"③。

这同笛卡尔式的描述指导下的先验还原有什么区别呢?在这一点上胡塞尔是动摇不定的。一位纯粹的现象学的心理学家必须"让世界不起作用[die Welt ausser Geltung setzen(把世界设为无效)]",以便获得关于意识的纯粹领域④。但是另外一方面,"我,作为心理学家……有一个起着作用的世界[die Welt in Geltung],而且想要保持同它的这种关系"⑤。胡塞尔所建议的解决方案是,不要把经验的心理内容看作**处于现实世界之外**的一个区域,

---

① 所有这些文本都收集在胡塞尔的《现象学心理学》中。
② 胡塞尔:《大观念(I)》,第188页;英译本,第144页。
③ 同上。
④ 同上书,第471页。
⑤ 同上书,参见第467页。

即不要视之为经验到它的同时又超越了它。正确的做法是将其视为世界整体**内部**的一个空洞(hollow),它内在于世界,但又不同于任何世界的其他部分。我们可以把胡塞尔的想法重述如下:在心理学上的纯粹态度中,我作为一种单纯的存在过程,把我的个人的生存,以及我经验到的世界放置于括弧之内,以便发现我纯粹的心理的主体性。这样做的结果,使得我可以对纯粹主体性进行整体感知,就如它仍然是一个灵魂一样,这样的整体知觉预先假定了世界的有效性。我的灵魂并没有固定为世界的某种组成成分,并不像一个东西那样被感知为对象性的、现实的,被设定为经验性的存在着的。我们实际被感知的灵魂,更像主体性的事实,它在世界之中,但是却作为纯粹心理的次级性(inferiority)而摆脱了所有关于现实存在的推测假定①。

但是,在这里我们必须十分小心才是。胡塞尔描述意识的方法,是把关于存在的断言置于不起作用的境地,而关于存在的断言,对于把精神事实等同于心理事实的做法是必不可少的,正如我们在典型的唯物主义的观点中所看到的那样。胡塞尔的策略是从我们感知的、被我们视为存在着的世界抽象地反射回来,达到灵魂的精神性活动。这是一个只能在世界中找到的灵魂,但是它的存在却是完全不同的意义上的存在。通过这种途径,胡塞尔得以确信,他可以说明关心纯粹主体的心理学,作为一门区域性科学,如何区别于物理性存在的区域的科学。

但是,即使我们承认括弧法的观念,对于保证精神事实和心理事实的区分是适用的,对于摧毁把二者完全等同的唯物主义思想是适用的,但是我们仍然必需追问,与先验现象学的还原并肩而行的纯粹心理学的还原的引进,如何来重新确定先验现象学和纯粹心理学这两个不同学科的范围?胡塞尔是如何维护它们之间的区分的。对现象学的心理学重新定义之后,他仍然相信,可以将自己的心理学与笛卡尔式的心理学区别开,不仅就其**内容**,而就其**反思**的等级和功效将它们区别开。但我认为,在内容和反思等级及功效这两个方面,胡塞尔都是不成功的。首先讲反思问题。

胡塞尔经常把心理学上的自我当作诸多事项之一,而我作为先验自我可以对心理学上的自我加以反思,并且的确对它进行了反思。"自然态度的整体加上它的各种构建(constructs)ᵃ,只是出现于主体性中的本构事件。"②如果这是胡塞尔唯一的探索,那么我们便可以将心理学的反思同先验的反思对

---

① 胡塞尔:《大观念(Ⅰ)》,第 455、470 页。
a 本构是可以亲历到的,构建是理论的解释。——译者注
② 胡塞尔:《大观念(Ⅰ)》,第 474 页。

立起来，认为先验的反思覆盖了一个事项（心理学自我），但不包括心理学反思。心理学的反思开辟了一个视野：它把意识当作一个域来观察，所有的现象均在这个域中显现，而先验的反思则把这个域当作一个发挥作用的诸现象之一来看待。其结果，先验自我便可以同心理学的自我区别开来：它把心理学自我当作它的话题、当作它的对象来占有。反过来则是行不通的。尽管这种观点面临着无穷倒退[a]的问题，但是，胡塞尔仍然常常坚持这个立场。

但是在 1925 年的讲课稿中，他提出，心理学上的自我不仅有能力反思地感知它自身，而且在这种反思中，我还能够实施"一种自我学上的本型性研究，把我的灵魂作为一般的灵魂，对它的必然结构进行研究"[①]。因为这种反思，只可以在把自然态度中的一般性论题放到下列括弧中之后方可进行，所以看上去，在现象学的心理学和先验的现象学之间就不存在什么重要的对立或差别，至少不可以从反思本身的结构中读出这种差别。这种差别是不能被规定的，而是应该从不同的反思中被读出来的一种特征。

如果这种差别不是反思本身的**特性**，也许我们可以从反思所处的等级中找到这种差别，在被反思的**内容**中找到这一差别。在这里，胡塞尔又一次发生动摇，很难找到稳定一致的理论。在《大观念（I）》中建立的心理学同先验现象学之间的工作性区分，于 1925 年之后不再左右胡塞尔的文本中的思想。现象学心理学所关心的是，用我对世界的经验去解释世界，用不同类型和不同层次的有意识的综合，本构那些经验[②]。但是先验的现象学分析所关心的工作还包括，对在"我的原初经验"的领域中起作用的那个世界进行解释，关注这些经验中贯穿的主体性维度[③]。在一个地方，胡塞尔大胆建议：

> 在我的原初经验可确证地给出的内容的领域，与我的纯粹心灵的……经验的确证地给出了的内容的领域是同一的。[④][b]

> ［在现象学的心理学的还原中，一方面］我寻找形式：它必须出现于每个单子内部；另一方面，我遇到的**普遍性和结构性的形式**，它们为了单子在整体上提供统一性。这里行进的方式有它的各种困难，我在先验态

---

a 这是典型的认识论问题。
① 胡塞尔：《大观念（I）》，第 452 页。参见第 455 页。
② 同上书，第 450 页。
③ 同上。
④ 同上书，第 451 页。
b 经验领域与心灵领域的同一性！！！——译者注

度中作为现象学的内容处理的所有事情,在此出现了在自然态度的基础上,关于作为单子性的灵魂的一种**先在的**(a priori)、**描述性的**心理学。①

这种想法构成了一种两难。现象学心理学不仅能研究意向性的结构,用Noesis 和 Noema(意向行为与意向相关项)对意识与对象性存在之间的相关性进行说明②,它还能够对明证性的本质性类型进行描述③,对人类理性的整个体系,以及经验的各种可能世界的各种本质形式进行描述④。

第六节　互补性和同一性

对现象学心理学的具体研究的兴趣推动着胡塞尔比以前更深入地进入心理主义。但是他不能倒退回来:"世界……无非是普遍的[先验的]主体性的意向相关者。"⑤相反,"我的灵魂性的主体性""……是一具体的人性组成成分,并且因此是意向相关项上显现着的[对象]"⑥。笛卡尔式的分析要求,心理学的自我要成为不是心理学性质的自我的相关者,与此相应,心理学的领域就被设置为先验意识的对立面:

非常明显,意识在从事整体感知生活,而且在其中,世界……和人类被作为现实的和生存着的存在而被本构起来……但这个意识的整体

---

① 胡塞尔:《大观念(I)》,第 457 页。着重号是作者加的。
② 同上书,第 46~47、49、130 页;英译本,第 33~34、99 页。
③ 同上书,第 245、274 页。
④ 同上书,第 335 页。有一个地方胡塞尔似乎认为,先验分析把世界"logically(逻辑地)"奠基为一个整体(见第 622 页上对正文第 337 页的评语;并见第 344 页),而科学只可能假定世界的存在,然后从特定的存在方面研究它。这将意味着,在被给出性的层次上有一种相当重要的对立,它同胡塞尔在《大观念(I)》对现象学的特征刻画是一致的。它的唯一的研究课题就是"the totality of being(存在的整体性)",或者用现象学的语言来讲,"how the world for us is 'the' world in this consciousness(作为我们的世界,如何是这个意识中的'那个'世界)"(胡塞尔:《现象学心理学》,第 332 页)。我们不准备追随这条路线,是出于两方面的理由:直接的理由是,胡塞尔几乎认为现象学心理学可以具有同等的地位(见第 347、341~342 页)。间接的理由是,这的确是很有希望的探索,但是它又是超出了笛卡尔式的探索能力之外的工作。康德和海德格尔都会提醒我们,一种本质上是笛卡尔式的现象学可以把整体性的世界作为现象来具有的这种想法(idea),本身包含着许多困难(见第 274 页以及脚注 1 和 2 中引的海德格尔的批注)。在本研究的第三部分中,我们会重新提起这个话题。
⑤ 同上书,第 339 页。
⑥ 参见同上书,第 142~143 页;英译本,第 172~173 页。

感知生活,并不是那种属于现实世界的心灵的[生活]。①

先验还原的方法给我们提供了途径,使我们达到先验的实在性领域,但这个领域是一个与现象学的心理学领域平行的领域,达致后者的途径是由心理学还原方法提供的。②

结果我们看到的是在两种途径,即现象学心理学和先验心理学这两个相关学科的途径之间的一种连续的转换。与此相应,这也是在心理学自我与先验自我之间的连续转换。在上面的引文中,胡塞尔持有一种**互补论**的观点。先验现象学涉及的一组现象或一组结构,是不包括心理学(或者其他区域性科学)所描述的那一组现象或结构的。但是在其他地方,胡塞尔是使用**同一论**的观点进行工作的:先验现象学包括了现象学心理学所描述的那同一组现象或者结构。胡塞尔的分析被同一论和互补论来回拉扯。我认为,这样一种张力,必然存在于任何一种以笛卡尔式的思维策略为基础、以直接从事直观的意识为基础的现象学之中。

向这种选择推进还是向那种选择推进,就使得研究走向不同的方向。当胡塞尔为具体的现象学心理学的细部任务所吸引、从事纯粹的本型性研究时,他便走向同一论的方向。这种心理学的范围囊括了一切,毫无剩余,没有任何领域剩下来,可以由先验现象学来声称是它自己唯一的领域。先验的分析被心理学分析所压倒。这威胁到他的**科学哲学**中的基础性的区分,同时也是一种心理主义的幽灵。这只有通过胡塞尔向互补论立场的回归才能对付得了。但是把先验领域与心理学领域对立起来的互补论立场,预示了两个世界的理论:它带有"存在"或"现象"的两个同构性的(isomorphic)域③。在为《大英百科全书》写的文章中④所做的努力,以及阿姆斯特丹讲演的工作⑤,都是想纠正这种将世界"双重化的先验性假象(Schein)",即修正心理学领域与先验领域之间的"平行论"⑥。这些工作要得以实施,就必须对同一论论题重新加以肯定,而胡塞尔在这一点上却做出了一种让步。然而无论是从反思的结构上,还是在现象学领域内部所作的区分上,都不能为这种让步提供支持。

---

① 胡塞尔:《现象学心理学》,第 340 页。
② 同上书,第 342 页。
③ 同上书,第 467、469 页。
④ 同上书,第 237 页以下各页。
⑤ 同上书,第 302 页以下各页。
⑥ 同上书,第 290~295、336~246 页。

即便是关于知识的心理学理论已经建立起来,而且具有完全的普遍性,但哥白尼革命仍然是需要的,以便为这种完全的现象学,以及理性的理论提供一个先验性的意义。①

人们可以同意这一点。但问题仍然存在:笛卡尔式的探索——这种探索必然地要联系着经验领域的反思活动,而经验领域又被当作现实的精神事件——是否能够实现这种革命?在他的《逻辑研究》的导论中,胡塞尔曾坦白承认,"即使是现象学的心理学,严格地讲也是一种心理学"②。

第七节 记忆与先验方法

也许我们的分析应该进行得更慢一些,严肃地对待胡塞尔对哥白尼革命的强调。也许我们不应去关注内容上的结构性差异,或者反思类型上的结构差别。不应把它们作为先验分析的个体化特征。相反,应该转而去关注由哲学本身的特殊任务所决定的区别,这种特殊的任务就是**为知识提供基础**。这种可能的选择就会把先验的还原处理为**一种解释的转换**,对纯粹现象学心理学所揭示的同一个领域进行的解释性(**interpretative**)转换、变形。那么,不管是在反思范围上,还是在当下显现的领域之内容上,它们之间都没有什么区别(这是同一论的观点)。区别仅仅是由于态度的改变所造成的③。对于分析的先验层次来说,态度是本构性的,并使我们得以把先验分析作为心理学的分析的条件[一种互补论的(complementarity)观点]。

把还原处理为一种由心理学界定的领域之解释性转换,对胡塞尔而言从来就是不充分的。因为在这种情况下,领域之所以成为先验的,仅仅是由于一种还原,它**创造**了这种先验性,类似一种约定的结果。而这恰恰公然违背了胡塞尔的主张:先验领域是一种"绝对的事实"④,在某种意义上是已经给出的东西。如果它们完全依赖于还原的实施,那么不仅它的讨论成为相对性的,而且它的**存在**(being)也将成为相对性的。此外,进行先验性转向的动机就变得不可理解。由于在给出的内容或者在实施反思活动中,没有任何东西

---

① 胡塞尔:《现象学心理学》,第 327~328 页。
② 胡塞尔:《逻辑研究》,II/1,第 93 页;英译本,I,第 122 页。
③ 胡塞尔:《现象学心理学》,第 294 页。
④ 胡塞尔:《交互主体性(3)》(Ed. by Iso Kern, *Husserliana*, Vol. 15. The Hague: Martinus Nijhoff, 1973),第 385、403 页。

不同于我们通过纯粹心理学所获得的内容,所以,进行先验转向的理由,只能到实证科学一直难以摆脱的难题、分歧和它们之间的裂隙中去寻找了。而这正是笛卡尔式的思路断难接受的,因为笛卡尔式的思路已经把自然的世界完全悬置起来不起作用了。另外,自然科学这类裂隙,可以由另外一类实证科学来填补,即由心理学来填补,因为它涉及的内容恰恰是认知问题。因此从事先验转向的动机完全是外在的,我们永远都不知道,有谁需要这种解释的层次。

当然,胡塞尔还有一种选择的可能。只有当我们去担保先验主体是绝对的基础时,这种转换才起作用。对实证科学具有构成性意义的自然态度与先验态度之间的区别,就取决于**明证性**的不同类型,或明证性的不同性质。胡塞尔相信,只有我们提供的明证性与"间接性知识"无关,而且符合全适性和绝对真这条双重标准,上述情况才是可能的。经过我第六章的讨论,大家已经十分熟悉这种思想了。现在我想继续对这个讨论加以推广,以便能达到笛卡尔式思路中隐含着的最深刻的问题。

由于胡塞尔企图既保留互补性的立场,又坚持同一性的思想,这就意味着,先验主体性不可能占有任何在现象学心理学描述规定的主体性所不具有的**新**内容。必然为新的内容则是我们主张在认识论上的身份地位。先验自我之所以可以发挥基础的作用,是因为它具有一种 Erkenntnisdignität(**知识的尊严**)①,而这是被心理分析过(分析出来)的**意识**所缺乏的。如果先验主体性可以被直观全适地涵盖,并且被作为明证性接受下来,那么我们就可以说,先验自我在认识论的意义上,是经验自我的绝对基础(互补性论题)。但是这样做能成功吗?我们真的占有关于先验主体性的全适的明证性(evidence)吗?

我们在第六章看到,胡塞尔在《大观念(I)》中提出:我们对"**自我-我思-被思者**(ego-cogito-cogitatum)"的内在感知是不可置疑的,是摆脱了不全适性的,它承担着我们对实在的超越对象的感知②。《大观念(I)》拒绝承认下述观点:我们对对象的"自身"具有一个无可置疑的、无预设(无前提)的整体性感知。与此同时,《大观念(I)》却允许使我们对亲历经验(Erlebnis)"自身"具有这类整体理解。但是,这到底是什么意思?准确地讲,我们到底直观到了什么?

胡塞尔进而认识到,要回答这些问题,不仅要回溯到反思的对象(精神

---

① 参见胡塞尔:《现象学心理学》,第452页。
② 在第六章中我曾经指出,这是相对的,因为,内在感知也有某种程度的不确定、不充分性(inadequacy),这是由于下述事实:飞逝的、流动的亲历经验(Erlebnis)不能够被"completely(完全地)"把握。见《大观念(I)》,第82页;英译本,第97页。我们马上会回到这一点。

过程)及其显现的同一性,还要回溯到他的时间理论。他企图在区别于过去和未来的绝对的现在中,来奠基对**亲历经验**的绝对的、直接的把握过程。因此我们可以在《大观念(Ⅰ)》1912年原稿中读到下面的话。

> 我们曾说,[通过投影(Abschattungen)或者侧面],精神过程(Erlebnis)并不当下化显现自身。这就是说,对一个精神过程的感知,是对某种东西的一种简单的观看,观看某种感知上被作为绝对者而被给出的东西,而不是作为某种通过显现的不同模式——其中的每个模式都是一种投影(Abschattung)——来给出的东西。……一个情感(feeling, Gefühlserlebnis)的精神过程并不投射自身(schatt sich nicht ab)。如果我瞧它的话,我就有了某种绝对的东西。它并不具有那类不同侧面,似乎它们[精神过程]有时在这个模式中当下化,有时在另外的模式中当下化似的。①

后来在20年代,胡塞尔在自己手头的那本书上对这段文字做了修改,这些修订被收入《胡塞尔全集》的文本中。这些修改十分重要(我下面把改动的文字用黑体字标出):

> 精神过程(Erlebnis)并不是**依据它的整个的当下内容(以及在这一瞬间的当下内容)而是作为在感知上的当下**而显示自己。这就是说,一个感知精神过程(Erlebniswahrnemung),是对某种东西的简单地看,**这种东西在它的当下,在每一个点上,在它的现在之中**,都是作为绝对的东西被给出,而不是等同于作为某种通过显现的不同模式而给出的东西,其每一个内容又是一种投影。……一个情感的精神过程不是一种投影。②ª

---

① 胡塞尔:《大观念(Ⅰ)》,第81页;英译本,95~96页。
② 同上。这个变化见胡塞尔本人的保存本D。这个改变被收入《大观念(Ⅰ)》的胡塞尔D本,Vol.3/b,第494页。
a 舒曼1995年编辑的版本的德文原文如下:
   Das Erlebnis stell sich nicht, sagen Wir, nicht dar. Darin liegt, die Erlebniswahrnehmung ist schlichts Erschauen von etwas, das in der Wahrnehmung als "Absolutes" gegeben (bzw. zu geben) ist und nicht als Identisches von Erscheinungsweisen durch Abschattung.
   1976年旧版本的德文原文如下:
   Das Erlebnis stellt sich, sagten wir, nicht durch Abschattung dar. Darin liegt, die Erlebniswahrnehmung is schlichtes Erschauen von etwas, das in seiner **Gegenwart, in jedem Punkt seines Jetzt** in der Wahrnehmung als Absolutes gegeben (bzw. zu geben) ist und nicht als Identisches von Erscheinungsweisen durch **einseitige** Abschattung.
   1998年的补编(Ergänzende Texte,《胡塞尔全集》Ⅲ/2)第494页,A 30德文原文本如下:
   Das Erlebnis stellt sich **als wahrnehmungsmäßige Gegenwart nicht dar nach seinem ganzen gegen〈wärtigen〉Gehalt (und so in jedem Moment)**. ——译者注

这表明胡塞尔已经变得相信,"**自我-我思**"的明证性被限制在最基本的当下中,文本接下去讲(1929 年的插入,用黑体标出):

> 如果我瞧它的话,**对于它的连续的当下的每一点**,我都有某种绝对的东西。它并不具有那类不同侧面,似乎它们[精神过程]有时在这个模式中当下化,有时在外的模式中当下化。①

这个现在的内容是不带透视角度和投影的。这还意味着,对精神过程的反思必然地显示为再当下化(presentification)的形态变换。在反思中被作为课题加以讨论的精神过程是作为绝对的、原初性的东西被给出的②。但是现在胡塞尔认识到,他的这个结论是十分虚弱贫乏的(impoverished),因为我们顶多能具有瞬间的现在,具有"在它的**当下的每一点**"的现在。

这个思路的基本想法是:存在着一种原初的当下化(Gegenwärtigung),它不混有任何再当下化(Vergegenwärtigung)的因素。在这个过程中,亲历经验(Erlebnis)以完全清晰的方式被展示出来,这个精神过程(Erlebnis)给出它自身时,未受到反思的意向活动(noetic)因素的任何影响,尽管离开了反思,就根本无法把它作为题目来讨论。我们在第六章中已经开始注意到,这种解决方案的问题是,它完全依赖于那个"现在",而胡塞尔是拒斥这个"现在"的。事实上,在时间的理论上,胡塞尔的思想经历了一个发展过程,这个发展使得这种对全适的当下的依赖成为不可能。

胡塞尔对时间意识的最初描述的确谈及基础性的现在,或者印象性的现在。尽管它仅仅作为瞻前意向与顾后意向的连续性的一个部分来存在,这个基础性的现在仍然是可被直观的③。精神过程是绝对当下的,作为这种东西的它之被给出,只能在印象性的现在(impressional now)之中才能实现。在后来对事件的分析中,基础性现在这一观念被"活生生的现在"的概念所代替,在对当下之内容的再当下化中,总有一个时间性的伸展性或者时间性的跨

---

① 胡塞尔:《大观念(I)》,第 81 页;英译本,第 95~96 页。这个变化见胡塞尔本人的保存本 D。这个改变被收入《大观念(I)》的《胡塞尔全集》第 3 卷 b 册,第 495 页。
② 同上书,第 149~150 页;英译本,第 179~180 页。
③ 胡塞尔:《内在时间意识》(Ed. by Rudolf Boehm, *Husserliana*, Vol. 10. The Hague: Martinus Nijhoff, 1966),第 29~32 页;英译本,第 30~33 页。

度,它同瞻前意向与顾后意向交织在一起①。胡塞尔在《大观念(I)》中提出的观点:意识既清晰地实施,又是被作为"现在"每一点上都是绝对者而被给出的,直接便陷入了问题。后来胡塞尔自己也认识到这个问题:这种印象性的现在并不存在,或者更准确地说,它只是作为抽象的界限而存在,但是从来未被经验到。

这里有一个十分显然的解决方案是:转向活生生的现在,通过它将绝对的被给出的东西的范围加以推广,提出不是印象性的当下,而是活生生的当下,标志着经验领域是立即的、直接的(immediately and directly)在当下的。这样的一种扩展,为原初的明证性和**当下化**(Gegenwärtigung,**当下显现**)的联系提供了保护。这使得胡塞尔得以修正他的理论,"记忆性的意识……不是原初的当下化"②。并且让它的有效之能力从属于感知,"……记忆的合理性、合法性的特征,是从感知的力量中涌出的……即使感知并'没有起作用'"③。

但是这使我们有什么收获呢?我想把胡塞尔转向"活生生的现在"之后所出现的一系列问题分离出来。但是在这样做之前,我首先必须具体说明,对胡塞尔而言,记忆是如何服从于当下化的,然后再讨论关于时间意识理论的第二个重要版本,而在胡塞尔看来,这个理论动摇了当下化的力量。接下来我想指出,这个经过修正的理论指向了对明证性的不同的理解,并保持着向发生分析的转向的联系。

我们反复强调了行为之间的区别:一种是对象在其中被意向的行为,一种是意向被充实的行为。任何从事意向活动的行为,在实施中或多或少都有确定的意向相关项上(noematic)的内容;它可能被充实,也可能得不到充实。在《逻辑研究》和《大观念(I)》中,记忆与原初的洞见之间有价值的差别,只对被意向的感知意谊得到充实的模式来说才起作用;而对于被意向的,但正在寻求充实的感知意谊这个区分是不起作用的④。假如我请你拿一瓶优质

---

① 见约翰·布隆:〈胡塞尔早期的论时间意识的文章中绝对意识的出现〉,《人与世界》,5(1972),第298~326页;弗雷德里克·艾利斯顿、彼得·麦考密克编:《胡塞尔:解释与评价》(Notre Dame, Indiana: University of Notre Dame Pres, 1977),第83~100页;以及约翰·布隆为他翻译为英文的《内在时间意识现象学》所写的"译者导论",《胡塞尔著作选集》第四卷(Dordrecht: Kluwer Academic Pub., 1991);还参见鲁道夫·贝尔内特的文章:〈当下的非当下性:胡塞尔时间意识分析中的在场与缺席〉,见《现象学研究》,14(1983),第16~57页。关于胡塞尔时间理论的发展,见克劳斯·黑尔德:《活生生的当下:胡塞尔对先验自我的存在形式的追问——根据时间问题研究发展出来的思想》,《现象学丛刊》第23卷,The Haque: Martinus Nijhoff, 1966。
② 胡塞尔:《大观念(I)》,第282页;英译本,第326页。
③ 同上书,第294页;英译本,第339页。
④ 同上书,第283页;英译本,第327页。

白葡萄酒来佐餐,以配午餐的青鱼,那么它有一个十分确定的意向相关项(noematic)内容在起作用,它具体规定了一个指称,你也许要花一定的时间去找它。我要补充说明一点,我可以就完全相同的内容为我们的其他客人提出同样的要求。这是很清楚的,没有记忆就不可能有意向,不管从你那个方面来说,还是从我这个方面来说,都是如此。如果我们想把意向相关项(noematic)内容的构成问题,同明证性的问题(那个内容的充实问题)区别开,我们就会看到,与明证性相比,胡塞尔只给予记忆一个很次要的地位。静态分析把生成问题同有效性问题割裂开来。

对进行充实的行为来说,记忆与当下化的对立通过回想和顾后意向之间的严格的区别——胡塞尔时间意识分析中最重要的发现①——直接得到加强。我们的经验告诉我们,当我们听布拉姆的交响音乐第二小节的时候,第一节的确仍然滞留在我们当下的经验中。它并不要求一个单独的回想行为来重新获得它,来重新把它同当下连接起来。每件事物的当下,都有一段过去黏连滞留于其中。反过来说,实际上过去总是在现在中;这个现在,是作为正在成为过去的现在;过去并不是一个重新获得的、重新回到当下的过去。现在不是一种印象性的现在,或者点状的现在,而是一个"活生生的现在",在其中我们有一个顾后意向与瞻前意向交织重叠。顾后意向本身与回想不同,即基础记忆(primäre Erinnerung)与重新记起(Wiedererinnerung)是不同的②。在基础记忆中,顾后意向不是二阶独立的行为的产物(回想却是二阶的独立的行为的产物)。它是编织嵌套黏连在一起的综合,这种综合构成了当下经验性行为的部分。把后顾意向同回想更直接地加以比较,回想则是二阶的、第二位的,后续的行为。它经常是以初始的感知行为为基础的,而初始的感知行为本身总是具有作为其必不可少的特征之一的顾后意向。没有任何感知可以不带顾后意向,而不带回想的感知则比比皆是。

顾后意向与回想之间的区别,使胡塞尔得以在《大观念(I)》的现象学方法中,同记忆性重构的问题保持距离,这一点十分值得注意。由于顾后意向具有"就在此时"的地位,以及它同现在的当下如此接近,因此,顾后意向从来没有失去过它的直接性。它有一种"绝对的合法性",这使胡塞尔得以主张,我们对必定会"流过去的"东西的**反思**有"绝对的合法性"③。意识是股涌流,永远处于不断的变动之中,这是基本事实;但这个事实这并不能"破坏

---

① 在他的《内在时间意识》一书中,到处可见。
② 参见胡塞尔:《大观念(I)》,第145页;英译本,第175页。
③ 同上书,第150页;英译本,第180页。

摧毁",在不启用假设性推理和重购的情况下,对意识进行反思和把握的可能性。与此相对,记忆顶多具有"相对的合法性"①。回忆总是可能被新鲜的感知,被新的明证性所"超过压倒"。此外,当经过澄清之后,回忆总是由对以前的当下显现的再当下化组成。这就意味着,回忆不可以是自给自足的。胡塞尔相信,这种区分的结果,可以使他的方法通过给予过去一个在当下中的指称之点摆脱过去这个负重。

在《大观念(I)》中,"过去"设定当下的力量被放得远远的不闻不问,因为,在那里,顾后意向被认为是十分"接近"回想起的一种东西,它"远离"那个现在,与现在保持着距离。这整个思想都依赖于一个十分有局限的"顾后意向"这一观念。远与近这两个术语,象征着时间性的距离:这个距离从现在出发,被理解为直接印象直接感受性的现在出发的距离。逐渐弱化隐匿到过去中的内容仍然被保留着,一旦后退得过了某个点,回想的行为就将被引入,以便重新获得它。对这个点,胡塞尔没有企图进行测量。这使得胡塞尔既可以证明,现在与过去之间的内在联系(顾后意向),同时又能够以下列方式理解时间性本构:不管是结构上还是依据内容,过去并没有控制当下,当下显现的行为必然地包括了顾后意向,却独立于所有的再当下化(presentifications)。

但是胡塞尔对记忆的理论的惊人的发展,却动摇了这一平衡,对我们的方法论问题造成了压力。我们可以在如今已经熟知的胡塞尔于 1920 年至 1926 年间的讲稿中,即今天收录在《被动综合分析》一书中的讲稿中,寻找这一发展。他在这里引入了一种记忆类型,就对它的描述来看,它看上去是处于顾后意向与回想之间。通过讨论记忆产生(reproduce)它的内容的能力,而且这一内容并未失真,胡塞尔得到了他的通常的顾后意向的概念。"活生生的当下……不可能被消除,怀疑在这里是不可能的。这一点对于属于当下的活生生的顾后意向的那个段落也适用。"②他继续指出:"我们要明确地说,每一个活生生的继续在消失的顾后意向,都是不可以在形态上加以改变的(modalisieren)。"③这就是说,是不可以被怀疑的。如果顾后意向把"现在当下所是以及过去当下所是的内容"保存下来且没有失真,那么我们便保证了活生生的当下的优先性,并使得回想,这个二阶行为以及它的内容,即再生产的内容,与顾后意向明确地区别开来。但此时胡塞尔开始担心,顾后意向自

---

① 胡塞尔:《大观念(I)》,第 150 页;英译本,第 181 页。
② 胡塞尔:《被动综合分析》(Ed. by Margot Fleischer, *Husserliana*, Vol. 11. The Hague: Martinus Nijhoff, 1966),第 111 页。
③ 同上。

己未必能够产生被视为明证性的内容。在处理此问题的尝试中,他发现了记忆的特征。这一特征是在他的早期时间分析中根本没有的①。这里他达到了一个关于"无愿记忆(involuntary memory)"的观念。记忆工作的这个角度同我们刚刚定义过的顾后意向以及主动回想都不相同。首先,他尝试把这个观念混合到他对作为"接近的"顾后意向的理解中,并认为"无愿记忆"是一种"被动的回想",它是由"接近(晚近)"的顾后意向所触发的。由于这是20年代的最具挑战性的文本之一,所以让我将这段文字全部引述如下:

> 我可以通过关注把一个逝去的一个音调保留住,甚至牢牢地把握住。这里我们有了某种最原始的活动性(Aktivität,行为性)。但是也有可能,我根本一点也没有去关注,没有主动转向这个音以及音乐的系列,然而那个乐音在行施一种特殊的刺激,有一种特殊的魅力[Reiz]。借助于一种联想式的呼唤[Weckung,激发]这个音保持了一种意向特征(Charakter einer Intention,目的性特征)。不论是这种情况还是那种情况,这种魅力(这种影响力,触发,Affektion)可能随意滞留在回想之中,这种回想不仅可以出现,而且可以作为意向的充实。请注意,这种回想本质上与顾后意向不同,它不是在增加了清晰程度这一意义上的对已有的东西的单纯的 Verlebendigung(生动化)。一个清晰的顾后意向总是保持为一个顾后意向,我们把它的本质领会为,紧接着原初印象(Urimpression)下一步的后顾性步骤。每一个顾后意向都是它之现在所是之内容(was sie ist),并且只是作为附加到[an der Stelle]它所属的不断涌流的感知活动(Wahrnehmen)之处,才有其意向性模式。这里的回想则是一种再次感知(Wiederwahrnehmung),也就是说,它尽管不是感知(Wahrnehmen),但它是某种对自身的重新构建,是靠其最初的现在(Urjetzt)的新开始,并且在顾后意向上逝去的声音(Verklingen)。但是它毕竟处在再生产的模式中。在这种回想中,所有顾后意向的步骤"再次"登场,是再生产性的变体。如果这类回想与隐含着如此魅力[Reiz]的顾后意向联系在一起的话,那么,这回想就必然会与顾后意向的感性意谊和存在意谊(Sinnes- und Seinsdeckung)共同出现。同一个逝去了、沉默了的乐音,又再一次出现。我又一次亲历了它的存在。尽管这可以

---

① 发表在1928年出版的《内在时间意识》中,海德格尔编:《哲学与现象学研究年鉴》(*Jahrbuch für Philosophie und phänomenologische Forschung*)第九卷,Halle a. d. Saale: Niemeyer, 1928,第 viii~ix、367~498 页。内容大部分是由1905年和1910年间的讲稿和手稿组成。

再次重复,我可以有意地或无意地再生产这个乐音,或者整个的乐段,甚至整个乐曲。①

回想是主动的,它依赖于对以前的感知的再当下化。与回想相反,胡塞尔描述了一种无意(Involuntary memory)记忆。它直接与顾后意向连接,是它的继续。对于他关于意向相关项上的(noematic)意义的生成理论来说,最核心的是它们随着时间而来。这种"无意的记忆"的观念在这里是对它们的前进式本构的一个说明:其本构方式并不要求解释的干涉。它也是对同一个对象的再出现的说明。无意记忆重新产生了"所有的顾后性步骤(all the retentional steps)",因此我们有了时间上的条件,在此条件下,某个对象可以显现为是真正的同一个对象。然而请注意,将这一切都置入运动之中的顾后意向,被定义为直接紧接着的那个现在(next to the now)。如果顾后意向被认为是接近理想的现在(the optimal now),而回想被定义为从现在的进一步离去,那么无意的记忆就直接连接在"近-记忆"之上,而与主动的回想的距离和"远-记忆"相反②。但如果真是如此的话,我们便遇到了严重的问题:

> 近-记忆的正当性的证明并不产生对于一个作为在自身中"存在着的"内在对象的知识的可能性的澄清。因为在这里我们仍然同一系列的回想绑在一起,而这些回想是同活生生的顾后意向紧密联系在一起的,回想从顾后意向那里取得它们的出发点,从顾后意向那里析取自身给出的明证性。只有在我们证明了远-记忆的合理性,我们才有可能把一个内在的时间性对象,作为存在的内容重新认出。③

这个困难要求我们再次审查"远-记忆"。接着胡塞尔对远-记忆这一观念进行加工时的想法,可以使我们发现初步结果。但他使用的术语有点混乱,请允许我对其本质性步骤进行重构。

在为无意记忆(Involuntary memory)寻找其他名称的过程中,胡塞尔引进了"空回想"这一术语,因为这类记忆并不是在明显的意向构成中出现的,而是随着某种刺激或者某种联想一同出现的,是刺激、联想自发地将"空回想"唤醒。胡塞尔告诉我们,"空回想实际上并不是回想,而是唤醒活动,也就是

---

① 胡塞尔:《被动综合分析》,第 111~112 页。
② 同上书,第 113~114 页。
③ 同上书,第 113 页脚注。请注意,脚注是从其他手稿(D 19)摘出,本来是不属于这个文本(F I 38)的。

说,是顾后意向的积淀物[Niederschlag]之一种激动性的魅力[Reiz],这种积淀是从记忆的沉睡中(**Versunkenheit**)浮现而出的。"① 在另外一个文本中这一思想进一步得到推广:

> 人们不应该把真正的回想,即对一个对象的再生产式地再构造的有意过程,同我们这里称为空回想的过程混为一谈②。**最好把"近-顾后意向"同"远-顾后意向"区分开,而不再称它为"远-顾后意向的回想"**③。我们想象一个统辖这下一步音乐运动的并且总是掌控着它的音乐主题,当它反复地影响着自我,自我在关注的放射中回到它,[在回想的行为中]现实地重新再生产它;此时我们就可把[**"近-顾后意向"同"远-顾后意向"]清楚地区分开**。④

把无意记忆(Involuntary memory)同回想区分开,并且把它同顾后意向联系在一起之后,胡塞尔便拒绝了把无意记忆同"近-记忆"等同的做法。从这个文本我们可以看到,与现在有距离的东西、被埋藏到了过去的东西,能够通过顾后意向将它们作为刚刚冒出来的东西重新当下显现。此外,它并不要求单独的回想行为来实施这一操作。无意记忆就是把"有距离的"连接到"接近的",并打开了时间意识的顾后意向的视域:

> 一个联系着遥远的过去的顾后意向,我认为,我们可以把它领会为无非是相应的"近-顾后意向"不可分的活生生的继续(Nachdauer),它可以进入特别的凸显,也就是说,对象的过去性内容自身可以在一次行动中影响激发到我,可能规定了我的视线的转向,而不用实施一个现实的回想行为。⑤

无意记忆的观念不仅使我们得以论及顾后意向与"遥远过去"的关联,这个"遥远过去"自身又是"晚近过去"的继续,并且还使我们得以引入受触发性(affectivity)与当下(the present)之间的内在联系。不仅一个"近-过去"参与到一个"远-过去"之中,而且还参与到现在中。这样,"远-顾后意向"就

---

① 胡塞尔:《被动综合分析》,第113页。
② 用 Wiedererinnerung 替代 Erinnerung。
③ 用 Wiedererinnerung 替代 Erinnerung。
④ 胡塞尔:《被动综合分析》,第384页。着重号是作者加的。
⑤ 同上书,第385页。

与真正的回想不同,并因此就不能清楚地同当下化区别开来、分离开来,而且相反情况的发生也是可能的,因为过去影响我、激发我、挑战我的当下意向也是可能的。我们的意识无法控制的内容,逃过了我们的关注的内容,闯入当下而我并未主动去回想的内容,"牵着"那个"自我"走向它的方向的内容,以及最重要的是,完全逃开了反思行为的全视(full view)眼界的内容,都能够左右我们的意向,占据我们的意向。

以上我们按着胡塞尔的理论发展按图索骥,先看到顾后意向与回想的区别,然后看到了对顾后意向的视域从"近的过去"到"遥远的过去"的推广。它借助的是无意记忆,接着又看到了无意记忆的受触发性(affective)特征。胡塞尔的理论的这一发展变化,为我们提供了关于时间性的意识的更加丰富的理论。为了记起我今天早上吃了什么早点,我也许需要求助于回想行为;但是当我步入一间我有一个月未住的房间,自动去按电灯按钮时,此时我并不需要求助于专门的回想行为。看来在原则上应该是,被保留的内容与当下有相当远的距离,但实际上仍然是"现实的"。如果的确如此,那么我们便不能接受包含下面这样论题的关于时间性的理论:只有"近处(close)"点状的现在的内容是当下的,并且只有很短的跨度,也许只有几秒的时间跨度的内容是原初的。在本质上,这正是德里达在他的《声音与现象》一书中分析胡塞尔的时间理论时所犯的致命错误。原初的内容是由广义的现实内容构成的,它可以包括从我们的关注中退出去的,但是仍然在我当下的经验的属性中保持着生命力的内容,或更广泛地说,仍然是我们活动于其中并于其中有我之存在的处境的内容[a]。

第八节 先验明证性问题

在整个这一章中,我们的兴趣不在对胡塞尔时间意识观念的详细考察上,而是要弄清楚,我们追查出的这一发展如何左右着现象学方法论的问题和先验心理主义的问题。在安排这一讨论时,我们利用了胡塞尔对时间化(temporalization)理论的修正。他的分析显然对于记忆的丰富性和复杂性来说,更加真切。它说明了对事物的感知性的相熟,以及经验性的表指意义,这个表指意义来自事物通过顾后意向而再次获得确认或同一性(reidentification)的结果,而不是我们的解释或者描述的行为的结果。此外,

---

a 非常重要的提示。——译者注

我们都有这类经验：某些离现在相当遥远的经验突然溜回到我们的当下,有时突然袭击我们的当下。胡塞尔甚至开始在这个语境中谈论无意识问题,并且认识到过去可以转换为当下,但仍然逃避我们关注的途径。对激发性(感召性)的说明,以及整个对习惯和倾向如何构建的说明,都可以在无意记忆的理论中找到支持。意识与世界的相辅相成的相互作用,对作为"循环"交互主体性的理解,关于主动的、施效的自我,被动的受感动、受感召的生活的考察的运动学,所有这些在20年代分别发展起来的思想,都要求将这一发展进一步推进到时间化的理论的发展。但是这种收获也是有一定代价的。

对于笛卡尔式的探索思路来说,意识流是一种"绝对的事实",我关于它的知识是不容置疑的。为了使它保持为表指意义和所有事物之当下的不容置疑的先验性基础,至少有六种特征必须发挥作用：

① 意识必须是实体之一种,在反思中我可以直接把握它,把它作为只依靠自身而具有存在的东西；

② 精神行为或过程(Erlebnisse)必须是作为整体而给出的,不带什么侧面、残留之类,不带对于反射性反思来说是不透明的任何特性；

③ 精神行为的意向相关向上的(noematic)内容也必须被把握,因为离开它,我们就无法达到意向性对象与区域的不同类型之间的结构上的差别；

④ 我们必须不仅能够从整体上直观我们亲历的经验,也必须可以从整体上直观到它们之间的各种相关性和联系；

⑤ 这就蕴涵了,意识必须从整体上作为一种"意识流"被直观；

⑥ 而且我不能仅从共时的整体上对它加以把握,还要从历时的整体上对它加以把握。

这种在其本质性的时间性上对意识的描述,预设了我可以把意识作为时间上的整体加以把握：我在回想的行为中准确地确认它。离开了回想,我们便不可能进行再确认活动。离开了再确认,我们便无办法发现同一性和差别,因此也无法谈论意识的本质性结构。

从对胡塞尔关于还原的笛卡尔表述的时间进程之分析中,我们发现了两组问题：一组问题涉及反思的**地位**问题,另一组问题涉及记忆的**可错性**(fallibility)问题。

我们已经讨论过胡塞尔通过对无意记忆的处理来扩充它的顾后意向观念的积极方面,即便他的"远"顾后意向观念并不足以为我们提供"整体"的经验流。在一个写于1922年到1923年的重要手稿,如今被命名为〈回想的绝对真〉("Die Apodiktizität der Wiedererinnerung")一文中,胡塞尔明确地指

出,必须重新回到记忆去①。这个文本告诉我们,记忆是"通向我的先验经验性过去"的"进入之路"。他接着又说:

> 如果记忆不再是我们过去的认知的绝对真的确定性的来源,我便不再可以谈论什么我生活的无穷涌流、我过去的自我和我过去的意向性经验的无穷涌流。……只有当**我思**(ego cogito)在当下时,我才有对这个瞬间的**我思**②;而且只有当我的反思的视线直接指向它这个当下显现时,我才有瞬间的**我思**……如果**我思**③流逝而去……我可以回忆它的某些内容,即使我绝对地确信,当前的记忆作为当下的经验是十分确定的,我仍然不能确定,我回忆起的内容是什么。④

胡塞尔清楚地认识到记忆的脆弱性对他的纲领隐含的破坏性。

> 我根本不可以谈论我的生活的无穷的涌流,谈论我的生活穿过无穷的过去向无穷的将来延伸,谈论作为实际生活现实形式的时间现象学。我看似受到了限制,限于绝对地贫乏的"我在"之中:我感知,因为现在我正在感知;我思想,亦即我现在正在思想;我感觉,仅仅因为我现在正在感觉;如此等等。当这些发生时,我可以在反思中看到它们,并可以组织成完全无任何用处的陈述,因为它们并不产生任何永恒的真理……而只能产生对在当下之中流逝着的生活之贫乏的流逝的表达。⑤

胡塞尔进而看到真正的明证性要求可重复性,这就意味着要求回想,而在《大观念(I)》中回想恰恰是被特征化为相对的、非绝对的。因此胡塞尔陷入了双重的盲目性:从某些方面来讲,他可以声称,绝对的意识是直接被直观到的,但是他不能声称,它是以不容置疑的明证性而全适地被给出的,因为这要求启用回想。从另一方面来说,他声称,绝对的意识有可信的和可靠的明证性。但这要求他回到过去,因此他不能维护下述主张:它是直接地被直观到的。即便是我们在现在之内,能够全适地把握精神的过程,但这种把握

---

① "[Die Apodiktizität der Wiedererinnerung],"胡塞尔:《被动综合分析》,第365~383页;英译见黛博拉·查芬(Deborah Chaffin)翻译的胡塞尔文章:〈回忆的绝然可靠性〉("The Apodicticity of Recollection"),见《胡塞尔研究》,2 (1985),第10~32页。
② 用 ego cogito 取代"ego cogito"。
③ 用 ego cogito 取代"ego cogito"。
④ 胡塞尔:《被动综合分析》,第366页;英译本,第10页。
⑤ 同上;英译本,第10~11页。

过程不能产生任何强意义上的明证性,因为它只是瞬间性的。如果我们要对意识从整体上加以反思的话,就必须启用再当下化,而再当下化并非是原初性的。在这一手稿中,胡塞尔自己把这几种不同方面的想法总结在一起:

> ……[纯粹当下化的]明证性只有瞬间的不可去除的确定性:它依赖于感知和顾后意向的涌流。但是这些明证性不可能给我们提供关于生活之无限的过去与未来的绝对真的(apodictic)确定性,不能提供关于同一**自我**绝对真的(apodictic)确定性,这个自我就是这个无限生活的主体,是诸确定性的主体,而这些确定性可以不断反复的得到主体的维护,即使源自原初感知那种原初的、活生生的确定性已经流逝过去,亦是如此[a]。这是由于回想的缘故,由于回想我们才能有"不断反复"。自在的事实——这些事实原初是在感知中被经验——之可能性是源于回想:这些自在的事实可以反复不断地多次被经验,却可以被认定为是相同的,而且(由于这一点)可以被再次描述,并在任何时候都可以以相同方式被描述,在同一的真理中被规定,这一切都归功于回想。所以这就等于说,与瞬间的真理相反,这里存在着持久真理。①

真理在其终极性(finality)中表演着自己的那个舞台是瞬间的现在。通过瞬间的现在之丢失,通过认识到所有当下化(Gegenwärtigung)都必然地是再当下化(Verzegenwärtigung),胡塞尔企图再一次断言,直观的准确可靠性(veracity)是根据回想的绝然真切(apodicticity)②。尽管他极力坚持,有意识的事件是全适地(adequately)给出的,至少在"现在"之中是如此,坚持回想有力量"完全地"再生产这些事件——这样便创造着这些**自在**的事实,并且建立着真理,他还是不得不承认,完全的回想是一个"上限(an upper limit)"③。他强烈希望"最接近"现在的"那个顾后意向的区域"是绝然真的④。然而真正的明证性要求的比这要多。这里启用真正的回想是不可避免的,而对此胡塞尔承认,在这里存在着某种"不确定的边缘"⑤,因为就像《大观念(I)》中所讲的,"记忆性的意识……并不是原初被给出的[originär

---

[a] 但是,关于这个同一的自我却不存在确定性。——译者注
① 胡塞尔:《被动综合分析》,第370页;英译本,第15~16页。
② 见同上书,第365~383页;英译本,第10~32页。
③ 同上书,第382页;英译本,第30页。
④ 同上。
⑤ 同上书,第383页;英译本,第31页。

Gebende]"①。

此外，记忆并不是原初的，依靠启用记忆来为先验主体性的明证性提供担保，就蕴涵了重新构建的因素，而这种因素一定会动摇胡塞尔对还原的笛卡尔式的表述。这是一个事实。除此而外，记忆还有更明显的可错性。记忆不仅在经验的时间性设定中制造了变化，而且记忆也会受到透明性递减的感染、重现的扭曲的感染。如果顾后意向不仅覆盖"近-记忆"，而且覆盖"远-记忆"的话，那么我们就面对着可能的失真的问题。这正是胡塞尔早期强调"近-记忆"时没注意到的。在〈回想的绝对真〉一文中，胡塞尔在某一处企图否定在记忆中发生重要骗局的可能性②。然而他认为这个立场是不可被坚持，不可能获得承认的。比如，把截然不同的记忆混为一个记忆的问题（Verschmelzung），或者把截然不同的记忆分别掺入原本不属于原初想象的各种不同的特征及形象中（übermalung）③。即使这些情况并没有发生，仍然存在着所关注的回想之内容的不可避免的清晰程度问题。因此纯粹当下显现的内容，自身总是联系到过去，这个过去已经不是透明的了，也就是说它不可能通过反思复原那原来展示于意识之前的东西。对反思和直观的信赖不足以（inadequate）赶上作为整体的意识，后者正是胡塞尔要求的为他的现象学提供先验基础的那个东西。

从我们对胡塞尔方法的考察中，我们可以得出许多重要的结果。关于明证性的笛卡尔式的观念无力提供不容置疑的出发点，这一点首先就提出了，在胡塞尔**对直观的依赖性**之处，需要引入批判性处理。对被反思的精神进程在时间上的扩充的必要性，置换与浓缩过程的在场传染了一切精神进程④，从理想化地展示出来的单一精神进程束，向意识的整体观念的运动的困难，所有这一切都表明，全适的反思只是一种有局限性的理想，通过一种反思性直观是不可达到的。胡塞尔所需要做的是，必须引入重构的因素，引入笛卡尔式的计划中被完全抛弃的那些内容。

胡塞尔不愿意放弃笛卡尔式思路，因为他担心这样会将他重新拉回到康德或者新康德主义者关于自我的概念中去。在维护互补性论题[a]的同时，破

---

① 胡塞尔：《大观念(I)》，第 282 页；英译本，第 326 页。
② "[Die Apodiktizität der Wiedererinnerung]"，胡塞尔：《被动综合分析》，第 372 页；英译本，第 18 页。参见第 371、374 页；英译本，第 17、20 页。
③ 同上书，第 373 页；英译本，第 19 页。
④ 同上。
a 即现象学心理学和先验心理学这两个相关学科的途径之间连续的转换。与此相应，这也是在心理学自我与先验自我之间的连续转换。在上面的引文中，胡塞尔持有一种**互补论**的观点。——译者注

坏了自我的绝然真(apodictic)之直观可能性,这就意味着,能够继续谈论先验主体性的唯一途径,就是切断任何同心理学上的、现实意义上的意识观念的关系,强调先验主体性的认识论特征,更似于康德用统觉的先验统一性来处理先验主体性①。在这种情况下,先验自我便不可能在描述上被给出,而只能是依假定而推导出来的构想。我们只可以间接领会(comprehend[a])它,而无法直接把握(apprehend)到它。作为一个逻辑上的自我,它是空洞的,也就是说,只能通过诸行动的各种类型来定义。而自我恰恰是对行为进行统一的自我。这种自我概念、先验主体性概念能为我们提供的东西,远远少于胡塞尔对他的先验自我所要求的内容,特别是我们在开始的时候启用这些抽象对自我进行了定义,一旦我们把这些抽象弃置不顾,以便去揭示它的具体性(就如我们在第八章中所指出的),这个自我概念根本就满足不了研究的要求。因此,向现象学反思开放的这个领域不足以说明(underdetermines)我们从中提取出的那些概念。这就意味着,如果不从还原之外,从还原的结果之外输入理论的动机的话,本型变换与本质直观的进程根本无法进行。

一方面,是我们的先验自我的直观之核心的不确定性之边缘,另一方面,是理论的兴趣在默默地工作并提供着解释性因素——这些因素并不是由还原自己产生的,这两个方面交织在一起,在胡塞尔的笛卡尔式的研究活动的中心引入了偶然性(contingency)。这两个方面属于可以清楚地确定其位置的分歧,这个分歧最终会成为胡塞尔的笛卡尔式思路,与经由实证科学的诸道路即生活世界之路之间的断裂。

在一个层次上,我们可以说,胡塞尔宁愿选择与先验心理主义问题生活在一起,而不愿意离开先验自我去生活。但在另外一个层次上,我们可以看到,作为第二个结果,胡塞尔自己拆除了他所依赖的现代主义的范式。在返回到康德主义及其方法论的地方,我们发现的是他的本构批判的观念,以及接下来的发生分析(genetic analysis)。笛卡尔式思路对直接当下的要求的一贯使用,要求胡塞尔把回想整合到他的理论中去,因此把那种要求转换为与它自己不同的东西。所有自我反思都必然涉及对过去的批判性反思。于是,**自我反思**在最弱的意义上成为一种**历史的反思**②。

---

① 参见胡塞尔:《现象学心理学》,第208页;英译本,第159页。
a   Prehendo 抓,com = cum,和 comprehendo 连接;ad 在跟前,apprehendo 亲自抓。——译者注
② 就我所知,胡塞尔第一次企图把历史的视野包括到他的笛卡尔式的自我学中的尝试,是在《大观念(Ⅰ)》发表之前的一个文本中。这其实一点儿也不值得惊奇。文本见附录1(Beilage 1),《大观念(Ⅲ)》,第125~126页。我们考察他于20世纪20年代写的文本,胡塞尔清楚地在体系上区别了静态分析和发生分析(static and genetic analysis),这一文本已经把笛卡尔式的自我学包括在其中了。

第九节　向交互主体性的转向

对于我们上一节勘定下来的各种问题，胡塞尔并非没有认识。实际上，这些问题是从他自己的现象学之内部发展中生长出来的。特别是我们看到他在20年代的工作中，已经发展出了对静态现象学和动态发生现象学之间的系统上的区分。但是在胡塞尔的文本中，我们找不到这两种现象学的清晰断裂，这是因为他把新发展的动态发生分析，看作是他最初的静态研究工作的扩充。但是同时他又十分清楚地将静态描述的结果做了改造，把"不容置疑"结构当作更丰富的分析的占位者(placeholders)。就我们这一章的目的而言，这里存在着两种严肃的转换，它们对先验心理主义的问题有着直接的指导性作用。

在其"哲学心理学"课程(从1925年始)中，胡塞尔承认，他早年对作为世界之相关者的先验自我的发现，是从下述问题中产生的："对世界的这种经验如何结构而成，依据它的**静态**的意向性[即依据对意向性的静态分析]而不是生成性分析。"①正如我们上一章已经指出的，发生分析将要求我们从动态发展的角度去观看自我本身。这就把主体观念本身同历史性观念联系到一起了。

> 发生的(genetic)……研究是对genesis(生成过程)——包括主动的和被动的——的研究；在此研究中，单子(the monad)展开自己、发展自己，在其中，在单子内部，单子的自我获得了他的个人统一性(personal unity，人格同一性)，成为周围世界的主体，并且，最后成为历史的主体。②

这一特征又受到我们在第六章中已经指出的第二个特征的补充。胡塞尔逐步地把还原从"**孤独的自身**"的领域扩展到囊括其他主体的范围。起初这种扩展只是在区域性的分析中进行。比如在《大观念(Ⅱ)》中，他认识到，每个主体都带着它自己的方位坐标(上下、左右、前后等等)。一个"对象的空间"本构只有通过"这里"和"那里"之间的交替转换才可能出现；而在这种

---

① 胡塞尔：《现象学心理学》，第455页。
② 同上书，第216页；英译本，第165页。

交换中,那个"那里"就是其他主体的"这里",客观的对象性空间建立在位置的变换过程之中。反过来,各种对象的对象性以及它们的品质又是建立在交互主体性的共同体内的①。胡塞尔指出,与此类似,社会世界的对象性建立在"相互作用的理解过程"的联合之中②。在《大观念(Ⅱ)》中有一处地方,直接同它的第五沉思中的思想理路相反,胡塞尔把同感性和社会的信息交流视为交互主体性之本构的相辅相成的来源。

> 同感性不是一种媒介性的经验——似乎他人被经验为一种他的身体的心理-物理的附属物——而是对他者的直接经验。
>
> 对于与他人的信息交流(communication)的经验,与他人相互交流的经验也是如此。如果我们相互看着对方的眼睛,于是一个主体便直接同另一个主体发生了接触。我对他讲话,他向我讲话;我命令他,他服从。这些都是直接经验到的个人之间的关系,尽管在这种对他人的经验中,在与他们交往的经验中,某种类型的再当下化(presentifications)在起某种作用,并且我只能具有关于我自己的主体性的原初的、感知的经验。表达的这种间接性并不是一种经验推论的[Erfahrungsschlusse]间接性。我们"看见"了他人,并不只是看到他人的身体,他并不仅是肉体的"自身在当下",而且是"在他自己的人格中"精神自身的在当下。③

在胡塞尔的早期著作中,一切仅仅以自我为基础的思想,后来越来越以交互主体性为基础。在早期著作中,他对这一点还十分踌躇,现在交互主体性被视为"存在之绝对的基础",是存在于世界中的各种事物之"存在的意谊(sense)"④。其结果是,先验主体性在其最基础的结构上,被理解为是交互主体性。胡塞尔把这种新的基础理解为主体的"交往性的整体(communicative totality)"⑤,尽管这一思想并没有以有意义的方式得到发展。

在这一章中我论证了,为了《大观念(Ⅰ)》中所表述的笛卡尔式思路的成功,心理学上的主体性与先验主体性之间的合理区分必须建立在

① 它们的**内容**(content)或结构的对立上;

② 或者建立在它们得以被认知的**反思活动**(reflection)之类型的区

---

① 胡塞尔:《大观念(Ⅱ)》,第83、86页;英译本,第88、89页。
② 同上书,第133页;英译本,第141页。
③ 同上书,第375页;英译本,第384~385页。
④ 胡塞尔:《现象学心理学》,第294~295页。
⑤ 胡塞尔:《现象学心理学》,第217页;英译本,第166页。

别上；

③ 或者建立在反思的**明证性**(evidence)的性质中的区别上。

胡塞尔在 1920 年对现象学心理学的丰富的特征刻画，以及对心理学自我的描述表明，在内容和结构上，心理学上的自我同先验自我没有什么根本性区别。此外，给出心理学自我的反思，也伴随着对存在的还原，因此看来同先验反思具有同样的结构和范围。最后，关于时间的理论发展，本来意味着直观明证性能够为先验自我提供特权地位，以便超越那经验自我，可是这种直观明证性是根本达不到的。最后的结果是，我们被重新抛回到不确定性和进行重新构造的必然性之中(the necessity of reconstruction)。与笛卡尔式思路绑在一起的静态分析不能够提供一种办法，去解决先验心理主义的问题。但是我们也看到，胡塞尔通过区分静态分析和动态发生分析，拓展了他的方法范围(scope)，并且拓展了领域的尺度(scope)，因而打开了先验反思的工作领地。如果方法论的唯我论是笛卡尔式还原的本构特征，也是关于自我的结论性概念的本构特征，那么把先验主体性重新解释为交互主体性的思想，就要求我们走出笛卡尔式的研究方式。这样，随着关于不同类型等这种问题的出现，面对先验心理主义就不再是什么困难。"自己性"的领域，用海德格尔的语气来讲，就成为一种"形式性的指示器(formal indicator)"①，这样就可以借助相辅相成的"我"与"他人"这一对术语重新获得解释"自己性"的领域。这样，成体系的现象学的发展现在就使我们能够理解，先验现象学如何首先启用方法论上的唯我论作为临时性据点，以便达到现象学的领地，然后再用更基本的研究——使主体处于同他人的关系之中——拆解这种研究方式。正如超越了自己初始阶段的现象学所指出的，通过这种途径，先验的心理主义便可以被视为其必不可少的相似物。

---

① 海德格尔：《存在与时间》，第 115 页；麦奎利、罗宾逊英译：*Being and Time*, New York: Harper and Row, 1962, 第 151 页。

第十一章　先验现象学及其合法性问题

因为他[康德]是按照这种经验主义的、心理学的意义理解这种内知觉的,并且因为他受到休谟怀疑论的警告,担心任何求助于心理学的倾向,都会是对真正知性问题的不合理歪曲,所以他陷入了神秘的概念构造活动之中。他拒绝为读者将他的回溯方法的结果改变为直观的概念,拒绝任何尝试从原初的纯粹自明的直观出发,经过真正自明的逐一步骤这样的进程,一步一步地进行构造。因此他的先验(transzendental)概念有一种独特的不明确性(Unklarheit),由于一些根本的原因,这种不明确性决不能转变成明确性,决不能转变成一种能达到直接的明证性的意义构成。

……为此需要一种与康德的回溯方法根本不同的回溯方法(康德的回溯方法是建立在那些无问题的不言而喻的东西之基础上的),不是神秘地(mythisch)、构造地进行推论(schließend,封闭,结束),而是完全直观地进行展示(erschließend)的方法:它的开端之处,以及在它展示的所有的内容中都是直观的。尽管在这个过程中,直观性概念与康德的概念相比,必须经历一种本质性的扩展,以及即使在这里,它完全失去了通常的意义,而是从一种新的态度出发的直观,即只具有原本自身呈现的一般的意义……

——胡塞尔(1934~1936年)①

作为本章开始的准备,也许我们应该回顾一下,引我们走到现在要讨论

---

① 胡塞尔:《危机》(Ed. by Walter Biemel, *Husserliana*, Vol. 6. The Hague: Martinus Nijhoff, 1954),第 117~118 页;英译本(Trans. by David Carr, Evanston, Illinois: Northwestern University Press, 1970),第 115~116 页。中译文参考王炳文翻译的《欧洲科学的危机与超验论的现象学》,商务印书馆,2001 年,第 140 页。译文基本重译。——译者注

之问题的整个思路。在胡塞尔努力将早期描述现象学发展成为真正的哲学中,一个纲领性计划带领他从1900~1901年的《逻辑研究》走向1913年的《大观念(Ⅰ)》:胡塞尔把他的现象学改造成为一种先验性理论。这种理论断言:它要展示一种最一般和最基本的结构,在这种结构之上,知识的大厦可以拔地而起。有关经验与先验之间的区别,以及先验就意味着通过主体性来说明对象性的想法,都是源于康德的思想。但与此同时,胡塞尔一直坚持使用"全适的给出性",或者"直接的直观"来对明证性进行特征刻画,以便为先验性内容提供担保。后者的看法都是源于笛卡尔,更准确地讲,源于胡塞尔对笛卡尔所讲的"清楚和明白的观念"所做的解释。然而这样会使康德感到迷惑不解:因为康德在他的《未来形而上学导论》中,把"回溯的分析方法[a]"同"前进的综合的方法[b]"置于相互对立的地位①。分析的方法把它孤立出来的可能性条件(conditions of possibility)看待为那些**现实地**(factually)给出的内容,也就是说,那些**可能**(possibly)现实地被给出的内容,它们所必需预设的前提条件。与此相反,前进式的综合方法开始于在理性面前已经被给出来的内容,"并且,丝毫不依靠任何事实来支持自身,只力求从原始萌芽中发展出知识来"②。不管这种区分如何应用于康德自己的哲学体系,无论如何,康德清楚地认为,笛卡尔使用的方法恰恰是综合的方法,其结果就是,他没有办法保证数学——那是由我们的知性提供出来的对现实的表象——与现实本身之间的内在联系。胡塞尔也同意康德的这个看法,即坚决拒绝承认形式主义(formalism)是全适的。但是他又认为,康德的回溯方法是飘忽不定的,缺乏直观性的揭示过程。从根本上说,康德的方法也就意味着,在概念的格式与实体的(noumenal,物自身的)现实性之间留下了断裂,而且这还意味着,它

---

a 分析(analyse)即解析、分解的方法:把一个统一的事实分解为它的构成成分或条件,找出它们得以组成统一体的条件、规则。——译者注
b 综合正好是把多样性结构成一个新的统一体的方法。——译者注
① 康德:《未来形而上学导论》(*Prolegomena zu einer jeden künftigen Metaphysik die als Wissenschaft wird auftreten können*),第一版(First edition),1783年,见康德10卷本著作集(*Schriften zur Metaphysik und Logik*, Werke in zehn Bänden),第五卷(Vol.5),Darmstadt:Wissenschaftliche Büchgesellschaft, 1968, A 42;英译本:*Prolegomena to any Future Metaphysics*,译者为Lewis White Beck,Indianapolis, Indiana:Bobbs-Merrill Co., 1950,第23页,中文本见庞景仁译:《未来形而上学导论》,商务印书馆,1982年,第33页。
② 康德:《未来形而上学导论》第一版,1783年,见康德10卷本著作集第五卷,A 40;英译本,第22、94页。中译文见庞景仁译:《未来形而上学导论》,第30页。我在这里基本采纳卡尔·默滕斯(Karl Mertens)在《最后的论证与怀疑之间:胡塞尔的先验现象学之自我理解的批判性研究》(*Zwischen Letztbegründung und Skepsis: Kritische Untersuchungen zum Selbstverständnis der transzendentalen Phänomenologie Edmund Husserls*)中的分析;见《现象学论丛》(*Orbis Phänomenologicus*),第六编第一卷(Abteilung Ⅵ, Band 1),Freiburg:Verlag Karl Alber, 1996。

完全依赖于一种非批判地假定的现实真实性(facticity)的观念。

总之,胡塞尔试图把被康德对立起来的"回溯的"方法同"前进的"方法结合在一起,并且用现象学的描述程序来取代康德的构造主义(constructivism)。其结果是,获得先验性的**途径**,不是假设性地推论对象显现的那些必要条件(一组统一的范畴),而是方法论上所包含的反思性分析。这种反思分析给直接直观开辟了一种以先验性为内容的领域。于是先验性就成了一种领域,然后又启用本型变换的进程,去回溯地(regressively)寻找左右着存在之不同区域的先验条件的不同格式。这是一种"从根本上完全不同的另外一种回溯方法",胡塞尔在写下我们上面引述的《危机》一书的文本时,他头脑里所想的就是这种方法。然而在《大观念(I)》中,胡塞尔把直观的观念编织到笛卡尔式的明证性观念中去,强调了直观的透明性和直接性,以努力避免康德式的间接的"假说-演绎"方法。他启用括弧法之后,先验的内容(the transcendental)就被理解为一个直接给出的、可供分析的领域,可以直接被理解把握的领域。这个领域的结构就是用胡塞尔的意向性观念来定义的那些结构。这些结构在他的后期著作中被称为先在的相关性(the correlational a priori)。

胡塞尔的笛卡尔式思路——他自己这样称呼它——是依赖于一种全适的内在感知[a],它是对通过方法论被纯化之明晰被给出内容的领域的感知。在上一章中我已经指出,这种研究工作无法为先验分析方法的基本结构以及它的地位所必需的**合法性**提供担保,它会落入先验心理主义的陷阱。如果谁坚持主张,胡塞尔的现象学是无可救药的笛卡尔主义,那么这个论点可以被用于全面拒斥胡塞尔的先验现象学。事实上我却认为,如果我们像大多数的评论家——不管他们是分析哲学的、社会批判理论的还是解构主义的——所做的那样,只关注胡塞尔最早公开发表于《大观念(I)》中的走向先验分析的思想进程,那么这个结论就是不可避免的。

然而在胡塞尔的现象学中,还开放着其他的道路可供人们选择。这些是胡塞尔确实进行过的试探,却从来没有完全掌握的道路。事实上,1918年之后,在胡塞尔所从事的工作中,他不仅发展出通向先验分析的其他"道路"或"途径",与此同时,他也一直努力想把这些新的途径放置到静态分析与动态发生分析之间的系统性区别之中,使它们同这种区别建立联系。这也就是为什么在作为本章引语的那段文字中,胡塞尔对直观的观念加以规定,将其更

---

[a] 这就是对先验性这个领域的直观:先验性显然只能在先验意识内部显现自身,即被内感知所直观到。——译者注

加宽泛地定义为"原初的自身展示(originary self-exhibition)"的理由。离开关于全适给出性的理论,转向"原初的自身展示"的过程中,胡塞尔认识到现象学描述必须把被康德称为"**批判的**"思想结合到自身之中。在本章中,我不想如第六章中所勾勒的那样,追踪这一历史的发展过程。我更想按照理论体系的脉络进行工作,尝试从积极的方面展示"直接"进入先验分析的途径。我将在胡塞尔与康德之关系的语境中讨论先验现象学分析的改良版。

我在本章中正寻找的是,康德《纯粹理性批判》中提供的著名的"先验演绎"在现象学中的等价物。这个等价物把康德的**回溯**方法,与一种为作为基础的先验领域提供保证的直接途径结合在一起[a]。我这里所使用的"直接途径"的说法,既不依赖、也不要求全适的给出性(adequate givenness)[b]观念。在全适给出性的地方,我将使用先验的论证(transcendental arguments)的说法,因此把洞见的观念同论证(argumentation)的观念结合在一起。因为我在这里感兴趣的是先验分析本身(per se)的结构和有效性,而不是对康德错综复杂的文本进行整理,所以在这方面我将依靠几位当代评论家的某些工作①。毋庸置疑,我所逐步进行的比较是相当宽泛且十分一般的。

第一节 作为先验演绎的先验还原

胡塞尔强调描述工作的优先性,强烈谴责新康德主义者的思辨性构建(speculative constructions,推论性构建),这就是说,他不十分关注先验分析中的特殊语言和特殊逻辑。康德放在他的《纯粹理性批判》最后的"方法论"部分,是他著作中十分难得的表达清晰的文本。在这个文本中,他试图对他的方法的形式从整体上加以反思。与此相反,胡塞尔不允许从反思的内容之外[c]对他的方法再进行反思,也就是说,胡塞尔是通过**揭示**的内容是什么(what it discloses)来展示分析方法是如何开展发挥作用的(deployed),并以此

---

a 笛卡尔式的途径。——译者注
b 这恰恰是胡塞尔直接途径的目的所在。——译者注
① 在英语文献中,关于先验分析的著作的出色的概述,见 A. C. 热纳瓦(A. C. Genova):〈好的先验论据〉("Good Transcendental Arguments"),见《康德研究》,75(1984),第 469~495 页。关于德语文献中目前的新发展的讨论,见沃尔夫冈·贝克(Wolfgang Becker):〈先验论据中的批判与论证〉("Kritik und Begründung in transzendentaler Argumentation"),见《康德研究》,76(1986),第 170~195 页。
c 方法和内容的统一。——译者注

来勾连表达对方法的反思ᵃ。也许我们可以简单地说,对胡塞尔来说,这种分析过程本身就是方法。因此结果就是,先验分析本身就不能再经受先验反思了。我们不要低估了这一限制的积极意义。在这个层次上ᵇ继续谈论直观,更准确地说,继续谈论描述,具有一种预防作用:防止让可能性的条件变成获得可能性的条件,防止让它变成对一些规则的获得,而这些规则又进一步要求某个规则,来告之如何使用这些规则。然而这样做是有代价的:对直观的强调就意味着,胡塞尔真的忽视了适用于先验分析的话语和论证的特殊形式。事实上,直至 20 年代晚期,在芬克把他推向这一方向之前,胡塞尔的确没有对他自己的先验话语这个问题给予应有的直接关注。即使此后,我们发现,在这一问题上,他的助手也比他本人更有洞见①。一旦我们否认,先验分析是简单地对直接地、全适地直观到的先验结构的描述ᶜ,一旦我们理解到,在表述这些结构和建立这些结构的活动中,论证起到媒介作用ᵈ,那么这个问题就将变得更紧迫。我想通过勾勒康德的先验演绎在现象学中的等价物——这是大师未曾尝试的工作——来弥补胡塞尔的这一缺陷。

在胡塞尔的"先验逻辑"讲稿中,特别是在讨论判断活动,涉及不同的形态变换如何引导到明证性的时候,在其中我们可以找到一些重要提示,告知我们如何做到这一点。读者应该还记得,胡塞尔在 1920 年至 1926 年间三次讲授"先验逻辑"这一课程,其讲稿如今作为《被动综合分析》一书发表。在本书第七章中②我们已经接触到其中最富建设性的那些研究。在那里,胡塞尔把提问过程与判断过程联系在一起。"每一个可能的判断都可以被视为一个提问的内容。"③诸提问之所以出现,是因为一个固定下来的事实或者事实的区域变得可疑,也许被否定了。原来被我们当作显而易见的内容,现在落入了可能成问题、有问题的范围或领域之中。问题唤醒了我们对这方面的某种不满,然后又转化为对得出解答的渴望。胡塞尔谈的提问情况只有两种

---

a 非常重要:对内容的揭示活动本身(与内容相互关联),就已经展示出分析本身的特点。对方法的特征刻画,不能离开内容的被揭示的特点、内容本身的特征。——译者注
b 在方法论上反对对使用的方法进行再次对象化、再次反思。——译者注
① 见欧根·芬克:《笛卡尔式的沉思Ⅵ》,第一部分(Part I),先验方法论的观念(Die Idee einer Transzendentalen Methodenlehre);第二部分(Part Ⅱ),补充卷(Ergänzungsband)。见《胡塞尔全集·文档》第 2 卷 1、2 册,Dordrecht:Kluwer Academic Publishers, 1988;英译为 *Sixth Cartesian Meditation: The Idea of a Transcendental Theory of Method*,译者为罗纳德·布鲁兹那,Bloomington, Indiana:Indiana University Press,1994 年,概述见罗恩·布鲁兹那为英译本写的"译者导言"。
c 这是合法性论证之必要性的前提:分析描述不一定是直观给出的。——译者注
d 多了一个媒介:取消了直观的直接联系。——译者注
② 见本书第七章第四节。
③ 胡塞尔:《被动综合分析》(Ed. by Margot Fleischer, *Husserliana*, Vol. 11. The Hague:Martinus Nijhoff, 1966),第 60 页。

选择:"显然,问题的主题或者针对成问题的具体细节(Einzelheit)——其析取性的相应成分不在论题之内(就像当我突兀地问,'那是木偶吗?'的时候),或者针对整个成问题的析取(就像提问,'这是一个木偶还是一个人?')"①。问题是按照目的论原则被组织起来的,也就是说,"提问活动的真正意义是通过回答活动(Antworten)或者在答案中(in Antwort)被揭示出来的。因为,通过答案,缓和张力的努力才得以实现,才出现了满足"②。通过把提问的过程同判断过程连接在一起,也就把提问的过程同"认知和它的构型(formation)"③连接在一起,提问过程就被理解为"逻辑"的内在部分,当然这里的逻辑是"被理解为关于认知活动和被认知内容的科学的那种逻辑"④。思想的这一走向使胡塞尔能够为一切思想确定一个**实践性**的方向:

> ……从事判定(urteilend)的生活,包括从事理性判定(vernueftig urtailend)的生活,都是一种为了从事具体特殊的希望、追求、意愿、行动而有的媒介,它们的目标都是判断,以及都是特殊形式的判断。所有这些理性(All Vernuenft)同时都是实践的理性,逻辑理性亦是如此……因此,从事提问的活动是一种与判断联系在一起的实践行动。⑤

这种认为理性包含有实践方面的维度之理论,拓展了(expand)所有关于**先在(a priori)**范畴的合法性问题。我们可以在任何一个严格的形式主义者的研究中找到涉及逻辑蕴涵和逻辑一致性的相关内容。除了这方面的内容之外,我们还必须把可供选择的一组范畴,与这些范畴在现实中使用的问题联系在一起。这样先验的分析就包括了范畴性核心内容之**使用**的说明。它要说明"认知-某某内容(knowing-that)"的条件,其说明的办法是把"认知-某某内容(knowing-that)"也当作"认知-如何(knowing-how,懂得如何做某事)"的形式。

有了这个更大的框架在胸,胡塞尔的静态"先验还原"就可以粗略地分成两个阶段。首先有一个"回溯(regressive)"的阶段:它关注的是如何导出范畴本身的问题,它具有如下形式:

---

① 胡塞尔:《被动综合分析》,第59页。
② 同上书,第60页。
③ 同上书,第61页。
④ 同上书,第62页。
⑤ 同上。

1. 获得一种区域类型(与其他区域类型相区别的)的诸对象的条件是,它们是某种概念性的格式(conceptual scheme);**该格式能够**提供一种标准,使得这种类型得以将自身个体化(individuated),从而与其他类型相区别。并且**这一格式**具有某些通用性的、范畴性的概念和规则,这些概念和规则可以应用于该区域的所有可能的对象之上[a]。

2. 具有一组核心范畴和规则(core set,核心序)的一定的概念性格式,可以是某 X 成为某一特定区域之一个对象(being an object)的条件,因为,这一组核心范畴和规则(core set,核心序)并不仅仅是 X 为这种对象的调控性(regulative)内容[b],而且是 X 成为这样一种对象之本构内容(constitutive)。

3. 一个具有一组核心范畴和规则(core set,核心序)的概念格式,可以是 X 为某一区域的对象之本构内容,因为,它是一种认知性结构,该结构是在涉及这类对象的经验与(或)行动中被认识、被应用的。

结论:第三个断言:"一个具有一组核心范畴和规则(core set,核心序)的概念格式,可以是 X 为某一区域的对象之本构内容,因为,它是一种认知性结构,该结构是在涉及这类对象的经验与(或)行动中被认识、被应用的",这为第一个断言提供了合法性证明,也就是说,获得某种(与其他区域类型相区别的)区域类型中的诸对象之条件是:某种概念性格式(conceptual scheme)使得对象的一个类型个性化,从而与其他类型相区别,以及这些概念性格式还提供通用的诸范畴和诸规则,可以应用于这个区域中的所有对象之上。[①]

这种演绎在下述意义上是自指的(self-referential):结论使得验证论证

---

[a] 饮料、服装、戏剧。——译者注

[b] 康德把纯粹理性的概念和原则(理念)的功能称为 regulativ,因为它们作为 Annahmen(假设)使得个别经验对象同全面的知识统一性之间的有规则的连接成为可能,而其本身又不是经验对象或者经验本身的条件,也就是说,本身不是它们的构成成分(konstitutiv zu sein)。Regulativ 的内容包括自然现象中的目的理念(die Idee des Zwecks im Naturgeschehen),和实践哲学领域中的上帝的绝对命令(die Postulate Gott)、自由(Freiheit)和灵魂不死(Unsterblichkeit)等理念。——译者注

[①] 上述的每一步都有现象学的分支的活动大致与之相应。与上面的演绎的步骤的序号相应:
   1. 具体地规定,作为使得 X 为某一类型的对象所必须的和一般的"可能性的条件"的,是诸区域本体论的工作;
   2. 和3. 把诸范畴作为本构内容来分析,是范畴现象学的任务;
   4. 将诸范畴作为进程,对其进行合法性说明,属于范畴现象学方法论的工作范围。

(the proof)的出发点成为可能①,也就是说,范畴必须应用于我们关于对象的经验,并且使得我们对于对象的经验成为可能。上述这个事实,使得下述断言成为合法的:这些范畴是这一类别的(经验的)对象之可能性的必要条件。这些事实内容是我们导出规范性内容的基础,而这些规范性内容又是这类事实性内容的基础。

为了实施这一"演绎",我们还需要进一步证明经验和它们的诸认知性结构不仅可以假设地从它们的结果或者输出(output)推导出来,也就是说,它们不仅是一个人面向大脑做描述时所采取的一种"意向性姿态"的结果。为了保证分析的整个领域都是经验的,我们需要证明它是"直指性的(ostensive)",并在这个意义上是肯定性的(positive)。然后我们再进一步到刚刚给出的分析的基础中去,像在康德那里一样,这个基础必须被理解为先验主体性。但是与康德不同,在此同区别出"世俗"或经验的分析与先验分析这件事相比,同努力去发现使得知识类型的**多样性**成为可能的一般的结构或领域相比,关于知识的**统一性**这件事在我们这里显得不那么重要。如果我们要建立这个领域,我们便需要"直接"走进其中。如果我对胡塞尔的笛卡尔主义的批评是正确的,那么这种领域就不应该是建立在关于反思或者直觉洞见的模糊不清的观念之上。为了给这个领域提供担保,我们必须能够指明它的确存在,并且指明它与一切**能被**经验到的内容都有着内在的联系。

第二阶段,在先验配准(a transcendental register,先验语域)上(这就意味着,与世界中存在着的事项**相反对**)建立起这样一个领域的存在(existence),要分两步走:第一步要固定(securing)一个进行经验和认知的主体的存在;第二步建立为这一主体所具有的认知行为的存在,或者认识成果的存在。为了成为(to be)真正的自-明性(self-evident),它们必须是自-反身(self-reflexive)、自-奠基(self-grounding)的。每个步骤都必须直接面对怀疑论的质疑:到底是它存在,还是其他什么别的东西存在。这种固定主体之存在的"前进式(progressive)"论证惊人的简单:

我怀疑 X 是否存在

X 存在是真的

在这里,要是上述推理成立,唯一可能被 X 所指的对象,只有"我"或"ego",即,只有 X=ego 的时候,推理才成立。这个结果是一个老生常谈,除非用第二个论据加以补充:

---

① 这里我把杰伊·罗森堡(Jay Rosenberg)的分析用到胡塞尔之上。罗森堡的分析,见他的文章:〈修正了的先验论据〉("Transcendental Arguments Revisited"),《哲学杂志》(The Journal of Philosophy),72, Nr.18 (October 23, 1975),第 619 页。

我怀疑 P 是否是真,

P 是真的。

在这种情况下,P 可以用"我正在从事思考"来代替,即用笛卡尔著名的"ego cogito"来代替,或者直接从中推出的一些变体来代替,比如"我正在经历经验"、"我意识到"①。请注意,两个论证都使用怀疑,来反身自指涉地保证那不可怀疑的内容。其结果是自-明的(self-evident)。

然而,正确地应用这一结论,将它同"建立先验范畴的存在"的那种分析联系在一起,首先必须把笛卡尔和胡塞尔共同犯的一个错误剔除。我们必须小心地把意识与真正的**我思**(ego cogito proper)区别开。为了做到这一点,让我们把经验和"**我思**"的观念拆解开。我们现在有了我思的固定的存在,但是它的本质(essence)是什么?这里有三层关系性结构来对它进行特征刻画。

1. 关于……结构(Of-structure):

所有经验都必然是一个**关于某事的**经验;每个"**我思**(ego cogito)"都是一个**我对被思想物的思考**(**ego cogito cogitatum**)。

2. 作为……结构(As-structure):

每个**被思想物**都是**作为**(as)某某事物而被显现为当下。

3. 为了……结构(For-structure):

每一个**被思想物**都只有**为了**(for)、或者**向着**(to 冲着)某人作为(as)某某事物而被显现为当下。

这些结构为我们定义了意向性的观念,但是却没有穷尽意向性的观念②。这些结构巩固了诸对象、概念格式(诸范畴),以及在第一阶段被勾勒出来的经验三者间的关系,也使得这种关系成为可能。而且这些结构必须被理解为先验的结构。

为什么要把意向性与意识区别开来呢?其理由十分简单:并不是所有的关于什么事情的意识都是意向性的。我深陷其中的那种痛苦,充满于我的存在的那些欣喜兴奋,纠缠着我的那些挥之不去的消沉沮丧,所有这些都缺乏被思想之物(cogitatum)。在这些情况中,并没有一个超越于精神事件的对象。也许我们可以说,意识的观念比意向性观念要宽泛得多。此外,我们不应该把作为心理学上的特殊事件的意向性活动,混同于作为结构的意向性,

---

① "我意识到(I am conscious)"和"我思考(ego cogito)"并不一样,就像有些我意识到的东西,并不是我的意向性行为所关注的内容。

② 参见第一章对这些结构的更具体的分析。

混同于所有心理活动都具有意向性结构。我希望这将有助于我们避免重犯在胡塞尔著作中普遍存在的那种错误。意识**本身**(per se)——即使在现象学反思中被把握的意识本身——也不是先验的[a]①。根本不存在先验的痛苦,当然除了一些古怪的同事之外。作为精神事件的意向性行为也不会是先验的。只有**作为一般结构**的意向性,具有上述**三种下层基础结构**(substructures)的意向性,只有它才可以被特征化为先验性的[b]。如果我们把它等同于先验的主体性,也就是把先验主体性理解为**作为一般结构**的意向性,那么我们就可以告别胡塞尔关于先验意识的观念,因此,也就摆脱了下述心理主义的问题:即,一旦先验的检验成了直指性的话,心理主义就会接踵而至。断绝同心理主义的联系,还受到下述事实的支持:为了建立这些思想,我**不一定非要依赖于直观**[c],即对意识的一种全适的、内在的观看意义上的直观。

与此同时,进入先验主体性的"直接道路",携带着它的自反射(self-reflective)的论证,创造出的只能是一个供分析工作的空洞**领域**。即使在第一阶段上,它也只能给我们提供出所有特殊的、区域性学科都将要采取的那种形式,仅此而已。只有当我们加上"回溯式(regressive)"的步骤,才会使得给出区域用材料丰满起来;我们正是从这些材料里,获得了各种先验条件的内容和不同的族群(various families)。这是更具有重建性的因素,它属于被胡塞尔称为通向先验分析的"间接"途径的内容。与"间接"的途径相反的直接途径的价值以及必要性,不仅仅在于它开辟整个的现象学分析的领域,而且还在于,它引入了对先验分析的性质的约束,也就是说,通过回溯到下述问题:对我们关于那个区域的对象的经验来说,这些范畴是否是必要的,我们就可以决定,一定类型的范畴是否可以应用于某个特殊的区域。我们现在勾勒出来的整个图景,使得我再次回到范畴问题。

在展示先验分析之结构的努力中,我想使用一个显然透明的例子,由于它是维特根斯坦心爱的例子之一,所以相当知名。然后再引入第二个例子,以概括描述胡塞尔将如何说明物质自然的区域,这个区域恰恰是康德

---

a 这是道恩·威尔顿对胡塞尔的根本性矫正。这一矫正使得心理学同现象学的联合工作顺理成章成为可能。——译者注

① 当然,我们也可换一个思路看待这个问题,从而提出:我们在此考察中唯一能直接收集到的有关意识的观念,是通过意向性经验对其加以处理的意识观念;它的范围被限定于,它是这些区域的一种质(being a quality)。但是即便在这里,我也十分不情愿把它说成是 transcendental(先验的),理由很简单,先验分析总是离不开本型还原(an eidetic reduction)的。

b 先验性的实质内容。——译者注

c 重要!这是道恩·威尔顿对胡塞尔的第二个根本性矫正。——译者注

第一批判所最关心的领域。然后我想再对先验检验的一般结构进行一些评论。

让我们假定,象棋就如同一个区域,棋子就是诸对象,它们分属于那个区域。对它们的分析涉及以下几个步骤:

(1) 有 a, b, c 等棋子,它们受到一定的概念性格式(scheme)的约束(conditioned,以它们为存在条件);这个概念性格式(scheme)提供了一个标准,这个标准规定了每个棋子所有的个别化,以同其他棋子相区别与对立;而且这个概念性格式(scheme)有某些范畴性概念和规则,可以应用于所有的可能的棋子。

(2) 由于诸范畴的核心组合(core set)包含某些规则,离开这些规则,棋子就无法存在。所以,这个组合就是 a, b, c 等各棋子的存在之本构内容。

(3) 作为 a, b, c 等各棋子的存在之本构内容的诸范畴,是这样的一些范畴和规则:任何一个主体,只要他在经验中或行为中,涉及作为棋子的 a, b, c 等,都必须知道和应用这些范畴和规则。

结论:任何一个主体,只要他经验到或涉及作为棋子的 a, b, c 等,都必须知道和应用这些范畴和规则,这个事实本身就合法地证明了(legitimizes)这些范畴和规则对于 a, b, c 等作为棋子的存在是必要的。

我们可以用类似的形式对物质自然的区域做先验说明。一般的表达应是下面的样子:

(1') 有 a, b, c 等,作为物理体系中的诸对象、诸关系、诸事件等,是以一组概念性的格式为条件,这些格式提供了一种标准,依据它,每个个别的个体得以个体化,以同其他个体区别开,并且这些格式具有某种范畴和规则,这些范畴规则可以应用于这个区域的所有成员。

(2') 由于范畴和规则指定了这些条件,离开这些条件,a, b, c 等就不可能作为物理系统的元素而存在,所以对 a, b, c 等这类成员而言,范畴和规则是本构性内容。

(3') 使得 a, b, c 等得以构成物理系统之元素的范畴和规则,是这样一些范畴和规则:任何主体都必须认识它们,并应用它们到他对这类元素的 a, b, c 等的经验中,以及他涉及作为这类元素的 a, b, c 等行动中。

结论':给出的范畴和规则的格式必须被认识、必须被应用于任何涉及作为物理系统之成员的 a, b, c 等主体的经验。这一事实证明了,这些对于 a, b, c 等这类成员的存在来说是必要的范畴和规则的合法性。

胡塞尔做过探究的那些范畴,包括外延(当它同质量、外形和形式相关时的情况),性质(热量、重量、声音)、实体、运动和因果性①。在对它们的处理中,不仅仅把它们作为物理对象的存在之诸条件看待,而且还把它们看作对这些对象进行经验的本构条件,这种处理要求把这些范畴描述为经验的诸格式。单个的格式经常涉及几个不同的相互有关联的格式②。有了这些例子在手,我们就可以谈一谈关于我们的演绎的特征了。

首先要注意的当然是,这不是演绎。范畴和先验命题本身并不是单纯由概念建立起来的,而是"总只是直接通过这些概念与某种总体上为或然性的东西的关系,也就是通过**可能的经验**"而建立起来的,就像康德告诉我们的那样③。在第一阶段上的"演绎",并没有依据推理规则从前提走向结论。相反,每一个层次都必须理解为对某种特征的阐释,或者对某些条件的阐释。这些条件是被隐含在该层次之中的。这就是胡塞尔在他晚年著作中反复加以描述的所谓 Besinnung(沉思)。每当我们前进时,分析总是从那个新的层次运动到该层次隐含的内容上去,而且该内容对于前一个层次是不可或缺的,后面的步骤总比前面的步骤更丰富些。查尔斯·泰勒(Charles Taylor)把这种先验的论证称为"不可或缺性主张串(chain of indispensability claims)"④,因为离开了它们,被我们理解为可能经验之诸对象便无从具有对象的意义,便无从被我们理解。当我们把这种 Besinnung(沉思)理解为推论时,我们必须始终不忘,这些主张并不是对经历的总的一般性精神事件(in general)的说明,而是对"**是一个对象的经验**"(being experience-of)的这种最基本意义上的经验的说明。我也许有一种知觉,它是由经验的**缺乏**构成的,我对一种乱糟糟的嗡嗡声的觉知,无任何中心;但是如果我的觉知一旦涉及了经验行为,涉及对某种事物的意识,那么这种觉知就将具有概念性核心,某种对该事物的不可或缺的概念核。

胡塞尔强调,在我们对经验进行反思时,经验是自明地给出的。一旦我们走出了笛卡尔式的全适给出(adequate givens)的观念,而继续携带着"自明性"、"绝对确定性"的观念进行工作,我们可以用下述方式理解这些论题:先验论证是以某种有洞见的表达为基础的,而我们的洞见可以深入到我们自己

---

① 比如,《大观念(Ⅱ)》(Ed. by Marly Biemel, *Husserliana*, Vol. 4. The Hague: Martinus Nijhoff, 1952),第 29~53 页;英译本(Trans. by Richard Rojcewicz and Andre Schuwer, *Collected Works*, Vol. 3. Dordrecht: Kluwer Academic Pub., 1989),第 31~56 页。
② 关于这个方向的第一步,参见同上书,第 35~41 页;英译本,第 38~44 页。
③ 康德:《纯粹理性批判》(Hamburg: Meiner Verlag,1952),A737 = B765;英译本(London: Macmillan Press,1933),第 592 页。
④ 查尔斯·泰勒:《先验论据的有效性》(*The Validity of Transcendental Arguments*),见亚里士多德学会"新系列丛书"(The Aristotelian Society, *New Series*),第 79 卷(Vol. 79),1978/1979,第 159、163 页。

的经验之中。这些先验论证总是回来求助于那经验①。在下棋的活动中,如果一个棋手只是任意地运动他的棋子,那么这盘棋是空无意义的。但是,如果仅仅偶然按照规则来运动棋子,其结果也是一样的。要真正的参与到下棋的活动中,他必须对规则有所理解②。经验上的情况与此类似。我们不可能说,一个人经历了经验,而与作为有意义的诸统一体的各种对象没有任何关系,好像这些对象并不具有"作为……"结构似的。有意义的统一体,即诸对象,并不是偶然与说明其意义的规则一致。情况一定是,在某种意义上,我熟知那些概念格式以及范畴性条件,它们使我有可能得到一个有意义的对象之经验。假如我们对这些规则并不熟知的话,我们就不可能有经验到这些对象的行为。为了保持演绎的自指(Self-referential)本性,这一点是必不可少的。胡塞尔讲,"与康德的直观性概念相比,直观性概念可能必须经历重要的扩充。"③我相信,胡塞尔讲此话之后,他所想到的,就是我们这里讲的这一点。范畴是从对经验本身的洞见中引导出来的。这种洞见,在我看来,不仅仅是被"主张的不可或缺性"所表述,而且是以"主张的不可或缺性"为媒介的。只有通过这种途径,我们才能谈论它们的自明性(self-evident)。

然而关于这一点,有一个十分明显的问题:当我沿着对物理对象的经验的轨迹前进时,我对于这些条件并没有什么意识。在下棋时,我知道哪些规则必须遵守,因为我曾经学习过这些规则。玩一种游戏,总是假定我了解它们,接受了它们的某些规则④,但是,假如我对经验物理对象的条件有所意识的话,那么我将能够按照它们所是的样子来表述它们,正如棋手一样,要是被问及,他便可以告诉我们运动棋子的规则。但是在物理系统中,或者在胡塞尔称为物质的自然中,我总是通过感性的方式与世界交往,而不需要学习那些规则;在一般的情况下,我根本不会有意识地察觉到建构我的经验内容的范畴或规则。即使我们在从事反思的时候,把这方面的条件置于光天化日之下,在这方面花费了巨大而长久的努力,但是获得的结果仍然很难得到认同,到底这些条件是什么,人们各执一词,众说纷纭。所以,我们怎么能声称,为了具有经验,我必须知晓它们呢?

这是一件十分严肃的事,为了发现可能的解决方案,我们必须走到胡塞尔的思想之外去寻找。在谈及工具的意义(significance)作为研究议题的途

---

① 关于这方面的建议见查尔斯·泰勒:《先验论据的有效性》,见亚里士多德学会"新系列丛书",第79卷,第160~161页。
② 同上书,第161页。
③ 胡塞尔:《危机》,第118页;英译本,第116页。
④ 关于这一点,见查尔斯·泰勒:《先验论据的有效性》,见亚里士多德学会"新系列丛书",第79卷,第162页。

径时,海德格尔没有关注它正常的功能发挥,而是关注工具在损坏时的情形,或者关注工具在失去完成它的手头任务所应有的适用性时的处境①。与此相应,当事物出了差错,当怀疑、否定或甚至瓦解出现时,经验的各种条件便可能成为论题。我可以认为知道了(第三步)这些范畴,但不是说,我可以对它们进行一种完全的表达,也不是说,我像学习下棋的规则那样学习了它们。泰勒指出,对它们的认知只能蕴涵:当我的经验与这些条件失去一致的情况下,我必须能认识某些条件②。我们对范畴熟知,但并不是下述意义上的熟知:在经历经验时我们直接地表述它们,就像我对于游戏的规则所能做的那样。而是说,我"必须有能力认识到,这是出错的条件"③。我能够认识到我们自己的经验中断了便蕴涵着我们对概念性格式的熟知,以及对这格式所关注的范畴性概念的熟知。这就是我们在反思中所转而关注的内容,它是那种"自明"的东西,也是为我们的分析提供了指导线索的东西。作为哲学家,我们的任务就是努力将这些结构展示出来。

第二节 概念上的转换与先验的分析

先验现象学分析的力量展示出,由于关涉存在的每一个领域,以及关涉构成一个区域的实体和关系的类型,我们必定附带着认知上的一般条件,运用(assume)某种认知的能力;我们也必定确认(assume)某些相互作用,尤其是语言条件与经验条件的相互作用。因此,存在论的争论,就不再具有决定性意义了,如果离开了(without reference to)这个基础,存在论上的区分就是空洞的和任意性的。胡塞尔的分析并没有把对存在论的补充仅仅简化为语言学的解释,而是将它与早期康德对认知本身的关注混合在一起。存在论不仅仅总是要回到语言的领域,因为语言游戏如果离开了它所依赖的认知系统,就变得无法理解了。

胡塞尔离开康德之处在于,胡塞尔特别强调范畴的多样性,可是这些范

---

① 海德格尔:《存在与时间》(Tübingen: Max Niemeyer, 1967),第66~76页;英译本(Trans. by John Macquarrie and Edward Robinson, New York: Harper and Row, 1962),第95~107页。
② 查尔斯·泰勒:《先验论据的有效性》,见亚里士多德学会"新系列丛书",第79卷,第162页。
③ 同上。

畴均可以通过被康德称为纯粹理性的先验分析来奠定基础①。康德的第一《批判》主要是努力为某些**先在**(a priori)的理念(a priori ideas)提供可靠的合法性说明。准确地讲,是为那些自身没有简单印象与之相应、也没有什么方法将它们从简单印象中提取出来的理念(ideas),提供可靠的合法性说明②。康德希望建立的一组先验**概念**有如下两个特征:它们都具有无约束的普遍性和无限制的必然性。这些概念以及被它们分析地蕴涵于其中的概念,**必须**可以应用于经验的任何对象和**所有**对象。我们可以按罗森堡的建议,把这组必须应用于一切可能对象之上的概念称为一种"概念核(conceptual core)"③。胡塞尔和康德都相信,在对我们**经验进程**——对任何对象,无论什么对象都一样的经验进程——的条件进行勾勒的描绘过程中,我们会发现,这类概念核(conceptual core)也包含了任何对象(可以进入我们的经验的任何对象)的**存在(being)**。胡塞尔与康德分手之处,恰恰在当我们问及:只有一组范畴是核心,还是有许多组核心范畴可以应用于我们对对象的经验。

康德相信只有一个概念核(conceptual core),这个核是不变化的,并且认为,对此牛顿已经为我们提供了最好的线索,指明了哪些范畴是属于其中的。其结果是交互主体性的观念、公众对象的观念都变为与物理对象的观念拥有共同的空间(coextensive)的概念。我同意罗森堡的看法,康德把一切对象都看作物理对象,并不是一个历史的偶然④。因为,假如康德使用一个更为一般的观念 X(一个完全未被规定的观念),其结果就不可能是任何其他东西,而只会是纯粹的形式性分析。我们在本书第三章已经看到,胡塞尔可能会反驳道,这是只能在"普遍知识(matheses universalis)",即他的形式本体论的版本中才能达到的顶峰。先在(a priori)综合真理之所以出现,就是因为在康德那里任何可能的对象——不管是什么样的对象——之最一般的集合,事实上都有专门的"先在"的规定性;粗略地讲,这些规定性都是牛顿物理学对对象的规定。并且因为,物理学要求它的领域具有某种必然的综合范畴(因果性、个体性、关系等)。同时康德还确信,先验的分析不是给我们提供了诸多可能概念核中的一个,而是给我们提供了一个唯一不变的、适用于经验的任何对象的概念核。

与康德的看法相反,胡塞尔认为除了一些共享的形式的和"空洞的"数

---

① 康德也提供了对其他领域的先验分析,但是,这关系到向其他类型的观念的转换,例如,在涉及道德原理的时候,便是向实践理念的转换。
② 关于下面的观点,见罗森堡:〈修正了的先验论据〉,《哲学杂志》72, Nr. 18 (October 23, 1975),第 614~615 页。
③ 同上书,第 615 页。
④ 同上。

学条件(conditions)之外,由于对象的区域多种多样,与此相应之经验的类型也是多种多样的,所以存在着许多概念核①。当第一《批判》ᵃ中物理对象的存在论规定(set)了康德的先验分析的活动范围时,胡塞尔则使用对象的不同类型——物理对象、生物对象、心理学对象、社会对象、政治对象及文化对象——作为他的先验反思的指导线索。这样也使胡塞尔在使用发生分析来补充他的静态分析之后,得以公正地处理在自然科学中的理论之传承,并且承认在一个单一的区域内也存在着对象概念的多样性②。其结果就是,在诸多区域、诸语言游戏以及诸先验条件之间存在着某种相关性。胡塞尔的研究天赋在于显示,我们不只拥有一种区域本体论,而是有多种多样的区域本体论,它们的先验条件形成许多组群(families),彼此相互重叠及相互区别,因而他的研究充实丰富了先验主体性的分析。反过来,对胡塞尔来说,分析的普遍性不是通过求助于**唯一的范畴表**来做到的,而是通过证明,在存在论条件和区域性条件的差异性、多样性底下,诸认知性成果、诸表指系统(systems of significance)以及诸对象类型之间,存在着一种普遍的和必然的**相关性**,这种相关性可以构成一种不可约简的、必然的条件,以使它们具有不同的范畴性结构。正如我们已经看到的,这种结构就是意向性的结构。范畴性的框架以及认识论的类型之多样性,只受到下述论题所制约:它们均属于唯一的世界,在此存在着一种共享的相关性内容,它可以被应用于不同的领域和类型之上。

第三节　先验感性论

关于概念核问题上的分歧直接联系于,或许也归结于康德与胡塞尔在建

---

① 关于康德在把第一批判同第二和第三批判联系起来的时候,是否得出相似立场的问题,我在这里不作讨论。我们这样做的理由是,胡塞尔声称,存在着多种多样的本体论。
a 指康德的《纯粹理性批判》。——译者注
② 可能存在一种途径,可以把康德和胡塞尔关于物理对象的核心不变性(core invariance)问题上的观点重新统一在一起。罗森堡提出,我们可以把概念核(a conceptual core)的观念,同我们早在物理学中发现的不同对象概念之多样性观念(从牛顿的对象观念,到分子或者亚微观对象的观念,到基本粒子对象的观念或者量子对象的观念)分离开,而去思考一个关于对象的发生的观念(a genetic notion)。这个发生的观念将成为核心,"在此核心之上耸立着各种特殊的经验的描述性体系"。见罗森堡:〈修正了的先验论据〉,《哲学杂志》72, Nr. 18 (October 23, 1975),第615页。按照胡塞尔的最初设想,胡塞尔关于物理对象的物质本体论被设计为对这种核心的描述,这种本体论应该是诸物理学科中的一种;它与其他物理学科的区别,就在于,它处理的内容是一种经验上的不变性。然而,从胡塞尔后来所分析的视角出发,这种核心也许无非是一种抽象。我们将在第十三章中回到对这一问题的讨论。

筑学(architectonics,结构设计)上各自的系统之间的对立。如果我们注意到他们之间的第二个区别,我们对这一点的理解便会更为真切——一种令人惊奇的相似性,我们也可在胡塞尔与海德格尔之间的关系中发现,这一点我们将在第十四章中加以讨论。这里涉及的就是当今哲学在处理有关感知的构成时,解释(interpretation)所扮演的角色问题。罗森堡认为康德从休谟的印象理论中区分出一种合拼物,构成其理论的巨大张力。对于休谟来说,在他的理论体系中,印象是不可化约的基本成分,但是印象在他的理论中扮演着两种颇为不同的角色。在某些场合中,一个印象被处理为对精神想象(a mental image)之模式的特殊感觉。比如一个红色的三角,被认为是,"一个图像性精神图画中之一个精神性颜色的小块(a patch of mental pigment)"①。在另一些场合中,它的作用又像是一种基本的认知活动之片断(knowing episode),也就是说,确信有某种东西是红而且是直角[a]的。作为认知活动的片断,它起的作用就像一个前提,从它那里可以推导出其他论题。"这里的模式是判断性的,它是精神性的句子(内在言谈)"。这是罗森堡对此问题的思考②。罗森堡准确地指出,康德将这种合拼物区分出来的做法是,将印象的第一种作用指派给感性或敏感性(sensibility),并将其理解为经验的内容或事件;而把印象的第二种作用指派给了知性(理解),它的任务是提供各种范畴形式。**康德所讲的经验,大致相当于胡塞尔所指的被充实了的感知**。上述两种功能都对这种经验有所贡献:"它是一种将这两种成分总和在一起为结果的矢量。"③这一思想将康德引向了反实在论的立场,即认为通过知性(理解)提供的范畴形式,世界才获得它的深层结构。于是,经验作为整体便有两个相关的环节:一个是接受性的或被动性的方面,它经历感觉;另一个则是主动的、判断性的方面,它把印象的多样性带到一种先在(a priori)概念之下。

感性与知性(理解、判断)的基本对立把康德的整个理论组合在一起。在胡塞尔的现象学中,这种对立由经验与判断(理解、知性)的对立代替。在《大观念(I)》中使用形式与内容的二元组,在那里,胡塞尔的意向相关项上(noematic)的形式概念,可以激活或解释材料性的内容(hyletic content),这些想法都与康德的想法十分相近。但是胡塞尔很快便对这种感知分析感到不满,并用一种临时性的理论取而代之。就如我们在第七章中看到,它具有

---

① 罗森堡:〈修正了的先验论据〉,见《哲学杂志》72, Nr. 18 (October 23, 1975),第619页。
[a] 原文误,应是"三角"。——译者注
② 罗森堡:〈修正了的先验论据〉,见《哲学杂志》72, Nr. 18 (October 23, 1975),第619页。
③ 同上。

更全适的说明。正如 1918 年胡塞尔给英嘎登的信中所说,个体化(individuation)问题并没有得到令人满意的解决①。本质上而言,胡塞尔得到了他的新理论,这理论表达胡塞尔通过构建起与康德的先验感性论相应的新的先验感性论,从而发展他的动态发生方法。康德的先验感性论是第一《批判》的一部分,它只处理感性直观的形式(时间与空间)。而胡塞尔则在康德的先验感性论体系中填补了对感知的丰富的(非认知性的)说明,又加上他对相互作用的发生分析,当然这不仅指时间综合与空间综合的相互作用,而且还包括胡塞尔所谓"联想性综合"的相互作用[a]。这后一观念,是休谟联想观念的复活,尽管在上面加上了"综合"这一术语,以便"分解"它,让它显示自己的特性②。"科学之前的"对象被理解为经验的基础,至少是经验的受限类型(limiting types)的基础之一。这类"科学之前的"对象的位置就在这里,它意味着在先验分析那一节之前,我们已经有了关于它们的"现象"(appearances)。在康德那里,这些现象被限制在先验分析之中。胡塞尔指出,被康德称为"杂多"者,并不是无形式的,而是预先构成了自己的形式(preformed):它们具有感知性的,或感性的表指意义(significance)。康德只能把它们看作"先于概念的(preconceptual)",因而是"先于范畴的(precategorial)"。除此之外,胡塞尔在他的后期著作中还放上人工制品(artifacts),它们便成为已经"沉淀"在日常生活经验中的人工制品。如果胡塞尔直接将此同康德联系在一起,他可能会指出,被处理为一种主动综合的形式之知性(理解),并不会去对杂乱无章的质料(数据)进行加工,而是带它的范畴性的机制,去对准这些质料(数据)已经具有的结构和"形式",也就是去对准也许会被康德称为范畴结构的东西。转换一个角度看这一思想,那就是我们在康德分析篇中找到的对象,即全面发展了的科学对象,是属于高阶序列的对象,它们不是经验的基础对象。在这个较高的层次上的本构,一定不能被理解为基础性的本构,而应被理解为,它是对基础性内容的一种改造转换。

在这里我要指出的是,一旦在久经历时的(diachronic)范畴框架中严谨地取得一个对象的"核心"观念,那么上述这种改变便会恢复康德主义者建立理论体系时所需要具有的其中一个特征。如果对杂多进行综合的范畴体系被理解为受到时间的或历史的限制,就像在自然科学中各种理论前后相继

---

① 胡塞尔:〈致罗曼·英嘎登的信〉,1918 年 4 月 5 日,《通信集》(Ed. by Karl Schuhmann in connection with Elisabeth Schuhmann, *Husserliana Dokumente*, Vol. 3. Dordrecht: Kluwer Academic Pub., 1994),3/3,第 182 页。
a 对于理解胡塞尔很有启发性。——译者注
② 具体分析见前面第七章第三节的内容。

的情况所表明的那样,那么一个概念核就可以用不同的范式(paradigm)来取代。由于康德关于对象之经验的理论是由无形式的感性(sensibility)同给予形式的(form-giving)知性(理解)之间的对立来界定的,并且由于提供理智性的结构的任务交给了知性(理解),因此概念核的多样性就意味着,不可能存在唯一先在(a priori)的概念核,因此也就不存在意义明确的唯一的对象观念。胡塞尔对康德的先验感性论的重新加工,打开了构成类似感知的"自然"对象之类事物的可能性,对于康德来说,这原本是完全不可能存在的,即在科学的理解(知性)的积极工作开始"之前",根本不可能有任何对象的存在的。然而,这一补救使得科学在它的功效和自主性(efficacy and autonomy)方面付出一个颇为高昂的代价。因为在我们对世界的日常经验的核心中,我们发现了某种规定性——某种"余额(excess)"或"过剩(surplus)",以及通过我们的眼光把它们收集起来,通过我们与事物的交往而在"符号学上"表达出来——这些规定是任何相关的科学,以及对应相关科学的概念而进行先验反思的活动都难以领会的,它们作为某种指称,超出了各种科学的范畴机制之外,因而科学便无从领会它们。对康德而言,这个思想听来仿佛破坏了他做出的现象界与实体界(noumenal)之间的区别。然而,这种"理论之前"的经验领域,恰恰是我们在大部分时间中,运动于其中而获得我们的存在的那个领域。

第四节 自身反思与自指涉性

在胡塞尔与康德之间还存在第三种决定性的区别,但是这种决定性的区别之所以可能,就是因为他们俩共享一种共同的研究,共同关心先验知识的客观有效性问题。如果康德的先验方法和胡塞尔的先验现象学方式都是**反身自指的**(**自身反思的**,self-reflective),那么他们各自的合法性证明的策略都依赖于**自指涉性**(self-referentiality)。

卢迪阁·布伯纳曾经提出:自指涉性是康德先验论证的特征,也是它唯一重要的特征①。先验知识是不可能来自形而上学上更高的、不可显影的洞见之原则。布伯纳解释说,

---

① 卢迪阁·布伯纳:〈康德:先验论据和演绎问题〉("Kant, Transcendental Arguments and the Problem of Deduction"),见《形而上学评论》(*The Review of Metaphysics*),28(1975),第463页。

因为要拥有这类原则于自己的支配之下,便要求占有一种类型的知识,它不同于以感性为条件的经验知识;这种知识联系于客观现实性(objective reality),而其有效性又恰恰要求进行证明。而我们实际上所具有的知识,不可能在知识的现实性层面以外的其他层面上被证明其合法性。①

布伯纳的这种思想得到了罗森堡的支持。罗森堡把康德的范畴演绎看作是对正确的或合法的权利之主张的一种公正性辩护②。罗森堡认为一位律师论证他的结论:通过排除了所有其他可能性,只留下这一种可能性,所以 X 被授予 Y。布伯纳认为先验论证"在事实性(facticity)的层次与强制性原则之间"占有一个位置。而罗森堡则把它们处理为实践推理过程的片断:它们并没有陈述事实,而它们陈述的只是实际应用的权力。他解释说,

换句话说,这就意味着有些事情已经完成了。它表达了一种关于承诺(permission)的原则。因此,先验演绎的结论一定是一个规范性结论。反过来说,这也指出支持着该原则的判断将属于下述这类论证——不管它是什么类,它都已被剪裁调整为可以建立规范性结论的程度。而事实上,它指出一个先验还原必须是一种实践理性活动的片断。③

胡塞尔的先验还原的功能,必须是能够建立在"世界的"或实证的分析与先验分析二者之间的区别,同时又使得它保留在知识的现实性的限度之内,就如布伯纳所说的那样。这种联系现实性的纽带在胡塞尔的笛卡尔式思路中已经被丢失,然而它却在不同的区域存在论所开辟的其他思路中保留下来。把还原限制于通过各种物质存在论的媒介,而使得还原保留在各种其他不同的思路范围内,这就意味着,还原总是涉及对本质性结构的说明,这些结构同现实的领域有着内在的联系。布伯纳认为,对康德而言,"没有绝对原则的帮助,要为这类[先验]知识提供合法性,只有证明,对那种知识而言,**别无选择**(lack of alternatives)"④。但是,布伯纳的这种说法是正确的吗? 他拒

---

① 卢迪阁·布伯纳:〈康德:先验论据和演绎问题〉,见《形而上学评论》,28(1975),第463页。
② 罗森堡:〈修正了的先验论据〉,见《哲学杂志》72,Nr.18(October 23, 1975),第612页。
③ 同上。
④ 布伯纳:〈康德:先验论据和演绎问题〉,见《形而上学评论》28(1975),第463页。

绝求助于(recourse)形而上学的更高洞见,在这一点上,他是绝对正确的。在走出胡塞尔第一个纲领性表述的努力中,现象学也拒斥这一点,特别是当这种形而上学的洞见归诸于一种直观,而这种直观切断了通过理性论证——这种论证会引向结论——的形式而进行的验证的联系时。正如布伯纳所想的那样,只求助于别无选择(lack of alternatives),意味着先验的检验只能是间接的。罗森堡同样指出,对康德来说,先验的检验绝不可能是间接的,好像它们并不具有**反证法**(reductio ad absurdum)的形式似的①。它们总是"直指性的"("以实例证示的",ostensive)②。热纳瓦(Genova)也曾指出,间接证明顶多是一种拒斥,由于它们被预先设定,它们自身是不足以建立先验还原的③。

在先验层面上坚持依靠直观,如果理解合适的话,那就是要求先验的知识是现实知识的自指涉特征的重构(reconstruction)。如果我们考虑到,可能存在着多种多样的概念格式,可用于说明给出的领域的话,那么现象学的研究程序就显出它的优越性。格式的多样性就意味着非决定性的因素之介入,因为在理论中,第二级的先验构造总是可能的。一旦从笛卡尔主义的表述中摆脱出来,再谈论将直观纳入论证之中时,就是要求概念格式成为认知中实际应用的内容,并因此而被主体所知晓。同时,将现象学扩充到发生方法,也就打开了一种分析的模式,这种分析使得结构性差别的共时性及其条件的问题,被重新置回到对源泉的历时性问题的考察中。胡塞尔希望,他的方法能够处理其他可供选择的概念核问题,途径是重新表述被康德所拒绝的"经验的还原"。康德把经验的演绎描述为"能够展示一种方式,在这种方式中,一个概念可通过经验及通过对经验的反思而获得;它还能展示,这种方式所关心的不是合法性问题,而只是其**事实**之源泉的模式"④。然而对胡塞尔而言,来源之模式的问题是由先验语域中的发生分析来处理的。发生分析允许有两种不同类型的说明。一方面,它使得胡塞尔可以谈论不同区域之间的关系问题,以及与其相应的不同的先验范畴之间的关系问题,使他得以理解它们的关系,并且不仅是共时地理解,还是历时地理解;另一方面,他也认识到,诸范畴只是作为概念格式的一部分被建立起来,而概念格式本身也可以经历一种历史的转变。这不是一种心理学的分析,而是对变换(transformation)的说明:尝试理解一种概念核向另一种概念核在时间上的发展,理解一种可供选

---

① 罗森堡:〈修正了的先验论据〉,见《哲学杂志》72,Nr. 18 (October 23, 1975),第620页。
② 康德:《纯粹理性批判》,A789 = B817,第716页;英译本,第625页。
③ A. C. 热纳瓦:〈好的先验论据〉,见《康德研究》,75(1984),第494页。
④ 康德:《纯粹理性批判》,A85 = B117;英译本,第121页。参见罗森堡:〈修正了的先验论据〉,《哲学杂志》72,Nr. 18 (October 23, 1975),第613页。

择的格式如何可能从另外一种可供选择的格式中派生出来。

第五节 目的论和先验论证

我们刚刚论证了,先验的论证必须返回来求助于经验——各种概念格式以及它们的范畴核都是被应用于经验的。即使如此,我们仍然有认识论类型(epistemological types)的问题。这是我们在第三章已经指出的。这一点也是胡塞尔主动面对而康德并没有关心的另一个问题。在建立了本构着经验的各种范畴与我对这些范畴在经验上的熟知之间的内在联系,以及指出任何对它们的哲学说明都必须反过来归属于知识的现实性(facticity of knowledge)之后,这里仍然存在一种可能性:即使对象的同一组集合都被各自的范畴所覆盖,我们具有的扎根于不同认知类型的范畴性框架仍然可能是不相称的。而求助于现实经验将不能满足在所有格式之间做出的选择与决定的要求,假如最后我们发现,在同样的领域中存在着两种完全不同类型的现实经验,而一种经验有范畴,另一种却没有范畴与之相对应的话①。

为了解决这一问题,我们首先要理清几件事。在这个语境中,罗森堡提出先验演绎的基础功能,是论证"某种概念核应用于经验的合法性,以取代一些以前原有的其他核心"。他对此推广说,

> 在任何经验中,我们都是通过一种特殊的概念核作为媒介而构想我们经验的世界。康德教我们做的事情,便是对此要有觉知,意识到它是概念性实践,它是一段需要合法性论证的认知行为(cognitive conduct)。先验演绎就是这样一种论证,它要论证这种实践的合法性,它要给我们许可证和权利去从事它。②

但是也许罗森堡把概念性格式混同于构成概念性格式之核心的范畴了。拒斥了笛卡尔式思路,转入通过世界的途径,就意味着反思单靠自己不再能胜任解放意向性生活,解放对历史地形成的表指意义之积淀的经验。这种表指意义总是属于概念性之各种格式的。对理论继承问题作首次辩护后,我们

---

① 实际上,这个问题的表述要比这里的表述困难得多。但是我认为,为了探询胡塞尔的分析是否能够处理这个困难,这个表述应该是可以的。
② 罗森堡:〈修正了的先验论据〉,见《哲学杂志》72, Nr. 18 (October 23, 1975),第620页。

就可以很容易地(readily)承认由历史规定的概念性格式之变化,一个理论取代另一个理论的变化。但这并没有回答下述问题:这些概念格式的核心是同一个还是许多个?如果不是同一个核心,那么康德主义者会反驳说,这就要求我们有两个不同的领域,而不是同一个领域中所相关的两个不相称的概念核。在最后的分析中,我们不是结束于范畴核的相对性,而是结束于现象或区域的相对性。那么胡塞尔(如果不是康德的话)肯定会反驳道:我们不能把对核心的规定、特征刻画还原为科学的描述,或者还原为从当前被接受的某个实证的、自然科学的观点中直接推导出来的东西。这样,就总存在着对最小的核心(minimal core)进行规定的可能性,这个核心在范式上贯穿于不同的重新概念化之过程。如果沿着这个思路走下去,胡塞尔便处于一个更有利的地位来表达这个核心,因为他特别强调描述。于是便可以通过指出它的分析是如何构造的,来解释罗森堡那缺乏清楚性的问题。此外,如果我们对胡塞尔的方法的整个范围有清楚的理解,我们便可以免去罗森堡关于"进化论自然主义"的不必要假设,直接支持下述思想:对被经验的世界的重新概念化的连续性是可能存在的。这里所要求的是一种历史性的观念,对它的分析恰恰属于发生现象学的工作。

然而在论证了这一点之后,先验理论至少仍不能排除其他范畴核的可能性。其理由十分简单:它不能排除认识论上类型的区别之可能性,也就是说,在对经验进行反思时,我们发现对对象的给出领域的经验,在范式上(paradigmatically)对于由其他主体组成的群体是不同的,又或是对于同一个群体在不改变区域的情况下,在不同的时间,各种经验在范式上也是不同的。二者都有范畴核,但它们是不同的。对于康德来说,这看法无异于埋葬了演绎本身。那么现象学是如何面对这一问题的呢?

我们以上的演绎是自指涉的,这一事实给我们提供了对胡塞尔理论的一个观点的关键联系。对于这一点,我一直有意地没有触及。胡塞尔坚信现象学的分析发现了并且也要求一种理性思考的形式,这种形式应具有目的论的性质,在《危机》一书中,他告诉我们:

> 我们的任务是,使在哲学的历史形成过程中,特别是在近代哲学中的目的论得到清晰的理解。与此同时,达到对我们自己的清楚理解,而我们正是这一目的论的承载者,我们正是通过我们个人亲身的意向而参与它的实施。[1]

---

[1] 胡塞尔:《危机》,第71页;英译本,第70页。

我们现在已经达到可以理解下述问题的地位：如何使这个想法融合于先验分析的整个计划。为了对一个有自指涉结构的论证提供合法性证明，就像罗森堡所认为的那样①，在依据一个与其他的核相对立的范畴核来对世界进行重新概念化的时候，一个更加广大的认知目的必须更好地被使用。这便连接到实践性的理性活动（practical reasoning）。有一种兴趣，它指导着重新构造的活动，它允许在相互竞争的重新构造中进行抉择，做出决定。胡塞尔自己的先验描述和话语就是这一意义上的实践性的推理活动的一些部分（pieces of practical reasoning）：它们对某种目的有某种隐含的指引（an implicit reference），它们依赖这一目的，而这一目的也提供给经验描述以合法性的规范标准。作为实践性的推理活动（practical reasoning），它在上述的定义上是自指涉的，并且它也从事一种重要的调控工作，而通过这种调控的方式，现象学可以启用先验论证。**先在**（a priori）的内容"被约束在世界中（worldbound）"，就像我们在第三章中已经讨论过的②。当在先验论证中使用到先在（a priori）内容时，它便进一步被限制于现实的（可能的）认知活动。举例来说，在纯思想试验的层次上，绝对不会构造认知的其他可供选择的概念化，也不会用它们去连接反例的样品，以描述它是如何被构建出来。经验的纽带就意味着，只有从认知的反思中出现的可供选择的框架，以及引入能够在经验中实际地被使用或被开展的某些范畴，才可能成为竞争者。

看到这些约束，我们便可继续询问有关认知目的的问题：一个概念核必须具有什么样的特征才能实现目的？以及，一个新的概念核是否具有这些特征？当更新的概念核更好地满足那个标准，便可以此作为对策，来论证一个概念核可取代另一个概念核。但是它也开辟了一种可能性，使得可能有多于一个的概念核得以存在，并全适地符合这一标准。在这种情况下，关于"先在的内容被约束在世界中"的假定，就等于提出：① 在各个合法的概念核之间的区别，是包含着一个区域内诸对象之类型的差别——也许是未被识别出来的差别，又或是包含着一种划分这个区域的差别。② 我们可以对同一区域具有构成作用的那些概念核之间的关系给予发生性说明。

是什么样的目的可以使我们得以评估单个概念核的合法性，然后评估可能的不同的概念核的合法性呢？一个实在论者的解说可以把概念核处理为独立于我们的经验而存在的、给出了内容的一部分。我们的描述，以及与之相应，我们的经验指向和接近那早已存在的内容。一个概念性的方法要求

---

① 罗森堡：〈修正了的先验论据〉，见《哲学杂志》72，Nr.18（October 23，1975），第620页。
② 见第七章第二节。

概念核(精神的)与对象的结构(物理的)之间符合或者一致。但是在这个层次上分析,两者都做不到这一点,因为概念核本身之为对象的本构成分,当且仅当,它是我们关于对象的经验的本构成分,就如我们上面的演绎已经表明了的。沿着康德的思路,罗森堡提出目的是"一种综合的统一性";并且他建议下述观念:我们的经验都是协调一致的,是统一的。对一个核心的采纳和使用之合法性的证明,就意味着:使以前没有联系的规则性(regularities),现在显现为相互联系的规则性,而且作为被单个的自我所认识的唯一世界的属性特色而显现。"它是一种整合性的成就,所以它证明我们概念性实践的合法性。"①然而这个思想把这个关于目的(telos)的派生之重要问题留给我们。如果先验分析是自指涉的,并且基础的特性业已给出,那么目的就不应该来自"外部",而是来自"内部"的,正如胡塞尔在《危机》中所强调的②。如果它是一个特例(ad hoc)的原则,而且它本身不是引生于经验,那么它在康德的意义上就只能是辩证的ᵃ。

一般来说,胡塞尔的分析与康德对整合成就的强调是一致的。但是胡塞尔更强调,在进入和出自(in and out)我们的经验的过程中,这一目的自身显现为一种调节性的理念内容(regulative ideal),所以它保持了分析的自指涉特性,并因而在原则上避免了求助一种外在的证实原则。但是胡塞尔是如何建立起这一论点的?

胡塞尔的发生现象学留意的是同一性与差别性、一致与冲突、共鸣与干扰、和谐与失调之间的互动关系(interploy),把它们当作一种根源:意义与感性意谊就是从中作为性质上既分别又连接的同一性而出现的,并从它们的方面调配着(configure)经验的进行路线。不断重复的、和谐的经验在不断进步中建立起对相同的内容之领会(a realization)、对典型地属于某个对象的内容之领会,以及对"经常如此"的内容之领会。随着时间的推移,我们不仅对事物的性质变得熟悉,而且了解到这些性质本身是依据它们同其他事物的不同关系而出现的。如果我们将这些内容,同对象的**完整性**(integrity)一起加以考虑,那么我们便可以说,"经常"这一观念被约束在"完整性"的观念中。

胡塞尔的伟大洞见之一,就是他看到对象之完整性的出现,不仅由于它们的生成性质(emergent qualities,使其得以发生的性质)留存在记忆中,还因为我们的经验包含对一个对象"在其自身中(in itself)"③所是的内容的预

---

① 罗森堡:〈修正了的先验论据〉,见《哲学杂志》72, Nr. 18 (October 23, 1975),第 622 页。
② 胡塞尔:《危机》,第 72 页;英译本,第 71 页。
a 二律悖反的。——译者注
③ 见胡塞尔:《被动综合分析》,第 192~217 页。

期。这就意味着,对象的完整性不仅可以依靠它们的历史来加以理解,而且也可以通过关于对象在理想状态的某种预测(projection)来理解。理想性推动我们从"通常"走向"正常(normal)";用瞻前性对顾后性加以补充,将曾经发生的情况的描摹扩展为,对应该是如此之情况的预期。在这里,经验既有瞻前性结构,又有顾后性结构,我们也许可以说,这里涉及的不仅是记忆性的内容,而且也是有组织的目的性内容。在这个语境中,当下的经验便可以被理解为对一种理念(ideal,理想型)的"近似值(approximations)"。被预期的内容不仅是一种特殊的观念或特殊的近似值,而且也是一个整体的感知意谊,这个意谊使我们得以分离并区别出,哪些属于大量典型的样式,哪些不属于它。我们所预期的是某个世界,在这个世界中,我们所经验的事物被标记为完整性。因此,完整性就是一个目的,这个目的本身就是在经验的真实过程中出现的,却为经验提供了一个覆盖其上的拱架似的目的结构,离开这个目的结构,经验就会四处飞扬,变成千万个分散的小岛。当完整性观念与对整体(the whole)的详尽的主题化讨论(explicit thematization),以及与其他选择之可能的批判性讨论结合在一起时,我们便从"正常的(normal)"观念运动到"规范的(normative)"观念,也从描述性观念进入规则性观念,这个观念指导着特殊的概念核的合法性,并且指导着从一个特殊的概念核到另外一个特殊的核的行进过程,这后一点我们马上就会讨论。

在这一节里,我们从静态说明进入发生的说明,然而我们在此引入对目的的说明仍然是"独白式的(solipsistic)"。我并没有尝试从先验主体性被推广为交互主体性观念之后的角度,对它进行说明,也没有考虑下述情况:胡塞尔认识到这种形式上的说明必须让位于历史的说明的思想。这种分析的转变是胡塞尔在他最后的文本中,即《危机》中完成的,这是一部相当知名的著作。但是大多数人不知道的是,早在这个最后文本写作的十几年前,他已经对交互主体性、历史合目的性之间的内在联系,进行过一个全面而丰富的发生分析,这就是1922年到1923年间他从事的研究。我们现在要转入对这一文本的讨论,以便处理历史问题的语境中的合法性问题。

第十二章　胡塞尔与日本[①]

自由是下述能力的表述,尤其是养成某种批判立场的习惯之表述,即预设一种对任何呈现于意识中的那些事物持有一种批判的态度;这些事物首先是不加反思地便被当作真的东西、当作有价值的,或当作有意识地在实践上应该如此存在的东西;而这种态度乃是得以达致一种自由决定的基础。[②]

自主的人类因而想要建立这样的新世界,在最后的分析中,这要求一种原则性的批判,为此,要求对最终的原则进行最终的 Besinnung(沉思),包括对那些使批判成为可能的原则的 Besinnung(沉思)。[③]

就像艺术家一样,人类是以他的观念为走向的。而观念则在完善的[过程中]不断得到规定。[④]

——胡塞尔(1923～1924年)

至今仍然令我们感到吃惊的是,从《大观念(I)》的发表(1913年)到《内在时间意识》的问世(1928年),十五年间,胡塞尔在持续不断地进行哲学思考,只是公开发表的东西极少:只有1923年到1924年间在日本的《改造》杂

[①] 这一章的内容与发表在《形而上学评论》(*The Review of Metaphysics*)44 (March, 1991) 第575～606页上的同名文章的内容基本相同,只在细节上稍有改动。
[②] 这段文字十分难译,德文原文表述如下:"Freiheit ist ein Ausdruck für das Vermögen und vor allem für den erworbenen Habitus kritischer Stellungnahme zu dem, was sich, zunächst reflexionslos, als wahr, als wertvoll, als praktisch seinsollend bewußtseinsmäßig gibt, und zwar als Grundlage für das daraushin sich vollziehende freie Entscheiden." 见胡塞尔:《文章与报告(2)》(Ed. by Thomas Nenon and Hans Rainer Sepp, *Husserliana*, Vol. 27. Dordrecht: Kluwer Academic Pub. , 1989),第63页。
[③] 胡塞尔:《文章与报告(2)》,第107页。
[④] 同上书,第119页。

志发表了三篇文章①。此外,我们还发现了两篇写得很规整的文章草稿,它应是《改造》杂志文章的续篇,但是它们并没有最终完成,也没交付出版②。更让我们感兴趣的是,在这些文本中,我们发现,这里讨论的题目是以前发表的作品中从来没有触及过的内容,而且这些题目在《危机》之前发表的其他作品中也从未触及过。我们知道,在他的手稿中,持续不断地有对社会生活、文化生活的本质,以及伦理规范性等方面的内容的广泛分析。胡塞尔于1911年在《逻各斯》(Logos)上发表的文章中攻击"世界观哲学"③;1934年至1937年围绕《危机》而写了一系列的文本④。《改造》杂志的文章在这两段工作之间架起了一座狭窄的小桥。这座小桥的确十分狭窄,因为,这些文章不是在德国,而是在日本发表,而且第二、第三两篇文章只有日语译文问世。我们既好奇又充满希望,因为我们长期以来一直希望知道,对日本人,对日本这个高度发达的,但尚且不是西方的社会,对这个不是从希腊知识与科学概念发端的文化,胡塞尔到底说了些什么。这里显然有一个文化差异性问题和现象学的合法性问题。我们想了解,在这个语境中,胡塞尔是如何对伦理生活下定义的,是如何对它进行分析的,以及在他给出的说明中,人文社会科学能够扮演一个什么样的角色。

第一节 破碎的信念

那些使得这些文本超出了以前所表述的内容,那些激励着这些文本并给

---

① 三篇文章中只有第一篇用德文和日文发表,其他两篇只有日文翻译。在奈侬与塞普(Sepp)编辑出版的胡塞尔1922～1937年的文集(《文章与报告(2)》),即《胡塞尔全集》第27卷问世之前,人们根本看不到胡塞尔的这些文章。这三篇文章见上引书第3～43页。只有第一篇文章有英译本:〈革新:其问题与方法〉("*Renewal: Its Problem and Method*"),译者为耶夫纳·艾伦(Jeffner Allen),见《短篇论文集》,第326～331页。为了保持一致性,本书中所有《改造》杂志文章的英译文都是出于作者本人之手。
② 见《文章与报告(2)》一书编者的评论,该书第 xiv 页以下各页。
③ 胡塞尔:〈作为严格科学的哲学(1911)〉("Philosophie als strenge Wissenschaft"),见胡塞尔:《文章与报告(1)》[*Aufsätze und Vorträge (1911-1921)*, Ed. by Thomas Nenon and Hans Rainer Sepp, *Husserliana*, Vol. 25. Dordrecht: Martinus Nijhoff, 1987],第3～62页;英译为"Philosophy as Rigorous Science," *Phenomenology and the Crisis of Philosophy*, Quentin Lauer 译,New York: Harper and Row, 1965,第71～147页。后来在1931年对不同的听众,以同一题目作的三次讲演中,胡塞尔又重复了这一攻击。讲演的题目为"现象学与人类学(Phänomenologie und Anthropologie)",现在编入《文章与报告(2)》,第164～181页。
④ 胡塞尔:《文章与报告(2)》,第184～244页;以及胡塞尔《危机》(Ed. by Walter Biemel, *Husserliana*, Vol. 6. The Hague: Martinus Nijhoff, 1954)一书的"编者导论",英译本(Trans. by David Carr, Evanston, Illinois: Northwestern University Press, 1970)"译者导论"第 xiv 页以下各页。

予它们在胡塞尔以往所有作品中根本看不见的紧迫性的原因,是由于这些文本是在对第一次世界大战的认识与反思中写成的。它们既是对信念破碎后的恐惧的回应,也是与这些信念的谐振共鸣。

我们也可以把胡塞尔的早期作品看作是对怀疑论的回应。它提示我们把感知还原为信念,以便实现对 **doxa**(意见)的重建,这当然也是对的。他关于真理的第一个说明,不只是描述了知识的网络,他还从其所有的相对性(relativity)方面,把感知性的世界处理为这个网络的不可或缺(integral)的部分,这是在将不同的脉络(strands)整理成序,依据的是独立性与依赖性的关系以及不同的转换,其中一些"脉络"支持着另外一些"脉络"。胡塞尔把知识的各领域同经验的各领域联系在一起,然后对经验的领域进行了整理,这些领域都以我们日常生活中每天涉及的事物、与事物打交道的活动为基础。他把这种打交道的活动随意地称为信念(belief)。信念这一初始观念并不是信仰(faith)的观念——信仰的观念会引导我们走出自然认知内容的界限。信念(belief)是对世界的确信(belief),是对我们日常生活中与世界进行感性交往的完整性的确信(belief)。他的第一批作品要达到的是**认识论**上对信念、确信(belief)的复兴。这一点恰恰为胡塞尔对反复出现的怀疑论威胁提供了一个回答。

但是在我们现在面对的文本中,胡塞尔所理解的对信仰(faith)的丧失,不是指认识论上的丧失,而是指文化上的对信仰(faith)的丧失。它影响的不是知识的大厦,而是知识大厦矗立于其中的整个城市。正是这"充满苦难的当下"折磨着胡塞尔,使得他离开了对狭隘的认知问题的专注,甚至使他离开了对费希特伦理理论的兴趣①。他有生以来第一次从**思想**内部的危机中走出来,进入欧洲**文化**的整个领域的危机之中。

在他的笔下,西方文化似乎已经被剥开,赤裸裸地暴露出它无力挽回的颓势:

> 1914年开始的战争将欧洲的文化摧毁殆尽,而1918年以来,在军事力量的位置上取而代之的是"更精致的"心理学上的虐待,以及使道德堕落的经济贫困。战争揭示出了这种文化的内在的不真实性(Unwahrheit)以及愚昧(Sinnlosigkeit)。②

---

① 见1917年和1918年作的三次讲演,发表于《文章与报告(1)》,第267~295页。
② 见胡塞尔:《文章与报告(2)》,第3页。

在1920年的两封给两位美国人［一位是威廉·霍金（William Hocking），另一位是温思罗普·贝尔］的信中，我们可以读到以下的话：

> 这场战争不仅揭示了人类在道德上和宗教上无法以言语表达的贫困，而且也揭示了人类在哲学上难以言表的贫困。①

> 这场战争——在迄今所知的历史上人类最普遍的、最深刻的罪孽深重的堕落（sinful fall）——展现出所有指导性理念的软弱无能与虚伪性（impotence and inauthenticity）。②

但是，我们很快就发现，这个"罪孽深重的堕落"本身重新被"刻划到（reinscribed）"理性之中。胡塞尔同他的许多同代人的看法分庭抗礼，因为他并不认为，欧洲文化本身是短命的，如果在光鲜的表面下有决定着我们命运的众神在舞蹈的话。他也不认为，欧洲文化天生就软弱无能，天生就是一种孱弱的细流，缺乏足够的力量，把人民之心扭转到和平与和谐的道路上来。他甚至不愿意看到西方文化的力量是一种混合物，不承认它是良莠掺杂、既有自由的观念又有破坏性的力量。欧洲文化的堕落并不表明欧洲文化本身的局限性和弱点，而是相反：胡塞尔在当时的野蛮主义中最后看到的，根本上是对欧洲文化"真正的、前进的力量（Schwungkraft）的约束（Unterbindung）"③。这种文化的自由力量从来没有得到释放。围绕我们的黑暗不是这种文化本身的力量，而是这种力量的缺乏、匮乏，乃至它的缺席。与此相应，当时的那种堕落实际上是对这种文化生活的内在的生长力量视而不见、无力正视（see）的结果。

> 对自己的自信（Glauben）使得这个人类得以保持生机勃勃；如果这个民族由这种自信所承载的话，由对其文化生活的美好和善良的意义的信心（Glauben）所承载的话，这个民族、这个人类就会精力充沛、生气勃勃地进行生活、从事创造。④

---

① 见胡塞尔：〈致威廉·霍金（William Hocking）的信〉。July 3, 1920,《通信集》(Ed. by Karl Schuhmann in connection with Elisabeth Schuhmann, *Husserliana Dokumente*, Vol. 3. Dordrecht: Kluwer Academic Pub., 1994) ,3/3,第163页。
② 见胡塞尔：〈致温思罗普·贝尔的信〉,1920年8月11日,《通信集》,3/3,第12页。
③ 胡塞尔：《文章与报告(2)》,第3页。
④ 同上。

我们具有的这种信念（Glauben），提升了我们和我们的父辈，并被传递给各个民族：他们就像日本民族一样，只是在当代才首次参与到欧洲文化工作之中来。这个信念（Glauben）却被我们自己，被如此多的人民族群所遗弃（verloren）。①

正是由于这种"重新刻划"，胡塞尔关于信仰的观念，宣示的既不是拯救，不是卡尔·巴特（Karl Barth）1919 年对《罗马书》划时代的解释中讲的那样的信仰②，也不是罗莎·卢森堡直到 1918 年去世、在其著作中一直主张的革命③。胡塞尔讲的信仰是一种"改革"④或者"维新"：要使其变新，又不带颠覆；把已经变得陈旧的东西，再次做新，发现它失去了什么，重新发现曾经被埋没了的东西。胡塞尔认为，"崩溃"的不是西方文化，崩溃的只是西方理性（rationality）中潜在的内在幻象。

从胡塞尔在这里的评论中，以及围绕《危机》一书的文本中，去发现胡塞尔用这些观念对西方文明之完整性的直接肯定，是一件十分诱人的工作。胡塞尔之所以能避免采取简单化的做法，以直接对立的立场对欧洲文化的堕落加以制衡，是由于他一直认为，文化的"各种形式的普遍性结构"⑤必须被置于欧洲文明的现在状态的对照中⑥——尽管当时它处在混乱之中，这种文化状态正是胡塞尔自己批判分析的对象。但是他对欧洲文化现状的分析是一个复杂的分析，因为这个分析认识到，这种结构与人类行动的过程之间有着内在的、动态的相互关联；胡塞尔还坚持认为，在这个领域内，对诸规范的分析，必然是以对这类行动的诸形式的分析作为媒介的。但是这里我们必须小心行事。

对胡塞尔而言，文化被看作是"相互联系在一起的各种价值之集束（cluster）"的社会。动物只是在本能的指导之下生活，然而人，除此而外，还生活在诸规范（Normen）的指导之下。在有意识的行为的所有类

---

① 胡塞尔：《文章与报告（2）》，第 3 页。
② 《罗马书》（*The Epistle to the Romans*），埃德温·霍斯金斯（Edwyn Hoskyns）英译，London：Oxford University Press，1933 年。
③ 《罗莎·卢森堡政治论文选集》（*Selected Political Writings of Rosa Luxemburg*），迪克·霍华德（Dick Howard）编，New York：Monthly Review Press，1971 年。
④ 胡塞尔：《文章与报告（2）》，第 6 页。
⑤ 同上书，第 10～11 页。
⑥ 同上书，第 111 页。

型中,都有一种规范性意识在起作用,与它们交织在一起。①

文化因此,

> 并不[简单地]是共同体的活动和共同体的成果的一般多样性(Überhaupt-Mannigfaltigkeit),并非是这种多样性聚合固化而成的一般的类型,并且与不断前进中发展为统一体的文化完型结合在一起;而是有一种统一的规范,指导着所有这些完型的构成过程,它把规则和规律铸印到这些完型之上。这个[统一]的规范活在(lebendig)社会意识本身中,此规范自身作为文化而被客观化着,作为文化,在历史中不断地构成着自身……②

关于文化的观念给胡塞尔作品中带来了一种最具创造力的张力。在价值分析以及在社会的规范性理想之本构内容的分析中,有关文化之形式结构的现象学找到了它的中心地位。如果这些价值和这个规范可以理性地得到合法性论证,我们便可以说,这是真正的文化。但文化是一种历史的、人的复杂混合物(complex),也就是说,生存的行动(existing actions)以及人们之间的相互影响和作用创造了这种规范,它规定了文化的本质。这种动态属性引导胡塞尔看到,诸价值与社会规范是开放性的:

> 难道我们应该等着去看,这种文化在它的价值生产力与价值破坏力相互之间的偶然作用之中,自身是否能健康发展?难道我们应该让"西方的没落"作为[最终的]事实来淹没我们?只有当我们消极旁观、无动于衷时,这种事实才会**发生(ist,存在)**……③
>
> 就像艺术家一样,人类以他的理念为走向,而理念则是在完善(Vollendung)[过程中]不断地得到规定。④

文化的真正本质包含着积极主动的、自由的主体之斗争,以便使得指导着和证明着他们的行动的合理性规范得到认识。反过来,这样一个规范,只

---

① 胡塞尔:《文章与报告(2)》,第59页。胡塞尔确信,动物也有各种社会,但是他们并不具有文化,因为,动物们的行为不是受有意识的诸价值指导的。见同上书,第97页。
② 同上书,第63页。
③ 同上书,第4页。
④ 同上书,第119页。

能在那些行动中——"创造"这个规范的行动中——才能被建立①。

通过论证人类的行动是人类的追求与奋斗,并不能消解这种张力;通过指出,在它的过程中,我们能发现某种超验的理念领导着这个过程,也不能消解这种张力;通过证明,我们在诸多可供给的理念之中发现的"在理性的理念之指导下那连续的伦理的过程之可能性"②,同样不解决问题。胡塞尔不能简单地把这说成是可供我们的意志自由选择的许多可能之一,因为这样就会彻底动摇它的约束性,即规范性地位。伦理生活的理念是由"真正的实践合理性"③指导的。这个理念必须自己表现出自己是绝对的伦理要求这一特征④。胡塞尔确信,离开这一点,就不可能有"对文化的理性改革"(rationale Kulturreform)⑤,也就不可能存在"关于人类和人类社会的理性科学,而这种科学将在社会和政治实践领域内,建立合理性,并建立理性的政治术(rationale politische Technik)"⑥。

但是我们如何才能从作为文化事实的伦理价值,进入到作为有约束力的文化规范的价值中去呢?或者用现象学提问的方法——这正是本书关注的焦点——来审视这一问题,那就是:胡塞尔如何对规范性给出一个现象学的说明,一方面把价值的历史性发展结合到说明中,同时又不犯下述错误:把个别现实的历史的构造过程当成规范性内容?

第二节　本构现象学与文化生活

胡塞尔通过后一步做法来处理他的任务。在谈论文化生活之前,我们需要对一般的人类精神的属性进行描述,而且必须以严格的方式来从事这项工作。首先我们发现,胡塞尔使用了一些常见的对比。现象学不是归纳科学,它不像研究自然的物理学和生物研究那样,旨在得到关于可能性的经验规律。归纳永远不会得到本质规律,而对于要对价值方面的现象进行有根有据的说明来说,本质规律是必不可少的。现象学不是经验性的人文科学,而是一种"先在(a priori)"的学科:它"在纯粹形式性的普遍性中"处理个人和

---

① 胡塞尔:《文章与报告(2)》,第4页。
② 同上。
③ 同上书,第6页。
④ 参见同上书,第4页。
⑤ 同上书,第5~6页。
⑥ 同上。

社会①。

在这个关键点上,分析工作发生了向纵深层次的转换,《大观念(I)》之后,这种转换的情况屡见不鲜:在对分析进行重新组织之前,在提供对人如何实现从事实到本质,从或然到先在(a priori),从相对到绝对的**转变**等进行描述之前,胡塞尔把事实与本质、随机与先在(a priori)、相对与绝对等这些相当强烈的对立,仅仅看作是一种初步的导引,几乎看作是一种启发理解的手段,这些手段使得他的说明被"置于(place)"与传统对立的立场上。在这里我们打算追随从笛卡尔式的束缚解放出来的胡塞尔,他给我们提供了对本构现象学的工作方法的清晰说明。

在胡塞尔发表的作品中,《改造》杂志的文章第一次介绍了难以捉摸的本质直观(Wesensschau)之外的方法②,用以说明对本质的把握。他谈到沉思(Besinnung)过程中的两个方面或双重过程,"草拟(drafting)"概念时要考虑到尽量的清楚与准确③,然后是"自由变换"④,甚至把"自由变换(free variation)"称为"抽象"⑤,用以发现贯穿于整个个体实例变换过程中**不变化**的结构,并以此来丰富和规定所考虑的临时性概念。通过这种方式,我们就把注意力从起作用的概念之偶然性的"经验内容",转移到并集中于一般的或者普遍的内容。所有经验的和事实上的区别,所有"地上生活的具体的情境"都因此而成为"不确定的""可以自由交换"的⑥。

这种扩充了的本构现象学,实际上把三种因素合并在了一起,我们可以称之为:"可能化(possibilizing)"、"本质化(essentializing)"和"规范化(normalizing)"。

第一步:"我们把我们先在的(a priori)概念对准数学"⑦。当数学获得了数学概念的深入洞见,它便可以将其"应用"于经验物体或者经验形状(shapes)上,这类事物是纯粹的例子。"在原则上,数学家避免对任何经验现实(realities)做出判断。对数学家而言它们只是或然的实例,数学家可以在

---

① 胡塞尔:《文章与报告(2)》,第10页。
② 实际上,胡塞尔在早于《改造》杂志文章10年之前写好,但是生前并未出版的《大观念》的第三卷中,已经包含了这种新分析的萌芽,见《大观念(III)》,第101~105页;英译本,第86~90页。在1922年以前发表的作品中,最接近本型自由变换(eidetic variation)这一观念的思想见于《大观念(I)》第四部分。参见《大观念(I)》,第365页以下;英译本,第357页以下各页。我们可以在更早的著作中找到"ideation(观念化)"这种表述,它实际上是本型自由变换理论的早期表达方式。
③ 胡塞尔:《文章与报告(2)》,第10页。
④ 同上书,第11页。
⑤ 同上。
⑥ 同上。
⑦ 同上书,第13页。

自由想象中对它们随意加以处理。"①事实上,想象的例子可以起到同样的作用,因为"纯数学思想的论题领域,并不是现实的自然,而是一般的可能的自然"②。现实的对象或者对象复合体,不被作为现实的对象来处理,而是作为**可能的**现实对象来处理。

第二步,纯粹的想象对"单个可能性(singular possibilities)"并不感兴趣,单个可能性是第一步的结果,它感兴趣的是**本质**可能性,是"纯粹的'观念(idea)'或'本质(essence)'或'本质性规律(essential laws)'"③。它考虑的不是事物的存在,而是事物存在的条件。这类思想被胡塞尔称为"对本质的直观"④。他认为,这是自由变换过程的终点。

> 通过自由变换……我们得以知晓可能的物体之开放的无穷性。在这类变换中,它穿过诸多变换的开放的无穷性,概览了这种开放的无穷性过程,作为同一的内容被确定下来。在明证性中**作为一个遍及一切的同一性**(a pervading identity),作为诸变换的一般"本质",作为它们的"观念(idea)"被确定下来……作为它们的"纯粹概念(concept)"被固定下来。⑤

第三步,以此类概念为基础,(数学中、公理中)一般的规律或规则就被生产出来。理性的知识是"出于诸原则(out of principles)"的知识,是"源于它们的纯粹可能性的规律之关于现实的知识"。同数学的这种比较通常并不用来规定人类文化科学所使用的解释形式,而是对所涉及的这类洞见的规定,是对纯粹的现实内容与纯粹的概念性内容之间的**对立**具体化。依据这一点,依据支持该研究、胡塞尔准备开始称其为"兴趣"⑥的内容,我们可以通过纵聚合关系上不同的解释模式而具有对不同区域的分析,就像在自然科学与人文科学中的情况那样:"特定的方法和先在(a priori)理论的整个类型,必然且能够是相当不同的。"⑦

针对各种概念的构成在"认识上"的说明,胡塞尔提出"存在论上"的对应物。本质规律在"实在的现实性上的"应用"建立在下述事实上:每一个现

---

① 胡塞尔:《文章与报告(2)》,第 14 页。
② 同上。
③ 同上书,第 15 页。
④ 同上。
⑤ 同上。
⑥ 参见同上书,第 78 页。
⑦ 同上书,第 18 页。

实性都在自身内包含着纯粹的可能性"①。实际上,每一个自然的复合体,都在自身内部包含了无数多的可能性。对这一点,胡塞尔补充了一条甚至更强的论题,这个论题是从他的下述信念中推导出来的:只有当多样性能达到**单个界限**时,它们可以达到统一;在每个语境范围内,"每一个现实性都有它纯粹的'本质'作为理性上的内容,每个都使它们理性的('精确的')知识成为可能,并且成为必需的"②。在一个规定的领域内对无限的多样性的统一和"它的完全性之理想可能性"的诸规则进行规定时,本质也同步地对诸观念的那种多样性之可理解的"路线(course)"规定了一条规则③。

本型变换的观念的这种引入是一个突破。但是我必须马上指出,这个突破并没有颠覆本构现象学的观念,当然它在一定程度上超出了胡塞尔于《大观念(I)》中提出的本构现象学这一观念。毫无疑问,胡塞尔认为,这是对他在那里第一次表达的先验理论的一种补充。将它应用于文化问题和伦理规范问题,可以使我们看到这种方法中存在的某种张力。

胡塞尔清楚地认识到,本型变换过程的"出发点"会产生不同的观念和不同的本质性关系④。同样的自然复合体可以被理解为自然物体(physical body)或者亲历的人身(lived body),可以被理解为社会的统一体或者政治同一体,这完全取决于我们的取向(point of orientation)。明证性或直观把分析提高到精确科学的水平或层次,但是它并不包含出发点。明证性或者直观包含着一个"除不尽的根(surd)",某种总有剩余的东西(something in excess),对于这个过程而言它是必需的,但是明证性或者直观却不能被绝对明证性观念所覆盖。胡塞尔所作分析的这种依视角而变化的本性,拉我们走向关于**关切(interests)**的理论。这种关切表达出一个语境,而给定的区域性学科便出现在这个语境中。这一点恰恰同胡塞尔所坚持的笛卡尔式的封闭的回路,以及他所坚持的分析之**绝对性**特征,皆处于一种张力之中。

对于这第一个困难,还有另外的一个方面。胡塞尔认识到,如果它要产生出一种观念或本质之真正的差异(differentiation)的话,变换的过程必须是一种联合(Bindung,键合)⑤。这说的是:变换(variation)是在受到对它所追求的本质之洞见的指导下进行的。但是,**在被看到的"对象"被生产出来之**

---

① 胡塞尔:《文章与报告(2)》,第16页。
② 同上。
③ 胡塞尔:《大观念(I)》(Halle a. d. Saale: Max Niemeyer, 1913),第366页以下各页;英译本(Trans. by F. Kersten, *Collected Works*, Vol. 2. The Hague: Martinus Nijhoff, 1983),第357页以下各页。
④ 胡塞尔:《文章与报告(2)》,第17页。
⑤ 同上书,第19页。

前,我们如何才能具有这类把变换过程结合在一起的洞见呢？深入到本质的洞见如何才能指导产生着该本质的变换过程呢？追回到内收作用（adduction）这类观念是相当可取的。（但是）对于其临时性概念不仅仅清点它们的外延,对于它们本身是被考虑的区域之本构成分的那些领域来说,对于有绝对性特点的分析来说,内收作用这类概念就变得不十分可靠了。

此外,文化本身对胡塞尔而言显示出一系列特殊的问题。因为,我们处理的这类复合体与胡塞尔所提出的对现象的标准特征刻画颇为不同。与感知性对象不同,文化作为一种现象,它本身的逐步形成（self-evolving）和变化建基于其上的那些原则是内在于文化之所是的内容上的,而其内在于文化内容的方式,使得文化内容在理论上被再当下化的方式,变成了文化本身之显现及其所是的一部分。这就告诉我们,也许现象学的结构分析并不适用于对文化的领会把握,因为这种分析以一个对象当下化的行为与侧面之间的相关性模式为基础。文化这个领域恰恰是一个规范化实践的介入干涉域（intervening field）,它一方面把意识,另一方面把世界掷入发展之中,而我们不可能通过对它们相关性特性的研究来收集到这种发展。

再者,在胡塞尔的思想中,关于本型变换之最初的观念确实是把社会科学排除在外的,其理由十分简单,他把它们看作是一种"经验"研究,因此根本无法为它们提供绝对真的明证性。除了心理学之外,他并没有想到,走出归纳性的经验研究,也有可能发展出结构性研究：这种结构研究可以利用胡塞尔的本构性观念的类比物,并因此提出一种要求"混合（incorporation）"的现象学分析。在由社会科学进入现象学分析的道路上,胡塞尔只给出了一些不成熟的,几乎是老生常谈式的概念分析。比如,把自由变换应用于人类,我们得到的是"有躯体有灵魂的存在"这类一般性的观念。他声称,这个观念是从"以个体的人之功能作为例子、那种在所有可能的变换中最自由的变换"中得出来的[1]。而一种"区分"的过程再进一步把概念分解为,比如,职业生活、休闲生活,等等。我们被告之,这种过程与一个图形的观念可被用于产生封闭的图形或直线的图形等的许多观念"完全相似"。无论如何,所有这些思想在未经人类学、心理学、社会学研究的情况下,也并没有止于"空话连篇的思想",而是"对本质的富于洞见的知识"[2]。

---

[1] 胡塞尔：《文章与报告（2）》,第19页。
[2] 同上。

第三节　动态发生现象学和伦理规范性

就像胡塞尔所做的那样,我们可以在至此所描述的本构现象学方法的基础上去构造一种伦理理论。粗略地讲,这样一种伦理将会确认社会行为和行动中展示出来的价值,以它们在概念上的内容为基础将它们范畴化,将它们组织成一个价值论的体系,把低级的价值同高级的价值联系在一起,把有限的价值同无限的价值联系在一起,把有依赖性的价值与无依赖性的价值联系在一起①。但是我们上面提出的问题仍然会出来纠缠这样的体系。

胡塞尔思想中有某种东西一直让我们难以捉摸,但又十分吃惊地吸引着我们,这种东西把《改造》杂志的文章置于新突破的开端。事实上,从《改造》杂志的第三篇文章开始,整个分析就处在完全不同的水平上。通过1921年的手稿"静态和动态发生的现象学方法",我们得知,就在一年以前胡塞尔开始写作这组文章,因为胡塞尔这时看到,《大观念(I)》中的先验现象学只是一种静态现象学的方法②。在头两篇文章中他明确地告诉我们,这种静态方法提供了工作框架,为他的研究工作定了结构,都是为了对文化的价值进行研究③。但是我们在第三篇文章中看到的不是一种"描述"的现象学,而是一种"解释"的现象学;不是一种静态现象学而是一种"动态发生(genetic)"的现象学。这是他在公开发表的作品中首次提到这个说法④。

> 让我们来尝试,从发生上来展示生活的伦理形式,将其作为可能的人类生活之先在(a priori)的和本质的构型过程,也就是说,将其作为出于本质性理性而引导走向生活的伦理形式的动机。⑤

这样,胡塞尔便将他关注的焦点转向了"维新的生成(genesis of renewal)"⑥,不仅关注人类社会存在是什么的问题,而且同时关注,它的本质

---

① 关于胡塞尔早期著作中的伦理理论,见他的《关于伦理学和价值学说的讲稿》(*Vorlesungen über Ethik und Wertlehre*, 1908~1914),乌尔里克·梅勒(Ullrich Melle)编:《胡塞尔全集》第28卷,Boston: Kluwer, 1988年。
② 关于《大观念(I)》,见胡塞尔:《被动综合分析》(Ed. by Margot Fleischer, *Husserliana*, Vol. 11. The Hague: Martinus Nijhoff, 1966),第345页。
③ 关于《大观念(I)》的先验现象学的注释,见胡塞尔:《文章与报告(2)》,第18页。
④ 同上书,第29页。参见胡塞尔:《被动综合分析》,第340页。
⑤ 胡塞尔:《文章与报告(2)》,第29页。
⑥ 同上。

是如何"通过发展,通过生成"而被理解的①。这个方法在未发表的为《改造》杂志写作的第四、第五两篇文章中也占着主导地位:

> 因此,我们立即注意到,所有这一切都不能静态地加以理解,而是应该动态地、发生地(dynamically and genetically)加以理解。严格的科学,并不是一个客观的存在,而是理想的对象性所形成的过程。如果它仅仅是在形成的过程中存在,那么,关于真正的人性之观念,以及它给自身以构形的方法,也只能在形成的过程中存在。②

毫无疑问,第三篇文章到第五篇文章是在实施他于1921年首次草拟的关于静态方法和发生方法的计划。用他自己的话来说:

> 所有这一切都与关于感性意谊的问题紧密联系在一起,在这种感性意谊中,一个单子的生成可以延伸到另一个单子的生成,在这个意义上,生成之统一性可以有规律地联结成一个由多单子构成的多样体(multiplicity):一方面这里涉及被动综合问题,在人类学(或者精神性)世界的构成中,它指向本构性的生理学(physiological)过程,指向这些过程如何通过与之相平衡的亲历人体,成为物理世界的统一性的条件的途径。另一方面,存在着一种主动的生成,其形式就是我通过他人而思想、评价、意愿的动机之形式。这样,对单子的个体性的思考便引向了共同生存的、一般来说总是相互联系在一起的诸单子的多样体的个体性问题。③

我们已经看到,这个文本是通过 Besinnung(沉思)与本型变换的相互关联的过程来定义静态分析的。思考与静态分析都是处理它们自己所不是的东西,它们处理的现象是把实施分析的自我从方法上排除在外,然后提取诸本质形式。但是关于社会的发生现象学重新恢复了分析活动与历史的关系,这种现象学处理某种自己也是的东西,因为分析活动也是人类活动的一部分,分析的发展又服从于分析。作为社会活动,分析不仅仅是反思地观察社会世界,而且也是反身地结构着它所观察的世界。社会的生成(becomes)之内容勾连表达着社会所是之内容。这种活动从其他的可能性着眼,将自己放置到社会存在状态的对立面,在这个范围内,一种对社会的生成性解释把沉

---

① 胡塞尔:《文章与报告(2)》,第44页。
② 同上书,第55页。
③ 胡塞尔:《被动综合分析》,第342页。

思(Besinnung)**转变**为批判。批判是一个从事说明的过程,它自己具身化并展示着本质性价值,这种本质性价值潜在于从一种文化复合体到另一种文化复合体的现实与可能的运动中。

这个批判的观念是同这些文本中的第二个有力的观念结合在一起的。令人吃惊的是,胡塞尔一下子就将他的发生分析用来分析文化,① 把我们人类的生存的本质性特征处理为"生活的诸形式",② 在这些生活形式的其中一个形式内找到伦理生活的"原形式(protoform)",并且,③ 在原形式向伦理生活的**转变**中去发现建立它自身的规范性地位的显著特征。这种分析在发展中工作,它在《大观念(I)》中被处理为二律背反的内容之间建立了桥梁,因为在这里,本质是生成变化的过程中那各种事实中之一个①。对伦理生活的这种生成性说明,主要不是对相互关联的各种价值的范畴化的关注,它关心的主要是与伦理个体相应的那种真正的**生成过程**。

我们只能概略地触及一下批判观念及生活形式之观念如何在胡塞尔的生成说明中相互交织的方式。在人类生存的诸多本质特征中,从不同类型的反思性知觉(自我意识、自我审查和自我评价)到反思行为(action)(自由的活动、目标的追求等)中,胡塞尔分离出来加以描述的是自身调节(self-regulation)的形式。我们能够纵览我们当前的生活,包括它的各种现实性和各种可能性;我们可以为我们自己设定目标,可以把它们置入我们自由设定的规范和价值的控制之下②。这种价值带有一种一般目标的特点,而且我们感觉到,如果没有获得它,我们就不会满意。

当然,建立在自身调节基础上的各种生活形式(比如职业目标)是超出了"素朴的动物性(animal naiveté)"的一步,因为在其中我们可以自由地选择、主动地去追随某些目的。但是我们仍然能够为第二种素朴性所捕获。在这种素朴性中,"我们对这些目的以及为达到这些目的而选取的途径所作出的批判"却被丢掉了③。首先,批判可能只关注个别案例的考察,它可以全力以赴去研究,如何避免进一步的痛苦,或如何扩大将来的快乐。但是,仍然有一种可能性,那就是我们超出了各种特殊的目的,这样批判就将成为对丰富完善的生活一般追求的一个部分,追求一种可以为生活的一切活动提供秩序和合理性④。作为人类,我们有一种对我们的整个生活、我们的可能性的活动及它们的结果,加以"纵览"的能力。其结果是:

---

① 关于事实与本质的对立见胡塞尔《大观念(I)》第10页以下;英译本,第5页以下。
② 胡塞尔:《文章与报告(2)》,第26页以下各页。
③ 同上书,第30页。
④ 同上。

在那里,在个体的发展中不仅出现了实践计划(practical project)的多样性和复合性,以及实施它们的行动,同时还以扩大的方式衡量着人格之内在缺乏确定性,以及对真正和持久的善的强烈的关心,因为,满意能避免对价值堕落的所有批判与揭露。①

请注意,批判这一观念是"**内在于**"真正的人类生活这一观念之中的。而且这是一种"从这里来看(view from here)"的观点,它提供了至关紧要的向伦理生活的过渡。但是为了完成这一过渡,还必须对几种其他的条件进行描述,因为我们仍然没有达到"伦理人(ethical man)"的层次。胡塞尔提出了"形式语用学(formal pragmatics)"的两条规律②,它们应该能指明,所有的价值都是相互联系在一起的,但是它们又直接地与我所称谓的三种转换规律(transformation laws)相联系。这些转换规律将展示出作为规范的伦理生活的"生活形式",其途径是对自我调节向伦理生活的转换进行说明并加以奠基。

1. 如果多样性的诸价值显示它们自己,同时它们的集体实现却是不可能的话,那么次级价值之善就被较高的价值之善所吸收。其结果就是,如果为了与较高的实践性的善进行竞争的话,对次级的价值的选择便成为"实践上的恶"。胡塞尔称这为"吸收律"③。

2. 价值的选择和实现必然与其他价值的选择与实现结合在一起,以便产生比任何一种特殊价值都更大的善。此外,更大的善比特殊的善所贡献出来的善有"更高的价值"。这就是所谓的"总和律"。

3. 对特殊限定的价值,或有限价值的实现,将并不产生"一种持续的满足",因为"满足并不是从特殊的诸满足之中产生(尽管它们可以是纯粹的,是与真正的价值相关的),而是建立在整个生活的一般性的持续的满足之最大可能性的确定性之上"④。我们可以称这个规则为"最大限度价值律"。诸价值尊重的是**整个**生活,它不是去指导生活之有限的目的,而是一些经历了对有限价值的批判之后留下来的、属于无限制"没有界限的"⑤价值之范围的规则。

---

① 胡塞尔:《文章与报告(2)》,第31页。注意:胡塞尔的看法实际上是对人类生活之结构的分析,也就是说,我们清楚地超出了对意识的说明,进入了海德格尔称为达在(Dasein)的领域。在胡塞尔想要放置西方人性理念的地方,海德格尔想要通过引入死亡来"切断(break)"与这种对完善的人生之追求的黏合力的联系;而胡塞尔自己则从另外一个完全不同的视野来看待死亡问题(见第98页)。但是,不管怎么说,他们的工作所处理的是同一个现象学领域。
② 同上书,第31页。
③ 同上。
④ 同上。
⑤ 同上书,第32页。

4. 把有限的目的渡让给批判这种行动,以及为了更大或更高的目的而超出这些目的的行动,"制造了对责任的知觉",胡塞尔也把这种知觉称为"伦理良知"①。让我们称它为责任律。在批判的进程中,我们开始意识到自己是有理性的创造物,因而对我们的行动的正确与否是负有责任的这一点有了知觉。如果我们的行动缺乏正确性或者合理性,我们就会感到不满足。这一点携带着一般性的关切:

> 从这里出发,作为一种可以被理解的可能动机,便会出现一种理性地自我调节的希望和意愿……即一种重新构建我们的整个生活的**整体**(whole)以及依据理性而进行的个人的活动之**全部**(all)的希望和意愿。②

5. 但是,当我们断定这个更大的目标和价值时,我们仍然不清楚,它们大在什么之上,比如,让我们说,我们并不清楚,大于我们对职业的选择的那个更大的目的或价值是什么。胡塞尔提出,从上面的思想里就出现了"那种依据一个人的最好的能力去行动的可能性,这种可能性就它的内容而言尚未完全确定"③。从这里产生出理性人的"生活形式",以及真的和可信的(true and authentic)人性。但是为了使它能运作,胡塞尔需要的就是我们称为"完全性定律(law of completeness)"的东西。这一点的关键可以在自我反思的特殊形式中找到,而这种自我反思是出现在社会共同体中的诸个人中。在我们生活的与实践的各种形式中,我们发现了在操作上的"限度",一种"理想的边界",它超越于完全性的相对理想性(relative ideal)之上,是一种完全性之绝对理想④。这一点已经延伸到了个体之外,因为在批判性的自我评价和规定中,"这里出现了人类本身的完善性的真正的本质性的渐进性,理想的所有合理的构建都必须是从这里导引出来的"⑤。

> 这就是一个个人的理想(ideal),**作为所有**个人能力的主体,应是由绝对理性加冕的。……如果我们应该认为这个个人也是无所不能,"最有权能",作为一个个人就应具有所有的神圣的品质。⑥

这个界限本身就是一个"区别",关于神的理念(idea)建立了"绝对的界

---

① 胡塞尔:《文章与报告(2)》,第32页。
② 同上。
③ 同上。
④ 同上书,第33页。
⑤ 同上书,第35页。
⑥ 同上书,第33页。

限"，超出一切有穷性，这个"绝对界限"就是所有真正的人类所追求的那一极，不管这个人类是多么脆弱，多么有局限①。它为我们提供了目标(telos)：关于完善的绝对理念(idea)，自主的个人的理念。而它把这一个形式转换为了普遍的规范。

这样胡塞尔便达到了自指涉性(self-referentiality)。一方面，"绝对的理性的人在指涉到他自己的理性时是自因的(causa sui)"②。本质是由存在规定的。另一方面，理性的理想(ideal of rationality)将我们作为个人，带入到理性人的存在条件之中，它作为**成为**理性的过程中的理想而发挥作用。存在是由本质定义的。胡塞尔的伦理理论在自主的自指涉理想中达到顶点。"他是主体，同时，他又是自己[伦理]奋斗追求的对象。这个成为无限的作品，创造它的大师就是他自己。"③

第四节　批判与文化

上一节把批判应用到了伦理规范性的生成过程之中，这些规范性在尺度上是普遍的，并且与给定的各种社会的具体发展相分离。发生分析仍然是**抽象的**，因此是独立于文化的观念而进行的。然而，当胡塞尔开始拿起文化问题这一题目时，我们发现，他对生成方法从性质和尺度两个方面都进行了重构：它追踪的各种发展是历史性的，他所做的各种分析也变形为历史的批判④。发生

---

① 胡塞尔：《文章与报告(2)》，第33页。
② 同上书，第36页。
③ 同上书，第37页。
④ 这一点就意味着，胡塞尔对狄尔泰的深入响应并不见于1911年《逻各斯》(Logos)杂志上的文章〈作为严格科学的哲学〉("Philosophie als strenge Wissenschaft")[见胡塞尔：《文章与报告(2)》，第3~62页；英译"Philosophy as Rigorous Science"，见《现象学与哲学的危机》(Phenomenology and the Crisis of Philosophy)，Quentin Lauer译，New York：Harper and Row，1965，第71~147页]，也不见于后来1931的讲演〈现象学与人类学〉("Phänomenologie und Anthropologie")[《文章与报告(2)》，第164~181页]，原因十分简单：两篇文章都属于"本构现象学(constitutive phenomenology)"写作计划。参见同上书，第164页。在所有生前发表的著作中只有《改造》杂志和《危机》利用他的发生现象学的资源提供了回答，肯定了并且系统评价了狄尔泰的著作，将其纳入他的现象学。我想，这就解释了在回答狄尔泰给他的关于Logos杂志上文章的信里，胡塞尔对狄尔泰的开放态度：
"现在我想针对你指出的在我的文章中我们之间的哲学观点一致和分歧的那些界限，它们是基于我们的文章中某些过于单薄的几个观点为基础的。
这里涉及的所有事情，我都倾向于不承认这些界限。在我看来，在我们之间的确不存在任何严重的区别。我想一种长时间的交流一定会把我们带到完全的一致之中。"
《通信集》，3/3，第48页；英译见"The Dilthey-Husserl Correspondence"，收入耶夫纳·艾伦编译的《短篇论文集》，第205页。

分析变成了**历史性**分析,这样文化就不再被作为"事实要素"来处理,而被处理为发展的一个"场域",它所用以作为开端的各种可能性是相互联系的,是真正的历史性构型过程。同时我们也认识到,只有用发生分析对现象学加以扩充,现象学的尺度才有能力覆盖文化领域。

沿着这条思路,在每一个步骤上,我们都不断遇上令人吃惊的发现。发生分析的第一步,是把个人(person)处理为主体,处理为一个"一般的"个体(an individual "in general"),他达到伦理生活是建基于个人生活的某种形式的结构性发展。但是现在,这个研究为另外的研究所补充。这另外的研究认识到,每一个个人都是被拉入到社会中,被社会所包围笼罩的。

> 环境把他的生活整理调节到社会生活中去,而这个环境得到下述的必然结果:它从一开始便决定着伦理的行为,给予那些所要求的范畴更确切的形式性特征。①

在这个说明中,社会被处理为一个价值的场域,这种处理也为文化提供了定义②。它提示我们,胡塞尔并没有把笛卡尔式的思路——包括它的同感性和内省感知等具体工作机制——带到其他领域的分析中③,而是直接地**在诸社会关系中**,在文化中提取个人。他的出发点并不是意识而是生活。在《改造》杂志的文章中,他并没有企图对其他主体的纯粹明证性进行重构,而是在描述社会和文化的纽带:它们在我们提出的明证性和正当性问题之前就已经存在纽带。如果你允许做一种不可能维持多长时间的区分的话,那么可以说,这种联结不是认知论的,而是一种伦理的联结。但至少我们可以说,这种联结不是理论上的感知,而是"实践的意愿";不是纯粹理性的联结,而是"真正的人之生活"的联结④。让我们看看胡塞尔是如何对它进行描述的:

> 在社会关系中,他看到,他人——只要他是好人——对他来说也是一种价值,但不仅仅是一种"使用价值",而是一种在他自身中的价值:

---

① 胡塞尔:《文章与报告(2)》,第 45 页。
② 参见同上书,第 48 页以下各页。
③ 胡塞尔:《笛卡尔式的沉思》(Ed. by Stephen Strasser, *Husserliana*, Vol. 1. The Hague: Martinus Nijhoff, 1963),第 121 页以下各页;英译本(Trans. by Dorion Cairns, The Hague: Martinus Nijhoff, 1960),第 89 页以下各页。
④ 参见胡塞尔:《文章与报告(2)》,第 46 页。

他，与此相应，也有一种对他人的伦理的自身运作（ethical self-work）的纯粹兴趣。……对他人最好的可能的存在、意愿和了解，也属于我自己的存在、意愿和了解，反过来也一样。①

"属于我自己的存在（Zu meinem eigenen Sein）"，这也可以叫作"本己的领域（die Eigenheitssphäre）"，即《笛卡尔式的沉思》中的自己性的领域②，已经属于他人，**作为在他自身中的价值**，作为伦理上的发展而属于他人。在这种思路中，笛卡尔式思路中的优先性完全被颠倒过来了。胡塞尔这里讲的个人，准确地讲，是个人生活的伦理形式，具有一种绝对的价值，但与一个导向好的社会的"更高"的价值相比，却仅仅具有一种"受限的"或者"相对的价值"③。"个人的[成就]之价值的整个基础都依赖于他人的价值。"④在关于意向性认知的本构现象学中所要求的个人或者自我的优先性，在这里为社会实践之发生现象学中的他人的优先性所取代。所有曾被胡塞尔的笛卡尔式思路激发起来的脱离"所有文化的谓述"的"抽象"⑤，这里被社会交往过程的不可简约性之强调所取代，被"有意去理解"的不可简约性⑥所取代。反过来，它又内在地联系到对伦理个人的定义："在同一个社会环境中，一旦任何实践冲突引起社会实践，那么，进入伦理的理解之过程就会介入进来。"⑦

第五节　发生分析和规范性探究

对文化的这种说明使得胡塞尔可以把伦理规范的分析与科学（Wissenschaft）的说明联系到一起。进入到伦理性的理解是一种文化上的过程，它将问题置入批判的和规范的研究之审核下、置入"精确科学"的领域之中。我们现在想要指出的是，胡塞尔对文化的规范性之发生分析，是把关注科学之结构的历史性（structural historicity）论题，同关注科学在历史上的优先性（historical priority）论题结合在一起，以便从中得出科学在规范上的优先性。这种努力的最有力的成果之一就是，科学不是被定义为一堆知识而是被

---

① 参见胡塞尔：《文章与报告（2）》，第46页。
② 胡塞尔：《笛卡尔式的沉思》，第124页以下各页；英译本，第92页以下各页。
③ 胡塞尔：《文章与报告（2）》，第47页。
④ 同上书，第48页。
⑤ 胡塞尔：《笛卡尔式的沉思》，第127页；英译本，第95页。
⑥ 胡塞尔：《文章与报告（2）》，第46页。
⑦ 同上。

定义为一种人类的和文化的活动,一种探究的样式。

科学探究在结构上的历史性。在发现规范性原则的过程中,科学的探究在个人和社会活动的所有形式中扮演着一种"伦理性角色",并"以此而处理着文化的各个可能的区域和它们的规范形式"①。与此同时,它也将自己作为这些活动中的一种活动来对待,并在这样做的时候,"首先创造了把严格科学的形式变为现实的各种实践性可能性"②。因此,科学作为一种活动——它在哲学中达到了顶峰——具有一种本质上的历史性:

> 关于科学的普遍的理论(理性的和逻辑的理论)的发展是一种有机的机构(organ),并且自身就是一种人类发展的结果(Zug),是人类自己将自身带到更高的自我实现(self-realization)时的产物。另一方面,关于科学的理论、关于在这个发展中达到的严格科学,其本身又是在客观意义上的更高级文化的基础性因素;在这种客观的意义上,科学是自己构建起来的价值之精神世界,是人类理性的发展的相关物。③

胡塞尔认为,科学是积累的,不断进步的,就像是在发展变化过程中不断地接近对真理的更充分的揭示。这里他似乎把理性的社会的**规范**同使其自身得以变为现实的**过程**联系在一起,他似乎允许一个规范之内容在这种进步的语境产生。在这里我们想再次引用胡塞尔关于真正的人之存在的"形式"和规范的那段话:

> 因此,我们立刻注意到,所有这一切都不能静态地加以理解,而是应该动态地、发生地(dynamically and genetically)加以理解。严格的科学,并不是一个客观的存在,而是理想的对象性所形成的过程。如果它仅仅是在形成的过程中存在,那么,关于真正的人性之观念,以及它给予自身以构形(giving shape)的方法,也只能在形成的过程中存在。④

关键的问题是,胡塞尔如何理解这个形成的过程。

科学探索的历史优先性。西方文化的现实发展是来自宗教领域与科学探索领域的历史转换过程。像他的许多同代人一样,胡塞尔也认为,文化是

---

① 胡塞尔:《文章与报告(2)》,第56页。
② 同上。
③ 同上。
④ 同上书,第55页。

与神秘的宗教一起出现的。但是他反对老实证主义的观点,即反对贬低宗教,而把科学看作理性对"寓言"的胜利。相反,他认为,在宗教的意识内部也有一种内在的发展过程,它与科学的形成过程并驾齐驱,甚至对科学的构形作出了直接贡献。举例而言,在从低级到"高级的神话文化"的运动中,力量(forces)成为超越性的众神,它们转过来被理解为绝对规范的制定者(prescribers)。我们在其中发现一种值得注意的发展形式,它"本身具有统一的观念,并作为目的在起作用;这个目的是在社会的意识之中客观地构成的,而且这个目的在积极地指导着这种发展"①。这些观念或者目的并不表现为随意的形式,因为,我们是"在价值观的指引下,观察到价值的进步式发展(Werterhöhung),并在[一定的]价值完型中达到顶点"②。只有当我们到达了耶稣基督的神格面前,我们才发现陡然突长取代了历史过程中的稳定发展。这种基本范式的转换,表明与以往到来的事情之间存在着一种深刻的不连续性,而不是连续性③,因为在神身上,我们发现了一种"个体化的观念(individualized idea)",是一种在我们的历史轨迹中具体而普遍的唯一性④,我们是通过"基础性的宗教经验"⑤,通过"信仰"⑥与之相关联的。相反,宗教改革在胡塞尔看来不仅仅是对中世纪"等级制的文化"的反抗,同时也是对这保持着活力的最基本的源泉、对一种原初的宗教经验的"康复"或者"恢复"⑦。然而,即使在关于宗教的讨论中,胡塞尔也发现或置换出"隐蔽的合理性",以及比以前到达的东西更加高级的理想性⑧。

虽然信仰支持着宗教,且尽管我们在那里发现了新生的合理性,这也是有别于引发出古希腊科学的一种态度。孕育了希腊哲学的那种"理论兴趣"⑨乃是来源于好奇与惊讶,"它在自然的生活中有其原初的位置:作为一种对'严肃生活'过程的闯入"⑩。胡塞尔告诉我们一个公正的标准,如果在

---

① 胡塞尔:《文章与报告(2)》,第61页。
② 同上书,第62页。当他说,这是"一种外在的观点"时(第62页),他是从形而上学的预设中解放出来的:即以为在心智中存在着某种精神操作,或者人的集体的无意识,它或"推(pushing)"或"拉(drawing)",把它们带向这个不可避免的目的(this inevitable end)。事实上,宗教文化的其他形式是可能的,只要那里神职人员依据专断的意志,而不是依据"有意构造的目的观念(consciously constituted goal idea)"来管理,并且人们在那里是受压制的。
③ 同上书,第66页,特别是附录(Beilage)Ⅳ,第100~103页。
④ 同上书,第101页。
⑤ 同上书,第66页。
⑥ 同上书,第101页。
⑦ 同上书,第72页。
⑧ 同上书,第101页。
⑨ 同上书,第78页。
⑩ 胡塞尔:《危机》,第332页;英译本,第285页。

有关严格科学之发展的片面叙述中,所讨论的是柏拉图而不是亚里士多德的话①。"普遍化的倾向[der universalistische Zug]贯穿数学和自然科学的发展,从一开始就确定了近代哲学与科学的一般性特征。"②恰恰是这一倾向与批判的作用联合在一起,最终把宗教也拉入到它的领域之内:

> 宗教改革在信仰中获得了最终的权威,所有规范都受到它的约束。然而对哲学来说,信仰顶多是知识的来源之一,就像所有的知识之来源一样,信仰也是在自由批判中到来的。③

科学探索在规范上的优先性。科学之本质历史性与作为知识之最优越形式在历史上的出现联系在一起,使胡塞尔得以论证科学在规范上的优先性:

> 这无异于意味着,我们承认欧洲文化——它的发展类型被我们准确地描述为[由科学理性通过纯粹自治的理性]实现的[自身和它的世界改变]——不仅相对于所有其他的历史文化而言处于最高的位置,而且事实上我们更在其中看到,它是发展的**绝对**规范的第一次实现。它召唤着对所有在发展过程中的其他文化进行革命化的任务。④

对于胡塞尔而言,这就意味着,对其他各种文化的大量知识持一种批判的保留态度。这种保留态度似乎不需要任何以详尽的历史研究为基础的论证就被他心甘情愿地接受下来了。

> 如果人们接受科学的概念和原本与它相符合的哲学概念,那么古希腊人便既是哲学也是科学的创始人。在巴比伦、埃及、中国以及印度文化中可以称为科学的内容,可能包含知识的[成分],这些成分可以被严格的科学所肯定,这种科学可以吸收其内容,它们的方法和态度可以

---

① 胡塞尔:《文章与报告(2)》,第80页以下各页。在很靠后的地方有几处零散的提及亚里士多德。见第193页以下。
② 同上书,第93页。
③ 同上书,第91页。他进一步解释道:"这种针对信仰的'现代'姿态并不意味着推翻了作为宗教经验的信仰,也并不意味着,推翻了本质性的信仰内容。……但是,理性的自主权(the autonomy of reason)很显然的确意味着,拒绝所有先前的义务,在教会的权威或者信仰本身的权威之基础上,从自由批判出发去清除信仰的内容。"(第92页)
④ 同上书,第73页。

被严格的科学所接受,但是我们从根本上把两者严格地区别开来是十分正确的,并且最后我们必须称那种知识的十分相同的[成分]和为自身奠基[的尝试]是前科学的,或非科学的,它作为一方,而科学的,则是作为而另一方。①

这一段话与1935年胡塞尔的维也纳讲演所表达的思想十分相近。胡塞尔在那里再一次表达了他对其他文化中的科学的保留态度,只是多了一些同情而已:

> 完全可以理解,神话-实践的世界观和世界知识可以产生关于现实世界的许多知识,即关于通过科学经验而认识到的世界的知识。这些知识后来可以科学地加以利用。但是在它们自己的意义框架之内,这种世界观和世界知识是并且仍然是一种神话的(mythical)、实践性的知识。如果使用由希腊创造、在近代得到发展的科学思路中出现的知识的语言,去谈论印度和中国的哲学和科学(天文学、数学等),即对印度、巴比伦、中国以欧洲的方式加以解释,显然是错误的,是对它们的意义的歪曲。②

第六节 发生现象学和批判的优先性

这种贬低其他文化传统的思想看上去几乎是文化帝国主义的纲领,在这个问题上人们总是十分容易为此感到惋惜。胡塞尔的《改造》杂志的文章,可以看作是鼓励日本人"参加欧洲文化的工作"的一种痕迹③。更加容易受指责的是,这些思想似乎是在贬低本土文化和宗教的讨论,是公然努力对一个民族的知识分子群体的殖民化。当然,这个群体的商业部分在接受西方的商业和生产制造业的技术方面,已经走得很远了。

但是通过由诺伊曼(Neumann)翻译的胡塞尔关于佛教的简短谈话(该谈话于两年后,即1925年发表),我们知道这并不是胡塞尔的态度。在这个谈话中,胡塞尔认识到,佛教看世界的方式同欧洲的方式"完全对立"④。佛教

---

① 胡塞尔:《文章与报告(2)》,第73页。
② 胡塞尔:《危机》,第331页;英译本,第284页以下各页。
③ 胡塞尔:《文章与报告(2)》,第3页。
④ 同上书,第125页。

可以与"我们欧洲文化的哲学与宗教精神的高度的构型(formations)"相"平行(paralleled)"①。他甚至认识到,这个文本可以对"我们的文化"在伦理学上、宗教上和哲学上的"复兴"作出贡献②。在像胡塞尔这样有深度的思想家那里,情况总是这样:如果我们发现他的探究既丰富又贫乏,那么我们就必须更深入地去一探究竟。

胡塞尔在这些文章中第一次处理的内容是下述事实,即知识的体系是与文化结合在一起的。这些知识甚至能够获得一种社会共识,比如涉及什么应算作真实的(veridical);但是同时,它们也可以是错误的,它们可以起到束缚而不是解放的作用。我们不要忘记,胡塞尔已经把欧洲的科学文化(scientific culture)同欧洲的文明(civilization)清楚地区别开来;科学不仅开辟了对神话宗教、神话社会的审查,而且也开辟了对"帝国主义"③和他自身的社会所接受的各种观念的审查。胡塞尔所说的科学研究,从否定的方面而言,就是对信仰的**大厦**进行拆解的战略。胡塞尔在这些文本中认识到,也许是第一次认识到,问题不在于知识的特殊的主张或判断,而在于知识的**语境**:

> 这类科学的交互主体性的可靠性和客观性,依赖的不是下述事实:其确认是扎根于个体化地变化着的物质性或情感性的动机,而是依赖于下述事实:它们根植于一般的、深深地建立起来的各种确信之中,它们来自古老的良好工作的传统。尤其是,各种神话的和宗教的动机都是规定性的,而且在特定的文化中,它们是一般地决定性的力量。④

胡塞尔让特殊的知识系统所拥有的"绝对确定性"对立于"明证性",对立于对"把诉诸传统的倾向颠倒过来"之确认(confirmation),它要求"事实以及现实的相互联系的原初的给出性"⑤。因此,真正的科学,远远不仅是对判断的"系统化",因为我们已经在科学之前的信仰系统中看到了这种系统化。"真正的知识是下述追求的实现:不是追求一般的确定性,而是追求来自直观、由直观发动的确定性和自身给出的真理。"⑥这一思想把批判的观念同交互主体性观念联系在一起:

---

① 胡塞尔:《文章与报告(2)》,第126页。
② 同上。
③ 参见同上书,第53页和90页。
④ 同上书,第76页。
⑤ 同上。
⑥ 同上。

由现实性推动的判断都是客观上有效的价值,即由交互主体性上共享的价值,只要在我所经历到的他人也能经历到的范围内。所有个体、民族……传统,除了彼此之间的差异之外,仍存在着共同性的东西……它们有共同的现实的世界,这个世界是在经验的交流中本构而成的,因此每个人都可以理解另一个人,每个人都依赖于我们大家所经历到的东西。①

这样,科学就不是一个确定性的领域,而是

真理的王国,每个人都可以去观看,每个人都可以直观地认识他自身,每个来自任何特定文化的人都可以做到,不论是朋友和敌人,不论是希腊的还是野蛮的,神的子民的孩子还是神的敌对者的孩子,都可以看到的真理王国。②

在胡塞尔对科学和哲学的说明中,其思想的真正的力量不在于一系列似乎使别人应该接受的结论,而在于他从事探究的风格,即作为一种走向真理的**步骤**(procedure)。不管他实际达到的观点有什么样的局限性,他关注的中心都是合理的,因为只有在批判研究的过程中,我们才能走出我们传统的和盲目的信仰,尝试去处理并不一致的各种看法。而对珍贵思想的攻击可以具有深层的破坏性,这一点也是真的。

民族文化的剧变可以引起扩散,尤其是当先进的普遍的科学成为各民族的(这些民族以前相互之间十分不同)共同的财富的时候,成为科学的共同体,成为通过教育而贯穿于各民族的多样性之中的共同体的时候。③

信仰的分歧差异、众神的多样性,不是受到欢迎的,而是要被克服的。"在上帝的观念中,唯一性是本质性的。"④

但是胡塞尔是否真的把批判同走向真理的步骤联系在一起,而不是同真理的特殊的观念和内容结合在一起?

他有关批判的思想预设了,在历史上类似的诸价值最后会收敛到一种单

---

① 胡塞尔:《文章与报告(2)》,第77页。
② 同上。
③ 胡塞尔:《危机》,第335页;英译本,第288页。
④ 同上。

一的规范中来,而且多样性最终必然服从于同一性。我们在上面已经看到,价值的多样性是服从于完善性的规律的,而这种规律产生于反思的进程中。恰恰是这个完善性规律命令着(orders)、调整着我们建立的诸理想(ideals),为它们提供合法性。然而,并不是针对不同的个人或不同的社会,有着各种不同的理想(ideals),而是只存在**唯一**的"绝对的理想",对所有人和社会都适用的绝对而有限的规范性内容。个人的本质是通过理性的自主性之目的来说明的,或者用形而上学的语言来说,是由**成为神之理想观念**(the ideal of becoming God)来说明的。如果回到上一章的分析的话,那就是不同范畴核的可能性是由理性融合性之目的来控制的。当胡塞尔把这一思想投射到对历史的说明时,我们就会发现,这种一般性的规范无非是通过西方科学而具身化为特殊的和唯一的内容,以及由先验现象学所独特阐述的内容。所有这一切思想中最致命的缺陷,乃是胡塞尔的完善性规律是可错的,即使在胡塞尔自己理论的基础上亦如此。

完善性意味着① 现实实例的收敛及逐步向理想的渐变;② 使诸类型(types)向理想界限收敛;③ 把理想界限重新评价(transvaluation)为绝对的规范,它的建立是通过表明它的递归枚举的能力,以及在封闭体系内调整规定所有其他界限的能力来完成的。请注意③,其区别是由认同性(identity,同一认定)来控制的,相对的内容被绝对的内容所克服,再加上科学的本质上的历史性,许多文化都被置于一种文化之下,处于从属地位,这种文化成了其他各种文化的目的:许多文化世界收敛为一种唯一的世界,形成了一种**整体性**,它将各种文化的多样性提炼为一种理性的可理解性。

我想在这里提出一个问题:研究胡塞尔思想中可以发现的张力时,作为整体的世界概念,在原则上只能对实证科学起作用——如果它起过作用的话,并且它是与对世界在现象学上的特征刻画相对立的。将这一张力提到我们面前的是下述事实:胡塞尔在《危机》一书中认识到,作为整体的世界概念使得历史所朝向的目标成为唯一目的这一观念成为可能,作为整体的世界概念本身却又是一个历史转变的产物。对这一点我们必须做一简短处理。

正如我们已经看到的,胡塞尔把感性经验看作有限意义上的目的论。被感知的对象中的变化,是在一种有序的方式中出现的,即变化对于同一类型的所有对象是完全相同的。在变化当中,有某种(可重复的)秩序产生了对象之最佳的显现。这种最佳的显现,从某种给定的兴趣出发,就是经验所趋向的内容,因此它就是有特权的,或者是规范性的①。胡塞尔从这种对日常

---

① 胡塞尔:《大观念(Ⅱ)》,第58～61页;英译本,第63～66页。

感知的分析和有序的环境分析中,运动到对科学诸对象和它们的单一世界的说明。什么样的变化引发了物理对象的产生,并导致科学上可确定的对象的产生呢?

刚刚指出的"理想化"过程对变换过程进行了转化①。就对象的"外形(shape)"或者空间形式的处理而言,显现的"典型"的东西与其他东西"相似"或者与其他东西"相同"。我们可以抽象地思考它们的"外形",而对不同样品加以比较,并询问:如何将各个实例与"抽象"的外形加以比较。"这种渐进性可以被特征化为,或多或少的完善性之渐进性。"②但是我们也可以走出典型之外:

> 从完善活动的实践出发,从"反反复复"地对**可想象的**(conceivable)完善过程之视域的自由追求出发,出现了"诸有限的外形(limit-shapes)",那特殊的完善过程的系列,都朝向这些"有限的外形",朝向着这不变换,但却永远不可达到的诸极点(poles)。……通过理想化的方法……这些有限的外形变成习得的工具,它们可以被习惯地使用,而且总是能被使用于某些新的对象——应用于一个无限的,但是自身封闭的理想对象的世界,将其作为研究领域的世界。③

这并不仅仅是对日常生活中的世界的重新描述,它是对对象的真正的观念化(理想化),将其观念化为时-空外形,也就是可以数字化的外形。这就意味着,把世界解释为"诸理想对象的无限的**总体**,这些理想对象的每一个都是单一而无歧义地、方法论上和相当普适地可测定的(determinable)"④。于是,"自然本身也在新数学的指引下被观念化(理想化)。自然——用现代的方式来说——就成了一种数学量(mathematical manifold 数学的多样性)"⑤。

但是胡塞尔在其最后的研究中认识到,作为总体的世界这一概念,其最好的情况,也就是一种配合自然科学而在存在论上的特征刻画⑥。

---

① 胡塞尔:《危机》,第 22 页;英译本,第 25 页。
② 同上。
③ 同上书,第 23 页;英译本,第 26 页。
④ 同上书,第 30 页;英译本,第 32 页。
⑤ 同上书,第 20 页;英译本,第 23 页。
⑥ 特别参见同上书第 51 节。

在这里,新的、以前从未有过的内容是:对存在之这一理性的无限整体的理念进行构想(conceiving),而理性科学是能够系统地掌控(mastering)这一整体的。一个无限的世界,这里是诸观念性(idealities,诸理想性)的世界,不是被构想为其对象可以作为我们单个的、不完善的知识接近、达及的东西,以至于这个世界似乎是偶然性的世界;相反,这个世界被构想为一个可以通过有理性、系统的连贯一致的方法所达及(attained)的世界。在[使用]这种方法之无限的过程中,每一个对象都从根本上依据其完全的在自身中的存在(full being-in-itself)而被达及。①

但这只会使人们提出下列问题:科学上的指导性理想是否未经批判就被现象学分析接受下来而作为指导性的理想了?如果生活世界的确是"自然科学之被遗忘的意义之基础(meaning-fundament)"②的话,那么,在直接使用总体这一观念于它身上时,就会陷入不合法的移项换位之危机。为什么我们应该去假定,它是一个总体,特别是当任何关于总体的严格概念都要求我们将世界处理为数学上的量(多样性)的时候?

胡塞尔(与狄尔泰相去不远)总是使用自然科学与人文科学在方法上的基本区分来进行工作。我们可以使用这一对立来深化我们这里提出的问题。1934年胡塞尔曾经将一篇文章寄给在布拉格召开的第八届国际哲学大会。在这个文本中,他谨慎地反对从"精神(spirit)"向"自然"的还原,从人文科学向自然科学的还原,从人生世界向自然世界的还原。他似乎预感到我们这里提出的问题。他警告说,如果自然与精神被置于同一个世界中,其结果是精神的数学化③。我们必须将自然科学的世界与"前科学的世界"之间的对立保留下来。因为自然科学家把各种躯体(bodies)当作一个理想对象(an ideal,观念)的"索引",而这个理想对象(an ideal,观念)是经过数学处理的,而人文科学家不可能用同样的术语来看待他们具体的描述工作④。我们在自然科学中发现的关于对象性的观念,是不可以被一般地推广到所有的领域中的。"人们不再能够从自然和精神两个方面来组成一个世界,即把两个方面的科学整合成为一个唯一的方向。"⑤他的结论恰恰把重音落在我们刚刚

---

① 胡塞尔:《危机》,第19页;英译本,第22页。
② 同上书,第48页;英译本,第48页。
③ 胡塞尔:《文章与报告(2)》,第195页。
④ 同上书,第212页。
⑤ 同上。

提出的问题上：

> 哲学中的世界问题（world-problem）变得成了问题（questionable），因为世界的感知性意义已成疑问（problematic）。人们不可能把直观性的世界——"在其中"一个人作为自我而"生活"，作为积极的、被动的主体，作为个人（person）而"生活"——置于数学的对象化的自然之下。人们不可以把在这世界上的个人（person）存在与诸多个人的社会（personal societies）之存在……处理一种普遍的、精确的对象化自然中的诸自然事实。①

事实上，胡塞尔所建议的恰恰是相反的工作。在拒绝把人类世界还原为"数学的、客观对象化之自然"的同时，他把自然科学拖入被视为"主观性"的领域，拖入"前科学的世界"之中。"因此，这纯粹主体性的存在，是优先于严格意义上的自然存在的。"②自然科学世界的总体性被相对地（relativized）与文化世界联系在一起，因而被相对化了。然而，这里遇到的致命困难是，对前科学世界的这种特征描述**不是**先验现象学的部分。胡塞尔直接认识到，它属于心理学③或者人类学④。因此科学世界与前科学世界——两者都被装在总体性的框架之内——之间的这种区别显然还是处于"实证科学"的王国之内⑤。

我们知道，胡塞尔在处理人类世界与自然世界之间的区别时，不是通过把一个放到另外一个之中，而是通过意向性的和历史的成果（achievements），在那里，自然世界是以生活世界为基础的⑥。但是，如果我们要避免把现象学分析同实证科学混为一谈，就必须对世界做出不同的特征刻画，而这种刻画将我们带出"自然与精神的痛苦对立"⑦。在布拉格文本中有一个地方敦促我们去认识世界的特殊本性，也就是在现象学上将其理解为视域的世界之特殊本性，即不是按"所指的秩序（order of referents）"来定义的世界，而是按"意义的秩序（order of meaning）"来定义的世界的特殊本性：

---

① 胡塞尔：《文章与报告（2）》，第213页。
② 同上。
③ 同上。
④ 参见同上书，第164、180、214页。
⑤ 同上书，第208页。
⑥ 同上书，第224页。
⑦ 同上书，第219页。

这不是一种集合式的大全性（Allness），并不是外在地与他者的相互连合，外在地同他者的相互指向（bound to），而是一种大全（All），其统一性是同它们的意谊之纽带［Sinnbezügen］不可分割地联系在一起的。对我们来说，宇宙不仅是诸存在的前有效性（pre-validity of beings）持久的无止境开放的视域，而且是通过经验与知识可能占有的确定性之视域。……①

我在这里想要指出的是：对作为整体的世界的特征刻画并不是现象学的，而是一种存在论上的特征刻画。一旦世界的数学化（这最初是由伽利略手中开始的，并在现代物理学手中完成的）把无穷性的观念与关于规则或者规律的有穷的封闭的体系联系到一起［这些规则或规律对宇宙中无穷多的真的事实进行确定性（definitively）的特征刻画］，一旦人类世界被实证地解释为上述世界的"对立概念"②而作为一种包罗更多内容的整体③，那么把世界作为整体的处理就是**必需的**（required）。然而对世界在现象学上的特征刻画，既不企图显现事物之全体，也不尝试去显现文化之全体，而是努力去显现表指性意义的秩序，这种秩序恰恰导致了自然与精神的区别。

世界是生活的世界，即世界是一个意义的组联，事物在这个组联中并且通过这个组联才得以当下化。当下化（presence）并不是被给出的（given），而是**获得的**（achieved）。是通过已经完成的东西而被给出的。在意向与充实的相互作用中，对象通过侧面而成为当下的存在，这些侧面都意味着，它们与尚未给出的其他侧面是相互共振的（resonate）。真正的充实行动对准的是诸瞻前意向，它们同时追随着表指意义的不同路线，且经常同时是"相互矛盾"的路线。作为表指意义的组联，世界与诸指称性牵连（referential implications）的许多线索交织在一起，与不同的秩序相交叉，因此不能还原为单一的集合，或者还原为所有集合的集合。完全可能存在一些表指意义的家族，以及表指意义的不同秩序，而不存在把一个吸收到另一个中去而由规则掌控的手段；或者不存在把一个秩序置于另外一个秩序之下的等级式序列。

---

① 胡塞尔：《文章与报告（2）》，第 227 页。
② 参见同上书，第 194 页。
③ 即使在这里，即使对于本体论分析而言，人们也可以使用哥德尔（Gödel）和康托尔（Cantor）的研究结果去论证任何体系的一种必然不完整性，它将涵盖所有可能的真事实或者关于事实的陈述，并因此提出，整体性这个观念是一种错误。所有这一切在这里都说明，**如果**这个观念被使用的话，那么，它也将只被用于实证科学。我们的兴趣是直接论证，它从根本上完全不同于作为视域的世界这一观念。这个问题是对立于对实证科学十分重要的关于世界本体论中的整体性观念方面的理论问题。见下一章对此的讨论。

因此，这个世界被描述为视域。胡塞尔没有完全认识到的是，① 视域总是一种多重性的视域；② 它在认知综合中发挥作用时，并不是通过一个统一性的原则，而是通过一种偏转操作（operation of deflection，换位操作）而实现的；③ 当下显现与不再当下（presence and absence）之间必然的相互作用，这种作用之可能，就意味着视域不可能被作为"现象（phenomenon）"来加以捕捉①。作为视域的世界是意义的组联，而意义本身是缺乏综合统一性的（synthetic unity）。真正的完善性和封闭性的观念，是不可以应用于世界的观念的。用这个思想在理论上去克服各种不同的文化世界的多样性和差异的可能性，并且是通过指定操作性理想观念中之一种观念，将其设置为对所有文化都适用的**唯一的**理性规范，这种工作依靠的就是这种完善性和封闭性观念。

准确地讲，对世界的发生分析，就是把分析转换到关于关切的理论（a theory of interests）这个方向上去，这样，我们面前就不只有一个单一的目的（telos），一个自主权的单一目标（a single goal of autonomy）；我们面前有的是由规范指导的各种转换的过程之可能性，如果缺乏充分的条件，这些转换就会转向于理性的论证。而缺乏唯一的指导规范之价值的合理性论证（justification），就要求有批判。在胡塞尔的最后一批著作中，他把批判看作为服务于生活之自然关切的"自然态度"与实证科学之必然本构成分的"理论态度"之间的一种批判②。因此他把这种批判说成是实践的一种新形式，是一种

> 对所有生活、所有生活目标、所有文化产品和所有从人的生活中出现的体系之普遍的批判，因此它也会成为对人类本身的批判，对公开地或隐蔽地指导着人类的那些价值的批判。③

恰恰由于批判缺乏理论层次上的完善性，批判追求在实践层次上对价值的重估，这种重估是通过开放对诸合理关切（rational interests）的观察而实现的，而这些合理的关切使得"维新"成为可能。

---

① 参胡塞尔：《文章与报告（2）》，第175页。
② 胡塞尔：《危机》，第329页；英译本，第283页。
③ 同上。

第三部分

构建:走向现象学的语境理论

第十三章　作为视域的世界

　　世界的"无限性"难道不是意味着一种"开放性"以取代一种超限的无限性(似乎世界是被固定了的,自在地存在的,是一个包罗万象的东西,或者是一个封闭式的事物收藏所)。那它还能意味着什么?

——胡塞尔(1917年左右)①

　　对我们而言,世界之所是,是作为一种由基本的意向性所组成的意谊结构(Sinngebilde)才成为可理解的。这些意向性的存在本身无非是一种意谊构建(Sinnbildung)相互之间的共同运作,且通过综合"建构"(constituting)新的意谊(Sinn)。

——胡塞尔(1934~1936年)②

　　让我们回过头来把本书在第一部分的分析中所提出的线索再收集在一起,从而好让我们现在面对世界这个问题。我希望能找到一些术语,它们不是淹没世界的结构,而是有助于我们以相应的方式研究世界的结构。

　　对象所是之内容,或者是内在地关涉于它们向我们这些有意识的、从事认知的主体所进行之可能的和现实的**显现**,或者它们不是如此。而现象学从事的工作就是要指出,它们的确如此。它要证明,如果对象内容不是向我们的显现,那么诸事物之所是在原则上就是不可认识的。

　　这样,现象学便是把日常生活中我们对事物的经验当作它的出发点,胡塞尔把这些经验称为现象。但是现象是一个复合体。一个经验的对象总是通过多重**给出模式**(modes of givenness)而当下化自身,而每一个给出模式

---

① 胡塞尔:《大观念(Ⅱ)》(Ed. by Marly Biemel, *Husserliana*, Vol. 4. The Hague: Martinus Nijhoff, 1952),第299页。
② 胡塞尔:《危机》(Ed. by Walter Biemel, *Husserliana*, Vol. 6. The Hague: Martinus Nijhoff, 1954),第171页;英译本(Trans. by David Carr, Evanston, Illinois: Northwestern University Press, 1970),第168页。

都成为对象的一个**侧面**。对象与侧面的相互作用和影响,是依据整个的感知**意谊**(Sinn)而显现自己,而这个整体的感知意谊既规定侧面,却又被侧面所规定。离开了感知性意谊,对象就失去了经验上的**性质**,但是感知性意谊并不存在于对象本身之中,或者侧面之中,而是存在于对象-侧面同它们向其显现的主体的**关系**之中。

侧面也是**视角性**的(perspectives),也就是说,一个对象总是在时间上和空间上的**处境**(situated)**中**显现或者当下化自己。最初,我们既不能说对象的空间**位置**(place)存在于对象**之中**,或者存在于对象的侧面**之中**。也不能说,对象的时间上的**当下化**(presence)存在于对象**之中**,或者存在于对象的**侧面之中**。我们只能说,它们存在于它们之间的关系中,存在于它们同向其显现的主体的关系之中。

侧面与对象的内在的联系,对有意识的事件的本性而言是一条指导线索,而侧面与对象是在有意识的事件中或通过意识事件而被经验到的。由于这些有意识的事件总是指向对象,而且是**通过**对象的给出性模式而指向它,所以这些事件是一些具有**"喜"出"望"外或"向外投"**(ecstatic)之结构的**行为**。另外,因为感知性意谊是由那种超验内容所本构的,所以这些行为具有意向性。这就是说,这些行为的走向不是朝向着它们自己,不管自己是作为事件还是作为成果。只要这些行为是以"对象(objectively)"为走向的,侧面与对象的相互作用作为在"主体上的关系性"之作用的这一事实便会"被遗忘了"。

在一个给定的处境中,对侧面和对象的经验,是以如下方式出现的:出现的侧面已经被预期到,已经在我们同侧面的关系中预先设为中心。依据侧面的感知性意谊,侧面指向或**标示出(indicate)**其他侧面,其标示方式恰恰使我们发现事物处在可能的显现场之中,即在某个确定的**视域**之中。视域本身不再是一种现象或显现,它总是"预先给出的",即它调节着被给出的内容与它引诱出来的预期之间的关系。视域是**感知性意谊的复合**(complex of senses),这些意谊本身是由被我们称为**差异性意谊牵连**(Differential implication)联系在一起的,它把起作用的标示性[指示性]与给出的侧面结合在一起。**标示性[指示性]**就是运作于侧面之间的视域,因此也是工作在侧面与对象之间的关系中之视域。而**差异性意谊牵连**(differential implication)是工作在自身内部的那个视域。把这两条线索联系在一起,我们就可以把视域描述为**标示性[指示性]组联**(Verweisungs-zusammenhang)了。

通过差异性意谊蕴涵,不同的视域也同其他各种视域连接在一起,这种相互联系在一起的各种视域的组联就构成**世界**的内容。用胡塞尔的术语来说,世界就是一切视域的视域。

诸视域不仅对那些经验到对象的行为是本构性的,而且对那些为了实践和理论的目标而占有某些事物的行动和活动也是本构性的,这样的世界便可以被理解为是**生活世界**。因为世界并没有显现,而是构成了表指性意义的**背景**,此背景是通过确实显现的侧面和事物而被隐藏起来了,世界因而也"被遗忘了"。

自然态度包含一种"双重相对性"的双重遗忘:一方面,忘记了对象**作为**(as)某种东西只是**为了**(for)有意识的行为而显现的,以及忘记了事物是**作为**某种东西而**对于**(for)上手工作有用处。另一方面,忘记了世界,即忘记"作为……结构"和"为了……结构"的内在联系是扎根**在**世界**之中**的。在这第三部分中我们将开始围绕着我估计是最困难,也是最有生命力的现象学理论,即关于世界的现象学理论的复杂情况进行拆解整理。作为先驱,胡塞尔为了把这一观念放置到适合它的基础之上而进行了长期的努力。在这一章里,我们一方面要对一些观念就其成熟的理论之关键重点进行跟踪,另一方面要追踪他在最后的著作,即《危机》一书计划中寻求解决的各种张力。这将使得我们可以在第十四章中,考察胡塞尔与海德格尔之间的关键性差别,并使我们去发现《存在与时间》中所隐含的还原论,这种还原论威胁到《存在与时间》对理解世界这个观念所作出的贡献。这两章的目的仍然不是对这两位思想家具体的历史研究,而是要创造一个批判的空间,以便在其中引入背景和语境两个概念,借助于它们我们就可以发展出有自己独立基础的关于作为视域的世界理论。第十五章将从感知的领域和话语的领域去探求背景与语境之间的关系。我将特别用心地去关注:如何引入一种理论,使我们能看到,在感知行为中的背景与语境是如何起作用的。

第一节 近代科学的世界

理解胡塞尔生活世界的发展过程最好的,也许是最富成效的途径,就是将他对视域的特征刻画,从对其他内容的特征刻画中分离出来,然后检验胡塞尔是如何将它应用于对近代自然科学的评估中,即关于普通尺度的对象的科学——它开始于17世纪,并在当代量子论和宇宙论中发展到了顶点。(相关的还有许多其他的研究,比如他把数学、逻辑以及人类科学等联系于生活世界的研究,但我们把这些方面留给其他有关专家去处理)。对这个题目的处理,胡塞尔既有**批判性**说明又有**生成性**(genetic)的研究。他的批判性说明指出,自然科学促成了西方思想的危机;这恰恰是由于自然科学把世界的"客观主义"的形象固定下来,将其与生活世界对立起来,然后又贬低生活世界,将其看作是单纯信仰的大众世界。而发生分析则指出,当我们理解了自然科学的合法范围,自然科学便重新回到它的停泊处。而做到这一点就要去看,自然科学是如何从生活世界中发展出来的,它如何与人类的本质和利益休戚相关。

让我们停下来,重新将整体性观念引入进来,因为它将有十分重要的作用。在我们的"自然生活"中,我们只是隐含地熟知这个世界,由于沉浸于事物的当下化,世界本身并不被我们当作主题加以关注。它自己本身的特殊结构隐而不显。然而,我们对世界有边缘性的知晓,这种知晓却可以变成对象化的理论性反思的指导线索;这种反思试图在自然态度**内部**来对世界进行特征刻画,它将不同的"客观(objective)"元素组合成为类,并依据这些类之间那些"客观的"、由规则控制的关系来对世界进行特征刻画。如果这些群以及它们之间的关系被理解为自足的、全面的,就像在自然科学中,以及同它们同病相怜的哲学所认为的那样,这样世界不是被看作经验的整体,就是被看作本型(eidetic)的整体,不是被看作所有(现实)存在的整体,就是被看作所有"真是如此(that is the case)"的整体。我们这里指的是维特根斯坦的分析,以及我们在第三章中讨论过的内容。

在胡塞尔努力克服近代科学对自身的实证主义的或客观主义的理解中,以及希望将科学重新置入它的真正的哲学基础之中,并将其带入人类理性上可以证明其合理性的目的指导之下,胡塞尔直接挑战近代科学对世界所设计出来的特征刻画。粗略地讲,他的观点是:牛顿式物理学之数学化的世界,只是一个由量化规定组成的一个世界——把它看作是一个真正的自在的世界自身(quantitative determinations — as the only true world-in-itself)。而我们生活于其中的、我们大家最熟悉的那个世界,我们每天在其中进进出出的世界,却不是自然科学思想设计的那个世界。我们"首先"看到的东西、事物恰恰属于被胡塞尔称为直观(Anschauung, intuition)的世界。胡塞尔用直观这个词来描述我们对我们周围环境中的**日常事物**(everyday things)的直接地感知的、经验的熟知,即对在被包装为**数据资料**之前的那些事物的熟知。我们在这里看到的是晨雾中田野上清新的翠绿,而不是在地球旋转的轴上,在蒸发的 H_2O 中进行折射的、长度为 512 纳米的光波,等等。

直观的世界不应该被定义为前文化的、原始的感知的核心,而应被定义为各种事物在其中显现为经验的质量、价值和用途等的世界。在这个世界中,各种事物都整合在一个更大的关切之中,其基础是它们的完整性。这就是与近代科学的被量化了的世界形成明显对照的那个世界。

胡塞尔不仅提出了把经验世界与被自然科学重新构造的世界**区分开来**的思想,他还对自然科学设计的世界如何**从**日常经验的世界中**产生**作出了解释。他指出,在自然科学描述中的世界是一个**构造**(construction),它的出发点是生活世界,是通过生活世界而出现的,是在一定的方法论的指导下对生活的改造。早在1919年,胡塞尔在他的讲演中就指出,"直接被直观的世界的诸对象是先于所有理论性思想而存在的……它们已经具有了感知性意谊的内容,对科学的工作来说,它们的作用是基底(substrate,下层载体)"①。对对象或者事件的直观,涉及感知与整体统觉(perception and apperception)的连锁关系,涉及当下化与再当下化(presentation and appresentation)的连锁关系。作为对整个对象的意向性经验的直观,已经超出了被分析描述为直接给出的内容,因为每一个侧面都是处于一系列的被期待的可能侧面之中,而这些系列是被起作用的视域预先描绘(predelineated)好了的。每一个直观都超越出那个侧面而进入对整体的理解。现实的单个侧面与被预期的一系列侧面之间的相辅相成的相互作用,并不是任意而杂乱无章的,而是井然有序、有结构的系列,就像在稳定的背景之内,侧面倾向于汇集到最佳组合之中,就像正在进行着的经验展示着对一个对象的接近一样。通过侧面的"如此等等",以及从侧面指示出对整体的关注,感知性意谊就变成了稳定的类型,诸对象便开始在我们面前展示出它们所习见的当下化。自然的态度依赖的就是这种习见的世界的构成过程,但是并无力把这种构成过程当作主题加以研究。

出于天生的好奇,哲学与自然科学——在古希腊时期它们并没有被区分开——都曾努力去揭示和表达作为主题加以关注的世界之 logos(逻各斯)②。它们开始切断——但是还没有突破——同自然态度的联系,因为它们超出了由视域产生的无穷的重复,以便把世界的片断作为一个整体加以把握。他们应用反思,暂时中止那些支持不同意蕴(implications)起作用的兴趣(interests,利益),谨慎地将给出领域的现象加以改变,致使他们的理想状态可以展示一个有限度的理念或统一点(观念化,ideation),以及最后展现为统

---

① 见 Guy van Kerckhoven〈胡塞尔"生活世界"概念的形成〉("Zur Geneses des Begriffs 'Lebenswelt' bei Edmund Husserl")的引文,F I 35, 25a;转写本(transcription)第28页,《概念史文库》(*Archiv für Begriffsgeschichte*),29 (1985),第193页。
② 关于哲学的根源之富有启发性的现象学研究,见克劳斯·黑尔德:《赫拉克利特、巴门尼德以及哲学与科学的开端:一种现象学的沉思》(*Heraklit, Parmenides und Anfang von Philosophie und Wissenschaft: eine phänomenologische Besinnung*),Berlin: deGruyter, 1980。

治着现象的一系列规则,而这些规则则将自己表达为本型(eidos)的实例或是本型的近似物(理念化,idealization)。这种本型性的(eidetic)方法之价值就在于它产生了对一种给出领域之可对象化的特征或属性的**理论性**或者**批判性**支配。这种支配又从自己这方面产生了**实践性**的和**技术性**的支配,使得我们可以建设和重建我们的环境。

当希腊人专注于世界的不同领域,并将它们分门别类以进行说明与解释时,不同的学科便诞生了。这些学科切断了同生活世界的关系,同时在本源上它们又<u>扎根在</u>生活世界**中**,因为它们依赖于广阔的、预先给出的、分散于不同领域之中的、未作为主题加以关注的视域。在这个视域中,观念化和理念化的过程继续与我们精确地经验到的那种分门别类的感性的理想类型的形成之方案相关,在这个进程中,总体上讲,科学大致上是实践性行为,它们的解释图式是为了在世界中产生改变而设计出来的。而且它们在理论上的成分——至少可以上溯到亚里士多德——是作为日常语言属于同一个话语世界的。

但是近代自然科学的引入带来了基本范式的改变。理念化(idealization)转变成了数学化(mathematization),世界被识别为一个整体:它覆盖所有存在的事物,然后又用数学化的无穷观念来对它加以特征刻画。近代科学把世界和其中的事物解释为可以进行数学化的杂多(manifold),也就是将它们还原为诸多特性集合的交集(the intersection of sets of features),它们可以被测量,图表化,可以对它们进行统计上的描述和验证。它的方法是专门设计出来用于消除**背景**,以建立可量化陈述的理论领域,用以建立因果地连接在一起的关系,将其建设为事物、事实、事件可以呈现它们自身的唯一的语境。当它获得对自然事物更大的理论性理解和技术性支配之同时,其结果是在科学中也失去了与生活世界任何可以辨认出来的联系[1]。

建立在对自然态度上本构着的双重遗忘之基础上的近代自然科学,处于双重的解放和双重的盲目(twice free yet twice blind)之中:它从主体性的相对性中解放出来,从生活世界的相对性中解放出来;通过它的产物而看不到这种科学认知的实践性,也看不到科学自己进行改造活动的背景,而恰恰是这个背景使得现象有可能继续只作为数据资料而存在。

然而,近代科学对世界的去视角化(deperspectivalization)是不可能完全

---

[1] 关于这个思路,见克劳斯·黑尔德:〈生活世界〉("Lebenswelt"),见《神学现实百科杂志》(*Theologische Realenzyklopädie*)第20期,第595页。

彻底的。这是出于以下两方面的原因：首先，科学的**内容**继续是来自这样的领域，这个领域一方面是普遍的，但同时又是在理论上的持续不断的实践所构成的领域；与此同时，当该研究所在的给定领域中出现了崩溃，或者悖谬的时候（比如，量子力学中波动说与粒子说发生冲突时那样），这些科学的内容必须被认作是出于特定视角的内容。第二，由于自然科学的**方法**是以人的活动、行为为基础的，而这些活动涉及日常的直观活动和实验的操作活动，它们要求不可形式化地解释行为（比如，识读仪器的标记）。即使是摆脱了主体性世界的自然科学，也只能被理解为是主体性的"相关者"。对自然科学的现象学研究（critique）已经指出理解自然科学之何以被建立的方式：尽管理论与实践知识的发展使我们得以掌握自然，但是这种发展必须被投放到人类更宽广的利益和人类解放（human emancipation）之更大的事业中去加以理解。

第二节　从世界到生活世界

以上就是胡塞尔对作为视域的世界的特征刻画，以及他用这个世界观念对客观主义的批判。为了理解他的这一理论中的张力，在本节中，我们需要查明，世界的观念是从何处进入他的思想，以及这个观念在什么时候被重新表述为生活世界的观念。

正如我们于第四章中看到的，从《逻辑研究》（1900～1901年）的发表到《大观念（Ⅰ）》（1913年）的问世，仅仅在这一段时期内胡塞尔便认识到，他对意向性经验以及知识的现象学研究尚且不是哲学。他跟着布伦塔诺把这些研究天真地称为"描述现象学"，这最终使他得以看到，这个方法的适用范围是有局限的；同时他也看到，此方法所能包含的领域不是最基本的，而是从其他领域衍化出来的。胡塞尔的这种方法尚且未曾走出自然态度而达致先验现象学的态度。他曾经向米施指出，对描述现象学的这种看法"第一次公开的表达"[1]是1907年作的讲演，该讲演出版时的题目是《现象学的观念》（《小

---

[1] 胡塞尔：〈致乔治·米施的信〉，1929年8月3日，《通信集》（Ed. by Karl Schuhmann in connection with Elisabeth Schuhmann, *Husserliana Dokumente*, Vol. 3. Dordrecht: Kluwer Academic Pub., 1994），3/6，第277页。关于这一点见 Guy van Kerckhoven：〈从历史证据观点看胡塞尔与狄尔泰之间冲突中的基本立场〉（"Die Grundansätze von Husserls Konfrontation mit Dilthey in Lichte der geschichtlichen Selbstzeugnisse"），见《狄尔泰与19世纪以来的哲学概念的变化》（*Dilthey und der Wandel des Philosophiebegriffs seit dem 19 Jahrhundert*），《现象学研究》，16 (n. d)，第155页。

观念》)。这一思想后来在《大观念(I)》中得到进一步的精致化,然后,在以后的二十年中不断得到发展。

正如我们在第二章中已经看到的,自然态度不仅是前科学的生活与科学的生活的本构成分,而且也是任何现象学分支学科的本构成分,只要这个分支包含某一个经验的具体领域或具体区域,比如描述心理学就是如此。所有区域存在论或区域本体论都保持着与自然态度的结合。在自然态度中,它们能够展示本质上完全不同的区域的本构结构(constitution),就是因为它们是以那隐含的对世界的信任为基础的,这些分支学科本身就是这个世界的组成部分,而在这些存在论的内部,这一对世界的信任本身是不可能得到分析的。对于任何实证的科学分支来说,都必然不可能完全摆脱对象化的运动,这种对世界的信任包括了下述假设:各个区域是处于由诸存在构成之整体(the totality of beings)这一基础之上。

诸存在之整体本身也可以成为普适的存在论(universal ontology)的课题。普适的存在论这个学科本身仍然停留在自然态度之内,因为它也是依靠着对诸存在之整体的现实存在(existence of the totality of beings)的确信的支持。最后的结果是,整体性必然被处理为更高阶的、理想层次上的对象或存在。与普适的存在论的整个范围相匹配,我们可以澄清这个整体之"所是的内容(what is)",但只能依据某些一定形式上的"对象性的(客观的)"要求(certain formal "objective" requirements)进行说明——这些要求把所有领域连接在一起。我们无力去覆盖"所是的内容(what is)"与"它之被领会为这种存在(as such)的方式"之间的根本性联系。

为了理解这种根本性联系,起初在自然态度中被认定为与"诸存在之整体"是一回事的世界①,现在必须被重新置于"所有存在的存在(the to-be of all beings)"之层次上,这样便可以保证它与诸存在(beings)的**区别**,保证它的先验性的地位,然后,在现象学上就可以被特征化为"在综合上被连接在一起的各种成就的可被发现的普遍性(discoverable universality of synthetically connected accomplishments)"②之相关项。这样,就可以保证作为视域的特征,可以对感知性意谊进行说明:在感知性意谊中,诸存在之存在(the being of beings)内在地与它们的被揭示联系在一起。

在《大观念(I)》中,世界似乎被排除在外。在开卷的几页中,胡塞尔暂

---

① 见《大观念(I)》(Halle a. d. Saale: Max Niemeyer, 1913)最开始的章节和《第一哲学(II)》(Ed. by Rudolf Boehm, *Husserliana*, Vol. 8. The Hague: Martinus Nijhoff, 1959)第260、262页。
② 胡塞尔:《危机》,第148页;英译本,第145页。

时把世界等同于"诸存在的整体",这使他的工作获得一个指导线索,以便为后面章节中的现象学分析提供一个整体范围。他在后面的那些章节中提出,我们在自然生活中的"直率"姿态的基础本构性因素,就是对世界的存在的隐蔽的确信,与此相关联,它也是一种包含"对象化(objectivation)"的运作,这种"对象化"从素朴的感觉出发,贯穿于精妙复杂的科学和哲学之始终。在科学和哲学之对象化中,经验与思想作为固定在"被给出"之上的东西而"失去"它们自身。其结果是,诸事物的确定性完全依赖于"主体性"的这种方式被边缘化了、被忽视了。在《大观念(I)》中被胡塞尔称为把世界的存在"置于括弧"之中的做法,使对世界的把握中立化了,并引入了反思的运动,这样我们就可以研究"主体的"认知上的成果功效的不同类型。这些成果功效是现象的不同区域的基础支撑。现象学的还原在那里是由括弧的活动与反思所结合组成的。与此同时,它也把哲学的分析从关于"自在的世界"(world-in-itself)的隐蔽假设下解放出来。这种还原使世界的范围(普适性)保持在它被重新组织的那个范围上,这种保持的方式尚待我们对它进行具体的规定;这种还原使世界保持为"预先给出"的结构,这种结构是经验中任何内容被给出之可能性条件。总之,还原把我们对世界的**存在**,以及对它的**构造(construction)**最初"素朴的"说明,转换为对世界的"**当下显现**"和它的"**本构**"的"批判性"说明。

这个转换不仅保证了胡塞尔自己的现象学分析的先验属性,而且也是用现象学的再解释,挑战其他人的先验分析。它要求对先验的范畴分析的结果加以改造,不管它是以亚里士多德《形而上学》的形式出现,还是以黑格尔《逻辑学》的形式出现的,它都要求将其转交到现象学的语域之中,要求用真正的主体性现象学来克服康德的分析隐含的客观主义倾向。当然,对这一问题的分析需要另外一本研究专著了。

这些把世界的观念带入到现象学的领域的初步尝试所要求的无非是**回溯式的**(regressive)现象学进程,它开始于对诸存在之不同区域的诸现象之间的结构区分,然后"向后去构建"它们的一般性条件。这些初步尝试又被胡塞尔强烈的认识论要求(这同胡塞尔的明证性概念紧密相关)所腰斩(be undercut)。由于努力寻求避免范畴分析的思辨构造(speculative constructions)和避免康德的假设性的演绎程序,所以在《大观念(I)》中,胡塞尔关于先验的构成思想,依靠的是笛卡尔式的反思加上直观的直接性和全适性的要求,用以保证所有被允许纳入该系统的因素都是安全合适的。但是这种组合就像在笛卡尔的思想中一样,在直接性和不可置疑性之间打进了一个楔子,引起了混乱:它倾向于关注意识的自身当下显现(self-presencing),而缺乏对世界本身的显现(presence)的关注。其结果是导致了先验主体,胡塞尔在《大观念(Ⅰ)》中将其称为"绝对意识",它被特征化为"剩余(residue)",也就是还原(reduction)在方法论上"消灭了"世界之后遗留下来的"残余"①。他关于明证性理论的各种内部要求,还意味着胡塞尔不能够信赖他最初的整体性观念,因此他需要一种方法,为他的思想的普适性(universal,整体)范围提供担保,而这范围属于真正的现象学领域。建立在意识的显现与世界的显现之间的结构性差异之基础上,彻底的笛卡尔式怀疑便包含着对存在于单个具体的排除行为中的整体性的怀疑,与此同时,它重新构建作为面对意识而显现的现象,即它担保"为了……"结构为一个整体。其困难在于,这个怀疑在原则上不可能包括"在……之中"的结构,更糟糕的是,它使"在……之中"的结构迷失于"为了……"结构中。由于《大观念(Ⅰ)》是用二元对立[内部与外部、主体与客体(对象)、内在与超越等]来进行工作的,所以在这本著作中,胡塞尔没有其他选择,只有把世界本身处理为是**为了**绝对意识的现象,也就是将世界铸造为一个整体性存在(being a totality)。

胡塞尔在《大观念(Ⅰ)》之后进行的进一步研究中,进入对自然世界与文化世界之间的区别的本构(constitution)的探讨,他把静态现象学拓展到发生现象学,进一步发现了进入先验分析的其他方法。所有这些研究都必不可免地要求现象学对世界的处理必须进行根本的改变。首先,《大观念(Ⅰ)》中被放到括弧中的、被排斥在外的世界,可以被具体地理解为是"对象化了的"世界,而它是一个历史发展的产物和结果。这就意味着,这个世界可以被置入与"前对象化的"世界的对立之中,"对象化世界"是以"前对象化"世界为基础的,前者是与后者相对的、相关的。这个对象化之前的世界,恰恰是可能躲过"被还原掉的"命运的,因为它不具有可以加以还原的、加以把握的实证性。但是这只能是在现象学上,世界被特征化为不再是"为意识而存在"的对象(整体性),而是一种与意识具有同等原初性结构的时候,上述做法才有意义。只有把世界理解为意义的组联,具有一种胡塞尔以前并没有认识到的复杂性时,此时,所有个别的世界都是以此具有复杂性的意义组联为基础而构成的时候,上述避免被还原的想法才有意义。当胡塞尔在20年代逐步淡出它关于世界的最初想法,走到关于生活世界的理论时,就标志了他要尝试用它来发展动态发生现象学方法,努力把世界积极地整合到先验理论之中。

---

① 见胡塞尔:《大观念(Ⅰ)》,第49节。

当然,关于这一思想,人们可以追溯到狄尔泰①、阿芬那留斯②,甚至更远,回溯到剧作家雨果·冯·霍夫曼斯塔尔(Hugo von Hofmannsthal)③,但胡塞尔是把生活世界这一概念真正放置到哲学理论之中心的哲学家。他的这一工作对广大的哲学界和科学界产生了巨大影响,这主要是通过他的1934~1937年间写下的最后一部书稿。这批书稿的第一和第二部分发表于1936年,1954年全部(包括第三部分和附录)发表。但是为这一观念打下基础的工作却可以回溯到他1910~1911年在哥廷根的讲稿。他在那里已经对"世界的自然概念"做出了分析,而且清楚地区别了"自然主义的世界"和"社会-文化(Geistige)的世界"④。而且还有最早草拟于1912年的《大观念(Ⅱ)》中的某些章节。那里也处理了"自然"的构成问题。他在那里对它有各种表述:"个人的世界","文化的世界","[人类]精神的世界"等。1919年第一次在弗赖堡讲授的"自然与精神"的讲课稿对上述思想又做了进一步的发展,并整理为关于理解自然与精神的理论,将自然与精神理解为"周围世界(Umwelt)"或"日常世界(Alltagswelt)"的不同"层"(strata)或"层级"(levels)。就我所知,在公开发表的文献中,生活世界这一术语最早见于这一讲稿之中⑤。当他在那里把他对"预先给出"的"周围世界(Umwelt)"的结构

---

① 见 Guy van Kerckhoven:〈从历史证据观点看胡塞尔与狄尔泰之间冲突中的基本立场〉,见《狄尔泰与19世纪以来的哲学概念的变化》,《现象学研究》,16 (n. d.)。
② 见曼弗雷德·索默尔:〈胡塞尔哥廷根时期的生活世界〉,见弗雷德·索默尔编辑的《胡塞尔:精神世界的本构》,Hamburg: Felix Meiner, 1984,第 xviii ~ xx 页;鲁道夫·贝尔内特等:《胡塞尔现象学导论》(Evanston, Illinois: Northwestern University Press, 1993),第217,220 页。
③ 汉斯·布鲁门伯格(Hans Blumenberg):〈概念构造的平行性:胡塞尔、霍夫曼斯塔尔与生活世界〉("Parallelaktion einer Begriffsbildung: Husserl, Hofmannsthal und die Lebenswelt"),见《新苏黎世报》(Neue Zürcher Zeitung),December 12 & 13, 1987。
④ 见《交互主体性(1)》(Ed. by Iso Kern, Husserliana, Vol. 13. The Hague: Martinus Nijhoff, 1973),第111~194页,特别是第122~125页。关于这一时期的胡塞尔的世界观念,见曼弗雷德·索默尔的〈胡塞尔哥廷根时期的生活世界〉。
⑤ F I 35, p. 26b;转写本(transcription)29b。这个报告讲了三次:1919年,1921~1922年和1927年。我在1919年的文本中发现了类似的段落,该文本作为《文章与报告(1)》(Ed. by Thomas Nenon and Hans Rainer Sepp, Husserliana, Vol. 25. Dordrecht: Martinus Nijhoff, 1987)的附录12(Beilage 12)发表,见该书第327页。关于这个术语的早期使用见《大观念(Ⅱ)》,附录13(Beilage 13),第374~376页(这是一个写于20年代前期的文本,也许更早些);英译本第384~386页;以及《第一哲学(Ⅱ)》,第272页(这个文本胡塞尔拿不准是否是在"1930年"写下的。编者Boehm把它算作1924年的文本)。关于生活世界这一术语的文献,以及对此概念第一次出现的深刻分析,见 Guy van Kerckhoven:〈胡塞尔"生活世界"概念的生成〉,《概念史文库》(Archiv für Begriffsgeschichte),29 (1985),第182~203页。关于生活世界的问题,以经验世界为题(Erfahrungswelt),在胡塞尔1923~1924年的讲课中,在"第一哲学"中,以及在1925年和1928年他关于现象学心理学的讲课稿中,得到全面的处理。见《第一哲学(Ⅱ)》第44~50,69~81页,特别是第259~274页,以及《现象学心理学》,第52~118页;英译本,第38~90页。关于 Erfahrungswelt(经验世界)与 Lebenswelt(生活世界)的同一性问题,见《现象学心理学》第111页(英译本,第84页)。所有这些文本,就我所知,均写于海德格尔的《存在与时间》发表之前。

性研究结合于他对周围世界的某一类型之"生长"或"重构"问题的新兴趣时,他引入了生活世界这一术语。

第三节　作为经验矩阵的世界与具体的普适性

　　胡塞尔依靠手头的"周围世界(Umwelt)"这个术语,进一步努力去发展和澄清他关于生活世界的理论。胡塞尔的生活世界观念的引入,以及其基本内容的发展,很显然都是在胡塞尔了解海德格尔《存在与时间》一书之前已经完成的,对这方面的故事我们已经在第五章第四节中提及。而胡塞尔在生命的最后阶段,从1932年到1936年,对生活世界进行了紧密的研究,却不能表明,他直接受了海德格尔的世界概念的影响,而且胡塞尔肯定没有企图把"海德格尔的洞见合并到更加传统的框架之内"①。然而较少疑问的是,海德格尔的思想刺激了胡塞尔,并向他提出了挑衅,逼使他要把自己的理论公之于世。但是他确实为了如何使生活世界观念获得真的先验特性而苦斗。准确地讲,到底科学世界坐落于其上的这个"基础"是什么?科学不是也在"生活世界"中,而且是生活世界的真正的组成部分吗?如果的确如此,生活世界如何能成为科学的基础呢?为了公正地对待胡塞尔的这一理论,我们必须从它的系统性发展中来把握它,即使是仅仅以简介的方式也好。

　　在近代自然科学中形成的世界,正如我们已经看到的,是在对一个预先存在的世界的特殊改造中产生的。在开始的时候,胡塞尔曾设想,这个世界不是一个我们大家都处于其中的"文化的世界",而是一个"自然的世界",是在自然科学对其进行重建之前的、我们经验到的自然界。他把这个自然世界处理为"科学前的"、"理论前的",未受妨碍的经验之相关者。但是在哪里可以找到这种不带各种学科的理论解释的多种层次影响的经验和世界呢?更不用说去发现脱离了日常闲谈的世界了。

　　感知世界相对于理论上构造起来的世界的优先性,不应该被理解成一种时间上的在先,也不应该以为对它的描述必须回到人类学:

---

① 哈里森·霍尔(Harrison Hall):〈意向性与世界:《存在与时间》第一部分〉("Intentionality and World: Division I of *Being and Time*"),见《剑桥指南:海德格尔》(*The Cambridge Companion to Heidegger*), Cambridge: Cambridge University Press, 1993年,第122页。

这并不是要求我们去从事历史学、人类学的研究,去尝试确定,在达到科学之前人类是如何表象(Vorstellen)这个世界的,或者去确定,即使在今天,离开了科学、未受科学影响的人们在理解世界时,对世界的表象会有多么不同。我们这里所讲的科学之前的意识,仅指下面这种意识:通过在方法论上排除所有源于[先前的]理论行为的整体统觉,便可以持续地展示于或至少产生于明证性中。只有这种意识可成为我们的研究课题。①

被刻画为科学之前的经验性世界,即生活世界,是通过**抽象**才使它们成为研究的对象。当然对这里的"抽象"要给予正确的理解:这是指**本型变换**的过程,系统地把自然科学带来的包含物分解出去的过程。这并不是人为或思辨的程序,因为我们对它的反思所遵循的"指导线索",即使在受到妨碍的感知行为中也在起作用。因为被解放出来的生活世界本身是"给出的",也就是说,是一种经验之模式的相关物,它们在本性上是非认知性的,它们构成了那些经验科学解释的认知性感知的背景。

但是在未曾把世界还原为意向性对象,并由此而丢失了诸对象与"对象处于其中的世界"的区别的时候,我们如何来谈论对世界的经验呢?对此,我们必须把我们对胡塞尔的感知理论的看法加以拓展。

从一座房子前面看的时候,我看到的是整幢房子。同时,直接面对于我的那一侧面引导我去观看房子的其他外貌,从其他的角度、从其他的侧面去看这幢房子。这些涉及的侧面和角度,已经事先通过业已在起作用的感性意谊预示出来了,已经被预先勾勒出来了。在每一个感知之中,向我给出的东西都多于我直接面对的内容。我可以通过围着房子散步,看它的背面,进一步扩大我的经验范围,但这只会激发对"内部"和"外部"的预期。通过走入房子内部,我按着内部的指示,进一步探看,每一个房间都向我指示着其他的房间。或者我可以按着外部的指示去探看,因为看房子,包括了去"整体观看",即房子的青葱的绿地,以及它坐落于其间的山谷,两边的丘陵,甚至山丘的背面。从现象学上加以特征刻画的经验世界,就是这种**内部视域**与**外部视域**;这类视域使得处于其中的对象协调一致的被感知成为可能。这个经验世界自身是在每一个经验中并且通过每一个经验而"预先被给出"。

在把康德的核心概念加以改造扩充之后,胡塞尔把明确地对预先给出的

---

① F I 35, p. 25a;转写本(transcription)28 Companion,引文见 Guy van Kerckhoven:〈胡塞尔"生活世界"概念的生成〉,《概念史文库》,29(1985),第 192~193 页。

世界进行反思,并且分析这个世界的"长存的、持续不变的结构"的现象学学说,称为"**先验感性论**(transcendental aesthetics)"分析。正如我们在第七章到第九章曾经指出的,胡塞尔最富成果的分析恰恰是在这一领域中。这些研究覆盖了亲历空间、亲历时间、感知场、意谊串联(sense concatenations)及预期、被动综合、感性的形态转换,以及作为感知经验的所在地,亲历的人体及其统一的本构等课题。我们甚至在后期的思辨性文本中也可以发现,胡塞尔开始关注世界与地球之间的区别①。

非常重要的是,要注意"生活世界"和"世界"这两个观念之间的这种初次的对照(contrast):生活世界被理解为无妨碍地(unencumbered)被感知的世界;后一个世界则是由现在的自然科学所设计的世界,它出现于视觉层次以及对视觉层次的解释之中。之所以可以说,生活世界奠定了科学观察的世界的基础,其理由并不仅仅在于,我们在关注科学研究的对象之前,已经熟知了[生活世界]中的事物和关系,而且还在于,这类科学观察的被给定性的模式(qualified mode),可以被理解为是对素朴观察进行意向活动和意向相关项方面的特殊改造之结果。

对于中止近代科学的自然观念之绝对性来说,这种最初的对照就足够了,正如我在上一节已经指出的。在胡塞尔维护"对象的(客观的)"自然与"主体性"之间的内在连接的努力中,这一对照发挥了很好的作用。但是当我们审视自然科学,并且不仅将其当作一个理论的学科,它构造了驾驭和对立于生活世界的自然观念,而且还将自然科学理解为生活世界**内部**的历史和文化的事业时,这种对照就变得很成问题了。在《危机》一书中,胡塞尔认识到了他的这种理论所面临的困境。

> 具体的生活世界……是"科学上真"的世界的基础性土壤,但是同时,在它自身普适的具体性中也包含了"科学上真"的世界。怎么来理解这一点呢?我们应如何体系性地公正处理——即联系到相关的科学学科——生活世界这种包罗万象的、提出如此自相矛盾之要求的存在样态呢?②

此外,科学向我们提供的不仅仅是看世界的方式,而且还为我们提供了

---

① 对此有内容丰富的探索,见安东尼·斯坦伯克:《家里家外》,Evanston, Illinois: Northwestern University Press,1996年。
② 胡塞尔:《危机》,第134页;英译本,第131页。译文有改动。

在实践中对世界进行重构重组的方式。使科学得以出现的那些改造与转变,并不仅仅是解释性的和计划性的,而且是通过科学技术可以在物质上和感觉上大量生产的①。如果再联系到政治经济学的体系,它们就真正改变了我们所看到的东西,它改变了我们行为的真正进程,甚至改变了我们居住的场所。即使我们去看源初的感知活动本身,我们也会发现,我们生活世界中的感知不仅被我们与事物的各种实践关系所包围,而且还是被交织在一起的。所以在《危机》一书中,当胡塞尔谈到科学技术的成就"流入(flowing into)"生活世界的时候,生活世界与科学世界之最初的对照似乎崩溃了。不仅仅社会文化世界要经历物理上的改造与发展,整个自然,作为我们的源初感知之相关者的宇宙,也经历了物理上的改造与发展。即使有人声称,的确存在某种不掺假的洞见,但是它所获得的对象也很少具有所谓的"纯粹"性的。纯粹对象看上去已经完全落入技术改造的解释性的沉淀物之中,无论在理论上还是在材料上都是如此。因此,恢复最初定义的生活世界的问题,最终受到无情的报复。

事实上,当胡塞尔逐步地对科学世界进行处理,而且将其作为"许多不同的特殊世界"(Sonderwelten)之一来处理时②,我们的困难变得更加巨大:每一个这样的特殊世界都是由不同的规则性的理想观念或者被指导的目的本构而成的,不管它是实践性的还是理论性的,每一个这样的世界都会"流入"并改变生活世界。但是胡塞尔仍然坚持认为,不管是金融交易、家具制作,还是玩飞盘的世界,所有操作都是在交互主体性的、感性经验的背景下进行的,并可以借助行动与兴趣(interests,利益)来加以理解。行动与兴趣(interests,利益)自身又受到批判性分析的影响,并且能作用于经验性世界的转变与改造。但是他明确地认识到,这种思想会在他的理论中产生第二个困难:

> 这里仍然有某种混乱:每一个实践性世界,每一种科学都假定了生活世界为前提。作为一种有目的的结构,它们就是对立于那个"由自身出发(von selbst)"在过去总是存在而且还将继续存在(immer schon und immer fort ist)的生活世界本身。然而另一方面,任何正在发展人类(不

---

① 从现象学视角对技术的全面说明,见 Don Ihde:《科技与生活世界:从花园到地球》(*Technology and the Life-World: From Garden to Earth*), Bloomington, Indiana: Indiana University Press, 1990 年。
② 见胡塞尔:《危机》,附录(Beilage)17,第 459~462 页;英译本,附录(Appendix)7,第 379~383 页。

管是个人还是团体)以及被人类发展出来的东西,它们本身都是生活世界的一个部分。因此,对立就被中止了。①

这双重的困境带我们走向了第二种生活世界的观念方向。如果使用我前面引入的术语来说的话,胡塞尔对自然科学的解构工作已经在本质上提出了这种科学的专门语境,即数学化了的自然之理论方法,必须被放到特殊的抽象背景中,或者放到我们在理论之前(pretheoretical)对自然的熟知中去。但是这种"诸特殊世界"的观念又引入了其他语境,这种思想可以对背景进行转换改造。与此相应,我们必须对我们关于背景的思想加以扩充和丰富。但是这不可能仅仅通过颠覆对"基础感知性"的世界的初步描述中的"视觉(ocular)"局限所能完成的,不是仅仅通过将其加以扩充,使其把与事物的实践活动也包括进来所能实现的。要做到这一点,还必须用积淀和转换之类的生成性观念来对其结构性的说明加以补充才能做到。这就包括说明,一个语境是如何成为背景的,我们是如何发展出"次级敏感性(secondary sensibility,后生敏感性)"的,文化是如何要求有血有肉的。对我们现实地生活于其中的具体世界来说,这个世界已经受到时间和理论的成效之结果的直接的影响。这就意味着,不仅仅经验科学的逻辑-理论实践,而且诸特殊世界的多样性,甚至狭义的生活世界——素朴的经验世界,所有这一切都属于"生活世界的全部具体性"②。这种广义的"生活世界"被胡塞尔在一个层次上刻画为"生活世界诸对象的宇宙(万有)"③,在另一个层次上被刻画为"所有的现实的和可能的实践的普适性的领域,即视域"④。

关于生活世界的这第二种观念既覆盖了"自然",也覆盖了"文化"。这样生活世界既获得了具体性,又获得了与诸存在之整体性(totality of beings)相称的范围。这样做的代价是,失去了生活世界一开始所扮演的那种角色。通过第二种生活世界观念的视野,胡塞尔关于"生活世界是经验科学的基础"的断言,就成了问题。因为这种说法恰恰可以意味着,诸科学的实践活动(现在被包括到生活世界之中了)是科学理论的基础,而并不意味着,原始感知的世界与自然科学设计的世界之间有必然联系。此外,如果我们允许实践来指定我们用"生活世界"这个概念所指的内容,那么,我们就会有诸种世界的复杂多样性,与在世界中以及作用于世界的行动的不同风格类型相对

---

① 胡塞尔:《危机》,第462页;英译本,第382~383页。
② 同上书,第132页;英译本,第129页。
③ 同上书,第176页;英译本,第173页。
④ 同上书,第145页;英译本,第142页。

应,无论它们是个人还是社会的。在获得具体性的同时,我们失去了生活世界的统一性。

在我看来,这些张力之所以在胡塞尔的理论中出现,是因为,他是第一个用视域对世界进行特征刻画,是将视域这一术语带入哲学用法中的第一人。与此同时,他又倾向于把我们将世界思考为整体时的那些属性,添加到"视域"之上。只有在他的最后一本著作中,他才打破了自己的这种倾向,但也只是在原则上,而在实践中,他未必总能如此。

> 与所有以前设计的客观科学相对立——这些科学都是以世界为基础的,这个科学是一种普适的科学,它研究的是,世界之预先被给出(pregivenness)是如何进行的,即,是什么使其成为任何种类的对象性的普适性之基础。①

这个世界一方面被视为直观的经验性世界:它位于被实践性和理论性的各种目的所指导的各种世界的**底部**,为它们打基础;另一方面,这个世界又被视为具体的整体:由于实践的和文化的成果"不断流入"与"淀积",它又包容了各种特殊世界的多样性。**这里存在着两个不同的关于生活世界的观念:作为经验性的基础[而起作用的]世界,和作为具体的普适性[而存在的]世界**。如果我们始终如一地把世界处理为视域,再用关于语境的观念来对背景这一观念加以补充的话,那么这两个不同的生活世界观念就十分容易被结合在一起。让我在这个方向上提出如下一些建议。

各种不同的特殊的世界是由交互主体性的成果和社会的成果铸造而成的,因此,它们必不可免地依赖于各种不同类型的、散乱无章的相互作用,以便构建起它们的区域和区域内部的隐蔽的规范。这里,语言开始发挥作用,同语言一起发挥作用的还有各种概念性网络。离开了这些概念性网络,我们就不会有各种不同的区域范围。这些概念性网络就是**诸语境**(contexts)。语境与背景不同:背景是诸多感性意谊的复合体,这些感性意谊贯穿于我们与各种事物的那种躯体化了的关系之中。语境则不然,它们可以被描述为**语言意义的矩阵**[matrices of meaning(Bedeutung)],它们是社会性地构造而成,是社会的记录下来的;一个矩阵内部的各个单元或元素之间的关系是一种**差异性蕴涵关系**(differential entailment)。在语境中构成的各种事实与事件的复杂组合,其特征可以被刻画为**指称性蕴涵关系**(referential entailment)。

---

① 胡塞尔:《危机》,第 149 页;英译本,第 146 页。

按我的看法,如果我们用"语境与背景之间的相互作用"来对视域进行特征刻画的话,那么我们就可以获得关于生活世界的清晰而丰富的观念。这样,所有的区域都处在语境与背景的诸多千差万别的搭配组合**之中**(within differential blends)。而各种组配又通过**淀积**而不断重新结构它们自身。在这个过程中,视域就是一种具体的普适性(的内容)。这样,所有语境都预设了并因此**依赖于**躯体化的感性经验(直观)和实践的参与(know-how,专门知识)等这些背景和基础。于是视域便成为经验性的矩阵(experiential matrix)。

把生活世界的特征刻画限制于视域这一观念之内,通过语境与背景的相互作用来对它加以具体说明,就可以使我们能够避免下述三个困难。其中两个是胡塞尔本人在不同的情况中与之争斗过的困难,第三个是我在对它的理论进行改造时遇到的。

1. 无论是与"科学的自然"相对立的(原初给出)的自然[正如胡塞尔对客观主义(objectivism)的批判引导我们去相信的自然],还是"文化"(相对"自然"具有某种"存在论的优先性"的文化,就像胡塞尔在《**大观念(Ⅱ)**》①中所说的文化),作为生活世界,都不是由对象和经验构成的某个特定**区域**。我们仍然可以把比如牛顿式的自然科学设计的世界结构(它为我们对科学的对象和关系之识别和特征刻画提供了语境),与生活世界的结构(这里生活世界是由躯体化了的意识主体对日常事物的经验所本构而成的背景)对立起来。但是,那种特殊的背景并不能穷尽生活世界所指的全部内容。

2. 因为我们把生活世界这一概念理解为是先验的概念,所以只有当我们能经验到它,或者用胡塞尔的说法,只有当它是我们经验的相关者的时候,它才可能成为我们的说明的一部分。而经验或直观这一观念,不应该被还原为感性感知(sensuous perception)的观念,因为感性感知只是我们对事物之躯体化经验的一种模式。而经验涉及的不仅仅是我们的五官感知,还涉及我们的手,我们的运动,我们的"劳作"。正如海德格尔会向我们简明指出的,我们可以"直接"把工作台上的对象经验为锤子,而不用把这种经验解释为下述行为的复合:首先事物被感知为感性的质量,然后将其作为基质来使用,接下来进一步将其解释为锤子。我可以直接把这些运动经验为舞蹈,尽管舞蹈只存在于社会和文化的语境中。如果我们要把世界保留在视域的先验性特征刻画之内,那么,直观就绝不能被理解为仅限于**科学之前的自然**之意向行为性上的相关者(noetic correlate),而应该更广泛地被理解为"被动

---

① 胡塞尔:《大观念(Ⅱ)》,第281、297~302页;英译本,第294、311~316页。

地"当下化(present,当下呈现)之诱发性复合(complexes)的意向行为性上的相关者(noetic correlate)。被直观到的属性不仅仅是不受妨碍(unencumbered)的感知结果,不仅仅是身体之行为作用于诸事物的结果。而且还是先前的主动行为之成功产物的沉淀之结果,不管它们是奏鸣曲还是超声波扫描图,不管它是文化还是科学,都是如此。简而言之,为了避免为意向行为的模式去寻找"对象"的这种引诱,与其把生活世界定义为直观的相关者,倒不如直接去强调下述事实:背景和语境总是"预先给出的",背景和语境具有一种结构,这种结构必然总是靠经验的条件来充实而有血有肉。

3. 即使我们得出结论说,生活世界不是一种整体性,我们仍然未能解决下述问题:它是否是一种普适性的结构。我们也未能指出,它与整体性有什么区别。在第四章中,我们倾向于把生活世界特征化为"一种具体的普适性内容",并提出由于它的普遍(适)性是以指示性的和预期性的一般性结构为基础的,而且这种一般结构,使得在不同领域中,甚至在不同世界中的纷纭复杂之经验,皆可以整合为一个具体的世界①。但是在这里,我们必须再次提问:我正在引入的各种条件是否仍被约束于把世界当作整体的特征刻画之内?

在《笛卡尔式的沉思》一书中,胡塞尔依据关于对象的"全适被给出性(adequate givenness)"这一笛卡尔式的观念,来规范他关于世界的超越性和统一性的理论。所有经验的被给出的内容,都被装配到非全适的当下化之中;但与此同时,这些内容超出它们自己,指向它们的真正的本性:

> 在这个[行为与可能经验]的多样性之内,现实存在着的对象总是指示着一个特殊的体系、一个与对象相关的诸明证性(evidences)的体系,这些明证性们以下述方式共属在一起:综合地(也许通过一种无限)组成一个整体明证性(Totalevidenz)。这应该是一种绝对的完善的明证性,它使得对象得以从它所是的所有角度给出对象自身——在这种明证性的综合中,任何未获充实的期待性之意向内容,特别是在奠基了这个整体明证性的那些单个的明证性们中尚未充实的期待性之意向内容,都应获得全适的充实。②

---

① 我对胡塞尔理论的理解与黑尔德保持一致,见他的"Lebenswelt,"第597页。
② 胡塞尔:《笛卡尔式的沉思》(Ed. by Stephen Strasser, *Husserliana*, Vol. 1. The Hague: Martinus Nijhoff, 1963),第98页;英译本(Trans. by Dorion Cairns, The Hague: Martinus Nijhoff, 1960),第63页。

侧面与对象(对象具有一种超越性,它的整体性只有在我们能概括把握了它的所有透视角度之后才能给出)之间的关系,为胡塞尔对对象与世界之间的关系的笛卡尔式的理解,提供了操作性范本:

> 从每个世界性经验出发,对进一步可能的经验的一致的无限性的指示(Verweisung)……显然表明,属于一个世界的现实的对象,尤其是一个世界本身,是一个无限的观念:它联系于一个协调一致地统一在一起的诸经验之无限性,它是一个完善的经验明证性的相关性观念,并且是一个可能经验的全面综合的相关观念。①

这种从一个对象的世界的当下统一性向世界的统一性的跳跃,导致了一种致命的错误。在这个错误中,世界的当下存在是以"通过侧面给出的对象之完全的被给出性"作为原型来塑造自己。世界本身成了一个经验的"相关项",而且不可避免地成了一个"对象"。可以使我的论证避免将世界对象化这种错误的是下述思想:我拒绝了对世界的笛卡尔式的特征刻画:在这种刻画中,世界被理解为一种"无限的理念(infinite idea)",而这个"无限的理念"属于被指称内容的序列。我则主张,世界作为诸意谊牵连和诸意义蕴涵的组联(nexus of implications and entailments),作为各种视域的视域,属于意义的序列。因为在胡塞尔那里没有这一区别,"在……之中"结构便同"为了……"结构混在一起,我们可以在胡塞尔自己对"经验的批判"的努力中看到这一点。他"追随笛卡尔的一段思路"②,揭示主体性这一观念的"方式是,使主体性不可能被看作是**在**一个世界**中**的,被看作是像人一样的存在的(生存的,existing)"③。事实上,"在……之中"的结构在此被**颠倒**了。因为,被先验的特征化了的主体性,现在已经不在世界中,相反,世界只有在"主体性的内在性中"④才能被揭示出来。其结果就是,我处于其中的世界,是在我之中的世界,"我不可能**进入**任何世界,除非这个世界在我之中,并从我这里,从我自己这里得到它的意义和有效性"⑤。与此相反,我们认为,把世界特征化为视域,并不要求单个的直观能包容整个视域,也不要求世界必须具有对象

---

① 胡塞尔:《笛卡尔式的沉思》(Ed. by Stephen Strasser, *Husserliana*, Vol. 1. The Hague: Martinus Nijhoff, 1963),第 97 页;英译本,第 62 页。
② 胡塞尔:《第一哲学(Ⅱ)》,第 260 页。
③ 同上书,第 263 页。
④ 同上书,第 264 页。
⑤ 胡塞尔:《笛卡尔式的沉思》,第 60 页;英译本,第 21 页。译文有改动。

的那种单一个体性。相反,视域不是一种高层次的或与之不同的其他层次的对象。视域只能在对象之间的差别中、在不同层次之间的差别中才能找到。它的理念性是以它的交叉指示、交叉参照性为基础的。我们所具有的世界不是一个单个的整体,而是表指性意义的组联,我们对它的接近,总是从组联之"**内部**"出发的。这就使得有限的诸视域本身的**多样性**成为可能,尽管这个视域缺乏统一认同性的点,并因此是闭合的。

第十四章 视域和话语

指示[Anzeige]的现象是可以从现象学的观点加以展示的东西。早在《逻辑研究》的工作中获得的这个洞见,已经在那里构成了发生现象学的核心。

——胡塞尔(20年代)①

解释可以从存在者自身提取本来属于有待解释之存在者(Seienden)的概念方式;又或者解释可以强逼存在者进入概念,虽然这存在者依其存在之方式,是与这些概念对立的。

——海德格尔(1927年)②

海德格尔用Dasein(达在)[a]这一观念去取代先验主体性概念的努力,导致胡塞尔与海德格尔之间在主体性的分析上发生分歧。评论者也相应地跟着重复他们的论据。但这样的解释很快便把他们各自关于世界的观念之间更深刻的联系搞得模糊不清。本章的努力就是要重新强调这些基本的内在联系。

对他们的现象学方法上的令人吃惊的平行关系进行初步的说明后,我准备把考察海德格尔是否认为"所有的感知都是解释"这一点,当作我们进入他的关于世界的以及关于视域和话语之关系的理论入口。在本章结束之处,

---

① 胡塞尔:《经验与判断》(Ed. by L. Landgrebe, Prague: Academia-Verlag, 1938; Hamburg: Claasen, 1954),第78页;英译本(Trans. by James Churchill and Karl Ameriks, Evanston, Illinois: Northwestern University Press, 1973),第74~75页。该文本写作时间不确定。我猜测,它可能写于20年代。《经验与判断》第一部分依据的文本大部分写于这段时间,现在收入《被动综合分析》。《经验与判断》由兰德格里博编辑,1939年出版于布拉格。关于《经验与判断》所使用的手稿的问题,见迪特·洛马尔:〈关于胡塞尔《经验与判断》一书的形成与初始材料〉,见《胡塞尔研究》,13(1996),第31~71页。
② 海德格尔:《存在与时间》,第150页;英译本,第191页。
[a] 在海德格尔研究的中文文献中,这个概念一般翻译为"此在",但是根据海德格尔《存在与时间》的思想,翻译为"人生在彼"更为合适,也可音译为"达在";在英文和法文文献中,经常不翻译,直书德文"Dasein"。——译者注

我也会把胡塞尔与海德格尔之间的重要区别做出明确标定,这是从我们自己的语境理论之发展的角度来展开的。

在我们整个研究的第一部分里,我们分析了范畴现象学、本构现象学和发生现象之间的区别。通过这一分析,我们就能够看到,海德格尔在《存在与时间》中的研究方法如何深深地受惠于胡塞尔理论思想的基本框架,尽管他们两者的思想在所有内容上的显著差别,都是源于研究方法的不同应用。《存在与时间》为各种区域存在论开辟了一片领地,虽然实际上它并没有将这些区域存在论完全建立起来。尽管区域存在论在理论上有时被冠以"存在论的(ontological)"这样的名号,但实际上,海德格尔在一般的情况下把"存在论的"这个术语专门留作指称他对达在的先验说明,而用"ontic"这个术语来标识被胡塞尔称为区域存在论的内容。在该书第一部分里,海德格尔用这种术语意义上的区分,对作为"在世界中存在"的达在的不同的环节做了广泛的**结构性**描述。他利用这种区分,一方面对"现成在手边"之物的来源,另一方面对断定(assertions)的来源进行了说明。此外,他清楚地利用了胡塞尔本构现象学的资源进行工作,用一种十分重要的定性工作从事研究:即海德格尔避免把任何一个本构性层次处理为绝对的基础。取而代之的是,强调下述方式中奠基性的关系都是相对的,在其中,每一个层次都是"达在"之整个结构中的另外一种依赖性环节。在第二部分里,他进一步试图从时间性的角度重构这一解释的结果,而这正是胡塞尔发生现象学观念所提出的工作任务。不管胡塞尔与海德格尔的理论在内容上如何不同,他们之间在体系现象学之方法上的结构设计却是令人吃惊的一致。人们甚至可以冒险地认为,这种方法上的接近,使海德格尔感到震惊,从而刺激了他在《存在与时间》之后的哲学思考转向了不同的风格。之所以需要强调他们之间的这种类似性,主要是因为,它框定了他们各自对世界进行分析的路径。两种路径都从共时的说明开始,关注的都是世界的结构的勾连表述。两人都通过把这种分析与他们各自关于时间性和历史性的理论联系在一起而深化了他们的研究工作。

在流行的对胡塞尔的感知理论的标准化解读中,把其感知理论视为一种解释的理论;而在对海德格尔的标准性解读里,则把海德格尔的理论看作是对胡塞尔在这个方向上踌躇不前的克服,进而执著于把所有的经验都处理为解释。难道海德格尔不是一直坚持,对于感知来说是本质性的"作为……结构"便是一种诠释性的"作为……"吗?难道海德格尔不是把言谈或话语(Rede)处理为"达在"整体的基础特征之一吗?因为事情的发展是,对胡塞尔和海德格尔两个人来说,所有的领会(胡塞尔那里的 Auffassung,海德格尔的 Erfassung),并且因此所有的感知[胡塞尔的 Wahrnehmung 以及/或者审慎环视(海德格尔的 Umsicht)]都是解释。我把这种解读叫做"解释性论题"①。我认为,这一论题依据于两个主张,每一个主张都是错误的(我希望能够证明这一点),无论胡塞尔还是海德格尔都不会承认其中的任何一个。这两个主张是:

1. 所有的解释都是解释(All interpretation is interpretation)。我们通常把解释理解为是以语言为基础的,而由此十分顺畅地进而相信:可以从这种通常的理解溜到去相信,由于感知也是一种"解释"——对"Auslegung"的通行翻译,感知的"规定性"或"作为……结构"因而也依赖于语言。结果在某些解构主义理论中就出现了如下的结论:"根本不存在感知"。而这个结论就是上述这种同化活动的"辐射尘(fall-out)"。

2. 所有的意义都是意义(All meaning is meaning)。对于事物之勾连表达的当下显现(the articulate presence)来说,"作为……结构"是本质性的,它本构了事物的表指意义(significance)。由于这种结构是不能够被发现,而只能够通过我们与事物的交往互动产生,并且由于这种互动是由言谈作为基础所支撑的,因而去主张所有的看(Sicht)都是解释的,这看来是合理的。

为了反对上述的"解释性论题",我想在这里指出,用解释的观念去对海德格尔的经验的观念进行特征刻画是一种误导。因为这样做是对他丰富的、多维度的思想的一种不公正对待。我利用海德格尔的这一思想作为我们进入有关视域和话语分析的切入点,因为它使得我们得以提出更宽泛的研究课题:① 经验是否如此被约束于语言,因而经验总是包含解释? ② 视域是否可以被还原为语言中所记录的那些区别。这也就是说,尽管我以处理解释性的问题作为开端,藉此希望对有关海德格尔的学术讨论有所增益,但实际上,也是借助批判那种在我看来是对海德格尔在语言意义问题上的浅表解读,来取得几个系统性观念,用以支持我们建立一个可行的世界理论。

第一节 领会与解释

海德格尔在《存在与时间》中指出,我们对事物的感觉来自我们实践上

---

① 这方面的最新实例是大卫·霍伊(David Hoy)的〈海德格尔与解释学转向〉("Heidegger and the Hermeneutic Turn"),见《剑桥指南:海德格尔》,Cambridge:Cambridge University Press,1993年,第181~186页。

同诸事物的介入,来自将它们作为用具或工具(Zeug)来使用,而不是将诸事物作为无功利的(disinterested)感知性的认知内容来看待。在海德格尔的术语中,我们"最接近地,且大多数情况下"与之相关的诸对象不应该被刻画为当下在手边的现存物(vorhanden),它们不是被我们**注视**的单纯的东西,也不是我们在认知上见识(Sicht)关注的物件。它们都是一种**应手之物**(zuhanden),是我们**环视寻觅**中的对象,我们的眼光是为某种实践任务而去看它们的(Umsicht)。这就意味着,我们用以达至某种目的的工具(equipment),应该通过它们发挥的功能和重要性(Bewandtnis)来定义,或者通过它们联系于某个我们也被吸引于其中的任务或语境来定义。这就意味着:我们对自己基本的感知不是把自己视为一个与事物联系的认知主体,而是视为忙碌于其中的、**与诸事物纠缠在一起的行动者**。而这个行动者是在"干什么之中"去发现"它**是**什么"的。由于内部—外部、主动—被动、主体—客体的二元化分已经不足以包含我们在行动、参与的系统,以及对象之间所发现的那种交互的确定性和循环,所以海德格尔用达在(human existence)的概念取代了胡塞尔的主体性概念。

在工具的使用中,工具并不是作为主题本身而受到关注,工具完全"消失于"手头的目的和任务之中。也就是说,工具并不指示自身或者指向自身,而是指示它在实践中被使用之关系:被钉的钉子,被锯的木板,被建筑的小屋。如果锤子或锯子坏了,如果它不能胜任手头的任务,或者找不到它了,我们就会马上回过头来,去关注这些东西的器具性(instrumentality),以及它与其他工具的关系。"当指示性受到干扰……于是指示性才成为外显的(explicit)。"①这个对象是什么是仅仅借助于在这个领域中它同其他工具的不同关系才得以被理解的。因此,这个区域连同其中的工具之整体性才逐渐进入我们的视野。"工具的组联并不是作为从来不曾被看到的东西而被显示出来,却是作为整体已经持续地在事先的审慎环视中被发现了。而且,通过这个整体,世界宣示着自己的存在。"②

世界作为周围世界的这种初步的"实存上的(ontic)"的当下化,便成为对世界的"世界性"进行"存在论上"的特征刻画的指导线索。也就是说,作为世界的世界是属于达在的先验结构。每个工具都指向设备的整体,那种已经现成在手的东西,在这个整体中作为如此这般的东西显示着自己。而整体

---

① 海德格尔:《存在与时间》(Tübingen: Max Niemeyer, 1967),第74页;英译本(Trans. by John Macquarrie and Edward Robinson, New York: Harper and Row, 1962),第105页。
② 同上书,第75页;英译本,第105页。

是一个相关参与的体系,只有借助于同那些**允许**被纳入这种参与中的内容之间的内在关系,这个整体才得以存在。而这种参与是为了达在的缘故,以及为了他的计划规划而建立的。但是这种制定的方式只会发生于达在必须将自己渡让给参与的组联,而在这个参与过程中,达在才逐步达到对自己的认识和理解。海德格尔对器具性对象和实践性设定的研究,使他得以揭示出一种结构,它可以应用于所有区域,并因而属于达在自身:所有人类行动都会被涉及的那个世界,所有人类行动都处于其中的那个世界,是**差异性指示的组联**(Verweisungszusammenhang)。它是在不同处境中的自己、他人以及对象之间的相互参与关系的本构成分。简而言之,世界就是背景。

依据对这些事物进行的描述,"首先"同我们相遇的是应手之物;依据对世界初始的特征刻画,世界是属于达在之"在世界中存在"的结构;而"在世界中存在"的世界又是指示性的组联,海德格尔在《存在与时间》又引入了Befindlichkeit(现身情态,Affectivity)①和Verstehen(领会,understanding)这两个达在的"在……之中结构"的基本模式。但我们必须强调指出,两种模式都不是人们关注的"主题"("thetic"),因此,它们并不包含对达在与事物相遇打交道的说明,而是对达在所开展的整体基础结构的说明,关于这一点我们在此不能进一步展开说明②。通过偶或可能性(contingency)、"被抛性"、生存实际性,现身情态(Befindlichkeit)把达在展示于我们面前。领会则借助于可能性、潜在性、"筹划"、超验性,将我们带到达在之前。由于达在作为领会提供了语言意义(meaning)这一观念的关键,所以我们应该对这一区别进行简短的说明。

现身情态扎根于达在之中并支持着达在与处境之间的关系。达在总觉得自身是"已被抛的",是在"被抛"中陷入世界,把自己渡让给世界。然而,第二种模式对达在却是本质性的、基础性的。在这种模式中,达在"超出于(beyond)"达在发现他自己时所身处其中的那个处境。如果现身情态能够

---

① Befindlichkeit 根本无法翻译到英语中。要理解它的唯一可能也许是一种解释性的翻译,我建议翻译为"affectivity"。它保存了同 Stimmung(在这里"mood"也不是 Stimmung 的合适翻译)的联系,在这种联系中,情绪(Stimmungen)是"达在""消极被动(passive)"未主题化的状态,因此是 affective(受触发的),它丧失了该词 sich befinden 的含义,"finding oneself in"即"处身其中的含义",有被误解为"some sort of reflection upon itself"(某种向自己的反射)或者"inner lived experience"(内在亲历的经验)的危险。见海德格尔:《导论》(Frankfurt am Main: Vittorio Klostermann, 1979),第 352 页;英译本(Trans. by Theodore Kisiel, Bloomington, Indiana: Indiana University Press, 1985),第 255 页。Befindlichkeit 强调下述事实:在下述意义上,达在"has(有)"自己的世界:它总是发现自己在这个世界中,总是处身于其中的。

② 参见海德格尔:《存在与时间》,第 144 页;英译本,第 184 页。

澄清达在绑缚在其中的意谊(sense),那么领会就给我们提供了一种意谊:在这种意谊中,达在是自由的。在领会中,达在被揭示为"能-是"(can-be)而"是可能的"(being-possible)。"达在总**是**它之所**能**是,而且是它之如何(Wie),在此'如何(Wie)'中,是其可能性"①。如果我们把对现身情态的说明与对领会的说明联系在一起的话,我们就看到它们是相互规定,相得益彰的:领会作为达在的被抛性的样式,但不是作为被抛性本身,是开放的,是一种可能的被抛性。但是作为被抛者,作为可能性的达在,他是被绑缚的,它总是被处境包围,从来是"彻彻底底的已经被抛的可能性"②。

令人十分感兴趣的是,与语言意义的联系,不是通过被抛性概念,而是通过领会的观念建立起来的。为了把握作为"能是"(Seinkönnen)的"在……之中结构",达在不可避免地用可能性去领会"在世界中存在"的那个世界。这样它就不是依照着东西来提交世界,甚至不是依照事物之间的各种不同的实存性关系来提交世界,而是依照 Bedeutsamkeit,依照表指性意义来提交世界。除此而外,"世界不仅仅**作为**可能的表指意义(意蕴)而被揭示,而且世界中的内容自身之开放,也是依据此存在者之种种可能性而开放"③。对于应手之存在而言,比如,对于锤子之所**是**而言,只有当它依据它之**能**被用来做什么,依据它的**可服务性**,依据它的**可用性**来加以领会时,才可以被看出何为锤子之所是④。

这就产生了与 Auslegung(显摆)的至关重要的联系,Auslegung(显摆)通常被翻译为"interpretation(解释)",作为筹划的领会居于它的诸可能性中。这些可能性反过来又具有反向的影响(Rückschlag)作用于达在本身,并决定着达在的能在⑤。在形成(ausbilden)可能性的过程中,它本身又发展出(ausbilden)自己的存在可能性。"这种领会的形成过程(ausbilden),被我们称为 Auslegung(显摆)"⑥。

如果从该词的构成成分来看,Auslegung 就意味着"摆出来的过程"(laying out),"开显的过程"(unfolding)。而在日常语言的使用语境中,这个词与"解释"没有什么关系⑦。由于同根词之间的灵活转动,如在"explicate"与"explicated"之间的情况,所以我倾向于使用 explication 来翻译 Auslegung,

---

① 海德格尔:《存在与时间》,第 143 页;英译本,第 183 页。
② 同上书,第 144 页;英译本,第 183 页。
③ 同上书,第 144 页;英译本,第 184 页。
④ 同上书,第 145 页;英译本,第 184 页。
⑤ 同上书,第 148 页;英译本,第 188 页。
⑥ 同上。
⑦ 比如,Geld auf Zinsen auslegen 的意思是,为了利息而放债。

有时也会使用 unfold 来加以补充,而不会用"interpretation"①。对于将 Auslegung 与解释联系在一起的临时性的辩护,可以在下述事实中找到支持:海德格尔不仅仅用 ausbilden("解决"、"发展",甚至"教育")对 Auslegung 加以说明,也使用 auseinanderlegen 对它加以说明,而后者的含义是"剖析","将一个同另外一个区分并展示出来"。"ex"与"plicate(折叠)"的结合(Explicate 即说明)比 interpretation(解释)可以帮我们更好地把握海德格尔使用这个词的两部分联系。最后结果也可能是,Auslegung **就是**解释(interpretation),可以用某种方式加以定义。但是,让我们还是从术语上的区别开始我们的考察,以便不要回避实质性问题。很显然,我之所以花力气去分析这一点,是因为我想提出,几乎普遍为人所接受的对海德格尔的"领会"这一观念的特征刻画,通常是 interpretation(解释),而实际上这是错误的。我还想指出,把海德格尔的 Auslegung 称为 interpretation,从一开始就使我们无法在开显或显摆(unfolding or explication)的过程中,把实际上所是之解释性**成分**分离出来,或者无法把可能的解释性(interpretive)**成分**分离出来。

以一种特殊的方式"把握(taking)"一个东西的过程,是内在地同对象的一些性质联系在一起的,而这些性质恰恰由于对象是以这种方式才被把握,才逐渐进入显示。"首先"吸引我们"参与"到它们之中的那些性质,恰恰是那些器具性价值。它们在我们对东西的实践使用中起着操作性作用。正是由于这个原因,海德格尔认为,为我们准备东西的那些活动,比如对东西进行

---

① 当然,在某些时候"interpretation"是可以接受的翻译。短语 eine Stelle falsch auslegen 的意思是对某段文字的错误翻译。Ein Ausleger 是一个文本的评注解读者(expositor);Auslegung 就是一种 exposition(展示)。然而与 interpretation 相比,Auslegen 的意义在范围上更加**宽泛**。在使用 explication 时,我主要依靠下列事实的支持:the expositor or the expounder(评注解读者)从事的是"进行开放(opening up)"的活动,把原来"封闭"的东西亮出来,公开出来,然后把纠缠在一起的东西给分离开,让这些内容如其所是(as what it is)地出现。Explication **还不是** interpretation。更加严格的 interpretation 的观念属于包括了 laying out or unfolding or explication 的更加宽泛的想象,因此不应该用它来翻译该词。事实上,海德格尔把"Textinterpretation(文本解读)"处理为 Auslegung 的特殊种类的具体化(die besondere Konkretion)。《存在与时间》,第 150 页;英译本,第 192 页。反对把 Auslegung 不译为 interpretation 的主要理由是,海德格尔把"应手性"之"作为……结构"称为"存在论上的解释之'作为'"(existential-hermeneutical 'as'),对立于述谓属性的命题性"作为"(the "apophantic 'as'")。同上书,第 158 页;英译本,第 201 页。当我用"explication"来翻译 Auslegung 的时候,我意识到,把"应手性"之"作为"称为"解释性的(hermeneutical)"显然把 Auslegung 推到了 interpretation 的方向。这一点又受到海德格尔一般的断言的支持:"'Sinn'必须被设想为揭示的形式-生存论的框架(formal-existential framework of the disclosedness),而揭示属于领会(understanding)。"同上书,第 151 页;英译本,第 193 页。所以我们可以理解,为什么麦奎利和罗宾逊把 Auslegung 和 Interpretation 处理为同义词(synonyms)。见英译本第 19 页注释 3。我们将在第三节中直接处理这一问题。

校正、改善、补充(海德格尔自己的例子)①,等等,作为涉及"见识"(Sicht)的类型——它们被海德格尔称为"审慎环视"(Umsicht)——恰恰使得这些性质的类型得以继续存在下去。它通过 ex-plicating(显摆出来)那些东西而进行操作。Explication(显摆)或者开显(unfolding)的过程,使应手之存在的特性得以彰显。而在这个开显的过程中,在 Auslegung 的过程中,

> 那在审慎环视内出现的应手物,在"为了……"之中被拆解显摆,我们并且让自己依据这种已被见识到的拆解显摆性来关注它。这种在审慎环视中,朝着它的"为了……"而被拆解显摆着本身……具有"把某东西作为某东西"的结构。②

我们把这个东西看作桌子、门窗、马车、桥梁(海德格尔的例子)③,恰恰是这个"作为"构成一个东西的"显出性(Ausdrücklichkeit)"。也恰恰是这种"显出性"使海德格尔得以把"审慎环视"看待为扎根于领会中的东西,而且"审慎环视"还揭示表指性意义的领域或可能的"显出性"领域,它支持着该东西的核心"显出性"。

以下的事实可首先澄清"显摆"(explication)的进程和"显摆性"的性质:即一个"显摆性"(explication)的出现,并不依赖于我规划一个描述或者做出一个命题(Aussage),而且也不依赖于**可能**的命题,因为在命题中,不是"作为……"(as)处于关注的焦点,就是可能的"显摆性"的网在起作用。所有这一切都只发生在审慎的环视之中④。在这个意义上,很明显它是**前语言的**。我们仍然窝在(have nesting)领会的见识之内,窝在背景内被看到的东西中,"所以任何对应手性的纯粹谓词前的见识,就本身而言,已经是一种'显摆性'的领会"。看(Seeing)仍然"在自身中隐藏着指示性的关系(为……什么)的'显摆性'。这些指示性关系属于'介入'的整体"⑤。但是,这就等于向我们指出,不管我们用领会[即在审慎环视中起作用的理解和显摆(explication)]指称什么内容,它与我们可以做出的关于什么是应手性的命题或命题的集合没有任何联系。要论证它的确是同命题或者命题的集合有关,那就会陷入,把应手性环视(Umsicht)还原为关注的主题性观看

---

① 海德格尔:《存在与时间》,第 148 页;英译本,第 189 页。
② 同上书,第 149 页;英译本,第 189 页。
③ 同上。
④ 同上。
⑤ 同上。

(Anschauen)。如果真正的解释不能出现,如果没有现实的或可能的命题相伴的话,那么我们就有对真正的解释与 Auslegung(显摆)之间区别的准确区分,并且有支持下述观点的强有力论据:见识不是一种解释,指示性的"脉络(Context)"本身并不是由命题性的话语本构而成的。我们很清楚地具有一种勾连表达的进程,它出现于我们做"专题的断定"之前①。命题的基本任务是,**从概念上来表现在审慎环视中已经表达出来的东西**。海德格尔认为,对象"被构想"的方式可以直接从实体本身之中"汲取",或者解释可以"强迫"实体进入那存在方式恰恰同实体的存在方式"对立"的概念中②。但是只有在"作为……"不曾**被加工**(formed),而只是被命题所**表达**时,这一主张才有意义。这就是说,与审慎环视相反,一个概念性的层次是专门为命题准备的层次,这个层次是十分清楚地同语言绑在一起的。"摆在我们面前的内容"是某种在命题中可表达的(expressible),这个事实并不意味着,潜在地在(命题性)概念中的可表述性,构成了内容的"显摆性",或者并不意味着,内容的表指意义与命题所承载的概念性是一致的。

如果我们的研究仅仅停留在此处,那么海德格尔与胡塞尔的思想就有着惊人的平行性。两人都把经验的层次或者领会的层次置于与判断或命题的层次相对立的位置上。当然,海德格尔主张,在最基本的层次上,行为的类型(操心)和与之相应的东西(应手性),都从根本上发生了改变。对于海德格尔同胡塞尔之间的这个区别的彻底性,怎么强调都不过分。尽管在此处两人都在谈论背景与关注焦点中的对象之间的相互作用,都提出实体与其质量之间的区别,是以"作为……"的结构为基础的,而且——我们后面会看到——都是依靠 Sinn(感性意谊)的观念来把握"前谓词的"东西的理解性结构,依靠 Bedeutung(语言意义)的概念来达到内在于断定内部的概念性。于是,尽管胡塞尔和海德格尔都会同意,如果我们把从事断定的活动称为解释的活动,那么胡塞尔的感知、领会(在胡塞尔那里是 Auffassung,在海德格尔那里是 Erfassung)以及海德格尔的审慎环视都不是解释性的行为。

我们只想简短地谈一谈关于语言意义的问题。首先我要马上声明,我们对胡塞尔和海德格尔思想之粗略的比较,以及沿此思想所做的论证,对于理解语言与经验的丰富关系是远远不够的。其理由很简单,把命题性的话语置于审慎环视之旁,这种做法就完全偏离了在审慎环视的本构中语言实际上发

---

① 海德格尔:《存在与时间》,第 149 页;英译本,第 190 页。
② 同上书,第 150 页;英译本,第 191 页。

挥作用的途径。这一问题在下一节的讨论中会变得十分清楚。就我们当前的讨论而言，我们只想从中提取这个观点：命题性话语明显是真正解释的一种形式，而在宽泛的意义上，它是一种"显摆出"。而海德格尔否定它在"显摆"中的任何作用，仅当这种"显摆性"是在对审慎环视中发挥作用时，因为如果审慎环视在应手性中发挥作用的话，那么"应手性"就会"塌陷"为"现成在手边"的东西。

澄清了"作为……结构"之后，我们就可以对 Auslegung 与解释作出最终的区分：我们已经指出，在审慎环视中起作用的 Auslegung（"显摆"）不要求，或者不假定真正的解释。但与此同时我们还必须注意，海德格尔对 Auslegung 的使用十分宽泛。这范围甚至拓展到有意义地使用"解释"这一观念的领域之外。如果谁坚持"解释"的理解的话，下述所有的句子，由于每一个都在技术上涉及 Auslegung，所以都必须被规定为是解释性活动：

> 对"光波"所意味的内容的具体规定
> 对光波的测定
> 用光波区分颜色
> 构造比色图
> 用比色图测定起居室的白色度
> 使用比色图之前观察墙的颜色
> 打发（sending）你的助手去取另一把刷子
> 把刷子蘸到颜料桶中
> 刷墙
> 用小指从刷子上挑一点油漆

海德格尔在宽泛的意义上，将所有这些——使用东西的"手"在实践中的介入；断定的论证性干涉，以便在概念上对事物的分类和特征刻画；命题的理论性干涉，以便详细说明和规定事物的属性——都称为 Auslegung。如果我们把"显摆（Explication）"当作中性术语来对待，用来突出地去指达在的一般结构性特征，去揭示这些不同领域的特殊外显之结构时，就不会引起什么问题。但是解释这一术语却回避比如"这是什么"的关键问题，尤其是当海德格尔把从事"显摆"同从事断定对立起来，把断定界定为解释的，即界定为通过概念对某事物加以规定的时候，问题更大。也就是允许某些事物依据语言中表达出来的概念性规定来凸显（或不凸显）[stand forth (or not)] 自己。

第二节　用感性意谊做成语言意义

把"领会"描述为以审慎环视为基础的表指意义的揭示,是海德格尔——用我们上一章引入的术语来说——的背景理论的核心思想。但是我们还必须解释为何如此。

我们认为,行动对应手内容的处理,同时也是一种对该事项进行勾连表达(articulating)的过程。事物总是"从某种"特殊目的的"视角"出发而被使用,这种目的把行动与事物之间的关系组织起来,行动使这个事物成为**一种特定类型**的事物而与其他类型的事物相对照、相区别,使它突显出来,与设置中的其他事物形成差别。工具使得运动成为行动(actions),行动本构着对象站出来的**方式**,即本构着事物"被分类"(gegliedert)和"被勾连表达"(artikuliert)的方式①。它以这样或那样的样式展开事物,事物在其中被开展的方式就是"**作为……结构**"。由于不是现实的使用(use)"作为……结构"的本构成分,而是**潜在的**使用"作为……结构"的本构成分,并且还由于工具的勾连外显的结构(articulate structure),只能存在于整体的器具设备(equipment)之关系中,所以工具的当下显现本身,是通过对象在审慎环视中之实际被开显或可能被开显的方式建立起来的。"开显"(unfolding)并不能使一种先行存在的"闭合"(fold)变成可见的,尽管这种"开显"依赖于某种"先行给出"的指示性组联,具体事项就是借助这种指示性组联而突显自己的。更确切地说,"开显"本身就是"闭合"的本构成分,因为恰恰是"开显"建立了"筹划的'朝向哪里……'",正是从那里出发,某东西才可被理解为某东西"②,即它建立了它的**感知性意谊**(sense)。

现在让我们在海德格尔的工作中再逗留一会儿。海德格尔十分小心。他既不把**感知性意谊**定型为事物之中的环节,也不把它规范为即"站在"诸具体实存与达在之间的心理实体③。这可能是间接地指向胡塞尔的意向性相关项(noema)的理论。**感知性意谊**发挥的几乎是目的论性的作用:它们就是所朝向的内容本身,审慎环视恰恰是朝向它们而设计筹划的,而审慎环视使得特殊的东西将作为被勾连外显的东西突出出来。十分清楚,**感知性意谊**

---

① 参见海德格尔:《存在与时间》,第153页;英译本,第195页。
② 同上书,第151页;英译本,第193页。
③ 同上。

并非概念。在商店中,**感知性意谊**并不是处于思想与事物之间,或者断定与所指之间,甚至也不处于思想与行为之间,而是在行动与"正在被使用的东西之勾连外显结构"之间的"前概念"的相互依存、交互作用之中。如果将胡塞尔后期的关于感知的理论加以扩充,我们就可以说,**感知性意谊**是具身化(与身体融为一体)的动作行为的格式,这些具身化行为或者是作用于应手之物,或者是与应手之物相互作用的。依据这种格式,该应手之物获得了它与环境的某种整体性相组联中的其他东西的**区别**。在审慎环视中被展开的过程中的**感知性意谊**,同时就是我们的"纠缠融合参与"活动的格式,即"作为……"结构的构成成分。

海德格尔关于应手之物的理论,不可以被解释为一种区域存在论,即只是为诸区域中的一个区域提供了说明。"我们认为,关注之特殊世界是那样一个世界:它作为一个整体而被遇到……世界的世界性奠基于一个特殊的工作世界之中。"①从实存上看,实践对象域同其他诸域并排而处;但是在存在论上来看,实践对象域是"基础性的",但这里的基础性并不是指,它作为底层处于其他区域之下,而是说,实践对象域为我们对蕴涵性的操作进行了定型,这种操作使得我们可以将整个背景的本构看作是一种相互连接起来的背景。同时,行动的**感知性意谊**与言谈的场景是有区别的,实践的设定与反思的设定也是有区别的,这些区别使我们习惯于下述事实:在审慎环节性的设定中具有操作性的**感知性意谊**和占有的行动的说明,与作为整体的世界的特征之表指意义(significance)的说明并不完全一致。

海德格尔觉得,用语言来把握这个更大的表指意义十分困难。在1925年的讲课中(作为《存在与时间》写作的阵痛),他抱怨道:"在为这个复杂的现象选择合适的正确的表达时,我们想称其为 Bedeutsamkeit(meaningfulness,意义性),但是这个说法有某种尴尬。"②他选择了 Bedeutung 这个术语来刻画属于世界的那些指示性(indications)的组联。海德格尔认为,Bedeutung 这个术语保留了一种同语言的重要联系,但是海德格尔说:"我坦白地承认,这个表述并不是最好的,但是多年来我们没有能找到比它更好的表述……"③他十分小心地选择了"指示(indication)"这个观念来说明他所说的 Bedeutung 是什么意思。其中问题之一看来是,Bedeutung 同语言的联系过于紧密。这强迫海德格尔把自己现在使用的 Bedeutung 的意义同

---

① 海德格尔:《导论》,第263页;英译本,第194页。
② 同上书,第275页;英译本,第202页。
③ 同上。

Bedeutung 的"其他含义"、同"一个词的 Bedeutung,作为语词的组合可以具有的 Bedeutung 区别开来"①。在《存在与时间》中,他通过转换他的命名方法来回应这种尴尬。在对作为整体的世界进行特征刻画时,他仍然使用 Bedeutsamkeit 这一术语,但他拣出"**Sinn**"这个术语,用来描述"指示的组联"和作为整体的"理解领会的形式上的生存性的(existential)框架结构"②。

如果情况真是这样,那么海德格尔就看到了一种引人注目的重要的区分:应手性之中的成分,即表指意义的类型,Sinn,同通过断定、系于断定的、被表达出来的内容的类型,即 Bedeutung 之间的区分。为了让 Sinn 与 Bedeutung 之间的这种区别发挥作用,以便利同胡塞尔的比较工作(这是海德格尔自己建立的联系③),同时也为了确定,海德格尔的研究中什么东西是全新的,我想把 Bedeutung 翻译为 meaning(意义,语义),而不是翻译为 Significance④或者 signification⑤。而把 Sinn 翻译为 sense(感知性意谊)。

《存在与时间》并没有给我们提供一个成熟的关于命题话语中表指意义的理论。海德格尔相信"所有的断定都涉及对它所指向的内容的勾连外显,并且这种勾连外显是与语言意义一致的"⑥。断言的意义本身是通过概念来说明的:每个断言"都运动于一定的概念之中"⑦,而且我们的断定能够"强迫"一个东西进入"诸概念",而这些概念又是"与其存在的方式相敌对的"⑧,这完全是可能发生的事。我认为,这之所以可能,只是因为事物有一种勾连外显出来的(articulated)当下显现,这种当下显现依赖于断言。

但是,当海德格尔继续向我们解释,什么是断言(命题,Aussage)时,他又进一步指出,断言是"显摆"(explication, Auslegung)的一种"派生模式",并且是居住于"应手性"的"作为……"结构的转变,述谓的过程引导出了这种转变。这样,海德格尔的意谊(sense)与语言意义(meaning)之间的区分就得到了进一步的澄清。海德格尔又从这个过程中区分出了描述性陈述的(可以

---

① 海德格尔:《存在与时间》,第275页;英译本,第202页。
② 同上书,第151页;英译本,第193页。
③ 海德格尔:《导论》,第276页;英译本,第203页;海德格尔:《存在与时间》,第166页;英译本,第492页,第209页的注释 x。
④ 如在《存在与时间》的麦奎利和罗宾逊的译本中。在翻译中,他们小心地保留了 Sinn 和 Bedeutung 之间的区别,把 Sinn 翻译为 sense 或者 meaning,而把 Bedeutung 翻译为 significance,尽管如此,我将继续把 Bedeutsamkeit 翻译为 significance,Bedeutsamkeit 是一个更一般性的术语。
⑤ 如在科斯腾《大观念(I)》的英译中。那里的情况类似,也保留了 Sinn, sense 与 Bedeutung, signification 之间的区别。
⑥ 海德格尔:《存在与时间》,第157页;英译本,第199页。译文有改动。
⑦ 同上书,第157页;英译本,第199页。
⑧ 同上书,第150页;英译本,第191页。

被我们称为)展示性(exhibitive)功能[或者索引(indexical)功能],和描述性陈述的规定性(determinative)功能。作为展示性的功能,陈述只是简单地向我们"指出了(Aufzeigen)"某个东西。它所关注的中心内容,并不属于表指意义的序列,而是属于指称(reference)的序列:"在应手性的形式中的一个实存"是"从它自身"被观看的①。而断言也带进来了它们自己的功能。从事断定的活动是一个从事规定的过程,是为主词贡献一个谓词的过程。与此相应,也是把主词和谓词对照起来,用特定的(determinate,规定性的)属性来刻画该对象的过程。这里涉及"内容的狭窄化"和"视野的狭窄化"问题:它们使得原本"已经宣示(manifest)"的内容,"以表达的方式,在它的确切性中"向我们开放。胡塞尔经常使用确定性(determinations)来刻画各种对象在经验中首次给出的性质。海德格尔则不同,他认为,确定性是断言中的特殊属性,是由断言规定的属性。断言实际上不能够真正实际展示应手性,其理由是,由于在命题中,应手性"被淡化为"论题性对象,因此而成了"现成在手性",因而具有了"可规定的确定性"②,有了"性质"③。于是"断定把'现成在手性'规定为[某种特定的]什么(What),而这个'什么(What)'是由断定从(out of)'现成在手性'中抽出来的"④。那种"作为……"的结构从根本上被改变了,因为它"不再能延伸到'纠缠融合介入参与'的组联",而且它同"本构了具体环境(environmentality)"的表指意义的那种类型的联系"被切断了"。这样,一旦语言意义在断定中进入表达,那它就必然同构成应手性的意谊在类型上不再相同。海德格尔的结论是:

> 这个"作为……"被推回到"现成在手"的平均化的均一的层次。它陷入到为对"现成在手"进行规定的、只让观看(only-letting-one-see-in-determinations)的结构中。把这种审慎环视的显摆的基本的"作为……"敉平为现成在手的规定性的,恰恰是断定的特权。⑤

下面我想对这些说明加以总结。《存在与时间》在一开始的时候并没有在意谊和语言意义之间作出区分,两者都被理解为表指意义这一宽泛概念。一方面,在与应手之物"介入"的各种活动和行为的关系性整体,被称为

---

① 海德格尔:《存在与时间》,第154页;英译本,第196页。
② 同上书,第155页;英译本,第197页。
③ 同上书,第158页;英译本,第200页。
④ 同上。
⑤ 同上书,第158页;英译本,第201页。

Bedeutsamkeit(significance,指意义,或有意义性,meaningfulness)①。另外一方面,Bedeutsamkeit 又被用于去描述理解领会活动之可能性的存在论**条件**,而理解领会就是去揭示像诸意义(Bedeutungen)之类的条件,这些意义又"奠基了语词和语言的可能的存在"②。但是,继续下去,我们就把意义的观念指定给了断定,就如海德格尔后来的解释中所暗示的。我认为,这样,我们便在表指性意义中区别出来了两种不同的类型:一种是构成了命题和语言意义的组织之表指意义的类型,一种是"纠缠融合参与介入"(involve)到审慎环视、意谊的表指意义的类型,它们之间的区别是基础性的。对我们本章前面所提出的审慎环视的"显摆"与谓述性显摆之间的区别来说,这种区别是它的基础;并且这也构成了我们前面提出的下述看法的基础,即把前者(即审慎环视的"显摆")称作解释带来了问题。一方面,表指意义是一种一般性术语,意谊和语言意义两者都属于它;而且出于其他原因,最后的结果是,我们可以把意谊吸收到语言意义之中,但与此同时,海德格尔本人提出的对立,要求我们从一开始就将意谊与语言意义二者区分开。

这里需要再一次强调,沿着这条论证的路线我们并没走多远。可以肯定的是,有一点是确立起来了:并不是所有的意义都是意义,也就是说,至少存在一种类型的表指意义,即命题性意义,它同意谊不是同一回事(identical)。这一点的真正的价值恰恰在于,它使得我们可以十分严格地提出问题:把断言看作显摆的"派生"模式,这种说明对于建立审慎环视性的操心的显摆与解释之间的稳定的区分,对于建立在审慎环视中起作用的语言之前的意谊与属于我们关于事物的话语的言语意义之间的区别,以及作为结果,对于建立背景与语境之间的区别来说,是否是充分的?

第三节 把意义做成意谊

开始的时候,看起来,意谊控制了语言意义,我们同应手之物的"纠缠融合介入参与",建立了事物的各种性质,然后又通过断言得以进一步外显展示。也就是说,"生存论的""作为……"结构,作为审慎环视中的显摆,应该是"谓述之前"已经被显摆出来了。断言(命题)将只能从事"外显展示"的工作,断言(命题)本身却被它所负载的重荷"所冲淡"而鲜为人注意。然而海

---

① 海德格尔:《存在与时间》,第87页;英译本,第120页。
② 同上书,第87页;英译本,第121页。

德格尔还提出,在断言中自身显示着的内容,由于通过命题被固定下来而突显出来。与此相应,在对象的揭示中本构性的"作为……"结构就成了"apophantic(陈述性的)"了。它被谓词式地(predicatively)规定了。用他的形象说法,断言(命题)借助于它们自己的概念,从事着加工、约束、有时是强迫、缩小、规定的工作。被外显展示的内容之勾连展现(articulate)结构,只能是语言所携带的概念性格式的结果。

对这个两难困境的解决,会给我们提供一个理解海德格尔关于背景的理论的钥匙。被海德格尔独立出来的断言(命题),具有进行外显展示的功能;而它实际上是需要进一步的更深入的分析的。取代应手之物与断言之间的对立的,进而进入解释的核心问题的,是下述事实:海德格尔发现,不仅命题话语的这类特性——此特征可以保证这种话语安全泊于世界之中,而且,整个被海德格尔称为 Rede(日常生活的谈话)的新类型话语,也是如此。Rede(日常生活的谈话)是应手性展示自身的视域的组成部分。从审慎环视性的"作为……"到谓述的"作为……"的运动,从意谊的本构的层次到语言意义的本构的层次的运动,也涉及从谈话进入断言、从报告到主张的转换,就像我们在第一章和第七章所指出的那样。被我们称为"谓述前"的内容,作为结果,并不是"语言前的",因为,现在看来,在对于应手之物具有本构性的意谊的领域**内部**(within),我们也发现了语言的作用。我们如何来理解这个问题?

我们看到,应手之物是从一定的设定出发而突显出来的。使它突显出来的,是它的意谊,它的意谊是通过"纠缠融合参与介入"的系统来定义的。在具体事项的指示之下,这个系统把应手之物放置到使用的系统之中,并且为这个事项提供了它的特有的性质。海德格尔认为,"纠缠融合参与介入"的系统构成了背景,作为这样的背景,"纠缠融合参与介入"的系统总是我们的"在先(ours "in advance")":先于那成为主题的内容,这些内容是通过特殊行为而显摆展开的那种"作为……"结构。海德格尔认为,从其操作上看,审慎环视中发挥作用的显摆,实际上是以三重的"先在-结构"为基础的。

1. 一个出于操心的特殊行动"纠缠融合介入到"审慎环视(Umsicht),"纠缠融合介入到"的那种眼光(Sicht),它是属于我们对具体物件事项的实践上的占有活动的。在"纠缠融合介入参与"之"先行给出"的组联,与在审慎环视中的显摆展开出来的具体物件事项的勾连外显(articulate)的结构之间的本质性联系,就意味着,审慎环视是奠基于那种"先行具有(打算)"中,奠基于那种 Vorhaben(打算、想要)之中。在"先行具有(打算)"中所事先拿到的内容,一定是指示性(indications)之组联;作为被理解的内容,这些指示性(indications)之组联,可以借助于相互连接的意谊来描述。这个"**先行具有(Vorhaben,打算)**"把我们置于与背后-基础(back-ground,背-景)的关系之中。

2. 然而审慎环视是在背景的"粗切削(first cut,第一刀)"中[a]活动操作的。它总是那种在"Hinsicht"(投射到某个具体方向的眼光)指导下的"占为己有"这一更大的任务的一部分。这种"投射到某个具体方向的眼光,把我们正在寻求加以理解领会的内容,带入到揭露性的澄清之中。看来是 Vorsicht(先行超前的见识、眼光)保证、担保了那个"先行具有(打算)"同第三个环节,即"先行把握(Vorgriff)"之间的内在关系。

3. "先行把握(先行概念)",Vorgriff,被海德格尔理解为是一种"先行的概念":它使得"被存入我们的'先行具有(打算)'之内容"中的任何事物,被"在我们的'先行具有的见识'之中先行想见之"的任何事物,成为"明显地被把握"(begiffen)的内容,成为被"概念化"的内容①。其结果是,有某种"概念性",有构想物件事物的某种特定方式,已经在审慎环视中在起作用。

我们应该如何理解这种先行已保存于所有特殊的显摆中的、作为指示性之组联部分的"一定概念性"呢?我们借以说明类似概念性之类的东西的唯一途径是诸断定。事实上,海德格尔的确进一步讨论了诸断定的第三种特征,以及它们的社会交往功能。当他这样做的时候,他又为它们加上了"先行性结构"。对"先行性结构"的描述听起来像是审慎环视性的操心之先行的把握:

> 对于作为从事规定的信息交流,总有某个被指出之内容的意义性的(bedeutungsmässig)勾连显示属于该断定。这个意义性勾连显示是一种**特定的概念性**:[比如说]锤子是重的,重量属于锤子,锤子具有了重的属性。那种在断言中一直附带存在的"先行把握",大多数情况下保持不被注意,因为语言业已在自身隐藏着已经构造成了的概念性。②

这种在审慎环视的操心中起作用的"特定的概念性"与附带在断言——现在被视为"谈话"的——中的"概念性"是一回事吗?如果是一回事,那么我们就可以通过发现它们各自的诸"先行概念"之间的一致性解决我们的问

---

a first cut 使我想起了中国的"赌石":只有切了第一刀之后,才知道它是什么。生活也是如此。我们都是生活在第一刀之后的阶段。——译者注
① 海德格尔:《存在与时间》,第150页;英译本,第191页。
② 同上书,第157页;英译本,第199页。着重号是作者加的。

题。但是很显然,情况并非如此,因为,这样就会摧毁整个对断言的处理,即摧毁将断言看作是派生的分析,同时也就摧毁了海德格尔关于"作为"结构的两种对立类型的基本看法:

> 那种经审慎环视而显摆出来的对周围世界中的应手之物的处理,比如将这些东西"**看**"**作**桌子、门、车、砖,等等,不要求那种审慎环视性的被显摆之内容也已经在某种从事规定的断言中被分剖解析过。任何谓述前的对应手之物的单纯的"看",本身就已经从事领会和显摆了。①

我们在上面已经看到,的确,断言把应手之物的基本的"作为……"夷平为现成在手之内容的"作为……"。只有这样,审慎环视上的区别才浓缩成为"性质"。事实上,夷平活动与浓缩是在谓述性行为中起着操作作用的、真正的先行把握。我们不可以指望借助命题的"先行的概念"来说明"纠缠融合参与介入"的组联内部的"概念性"。那么到哪里去寻找对它们进行解释的途径?

请注意,即使在审慎环视性内部,"先行的眼光见识"也只能使可能的"纠缠融合参与介入"的组联受到限制而变得弱小,成为可能性的某种具体处境中的设定(set),借助于这种设定(set),应手之物才可能被设想。一方面,先行概念使得借助于其勾连外显结构对应手之物的显摆成为可能。但在另一方面,看起来,这里起作用的概念性,不可能在结构上与应手之物的勾连显摆结构相同,其原因很简单:**作为在显摆过程中产生的东西**,"作为……"结构或者"**鼓励**"或者"**抵抗**"构想它的特殊方式。我们再引述一段海德格尔的原文:

> 显摆可以从被显摆的实存自身,汲取[schöpfen]出那属于被展开显摆的实存的概念性,或者将这种实存强迫到概念之中,这些概念就概念实存方式而言恰恰是和这种实存相反的。②

如果这种"谓述之前的"概念性是审慎环视性的操心的先行已有的结构之部分,那么它的来源必定是在一种比我们已经揭示的方向更加根本的方向中发现的根源。海德格尔打开了"在……之中"结构的第三个基本特征。这

---

① 海德格尔:《存在与时间》,第149页;英译本,第189页。
② 同上书,第150页;英译本,第191页。

个特征是同"现身情态"和理解领会"同等的基本的"。他简单地将其称为Rede(言谈)或者"话语"①。

回忆一下,我们一直坚持审慎环视性的"作为……"与"断言性"的"作为……"之间的对立,并且依据应手之物勾连显示之各种差异(differences)描述了前者,而用在命题中指称的东西的"规定性"或者"性质"描述了后者。从存在论上来描述的话,理解领会行为把世界揭示为我们与事物"纠缠融合介入参与"的组联,事物恰恰是由这些差异构成的。海德格尔告知我们,理解领会行为"总是已经被勾连显现了的"②。但是通过"言谈"这一观念,他成功触及了一种支持这种差异性组联的途径,这种差异性组联是与对作为与他人共在(Mitsein)——"与人协同共在(co-being with otehers)"——的达在的理解领会相适合的,并且与他把理解领会处理为"在……之中"之基础的观点相符合的。他还补充指出,"言谈"是"可理解性的勾连显示(Articulation)"③。他在另一个地方的说法是,言谈是"'在……之中'和'与……共在'自身的勾连显现"④。然后他又把这一观念加入到对意谊的特征刻画中。这一点我们在上面已经讨论过了。他原来的说法是

> 在显摆中的那种可清晰显示性的内容——在言谈中它更为原初——被我们称为"意谊"。⑤

我们可以用以下方式对这一思想加以意义重述:

> 在审慎环视性的显摆中能够得到勾连显示的内容,在言谈中可以更基本、更原初地得到勾连显现的内容,由于它在底下支持着我们同他人的实践交往参与,这些内容就是我们以前用"意谊"所特征化的那些内容。

当论到"言谈"的时候,海德格尔心里想的是,我们同他人的日常交谈,比如我们当天从事工作时的谈话。这种谈话的任务,从根本上不是从事当下

---

① 接着的内容是尝试对《存在与时间》第 34 节那非常困难但意义简明的内容进行拆解分析。
② 海德格尔:《存在与时间》,第 161 页;英译本,第 203 页。
③ 同上书,第 161 页;英译本,第 203~204 页。
④ 海德格尔:《导论》,第 361 页;英译本,第 262 页。
⑤ 海德格尔:《存在与时间》,第 161 页;英译本,第 204 页。

化表象活动,而是指示指挥指引(direct)的活动。看起来它比"非话语的"审慎环视"更加原初",因为它已经把我们置于同应手之物的相互作用的广阔场所之中。在1925年的讲课稿中,他告诉我们,"交流中的理解领会是**参与到已显示的内容之中的活动**"①。

> ……**关于……的谈话**……从根本上并不是为了服务于研究性的认识活动。而是通过谈话使……东西显示,首先并且在大多数情况下具有一种在操心指导下的对环境的显摆性的陈述的意谊。在开始时,它根本就不是被剪裁为知识、研究、理论性的命题,以及命题性的语境等。②

我们不是身处于教室中,而是身处于工厂、车间中;不是在实验室里,而是在厨房里;不是独自一人,而是同他人一起生活。我们的言辞是如此多的指示线索,如此多的方向、指令,而且常常是它的声调,它的节奏和声韵调节着所做的工作。

这就使我们得以重新表述我们的问题:那诸指示性的组联——其内部的组织被海德格尔定义为意谊之可能的"勾连显示出"的区别差异的一种组联——是否是由话语本构而成的? 也就是说,这些区别差异是否是通过不同的话语场——它们组织着我们的日常的谈话——起作用的语义对立产生出来的? 或者,另外一种提法是:它是否在下述意义上是通过谈话而显摆展开的,即它自己内在的语义组织建立了先行的把握,它只是圈出了,但并不是生产了那种区别,这种区别可以在我们作用于应手之物的行动以及使用应手之物进行的行动中,被勾连显示出来? 在谈话中勾连显示了的内容是否已经穷尽了海德格尔所讲的意谊? 或者这些内容是以某种方式在同意谊的协调一致中工作的吗?

我想要指出的是,在海德格尔努力寻找谈话同意谊的内在联系的过程中,他并没有让其中一个被另一个吞噬掉,而是作出了有利于后者的选择。但是他也向我们表明,勾连显示了的内容也是一种向达在开放的可能性之一。也许是达在第一次发现了自己的那种可能性。让我把支持我们正从事的这一研究的各种观念归纳为三个组:

1. 第一组想法围绕着一个我们在"勾连显示"这一观念中发现的微妙的对立,它会引导我们进入对那个使得"符号成为有意义的符号"的过程的

---

① 海德格尔:《导论》,第362页;英译本,第263页。
② 同上书,第361页;英译本,第262页。

说明。

我们已经看到,当海德格尔对谓述之前的显摆与断言进行区分的时候,他使用"意谊"一词,一般地去覆盖由审慎环视性的操心所揭示出的潜在的和现实的区别,同由语言承载的意义形成对立。在这个上下文中,他对意谊做了如下解释:

> 在显摆中被勾连显示的内容本身(Gegliederte),以及在一般的理解本身中作为可被勾连显示的内容而被先行标示勾勒出的内容,就是意谊。①

但是当他在第 34 节中引入日常话语与断言的区分时,他似乎是在把玩"可被勾连显示"与"已被勾连显示"之间的区别,以便进一步展开他关于意谊的第一个观念。当我们把我上面引述的引文同下面的引文放在一起时,我们想把握的这种对立就可以十分清楚地显示在我们眼前:

> 在显摆中那种可勾连显示的[Artikulierbare]内容——在语言中更为原初——被我们称为意谊。②

> 在那话语性的(redenden)勾连显示(Artikulation)中被分节勾连的内容本身(Geliederte)被我们称为意义的整体。③

那些**能够**被分节勾连的内容,**在理解领会中**被先行标示勾勒出来的内容,一般的可显摆的内容本身,被海德格尔看作是意谊的组联。那些**在谈话的过程中**已经被和正在被勾连显现的内容(redendes Artikulation)形成了语言意义的组联。我们**在话语的一般勾连显示本身中**所发现的诸多区别差异的系统,就是语言意义的整体,这个整体把语言学上的谈话、语言学内容和意义联系在一起了。如果我们把意谊与意义混为一谈,那么我们便会忽视了它们的本质性的相互影响和作用。紧接着上述引文,海德格尔又补充道:"意义的整体可以被分解为诸多意义。诸多意义作为可勾连显示的内容之已被勾连显示,总是携带着意谊性(sinnhaft)"④。我想,这里存在着交互作用的

---

① 海德格尔:《存在与时间》,第 153 页;英译本,第 195 页。译文有改动。
② 同上书,第 161 页;英译本,第 204 页。
③ 同上。
④ 同上。

互动关系：一方面是潜在地通过使用应手之物的行动、作用于应手之物的行动而可勾连显示的内容——我们的引文试图把意谊放到此处；另一方面是在谈话中被勾连显现的内容——引文的思想想把语言意义放在此处；这二者之间存在着一种相互作用的互动关系。如果二者没有这里说的这种区别，那么海德格尔的评语"意义总是携带着意谊"，就成了一句无意义的废话。但是，这到底是什么意思呢？我认为，它打开了一个对"符号**要求**意义"的途径进行说明的方式。

在《存在与时间》中海德格尔只给出了一点暗示，而没有进一步的说明。"只有从谈话的时间性——也就是说，作为整体的达在的时间性——出发，我们才能在存在论上领会理解'意义'的'起源'，才能使概念的形成的可能性成为可理解的。"①但是在1925年的讲稿中，海德格尔讲得更加具体，有助于我们理解海德格尔是如何将表指意义的观念与日常生活的谈话中的符号联系在一起的。在那里，海德格尔把他的分析同胡塞尔在《逻辑研究》的第一研究中关于表达与指示（这里是 Anzeige）之间的对立联系在一起。（胡塞尔自己后来把这一对立看作是发生现象学的"萌芽"②。）这使得海德格尔可以避免把符号看成一个承载着另外一个东西，即意义的"现成在手边"的东西，而能够直接从海德格尔自己关于（器具工具）以及"纠缠融合参与介入"的思想中抽取出关于符号的思想，以便获得它们的表指意义的"来源"。符号就像工具器具一样，在大多数情况下，是应手性的，是在与事物进行"纠缠融合参与介入"的语境中被使用的。海德格尔自己举的例子是红色的木头或者铁制箭头：在早期的汽车上，它的功能是汽车拐弯的指示器ᵃ。海德格尔指出，箭头起着信号的作用，这是因为它扎根在同工具的当下化完全相同的结构中，即"为……目的"的结构之中。因此，它的功能不是辨认、判定什么东西，或者是将什么东西吸收在概念之下，而是提供方向、引起我这个方面做出某种动作或活动。"根本上看，符号并不传达任何认知信息（Kenntnis），而是给出一个指令（Anweisung）。"③在符号这样做的时候，它便"使得周围世界在操心中当下在场（Appräsentaton）"④。他进一步解释说：

---

① 海德格尔：《存在与时间》，第349页；英译本，第401页。
② 胡塞尔：《经验与判断》，第78页；英译本，第75页。
a 在中国，20世纪60年代以前，还可以在北京的街道上看到配有这种箭头的公共汽车和货车。
③ 海德格尔：《导论》，第280页；英译本，第205～206页。
④ 同上书，第281页；英译本，第206页。

在与周围世界的相遇中表达出来的操心活动,所关注的焦点不是信息(Kenntnis),而是开始并未成为论题的加以认识的(thematisch erkennende)"在世界中存在"。不是一种孤立出来的认识活动的倾向,而是这种从事着操心的"在世界中存在",**建立了符号**(das Zeichen stiftet),原因很简单,只不过是因为,世界是未诉诸表达地在各种指示性中与我们相遇。①

因此,作为"指示性的结构"的世界,是那些"既在手又应手的(vor-und zuhanden)"②的符号之基础。用我们使用的术语来说的话,那就是:只是当诸符号在更广大的意谊组联的领域内发挥作用时,为了便利于我们同诸事物的真正交往,诸符号才要求一种稳定的表指意义。这里,符号本身的功能与工具的功能相类似。

海德格尔还把诸符号同拜物迷信(fetishes)联系在一起。但他并没有认为,一个符号就是一个对象,并将这个对象与它的所指内容混为一谈,而是认为,作为应手之物的符号"尚未从它所指示的内容[Bezeichneten]中摆脱出来;这是因为,它是如此忘情于符合、如此专注地在符号中、同符合生活在一起,完全被吸引到符号所指内容之中……"③"操心仍然完全生活于作为从事指向活动的工具之中,把被指出的内容移入符号中"④。正是由于这些原因,我才认为,在这种制定符号的过程中,承载着意义性的,是被指出的诸意谊的相互连接⑤。

2. 符号渐渐地不再是"拜物迷信(fetishes)"。只要我们对事物的迷恋被打破,或者说,一旦我们"迈过了"被报告的内容,或者,也许,"迈过了"完全的重复和习惯的使用的结果,那么① 诸符号之间的稳定关系与② 我们与

---

① 海德格尔:《导论》,第281页;英译本,第206页。译文有改动。
② 同上。
③ 同上书,第284页;英译本,第208页。译文有改动。
④ 同上。
⑤ 在这些讲课中,海德格尔没有使用 sense,而是使用 meaning 来把握这一点:"The indications and nexus of indications are primarily meaning. The meanings are … the structure of our being-in-the-world." 同上书,第286页;英译本,第209页。译文有改动。但是他把 "linguistic meanings and nexuses of meaning in general" 同 "meaning in the primary sense" 对立起来。同上书,第288页;英译本,第211页。译文有改动。在《存在与时间》中,他把 meaning 的基本意义等同于 sense。见海德格尔:《存在与时间》,第151页;英译本,第192~193页。我想,这一变动的长处在于,使得以说明言谈的方式,特别是闲谈的方式,通过建立先入概念(preconceptions),将其编织到 meaning 的组织中去,当不是去重新构形我们对事物的表现(在当下化),而是去重构 "meaning in the primary sense(基本意义上的 meaning)",也就是重构 the nexus of sense(意谊之组联),它们是事物显现它们自己的真正途径之本构成分。这正是本书当下要发展的内容。

之有关的许多事物之间的区别差异,就会被明确地固定下来。这样便发展出了符号所传达的内容与符号所指向的内容之间的一种距离。居住于意谊之中的诸符号,便与意义"共生在一起(accrete)"。起初,符号是由意谊控制的,在此时,符号只是服务于、便利于我们作用于应手之物的行动。但是,当我们运动到论证性相互作用的层次、超越于应手之物之上的层次时,符号便开始具有了它们自己的生命[成了精]。处于"使用中的区别差异(differences-in-use)"中的意谊,是作为在动作行为中(actionally)被勾连显示的东西。而作为从"使用中的区别差异(differences-in-use)"中出现的语言意义,却是在推理中(discursively)被勾连显现的。意谊的组联是在语言意义之组联中的潜在地可勾连显示的内容。

在我看来,要求在意谊与意义之间作出区别,是基于下述事实:从根本上看,谈话是一种交流交往(communication):"谈话是一种从事表意的(bedeuttend)、对'他人共在'亦属于其中的'在-世界中-存在'之理解领会性的分节勾连活动(Gliedern)。而'他人共在'在一种从事操心的过程中的'相互共在(Miteinadersein)'之特定方式中,维护着他的存在。"①谈话不仅仅是"与他人谈话",还是"关于什么"的谈话②,它从事的是使某种东西显现、使某种东西被揭示出来的活动:"……通过话语使其宣示,首先和大多数情况下,具有'被操心筹办到的周围世界(besorgte Umwelt)'之于从事显摆活动(auslegende)的当下化(Appräsentation)的意谊。"③正因为它是一种交往交流(communication),我们可以从中分离出两个结构性环节。一个是,**关于什么事情的话语**。"**关于……(about-which)**"在谈话中成为显性的(manifest),它显现的方式是:它"从一开始总是在那儿,具有'在……之中存在(In-Sein)'这样的世界之特征"④。话语也包含着"**被说出来**"本身。如果我说,"锤子是重的",锤子就是我进行谈话所"关于"的内容,它显现宣示在已经给出的闲聊中,而这个闲谈是作为我们关于锤子的话语的一种功能,而锤子的"是重的",就是"**被说出来的**(said)"本身。谈话准备了一种相互"参与渗透到显现宣示之内容中去"的方式⑤。"与……共在"的"协同-触动性和理解领会",通过被分节勾连的内容而得到"分享(Mitteilen)"⑥。

---

① 海德格尔:《存在与时间》,第161页;英译本,第204页。
② 同上。
③ 海德格尔:《导论》,第361页;英译本,第262页。译文有改动。
④ 同上书,第362页;英译本,第262页。
⑤ 同上书,第362页;英译本,第263页。
⑥ 海德格尔:《存在与时间》,第162页;英译本,第205页。

海德格尔并不需要借助他的语言意义的观念去说明,我如何整体统觉你的精神状态,也无需用它去说明,我们是如何来回交换我们的经验的。其理由十分简单,审慎环视性的话语的功能,不是**表达**精神实体,而是使我们得以相互"纠缠渗透参与介入"到我们正从事的事物之中去①。海德格尔认识到,关于某种东西的谈话,经常会走到我们对某种东西的闲聊胡侃(talking-something-through)、提问与回答或者调停安顿之中,甚而作为这种态度的改变的结果,最后变成一种断言。看起来,这就是**被说之内容本身**和一串字符串的意义由此成为主题的那个层次②。

只要把某种东西当作某种东西来思考——"显摆的功能(Funktionsform der Auslegung)"③——不要求,或者并不参与介入到交流交往之中,在那里我们就具有发挥作用的表指性意义,即,有意谊在起作用。我们不能将此处的意谊等同于"被说出内容"本身,因此也不能将其等同于被表达出来的语言意义。如果我们把宣示(Offenbarung)这个术语留给语言所从事的工作④,那么我们就不可以直接把显摆(Auslegung)等同于宣示(Offenbarung)。毫无疑问,谈话"在交友(cultivates)"并且"是在公众中公开进行的(renders explicit)",毫无疑问,谈话最基本的功能是指出在主体际间性的参与介入(intersubjective involvement)中宣示出来的内容。但是谈话并不**产生**应手之物本身的勾连显示结构,而是**开放展现**这种勾连显示结构,或者让它被看到。

3. 当我们纵览言谈(Rede)如何转变到闲聊(Gerede)之中去的时候,我们还能发现另外的理由支持我们对意谊与语言意义做出区别。如果言谈可以展开世界,认人去看,那么,闲聊则可以将世界关闭。在闲聊中,我们有一个话题,在这里,讲话构建了(construct)一个经验过的世界。它这样做,是因为,某种达及世界的活动,被记录写入到世界的有意义的讲话的形式之中。更深刻地讲,是因为它的解释的诸术语的优势,不允许本真的话语形式——在本真的话语形式中,世界依据它自己的意谊而凸显出自身——的出现。

> 在"作为事物之被说出性(Ausgesprochenheit)"的语言中,其自身内部深藏着一种对达在之理解领会的被显摆性(Ausgelegtheit)。……达在总是不断把自己渡让给这种被显摆性(Ausgelegtheit),这种被显摆性

---

① 参见海德格尔:《导论》,第363页;英译本,第263页。
② 同上书,第359~360页;英译本,第261页。
③ 同上书,第360页;英译本,第261页。
④ 同上书,第361页;英译本,第262页。

(Ausgelegtheit)控制着并分配着平均化的理解和属于达在的现身情态的可能性。①

借助于语言意义对它进行的解释则是：

> 事物之被说出性(Ausgesprochenheit)，在它的意义之被勾连显现的组联整体上，维护保存(erwahrt)了对被揭示的(erschloßene)世界的理解领会活动(Verstehen)。……②

理解这一点最好的方式是，回到"纠缠渗透参与介入"的"先行-结构"中去。在闲聊中，起作用的"先行-把握"是通过语言意义的组联结构起来的，而意义的组联又是通过非个人的、平均化的常人(das Man)结构而成的。海德格尔对闲谈的说明使我们可以看到，对汇集成"介入"组联的表指意义的**还原**：把这种表指意义还原成了某种"平均化"的理解。这种对表指意义的还原只是整个"光谱"的一端，它的一种可能性，在这种可能性中，谈话的解释活动"控制了"并且"剪切了"世界。闲聊的优势恰恰是这种情况：概念性"强迫着"事物、"对抗"着它们自己的存在方式(manner of being)。在一种意义上，闲聊(Gerede)通过把世界的可能性拉入到它自己的圈子里，使得世界被揭示的空间变得模糊暗淡。"人们并不太理解被讨论的那些实存，但是人们只听到被说出的内容本身。"③"存在(Sein)同被谈论的诸实存(Seiendes)的基本关系在这里已经丢失了，或者从未被成功达到过。"④

"闲聊的谈话失去了它的基础"⑤，也就是说，这里的问题不仅是流行的谈话的**类型**问题，而且还是结构上的问题。因为它的出现是一个语境的结果：是分配(verteilen)背景的结果。显摆(Auslegung)被 Bedeutung(语言意义)所辖制，也就是说，我们失去了意谊与语言意义之间的区别。在闲聊中，意义发挥其功能的层次，不仅仅是我们"介入"到与我们的世界的先行占有关系中去的那种先行的把握之层次，而且它还是下述的这种方式：我们的"先行占有"被先行-概念(fore-conception，即先行把握)敉平了、淹没了。在这种情况下，审慎环视的确总是一种解释。

---

① 海德格尔：《存在与时间》，第167~168页；英译本，第211页。译文有改动。
② 同上书，第168页；英译本，第211页。
③ 同上书，第168页；英译本，第212页。
④ 同上。译文有改动。
⑤ 同上书，第169页；英译本，第213页。

我们可以把上述的想法总结在一起。我们认为，把表指意义敉平为语言意义的确是一种可能性。但是这本身是以下述事实为基础的："介入"的先行之结构是由两"极"——或者两个结构环节——组成的：它总是在不同程度上涉及"介入"的组联的建立。我们刚刚描述的一极（一个环节），是孤立出来的话语的一种作用。揭示性的可能性的领域的界限，是由诸语义区分（semantic distinctions）建立起来的，这些语义区分是记录在话语本身中的。这就是被我们称为**语境**（context）的东西。第二个环节我们是通过观看行动、"介入"和指示之间的关系而分离出来的。显摆——即依据其使用展示某物——打开了表指意义的体系，这个体系构成了必不可少的背景，某种东西就是依据这个背景被分节勾连显现的。这里，显摆涉及（实际上和可能性上）行动上和审慎环视上的格式（schemata）；应手之物的性质扎根于使用与作用于应手之物的行为的可能的类型中。如果语境说明了海德格尔所讲的先行把握或先行概念的内容，那么我们就可以把他讲的"先行占有"这一观念理解为背景。

通过观察意谊——它们的每一个都可以在一定环境中辖制另一个——我们便可以看到语境与背景的相互依存关系。我们刚刚描述的闲聊的流行，在一定的处境中获得确认；作为结果，在那里对世界的"平均化"的理解，获得了它的概念性，沉淀到它的话语的意义之中，压倒了表指意义的构成。背景后退了，语境占据了统辖的地位，也就是说，它允许背景在下述范围内重新发挥作用：行为已经确认了、顺从了在可接受的类型的情况下发挥作用。审慎环视的显摆塌陷到闲聊的解释中去，我用诸解释的眼睛去看，我用解释的语音去说。但是仍然有相反的情况。在那里表指意义几乎完全由意谊本构而成，我的话语是意谊的指示反响。我的手推动刨子从木料的平面的一个地方到另一个地方，木料的平面像光线一样，反射出它的表面的情况，显示出木板上的哪个地方是不平的。当我要最后完成对那块木板的加工工作的时候，我伸手去拿立在我的工具柜旁边的那块刨平了的小木板。语境中止，背景就占了统辖地位。表指意义的领域由意谊来掌控；显摆是外在于被建立来的言语的约束的。然而，这两者只是两个极端，在它们之间有许多不同的情况，一般情况下，语境与背景构成了我所统一领会之内容的具体的当下存在。当我们看到二者都被牵涉到审慎环视之中时，它们之间的关系问题已经解决了。

海德格尔提出，话语对现身情态和理解领会具有同等的基础性（equiprimordial），这种看法是他把语境构建到对世界的本质说明之中的方式。这种看法保证了语境是协同本构的，而把背景构建到对各种视域的本质说明中去的做法,同样保证了背景的协同本构性。这种方式与胡塞尔的方式相比,有了长足发展。在胡塞尔的理论中,言语总是"落后于事实"。而在海德格尔的理论中,语言总是在先的。情况也可能是,在海德格尔对先行把握的说明中,他面临的问题同胡塞尔的问题是相反对的:"介入"的先行-概念(先行把握)看起来是依赖于话语的,以便建立那种先入-概念。如果我们把海德格尔同胡塞尔放在一起,我们就会发现,与胡塞尔不同,海德格尔并不企图把意谊的构成限制于被胡塞尔称为先验感性论——康德感性论的变种——的领域之内。这一点可以从下述事实中看到:一般来说,意谊的观念不仅是通过海德格尔的现身情态这一思想来引进的,而且还通过他对于理解领会的说明而引进了意谊这一观念。看起来海德格尔不打算保留两种不同类型的基础性组联,一种组联活动于理解领会的层次上,另一种组联活动于现身情态的层次上。因为他把组联限定于理解之中,于是向语言的漂移就是不可避免的。为什么现身情态不能像理解领会那样,成为对意谊之组联进行固定活动的方式呢?实际上,在海德格尔对空间的说明中,以及在他对方向性的分析中引入的某些观念中,现身情态恰恰发挥着这样的作用。但是一般地讲,现身情态看来只是作为在理解领会中被揭示的(开放的)可能的约束性原则而起作用,所以,在海德格尔对意谊的特征刻画中,现身情态不是内在的环节。而且,如果**触觉**是海德格尔理解现身情态之运动之方式的话,那么海德格尔没有把意义置于现身情态之中的疏忽,就可能是视觉统治的另外一种变形,而这正是海德格尔在西方哲学中反复发现的问题。

第四节 区分性的指示

很清楚,胡塞尔在《存在与时间》发表以前,已经在他的讲课稿和手稿中发展出了他关于生活世界理论的基本要素。大量迹象表明,海德格尔对其中的某些文本是熟知的①。尽管如此,海德格尔通过对工具性背景的研究而达到的世界的理解仍然是原创性的,而且他的思想具有的准确性,即使在胡塞尔的《危机》一书中也是找不到的。我可以从三个方面把海德格尔对世界的说明同胡塞尔的描述对照起来:

---

① 在《存在与时间》中,海德格尔自己引用了现在作为《大观念(Ⅱ)》出版的那本书中的内容,对其内容做了简要概述。此外,他还直接提及了胡塞尔在弗赖堡的早期讲课中对这一问题的讨论。海德格尔:《存在与时间》,第 47 页;英译本,第 73 页,以及《存在与时间》第一部分第一章的注释 ii,见第 489 页。

1. 尽管胡塞尔对他的直观这一观念——世界在其中被揭示的模式——逐渐进行了扩大,但是它仍然只产生关于对象的派生性的观念,其结果是,只能提供关于世界的派生性观念。它并不是在自然态度中事实上起作用的观念,而自然态度原本具有时间性的本质。因为 An-schauen(观看或看进去)已经导致了看与东西使用之间的差别。胡塞尔顶多给出了对现成在手的东西的构成性背景的现象学说明。在最坏的情况下,他企图从现成在手(被直观的对象组成的世界)中导出应手之物(实践对象组成的世界)。

但是这一点必须得到正确的理解,这绝不是说,在我们经验的实际秩序中,胡塞尔给予同(工具器具性)的对象的性质相对立的对象的感知性属性以优先权。因为对胡塞尔和海德格尔两个人都一样,我们首先看到的是锤子。但是胡塞尔坚持,我也可以"首先"单独在其感知性的属性中看到这一对象。这完全取决于当时的兴趣所在。对胡塞尔来说,最关键的区别是经验对象的构成的分析:他认为构成性的综合和意谊,给我们提供了实践对象,它是由感知的"基础性层次"(grundschicht)所构成的①,其他的对对象的器具性进行说明的综合都是以此为基础的。"(经验性)的世界,依据它的基本层次,至少是自然,是外在东西的(res extensa)宇宙万有。"胡塞尔认为,工具是以感性的干支为基础建立起来的②。对此海德格尔的回应将会是:一个工具,当它损坏时,可能转变为现成在手的纯粹的物件,我们可以给予它一个完全的感性构成上的说明。但是这样我们并没有分离出一个已经整合在我们对应手之物的经验中的 stratum(地层),意向行为上讲,在其他事物之间,存在着起作用的眼光的不同基本类型,审慎环视(Umsicht)同直接观看(An-schauen)相对立。从意向相关方方面看,我们发现了"为了……之故"这种模式,它将我们的行动与对象连接在一起(海德格尔提及过的,如服务性、有益性、使用性、可操作性)③。二者在结构上都不同于我们在感性感知中发现的内容。它们之间的运动远远不是从高级到低级的运动,而是侧向的运动。

2. 胡塞尔把世界刻画为直观到的和具体的普遍性,这样的两种世界之间存在着一种张力。海德格尔拒绝了第一种刻画,并对第二种刻画加以改造,这样便化解了两种世界之间的张力。他的确把世界思想为覆盖了存在的所有领域的世界,这里所讲的覆盖,既指作为具体的世界,它"可以改变为"

---

① 胡塞尔:《第一哲学(II)》(Ed. by Rudolf Boehm, *Husserliana*, Vol. 8. The Hague: Martinus Nijhoff, 1959),第 260 页。
② 同上。
③ 海德格尔:《存在与时间》,第 68 页;英译本,第 97 页。

在那个时候我们所有的具体诸世界的结构性的整体,又指它的先在(apriori)的结构在每一个世界中都起着作用①,他直观到一种分析的模式,这种模式不要求把世界转换为一个对象,因此保护了世界的作为意义的结构的完整性。在手性与应手性之间的区别不仅仅描述了使我们得以理解实践对象和使我们看到我们同对象的"最初步"("first")的关系之间的一种对立,而且它也在先验的语域中起作用,使得我们不必通过胡塞尔所说的描述的那种相关性的格式而对世界进行刻画。胡塞尔曾在一处指出,"世界的现成在手性"(Vorhandenheit der Welt)是关于世界存在的"实质上的一种朴素的概念",它的"本质上的第一"只存在于自然态度之中②。但是他并没有试图用其他观念来取代它,批判它的"实证性",将它重新铸造为"先验主体性的Sinnbildung(意谊的构造)"③,并因此重新把世界作为基础确定下来。胡塞尔反对康德提出的④世界是一个对象,海德格尔则与康德站在一起,认为存在着诸先验的范畴和结构,但是不存在诸先验领域或者诸先验对象。问题是,当胡塞尔努力在世界中并通过世界——这里世界是作为被构成的世界——勾连"主体性的成果效应"时,胡塞尔的在世界的现成在手性中的初级笛卡尔式的线索,没有给他留下任何其他选择,除非把它解释成对于意识的世界,因此是"相对于"它的存在的世界。由于海德格尔把成果效应理解为一种奠基于与事物相互作用的实践中,而相互作用本身是在介入参与的组联之中被把握的,所以他发展了世界的解释学。这种解释学从内部达到作为整体的世界。作为结果,他能够评判达在的实际性(Faktitizität),即达在是**在世界中**存在,不是仅仅与世界相关。也许这就是海德格尔之所以在《存在与时间》第一部分中刻画世界的特性时,并没有直接使用胡塞尔的视域观念的原因所在。海德格尔担心的是,即使广义的生活世界的观念可以覆盖所有存在领域,而不仅仅是直观的领域,胡塞尔的看法仍然混杂于,并仍然受缚于"存在论之前的生存论的意义"⑤。

3. 胡塞尔和海德格尔两人都用指示(indication)这个概念作为理解世界的关键概念,但是二者的使用在意义上有着重要的微妙的差别。对胡塞尔来

---

① 海德格尔:《存在与时间》,第65页;英译本,第93页。
② 胡塞尔:《第一哲学(Ⅱ)》,第263页。
③ 同上书,第263页。
④ 见胡塞尔:《现象学心理学》(Ed. by Walter Biemel, *Husserliana*, Vol. 9. The Hague: Martinus Nijhoff, 1968),第95页;英译本(Trans. by John Scanlon, The Hague: Martinus Nijhoff, 1977),第71页。
⑤ 海德格尔:《存在与时间》,第65页;英译本,第93页。

说,指示(Anzeige)①是由"一个东西指向(hinweisein)另一个东西"②的运动来运行的。其运行的方式使得一个被突出的东西,或显著的东西建立起了对另一种类似的东西的期望。同一性是最基础的,差别是派生的:"不相像进入显著的地位,但是是以共同性为基础的。"③作为结果,视域是通过"从事同一活动的综合"建立的,它应该被描述为带有节点的网络,这些网络的节点有着同一意谊内容,并建立了同其他节点的对立与区别,也就是建立了**同一化**的格式的组联。对海德格尔来说,indication(指示 Verweisung)是一种持续不断的 deffering,比如,诸对象间的相似性,对象的同一性,是由功能性对立与差异组成的网络中从它的位置出发导致的结果。与此相应,各种视域是区分性的诸格式的组联。

胡塞尔的关于构成的理论,是用关于阶层的想象来工作的,或者是用关于意义的层次来工作的。他的论题是对象可以通过奠基与被奠基的关系来进行整理,而其基础的依据是它们层次相对的复杂体和这些给出的对象是否具有层次,如果它们单独存在,那么对简单对象的当下化作出说明就够了。比如一个原子事实,在其他事物中嵌套了一个对个体的指称。这个价值的对象是从感知对象出发"建立起来"的,从它身上剥去了那些价值性性质,留给我们的是对我们对对象的经验能作出充分说明的层次,并且是在它们被联系到价值性行为"之前"。

胡塞尔从来没有反对过之前和之后的关系是时间性的,或者否认高级与低级之间的区别是两种不同行为的时间连续之结果。"之前"与"之后"包含在当下之内。甚至复杂对象也总是与单一的行为相关。对构成的这种说明遵循着意谊的蕴涵的秩序。关键的问题是,构成的被嵌入的层次是整体的依赖性的环节,还是整体的独立性的环节。胡塞尔认为,处于对象基本类型内部的各种层次,感性经验的层次,要求其他人的当下在场,以便维护其生存,所以,它们是整体的依赖性的环节。看起来,越复杂的对象就越要包含层次、阶层,它们离开他人则无法维护生存。它们对于某种复杂性的对象的构成是必然的,但与此同时,它们也构成了一个"核心",它不仅在评估的不同行为中(被爱的 X,被恨的 X,被珍惜的 X)持续存在,而且,还独立于所有这些行

---

① 在《逻辑研究》(2nd rev. ed. 2 Vols. Halle a. d. saale:Max Niemeyer, 1913 and 1921)II/1 第24~25页,即第一研究第二节引入这一概念。英译本(Trans. by J. N. Findlay, 2 vols. New York:Humanities Press, 1970),I,第269~271页。"这一洞见早在《逻辑研究》就已经发展出来,在那里构成了发生现象学的核心。"胡塞尔:《经验与判断》,第78页;英译本,第75页。
② 胡塞尔:《经验与判断》,第78页;英译本,第75页。
③ 同上书,第79页;英译本,第75页。

为而独立存在(被我直接看到的X)。毫无疑问,这种区别诱使胡塞尔对可以被直接直观的万有生活世界与作为具体的历史复杂性的生活世界作出了明确的区别。

胡塞尔与海德格尔思想之间最核心的区别是,海德格尔拒绝了胡塞尔的下述论题:即诸复合对象有某种独立的意谊之层次。海德格尔设想的构成,不是依据于意谊的各种阶层,不是依据于某些阶层比另一些更基础。海德格尔用以取代这一论题的是,设想相互重叠的阶层有一个核心,这个核心是依据于对功能与转换的强调而形成的①。工作世界之优先性的出现,是由于操心恰恰使我们得以与世界相遇,而世界在这里是由被使用价值绑在一起的关系性的节点组联。所以,意谊并不是对再当下化的方式的系统化,而是对处理世界甚至改变世界的方式的系统化②。结果是,不同类型的对象的构成之间的结构性区别,并不蕴涵复杂对象对简单对象的依赖性。如果用与胡塞尔的理论相应的术语来说,就是从一种类型的对象向其他类型对象的运动(感性感受到价值评估)对前一种类型的重新组织,使它不再以其在原初的想法中那样发挥作用了。这种努力是用**侧向**关系(lateral)的观念来取代胡塞尔的层次化的设想。关于侧向关系的观念,可以使我们得以从一种关系转化到另一种关系,而不用把第一种关系处理成第二种关系的基础或核心。

但是海德格尔难道不是也在同它自己的分析的局限性在作斗争吗?从他晚期著作的观点看,在《存在与时间》中发展出来的关于世界以及达在的观念只是一种准备性研究,它只是打开了通向存在问题的道路。在1951年的讲演中,达在的"在……之中"结构,起初是用Befindlichkeit和Verstehen这些术语来理解的,这两个概念在某种程度上是同康德式的传统概念——感性和知性相平行的,如今海德格尔用Wohnen(居住)这一观念对它重新加以解释。居住使得对象和其他人所具有的介入参与的类型得以作为建设(Bauen)的基础,建设是居住者的一种最基本的活动,我们还可以补充一句,这种活动把《存在与时间》中的应手之物的整个说明都框在其中了。但是在这里,介入参与并不是通过世界的观念来规定的,而是由"四重整体(Gerierte)"来规定的。居住是在**大地**上,**天空**下,在被**神**的召唤中,在同**人**(有死者)的关系中居住③。

---

① 海德格尔:《导论》,第273页;英译本,第201页。
② 见同上书,第264页;英译本,第194页。关于海德格尔如何处理从被感知到的周围环境的对象到感知的自然事物(natural thing)的过渡,见同上书第48~49页;英译本,第38页。
③ 见海德格尔:〈建筑、居住、思想〉("Bauen Wohnen Denken"),载《讲演与论文》(*Vorträge und Aufsätze*), Pfullingen: Neske, 1967, Ⅱ, 第25~26页;英译为"*Building Dwelling Thinking*",见David Krell编辑的《基本著作集》(*Basic Writings*), New York: Harper and Row, 1977, 第327~328页。

如果居住是建设的基础,奠基与组合的设计是亲历的空间,那么建设对于我们居于其中的世界之世界性来说就是本质性的,按《存在与时间》的思路我们就会得出上述看法,于是我们就可以看到海德格尔后来达到的"四合"观念可以作为世界的基础,世界是从其中派生出来的。

  我们的结论是,《存在与时间》提供给我们的背景这一观念比胡塞尔的更丰富,因为它是从对我们与诸事物的实践介入参与的分析中得出的。它也更富有成果,它指示出,我们如何可以从意谊出发来对意义的生成进行特征刻画。我们也有了对主体际间性话语的强调,它使得意义的观念得以稳定化,并提供给我们一把理解视域的那些维度——我们称之为语境——的钥匙。留给我们的任务是,具体研究背景与语境这两个观念是如何发挥作用的。

第十五章　世界的边缘

这样，(我们)主动意识到的特殊对象(das jeweils aktiv Bewußte)，以及相应的(对它)主动有意识(das active Bewußthaben)、指向它(Darauf-gerichtet-sein)、处理它(Damit-beschäftigt-sein)，所有这一切总是被一种无声的、隐蔽的，但是协调起作用的有效性所包围，被一种**活生生的视域**(einem lebendigen Horizont)所包围；在此视域中现实的自我可以随意地指向何方，使旧有的所得重新被激活，使新的整体知觉性想法(apperzeptive Einfälle)得到有意识的把握，将它们转换到直观中(in Anschauungen wandelnd)。正是由于这种永恒流动的视域性(Horizonthaftigkeit)，在自然的"世界生活(Weltleben)"中直接实施的每一个有效性，总是已经设定了诸多有效性为前提，直接或间接地向回延伸到昏暗的，但有时是可及的、有反应的诸有效性之必然的底层(Untergrund)。所有的这些结合在一起，同真正的行为一起，构成了一个唯一的不可分的相互联系的生活关联体(Lebenszusammenhang)。

——胡塞尔(1936 年)①

上两章的思考引导我们来到了在我看来是现象学理论最有革命性的部分，即视域性理论。在本章之始，我们试图将讨论引入对"视域"这一观念的系统性总结。

---

① 胡塞尔：《危机》(Ed. by Walter Biemel, *Husserliana*, Vol. 6. The Hague: Martinus Nijhoff, 1954)，第 152 页；英译本(Trans. by David Carr, Evanston, Illinois: Northwestern University Press, 1970)，第 149 页。

第一节　对视域的特征刻画

使得视域这一观念特别难以理解的原因,是因为在对世界的特征刻画中,胡塞尔和海德格尔均游走于被我们称为现象学的**认知性**(epistemic)特征刻画和现象学的实存性(ontic)特征刻画之间,却没有全面认识到它们之间的区别。一方面,这个活动的范围说明了这一观念之所以能成果丰富的原因;另一方面,对世界的这种混合型特征刻画,经常导致表指意义(significance)的条件与存在条件的混淆。

对这一区别的了解本身就是一个难题,就如术语本身指出的那样。在第三章中,我们讨论了胡塞尔对存在论与现象学之间所做的区分,并提出,前者受到自然态度的限制,而后者则要求现象学的还原。在那里,我们发现了对世界的存在论的特征刻画——粗略地讲,世界被看作为"所是之状态"的整体(totality of all that is the case)——并将其与对作为视域的世界的现象学特征刻画对立起来。其后我们看到,世界的观念发展成为生活世界的观念。生活世界的观念是伴随着20年代早期动态发生方法的引入而提出的(本书第九章和第十二章内容)。其结果是,晚期胡塞尔在两个不同的语域上谈论世界。一方面,存在着一种世界的概念:它不属于真正的先验现象学,它似乎是

> 一种关于世界自身的科学之主题,一种关于纯粹作为经验世界的生活世界之存在论(比如,作为世界可以协调一致地、始终如一地、连贯地在现实和可能的经验直观中被直观到的世界)①。

但是另一方面,在先验现象学的语域中,我们也发现对生活世界的特征化②。一个笛卡尔主义者可以坚持它们之间的严格区别,但是一旦我们采取"回溯"(regressive)的方式来做先验分析时,它们二者就会成为同一种分析的两个互补的阶段,并且最终使我们从两个世界的理论的威胁下解脱出来。我认为,实际上发生的事情乃是胡塞尔早期对作为视域之世界的现象学刻画,基本是一种认知上的说明;现在这种说明得到进一步的拓展,然后导之以

---

① 胡塞尔:《危机》,第176页;英译本,第173页。
② 同上书,第176~177页;英译本,第173~174页。

对其**实存性**(ontic)的现象学分析。在《危机》一书中，胡塞尔使用了ontic(实存的)这一术语，并且他谈及世界的"实存意义(ontic sense)"，有时还谈到预先给予我们的"实存的宇宙(ontic universe)"，或者"普遍的场域(universal field)"①。所以我们可以读到下面这样的话：

> 为了给这一新的研究课题——这一研究本质上关心的是生活世界，而不是存在论(ontological)——作准备，我们将要进行一般性的考察(eine allgemeine Betrachtung)……
>
> 这种一般性的考察(allgemeine Betrachtung)同时还有一种功能：对不同的可能的方式之明证性(Weisenevident)做出本质性区分，使得预先给出的世界，即实存的宇宙万有[**das ontische Universum**]可以成为我们的论题……世界是被预先给予我们这些清醒的、无论如何总是在实践上被兴趣吸引的主体；而且并非偶然的，总是并且必然是作为所有现实和可能的实践之一个普适场域(Universalfeld)，即作为视域(horizon)而给予我们。②

在这个意义上，一个实存性(ontic)世界，就是一个行为和思想活动的**场域**(field)，因此，它属于被预先给出的东西的序列，而不仅仅是被预先意向的东西。实存性(ontic)世界就是被"复数化为"生活的不同区域的世界，成为各种不同的特殊世界——就像我们在第十三章描述的那样，因此，它是具体的世界。胡塞尔的生活世界这一概念所强调的就是这一点。对此我们还得多说几句。

当海德格尔在《存在与时间》中拿起世界这个概念的时候，他也对实存的(ontic)说明与存在论的(ontological)说明作了区分。但他对这种区分、对立的使用是完全不同的。他努力超脱下述传统的错误，即把世界看作某种类型的对象的错误。海德格尔要求现象学的说明，必须公正地对待世界的世界性(worldhood)。海德格尔提供给我们的，是把存在特征刻画为差异性牵连的组联(nexus of differential implication)，其根据是：这才是存在之真存在，正是它说明了存在彰显自身的方式。作为不同牵连之组联的世界，被贴上了现象学存在论观念的标签。通过各种特殊的世界而具体当下化的那个世界，被海德格尔视为ontic(实存的)世界。总之，海德格尔把我在上面称为认知性特征刻画的东西看作是存在论的(ontological)，并认为这种刻画完全是现象

---

① 胡塞尔：《危机》，第145页；英译本，第142页。
② 同上。

学的。与此同时,他怀疑胡塞尔对生活世界的说明局限于实存性的说明,因此仍然是存在论之前的(preontological)(在他的意义上的),他认为,实存领域(ontic realm)是内在地与存在论的领域绑在一起的。其结果是,海德格尔在《存在与时间》中为我们提供的是关于世界的理论,而不是关于生活世界的理论。

海德格尔超过胡塞尔的地方是,他寻求对世界观念的进一步"去对象化(deobjectification)"。但是胡塞尔超过海德格尔的地方是,胡塞尔要求对关于世界的实存(ontic)观念作出清晰说明。对此海德格尔并没有清楚地讨论这一问题;而且胡塞尔还要求说明,关于世界的实存(ontic)观念同(海德格尔意义上的)关于世界的存在论(ontological)观念之间的关系。

为了不使我们迷失于错综复杂的术语,还是让我拟定出自己的定义,然后再去联系我们在上两章中已经做了讨论的胡塞尔和海德格尔对视域的特征刻画,这样我们就把二者综合到一种协调一致的格式中。世界是用现象学中的视域观念加以理解的:对视域的**认知性**(epistemic)的特征刻画,是尝试去澄清表指意义(significance)的本构,或者有意义性(meaningfulness)本身的本构。而对视域的**实存性**的特征刻画,则力图描述那种按照区域形成的范围或场域(spheres or fields)之本构,而经验与话语的各种特殊类型都处于这类范围或场域之中。**认知性的**(epistemic)特征刻画与**实存性**的特征刻画,这两者之间起码通过三种途径相互联系在一起:

1. 认知性的(epistemic)特征刻画说明的是表指意义的结构,我们是以此为基础而具有世界的。实存性的(ontic)特征刻画则把世界处理为我们所具有的世界,而这种具有是依赖于本构这个世界的表指意义的各种转换的。

2. 认知性说明描述的是正在存在的表指意义(existing significance)之领域,而实存性(ontic)分析描述的是"当下具有表指性存在(having significant existence)"的领域。表指意义的各个领域勾连显示着存在(existence)的领域,而存在的领域则展开着(deploy)表指意义的领域。

3. 认知性的特征刻画说明的是**我们通过**具身化(embodied)以及语境性"介入参与"各种世界对象之预先给出的视域。而实存性的特征刻画供给我们的则是世界"介入参与"于我们之预先给出的视域。

如果把这种区别与我们展示出来的"背景同语境"的对立结合在一起,我们就可以得到一种丰富的类型学(typology):关于视域本身如何被特征刻画的类型学。与我们上面的说明相应,我们把**背景**理解为各种意谊的诸复合体(complexes of senses);这些复合体本身是被**差异性牵连**(differential implications)连接在一起的。它们结构了**标示性**(indications),**标示性**则把处于其处境中的诸对象调配在一起——我们正是具体地参与介入到这些对象中。从认识论上来刻画的话,就可以说,背景是诸意谊的诸组联(nexuses of senses),这些组联被差异性牵连内在地绑在一起。从实存上(ontically)来刻画,背景就是**标示性的诸网络**(webs of indications)。而标示性网络本身又是在"诸侧面与诸对象的相互作用"之中出现、结构自己的。把这些观点组织到一起,我们就可以把背景作视域(horizon)来谈论,即作为我们在经验上和实践上具身化地"介入参与"于环境的那种视域来谈论。

然而,我们并不只是用手工技巧从事工作的人。我们有时还与他人讲话,与他人一起歌唱。我们生活于我们的任务中,但是与其他人共同居住。我们不仅用锯子和刨子改变着事物,我们还用言辞和笔改变着事物。具身化(embodied)的行为和话语的相互作用,要求我们不仅用背景,而且也要用语境来思想、理解视域。语境由**语义场**(fields of meanings)构成,而语义场是在符号的家族中进行编码,而这些符号家族是被用于同他人的交往,以"拣选出"或者"收集为"世界。从认识论上考虑,由意义构成的语境,在符号中编码,而符号们又通过**差异性蕴涵**(differential entailment)关联在一起。从实存上(Ontically)考虑,在符号中被编码的意义,是通过**指称性蕴涵**(referential entailment)绑在一起。我们据此就可以说,语境(contexts,上下文)由**蕴涵**(entailment)的诸框架组成,这些**蕴涵框架**控制着诸概念,而诸概念则构型(forming)着各种语义场[a]。

---

[a] 在回答译者有关 implication 与 entailment 的区别时,作者指出:"粗略地讲,implication(牵连)被理解为:在被理解为背景的视域中起作用的表指意义的诸元素相互作用的形式(type)。而这些元素是意谊(senses, Sinne),这些意谊本身是感知性和实践性的识别活动(discrimination)之格式(schema)。意谊的网络就是背景,即'前述谓的'(pre-predicative)场域,因此本性上不是'概念性的'(conceptual)。与此相对,entailment(衍推)指我们具有的诸语义单元之间联系的类型(sort of connection),胡塞尔称其为 meanings(Bedeutungen),涉及的是概念性或者'逻辑性'纽带。这里有一个可表达性的原则在起作用,这也就意味着,它们本性上是'linguistic'(语言学的)。The web of differential entailments(差异性蕴涵之网络)构成语境(context)。可以替代 differential implications 这一术语的是 differential indications。胡塞尔在《逻辑研究》第一研究中曾经引入'pointing'(Anzeige or anzeigende Funktion)这一观念,可后来又被去掉了;后来随着他的分析工作的进展,他认识到,存在一种被动接受性的综合之形式,在这种形式中,一个事物总是典型地指向("points to" or indicates)其他事物。而可以代替 differential entailment 的十分难找,也许可以用 conceptual entailment(概念性蕴涵)来代替。这样 The web of conceptual entailments(概念性蕴涵之网络)就构成了语境(context)。"

为此我把 implication 翻译为"牵连"。"牵"有 pull, involve 等意义,"连"有 including, join, link 等意义,"牵连"则有 implication and embroilment, Involvement 等含义,但是无逻辑蕴涵的含义;而在形式逻辑的术语中,比如严格蕴涵英文为 strict **implication**,实质蕴涵英文为 material implication,模糊蕴涵英文为 fuzzy **implication**。把 **entailment** 译为蕴涵,**logical entailment** 译为逻辑蕴涵等,我想有了作者的上述说明,就不会再有歧义了。——译者注

在这个结束的篇章中，我们可以对背景与语境这两个概念做一些系统考察。但是我们只想限于考察这些观念在现象学理论中是如何发挥作用的，并且跟踪它们发挥作用的各种途径之一种：看背景与语境这二者如何相互规定。我们将通过引入边缘（margins）这一概念把刚刚给出的对它们所作的先验的特征刻画继续下去：与场域相对照，探究边缘在背景的理论中所扮演的角色（第二节）。然后我们再回到语义场理论，努力把我们关于语境的理论，同被称为框架（frames）的结构与地位联系在一起（第三节）。在最后一节中，我们将把背景与语境之间的区别应用于关于意义理论的讨论，就如在第一章和第七章中我们所引入的那样。

第二节　感知性场域和边缘

我想使用古维奇的成果——对场域与边缘（fields and margins）所作的区别，以便了解被我称为背景的这一观念的本性。他的看法对我们十分有建设性，因为他把这种区别限于对意识的分析之内。但是这个限制也带来了它本身的问题。

我们用一个简单的例子来进行说明。当我正在换我的自行车车轴的时候，一个对象处于关注的焦点，这个焦点被古维奇称为我的行为的"主题（theme）"。自行车的底托架抓住我的注意力，它不仅同被经验到的车架的其他部分[后下叉，首管（前首）、下管等等]，以及同车的制动装置（刹车，闸把等）有着确定的关系，它还关联到完成这项工作所需要用的工具，甚至关联到那些我没有用到的工具。每件东西都有一个"主题场（thematic field）"围绕在它的周围，但它不仅仅是一种环境意义上的，比如这个案例中的工具架就是环境意义上的场域，而且也在下述意义上如此：它属于物质上相关联的各个部分、不同组件和各色工具组成的不同的组合群（groups）。我们可以进一步诉诸视域这一观念，对此在现象学上作进一步的澄清说明，在这一事例中可以借用诸指示者（indicators）的组联来说明，这种组联是由差异性标示（differential indication）联系在一起的。主题场本身并不是焦点，所以没有被主题化。但是主题场是主题的确定性的本构部分。接下来，便可以用视域概念来从现象学上对它加以说明了。古维奇的说法是：

> 意向相关项上的（noematic）内在视域——如果我们使用这一术语的话——并不**包围在**那些在真正意义上出现于经验中的内容**周围**，而

是**渗透**于它之中。在真正意义上的经验中给出的东西作为一个系统中的一员而当下显现自身，通过它同这个系统的关系、通过它在系统中扮演角色、通过它对系统的重要性和意义，而成为它在现象上所是之内容。①

古维奇认为，在我们**直接**对该主题（自行车底架）有觉知的时候，由于它在材料上的关联性，我们**间接地**觉知到了那个我们在其中发现该主题的主题场；与此同时，我们也对经验的某些一般性维度有觉知——只不过是更加间接、更加模糊，这些一般性维度本身并不是场域，尽管所有的场域都有它们的陪伴。在古维奇的语言中，这些一般性维度们被称为"margins"（诸边缘）；也就是说，这些维度构成了所有场域的边缘。古维奇告诉我们，主题场与边缘之间的这种区分"是胡塞尔从来没有做出的"②。主题与视域的区分在胡塞尔那里俯首皆是；他的视域概念本身有把边缘作为场域来看待的倾向，即当作更加一般的场域（more general fields）、诸场域的场（fields of fields）的倾向。

当古维奇提出，要对诸场域与我们对自己的意识之默默觉知之间作出区分时，他把这种对自己的意识之默默觉知，理解为第一个边缘，或者基本边缘（primary margin）。在做这种区分时，古维奇对场域和边缘的区分得到了最好的维护。他是在发现诸行为与诸特殊主题之间的区别时做出这种区分的。每一个出现的对象都携带着对该对象出现于其中（通过它而出现）的行为或精神状态的反身性（reflexive）（不是反思性，not reflective）的觉知。而这个行为或精神状态并没有对主题本身的材料规定性作出任何贡献。

> 在对一个主题的详尽无遗的描述中，对给出主题的行为的内在觉知，并不作为被给出的内容的一个成分而出现。……被经验以及对被经验之内在觉知，并不是所关心的材料之知觉，也不是关联于从事经验活动的主体在其心智之前的主题之知觉。③

由于诸主题必然关涉对它们的场域的知觉，前面引进的对立也就必然关涉以下①与②之间的区分：① 对我们的主题对象的焦点外的特征（如背面）

---

① 阿伦·古维奇（Aron Gurwitsch）：《现象学与心理学研究》（Studies in Phenomenology and Psychology），Evanston, Illinois：Northwestern University Press，1966年，第348页。
② 阿伦·古维奇：《边缘意识》（Marginal Consciousness），莱斯特·恩布里编，Athens, Ohio：Ohio University Press，1985年，第22页。
③ 同上书，第4页。

之"直截了当的"觉知,与② 对我们的进行感受之主题的意识范围(span)的反身性的觉知。"在意识生活的每一瞬间,我们都对这个真实生活的延伸的某个片断有一种边缘性的觉知。"①这是一种反身性的觉知,它与对于场域的外围觉知是如此不同,以致使得这种反身性觉知成为一种反思的指导线索,也就是对把意识理解为边缘作出反思。在这里,古维奇对这一界限也有清楚的认识。被反思到的边缘从来不会现实地从整体上被经验到,只有哲学性反思的观念化工作,才显得可以囊括这个整体。但观念化工作并不是通过在整体上对经验流的经验,而是通过对意识的"**本质**"或者"**观念**"的领会做到对其整体的囊括:

> 可以肯定,反思不可以一次性地从整体上领会意识流,而只能领会那个在当下显现中达到顶点的片断。通过对记忆中的内容的反思,有可能把被领会的片断加以延伸、提升到过去的经验,这些过去的经验越来越远离当下被经验到的那个阶段。不管我们在这个方面走多远,它们永远不可能用单独的一瞥就领会到在其整体性中的意识之流。我们可以把我们已经领会的那段意识之流加以延伸,越来越对象化,但是这个过程没有界限,因此也就没有终了。只有"依据康德意义上的理念的形态",才有可能对意识流从它的全部广延上加以领会,也就是通过一个纠缠于无限性的过程才是可能的。这种过程的一般类型和方向被规定得十分清楚,但是这个过程永远不可能在有限的步骤之内完成。这个前进(反思)过程的每一个阶段都是对界限的一种接近,但是这个界限是一个理念性的,它只能[在经验中]被接近,但永远不能达到。②

我们也清楚地看到,边缘的观念如何应用到我们身体的存在上。单个的身体的诸经验把身体带到面前,但并没有必要把身体在整体上展示、勾连显摆出来。

> 由于它从事指向的诸指称(references)超出了它自身,特别是由于上面提到的[具身化存在]之视域,每个特殊的亲历的身体经验,都是作为与其他的经验所一起共属的经验而出现,因此总是附属于更广袤的诸事实之领域。通过从事指向的诸指称(references),特殊的亲历的身体

---

① 阿伦·古维奇:《边缘意识》,莱斯特·恩布里编,第22页。去掉了着重号。
② 阿伦·古维奇:《边缘意识》,第20~21页。

经验预告了我们正在讨论的这种视域,并基于同样的原因,将自身当下显现为、整合到[具身化存在的]视域之中。①

作为整体的人身,并不是"现实地给出的",而是被"宣告出来的(announced)"。"就躯体(somatic)自我和心理自我(Ego)而言,现实被给出的内容,是对某种特殊的诸事实的边缘性觉知(marginal awareness),这些诸事实之从事指向的诸指称(references)超出了它们自身。"②既然这种觉知可以是反身的,也就是反思之前的(prereflective),所以,它就涉及一种与专注于场域的觉知类型的断裂、同场域觉知在本性上的区别。反身的觉知就成为"对自我——既包括肉体的自我又包括心理的自我——的明显的[反身性的]整体领会之出发点"③。于是边缘同场域之间的区别便得到保证④。

只有当古维奇转向对我们作为整体的感知世界的觉知——这被他看作是边缘现象的第三种类型的内容——的说明时,他才遇到了困难。他想用更大的周围环境中特殊主题场域的独立性来作为其思想的基础。我可以忙于对上次更换自行车车轴的回忆,而完全忘记了工棚外面的世界。或者我也可以完全沉浸于数学问题的思考,不关心四周的世界,尽管它一直在那里。即使周围世界不是当前主题内容的一部分,但它是永远在当下的。由于世界与当下的主题场域不同,于是古维奇企图在理论上用边缘(margins)这个观念来覆盖它⑤。

然而,这第三类边缘觉知,与对自我的边缘觉知和对身体的边缘觉知之间的关键区别在于,对感知性周围环境的觉知是对我们的感知性场域之觉知的延伸扩展,而不是与它的中断。我想指出的是,我们真正具有的实际内容,是两个不同场域之间的差别:两个场域,一宽一狭,而不是场域与边缘之间的对立。所以,结果是,古维奇无力描述"世界是边缘"的含义。

---

① 阿伦·古维奇:《边缘意识》,第35页。
② 同上书,第37页。
③ 同上。
④ 在一个单独的直观中,他不能 does not grasp consciousness as a whole 把意识"在其全部外延上(in its entire extension)把握为一个整体,于是古维奇像胡塞尔一样诉诸更高阶的行为,它把自我结构成一个观念(idea),并且引出诸规则来支配控制意识。换言之,他拒绝了胡塞尔把自我理解为行为的经验和被经验的统一体这一观念;认为,存在更高阶的对自我(和身体的)的观念化[idealization of the ego (and the body)],将其诸侧面统一为一个统一体。在古维奇这里,我们仍然担心,他试图在思想层次上去重新发现,在经验层次、在被给出的层次上被放弃的内容。我们对这些内容的一阶直接经验总是部分的,总是破碎的,从来不会是完整的,而它属于与物质上相关的诸区域的不同层次。这是在谈论诸边缘时(margins)涌现出来的问题。
⑤ 阿伦·古维奇:《边缘意识》,第40页。

如果把我们的注意力重新集中于工棚外的感性场域,原来只是在"视域"上(on the "horizon")的内容,便进入到我们的视线中。尽管在主题场域和周围环境之间不存在物质材料上的相关性,情况仍然是如此。比如,当某人全身心地投入数学问题的解答,涉及的是数学理论的主题场域,它同门外的感知性环境完全不同,但是当我把注意力转向这个环境时,这种区别就可以被穿越。其他的场域——不是边缘——就会进入他的视线。古维奇自己认为,"视域是作为被感受到的象限(sector)的延伸而被经验到的……"①这里我们具有一种"以相关性为基础的语境的连续性"②。但是,这样就把未成为关注焦点的周围环境——比如某种格式塔主义的(与外形相对的)"基础"观念,混同于视域了(也混淆了我们从现象学上加以特征刻画的两个概念:背景与语境)。无论我们的兴趣延伸到周围环境有多远,视域总是不断向后倒退。对于古维奇来说,在感知性场域与视域之间不存在断裂。所以差别只存在于近似的程度、清晰程度上,以及物质材料的相关程度上。由于主题与非主题这个二元对立控制着古维奇的思想,还由于我们对感知世界的觉知并不是反身的,因此它们不能为边缘与场域之间的区别提供担保,世界被严格地作为"广阔的环境(the wider environment)"③来看待,因此,世界也就被处理为一个更大的场域。"在……之中"结构起着支配地位,作为边缘的世界便丢失了。

这种看法得出的推论是:无论我对周围环境的经验延伸多远,我永远不会遇到作为诸边缘的边缘。用现象学的方式来说,无论我把我对场域的反思延伸多远,我遇到的只是其他的场域,而不是场域的边缘。当古维奇进入对感知世界的说明时,他便把场域与边缘的特征刻画合而为一。这之所以发生,是因为,他单独依赖于对意识的觉知的说明,来决定主题、场域和边缘的区分。诸边缘——不是作为诸场域,而是作为诸场域的诸边缘——尚未得到理解。我们使用的关于背景的现象学理论,正是为了对诸边缘作出说明。

第三节 诸语义场和诸框架

当我们认为关于语义场(Bedeutungsfeld)的理论可以回溯到费笛南·索

---

① 阿伦·古维奇:《边缘意识》,第42页。去掉了着重号。
② 同上书,第46页。
③ 同上。

绪尔(Ferdinand de Saussure)早在1916年发表的普通语义学讲演①时,这无疑是正确的;但同样毫无疑问的是,罗曼·雅克布森(Roman Jakobson)在语音学上的奠基性著作,也为语言学家提供了反对与对立观念(notions of contrast and opposition)的范例。通过他和其他人在莫斯科乃至在布拉格小组的工作,胡塞尔关于部分与整体(《逻辑研究》的第三研究)以及他关于意义的纯粹语法(他的第四研究)的思想也产生了重大的影响②。有意思的是,胡塞尔的学生古斯塔夫·司柏特(Gustav Spet)是莫斯科语言学小组的成员。这个小组是在雅克布森的协助下于1915年建立的,当时他还是一位研究生。毫无疑问,这种兴趣也说明了,为什么《逻辑研究》的俄文译本是它的第一个外文译本,该译本出版于1909年③。我们还可以在雅克布森早期的文章中找到他对《逻辑研究》以及《大观念(Ⅰ)》某些相关部分的应用。1915年至1916年,在莫斯科的一个研究班上,雅克布森论及《大观念(Ⅰ)》的整体统觉(apperception)之原则④。在评论这一联系的时候,埃尔玛·霍伦斯坦告诉我们:

> 雅克布森在胡塞尔的著作中找到了处理结构单元之一般规则的首个系统表述。……这个研究[第三研究]在胡塞尔自己的学生中并没有任何反响,但却被布拉格的语言学家们抓住不放,尽管胡塞尔并不知道此事。雅克布森声称,它表达了一种"结构主义的基础思想"。……在结构语言学和诗学中,没有什么基本理论概念或方法论概念是不受雅克布森那明言或不明言的现象学之规定和论述所影响的。⑤

这里的说明不仅具有历史上的重要性,而且也有策略上的重要性。胡塞尔使用第三和第四个研究以便跃入第五与第六研究,对行为和认识进行现象学说明,但是,和雅克布森一样,索绪尔以及他的语义场理论则不愿意做这种

---

① 索绪尔:《普通心理学》(*Cours de linguistique générale*)[1916],W. Brokin译,New York: Philosophical Library,1968。
② 见罗曼·雅克布森(Roman Jakobson):《著作选集》(*Selected Writings*),Vols. 1~7,The Hague:Mouton,1962~1986,特别是第二卷(Vol.2)《语词与语言》(*Word and Language*),那里经常引用胡塞尔。
③ 见赫伯特·斯皮格伯格:《现象学运动》,《现象学丛刊》,两卷本(2 Vols.),The Hague: Martinus Nijhoff,1965年,第666页。
④ 埃尔玛·霍伦斯坦:《雅克布森的语言探索:现象学结构主义》(*Roman Jakobson's Approach to Language: Phenomenological Structuralism*),由Catherine Schelbert and Tarcisius Schelbert翻译为英文,Bloomington, Indiana:Indiana University Press,1976年,第51页。
⑤ 埃尔玛·霍伦斯坦:《雅克布森的语言探索:现象学结构主义》,第2~3页。见罗曼·雅克布森:《语词与语言》,特别是第280~284页。

转变。我们在这一节里则要跟随胡塞尔的思路去做这一转变。现在我们已经熟悉了,现象学要在语义场理论中寻找其中的断裂和张力,将其作为动力,进一步去反思我们同世界进行认知性交往之领域的基础。语言学分析的结果之应用,加倍重要,因为像我们已经强调过的,对语言的分析可将我们置于跨越数个区域的层次之上。

在这一节里,我的分析将是十分简略的,因为对这一问题的详尽分析会发展成为另外一本书。在此,我们简单地重复语义场理论的五个核心原则,给出几个简单的例子,并引用一些文献以取代严格持续的论证①。我在下一节中将把内容的基本特征称为"自然意义(natural meaning)"。在这样做的过程中,我将尝试把尚未解决的难题置入我们的探讨之内,以便提出语义场与框架之间的区分,将其与刚刚论述的场域同边缘之间的对立加以比较,以便使我们的分析更加深入。对语义场理论的简单概括也可以让我们进一步丰富对视域的解释。

1. 属于特殊的区域或者属于特殊内容域的语词或词位(lexeme[a])②,它们本身是通过亲缘性和对立(affinity and contrast)关系被组织在语义场之内的③。而一个语义场是由两个相互依赖的因素组成的:① 诸词位的集合,与 ② 这个集合的诸成员之间的聚合性(paradigmatic[b])和组合性(syntagmatic[c])关系,它们构成了这些词位的单个意义或诸意义。

"属于"或者"应用于"内容域的词位观念,包含有某种模糊性,这种模糊性为语义场理论开放了两种不同的选择。这种模糊性指的是:一个意义是

---

① 我将吸收由艾德里安·莱勒、伊娃·费德·奎泰(Adrienne Lehrer and Eva Feder Kittay)编辑的《框架、场和对立:关于语义和词法的组织》(*Frames, Fields and Contrasts: New Essays in Semantic and Lexical Organization*)一书中的文章的思想(Hillsdale, New Jersey: Lawrence Erlbaum Associates, 1992)。

a 辞典里作为词条列出的单位。——译者注

② 简单地说,"词位"是指一个出现在字典中并且至少有一个意义的术语。Kittay 和 Lehrer 给出了一个更技术化的定义:一个词位是一个意义形式单位,它至少由一个词组成,并且不受形位变体的影响;如果一个词位的组成多于一个词,它的意义就是非混成的,类似于成语。"词位是一个意义与形式的统一体,它至少由一个词构成,但是它无视语素变体。如果词位是由多于一个的语词组成,它的意义就像短语一样,是非组构的。(A lexeme is a meaning — form unit which consists of at least one word, but which ignores allomorphy. Where a lexeme consists of more than one word, its meaning is noncompositional, as in idioms.)"见伊娃·费德·奎泰、艾德里安·莱勒编辑的《框架、场和对立:关于语义和词法的组织》,"导论(Introduction)",第3页。

③ 同上书,第3页。我改变了他们的说法,是由于需要保持对"指称问题(the question of reference)"的开放性,不去假定诸词位被应用的诸范围(domains)可以直接被等同于诸概念或概念性内容。下文对此有更多的讨论。

b 垂直方向的可替换性,比如,词尾变化,今天、明天、后天,之间的关系。——译者注

c 水平方向的可成链式排列,如:他,今天,来,吃饭,之间的关系。——译者注

仅仅由亲缘性与差别之间的对立关系所组成,还是说,存在一种概念,或者用胡塞尔那别致的术语讲,存在着一种概念性"材料"(stuff),它们在这种纽带之外还持续存在着?这就提出了一个问题:词位之间的亲缘性与对立性之关系是否是构成性的,还是说,这种关系对于这些词位的意义仅仅是调控性的(regulative)?这种模糊性又与另外一种模糊性联系在一起:应如何理解词位适用的那些"内容领域(content domain)"?如果允许词位标示(label)"内容领域""所提供的"诸概念的话,内容领域就可以被理解为:或者是词位意义的功能,或者是词位的所指(referent)。在两种情况下,所指的地位都是未确定的。粗略地加以总结,两种选择提供的语义场理论的情况如下:

表 15.1 词位的意义与所指

	选 择 (1)	选 择 (2)
词位的意义	概念=对立与亲缘性之间的关系 a	概念+对立与亲缘性之间的关系 c
词位的所指	语言学的范例 b	语言学之外的:对象,事件等等作为原型 d

　　语义场理论是从意向性中提炼出来的,并将自己限制于语言的研究,正是基于这一点,这一理论只能从语言"内部"来思考指称,因此语义的指称(semantic reference)是由诸范例所构成的。一般情况下,这种理论采取第一种选择(a),它带的限定是,其中有些理论家倾向于采用我们上表列出的第二种选择中的意义观念(c)。但是当人们想把词位同非语言的内容联系在一起的时候,他们就必然依赖于推论式的话语应用系统以及依赖于与经验相称(experiential appropriation)的系统。而这两者都是我们参与介入世界的功能。如果我们把自己限制于语义场之内,那么这两种功能都是不可能直接达到的。如果我们还想对经验、话语和现实之间的关系说点什么的话,第二种选择(如果加上一条规定:我们可以采用第一种选择中的意义观念)就是必然的。现象学理论要论证的正是这种选择。在语义场理论中,倾向于从语言方向来对这种关系进行特征刻画,把它们视为"编码活动(encoding)",然而这种倾向并不是去解决问题,而是去掩盖问题。

　　2. 依靠亲缘性和对立性之间的关系来对意义进行特征刻画,是设计来用于取代下述理论的:符号是讲话者心中的观念性、精神性概念的外在表达;并且这些概念包含了某些特征,它们只内在于概念,以这些特征为基础,我们才能说明它们同其他概念的关系。在这种理论中,概念的同一性是这种关系的条件。这种想法我们可以在胡塞尔的部分早期思想中看到。语义场理论将这个秩序颠倒过来:亲缘性和对立性之间的关系为词位提供了其同一性。此外,这些关系又是严格地依据语言学的名册(musters,集合表)进行定义的。如在句子"John washed the dog[约翰洗过(washed)狗]"中,"washed(洗过)"这一语词的意义,可以借助于与其他可替换它的那些术语[比如 scrubbed(擦过),rinsed(冲洗过),laundered(清洗过),oiled(油过),dried(擦干过),cleaned(洗净过)等]的相类和相异之纵聚合关系(paradigmatic relationship)来加以特征刻画;并且可以借助于在同一句子中的不同语法地位上与其他术语的横组合关系(syntagmatic relationship)来进行特征刻画[比如"约翰洗过发动机部分John washed the engine parts","约翰洗过钱John washed the money","约翰洗过他的说法John washed his words","约翰洗过他的良心John washed his conscience"]。关于亲缘性和对立性之间关系的不同类型的理论已经发展得相当成熟,并且以这些观念为中心提出了比如同义关系、上下位关系、反义关系、转喻关系、相容关系、包含关系,等等。在某些语义场理论中,词位的意义只是这类可替换词的一些类型(these patterns),因此如果"机器"可以对这些替换词进行替换的话,它们就可以被认为是"领会了"那些意义。但是在大多数的语义场理论中,亲缘性与对立性之间的关系是从大量的可从事词位替换的词位中派生出来的。它们被认为是人对符号的理解,因此,计算机的模拟与这一过程并不能被看成是同一回事。

如果我们离开词位在句子中的作用而继续对词位进行比较的话,或者如果我们假定,句子可以被还原为它们的成分的组合,我们便十分容易落到下述理论的立场中去:即认为一个词的意义,就是该词所指出的特殊内容(不管它是概念还是实在的东西)。语义场理论的重要性就在于指出,建立词与该词所指称的内容之联系,并不能说明该词的意义;要理解该词的意义,就必须转去理解它在句子样式中的词位。要使这一观念的要素(momentum)更加完整圆满,就需要对意义与指称作出严格的区分。这就使我们得以指明,一个词所指称的内容(充实一个词的内容)并不是一个词具有意义的一个条件,"大河豚正在沙发上睡觉"是一个很有意义的句子,尽管谁也没见过大河豚,甚至尽管我们知道,河豚离开水根本不能成活,更不用说睡在沙发上了。它也使我们得以把诸组合关系整合为一个完整的领域,以便说明语词具有的意义的流动变换之本性。与此同时,这种区分要求我们走到语义场的界限之外,因为,语词不只是被附加到某个区域上,而且还被我们用于把握或获取语词所指称的内容。这里牵涉到讲话者方面的某种活动或者行为:意义是本构那种活动的路径或者方向。如果将此放到索绪尔的理论中来看的话,我们所问的就是:langue(语言)与parole(言语)之间的联系的重建问题。更为明确地讲,我们不允许再将它们二者割裂开。因为,没有这种联系,我们便缺乏意义与指称之间的任何内在关联。重新引入言语行为的结果——像胡塞尔在《逻辑研究》中所做的那样——就是用当下化理论取代了表象(再当下化)理论。

3. 语义场理论的最新成果已经表明,语言学诸范畴的适当的再当下化,是不可以通过一份对诸属性的列表,而是需要进行对框架的分析才能完成的。对一个框架的再当下化,要求我们对"属性(attributes)"与"价值(values)"作出区分,也就是说,一个语义场是由抽象"属性(attributes)"的"同现集合"ᵃ来组成的,它可以在不同的范例中采用不同的价值①。

比如,在描述海滩石的时候,依据特征表来分析,它是由下述定语组成的:圆、白、一手可握、轻,等等。为简便起见,我只用四种属性(见图15.1):

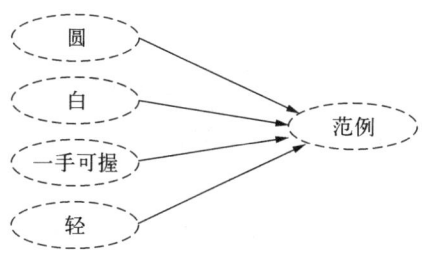

图 15.1

与此相反,对于语义场理论的分析来说,一块海滩石是通过对诸属性——比如外形、颜色、大小、重量等——的一个方面的单个价值(同样为四种)进行说明而被再当下化的(见图15.2)。(这里需要再次强调,为了简化的目的,我对重要的属性和特征的数量做了极大的缩小。)

这里,**价值**(value)与**属性**(attribute)这两个术语均有相对性:"圆"是属性"**外形**"的值,而"**外形**"是属性"**自然对象**"的值。属性与价值都是概念。一方面,价值传承着在属性中包含的信息,而定义又从属于这些信息,是这些信息的下级。另一方面,价值又包含了附加的信息,它们并不是在定义之内的。框架(frame)所包括的内容是由虚线圈定的②。劳伦斯·巴萨璐(Lawrence Barsalou)曾令人信服地指出,作为对"价值-属性"集合的补充,框

---

a 协同出现(co-occuriring),比如 a 与 book 同现,与 ink 不同现。——译者注
① 劳伦斯·巴萨璐(Lawrence Barsalou):〈框架、概念与概念场〉("Frames, Concepts and Conceptual Fields"),见伊娃·费德·奎泰、艾德里安·莱勒:《框架、场和对立:关于语义和词法的组织》,第23页。
② 伊娃·费德·奎泰、艾德里安·莱勒:《框架、场和对立:关于语义和词法的组织》,第22~25页。

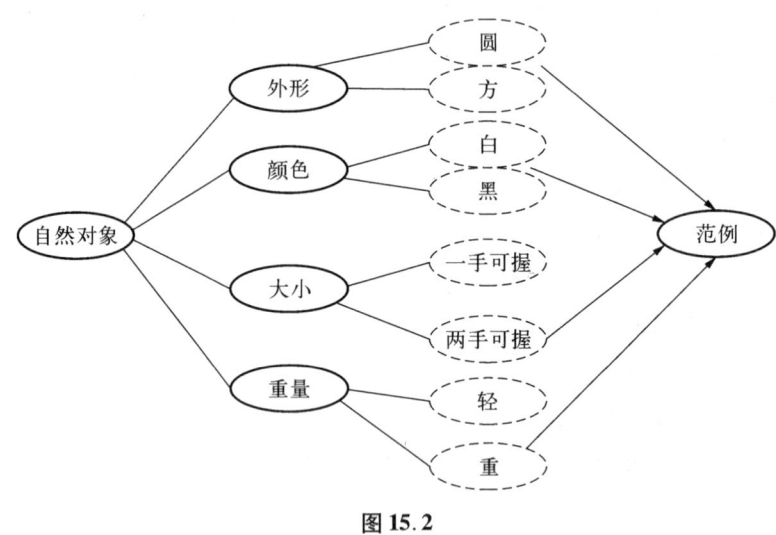

图 15.2

架具有属性之间的结构不变量;这归功于这些概念性的内在关系,它贯穿于绝大多数的原型和范例,并且贯穿于诸属性之间的不同约束性关系之中,而这些约束性关系是用于说明属性价值的系统变异性(systematic variability)的①。总之,属性之间的结构性不变量(structural invariants)为我们提供了规范和规范性(norms and normativity);约束性的关系为我们提供了系统变异(systematic variation)。框架被理解为"有限的生成机制(finite generative mechanism)。巴萨璐解释说:

> 对于记忆中的外显框架信息的适度说明,使得对非常大量的概念的计算成为可能。通过以新的方式对属性价值的组合,人们便可从现存的框架知识内部构建出新的概念。②

对我们来说,关键的问题是,在一个框架中,什么决定哪些属性群在起作用。这取决于以下两个因素:周围的语境(surrounding context)和正在起作用的特殊的原型(prototypes)③。对给定的言语行为的详细说明被悬置在两个方面之间:一方面是不同的框架与各种可供选择的诸概念地图(conceptual maps)之宏大语境,另一方面是经验的表指意义的诸场域。但

---

① 伊娃·费德·奎泰、艾德里安·莱勒:《框架、场和对立:关于语义和词法的组织》,第 35~40 页。
② 同上书,第 64 页。
③ 同上书,第 35 页。

是,通过给出的言语行为的概念性内容的结构分析,并不能对这两方面的任何一方加以直接掌握,因此,我们必须走出框架之外,以便对这一框架进行说明。(因此,也必须走出将自己渡让给概念构造与生成的那些计算性模式之外。)我们必须转移到对框架的"诸边缘"(margins)的说明之中。

4. 到底"框架"这个观念包含的意思是什么?这是一个很难说清楚的问题:它的含义可以从较狭的模式(意味着:由属性、价值和内在约束构成,就如我们刚刚描述过的)直到更宽泛的意义:如由"经验、确信(belief)或实践所组成的结构性背景,它本构着理解此意义的一种概念性先决条件"①。这使得菲尔莫尔(Fillmore)和阿特金斯(Atkins)提出,语义场理论主要关涉到词汇上的诸项之间的组合关系与聚合关系,关涉的是对"诸词项内部的关系"的编目,"这种关系可以定义为字典的基本元素"。依据他们两人的看法,框架的分析恰恰与此相反,是以"**认知的框架或者知识的格式**"为基础的②。菲尔莫尔和阿特金斯解释说:

> 在这种研究之内,诸语词或者诸词义不是直接相互关联的,即不是词对词的关系,而是通过它们与共同的背景的诸链接的途径,即通过共同的背景框架,以及通过它们的意义在突出这些框架中的某些特殊成分时那种样态的指示性,而相互关联在一起的。③

有什么方式可以把这种区别分离出来吗?

让我们先看一下语义场与一个场域的边缘之间的对立,将它们对应于上一节中那种(感知性的,perceptual)场域与这个场的边缘之间的对立。一个语义场包含了一个给定区域中的各种概念,而如果我们只知道上面给出的关于海滩石的语义场属性和价值,那么这个区域便只有 16 个概念(2 种外形×2 种颜色×2 种大小×2 种重量= 16 种组合),即由四种属性中的每一种同一种价值(实际上是指一个赋值)进行一次组合而得出结果。如果我们考虑用三种属性来确认海滩石的情况,那么对每一种属性都有四个因素相连,这样组合就会成为 48 个。再加上,**自然对象**的框架也包含在关系与约束之内,这样

---

① 查尔斯·菲尔莫尔(Charles Fillmore)、贝里尔·阿特金斯(Beryl Atkins):〈走向以框架为基础的词典:风险及其邻居们的语义学〉("Toward a Frame-Based Lexicon: The Semantics of RISK and Its Neighbors"),见伊娃·费德·奎泰、艾德里安·莱勒:《框架、场和对立:关于语义和词法的组织》,第 76~77 页。
② 同上书,第 76 页。
③ 同上书,第 77 页。

价值"白"便被约束在**外形与颜色**之间的关系中①。作为这些因素以及其他因素(比如,递归性)的结果,潜在的概念的数量是极其巨大的,即使对于一个最简单的框架来说也是如此。

"在"一个语义场"之内"起作用,但可以通过标准的语义场分析将其分离出来的这些因素,都是要由其他因素进行辅助补充的,而这些其他因素是在那个场之外从事操作,定义其"诸边缘",这被菲尔莫尔这些理论家称为框架。为了把握它们,不只要求我们简单地关注一个语义场"内在的"视域,而且要关注其"外部的"视域。诸框架是诸语义场的诸边缘,并且应该通过本构它们意义的那些格式而获得理解。至少有三个因素都与词位的使用活动相关,它们是至关重要的。

① 为了使它们成为共享语义场的一部分,为了使讲话者使用它们,可以在给出的语义场里起作用的大批概念,必须被编入词典表。"在一个语义场中的诸词典概念仅仅捕捉了概念场中诸概念的一小部分。"②除了少数例外,我们知道的概念,比给出的场中可能形成的概念要少得多。我们只知道其中的一小部分。此外,一个名称的获得往往会产生一个相应的概念。

② 业余爱好者成为专家。在应用于相同的领域时,与贫框架(假定 4 个属性)相比,富框架(假定 10 个属性)能够提供更多的可能范例。富框架极大地提高了我们将一个范例同其他范例区别开来的能力,如通过狗(dogs)的类型或舞蹈(dances)的类型。

③ 然而,即便专家们也被自然周期(natural cycles)所控制,被测量和置换的常规所控制,被实践性的目标所控制,而它们都必须通过分类的体系才能达到。我们选定某一数量的属性,通过它们我们来尝试达到成功。框架不仅是按考古学构造的,而且还是依目的论而受到调控的。

有了这些观念,我们就能够把语境同背景之间的内在联系清理出来。语义场给我们提供了一个构型完好的特定言辞串的语境。诸框架则被整合为背景,并通过背景获得同感知域和文化性实践(cultural practices)之间多样的、动态的联系。语义场理论中的许多不确定性,都是由于将语境同背景混为一谈而造成的。

5. 对类似框架或背景这类观念——它们要求我们转向语言之外,以便将语言置于它的条件之中——的需要,可以被看作是针对语义场理论——特别是针对依索绪尔的工作而提出的语义场理论——内部发现的两个错误

---

① 巴萨璐:〈框架、概念与概念场〉(伊娃·费德·奎泰、艾德里安·莱勒:《框架、场和对立:关于语义和词法的组织》,第 63 页)一文中有类似的例子。
② 同上。

而发的,而这两个错误如今仍然继续出没于解构主义的思想之中。上面把**海滩石的**所指称为场,是一个**范例**(exemplar),这同以语义场的内在分析为基础而提出的内容是完全一致的。简单而言,我们有语义的所指(referent),它的存在是诸概念性矢量(conceptual vectors)交叉作用之结果①。经验仅仅作为偶然的选择原则被包括到这种说明之中,这个原则是针对与一个语义场相连的大量价值与属性的拣选②。对于语义的所指而言,语言的确是它们的存在之家。然而,我们在上面散步的海滩石,我们经常抛着玩、打水漂的海滩石,却不是范例(exemplars),它们是真实的对象。它们当然可以被解释(construed)为范例的实例,但它们本身并不是范例。即便是用语言将其收集在一起,因此使得它们从**典型性的**对象存在转变为(move)**原型**(prototypes)的存在,它们所展示的感知性和经验性的规定性与样式,也不可以直接等同于语言学概念的内容。如果语义学的诸场域是解释的工具,我们利用它们就可以理解一个术语的配置部署的话,那么,我们便可以将它们置于诸经验场域——即由原型之勾连显现结构的本构内容所介入参与之经验场域——的对立面。

这个区分引导我们提出下列问题:语义场是否可以被用作**解释**的(explanatory,**显摆的**)工具。在早期的结构主义理论中有一种倾向,它以为对意义的关系性本性(relational nature)之分析,可**说明**词位的配置(deployment)。但是也许语义场是"可观察的结果",它们本身就需要进一步的解释③。如果确实如此,那么就需要另外一个层次的分析,这就是我们努力去区分语义场与框架之间的区别,而用背景去理解框架,用意向性的行为和行动之相关性说明去理解框架的整个工作的背后动机。经由詹姆斯·罗斯(James Ross)的工作,我们才得以认识到这个问题。他提出了两个解释的

---

① 通过巴萨璐下述断言做到了这一点:"在一个框架系统中,人们可以把一个实例看作一个存在的命题(an existential proposition):那里存在一个范畴C中的实体x,对于属性P、Q和R,它具有价值(values)p、q和r。"(伊娃·费德·奎泰、艾德里安·莱勒:《框架、场和对立:关于语义和词法的组织》,第45页)。同胡塞尔在《大观念(I)》中的理论一样,所指(referent)被看作一个X,它承载着诸多属性,这些属性是通过它的谓词赋予它的(attributed to it by its predicates)。这里仍然有一个有趣的问题:对于语言学家从事他们的工作来说,仅有实例就够了吗?还是说它要求比实例更多的东西。理查德·格兰迪(Richard Grandy)似乎认为不需要,他说:"……在语言学家关于词位的说明中,是否应该引入关于原型的任何特殊的信息,这一点并不清楚。因为,它似乎主要是对于心理学和所指事件是重要的。"见巴萨璐:〈语义场,原型和词典〉("Semantic Fields, Prototypes, and the Lexicon"),伊娃·费德·奎泰、艾德里安·莱勒:《框架、场和对立:关于语义和词法的组织》,第120页。

② 参见巴萨璐:〈框架、概念与概念场〉,同上书,第64页。

③ 詹姆斯·罗斯(James Ross):〈语义传染〉("Semantic Contagion"),同上书,第144页。

方向或者原则：语义的**传播蔓延**(contagion)(把语词的意义采入它们的言辞语境之中)和实用的**牵引**(traction)(谈话纠缠参与介入行动)①。首要的原则应去说明,一个术语的意义如何依赖于动态转换(dynamic transformations)的方式,这种转换尤其是在术语间的组合性的诸纽带当中被发现的。我将它称为**差异性蕴涵**(differential entailment)。人们甚至可以设想一种推广了的认知性说明：在那里关心的是想象和感性洞见的问题。第二个原则应该把罗斯的看法纳入"亲胡塞尔"的工作中去,把这些资源推进到交互主体性、交往行为和行动中去,而把它们作为全适性说明必不可少的内容。一旦我们能够避免把在语义场中、经验场中起作用的亲缘性与对立的关系处理为好像它们在对语义场进行解释,我们就可以提出关于它们的边缘和它们的来源问题了。

第四节　边缘、框架和自然意义

为了完成我们对世界的说明,在记住背景和语境的讨论内容的同时,我们需要回到我在第七章里提及但悬而未决的关于意义(meaning)问题的讨论。在对日常言谈与命题性话语作出区分的时候,我仅指出这种区分涉及的只是意义理论(theory of meaning)当中为数不多的几种含义(implications),而且我并没有为这种暗示提供相应的根据。现在我们可以看到这是为什么了：就这一点来说,当时我们还缺少语义场理论的概念,而它恰恰是对日常话语进行分析的关键。在这种讨论中,危险恰恰在于,我们会被文献中十分普遍的两个错误所组成的联盟"收买"。它们使得关于语言与现实的关系问题变成了几乎不可解的问题。第一个错误就是把意义作为字面的意义或者隐喻的意义来处理,第二个错误是下述观念：由于我们受到语言的限定,所以我们永远也走不出我们的表象(再当下化)之外。如果我们提出一些断言,同日常生活的言谈或者报告相对立,就像我们在第七章中所做的那样,我们就势必将字面意义的观念当作日常语言的意义的观念。但是那样做,就使得我们别无选择地把日常言谈——"大众"(folk)的言谈以及它的"大众"理论——处理为隐喻的。无论我们能发现什么样的真正的认知内容,只有把那些以比喻和类比为基础的字面意义分离出来,我们才能有所收获。

---

① 伊娃·费德·奎泰、艾德里安·莱勒：《框架、场和对立：关于语义和词法的组织》,第143~169页。

现在我们对与述谓(propositional,命题)话语对立的日常言谈的意义进行了说明,且走出了字面话语与隐喻话语的二元对立。这种对立控制了关于这个问题的讨论,即使那些拒绝述谓话语之优先地位的人也未能摆脱这种控制。我将以查尔斯·泰勒作为后者的一个(少见)例子,尝试把我的工作跟他的工作联系在一起。

当语义场理论被应用于日常言谈时,它将为我们提供一个对所谓"自然意义(natural meaning)"的说明。我的看法是,字面意义与隐喻意义之间的差别是从自然语言中派生出来的,也就是说,是某种转换的结果;其转换使得术语发挥语义学上的功能,使得这些术语的意义被配置组合。换句话说,作为一种规则,在日常言谈中,字面意义与隐喻意义之间并不存在清晰干净的区分与界限。对意义的真理条件上的说明根本没有看到这一事实,因为这些说明都倾向于把关注的焦点集中于实体性(substantive)术语,然后又依据外延条件(extensional conditions)来处理它们的意义。但是如果我们把标签处理为语义场的一部分,便可看到它们的意义的移动性中心依赖于它们与其他术语的聚合性关系。比如"大"这一术语,在"大"、"特大"、"家庭大小"组成的语义场中;再比如术语"庞大"(jumbo)同由"微"(tiny)、"小"(small)、"中等"(medium)和"大"(large)组成的语义场相对立;又或者联系到一个由"汽车"和"自行车"所构成的语义场中的术语"汽车"(car)之意,与由割草机、汽车(car),摩托车(motorcycle)和卡车(lorry)所组成的语义场相对立。如果我们转换我的注意力,将其放到组合关系上,我们就能看到意义改变的其他方式。再想一下下列字符串中的术语"汽车":"<u>he drove the car</u>(他开汽车)"、"<u>he walked through the car</u>(他穿过车厢)"、"<u>he loaded coal into the car</u>(他把煤装上汽车)"(第一个Car字指的是小轿车,第二个Car字指的是公共汽车,第三个Car字指的是卡车)。只是因为我们倾向于把"**汽车**"的意义在这个词的真理条件下进行处理,我们才说,这里我们有三个不同的字面意义;而不是把"汽车"的自然意义处理为单一的,它是流动的,自身的意义是受到"开车"、"穿行"和"装载"等行动词(action terms)所控制的。如果我们去考虑动词和副词的话,情况要严重得多,争议便更大。我们能否说出,下列字符串中,哪一组"look for(寻找)"的字面意义更好把握呢?

"She looked for her money."(她找她的钱)

"She looked for help."(她在寻求帮助)

"She looked for victory."(她在争取胜利)

"She looked for the way home."(她寻找回家的路径)

或者,下面的字符串中,到底哪一个对caught("抓"的过去式)的隐喻意义表现得最好呢?

"He caught the fish."（他捕到了那条鱼）

"He caught the ball."（他接到球）

"He caught the last train."（他赶上了最后一班火车）

"He caught a cold."（他感冒了）

"He caught the wind."（他兜风来着）

在每一种情况中,意义都是动态地与字符串的其他词语相关联(同时还与可以用来取代它的其他词语相关联)。被我们称为字面意义的内容,或者是通过多次的使用而成为占优势的用法；或者是一种过程的结果,在这个过程中,该词语"被提及",而它的意义被明确约定(也许是通过给出的真理条件而得到规定)。

查尔斯·泰勒在他的〈诸意义理论〉一文中①,试图提出一种新的观念,以取代当代意义理论的观念,特别是取代戴维森式的真理条件理论。查尔斯·泰勒的这种理论受到赫尔德、洪堡和海德格尔这类思想家的启发。查尔斯·泰勒在讨论了某些语言的主要功能难以包含在真理条件的说明中——说明如何将无限广泛的内容表达出来,如何将事情展示于公众空间中,如何将我们带到人类所关心的问题中去——之后,他尝试对语言的那些维度进行具体的详细讨论,以便为意义理论提供一个直接的方向和支撑。他强调,存在一种符号之表达性维度[与再当下化的(representative)维度相对立],在这个维度上,符号的功能就像手势姿态一样,它们可以把我们带入与他人的协作关系(rapport)之中。语言功能的这个维度在我们之间创造了公共的空间②。我们还发现一个本构性的维度,在这个维度中,语言并不描述,也不部分地本构指称所提及的现象③。比如各种自我描述,它们可以帮助配置形成它们所描述的各种感情。公众的规范以及个人之间的诸关系也依赖于语言,并且是在语言中得到实现的④。

然而,语言的表达性维度和本构性维度,不一定能真的提供可以取代"真理条件上"的进路,以致我们能够把两种维度看作都是不同于——也许它们还补充于——表象的再当下化的功能。它们可能是属于修辞学的功能,

---

① 查尔斯·泰勒:〈诸意义理论〉("Theories of Meaning"),见《人类能力和语言》(*Human Agency and Language*)第一卷《哲学论文集》(*Philosophical Papers*), Cambridge, England: Cambridge University Press,1985 年,第 248~292 页。
② 同上书,第 264~265 页。
③ 同上书,第 270 页。
④ 同上书,第 271 页。

所以我们不应该将它们混同于对真理问题的处理。实质上，查尔斯·泰勒的回答——此回答现在把我们推到了我所遇到的困难面前——并没有拒绝关于字面意义的观念，但是他拒绝对字面意义"在真理条件上"的说明。他正确地指出，这种说明的核心难题是，"在没有语言领会参与的情况下，我们不能够领会（grasp，把握）真理条件所是的那些内容"①。我们不能够使用真理条件或者令人满意的条件来对意义作出说明，理由十分简单：为了领会这些条件，我们必须已经理解了它们②。我要补充的是，尽管真理条件理论也许为我们提供对"有意义的句子何以能真"的一种合理可信的重构，尽管如此，这些句子也不能告诉我们，它们首先是如何有意义的。但是查尔斯·泰勒并没有真的使用这一点去消除字面意义与隐喻意义之间的二元化对立，或者字面意义与神秘意义的对立，而只是提出字面意义并不是最基本的③。在寻找字面意义优先性的代替物的过程中，他依靠的是一般的言语的祈使功能（invocative function）（比如在宗教仪式中当下对上帝祷告），特别是可以形成祈使性描述的情况（比如航海家亨利命令：把非洲最南端的地方的名字从"暴风角"改为"好望角"）④。但是毫无疑问，对我们来说，这是对描述的一种边缘性的使用，而且为此查尔斯·泰勒不得不花了很多力气去构建一个原始社会的故事。在那里，语言的祈使功能到处流行，描述总是"神话"的一部分（比如在那里，在宗教神秘主义的语境中不可能独立地对"公牛"的意义做出描述）⑤。但是这却把我们引向不愿见到的结果。查尔斯·泰勒不仅拒绝承认对真理条件的说明是理解意义的最佳途径的看法，而且他还拒绝了我们对隐喻语言、神话语言的理解，乃是依赖于我们对日常的描述性话语的理解这一事实。这是他把下述两个问题混为一谈的结果：一个是关于真理条件的各种理论是否给出了一个关于字面意义的合适的说明；另一个问题是，"日常"的意义是否是最基本的。他不得不给出的回答是："不"，因为他把字面意义等同于被我称为自然意义的内容，还假定这样理解的字面意义覆盖了"日常的、描述性的意义"。由于他只有一个可以取代字面意义的范畴，即神话，所以这使他不得不否定，"为了使神话可被领会，必须对这些词汇的日常的和描述性的意义有所熟知"，然后又把"祈使性的语境"当成最基本的⑥。

---

① 查尔斯·泰勒：〈诸意义理论〉，见《人类能力和语言》第一卷《哲学论文集》，第 275 页。
② 同上书，第 277 页。
③ 参见同上书，第 284 页。
④ 同上书，第 285 页。
⑤ 同上书，第 287 页。
⑥ 同上。

毫无疑问,祈使祷告对于某些宗教或某些宗教背景下的一些宗教语言是最为基本的。而且同样毫无疑问,像查尔斯·泰勒讨论的关于字面语言的这种想法,对某些为数不多的并逐渐缩小的文化来说,是相当奇怪的,因为它们没有被西方或东方的那种"客观主义"的哲学和科学传统之兴起所塑造。但是正如查尔斯·泰勒自己承认的,在我们的文化中肯定不是如此。从少数的"芝加哥公牛队"和"牛津联队"的球迷出发,对于他们来说,球队的队徽就体现了一种圣像式的、宗教式的内容。它控制了这些球迷的现实的构成。它就是"公牛"这个词那日常的"原初"意义,它使得我们得以接近它的符号性或神话性的意义。但是,这并不是宣布,字面意义——依据真理条件来理解——是最基本的。因为我认为,字面意义和符号性意义,或者更准确地讲,二者的对立,都是从自然意义中派生出来的。与查尔斯·泰勒不同,我并不怀疑下列论题:我们必须熟知词汇的"日常的、描述性的意义",以便理解领会符号或神话。其理由很简单:这个意义可以被作为"自然的"意义加以理解,而无需非要将其浇注到"字面意义"的模子中去。我并不草率地拒绝真理条件这一观念,而是将其看作字面意义之描述的一部分,就像我们在第七章里已经看到的。查尔斯·泰勒认识到,假如字面的词汇是通过批判性反思和批判性分析而出现的,那么,我们就有了在特征刻画中做出区分的钥匙。因为"提及活动"的某种类型正好与我们启用字面话语的方式相对应。某些对"正确性"的兴趣把那种话语又拉回到我们与诸事务交往参与的实践中,以便使它们当下化。所以我们可以通过某些满意规则(certain satisfaction rules)去考虑字面话语的意义;这些满意规则是必须被遵守的,以便使这类词汇被获准进入客观话语的文本中去。然而,这些规则绝对不应该被混同于格式化(schematizations);这些格式化使得对日常话语的词位使用成为可能,而日常话语实际上是由不同的兴趣所统治的。

这里的讨论使得我们现在能够为在书中反复使用的报告与断言(主张claims)之间的区别提供论据了。报告实际上是具有自然意义的日常话语的一些片段;而断言则属于严格的客观性话语,它们启用的是严格的字面意义。断言的功能是对事实进行**再当下化**(represent),可以说是对事实的一种描述;报告的功能则使事件**当下化**(present),其操作方式是,在我们对这些事件的参与介入的过程中来揭示它们。断言是进行拣选分类和确定性质;报告则是进行分节显摆和描画(articulate and delineate)。断言是由一些规则组成的,这些规则调解控制着断言所再当下化的内容。报告则是由诸格式(schemes)组成的,它们部分地本构着被它们当下化的内容。在分析这个层次上,我们也发现了一些区分。对自然意义的说明而言,参与者的视角是最基本的,它的格式化(schematization)也一定绘制了(map)这种话语的对话性特征。而就字面意义来说,胡塞尔的下述洞见也许是正确的:对意义的说明需要依赖于独白,因为这是从中立超然的观察者的视角出发而提出的。

自然意义与字面意义之间的明显差别,可以使我们不必去阐明日常语境、神话语境和祈使语境之间的关系,省却了对"隐喻性在这里是基本的"论证——这种陈述是与下述断言不一致的:我们正在谋求"相互沟通"(two-way traffic)①。看来查尔斯·泰勒不知道如何处理此事,但在一点上,他引入了一个与我的主张十分接近的观点:

> 最好的说法是:整个"字面词义-隐喻词义"的区分不能够应用于这类情况。在这里不存在一个术语的两个不同的词义(senses):其中的一个词义应该被称作为字面义。在这里谈论"字面词义"是无的放矢。在更理性化的文化发展出来以前,在有了对对象的客观描述之前,这种说法都是无的放矢。这种客观描述反过来又把一系列更主观性的使用突出出来,即作为纯粹的比喻(mere tropes)而被突显出来。②

这一点正指出了我们想达到的地方,但是查尔斯·泰勒把这一观点仅限于应用到他的部落"文化阶段"的分析之中③,这便引发了两个严重的困难。首先,部落文化同我们当前的文化相当不同,因此他没有给予我们一种洞见,让我们理解,为什么在我们的文化中,我们也有这种意义在发挥作用,而它们发挥作用的方式是"先于"字面意义与隐喻意义之间的对立而来的。如果这里涉及的仅仅是发展的不同阶段,那么,真理条件的理论所引起的问题就无非是下述的事实:这种意义是"狭小地方的,文化中心的"(parochial, culture-centric)或者"落后于时代的"(anachronistic)④。这样便意味着对我们的文化而言,这类意义是极其准确无误的,但我们也因此一无所获。我敢肯定,查尔斯·泰勒一定会惊愕不已,如果他看到他的研究会直接溶入胡塞尔本人的下述思想中:西方理性是最基本的,正如我们在第十二章中所讨论过的。人们所需要的一切,不过是胡塞尔附加的论证:再当下化的说明不仅是文化发展的不同阶段,而且还是它的"更理性"或者是"更高"的文化阶段的一部分。而我在关于自然意义的说明中所提出的观点,也许使得真理条件性的说明变

---

① 查尔斯·泰勒:《人类能力和语言》第一卷《哲学论文集》,第289页。
② 同上书,第289页。
③ 同上。
④ 同上书,第285、289页。

得非常不精确。这不仅仅是从神话的角度来看是如此,就是从日常语言及其自然意义在我们的文化中发挥功能的角度来看,也是如此。与此同时,我们还为这些思考建立了一个平台,可以将真理条件性说明的思考看作是派生的,于是便将这些思考建立于生活世界之中的某种转换之上。

但是还有第二个问题,一旦我们承认了字面语言和神话寓言的二元对立,而把真理条件的观念只限于前一种语言,那么我们便留下了一个不受欢迎的结果,那就是:关涉真理条件的诸事物,同与我们息息相关的数量巨大的大多数事物之间,不存在任何联系。查尔斯·泰勒企图用海德格尔式的"解蔽"(Erschloßenheit,英文 disclosure)来取代真理观念①,但是如果字面话语同日常的描述话语被看作是一回事,那么就意味着,不是这种类型的话语,而只是神话的话语才能从事"解蔽"活动。如果我们在这种看法上再补充指出,神话话语主要是通过它的"祈使性/本构性角色"来工作的②,那么我们便接近了下述观念,即神话话语创造了它所谈论的内容之真实性。即使对于宗教的话语来说,特别是对于犹太-基督教《圣经》文本中的话语来说,这种分裂也是不受欢迎的。查尔斯·泰勒启用"布尔特曼-海德格尔"对**事实史**"(Historie)与"**故事史**"(Geschichte)所做出的古老区分,像他们二人一样认为,这类文本只为我们提供了"故事史"。但是这些文本本身就对直截了当的描述话语与隐喻话语做出了区别,一般地假定了,平常的诸描述意义提供了一个语义场,从这个场出发,我们就可以理解它们的寓言、故事和箴言。另外,平常的诸描述意义又经常作历史性的断言,并要求我们去考虑这些断言的真理性。如果我们从自然意义的语义场出发,把字面话语与隐喻话语之间的区别看作是这些语义场发生转换的结果,我们就可以看到,平常的描述功能如何被联系到字面话语的真理条件之上。同时我们还可以理解,平常话语的解蔽功能如何使得我们理解,甚至授权我们去理解隐喻话语。同时,这种语言铸造了逃避俗常存在的模式,开启了神秘事物的王国。如果没有这种理解,没有对这种理解的变换,以便使这种理解也可以应用于其他重要的领域,比如政治话语和伦理话语中,那么我们的语言就根本关涉不到语言自身创造的所指**之外**的任何事情。

在这些观念以及在上述两节中发展出来的思想之基础上,我便可以提出,这样去理解语义场与框架之间的关系,以及把背景还原为语境是错误的。它会导致错误的观念,认为语言的界限就是世界的界限。我拒绝这种观念——这

---

① 查尔斯·泰勒:《人类能力和语言》第一卷《哲学论文集》,第 269~270 页。
② 同上书,第 290 页。

是后维特根斯坦式的分析哲学的思想家们,以及后海德格尔式的解构主义思想家们以不同的方式共同分享的这种观念。我把我的论据依次陈述如下:

1. 语义场原则。一个符号意味着什么,仅可以通过考察它同其他符号的关系来加以定义。诸符号是通过亲缘性和对立的相互关联被组织成为语义场的。词位的意义的同一性,依赖于它同其他与之相关涉的词位的关系。

2. 语境上的规定性原则。这个原则可以上溯到与洛克主义的传统相反的弗雷格的重要洞见。他指出,句子不是专名的简单组合,专名与句子是以不同的方式运作的。词项(terms)只有与句子联合在一起时才得到它的意义。他十分强调,在关注一种句子类型的聚合性置换性的同时,对意义的流动性以及它的动态转换的范围最好的一般性理解,应借助于对组合关系的关注。事实上,求助于聚合性和组合性关系也意味着,求助于推广了的话语或文本,以及它在对意义的说明中所扮演的角色。

3. 边缘(margins)的原则。诸语义场本身并不是解释性的结构,而是以概念性网络(networks)为基础的,而这种网络系统是认知的成果和言语行为联系在一起的时候才出现的。更准确地讲,这里存在着一种相互依赖的关系。词典性**对立**的集合,依赖于**事情被感受的方式**的区分,就像这些对立经常使我们有可能以新的方式去思考某些事情。**关系**的诸系统扎根于**用法**的诸系统之中,就像这些关系经常被引入语言使用的新方式一样。语义**场**依赖于语言**游戏**的诸规则,而这些语言游戏,也只能在这些场中游戏。特别是在实践的话语中,在"尽心炮制的讲话"(craft talk)以及在仪式性讲话中,"话语是与话语改变的活动共生在一起的"①。诸边缘的观念要求我们把**语境**当作交互主体性话语的相关者。

4. 背景依赖性原则。讲话活动和对讲话活动的觉知(knowing-that),本身处于经验和知如何(Knowing-how)的包围之中。我们有一种不要求语言媒介的介入而直接参与一事物的活动类型。事物有意谊或表指意义(sense or significance),这种意谊是不可以还原为意义功能的。事实上,任何语言游戏都是从这种意谊或表指意义(sense or significance)中汲取它们的意义的。背景的观念带我们走出了语言的界限,应从这方面来理解。

一旦我们通过语境与背景的相互作用,理解了视域这一观念,我们就可以看到,世界的界限比语言的界限要广阔得多。这样,解释学循环便被一劳永逸地打破了。

---

① 詹姆斯·罗斯:〈语义传染〉,见伊娃·费德·奎泰、艾德里安·莱勒:《框架、场和对立:关于语义和词法的组织》,第 146 页。去掉了着重号。

本书所引用的著作目录*

一、胡塞尔的著作

（一）按年代排列的胡塞尔生前发表的著作

1.《算术哲学：心理主义与逻辑研究》(*Philosophie der Arithmetik: Psychologische und logische Untersuchungen*), Vol. 1, Halle-Saale：C. E. M. Pfeffer, 1891 年。

2.《逻辑研究》(*Logische Untersuchungen*), 2 Vols. Halle a. d. Saale：Max Niemeyer, 1900 年和 1901 年。

3.《逻辑研究》(*Logische Untersuchungen*), 2nd rev. ed. 2 Vols. Halle a. d. Saale：Max Niemeyer, 1913 年和 1921 年［所有脚注中的页面都据此版本］。

4.《纯粹现象学和现象学哲学的观念》(*Ideen zu einer reinen Phänomenologie und phänomenologischen Philosophie*) 第一卷：《纯粹现象学通论》(*Allgemeine Einführung in die reine Phänomenologie*)，《哲学与现象学研究年鉴》(*Jahrbuch für Philosophie und phänomenologische Forschung*) 第一卷, Halle a. d. Saale：Niemeyer, 1913 年, 第 1 ~ 323 页［所有脚注中的页面都据此版本］。

5.《内在时间意识》(*Vorlesungen zur Phänomenologie des inneren Zeitbewußtseins*), Martin Heidegger 编,《哲学与现象学研究年鉴》(*Jahrbuch für Philosophie und phänomenologische Forschung*) 第九卷, Halle a. d. Saale：Niemeyer, 1928, 第 viii ~ ix、367 ~ 498 页。

6.《形式的与先验的逻辑》(*Formale und transzendentale Logik: Versuch einer Kritik der logischen Vernunft*),《哲学与现象学研究年鉴》(*Jahrbuch für Philosophie und phänomenologische Forschung*)》, 第十卷, Halle a. d. Saale：Niemeyer, 1929 年, 第 v ~ xiii、1 ~ 298 页。

---

* 除了《胡塞尔全集》(*Husserliana*) 外，本表中列出的书目均为本书引用的著作。

7.《笛卡尔式的沉思》(*Méditations Cartésiennes*),由 E. Levinas and G. Pilfer 译为法文,Paris：A. Colin,1931 年。

8.《经验与判断》(*Erfahrung und Urteil: Untersuchungen zur Genealogie der Logik*), L. Landgrebe 编, Prague：Academia-Verlag, 1938 年; Hamburg: Claasen,1954 年。

(二) 已经出版的《胡塞尔全集》书目

1.《笛卡尔式的沉思和巴黎讲演》(*Cartesianische Meditationen und Pariser Vorträge*),Hrsg. und eingeleitet von Stephan Strasser. Nachdruck der 2. verb. Auflage,1991 年。

2.《现象学的观念：讲演五篇》(*Die Idee der Phänomenologie. Fünf Vorlesungen*),Hrsg. und eingeleitet von Walter Biemel. Nachdruck der 2. erg. Auflage. 1973 年,xii + 94 页,HB. ISBN 90 - 247 - 5139 - X。

3.《纯粹现象学和现象学哲学的观念》(*Ideen zu einer reinen Phänomenologie und phänomenologischen Philosophie*)第一卷：《纯粹现象学通论》(*Allgemeine Einführung in die reine Phänomenologie*), In zwei Bänder. 1. Halbband：Text der 1.-3. Auflage; 2. Halbband：Ergänzende Texte(1912 - 1929). Neu hrsg. von Karl Schuhmann. Nachdruck,1976 年。

4.《纯粹现象学和现象学哲学的观念》(*Ideen zu einer reinen Phänomenologie und phänomenologischen Philosophie*)第二卷：《本构现象学研究》(*Phänomenologische Untersuchungen zur Konstitution*), Hrsg. von Marly Biemel. Nachdruck,1991 年,xx + 426 页,HB. ISBN 90 - 247 - 0218 - 6。

5.《纯粹现象学和现象学哲学的观念》(*Ideen zu einer reinen Phänomenologie und phänomenologischen Philosophie*)第三卷：《现象学与诸科学的基础》(*Die Phänomenologie und die Fundamente der Wissenschaften*),Hrsg. von Marly Biemel. Nachdruck,1971 年。

6.《欧洲科学的危机与先验现象学：现象学哲学导论》(*Die Krisis der europäischen Wissenschaften und die transzendentale Phänomenologie: Eine Einleitung in die phänomenologische Philosophie*), Hrsg. von Walter Biemel. Nachdruck der 2. verb. Auflage,1976 年。

7.《第一哲学(1923/1924 年)》第一部分：《批判的观念史》[*Erste Philosophie (1923/24)*, Erster Teil：*Kritische Ideengeschichte*], Hrsg. von Rudolf Boehm,1956 年。

8.《第一哲学(1923/1924 年)》第二部分：《现象学还原的理论》[*Erste Philosophie (1923/24)*, Zweiter Teil：*Theorie der phänomenologischen*

Reduktion〕,Hrsg. von Rudolf Boehm. 1959 年,xlii + 592 页。

9.《现象学心理学:1925 年春季学期讲演录》(*Phänomenologische Psychologie: Vorlesungen Sommersemester 1925*),Hrsg. von Walter Biemel. 2. verb. Auflage,1968 年。

10.《内在时间意识现象学(1893~1917 年)》〔*Zur Phänomenologie des inneren Zeitbewußtseins (1893–1917)*〕,Hrsg. von Rudolf Boehm. Nachdruck der 2. verb. Auflage,1969 年。

11.《对被动综合的分析:选自讲稿与研究手稿(1918~1926 年)》〔*Analysen zur passiven Synthesis: Aus Vorlesungs-und Forschungsmanuskripten (1918–1926)*〕,Hrsg. von Margot Fleischer,1966 年。

12.《算术哲学:附有补充文本(1890~1901 年)》(*Philosophie der Arithmetik: Mit ergänzenden Texten 1890–1901*),Hrsg. von Lothar Eley,1970 年。

13.《关于交互主体性的现象学,遗稿第一部分:1905~1920 年》(*Zur Phänomenologie der Intersubjektivität. Texte aus dem Nachlass. Erster Teil: 1905–1920*),Hrsg. von Iso Kern,1973 年。

14.《关于交互主体性的现象学,遗稿第二部分:1921~1928 年》(*Zur Phänomenologie der Intersubjektivität. Texte aus dem Nachlass. Zweiter Teil: 1921–1928*),Hrsg. von Iso Kern,1973 年。

15.《关于交互主体性的现象学,遗稿第二部分:1929~1935 年》(*Zur Phänomenologie der Intersubjektivität. Texte aus dem Nachlass. Zweiter Teil: 1929–1935*),Hrsg. von Iso Kern,1973 年。

16.《物与空间:1907 年讲演录》(*Ding und Raum: Vorlesungen 1907*),Hrsg. von Ulrich Claesges,1973 年。

17.《形式的与先验的逻辑:逻辑理性批判的尝试。附有补充文本》(*Formale und transzendentale Logik: Versuch einer Kritik der logischen Vernunft. Mit ergänzenden Texten*),Hrsg. von Paul Janssen. 1974 年,xlvi + 512 页,HB. ISBN 90-247-5115-2。

18.《逻辑研究》第一卷:《纯粹逻辑导论》(*Logische Untersuchungen. Erster Band: Prolegomena zur reinen Logik*),Text der 1. und 2. Auflage,Hrsg. von Elmar Holenstein,1975。

19.《逻辑研究》第二卷:《对现象学与认知理论的诸研究》(*Logische Untersuchungen. Zweiter Band: Untersuchungen zur Phänomenologie und Theorie der Erkenntnis*),Hrsg. von Ursula Panzer,1984 年,1024 页,in zwei Bänden。

(1)《逻辑研究：补充卷第一部分，第六研究的改写计划和〈逻辑研究〉新版序言（1913 年夏）》[*Logische Untersuchungen: Ergänzungsband, Erster Teil, Entwürfe zur Umarbeitung der VI. Untersuchung und zur Vorrede für die Neuafulage der Logischen Untersuchungen（Sommer 1913）*], Hrsg. von Ullrich Melle, 2002 年。

(2)《逻辑研究：补充卷第二部分，第六研究的新稿：表达与认知的现象学（1893/1894～1921 年）》[*Logische Untersuchungen: Ergänzungsband, Zweiter Teil, Texte für die Neufassung der VI. Untersuchung: Zur Phänomenologie des Ausdrucks und der Erkenntnis（1893/94 – 1921）*], Hrsg. von Ullrich Melle, 2005 年。

20.《算术与几何的研究：1886～1901 年遗稿》[*Studien zur Arithmetik und Geometrie: Texte aus dem Nachlaβ（1886 – 1901）*], Hrsg. von Ingeborg Strohmeyer, 1983 年。

21.《文章与书评（1890～1910 年）》（*Aufsätze und Rezensionen [1890 – 1910)*], Hrsg. von Bernard Rang, 1979 年。

22.《想象、图像意识与记忆：直观当下化之现象学，1898～1925 年遗稿》[*Phantasie, Bildbewusstsein, Erinnerung: Zur Phänomenologie der anschaulichen Vergegenwärtigungen: Texte aus dem Nachlass（1898 – 1925）*], Hrsg. von Eduard Marbach, 1980 年。

23.《逻辑与认识论导论：1906～1907 讲演录》（*Einleitung in die Logik und Erkenntnistheorie: Vorlesungen 1906/1907*）, Hrsg. von Ulrich Melle, 1984 年。

24.《文章与讲演（1911～1921 年）》[*Aufsätze und Vorträge（1911 – 1921）*], Hrsg. von Thomas Nenon und Hans Rainer Sepp, 1987 年。

25.《意义理论讲演录（1908 年夏季学期）》（*Vorlesungen über Bedeutungslehre. Sommersemester 1908*）, Hrsg. von Ursula Panzer, 1987 年。

26.《文章与讲演（1922～1937 年）》[*Aufsätze und Vorträge（1922 – 1937）*], Hrsg. von Thomas Nenon und Hans Rainer Sepp, 1989 年。

27.《伦理学与价值学说讲演录（1908～1914 年）》[*Vorlesungen über Ethik und Wertlehre（1908 - 1914）*], Hrsg. von Ullrich Melle, 1988 年。

28.《欧洲科学的危机与先验现象学：补充卷（1934～1937 年遗稿）》（ *Die Krisis der europäischen Wissenschaften und die transzendentale Phänomenologie: Ergänzungsband. Texte aus dem Nachlass 1934 – 1937*）, Hrsg. von R. N. Smid, 1993 年。

29.《逻辑与一般知识论：1917~1918 年冬季学期讲演录。附有 1910~1911 年第一稿文本》(*Logik und allgemeine Wissenschaftstheorie: Vorlesungen Wintersemester 1917/18. Mit ergänzenden Texten aus der ersten Fassung von 1910/11*)，Hrsg. von Ursula Panzer，1996 年。

30.《主动综合：选自 1920~1921 年"先验论据"讲稿。〈对被动综合的分析〉的补充卷》(*Aktive Synthesen. Aus der Vorlesung "Transzendentale Logik" 1920/21. Ergänzungsband zu "Analysen zur passiven Synthesis"*)，Hrsg. von Roland Breeur，2000 年。

31.《自然与精神：1927 年夏季学期讲演录》(*Natur und Geist. Vorlesungen Sommersemester 1927*)，Hrsg. von Michael Weiler，2001 年。

32.《关于时间意识的贝尔瑙手稿(1917/1918 年)》[*Die Bernauer Manuskripte über das Zeitbewußtsein (1917/18)*]，Hrsg. von Rudolf Bernet und Dieter Lohmar，2001 年。

33.《论现象学还原：选自 1926~1935 年遗稿》[*Zur phänomenologischen Reduktion. Texte aus dem Nachlass (1926–1935)*]，Hrsg. von Sebastian Luft，2002 年。

34.《哲学导论：1922~1923 年讲演录》(*Einleitung in die Philosophie. Vorlesungen 1922/23*)，Hrsg. von Berndt Goossens，2002 年。

35.《先验唯心论：选自 1908~1921 年遗稿》[*Transzendentaler Idealismus. Texte aus dem Nachlass (1908–1921)*]，Hrsg. von Robin D. Rollinger in Verbindung mit Rochus Sowa，2003 年。

36.《伦理学导论：1920 年与 1924 年夏季学期讲演录》(*Einleitung in die Ethik. Vorlesungen Sommersemester 1920 und 1924*)，Hrsg. von Henning Peucker，2004 年。

37.《感知与关注：选自 1893~1912 年遗稿》(*Wahrnehmung und Aufmerksamkeit. Texte aus dem Nachlass (1893–1912)*)，Hrsg. von Thomas Vongehr und Regula Giuliani，2004 年。

38.《生活世界：关于预先给出的世界及其本构(选自 1916~1937 年遗稿)》[*Die Lebenswelt: Auslegungen der vorgegebenen Welt und ihrer Konstitution. Texte aus dem Nachlass (1916–1937)*]，Hrsg. von Rochus Sowa，2008 年。

(三) 胡塞尔手稿编目

1. "Phänomenologische Methode und Phänomenologische Philosophie," F II 3 (1922), M II 3 (Landgrebe's transcription).

2. "Transzendentale 'Logik,' Vorlesungen WS 1920/21, Urkonstitution.

2. Teil." F I 38 (1920 – 26).

3. "Vorlesung, Transzendentale Logik 1920/21. 1. Teil." F I 37 (1920 – 26).

4. "Vorlesungen über transzendentale Logik 1920/21. 3. Teil." F I 39 (1920 – 26).

(四) 其他版本的胡塞尔著作

1. *Die phänomenologische Methode: Ausgewählte Texte I*, Ed. by Klaus Held, Stuttgart: Phillip Reclam, 1985.

2. *Phänomenologie der Lebenswelt: Ausgewählte Texte II*, Ed. by Klaus Held, Stuttgart: Phillip Reclam, 1986.

3. *Studienausgabe*, by Meiner Verlag.

4. *Die Idee der Phänomenologie*, Ed. by Paul Janssen, Hamburg: Meiner Verlag, 1986. [Text from *Husserliana*, Vol. 2.]

5. *Die Konstitution der geistigen Welt*, Ed. by Manfred Sommers, Hamburg: Meiner Verlag, 1984. [Text from *Husserliana*, Vol. 4.]

6. *Die Phänomenologie und die Fundamente der Wissenschaften*, Ed. by Karl Heinz Lembeck, Hamburg: Meiner Verlag, 1986. [Text from *Husserliana*, Vol. 5.]

7. *Gesammelte Schriften*, Ed. by Elizabeth Ströker, 8 Vols. Hamburg: Meiner Verlag, 1992. [Texts from *Husserliana*, Vols. 1, 3, 6, 7, 8, 12, 17, 18, and 19.]

8. *Grundprobleme der Phänomenologie, 1910/1911*, Ed. by Iso Kern, Hamburg: Meiner Verlag, 1977. [Texts from *Husserliana*, Vol. 13.]

9. *Texte zur Phänomenologie des inneren Zeitbewußtseins (1893 – 1917)*, Ed by Rudolf Bernet, Hamburg: Felix Meiner Verlag, 1985. [Text from *Husserliana*, Vol. 10.]

(五) 胡塞尔书信

Briefwechsel, Ed. by Karl Schuhmann in connection with Elisabeth Schuhmann, *Husserliana Dokumente*, Vol. 3. Dordrecht: Kluwer Academic Pub., 1994.

Vol. 3/1. *Die Brentanoschule*.

Vol. 3/2. *Die Münchener Phänomenologen*.

Vol. 3/3. *Die Göttinger Schule*.

Vol. 3/4. *Die Freiburger Schule*.

Vol. 3/5. *Die Neukantianer*.

Vol. 3/6. *Philosophische Briefe*.

Vol. 3/7. *Wissenschaftler Korrespondenz*.

Vol. 3/8. *Institutionelle Schreiben*.

Vol. 3/9. *Familienbriefe*.

Vol. 3/10. *Einführung und Register*.

Briefe an Roman Ingarden. The Hague: Martinus Nijhoff, 1968.

(六)《胡塞尔全集·文档》

1. Eugen Fink, *VI. Cartesianische Meditation*, Teil I, *Die Idee einer TranszendentalenMethodenlehre*, Teil Ⅱ, *Ergänzungsband*, *Husserliana Dokumente*, Vol. 2/1 and 2/2. Dordrecht: Kluwer Academic Publishers, 1988.

2. Eugen Fink, *Sixth Cartesian Meditation: the Idea of a Transcendental Theory of Method*, Trans. by Ronald Bruzina. Bloomington, Indiana: Indiana University Press, 1994.

3. Karl Schuhmann, *Husserl-Chronik: Denk-und Lebensweg Husserls*, *Husserliana Dokumente*, Vol. 1. The Hague: Martinus Nijhoff, 1977.

4. *Briefe an Roman Ingarden*, The Hague: Martinus Nijhoff, 1968.

5. "Randbermerkungen Husserls zu Heideggers *Sein und Zeit* und *Kant und das Problem der Metaphysik*," Ed. by Roland Breeur, *Husserl Studies* 11 (1994), 3~63.

(七) 胡塞尔著作英译本

1. "The Apodicticity of Recollection," Trans. by Deborah Chaffin, *Husserl Studies* 2 (1985), 10~32.

2. *Cartesian Meditations: An Introduction to Phenomenology*, Trans. by Dorion Cairns, The Hague: Martinus Nijhoff, 1960.

3. *The Crisis of European Sciences and Transcendental Phenomenology: An Introduction to Phenomenological Philosophy*. Trans. by David Carr, Evanston: Northwestern University Press, 1970.

4. *Experience and Judgment: Investigations in a Genealogy of Logic*, Trans. by James Churchill and Karl Ameriks, Evanston: Northwestern University Press, 1973.

5. *Formal and Transcendental Logic*, Trans. by Dorion Cairns, The Hague: Martinus Nijhoff, 1969.

6. *Husserl: Shorter Works*, Ed. by Peter McCormick and Frederick

Elliston, Notre Dame: University of Notre Dame Press, 1981.

7. *The Idea of Phenomenology*, Trans. by William Alston and George Nakhnikian, The Hague: Martinus Nijhoff, 1964.

8. *Ideas: General Introduction to Pure Phenomenology*, Trans. by W. R. Boyce Gibson, London: George Allen & Unwin, 1931.

9. *Ideas Pertaining to a Pure Phenomenology and to a Phenomenological Philosophy*. Book 1: *General Introduction to a Pure Phenomenology*, Trans. by F. Kersten, *Collected Works*, Vol. 2. The Hague: Martinus Nijhoff, 1983.

10. *Ideas Pertaining to a Pure Phenomenology and to a Phenomenological Philosophy*, Book 2: *Studies in the Phenomenology of Constitution*, Trans. by Richard Rojcewicz and Andre Schuwer, *Collected Works*, Vol. 3 Dordrecht: Kluwer Academic Pub., 1989.

11. *Ideas Pertaining to a Pure Phenomenology and to a Phenomenological Philosophy*, Book 3: *Phenomenology and the Foundations of the Sciences*, Trans. by Ted Klein and William Pohl, *Collected Works*, Vol. 1. The Hague: Martinus Nijhoff, 1980.

12. "Kant and the Idea of Transcendental Philosophy," *Southwestern Journal of Philosophy* V (Fall, 1974), 9~56.

13. *Logical Investigations*, Trans. by J. N. Findlay, 2 vols. New York: Humanities Press, 1970.

14. *On the Phenomenology of the Consciousness of Internal Time (1893 – 1917)*, Trans. by John Brough, *Collected Works*, Vol. 4. Dordrecht: Kluwer Academic Pub., 1991.

15. *The Paris Lectures*, Trans. by P. Koestenbaum, The Hague: Martinus Nijhoff, 1967.

16. *The Phenomenology of Internal Time Consciousness*, Trans. by James Churchill, Bloomington, Indiana: Indiana University Press, 1964.

17. *Phenomenological Psychology: Lectures, Summer Semester, 1925*, Trans. by John Scanlon, The Hague: Martinus Nijhoff, 1977.

18. "Philosophy as Rigorous Science," *Phenomenology and the Crisis of Philosophy*, Trans. by Quentin Lauer, New York: Harper and Row, 1965, pp. 71 – 147.

二、其他哲学家的著作

1. Theodor Adorno:《阿多诺全集》(*Gesammelte Schriften*)第6卷,《本真性的行话》(*Jargon der Eigentlichkeit*),第413~526页,Frankfurt am Main: Suhrkamp,1973年;英译为 *The Jargon of Authenticity*, Knut Tarnowski 和 Frederic Will 译,London: Routledge & Kegan Paul,1973年。

2. Theodor Adorno:《认识论的元批判》(*Zur Metakritik der Erkenntnistheorie*), Frankfurt am Main: Suhrkamp, 1970年;英译为 *Against Epistemology: A Metacritique*, Willis Domingo 译, Cambridge, Massachusetts: MIT Press,1982年。

3. Antonio Aguirre:《发生现象学和还原》(*Genetische Phänomenologie und Reduktion*),《现象学丛刊》(*Phänomenologica*)第38卷, The Hague: Martinus Nijhoff,1970年。

4. Karl-Otto Apel:《哲学的转变》(*Transformation der Philosophie*)第1卷:《语言分析,符号学,解释学》(Sprachanalytik, Semiotik, Hermeneutik),第2卷:《交往共同体的先在性》(Apriori der Kommunikations-gemeinschaft), Frankfurt am Main: Suhrkamp, 1973年;英译为 *Toward a Transformation of Philosophy*,Trans. by Glyn Adey and David Frisby,Boston: Routledge & Kegan Paul,1980年。

5. Aristotle:《形而上学》(*The Metaphysics*), Hugh Tredennich 英译, Cambridge: Harvard University Press,1933年。

6. 《亚里士多德的形而上学》(*Aristotle's Metaphysics*), Oxford: Clarendon Press, 1924, W. D. Ross 英译, Oxford, Clarendon Press,1924年。

7. J. L. Austin:《如何用语词处理事物》(*How to Do Things with Words*), second ed., Cambridge, Massachusetts: Harvard University Press, [1962],1975年。

8. Susanne Bachelard:《论心理主义:胡塞尔〈形式的与先验的逻辑〉研究》(*On psychologism: A Study of Husserl's Formal and Transcendental Logic*), Lester Embree 译,Evanston, Illinois: Northwester University Press,1968年。

9. Francis Bacon:《新工具论》(*Novum Organum*)。

10. *The Works of Francis Bacon*, Ed. by J. Spedding, London: Longman, 1857.

11. Lawrence Barsalou:〈框架、概念与概念场〉("Frames, Concepts and Conceptual Fields"),见《框架、场和对立:关于语义和词法的组织》(*Frames*,

Fields, and Contrasts),Hillsdale,New Jersey：Lawrence Erlbaum Associates,1992 年,第 21~74 页。

12. Karl Barth：《罗马书》(*The Epistle to the Romans*),Trans. by Edwyn Hoskyns,London：Oxford University Press,1933 年。

13. Oskar Becker：〈埃德蒙德·胡塞尔的哲学〉("Die Philosophie von Edmund Husserl"),《康德哲学》(*Kant Studien*)第 38 卷,1933 年,第 319~383 页;英译为"The Phenomenological Philosophy of Edmund Husserl," Trans. by R. O. Elveton,见 R. O. Elveton 编：《胡塞尔的现象学》(*The Phenomenology of Husserl*),第 40~72 页。

14. Wolfgang Becker：〈先验论据中的批判与论证〉("Kritik und Begründung in transzendentaler Argumentation"),《康德研究》(*Kant-Studien*)第 76 卷,1986 年,第 170~195 页。

15. David Bell：《胡塞尔》(*Husserl*),London：Routledge,1990 年。

16. Gaston Berger：《胡塞尔哲学中的"我思"》(*Le Cogito dans la philosophie de Husserl*),Paris：Aubier,1941;英译为 The "*Cogito*" in Husserl's Philosophy, Kathleen McLaughlin 译,Evanston,Illinois：Northwestern University Press,1972 年。

17. Rudolf Bernet, Iso Kern, and Eduard Marbach：《胡塞尔：对其思想的描述》(*Edmund Husserl: Darstellung seines Denkens*),Hamburg：Felix Meiner Verlag,1989;英译为 *An Introduction to Husserlian Phenomenology*, Evanston, Illinois：Northwestern University Press,1993 年。

18. Rudolf Bernet："导论(Einleitung)"和"编者的报道(Editorischer Bericht)",见 Edmund Husserl 的《关于内在时间意识现象学的文本(1893-1917)》(*Texte zur Phänomenologie des inneren Zeitbewußtseins（1893-1917）*)一书,又见 Rudolf Bernet 编：《内在时间意识现象学(1893-1917)》[*Phänomenologie des inneren Zeitbewußtseins*](*1893-1917*)],Hamburg：Felix Meiner Verlag,1985 年,第 xi~lxvii、lxix~lxxiii 页。

19. Rudolf Bernet：〈胡塞尔的 Noema 概念〉("Husserls Begriff des Noema"),见《胡塞尔著作的出版与胡塞尔研究》(*Husserl-Ausgabe und Husserl-Forschung*),Dordrecht：Kluwer Academic Publishers,1990 年,第 61~80 页。

20. Rudolf Bernet：〈一种不带主体或对象的意向性?〉("An Intentionality without Subject or Object?"),见《人与世界》(*Man and World*),XX(1994),第 231~255 页。

21. Rudolf Bernet:〈当下的非当下性:胡塞尔时间意识分析中的在场与缺席〉("Die ungegenwärtige Gegenwart: Anwesenheit und Abwesenheit in Husserls Analyse des Zeitbewußtseins"),见《现象学研究》(*Phänomenologische Forschungen*),第14卷,1983年,第16~57页。

22. Welton Bernet 和 Zavota 主编:《胡塞尔:批判性评估》(*Edmund Husserl: Critical Assessments*),New York: Routledge, 2005, 5卷本,共计1777页,各分卷题目为:

第一卷(Vol. 1):《范围:论述胡塞尔现象学的经典论文》(*Circumscriptions: Classic Essays on Husserl's Phenomenology*)。

第二卷(Vol. 2):《刀刃:现象学方法,哲学逻辑和科学哲学》(*The Cutting Edge: Phenomenological Method, Philosophical Logic, Ontology and Philosophy of Science*)。

第三卷(Vol. 3):《诸现象之组联:意向性,感知和时间性》(*The Nexus of Phenomena: Intentionality, Perception and Temporality*)。

第三卷(Vol. 4):《意义之网:语言,意向相关项与主体,交互主体性》(*The Web of Meaning: Language, Noema and Subjectivity and. Intersubjectivity*)。

第五卷(Vol. 5):《视域:生活世界,伦理学,历史以及形而上学》(*Horizons: Life-world, Ethics, History and Metaphysics*)。

23. Walter Biemel:〈胡塞尔的大英百科全书文章以及海德格尔的相关批注〉("Husserls Encyclopädia-Britannica Artikel und Heideggers Anmerkungen dazu"),见《哲学杂志》(*Tijdschrift voor Filosofie*),12(1950),第246~280页;"Husserl's *Encyclopädia Britannica* Article and Heidegger's Remarks Thereon,"英译为 *Husserl: Expositions and Appraisals*, Ed. by Peter McCormick and Frederick Elliston, Notre Dame: University of Notre Dame Press, 1977年,第286~303页。

24. Hans Blumenberg:〈概念构造的平行性:胡塞尔、霍夫曼斯塔尔与生活世界〉("Parallelaktion einer Begriffsbildung: Husserl, Hofmannsthal und die Lebenswelt"),见《新苏黎世报》(*Neue Zürcher Zeitung*),December 12 & 13, 1987年。

25. Rudolf Boehm:"导论(Einleitung)",见 Husserl 的《内在时间意识现象学(1893~1917)》[*Zur Phänomenologie des inneren Zeitbewußtseins (1893–1917)*]一书, Ed. by Rudolf Boehm, *Husserliana*, Vol. 10. The Hague: Martinus Nijhoff, 1966年,第xiii~xliii页。

26. John Brough：〈胡塞尔早期的论时间意识的文章中绝对意识的出现〉("The Emergence of an Absolute Consciousness in Husserl's Early Writings on Time-Consciousness")，见《人与世界》(*Man and World*)，5(1972)，第298～326页；重印于 *Husserl: Expositions and Appraisals*，Ed. by Frederick Elliston and Peter McCormick，Notre Dame：University of Notre Dame Pres，1977年，第83～100页。

27. John Brough：《内在时间意识现象学(1893～1917)》[*On the Phenomenology of the Consciousness of Internal Time (1893–1917)*]，Trans. by John Brough，*Collected Works*，Vol. 4. Dordrecht：Kluwer Academic Pub.，1991年，第 xi～lvii 页"英译本译者导言(Translator's Introduction)"。

28. Ronald Bruzina：〈读欧根·芬克对胡塞尔《笛卡尔式沉思》之加工改写稿的笔记〉("Die Notizen Eugen Finks zur Umarbeitung von Edmund Husserls *Cartesianischen Meditationen*")，见 *Husserl Studies*，6(1989)，第97～128页。

29. Ronald Bruzina 为《第六沉思：关于方法的一种先验理论的观念》(*Sixth Cartesian Meditation: the Idea of a Transcendental Theory of Method*，Trans. by Ronald Bruzina，Bloomington，Indiana：Indiana University Press，1994，pp. vii～xcii.)写的"译者导论(Translator's Introduction)"。

30. Ronald Bruzina：〈哲学工作中的孤独与协作：1928～1938年间的胡塞尔与芬克〉("Solitude and Community in the Work of Philosophy：Husserl and Fink 1928–1938")，见《人与世界》(*Man and World*)，22(1989)，第287～314页。

31. Rüdiger Bubner：〈康德，先验论据和演绎问题〉("Kant, Transcendental Arguments and the Problem of Deduction")，见《形而上学评论》(*The Review of Metaphysics*)，28 (1975)，第453～467页。

32. Dorion Cairns：《与胡塞尔和芬克的谈话》(*Conversations with Husserl and Fink*)，由 Richard Zaner 编辑，《现象学丛刊》(*Phänomenologica*)第66卷，The Hague：Martinus Nijhoff，1976年。

33. John Caputo：《彻底的解释学：重复，解构和解释学筹划》(*Radical Hermeneutics: Repetition, Deconstruction, and the Hermeneutic Project*)，Bloomington，Indiana：Indiana University Press，1987年。

34. David Carr：《现象学与历史问题》(*Phenomenology and the Problem of History*) Evanston Ill：Northwestern University Press，1974年。

35. Steven Crowell：〈胡塞尔，海德格尔和先验哲学：对大英百科全书文章的另一个看法〉("Husserl, Heidegger and Transcendental Philosophy：

Another Look at the Encyclopädia Britannica Article"），见《哲学与现象学研究》(*Philosophy and Phenomenological Research*)，Vol. 50（March，1990），第501～518页。

36. Françoise Dastur：〈胡塞尔和德里达中的有限和重复〉("Finitude and Repetition in Husserl and Derrida"），见 *Spindel Conference [1993]: Derrida's Interpretation of Husserl*, Ed. by Leonard Lawlor, *The Southern Journal of Philosophy*, XXXII, Supplement，第113～130页。

37. Guido Antonio De Almeida：《胡塞尔发生现象学的意义和内容》（*Sinn und Inhalt in der genetischen Phänomenologie E. Husserls*)，《现象学丛刊》(*Phänomenologica*) 第47卷，The Hague：Martinus Nijhoff, 1972 年。

38. Jacques Derrida：《论胡塞尔的〈几何学起源〉导论》(*Edmund Husserl's l'origin de la géométrie*, Traduction et introduction), Jacques Derrida, Paris：Presses Universitaires de France, 1974；英译为 *Edmund Husserl's Origin of Geometry: An Introduction*, Trans. by John Leavey, Atlantic Highlands, New Jersey：Nicholas Hays, 1977；reprinted University of Nebraska Press, 1989 年。

39. Jacques Derrida：《论书写》(*De la grammatologie*), Paris：Les Editions de Minuit, 1967；*Of Grammatology*, Trans. by Gayatri Spivak, Baltimore：Johns Hopkins University Press, 1976 年。

40. Jacques Derrida：《胡塞尔哲学中发生学的问题》(*Le Problème de la Genèse dans la Philosoophie de Husserl*), Paris：Presses Universitaires de France, 1990 年。

41. Jacques Derrida：《声音与现象》(*La Voix et le Phénomène*), Paris：Presses Universitaires de France, 1967；英译为 *Speech and Phenomena*, Trans. by David B. Allison, Evanston：Northwestern University Press, 1973 年。

42. René Descartes：《第一哲学的沉思》(*Meditations on First Philosophy*) [1641], Trans. by John Cottingham, *The Philosophical Writings of Descartes*, Ed. and trans. by John Cottingham, Robert Stoothalf and Dugald Murdock, Cambridge：Cambridge University Press, 1985 年，II, 3～62。

43. Hubert Dreyfus：〈感知性意向相关项：古维奇的重大贡献〉("The Perceptual Noema: Gurwitsch's Crucial Contribution"），见 Lester Embree 编：《生活世界和意识：为阿隆·古维奇而作的论文》(*Life-world and Consciousness: Essays for Aron Gurwitsch*), Evanston, Illinois：Northwestern University Press, 1972 年，第135～170页，重新出版于 Hubert Dreyfus 编辑的《胡塞尔：意向性和认知科学》(*Husserl, Intentionality, and Cognitive*

Science),Cambridge,Massachusetts:MIT Press,1987年,第97~123页。

44. John Drummond:《胡塞尔式的意向性和非基础主义的实在论:意向对象与客体》(*Husserlian Intentionality and Non-foundational Realism: Noema and Object*),Dordrecht:Kluwer Academic Pub.,1990年。

45. Michael Dummett:《分析哲学的起源》(*The Origins of Analytical Philosophy*),Cambridge,Massachussets:Harvard University Press,1994年。

46. Claude Evans:《解构的策略:德里达和声音的神话》(*Strategies of Deconstruction: Derrida and the Myth of the Voice*),Minneapolis:University of Minnesota Press,1991年。

47. Fillmore,Charles,and Beryl Atkins:〈走向以框架为基础的词典:风险及其邻居们的语义学〉("Toward a Frame-Based Lexicon: The Semantics of RISK and Its Neighbors"),见《框架、场和对立:论语义组织与语汇组织的新论文》(*Frames, Fields, and Contrasts: New Essays in Semantic and Lexical Organization*),Ed. by Adrienne Lehrer and Eva Kittay,Hillsdale,New Jersey:Lawrence Erlbaum Associates,1992年,第75~102页。

48. Eugen Fink:〈当前争论中的埃德蒙德·胡塞尔的现象学哲学〉("Die phänomenologische Philosophie Edmund Husserls in der gegenwärtigen Kritik"),见《康德研究》(*Kant-Studien*),38(1933),第321~383页;重印于欧根·芬克的《现象学研究1930~1939》(*Studien zur Phänomenologie, 1930~1939*),《现象学丛刊》(*Phänomenologica*)第21卷,The Hague:Martinus Nijhoff,1966年,第79~156页;英译为"The Phenomenological Philosophy of Edmund Husserl and Contemporary Criticism," R. O. Elveton 译,见 R. O. Elveton 编:《胡塞尔的现象学》(*The Phenomenology of Husserl*),Chicago:Quadrangle Books,1970年,第73~147页。

49. Dagfinn Føllesdal:《胡塞尔的意向相关项观念(*Husserl's Notion of Noema*)》,见《哲学杂志》(*The Journal of Philosophy*)66(1969年10月16日),第680~687页。

50. Manfred Frank:〈自我意识与合理性〉("Selbstbewußtsein und Rationalität"),见 Petra Kolmer and Harald Korten 主编:《对理性的界限的规定》(*Grenzbestimmungen der Vernunft*),Freiburg:Verlag Karl Alber,1994年,第389~438页。

51. Manfred Frank:《自我意识与自我认识》(*Selbstbewußtsein und Selbsterkenntnis*),Stuttgart:Reclam,1991年。

52. Manfred Frank:《个体性的不可回避性》(*Die Unhintergehbarkeit von*

Individualität），Frankfurt am Main：Suhrkamp，1986 年。

53. Gottlob Frege：《短文集》(*Kleine Schriften*)，Ed. by Ignacio Angelelli. Hildesheim：Georg Olms，1967；英译为 *Translations from the Philosophical Writings of Gottlob Frege*，Ed. by Peter Geach and Max Black，Oxford：Basil Blackwell，1966 年。

54. Rodolphe Gasché：《镜后的锡箔：德里达和反思哲学》(*The Tain of the Mirror: Derrida and the Philosophy of Reflection*)，Cambridge：Harvard University Press，1986 年。

55. A. C. Genova：〈好的先验论据〉("Good Transcendental Arguments")，见《康德研究》(*Kant-Studien*)，75(1984)，第 469~495 页。

56. Aron Gurwitch：《边缘意识》(*Marginal Consciousness*)，Lester Embree 编，Athens，Ohio：Ohio University Press，1985 年。

57. Aron Gurwitch：《现象学与心理学研究》(*Studies in Phenomenology and Psychology*)，Evanston，Illinois：Northwestern University Press，1966 年。

58. Jurgen Habermas：〈认知与关切〉("Erkenntnis und Interesse")，见《作为"意识形态"的技术与科学》(*Technik und Wissenschaft als "Ideologie"*)，Frankfurt am Main：Suhrkamp，1968 年，第 146~168 页；英译为 "Knowledge and Human Interest：A General Perspective," *Knowledge and Human Interests*，Trans. by Jeremy J. Shapiro，Boston：Beacon Press，1971 年，第 301~317 页。

59. Jurgen Habermas：《交往行为理论》(*Theorie des kommunikativen Handelns*)第 1 卷：《行为合理性和社会的合理化》(*Handlungsrationalität und gesellschaftliche Rationalisierung*)，第二卷：《功能主义理性批判》(*Zur Kritik der funktionalistischen Vernunft*)，Frankfurt am Main：Suhrkamp，1981 年；英译本：*The Theory of Communicative Action*. Vol. 1：*Reason and the Rationalization of Society*. Vol. 2：*Lifeworld and System: A Critique of Functionalist Reason*，Trans. by Thomas McCarthy，Boston：Beacon Press，1984 年，1987 年。

60. Jurgen Habermas：《交往行为理论的准备和补充》(*Vorstudien und Ergänzungen zur Theorie des kommunikativen Handelns*)，Frankfurt am Main：Suhrkamp，1984 年。

61. Harrison Hall：〈意向性与世界：《存在与时间》第一部分〉("Intentionality and World：Division I of Being and Time")，见《剑桥指南：海德格尔》(*The Cambridge Companion to Heidegger*)，Ed. by Charles Guignon，Cambridge：Cambridge University Press，1993 年，第 122~140 页。

62. Martin Heidegger：《基本著作集》(*Basic Writings*)，Ed. by David

Krell. Revised and Expanded Edition, New York: Harper and Row, 1977 年。

63. Martin Heidegger：〈建筑、居住、思想〉("Bauen Wohnen Denken")，见《讲演与论文》(*Vorträge und Aufsätze*)，Pfullingen：Neske, 1967, II, 第 19~36 页；英译为"Building Dwelling Thinking," 见 David Krell 编：《基本著作集》(*Basic Writings*)，第 319~339 页。

64. Martin Heidegger：《现象学基本问题》(*Die Grundprobleme der Phänomenologie*)，见 Friedrich-Wilhelm von Herrmann 编：《海德格尔全集》(*Gesamtausgabe*)第 24 卷，Frankfurt am Main.：Klostermann, 1989, 第 233~242 页；英译为 *The Basic Problems of Phenomenology*, Albert Hofstadter 译，Bloomington, Indiana：Indiana University Press, 1982 年。

65. Martin Heidegger：《时间概念史导论》(*Prolegomena zur Geschichte des Zeitbegriffs*)，《海德格尔全集》(*Gesamtausgabe*)第 20 卷，Frankfurt am Main：Klostermann, 1979；英译为 *History of the Concept of Time*, Trans. by Theodore Kisiel, Bloomington, Indiana：Indiana University Press, 1985 年。

66. Martin Heidegger：《存在与时间》(*Sein und Zeit*)[1928]，Tübingen：Max Niemeyer, 1967；英译为 *Being and Time*, Trans. by John Macquarrie and Edward Robinson, New York：Harper and Row, 1962 年。

67. Martin Heidegger：〈论诸根据的本质〉("Vom Wesen des Grundes")，见《胡塞尔 70 岁诞辰纪念文集》(*Festschrift: Edmund Husserl zum 70. Geburtstag gewidmet*)，《哲学与现象学研究年鉴》补充卷(*Ergänzungsband zum Jahrbuch für Philosophie und Phänomenologische Forschung*)，Halle a. d. Saale：Niemeyer Verlag, 1929 年, 第 71~110 页；又见于 *Wegmarken*, Frankfurt am Main：Klostermann, 1967 年, 第 21~71 页；英译为 *The Essence of Reasons*, 双语版, 译者为 Terrence Malick, Evanston, Illinois：Northwestern University Press, 1969 年。

68. Martin Heidegger：〈《什么是形而上学?》后记〉("Nachwort zu: *Was ist Metaphysik?*")[1929]，Frankfurt am Main：Klostermann, 1943 年。

69. Martin Heidegger：《什么是形而上学?》(*Was ist Metaphysik?*)[1929]，见《路标》(*Wegmarken*)，Frankfurt am Main：Klostermann, 1967 年, 第 1~19 页。

70. Klaus Held：《现象学方法：文选(I)》(*Die phänomenologische Methode: Ausgewählte Texte I*)一书的"导论(I)"(Einleitung [I])，Stuttgart：Philip Reclam, 1985 年, 第 5~51 页；《生活世界现象学：文选(II)》(*Phänomenologie der Lebenswelt: Ausgewählte Texte II*)的"导论(II)"

(Einleitung [II]),Stuttgart: Philip Reclam, 1986 年,第 5~53 页。

71. Klaus Held:〈埃德蒙德·胡塞尔〉("Edmund Husserl"),见《哲学经典作家》(*Klassiker der Philosophie*), Ed. by Otfried Höffe, Münich: Verlag C. H. Beck, II,第 274~297 页。

72. Klaus Held:《赫拉克利特、巴门尼德以及哲学与科学的开端:一种现象学的沉思》(*Heraklit, Parmenides und Anfang von Philosophie und Wissenschaft: Eine phänomenologische Besinnung*),Berlin: de Gruyter, 1980 年。

73. Klaus Held:〈活生生的当下:胡塞尔对先验自我的存在形式的追问——根据时间问题研究发展出来的思想〉("Lebendige Gegenwart: Die Frage nach der Seinsweise des transzendentalen Ich bei Edmund Husserl, entwickelt am Leitfaden der Zeitproblematik"),《现象学丛刊》(*Phänomenologica*)第 23 卷,The Haque: Martinus Nijhoff,1966 年。

74. Klaus Held:〈生活世界〉("Lebenswelt"),见《神学现实百科杂志》(*Theologische Realenzyklopädie*)20,第 594~600 页。

75. Dieter Henrich:〈物自身:关于有穷事物之形而上学的导论〉("Ding an sich: ein Prolegomenon zur Metaphysik des Endlichen"),见 J. Rohls and G. Wenz 编:《信仰的合理性》(*Vernunft des Glaubens*),Göttingen: Vandenhoeck & Ruprecht, 1989 年,第 42~92 页。

76. Dieter Henrich:〈自我意识——某种理论的批判性导论〉("Selbstbewußtsein — Kritische Einleitung in eine Theorie"),收入 R. Bubner 等人编辑的《解释学与辩证法》(*Hermeneutik und Dialektik*),Tübingen: Mohr [Siebeck], 1970 年, I,第 257~284 页。

77. Elmar Holenstein:《联想现象学:论胡塞尔的被动起源的基本原则的结构和功能》(*Phänomenologie der Assoziation: Zu Struktur und Funktion eines Grundprinzips der passiven Genesis bei E. Husserl*),见《现象学丛刊》(*Phänomenologica*)第 44 卷,1972 年。

78. W. Hogrebe:〈本构〉("Konstitution"),见《哲学历史辞典》(*Historisches Wörterbuch der Philosophie*), ed. by J. Ritter and K. Gründer, Darmstadt: Wissenschaftliche Buchgesellschaft, 1976 年, IV,第 992 页以下各页。

79. Elmar Holenstein:《雅克布森的语言探索:现象学结构主义》(*Roman Jakobson's Approach to Language: Phenomenological Structuralism*),由 Catherine Schelbert and Tarcisius Schelbert 翻译为英文,Bloomington, Indiana: Indiana University Press,1976 年。

80. Tamara Horowitz,〈先验真理〉("A Priori Truth"),见《哲学杂志》(*The Journal of Philosophy*),Vol. 82, Nr. 5(May,1985),第 225~239 页。

81. David Hoy:〈海德格尔与解释学转向〉("Heidegger and the Hermeneutic Turn"),见《剑桥指南:海德格尔》(*Cambridge Companion to Heidegger*),Ed. by Charles Guignon, Cambridge: Cambridge University Press, 1993 年,第 170~194 页。

82. Vásquez Hoyos:《作为责任性的意向性》(*Intentionalität als Verantwortung*),《现象学丛刊》(*Phänomenologica*)第 67 卷, The Hague: Martinus Nijhoff,1976 年。

83.《胡塞尔:意向性和认知科学》(*Husserl, Intentionality, and Cognitive Science*), Ed. by Hubert Dreyfus, Cambridge, Massachusetts: MIT Press, 1982 年。

84.《胡塞尔现象学:一本教科书》(*Husserl's Phenomenology: A Textbook*), Ed. by J. N. Mohanty and William McKenna, Washington, D. C.: University Press of America, 1989 年。

85. Don Ihde:《科技与生活世界:从花园到地球》(*Technology and the Life-World: From Garden to Earth*), Bloomington, Indiana: Indiana University Press,1990 年。

86. Heinrich Jacobi:《在给 Moses Mendelssohn 先生的信中的斯宾诺莎学说》(*Über die Lehre des Spinoza in Briefen an Herrn Moses Mendelssohn*), Breslau, 1789 年。

87. Roman Jakobson:《著作选集》(*Selected Writings*), Vols. 1~7, The Hague: Mouton, 1962~1986 年。

88. Roman Jakobson:《语词与语言》(*Word and Language*), Vol. 2, *Selected Writings*. The Hague: Mouton, 1971 年。

89. Paul Janssen:《历史与生活世界:晚期胡塞尔思想研究之论文》(*Geschichte und Lebenswelt: Ein Beitrag zur Diskussion von Husserls Spätwerk*),《现象学丛刊》(*Phänomenologica*)第 35 卷, The Hague: Martinus Nijhoff, 1970 年。

90. Immanuel Kant:《纯粹理性批判》(*Kritik der reinen Vernunft*)[First edition: 1781; Second Edition: 1787], Ed. by Raymund Schmidt, Hamburg: Meiner Verlag, 1952 年; *Critique of Pure Reason*, Trans. by Norman Kemp Smith, London: Macmillan Press,1933 年。

91. Immanuel Kant:《未来形而上学导论》(*Prolegomena zu einer jeden*

künftigen Metaphysik die als Wissenschaft wird auftreten können）［First edition：1783］，*Werke in zehn Bänden*，Vol. 5，*Schriften zur Metaphysik und Logik*，Darmstadt：Wissenschaftliche Buchgesellschaft，1968. *Prolegomena to Any Future Metaphysics*，Trans. by Lewis White Beck，Indianapolis：Bobbs-Merrill，1950 年。

92. Iso Kern：〈胡塞尔哲学中现象学还原的三条道路〉（"Die drei Wege zur transzendentalen phänomenologischen Reduktion in der Philosophie Edmund Husserls"），*Tijdschrift voor Filosofie*，24（1962），303～349。英译为"The Three Ways to the Transcendental Phenomenological Reduction in the Philosophy of Edmund Husserl." *Husserl: Expositions and Appraisals*. Ed. by F. Elliston and P. McCormick. Notre Dame：University of Notre Dame Press，1977 年，第 126～149 页。

93. Iso Kern：《交互主体性》（*Intersubjektivität*）第一卷"编者导论一（Einleitung［Ⅰ］des Herausgebers）"，Edmund Husserl，*Zur Phänomenologie der Intersubjektivität, Erster Teil: 1905 - 1920*，Ed. by Iso Kern，*Husserliana*，Vol. 13，The Hague：Martinus Nijhoff，1973 年，第 xvii - xlvii 页。

94. Iso Kern：《交互主体性》（*Intersubjektivität*）第二卷"编者导论二（Einleitung［Ⅱ］des Herausgebers）"，Edmund Husserl，*Zur Phänomenologie der Intersubjektivität, Zweiter Teil: 1921 - 1928*，Ed. by Iso Kern，*Husserliana*，Vol. 14，The Hague：Martinus Nijhoff，1973 年，第 xvii - xxxv 页。

95. Iso Kern：《交互主体性》（*Intersubjektivität*）第三卷"编者导论三（Einleitung［Ⅲ］des Herausgebers）"，Edmund Husserl，*Zur Phänomenologie der Intersubjektivität, Dritter Teil: 1929 - 1935*，Ed. by Iso Kern，*Husserliana*，Vol. 15，The Hague：Martinus Nijhoff，1973 年，第 xv - lxx 页。

96. Iso Kern：《胡塞尔与康德：关于胡塞尔与康德及新康德主义的关系之研究》（*Husserl und Kant: Eine Untersuchung über Husserls Verhältnis zu Kant und zum Neukantianismus*），*Phänomenologica*，Vol. 16. The Hague：Martinus Nijhoff，1964 年。

97. Eva Feder Kittay and AdrienneLehrer 编：《框架、场和对立：关于语义和词法的组织》（*Frames, Fields and Contrasts: New Essays in Semantic and Lexical Organization*），Hillsdale，New Jersey：Lawrence Erlbaum Associates，1992 年。

98. Eva Feder Kittay and AdrienneLehrer 为《框架、场和对立：关于语义和词法的组织》（*Frames, Fields and Contrasts: New Essays in Semantic and*

Lexical Organization)一书写的导论。Ed. by Eva Kittay and Adrienne Lehrer, Hillsdale, New Jersey: Lawrence Erlbaum Associates, 1992, 第 1~18 页。

99. Joseph Kockelman:《埃德蒙德·胡塞尔的现象学》(*Edmund Husserl's Phenomenology*), West Lafayette, Ind.: Purdue 大学出版社,1994 年。

100. Ludwig Landgrebe:〈胡塞尔与笛卡尔主义的告别〉("Husserls Abschied vom Cartesianismus"),见《哲学评论》(*Philosophische Rundschau*),9(1962),第 133~177 页;重印于他的《现象学之路》(*Der Weg der Phänomenologie*), Gütersloh: Gerd Mohn, 1967, 第 163~206 页;英译为 "Husserl's Departure from Cartesianism," 见 Donn Welton 主编:《胡塞尔现象学:六篇文章》(*The Phenomenology of Edmund Husserl: Six Essays*), Ithaca, New York: Cornell University Press,1981 年,第 66~121 页。

101. Ludwig Landgrebe:《胡塞尔现象学:六篇文章》(*The Phenomenology of Edmund Husserl: Six Essays*), Ed. by Donn Welton, Ithaca, New York: Cornell University Press,1981 年。

102. Leonard Lawlor 编:〈Spindel 会议[1993]:德里达对胡塞尔的解释〉(Spindel Conference [1993]: Derrida's Interpretationof Husserl),载《南部哲学杂志》(*The Southern Journal of Philosophy*), Vol. XXXII, Supplement 32。

103. Adrienne Lehrer and Eva Kittay 编辑的《框架、场和对立:关于语义和词法的组织》(*Frames, Fields and Contrasts: New Essays in Semantic and Lexical Organization*)一书中的文章的思想,Hillsdale, New Jersey: Lawrence Erlbaum Associates, 1992 年。

104. Emmanuel Levinas:《胡塞尔现象学中的直观理论》(*La théorie de l'intuition dans la phénoménologie de Husserl*), Paris, 1930 年;英译为 *The Theory of Intuition in the Phenomenology of Husser*, André Orianne 译,Evanston, Illinois: Northwestern University Press,1973 年。

105. Dieter Lohmar:〈关于胡塞尔《经验与判断》一书的形成与初始材料〉("Zu der Entstehung und den Ausgangsmaterialien von Edmund Husserls Werk *Erfahrung und Urteil*"),见《胡塞尔研究》(*Husserl Studies*),13(1996),第 31~71 页。

106. Rosa Luxemburg:《政治论文选集》(*Selected Political Writings of Rosa Luxemburg*), Dick Howard 编,New York: Monthly Review Press,1971 年。

107. Terrence Malick:"译者导论(Translator's Introduction)",见《论诸理性的本质》(*On the Essence of Reasons*)双语版(Bilingual edition), Trans. by Terrence Malick, Evanston: Northwestern University Press, 1969 年, 第 xi ~

xviii 页。

108. Ronald McIntyre：〈胡塞尔和弗雷格〉("Husserl and Frege")，《哲学杂志》(The Journal of Philosophy)，84(1987年10月)，第523~535页。

109. Ronald McIntyre：〈胡塞尔和心智的表象理论〉("Husserl and the Representational Theory of Mind")，in Topoi，5 (1986)，第101~113页。

110. Ronald McIntyre：《胡塞尔论意向性》("Searle on Intentionality")，见《探索》(Inquiry)，27(1984)，第468~483页。

111. Ronald McIntyre and David Smith：〈胡塞尔对意义和意向相关项的认定〉("Husserl's Identification of Meaning and Noema")，in The Monist, 59 (1975年1月)，第115~132页；重印于《胡塞尔：意向性和认知科学》(Husserl, Intentionality, and Cognitive Science)，Ed. by Hubert Dreyfus，Cambridge, Massachusets：MIT Press，第81~92页。

112. Ronald McIntyre：〈通过意向的意向性〉("Intentionality via Intentions")，载《哲学杂志》(The Journal of Philosophy)，68(1971年9月16日)，第541~561页。

113. Ronald McIntyre：〈胡塞尔论意向性〉("Searle on Intentionality")，载《探索》(Inquiry)，27(1984)，第468~483页。

114. Maurice Merleau-Ponty：《可见与不可见》(Le visible et l'invisible)，Paris：Gallimard，1964；英译为 The Visible and the Invisible, Trans. by Alphonso Lingis, Evanston：Northwestern University Press，1964年。

115. Maurice Merleau-Ponty：《知觉现象学》(Phénoménologie de la perception)，Paris：Gallimard，1945；英译为 Phenomenology of Perception，Trans. by Colin Smith, London：Routledge and Kegan Paul，1962年。

116. Karl Mertens〈最后论证与怀疑之间：胡塞尔的先验现象学之自我理解的批判性研究〉("Zwischen Letztbegründung und Skepsis：Kritische Untersuchungen zum Selbstverständnis der transzendentalen Phänomenologie Edmund Husserls")中的分析；见《现象学论丛》(Orbis Phänomenologicus)第六编第一卷(Abteilung VI, Band 1)，Freiburg：Verlag Karl Alber，1996年。

117. Georg Misch：《人生哲学与现象学：狄尔泰方向与海德格尔、胡塞尔的交锋》(Lebensphilosophie und Phänomenologie: Eine Auseinandersetzung der Dilthy'schen Richtung mit Heidegger und Husserl)，Bonn：1930，Darmstadt：Wissenschaftliche Buchgesellschaft，1975，最早分三部分发表于《哲学杂志》(Philosophischer Anzeiger)，III/3 (1929)，第267~368页；III/3-4 (1929)，第405~475页；IV/3-4 (1930)，第181~330页。

118. J. N. Mohanty：《胡塞尔和弗雷格》(Husserl and Frege)，Bloomington, Indiana：Indiana University Press, 1982 年。

119. J. N. Mohanty：《先验哲学的可能性》(The Possibility of a Transcendental Philosophy)，《现象学丛刊》(Phänomenologica)第 98 卷，The Hague：Martinus Nijhoff, 1985 年。

120. K. Mulligan：《言语行为和事件：雷纳赫与实在论现象学》(Speech Act and Sachverhalt: Reinach and the Foundations of Realist Phenomenology)，见 K. Mulligan 主编：《现象学基本文献》(Primary Sources in Phenomenology)，Vol. 1, Dordrecht：Martinus Nijhoff, 1987 年。

121. Paul Natorp：《依据批判方法建立的普通心理学，第一卷：心理学的对象和方法》(Allgemeine Psychologie nach kritischer Methode, First book: Objekt und Methode der Psychologie [1912])，Amsterdam：E. J. Bonset, 1965 年。

122. Paul Natorp：《依据批判方法建立的普通心理学之导论》(Einleitung in die Psychologie nach kritischer Methode)，Freiburg：J. C. B. Mohr, 1888 年。

123. Paul Natorp：《哲学体系学》(Philosophische Systematik)，Ed. by Hans Natorp, Hamburg：Meiner, 1958 年。

124. Thomas Nenon：〈认识论优先还是本体论优先：《逻辑研究》中的基础这一概念〉("Epistemological or Ontological Primacy: the Notion of Foundation in the Logical Investigations")，收在《当前语境下的胡塞尔》(Husserl in Contemporary Context)一书中，Burt Hopkin 主编，Dordrecht：Kluwer Academic Publishers, 1997，第 159~177 页。

125. Gilbert Null：〈胡塞尔的本质原理〉(Husserl's Doctrine of Essence)，见《胡塞尔现象学：一本教科书》(Husserl's Phenomenology: A Textbook)，J. N. Mohanty and William McKenna 主编，Washington, D. C.：University Press of America, 1989，第 69~105 页。

126. Hugo Ott：《马丁·海德格尔》(Martin Heidegger)，Frankfurt：Campus Verlag, 1988 年；英译为 Martin Heidegger, 译者为 Allan Blunden, London：Fontana Press, 1994 年。

127. R. O. Elveton 编：《胡塞尔的现象学》(The Phenomenology of Husserl)，Chicago：Quadrangle Books, 1970 年。

128. Jean Piaget：《感觉的机制》(The Mechanisms of Perception)，英译者为 G. N. Seagrim, New York：Basic Books, 1969 年。

129. Alan Plantinga:〈超世界同一性还是世界约束的个体性〉("Transworld Identity or Worldbound Individuals"),见 Stephen Schwartz 主编:《命名、必然性和自然属性》(*Naming, Necessity and Natural Kinds*), Ithaca, New York: Cornell University Press,1977 年,第 245~266 页。

130.《柏拉图的〈理想国〉》(*Plato's Republic*), Trans. by G. M. A. Grube, Indianapolis: Hackett Publishing Company,1974 年。

131. Paul Ricoeur:《胡塞尔:对他的哲学的分析》(*Husserl: An Analysis of His Philosophy*),爱德华·巴拉德和莱斯特·恩玻利(Edward Ballard and Lester Embree)译, Evanston, Illinois: Northwestern University Press,1967 年。

132. Richard Rorty:〈证实性和先验论据〉("Verification and Transcendental Arguments"), in *Noûs*, 5 (1971),第 3~14 页。

133. James Ross:〈语义传染〉("Semantic Contagion"),见《框架、场和对立》(*Frames, Fields, and Contrasts*), Ed. by Adrienne Lehrer and Eva Kittay, *Frames, Fields and Contrasts: New Essays in Semantic and Lexical Organization*, Hillsdale, New Jersey: Lawrence Erlbaum Associates, 1992,第 143~169 页。

134. Jay Rosenberg:〈修正了的先验论据〉("Transcendental Arguments Revisited"),见《哲学杂志》(*The Journal of Philosophy*),72, Nr. 18 (October 23,1975),第 611~624 页。

135. John Sallis:《划界:现象学和形而上学的终结》(*Delimitations: Phenomenology and the End of Metaphysics*), Bloomington, Indiana: Indiana University Press,1986 年。

136. Jean-Paul Sartre:《存在与虚无》(*L'être et le néant*), Paris: Librairie Gallimard, 1943;英译为 *Being and Nothingness: An Essay on Phenomenological Ontology*, Trans. by Hazel Barnes. New York: Philosophical Library, 1956 年。

137. F. de. Saussure:《普通语言学》(*Cours de linguistique générale* [1916]), Trans. by W. Brokin, New York: Philosophical Library, 1968 年。

138. Karl Schuhmann:《现象学的辩证法 I:胡塞尔论梵德尔》(*Die Dialektik der Phänomenologie I: Husserl über Pfänder*),《现象学丛刊》(*Phänomenologica*)第 56 卷,The Hague: Martinus Nijhoff,1973 年。

139. Karl Schuhmann:《现象学的辩证法 II:纯粹现象学和现象学哲学》(*Die Dialektik der Phänomenologie II: Reine Phänomenologie und phänomenologische Philosophie*),《现象学丛刊》(*Phänomenologica*)第 57 卷,The Hague: Martinus Nijhoff,1973 年。

140. Karl Schuhmann:〈慕尼黑现象学的语言行为理论的发展〉("Die

Entwicklung der Sprechakttheorie in der Münchener Phänomenologie"），见《语言，现实，意识》(*Sprache*, *Wirklichkeit*, *Bewußtsein*)，E. Orth 主编，Freiburg：Karl Alber，1988，第 133~166 页。

141. Karl Schuhmann and Barry Smith：〈诸问题：一篇关于多伯特的现象学的论文〉("Questions：An Essay in Daubertian Phenomenology")，见《哲学与现象学研究》(*Philosophy and Phenomenological Research*)，47(1986)，第 353~384 页。

142. John Searle：《表达与意义》(*Expression and Meaning: Studies in the Theory of Speech Acts*)，Cambridge：Cambridge University Press，1979 年。

143. John Searle：《心智、大脑和科学》(*Minds*, *Brains and Science*)，Cambridge, Massachusetts：Harvard University Press，1984 年。

144. John Searle：《言语行为：关于语言哲学的论文》(*Speech Acts: An Essay in the Philosophy of Language*)，Cambridge：Cambridge University Press，1969 年。

145. Thomas Seebohm：〈先验现象学〉("Transcendental Phenomenology")，收入 J. N. Mohanty and William McKenna 主编的《胡塞尔现象学：一本教科书》(*Husserl's Phenomenology: A Textbook*)，Washington, D. C. University Press of America, 1989，第 356 页。

146. Barry Smith 的〈胡塞尔，语言以及行为本体论〉("Husserl, Language, and the Ontology of the Act")一文，收入 D. Buzzetti and M. Ferriane 主编的《思辨语法，通用语法与哲学分析》(*Speculative Grammar*, *Universal Grammar*, *Philosophical Analysis*)一书，Amsterdam：Benjamins, 1987，第 143~165 页。

147. Barry Smith：〈逻辑与形式本体论〉("Logic and Formal Ontology")，见《胡塞尔现象学：一本教科书》(*Husserl's Phenomenology: A Textbook*)，J. N. Mohanty and William McKenna 主编，Washington, D. C.：University Press of America, 1989，第 29~67 页。

148. David Smith and Ronald McIntrye：《胡塞尔与意向性：心智、意义和语言研究》(*Husserl and Intentionality: A Study of Mind*, *Meaning and Language*)，Dordrecht：Reidel, 1982 年。

149. David Smith and Ronald McIntrye：〈通过意向的意向性〉("Intentionality via Intentions")，载《哲学杂志》(*The Journal of Philosophy*)，68(1971 年 9 月 16 日)，第 541~561 页。

150. Robert Sokolowski：《胡塞尔式的沉思：语词是如何表象事物的》

(*Husserlian Meditations: How Words Present Things*),Evanston：Northwestern University Press,1974 年。

151. Robert Sokolowski：《胡塞尔本构概念的形成》(*The Formation of Husserl's Concept of Constitution*),《现象学丛刊》(*Phänomenologica*)第 18 卷,The Hague：Martinus Nijhoff,1964 年。

152. Robert Sokolowski：《当下在场与不在场：对语言与存在的哲学研究》(*Presence and Absence: A Philosophical Investigation of Language and Being*),Bloomington,Indiana：Indiana University Press,1978 年。

153. Manfred Sommer：〈胡塞尔的哥廷根生活世界〉("Husserls Göttinger Lebenswelt"),见 Manfred Sommer 主编：《胡塞尔：精神世界的本构》(*Edmund Husserl,Die Konstitution der geistigen Welt*),Hamburg：Felix Meiner,1984,第 ix～xlii 页。

154. Herbert Spiegelberg：《现象学运动》(*The Phenomenological Movement*),见《现象学丛刊》(*Phänomenologica*)第 5、6 卷,The Hague：Martinus Nijhoff,1965 年,Third revised and enlarged edition,The Hague：Martinus Nijhoff,1965 年,2 Vols。

155. Anthony Steinbock：《家里家外》(*Home and Beyond*),Evanston,Illinois：Northwestern University Press,1996 年。

156. Elizabeth Ströker：《胡塞尔的先验现象学》(*Husserls transzendentale Phänomenologie*),Frankfurt am Main：Vittorio Klostermann,1987；英译为 *Husserl's Transcendental Philosophy*,Lee Hardy 译,Stanford,California：Stanford University Press,1993 年。

157. Barry Stroud：〈先验论据〉("Transcendental Arguments"),载《哲学杂志》(*The Journal of Philosophy*),65 (1968),第 241～256 页。

158. Jacques Taminiaux：〈对海德格尔与胡塞尔的逻辑学研究的说明〉("Remarques sur Heidegger et les Recherches Logiques de Husserl"),见《关注与超越》(*Le regard et l'excédent*),收入《现象学丛刊》(*Phänomenologica*)第 75 卷,The Hague：M. Nijhoff,1977 年,第 156～182 页；英译为"Heidegger and Husserl's Logical Investigations,"见 Robert Crease and James Decker 编译的《辩证法与差异》(*Dialectic and Difference*),Atlantic Highlands,New Jersey：Humanities Press,1985 年,第 91～114 页。

159. Charles Taylor：〈先验论据的有效性〉("The Validity of Transcendental Arguments"),《亚里士多德学会,新系列丛书》(*The Aristotelian Society,New Series*),Vol. 79(1978/1979),第 151～165 页。

160. Charles Taylor:〈诸意义理论〉("Theories of Meaning"),见《人类能力和语言》(Human Agency and Language)第一卷:《哲学论文集》(Philosophical Papers),Cambridge, England: Cambridge University Press,1985年,第248~292页。

161. Michael Theunissen:《他者》(Der Andere), Berlin: de Gruyter, 1965;英译为 The Other: Studies in the Social Ontology of Husserl, Heidegger, Sartre and Buber, Cambridge, Massachusetts: MIT Press,1984年。

162. Judith Thompson:〈私人语言〉("Private Language"),载《美国哲学季刊》(American Philosophical Quarterly),1 (1964),第20~31页。

163. Ernst Tugendhat:《胡塞尔和海德格尔的真理概念》(Der Wahrheitsbegriff bei Husserl und Heidegger),Berlin: de Gruyter, 1967年。

164. Ernst Tugendhat:《语言哲学导论》(Einführung in die sprachanalytische Philosophie), Frankfurt am Main: Suhrkamp, 1976年;由 P. A. Garner 英译为《传统的和分析的哲学:关于语言哲学的讲座》(Traditional and Analytical Philosophy: Lectures on the Philosophy of Language), Cambridge: Cambridge University Press,1982年。

165. Ernst Tugendhat:《哲学论文集》(Philosophische Aufsätze),Frankfurt am Main: Suhrkamp,1992年。

166. Guy van Kerckhoven:〈从历史证据观点看胡塞尔与狄尔泰之间冲突中的基本立场〉("Die Grundansätze von Husserls Konfrontation mit Dilthey in Lichte der geschichtlichen Selbstzeugnisse"),见《狄尔泰与19世纪以来的哲学概念的变化》(Dilthey und der Wandel des Philosophiebegriffs seit dem 19 Jahrhundert),《现象学研究》(Phänomenologische Forschungen),16 (1985),第134~160页。

167. Guy van Kerckhoven〈胡塞尔"生活世界"概念的形成〉("Zur Geneses des Begriffs 'Lebenswelt' bei Edmund Husserl")的引文,F I 35,25a[转写本(transcription)第28页],《概念史文库》(Archiv für Begriffsgeschichte),29(1985),第182~203页。

168. Waldenfels Bernhard:〈听自己说:德里达记录现象学的声音〉("Hearing Oneself Speak: Derrida's Recording of the Phenomenological Voice"),见《Spindel 会议[1993]:德里达对胡塞尔的解释》(Spindel Conference [1993]: Derrida's Interpretationof Husserl), Leonard Lawlor 编辑,《南部哲学杂志》(The Southern Journal of Philosophy),Vol. XXXII,第32页,Supplement,第65~77页。

169. Bernhard Waldenfels:《在生活世界的网络中》(In der Netzen der Lebenswelt), Frankfurt am Main: Suhrkamp, 1985 年。

170. Donn Welton:〈胡塞尔与日本〉("Husserl and the Japanese"), 载《形而上学评论》(The Review of Metaphysics), 44 (March, 1991), 第 575 ~ 606 页。

171. Donn Welton:〈胡塞尔现象学中的意向性和语言〉("Intentionality and Language in Husserl's Phenomenology"), 载《形而上学评论》(The Review of Metaphysics), 27(1973), 第 261 ~ 297 页。

172. Donn Welton:〈胡塞尔现象学的发展〉("The Development of Husserl's Phenomenology"), 该文是 Welton 为编辑《胡塞尔精粹：先验现象学基本著作》(The Essential Husserl: Basic Writings in Transcendental Phenomenology, Bloomington, Indiana: Indiana University Press, 1999 年, 第 ix ~ xv 页) 所写的导论。

173. Donn Welton:《意义的起源：胡塞尔现象学之开端的批判性研究》(The Origins of Meaning: A Critical Study of the Thresholds of Husserlian Phenomenology), 见 Phänomenologica, Vol. 88, The Hague: Martinus Nijhoff, 1983 年。

174. Donn Welton:〈胡塞尔先验哲学的成体系性：从静态方法到发生方法〉("The Systematicity of Husserl's Transcendental Philosophy: From Static to Genetic Method"), 见 Donn Welton 主编的《新胡塞尔：批判性读本》(Husserl: A Critical Reader), Indiana University Press, 2003 年, 第 255 ~ 288 页。

175. Donn Welton:〈从事联结的专名和被联结的对象：弗雷格与胡塞尔论 Bedeutung〉("Verbindende Namen/Verbundene Gegenstände: Frege und Husserl über Bedeutung"), 见 Christoph Jamme and Otto Pöggeler 主编的《争论中的现象学》(Phänomenologie im Widerstreit), Frankfurt am Main: Suhrkamp, 1989 年, 第 141 ~ 191 页。

176. Ludwig Wittgenstein:《哲学注释》(Philosophische Bemerkungen), Rush Rhees 主编:《文集》(Schriften), Vol. 2. Frankfurt am Main: Suhrkamp, 1964 年; 英译为 Philosophical Remarks, 译者为 Raymond Hargreaves and Ryan White, Oxford: Blackwell, 1964 年。

177. Ludwig Wittgenstein:《对哲学研究的基础考察：蓝色和棕色笔记 (1933 ~ 1935)》(Preliminary Studies for the Philosophical Investigations: The Blue and Brown Books [1933 - 1935]), Rush Rhees 编, 英译者为 Petre von Morstein. Oxford: Blackwell, 1960 年; 德文书名为 Das Blaue Buch. Eine

Philosophische Betrachtung（*Das Braune Buch*）. *Werkausgabe*, Vol. 5, Frankfurt am Main：Suhrkamp，1989 年。

178. Ludwig Wittgenstein：《逻辑哲学论》（*Tractatus logico-philosophicus*）[1921]，《著作集》（*Werkausgabe*），Vol. I, Frankfurt am Main：Suhrkamp，1984 年；英译为 *Tractatus Logico-Philosophicus*，译者为 D. Pears and B. McGuinness, London：Routledge & Kegan Paul，1961 年。

179. Dan Zahavi, "Husserl's Intersubjective Transformation of Transcendental Philosophy," 见《不列颠现象学会会刊》（*Journal of the British Society for Phenomenology*），27（October，1996），第 228~245 页。

180. Dan Zahavi:〈胡塞尔和先验主体性：对语言实用主义的批判的一个回答〉（"Husserl und die transzendentale Intersubjektivität: Eine Antwort auf die sprachpragmatische Kritik"），《现象学丛刊》（*Phänomenologica*）第 135 卷，Dordrecht：Kluwer，1996 年。

181. Dan Zahavi：《自知与相异性：一个现象学的研究》（*Self-Awareness and Alterity: A Phenomenological Investigation*），Evanston：Northwestern University Press，1999 年。

译 后 记

为了此书的翻译，译者于 2006 年 9 月至 2008 年 5 月专门去威尔顿执教的美国纽约州立大学石溪分校做了一年半的访问学者。访问期间，译者与威尔顿每周定期会面。只要涉及该书译文，从人名翻译，到基本概念的理解，从英语、美语的差异，到胡塞尔思想的解读，事无巨细，反复讨论。在此过程中，威尔顿还发现了个别原文不尽如人意之处，并给出了新的表述，让译者移译到中译文中。在讨论中，作者对一些重要概念作了详细解释，译者择要写成译者注，一并放在脚注中，供中译文读者参考。

2008 年回国以后，译者以此书的英文原书和中文译稿为教材，给本科生开了两个学期的现象学导论课程。选课的同学在理论探讨之余，对译文也多有建议。之后，译稿又寄给当时在香港中文大学任教的梁宝珊博士，请她校阅一过。由于译者的英文水平和对现象学的理解水平有限，译文中的错误在所难免，期望方家多多指正！

译文初稿均为手写，后由我的夫人录入电脑。她对我工作的支持和劳作，成为这项工作不可或缺的组成部分。

最后感谢复旦大学出版社陈军先生的热情支持和辛勤的编辑工作。

靳希平

北京大学外国哲学研究所

2012 年 4 月 27 日

图书在版编目(CIP)数据

另类胡塞尔:先验现象学的视野/〔美〕威尔顿(Welton,D.)著;靳希平译;梁宝珊校.
—上海:复旦大学出版社,2012.7(2024.6重印)
书名原文:The Other Husserl:The Horizons of Transcendental Phenomenology
ISBN 978-7-309-08989-9

Ⅰ.另… Ⅱ.①威…②靳…③梁… Ⅲ.胡塞尔,E(1859~1938)-现象学-研究
Ⅳ.①B089②B516.52

中国版本图书馆 CIP 数据核字(2012)第 128183 号

THE OTHER HUSSERSERL: THE HORIZONS OF TRANSCENDENTAL PHENOMENOLOCY
by Donn Welton. Copyright © 2000 by Donn Welton. Chinese-language translation rightslicensed from the English-language publishers, Indiana University Press.

本书原版由印第安纳大学出版社出版。版权所有,盗印必究。

本书中文简体字翻译版由印第安纳大学出版社授权复旦大学出版社有限公司独家出版发行。此版本可在中国大陆销售。未经出版者预先书面许可,不得以任何方式复制或发行本书的任何部分。
上海市版权局著作权合同登记号 图字 09-2010-004 号

另类胡塞尔:先验现象学的视野
〔美〕道恩·威尔顿 著 靳希平 译 梁宝珊 校
责任编辑/陈 军

复旦大学出版社有限公司出版发行
上海市国权路 579 号 邮编: 200433
网址: fupnet@fudanpress.com http://www.fudanpress.com
门市零售: 86-21-65102580 团体订购: 86-21-65104505
出版部电话: 86-21-65642845
常熟市华顺印刷有限公司

开本 787 毫米×1092 毫米 1/16 印张 38 字数 728 千字
2024 年 6 月第 1 版第 2 次印刷

ISBN 978-7-309-08989-9/B·434
定价: 168.00 元

如有印装质量问题,请向复旦大学出版社有限公司出版部调换。
版权所有 侵权必究